新解説 世界憲法集

第5版

初宿 正典
辻村 みよ子 ＝編

三省堂

●編者

初宿 正典　（京都大学名誉教授）
辻村 みよ子　（東北大学名誉教授・弁護士）

●執筆者

江島 晶子　（明治大学教授）
野坂 泰司　（学習院大学名誉教授）
松井 茂記　（ブリティッシュ・コロンビア大学教授）
田近 肇　（近畿大学教授）
毛利 透　（京都大学教授）
山元 一　（慶應義塾大学教授）
奥田 喜道　（奈良教育大学特任准教授）
溝口 修平　（法政大学教授）
鈴木 賢　（明治大学教授）
水島 玲央　（名古屋経済大学准教授）

第５版はしがき

本書『新解説　世界憲法集』は、初版（2006年）から14年、旧版（樋口陽一・吉田善明編『解説　世界憲法集』1988年）刊行から32年を経て、この度、本書（初宿・辻村編）第５版を引き続き刊行することとなった。第４版（2017年）からわずか２〜３年で改訂することになった背景には、日本国内の憲法改正論の進展による関心の高まりもさることながら、それに加えて世界の憲法変動があったことは間違いないであろう。

本書は、旧版以来、内外の改憲動向や憲法変動の中にあっても一貫して、「本当のことを知ったうえでの地についた議論が必要」（旧版第４版はしがき）という認識のもとで、世界主要10か国の憲法状況と最新の条文を掲載してきた。このような本書が、長期にわたり多くの読者の支持を得てきたことは、編者として嬉しい限りである。同時に、世界の近年の憲法動向には、一抹の不安や憂いを禁ずることができない。

それは、本書の解説で示されるように、昨今の世界の政治状況には、立憲主義の観点から見て、非常に危うい局面が顕れているからである。第４版はしがきでも、テロや外国人排斥、ポピュリズムなどによって不確実な時代に入ったことを指摘したが、第５版では、諸国の憲法状況の中でそれが一段と進んだことが窺える。

例えば、多くの国で憲法改正や権力者への権力集中が進み、独裁的な統治と大国主義の競争の陰で安全保障や人権保障が危機に晒されている現実がある。さらに2019年12月に中国武漢から始まった新型コロナウイルスの世界的感染拡大が、憲法政治体制にも大きな影響を与えている。

中国では、2018年の憲法改正によって、国家主席の就任２期制限が撤廃され、習近平国家主席の終身制が可能になった。また2020年５月には「国家安全法制」が導入されて香港やアメリカの反発を招くことになった。ロシアでも、2008年の憲法改正で大統領任期が延長されプーチン大統領が（首相在任期間を含め）24年間も実権を握ることが可能になった後、2014年の憲法改正で大統領権限のなかに一定の議員の任命権まで加えた。その後2020年憲法改正案で任期を２期に制限しつつ現職を例外としたため、プーチン大統領の任期が2036年まで延長可能となる状況になっている（国民投票が延期されたことから、本書では、2020年憲法改正案と2020年６月１日段階の現行憲法規定を併記している）。

アメリカでも、2019年12月には下院でのトランプ大統領への弾劾決定が実行されるなかで、軍事攻撃を含む独裁的権力行使も続けられ、米中の対立も顕著になっている。他方、ヨーロッパでは、周知のとおりイギリスのEU離脱問題が尾を引き、2020年１月末に離脱が実現した後も目が離せない状況にある。イタリアでも2016年憲法改正の挫折により二院制改革や選挙制度改革の課題が山積するなかで2018年に連立政権がようやく発足した。フランスでもマクロン大統領への国民の抗議行動が続くなど困難な政局運営が続いている。ドイツではメルケル首相が2021年の任期満了で首相を退くことを表明したが、新型コロナ感染症への対応などでその手腕がむしろ評価されているようで、今後の政局がどう展開していくのかも関心がもたれる。

他方、日本では、安倍政権が憲政史上最長の記録を達成する権力集中状況のなかで憲法改正論が提唱され、新型コロナ感染症対策を対象に含めた特別措置法を超えて、憲法規定に緊急事態法制を加える主張も行われている。

このような世界の困難な憲法状況の中で、人権や平和・地球環境を維持してゆくためには、今こそ、憲法や立憲主義の存在意義、そして憲法改正手続きをあえて難しくしている「硬性憲法」の意味を十分に理解し、各国の憲法の実情を知ったうえで熟議を行うことがいよいよ強く求められているといえよう。

本書が、これまでと同様に、日本と諸外国の憲法状況に対する理解を深め、立憲主義と人権保障・平和主義のために寄与できることを願っている。

2020年６月１日

共編者

第４版はしがき

初版（2006年）、第２版（2010年）、第３版（2014年）に続いて、このたび第４版（2017年）を刊行することができた。第３版刊行時には、第二次安倍政権下で憲法改正がめざされたことから、憲法改正手続などをめぐって外国憲法との比較が注目を集めていたという背景があった。第４版刊行時の現在も、憲法改正と立憲主義をめぐる議論が、一層強まっている状況がある。周知のように、2014年７月の閣議決定によって集団的自衛権を容認する解釈変更が行われ、立憲主義の在り方が鋭く問題提起された。さらに2015年９月にはいわゆる安全保障関連法が国会で採択され（１年後に施行）、2016年12月には南スーダンに派兵された自衛隊員に「駆けつけ警護」の任務が付与された。

この間、諸外国では、ギリシアの債務危機に始まる欧州連合（EU）の財政危機やイギリスの国民投票によるEU離脱決定（2016年６月）によって欧州連合が動揺し、2015年11月のパリの連続同時テロなど諸外国でテロが激化し、2016年11月のアメリカ大統領選挙でトランプ大統領が選出されて外国人排外主義が拡大する等、多くの事件や問題が発生した。まさに、世界全体が大きく揺れ動いて、不確実な時代が始まったと言っても過言ではなかろう。

このような状況にあって、各国ではそれぞれ憲法改革を押し進めており、憲法改正が実施された国（ロシア）もある。イタリアでも、上院の権限を縮小するための大規模な憲法改正草案が準備されていたが、2016年12月の国民投票で否決されて頓挫した。

私どもは、こうしたイタリアの憲法改正動向やイギリスのEU離脱などの状況を見極めたうえで、このたび第４版の刊行に踏み切ることにした。しかし2017年には、フランス大統領選挙（４・５月）と国民議会選挙（６月）、ドイツ連邦議会選挙（９月）等が予定されており、今後の政治動向を注視する必要がある。各国の憲法状況に関する本書の解説からも、上述のような世界的な政治・社会の動揺が、憲法改革や立憲主義に大きな影響を与えていることがわかるであろう。

本書は、旧版の樋口陽一・吉田善明編『解説　世界憲法集』以来、一貫して、「本当のことを知ったうえでの地についた議論が必要」（旧版第４版はしがき）という認識のもとで編集されてきた。本書（新版第４版）においても、諸国の憲法改正事情や社会変動に留意しつつ、各国の憲法の実情を明らかにするという方針のもとで改訂した。

本書が、これまでと同様に、日本と諸外国の憲法に対する理解を深め、憲法問題の現状と課題を正しく認識するために寄与できることを祈念している。

2017年３月

共編者

第3版はしがき

初版（2006年）、第2版（2010年）に続いて、このたび第3版（2014年）を刊行することができた。今回はとくに、2012年12月総選挙後の第二次安倍政権下で憲法改正がめざされ、憲法改正手続などをめぐって外国憲法との比較が注目を集めている背景がある。「外国では頻繁に憲法改正されているのに、日本では一度も改正されていないのはおかしい」、「日本の憲法改正手続は厳しすぎる」などの世論誘導的な議論がなされたこともあり、比較憲法の視点から、世界の憲法状況や諸制度を正しく認識して検討することがますます重要になっている。

実際に、本書が扱っている10カ国だけをみても、初版以降、フランス、ドイツ、ロシアなどでは複数回の憲法改正がなされ、第2版以降も、イタリアでの改憲動向や諸国の法制度改革、人権保障をめぐる判例の展開など、注目すべき動向がある。このような「憲法変動」について諸国の実情に照らして専門の研究者が分析を加え、わかりやすく解説する書物は、法学・政治学・外国文化等を学ぶ学生や法曹実務家のみならず、マスコミ関係者や市民にとっても必須であるといえよう。その意味でも、旧版の樋口陽一・吉田善明編『解説　世界憲法集』以来、「本当のことを知ったうえでの地についた議論が必要」（旧版第4版はしがき）という認識のもとで本書が編集されてきたことは意義深い。

さらにこの新版第3版では、カナダとイタリアについて執筆者の交代があり、前者はブリティッシュ・コロンビア大学の松井茂記教授、後者は岡山大学の田近肇教授に担当して頂くことができた。その他の諸国についても、憲法改正手続や改正事情に留意するという方針のもとで改訂した。

編者として、新旧担当者の皆さんのご協力に感謝するとともに、本書が、今後一層、日本と諸外国の憲法に対する理解を深め、憲法問題について熟議を重ねるために大いに寄与できることを祈念している。

2014年3月

共編者

第2版はしがき

2006年10月に初宿正典・辻村みよ子編『新解説　世界憲法集』を刊行してから3年半が経過した。この間に、早くも各国で憲法改正が繰り返され、ドイツで5回、フランスで5回、ロシアで2回の改正が実施された。とくに、2008年7月のフランス憲法改正は、条文の半数近くを修正する大規模なものであった。この第2版では、これらを中心に改訂を行い、イギリス、アメリカ、カナダ、韓国、中国などについても解説の加筆修正を行った。イギリスについては、新たに政党・選挙・レファレンダム法（2000年）と平等法（2006年）を掲載した。

このように21世紀初頭の世界では、20世紀末以来の「憲法変動」が続いている。欧州連合では、リスボン条約（2009年12月１日）の発効により、27か国を加盟国としEU大統領を冠した新たなステージに入った。このため、今後も各国憲法に影響を与えていくことが予想される。

本書は、旧版の樋口陽一・吉田善明編『解説　世界憲法集』に引き続き、諸国の憲法体験について「本当のことを知ったうえでの地についた議論が必要」（旧第４版はしがき）という認識と編集方針を維持してきた。いち早く正確に、さらに改正の背景にある理論上・運用上の憲法課題をふまえつつ世界の主要国の憲法状況を明らかにすることが、本書のねらいである。上記のような変動に満ちた状況下では、最新の憲法条文を掲載するだけでなく、専門家による詳細な解説を付した本書が、ますます重要な意味をもつと考えている。

今後も、これまで以上に多くの読者に支持され、世界各国の憲法の理解に寄与できることを願っている。

2010年３月

共編者

初版はしがき

1988年９月に樋口陽一・吉田善明編で出発した『解説世界憲法集』は、その後、版を重ねて第４版第４刷（2004年３月）まで刊行された。およそ３～４年ごとに改訂されたが、さらに増刷時にもそれぞれの時点での可能な限りの修正が加えられたことを加味すれば、かなり頻繁な改訂が行われたことがわかる。これは、ひとえに読者の多大なご支持のお蔭であるが、そればかりではない。本書に掲載した主要国の憲法に種々の変更が加えられ、憲法状況が激しく変容した結果でもある。

実際、20世紀末の10年余は、まさに世紀末の憲法変動の時代であった。序章でも概観するように、国際化やグローバリゼーション、欧州統合などの影響下に、ドイツ、フランス、イタリア、スイス、ロシア、中国など多くの国で、憲法の改訂が繰り返された。また、人権の普遍化と文化の多様化という両局面の狭間で、イギリス、アメリカなどの欧米諸国やアジア諸国などほとんどの国で、人権理論や人権保障のあり方に大きな進展や変容が認められた。一国の憲法だけをみていたのではとうてい理解できない、動態としての憲法状況の変容の過程が、本書に凝縮されているといってよい。

日本も決して例外ではない。21世紀最初の年に衆参両院に憲法調査会が設置され、５年後にはその報告書も提出された。憲法をとりまく環境も、平和主義や人権保障のあり方に大きな影響を与えている。憲法改正を射程に入れた政治動向も、まさに風雲急を告げている。

このような世紀転換期に、本書も、21世紀の新たな憲法動向を展望すべく、再出発することとなった。旧版から参加してきた初宿と辻村が新たに編者となり、イギリス、スイス、ロシア、中国および韓国の５カ国については新規の担当者に執筆して頂いた。これらの国以外のアメリカ、ドイツ、フランス、カナダおよびイタリアの５カ国については、従来の担当者が、現況を踏まえて訳文全体を見直して解説を改訂した。このほか、全体を横組みにして新しい体裁に変更した。

こうして、本書は、初宿・辻村編『新解説世界憲法集』として新たに世に問われることになった。昨今の日本の「ムード的な議論」に対して、諸国の憲法体験について「本当のことを知ったうえでの地についた議論が必要」（旧第4版はしがき）という認識や編集方針は変わっていない。諸国で憲法改正等が実施された背景や内容を比較憲法的な視点に立って理論的に分析し、各国で憲法理念を実現するためにいかに真摯な努力が続けられてきたかについて学びとることが、いまこそ私たちに求められている。

このような認識に支えられた本書が、今後も多くの学生、研究者また市民に温かく支持されることを願ってやまない。また、これまで『解説　世界憲法集』を生み育ててこられた樋口・吉田両先生をはじめ、今回勇退された諸先生に心からの感謝を捧げると同時に、最初から一貫して困難な編集作業を担当してくださった三省堂法律書出版部の皆様に、厚くお礼を申し上げる。

2006年10月

共編者

凡　　例

◇解説の執筆および条文の翻訳は、各執筆者の責任においてなされたものです。

　なお、条文を翻訳するにあたっての原典は、各法典の末尾に〔出典〕として示してあります。

◇内容現在日　　2020年 6 月 1 日

◇条文見出し　　〔　〕は執筆者による見出し、(　) または括弧なしの見出しはその法典原文のものです。

◇注記　　条文中の〔　〕は執筆者による注記です。

◇条文の改正　　改正のあった条文については、条文ごとに改正年等を示しました。

◇日本国憲法について　　本書掲載にあたり、漢数字の表記を算用数字にあらためました。

もくじ

装丁＝米倉八潮

序章　世界の憲法を読む

1　世界の憲法の読み方

(1)　本書で取り上げた国々について

外務省の情報では、国連加盟国の数は2017年1月現在で193か国に及んでおり、そのうち、実定憲法典をもつ国だけでも190か国近くに及んでいる。その中で、本書は旧版（樋口陽一・吉田善明編）と同じ10カ国の憲法のみを取り上げている。もちろん、本書では取り上げていない国々の憲法の中にも、学問的にも政治的にも興味深い憲法は少なくないし、そうした国々の憲法についての研究も部分的には進められている。また、現在制定作業が進行中の憲法の行方についても、人々の関心が高まっていることは否定できない。それゆえ、こうした10カ国の憲法を取り上げることの意義については、学問的にもそれ自体問題としうるであろうが、ハンディーな書物の限られたスペースのゆえのやむを得ない制約としてご了解いただきたい。

a） 本書で取り上げた10カ国の憲法のうち、まずイギリスについては、イスラエルやサウジアラビア等とともに、単一のまとまった成文憲法典を持たない数少ない国のひとつであることは周知のことであるが、近代立憲主義憲法の歴史をひもとく時に、その先駆的存在としてのイギリスに目を向けないわけにはいかない。《不文憲法の国》という、ややもするとミスリーディングな言い方で形容されるイギリスにおいても、1215年のいわゆる「マグナ・カルタ」（ただし本書では、現在でも効力のある1297年の文書を収録している）以来、議会制定法としても、人身保護法や権利章典などの人権関連の重要な法令のほか、統治組織に関しても、王位継承法（1701年）、議会法（1911年）、国民代表法（1983/85年）、上級裁判所法（1981年）など、個別の憲法的文書が数多く制定されてきている。その中でも、とくに人権保障に関しては、国際化の潮流の中で成立した1998年の「人権法」は、欧州（ヨーロッパ）人権条約を国内法化しつつ、詳細でまとまった人権規定を含むきわめて重要な法律である。また、近時では「政党・選挙・レファレンダム法」（2000年）、「憲法改革法」（2005年）、「平等法」（2006/2010年）が制定されているし、近年の貴族院改革や司法制度改革などの多方面にわたる憲法改革によって、イギリスの「現代化」はますます進展している。また、「議会主権」の国と形容されてきたこの国で2016年6月23日に実施された、EU離脱（いわゆるBrexit）の是非を問う国民投票の結果が世論を二分したことも、記憶に新しい。その意味でも、これまでの一般のイギリス憲法のイメージは、相当に修正を要するであろう。
次に、アメリカ合衆国の憲法は現行の世界の成文憲法の中で最古である。その発展が、日本の現行憲法を理解する上でも重要な位置を占めており、とりわけ裁判所による司法審査の枠組みとその実際の動きは、日本の憲法学のみならず、基本権の分野に関わる最高裁判所の判例にも少なからず影響を与えてきていることも、多言を要しないであろう。もとより、18世紀後半以来の近代憲法史を理解する上では、合衆国憲法それ自体にとってはもちろん、フランスの「人及び市民の権利の宣言」（1789年）の成立に関する事情を考える上でも、合衆国憲法に先立って1776年に成立したヴァージニア憲法を嚆矢とする各州の憲法典の重要性がつとに指摘されている。合衆国憲法は、1788年の成立以来、直近（1992年）の第27修正に至る相当数の改正を経ているが、これらの改正条項が「増補」として末尾に順次付加されていくという形式を採っている点が他の憲法典と大きく異なっている上に、条の総数がきわめて少なく、むしろ各条の中に多くの節と項をもっている点でも特徴がみられる。合衆国憲法は、とりわけ連邦最高裁による判例の蓄積の検討によって初めてその実姿を知ることができるといっても過言ではない。
カナダは、イギリス憲法の伝統を引き継ぎながらも、連邦制をとり司法審査制を採用している点で合衆国憲法に類似した性格をも併有し、しかも独特の多元主義的な民族的・文化的歴史の中での展開を見せており、「憲法」という名称をもつ単一の成文法典はないものの、複数の憲法典（1867年および1982年の憲法法律）を持つ点でも独自である。わが国では一般には必ずしもそれほど馴染みのある憲法とは言えないであろうが、本書の解説と憲法条文を読めば、その特徴がおのずと分かるはずである。
b） 以上のアングロ・サクソン諸国に続いて、本書ではヨーロッパ大陸諸国の憲法を収めている。第二次世界大戦終結後、1947年に成立したイタリアの憲法は、西洋型憲法に属するとはいえ、「勤労に基礎を置く民主的共和国」という、スペイン憲法などを除けば他にはあまり見られない特色ある原則規定をもつ。その点のみを見ても、イタリア憲法の独自性がうかがえるが、詳細な人権規定の中にも、そうしたイタリアならではの特徴を持つ規定が散見される。イタリアも、フランスを除く多くのヨーロッパ諸国と同様に憲法裁判所を設置しているが、その権限や機能はドイツなどのそれとはまた異なっている。近時の動向としては、2014年に４月には、レンツィ政権によって、二院制や選挙制度を含むドラスティックな憲法改革の試みがなされたが、2016年12月の国民投票で否決されるという結果となった（詳細はイタリア憲法の解説を参照）。
イタリアや日本とともに、敗戦の中から新しい憲法体制へと歩み出したドイツは、戦後の東西世界の厳しい対立の波をもっとも強烈に被った国といってよい。ナチス体制によるヴァイマル憲法の実質的崩壊を経験したドイツの現行憲法（基本法）は、その歴史的経験を生かすべく、「自由で民主的な基本秩序」を維持することを標榜し、「人間の尊厳」条項をはじめとする人権関連規定においてはもちろん、政府形成や連邦議会の解散に関する規定、あるいは改正規定などの多くの箇所に、他には見られない独自の規定を多く盛り込んでいる。多くの条文の文言がきわめて詳細であることも大きな特色といえるであろう。暫定的憲法典としての性格をもつものとして出発したこの「基本法」は、その後、数多くの改正を経ており、冷戦構造の終結によって1990年に東西両ドイツの統一が実現したあとも、絶え間ない展開を見せている。とくに、長年の懸案であった連邦改革に伴う、連邦とラントの立法権限の配分の変更と連邦立法に対する連邦参議院の権限縮小等を中心とする2006年の大改正や、税財政関連規定を中心とする見直しがなされた2009年の改正、さらにはEUの進展、とりわけリスボン条約批准に関わる2008年の改正など、2019年末現在で通算して63回もの改正を経ており、その展開には多くの点で目まぐるしいものがある。

フランスの現行憲法は、一方で、国民議会と共和国大統領の双方を国民の直接公選にかからしめているほか、憲法改正についても部分的に国民のレフェレンダムの制度を導入している点等を見れば、制度のつくり方としては、1919年のヴァイマル憲法にも類似したところがある。しかしまた、他方、多くの憲法にほぼ共通して見られる権利章典を憲法典それ自体の中には持たず、その「前文」において、1789年の人権宣言とそれを確認し補充した1946年第4共和政憲法の前文等への遵奉を宣言するにとどめている。フランスの違憲審査制を大きく特徴づけている憲法院は、とくに1970年代以降は、人権保障機関としての機能を果たしてきたが、2008年7月の憲法改正により部分的な事後的違憲審査制が新たに導入された（その点ではドイツのいわゆる具体的規範統制手続に類似する点がある）ことは、きわめて注目されるところであるが、このほかの点でも、地方分権化など多岐にわたる新たな展開を示している。

スイスにおける本格的な近代憲法は、1848年憲法を全部改正した1874年憲法であり、この憲法典はその後、130回以上もの部分改正を経つつも、125年という長い年月にわたって通用し続けた。しかしその後、35年に及ぶ長い議論の末、1999年になって、ついに全部改正が実現して今日の現行憲法となっている。そもそも憲法改正という場合、多くの国の憲法ではその一部の改正が前提とされているといってよいが、スイス憲法では、一部の改正とは別に全部改正についても、明文で改正手続の視野に含めており、現に1999年憲法もそうした全部改正によって成立したものである点自体が、大きな特徴のひとつといえる（後述する韓国の現行憲法も80年憲法の全面改正であるが、韓国憲法にはこれに関する明文規定がない）。また、憲法改正について、イニシアティヴやレフェレンダムという権利をスイス国民に与えて、いわゆる半直接民主制が制度化されている点や、自然保護を含む環境保護に関して、いくつかの章の中で現代的な課題に取り組む姿勢が明確に示されている点も注目される。なお、スイスも、連邦制を採っているとはいえ、連邦を構成するカントンの性格は、アメリカ合衆国の州やドイツのラントのいずれとも異なっており、独自の伝統の中で発展している。

c)　本書には、以上の7カ国の憲法以外に、ロシア共和国、中華人民共和国および大韓民国の現行憲法が収められている。

まずロシアは、1917年の革命により社会主義型憲法のモデルを創出し、その影響は、その後に続いて成立したヴァイマル憲法その他の憲法にも少なからず影響を及ぼしたほか、1922年のソ連邦成立後のソ連憲法（とくに1936年憲法）は、第二次世界大戦後、東ドイツを含む東欧諸国の社会主義憲法の制定に大きな影響力をもった。しかし、冷戦構造の崩壊に伴い1991年にソ連邦が解体した後の1993年に、国民投票によって制定された現行憲法は、それまでの社会主義体制時代の特殊性を継承しつつも、西欧型の立憲主義と脱社会主義をめざした過渡的性格の強い憲法である。この憲法の運用状況が注目されてきたが、2008年には大統領と国家会議（下院）の任期延長などを内容とする選挙制度の大きな変革がなされ、2014年には司法改革に関連する憲法改正が行われた（本書287頁以下参照）。

これとは対照的に、中華人民共和国の憲法（1982年）は、経済面は別として、国家・政治体制としては、社会主義を堅持しており、共産党一党独裁と権力の民主主義的集中がなされており、本書に収めた（わが国を含めた）他の国々の憲法体制とは大きく異なる特徴を示している。しかし、その後４度の改正を経た現在、計画経済に代わる市場経済体制への転換など、経済の面では、周知のごとく、現在ではかなりの改革開放政策が進行しており、今後この国がどのような方向、どのように変化していくのか、きわめて関心が持たれるところである。

最後に、大韓民国の憲法は、1948年に制定されて以降、全部改正を含めると合計９回の改正を経て今日の姿となっている（1987年憲法）が、その際に特徴的なことは、権力保持者が自己の権力の存続と権力基盤の強化のために、大統領の任期や選出方法を中心とする改正が断行されたケースが多いことである。一時期は議院内閣制が採用されたこともあるが、現在では、直接公選による大統領の下で、大統領を頂点とする統治体制がとられている。しかし、アメリカ合衆国の体制を大統領制の典型と称するならば、韓国の体制はこれとは異なり、議院内閣制的な要素も加味された独特の統治システムだといってもよい。議会は一院制であるが、二院制の導入についても議論がなされているようであり、今後も統治体制にどのような変化がもたらされるのか、興味深いところである。

以上、叙述の便宜から、アングロ・サクソン諸国、ヨーロッパ大陸諸国、およびその他の諸国という３部分に分けて概観した。本書では、おおむね、掲載した憲法文書の歴史上の古い順に並べたが、スイスや韓国の憲法のように全部改正を含む根本的な改正が行われた場合に、それを新憲法の制定と見るかどうか自体も議論のありうるところであり、ここでの順序にはさほど重要な意味があるわけではない。

⑵　比較憲法の意義

日本国憲法が施行されてから70余年を経た今日、わが国でも様々な立場からの憲法改正の論議が高まりつつあり、現在の安倍政権の下でそれが具体化される可能性もないわけではない。そうした現状に鑑みても、諸外国の憲法の規定とその運用に目を向けることは―改正の動きにどのように向き合うかは別として―非常に重要なことであり、また興味深い作業でもある。もとより、⑴で見てきたように、本書に収載した10カ国の憲法だけをとってみても、各国はそれぞれの歴史と文化と伝統に育まれた独自の発展を遂げているのであるから、それを比較したからといって、そこから何が読み取れるのかとの疑問もありえよう。それは読者ひとりひとりの視点と関心によるが、少なくとも言えることは、本書の編者を含めた戦後世代の者や今日の若者にとっては、ややもすると、私たちの国の憲法が、戦後の西側立憲主義をとる国々の憲法と多くの点で共通項をもっていると考えがちであるが、実は、日本国憲法が多くの点で、他の国にはあまり見られない独特の制度や規定ぶりをしていることは見逃しがちだということである。憲法第９条は言うまでもないが、他にも、たとえば政教分離原則の規定の仕方（第20条）しかり、最高裁判所の裁判官の国民審査の制度（第79条）しかり、あるいは、国務大臣の過半数が国会議員でなければならない旨の定め（第68条第１項但書き）や国会の会期に関する規定（第52条以下）などもしかりである。

従来、各国の憲法を比較する場合に、さまざまな類型論が用いられてきた。たとえば軟性憲法と硬性憲法、資本主義型憲法と社会主義型憲法、近代憲法と現代憲法といった具合である。また、それぞれの制度についても、国家と宗教団体の関係についての国教制度型と政教分離型、違憲審査制についてのアメリカ型、ドイツ型、フランス型、あるいは、統治体制についての立憲君主制と共和制、大統領制と議院内閣制等々、さまざまな観点から分類がなされてきた。しかし、それぞれの国の憲法をこうした類型のどれかに当てはめうるとしても、詳細に見れば、必ずしも同じではない。否それどころか、全く同じ「国のかたち」など皆無といっても過言ではないほど、それぞれの国の憲法は多様性をもっている。議院内閣制ひとつをとってみても、ドイツとイタリアと日本では大きく異なっているし、大統領制についても（アメリカとフランスと韓国を比べてみれば）同様のことが言える。あるいはまた、国会議員の選挙についての制度設計についても、各国で多種多様な仕組みが構築されている。それぞれの国にとって何が最重要課題なのかは、国によって異なるのであり、人は他を知って初めて己を知ることができるのである。それゆえ、憲法の類型論は、それ自体は無意味ではないが、類型はあくまで類型にすぎず、ある視点から見た一応の基準にすぎないことを忘れてはならない。本書の読者は、いわばデジタル的な視点ではなく、アナログ的な視点で、複合的な視野から世界の憲法を学んで欲しいと願っている。

（初宿正典）

2　世界の憲法動向

⑴　21世紀の憲法変動と国民国家（Nation-state）の揺らぎ

17・18世紀に誕生した近代憲法の諸原理（人権保障、国民主権、権力分立、法の支配など）は、20世紀以降、現代憲法のなかで発展し変容を遂げた。とくに第二次大戦後に制定された諸国の憲法では、①「社会国家」理念・社会権の出現、人権の国際化、②議会優位の構造から行政府優位の構造への展開（「行政国家」現象）、③違憲審査制による法治国家の確立などの特徴が認められる。とくに1990年代以降は、グローバリゼーションや欧州統合、ソ連邦崩壊による冷戦の終結等を背景に著しい憲法変動の波にさらされた。

21世紀の憲法では、グローバリゼーションの潮流の中で人・資本・技術等が地球的規模で移動し、領土・主権・国民を要素として近代に成立した国民国家のあり方が変容した。それが国家主権の制限や人権の国際的保障を促進し、近代憲法の基本原理としての国民主権や人権保障にも影響を与えた。

このような展開を踏まえて、以下では、主権原理、人権原理、法の支配（法治国家)、統治機構、平和主義、憲法改正の順に、世界の憲法状況を総合的に概観しておこう。

(2) 主権原理―統合と国際化による国家主権の制限

国際化や統合によって国家主権が制約され、国民主権や市民権の理論に変化が生じた。ヨーロッパ諸国では、欧州連合条約（マーストリヒト条約、アムステルダム条約、ニース条約、リスボン条約等）による国家主権の制限や移（委）譲が政治課題となり、主権論の再検討が緊急課題となった。

例えば、フランスの現行憲法（1958年）第３条は、「国民（＝国家）の主権［souveraineté nationale］は、人民に存する」ことを定めるが、フランスでは、souveraineté nationale の語は、対外的な国家主権の意味と同時に対内的な国民主権の意味に用いられる。従来から言われている主権の３つの用法（①国家権力の最高・独立性、②国家権力の総体、③国家における最高意思決定機関）のうち、ここでは第２の用法が採用されることで、人民に帰属する主権（国家権力）の移譲が禁止されてきた。しかし、マーストリヒト条約の批准に関する1992年憲法院判決は、「主権行使の本質的要件」を侵害しない限りでの移譲を認め、諸学説もこれを正当化するために主権の多義性を強調した。ドイツでも、連邦共和国基本法第20条第２項で「すべての国家権力（Staatsgewalt）は、国民（Volk）に由来する」として国民主権原理を定めるが、東西ドイツ統一や欧州統合などによって揺らぎが生じた。基本法第24条１項では国際機関への Hoheitsrechte（高権）の委譲が明記されていたが、1992年の第38回改正で第23条の諸規定等が追加され、欧州連合への主権委譲手続が詳細に定められた。

さらに、欧州連合市民に対する欧州市民権、地方参政権の付与や欧州連合条約に基づく庇護権の承認、欧州逮捕状の創設、欧州憲法の制定など、新たな欧州連合の組織化のなかで、国民国家の国家主権の制約と移譲が続いた。2004年10月29日に締結された欧州憲法条約では、自由、平等、民主主義、法の支配等を基本原理として欧州基本権憲章（2000年）を掲げ、EU 大統領や外相等の新設によって次第に欧州連邦国家の様相を強めたが、批准が遅れて凍結された。その後、2009年12月１日にリスボン条約（欧州連合基本条約を修正する条約）が発効し、2013年７月にクロアチアが加盟して加盟国28カ国、人口約５億1000万人に拡大した。他方でギリシア債務危機などに端を発した財政問題が重大な局面を迎え、2016年６月にはイギリスの EU からの離脱が国民投票で決定されて政治の混迷を極めたが、2019年12月の総選挙で保守党が勝利したことから2020年1月末の離脱が実現した。同年12月末までは移行期間となるため、今後の動向が注目される（本書52頁、2018年ヨーロッパ連合（脱退）法以下参照）。

(3) 人権原理

a) 憲法理論の中核を占める人権原理についても、現代的展開や変容が認められる。自由権中心の第一世代の人権から、社会権中心の第二世代の人権を経て、第三世代の人権といわれる「新しい人権」に重点が移り、人権の国際化も進展した。とくに、国際連合や欧州共同体（EC）などで採択された多くの国際人権条約が国内法化され、人権規範が拡大した。1998年6月15日には、160カ国の代表によって国際刑事裁判所設立条約（ローマ規程）が締結され、戦争犯罪、人道に対する罪などの国際法違反の個人等を裁くための常設裁判所が設置されるなど、人権保障手段も拡大した（この条約は、60カ国以上の批准を発効の条件としていたが、2002年7月1日に138カ国の署名と、76カ国の批准を得て発効した）。

b) 人権主体についても、近代国民国家では排除されていた外国人・子ども・女性・障害者などの権利が保障されるようになり、人権の普遍性が承認された。反面、多文化主義などの諸潮流から批判が加えられ、マイノリティーの権利が重視されるようになった。欧州基本権憲章では、差別禁止条項（第21条第1項）の中に、人種、性別等とならんで「性的指向（sexual orientation）」が含められ、同性カップルなどによる家族形成が認められる傾向が出現した。現実に、2000年のオランダに続いて、2005年にはカナダ全州で同性婚が認められ（世界で4番目、本書96頁参照）、2010年6月アイスランドで同性婚が認められて首相が世界初の同性婚首脳になり、2013年5月にフランスでも同性婚が法制化された。その後も、イギリスで2013年に法制化され（本書52頁婚姻〔同性カップル〕法参照）、2020年5月末現在では、世界28か国で同性婚法が制定されるに至っている。また、各州の対応に委ねられているアメリカでも、2013年6月に連邦最高裁が婚姻防衛法（DOMA、同性婚を禁止）に対して違憲判断を下し、2015年6月には、婚姻を異性カップルに限定する州法を違憲無効とする判決を下して注目された（Obergefell v. Hodges, 576 U. S.（2015））（本書69頁参照）。

さらに現代憲法では、自由権・社会権の保障を超えて、人間の尊厳や個人の尊重、個人の自律を基調とする人権論が重視されている。日本でも、憲法第13条の個人尊重原則の下で、幸福追求権として「新しい人権」が保障されているのと同様に、ドイツ連邦共和国基本法では、第1条で人間の尊厳の不可侵性が定められ、これを保護する国家の基本権保護義務論が盛んとなった。また第2条が定める「人格を自由に発展させる権利」や「生命に対する権利」も、「情報自己決定権」や、人工妊娠中絶や生殖補助医療、クローン技術の発展等との関係で、次第に重要な意味を持つようになった。その他1993年に制定されたロシア共和国憲法でも、生命の権利（第20条）、個人の尊厳（第21条）、情報プライヴァシー権（第24条）が定められた。1999年制定（2000年施行）のスイス連邦憲法でも、ドイツの場合と同様に、基本権カタログの冒頭に人間の尊厳の保護（第7条）が規定され、生命に対する権利（第10条）、プライヴァシーの権利（第13条）、メディアの自由（第17条）、環境保護（第74条）等が定められた（本書283頁参照）。

また、平等原理についても、欧州連合や国連などで、ポジティヴ・アクションや暫定的特別措置を推奨していることを受けて、各国で、積極的格差是正措置（アメリカでいうアファーマティヴ・アクション）が採用された。フランスでは1999年７月９日に、公職における男女平等参画のための憲法第３条・第４条の改正が実施され、2008年７月の憲法改正によってこの原則が経済的社会的領域にも拡大されて憲法の基本原理を定める第１条に移された。（男女格差の解消に大きな成果が得られたことは、世界経済フォーラムのジェンダー・ギャップ指数GGIが、2014年度45位から2019年度15位に急上昇したことにも示される。（本書220頁参照）。イタリアでも、アムステルダム条約に則して、ポジティヴ・アクションを認めるための憲法第51条改正が2003年５月30日に実施され、公職における男女の機会均等を促進するための法律も可能となった。

c） 一方、古典的な自由権の保障については、個人の自由を保護するための国家の介入問題が議論されてきた。例えば、アメリカでは、ポルノグラフィーの制約の是非等をめぐって、リベラリズムとフェミニズムの対抗などが問題となった。フランスやドイツでは、古典的な信教の自由と政教分離、ないしは公教育の政治的中立性の問題が深刻化した。フランスではイスラムのスカーフ事件について、2004年３月の法律により公立学校におけるスカーフ着用の禁止という方向で解決を図ったが、2011年４月には、（全身を覆う）ブルカ等の禁止法が施行された。こうして共和主義原理（公教育の世俗性・中立性、ライシテ）と、多文化主義、非キリスト教の信教の自由等との対立構図をめぐる議論が激化している。

d） 西欧中心の普遍主義的人権論に対して、「アジア的人権論」という形での議論も注目されている。例えば中国では、1997年に国際人権規約社会権規約に加盟して2004年の憲法改正によって第33条第３項に初めて人権保障を明記した。一方で、中国およびアジアの文化的・宗教的伝統の重視、発展権などの集団的・民族的人権観などが問題とされており、そのアジア的人権論の行方も定かではない。

このように、今日の人権状況と人権論を瞥見しただけでも、最初にみたような人権の普遍性の承認という方向で解決し得ない、多くの難題が含まれていることがわかる。さらに人権保障の手法について、1980年代から憲法訴訟の隆盛傾向が続き、現代版の「法の支配」・法治国家現象が認められる。1998年に欧州人権規約を批准してロシア国民の多くが欧州人権裁判所に提訴するようになったロシアでも、人権の国際的保障のあり方が大きな課題となっている（本書292頁参照）。

⑷ 法の支配（法治国家）と「違憲審査革命」

a） 人権保障と憲法保障を目的とする違憲審査制は、アメリカの建国期におけるマーベリー対マディソン事件（1803年）を契機に確立された。治安判事任命の辞令交付をめぐる本件合衆国最高裁判所判決で、マーシャル首席裁判官は、法律が違憲であるかどうかを審査する権限が裁判所にあることを合衆国憲法制定の論理必然的な帰結として論じた。これにより、以後、合衆国憲法の最高解釈権が合衆国最高裁判所にあることが確立され、州に対する違憲立法審査権の確立や判例法主義の確立につながった。

一方、第二次大戦後には、違憲審査制が欧州諸国の憲法で採用され、オーストリアやドイツのような憲法裁判所制度が大きな影響を与えた。こうして1980年代以降、欧米・アジア諸国を問わず、世界の多くの国でこの制度が重視されたことについて、「違憲審査革命」という評価も生じた。

b) 違憲審査制は、非集中型（司法裁判所による前提問題型、アメリカ型）の付随的審査制、および、集中型（特別の憲法裁判所による主要問題型、ドイツ型）の抽象的審査制の２類型に分類される。第１の付随的審査制は、民事・刑事・行政の裁判を扱う通常の司法裁判所が、係属した訴訟事件の審理判断に付随して、事件解決の前提として適用法令の合憲性を審査する方式であり、アメリカ、カナダ、日本、インドなどで採用されている。この類型では、原告適格や訴えの利益などの訴訟要件が必要とされ、違憲判決の効力も当該争訟についての個別的効力にとどまる。第２の抽象的審査制は、特別に設置された憲法裁判所が、法定された提訴権者の申立てに基づいて具体的事件と関係なく法令等の違憲性を審査する方式であり、ドイツ、オーストリア、イタリア、スペインなど欧州諸国で採用された。1990年代以降、ポーランドやチェコなど多くの東欧諸国やロシア、旧ソ連邦諸国、アジア・アフリカ、中南米諸国でも憲法裁判所が設置されたため、この方式を採用する国家の数が飛躍的に増大した。この類型では、原告適格等の訴訟要件が厳しく制限されず抽象的な形で違憲審査を請求できる。さらに違憲判決の効力も、違憲と認定された当該法律等が当然に無効とされ、一般的効力をもつことが特徴となる。

c) 加えて、両者の要素を折衷した類型がイタリアで確立された。イタリアの方式は、通常裁判所または行政裁判所に係属中の争訟の途中に法律等の合憲性審査の必要が生じた場合に、抗弁の方法または職権によって憲法裁判所に事件を移送するものである。

伝統的な人民主権原理との関係で違憲審査制を拒んできたフランスでも、第五共和国憲法下で、もともと政治的諮問機関として設置された憲法院（Conseil constitutionnel）が、自らを人権擁護機関として位置づけて積極的な違憲審査を行った。その後2008年７月の憲法改正によって抗弁の方法による事後的審査制が導入され、2010年３月から活発に運用されている（本書218頁以下参照）。

ロシア共和国では、ロシア連邦憲法裁判所が機関訴訟等のほか憲法訴願の方法で法律の合憲性審査を実施している（第125条）。大韓民国でも憲法裁判所の役割が注目されている。とくに韓国の制度は、憲法訴願審判を含む集中型［ドイツ型］の違憲審査制であり、９人の裁判官からなる憲法裁判所が、法律の違憲審査のほか、弾劾の審判、政党の解散審判等を実施する（2017年３月10日には朴槿惠大統領に対する弾劾裁判の結果として罷免を言い渡した）。また、抽象的規範統制は行わず付随的審査制でありドイツとは大きく異なる点で、特有の制度である（本書383頁以下参照）。その運用においても、1988年～94年の第１期に身体の自由や経済的自由に関する多くの違憲判決を下し、その後も、韓国の伝統に由来する民法の同姓同本間の婚姻禁止制度を1997年に違憲とするなど、積極的な司法審査を行ってきた。ただし近年では、比例性の原則に基づいて判断されることが多く、違憲審査基準論は揺らいでいる。2018年には職業選択の自由に関して「流通産業発展法」を合憲と判断し注目された（本書380頁参照）。

これに対して中国では、従来は違憲審査制が存在せず、憲法を解釈し憲法の実施を監督する権限は全国人民代表大会常務委員会に属するとされてきた（第67条）。ところが、2018年憲法改正によってその常務委員会は「憲法および法律委員会」と改称されて憲法70条１項に明記され、同年６月の決定によって「合憲性審査を推進」することが明言されるなどの変化があった（本書349頁参照）。今後の運用が注目される。

d)　さらにアメリカなど多くの国で、違憲審査権を有する司法裁判官の民主的正統性が問題となっている。主権者によって選出されたわけではない（民主的正統性をもたない）裁判官が、主権者国民の代表としての立法者が制定した法律を無効にすることが、いかなる理由で正当化されるのか、民主主義と司法審査（民主主義と立憲主義）の関係が課題となる。とくに、共和主義の系譜にあるアメリカの憲法学説では、「我々、合衆国人民」の憲法制定権力を問題として人民主権を再登場させたブルース・アッカーマンらの研究が注目された。このように人民主権の立場からレファレンダムによる憲法改正を認める立場が注目されたことは、権力の民主化を重視するいわばレファレンダム型立憲主義と、違憲審査による憲法のコントロールを重視する憲法訴訟型立憲主義とのいずれが重視されるべきか、という対抗問題を引き起こした。この「民主主義と立憲主義の相剋」問題は、例えば、フランスのように伝統的に違憲審査を認めなかった国で前者から後者への移行が論じられ、逆に、違憲審査に依拠してきたアメリカで後者から前者への移行が論じられるという興味深い結果を招いている。そして各国がほぼ類似の憲法課題に直面しているということができよう。

⑸　統治機構―権力分立の現代的展開

a)　統治機構の面では、近代憲法から現代憲法への移行に伴う権力分立構造の変容が問題となる。18-19世紀の近代立憲主義の定着期には、議会中心主義が確立されたが、現代憲法の下では、立法国家（立法権を中心とする国家）から、行政国家（法を執行する行政権が強大な力をもつ国家）への展開が認められた。これは、近代の消極国家・夜警国家・自由国家から、現代の積極国家・社会国家への展開に伴うもので、社会権などの実現を目的として国家の機能が強化された結果、執行機関に権力が集中される傾向が強まったものである。いいかえれば、議会中心主義からみた場合には、主権者によって直接選挙で選出される国会議員が民主的正統性をもつとして、「立法までの民主主義」が重視されてきた。これに対して、大統領が主権者から直接選出されるなど、行政府の首長が民主的正当性を確保することによって、「行政までの民主主義」が問題となった。

さらに20世紀末からは、違憲審査制等による司法権の拡充によって、司法国家という用法も出現した。陪審制・参審制や日本型裁判員制度の導入などによって、「司法までの民主主義」が求められつつあるといえる。

b） 統治制度について、立法権（議会）と行政権（政府）との関係に注目して分類する場合には、大統領制（議会と政府とを完全に分離し、政府の長たる大統領を民選とする制度）、議院内閣制（行政権を担当する内閣の存立を議会に依存する制度）などに分類され、前者はアメリカ、後者はイギリスやフランス、日本などで採用されている。さらに、両者の中間的な制度（議院内閣制のもとで、大統領を擁する制度）もフランスなどで採用されており、「半大統領制」という用法も生じている。

これに対して、社会主義憲法では、例えば中華人民共和国憲法のように、民主集中制も存在する。この体制では、人民主権（第２条）のもとで全国人民代表大会と地方各級（クラス）代表大会が意思決定し、人民に対して責任を負い、その監督を受ける（第３条）と定められるが、実際には、党の執行機関に権力が集中され、一党独裁体制が維持されている。とくに中国では本書352頁以下でみるように、2018年の憲法改正によって79条３項の国家主席の就任制限が撤廃され国家主席の終身制が復活し、習近平主席の長期政権が実施される見通しとなった。また、ロシアでも、2008年の憲法改正（第81条）で大統領任期が４年から６年に延長され、プーチン大統領が２期８年を務めて首相の４年間を経た後、再び大統領を２期務めて、合計24年間も実権を握ることが可能になった。その後、2014年の憲法改正で大統領権限が一層拡大され、連邦議会上院議員の１割未満の議員を直接任命する特別枠が設けられるなど、独裁的（権威主義的）統治が進行してきた。2020年憲法改正案は、同年３月12日に議会で採択され、同月16日に憲法裁判所も国民の支持を条件にこれを容認したが、プーチン大統領の2036年までの就任が可能になった（本書290頁参照。国民投票が延期されたため、本書では、2020年改正憲法と併記した）。

c） 選挙制度は、選挙区制による分類では小選挙区制と大選挙区制に分けられる（各選挙区に１人の議員を選出する制度が小選挙区制、２人以上の議員を選出するのが大選挙区制、日本の中選挙区制は２～５人程度の議員を選出するもので後者のなかの独特の形態である）。また代表方法による分類では、多数代表制・少数代表制・比例代表制に分けられる。比例代表制は得票に比例して議席を配分する制度であるが、議席の配分方法は必ずしも一定しておらず、ヘア式、ニーマイヤー式、アンドレー式、ドント式など多くの類型がある。政党が作成した候補者名簿に関する拘束の度合いに応じて、絶対拘束式、単純拘束式、非拘束式などに分かれる。

主要国では、アメリカ、イギリスなどでは小選挙区制が、ベネルクス３国・北欧諸国等では比例代表制が採用されている。そのほか、日本や韓国のような小選挙区・比例代表並立制や、ドイツのような小選挙区・比例代表併用制など、複合的な制度も多い。イタリアは、1993年以降、比例代表制と並立制ないし連用制とも称される制度の間で改正を繰り返しており、2017年11月法改正でプレミアム制度が廃止された。2018年３月の選挙では過半数を獲得した政党がなかったため、連立政権確立まで３か月近くを要した（本書120頁参照）。いずれの制度にも一長一短があるが、代表制の本質と選挙権の権利性の尊重という原則にさかのぼって、可能な限り民意を正確に反映できる制度が追究されるべきことが基本である。

d) 近年では、国民代表と選挙を介在させる間接民主制に対して、直接民主制の手続が多用される傾向にある。直接民主制の一形態としてのレファレンダムは多様であり、スイス・フランス・イタリアなど多くの国で国民（人民）投票制が憲法上に明記されているほか、憲法や法律に根拠を有する多様な住民投票（拘束型、諮問型等）が実施されている。とくにスイスの半直接制が特徴的であり、主権者に発案権を認める国民イニシアティヴ制度が多用されている（詳細は、本書256頁以下参照）。フランスでも、2003年の憲法改正によって憲法上に住民投票が明確化され、地方自治の強化による分権化傾向が強まった。また2008年７月の憲法改正で人民発案を伴う人民投票制が導入され、半直接制への展開がいっそう特徴的なものになっている。

⑹ 平和主義

a) 平和主義についても、近代憲法の成立以後、（合衆国憲法などで）政府による軍隊統制の仕組みが明確にされるようになり、フランスの1791年憲法では「フランス国民は、征服の目的でいかなる戦争を企てることも放棄し、いかなる人民の自由に対してもその武力を決して行使しない」（第６篇第１条）と定められた。このような立憲平和主義の立場はフランスの1848年憲法・1946年憲法、ブラジルの1891年憲法、スペインの1931年憲法、イタリアの1948年憲法、および1949年のドイツ連邦共和国基本法等に引き継がれたが、侵略不正戦争のみを放棄するにとどまった。

これに対して、日本国憲法では、人類初の原子爆弾の使用を招いた第二次世界大戦への反省から、平和主義の現代的形態を先取りする形で戦争放棄・戦力不保持と平和的生存権が保障された。その後、アジア・アフリカ・中南米諸国の憲法のなかにも、平和主義条項をもつものが急増した。これらは、（ⅰ）抽象的な平和条項を置く国（インド、パキスタン、フィンランドなど）、（ⅱ）侵略戦争・征服戦争の放棄を明示する国（フランス、ドイツ、大韓民国など）、（ⅲ）国際紛争解決手段としての戦争放棄を明示する国（イタリアなど）、（ⅳ）中立政策を明示する国（スイス、オーストリアなど）、（ⅴ）核兵器等の禁止を明示する国（パラオ、フィリピン、コロンビアなど）、（ⅵ）軍隊の不保持を明示する国（コスタリカ）、（ⅶ）戦争放棄・戦力不保持を明示する国（日本）に分類することができる。今日では1949年憲法第12条で常備軍を廃止した中米のコスタリカが注目されているが、憲法上は軍隊を組織できると定められている（同３項）ことも忘れてはならない。（詳細は、辻村『比較憲法第３版』2018年 XI 章参照）。

b) 以上のような比較検討からすれば、憲法上で戦争放棄と戦力不保持をともに明示し、さらに憲法前文で平和的生存権に言及した日本国憲法が特別の位置にあることが理解されよう。しかし、いうまでもなく実態は憲法規定から大きくかけ離れており、軍隊としての自衛隊がイラクなどに海外派遣されてきた現実がある。憲法規範とその運用がかけ離れてしまったから憲法を改正して実態にあわせるべきだという議論も強まっているが、それによって日本国憲法の比較憲法上の意義が損なわれるものではないといえる。

⑺ 憲法改正

a) 憲法規範と運用の乖離の問題は、憲法保障や立憲主義の点からも検討される必要がある。憲法の運用が憲法規範から離れたという実態を理由として憲法改正を正当化することは、改正後の運用が再び規範から乖離した場合にも、そのような憲法政治を許した政府の責任を問うことなく再度の改正を容認することにつながってしまう。これでは、憲法を制定して政府（政治権力）を拘束するという立憲主義の原則は有名無実となり、憲法改正手続を厳格にすることによって恣意的な改憲を制約しようとした「硬性憲法」（通常法律よりも改正手続を厳格にした憲法）の理念が損なわれてしまう。

b) 実際、世界の憲法を見渡せば、通常の法改正より厳格な憲法改正手続を定めている硬性憲法の国が圧倒的多数である（例外は、成文憲法をもたないイギリスやニュージーランドなど、ごく一部の国に限られる）。

諸国の憲法改正手続は、（ｉ）特別の憲法会議招集もしくは議会の特別の議決による発議と、批准要件を定める場合（アメリカでは連邦議会両院の３分の２の発議または州議会の３分の２の要求で憲法会議を招集し、改正案について４分の３州の批准または憲法会議の批准が必要）、（ⅱ）特別の憲法会議の議決または国民投票による承認を要求する場合（フランスでは、国民投票もしくは両院合同会議の５分の３以上の賛成が必要）、（ⅲ）議会の特別の議決および国民投票の過半数の承認を要求する場合（日本では各議院の総議員の３分の２の賛成で発議し、国民投票での承認が必要。韓国でも一院制の議会の３分の２の賛成による発議と国民投票の過半数による承認が必要であるうえ、選挙権者の過半数の投票〈すなわち最低投票率50%〉が必要）、（ⅳ）議会の特別の議決または国民投票の承認を要求する場合（スペインでは、重要事項以外の部分改正の場合、各議院の５分の３の発議後、いずれかの議院で10分の１以上の要求があれば国民投票に付す）、（ｖ）議会の特別の議決を要求する場合（ドイツでは、連邦議会議員および連邦参議会の票決数の３分の２の同意で成立する）などに分類される。

これらのうち、州の批准や国民投票を必要とせずに改正が可能なドイツやフランスでは、実際に憲法改正がそれぞれ64回、24回も繰り返されてきた。しかし諸外国では、このほかにも議会の４分の３の議決と国民投票の過半数の承認を必要とするフィリピンや台湾などがあり、特別多数を定めている例が多い。また重要事項の改正と憲法の全面改正については手続をさらに厳格にしている国もあり、スペインでは、両議院の３分の２の賛成後議会を解散し、さらに新議会の各議院の３分の２以上の賛成で発議し、国民投票の過半数による承認をも必要としている。ロシアでも、重要規定については両議院の総議員の５分の３の要請があれば憲法制定会議〔憲法議会〕が招集され、その３分の２もしくは国民投票の過半数の賛成があれば改正できるが、最低投票率50%を要求している。そのほかにも対象によって難易度に差をつけたり、最低投票率を要求したり、議会の解散要件を課すなど、多くの国（オランダ、ベルギー、フィンランド、デンマークなど）で手続を厳格にするために工夫をしていることが注目される。

c） これに対して日本では、2007年の国民投票法（憲法改正手続法）制定・2010年施行後、2012年12月総選挙によって自民党が政権復帰して以来、96条の改正手続の先行改正論などの改憲論議が盛んになった。「日本がこれまで憲法改正をしなかったのは96条の手続が厳しすぎるからである」とか、「ドイツでは59回も憲法改正しているのに日本が全く改正してないのはおかしい」などの政治的な（世論誘導的な）議論がなされ、3分の2の発議要件を過半数に緩和して国民投票に委ねるべきことが主張された。

この議論はその後沈静化したようにみえるが、ここにこそ諸外国の憲法を学ぶ意義が示されているといえよう。各国でどのような改正手続を採用し、どのような議論をしてきたのか、国民投票が有効に機能するためにどのような条件が必要か（投票率30%、15%の賛成でも改正できる制度でいいのか）など、各国の憲法状況に照らして具体的に検討しておかなければならない（世界各国の憲法改正手続と課題については、辻村『比較のなかの改憲論』岩波新書、2014年を参照されたい）。比較憲法の広い視点にたって、多くの国で厳格な改正手続を採用している理由を、近現代の立憲主義の課題と憲法保障の重要性に照らして、十分に理解しておくことが必要である。

d） この点では、中国・ロシアなどについて既にみたように、近年、大国の元首への権力集中傾向が著しく、大統領の任期延長と権限拡大（ロシア）や国家元首終身制の復活（中国）などの制度改革が、それぞれ2008年・2014年・2020年（ロシア）と2018年（中国）の憲法改正によって行われたことを重視しておく必要があろう。憲法を制定することによって権力者の権限濫用を防ぐことを旨とする近現代の立憲主義が通用しない独裁国家の在り方について、国家論の観点や民主主義の観点、さらには人権保障・平和主義の観点からも、根本的に再検討を行うことが求められる。

（辻村みよ子）

イギリス

（グレートブリテンおよび北アイルランド連合王国
The United Kingdom of Great Britain and Northern Ireland）

解　説

1　イギリス憲法の特徴

⑴　イギリスとは―Great Britain or Little England?―

イギリスの正式名称は、The United Kingdom of Great Britain and Northern Ireland である。ここでいうイギリスとは、イングランドがウェールズと連合し、スコットランド（1707年連合法 Acts of Union 1707）、アイルランド（1801年〔1800年連合法 Acts of Union 1800による〕）と合併（事実上併合）したが、1922年にアイルランド自由国が独立した際にプロテスタント住民の割合の高かった北部６州が北アイルランドとしてイギリスに残った状態のことを指す。イギリスは連邦制ではなく単一国家 a unitary state であるというのが建前だが、スコットランドは独自の法制度、裁判制度、教育制度を維持してきた。さらに、近年ではイギリス全体においても地方分権が進展した（2014年９月にはスコットランド独立の是非を問う住民投票が行われたが独立は否決された）。他方、イギリスは「欧州の病人」ともいわれた経済状況ゆえに、1973年に EC（現 EU）に加盟したが、EU 統合の進展に反発する意見が強くなり、2016年の国民投票では EU 離脱（Brexit）派が勝利した。しかし、いかなる Brexit をどのような手続で実現するかをめぐって、憲法政治は３年半にわたって迷走した。結局、2020年１月21日に EU から離脱したものの、その過程は、統治構造のあり方に次々と疑問を投げかけるものとなった。また、スコットランド独立問題の再燃だけでなく、アイルランド統一問題まで浮上している。

なお、本書では、イギリスの国名については、樋口陽一・吉田善明編『解説　世界憲法集〔第４版〕』にならい、解説部分においては、連合王国ではなく、なじみのある「イギリス」を用いる。Brexit は日本では「EU 離脱」という用語が一般化しているのでこれを用いるが、条約上の用語である withdrawal に言及する場合には「脱退」という訳語を用いる。

⑵　不文・軟性憲法と EU 離脱（Brexit）

イギリス憲法の特徴としてまっさきに挙げられるのが不文・軟性憲法である。ただし、これは誤解を招きやすい表現である。不文憲法といっても、単一の成文憲法典が存在しないという趣旨であって、憲法が法令の形式で一切存在しないということではない。実際には、他国であれば成文憲法典に規定されている内容が、コモン・ロー、議会制定法および憲法習律の中に存在しており、それらが単一の成文憲法典として編纂されていないだけである。また、軟性とは、憲法の改廃手続が通常法の場合と同じで、憲法の改廃を困難にする仕組が存在しないということであるが、実際上は、硬性憲法典を有する国と比して、憲法が変更されやすいとは必ずしもいえず、むしろ基本原理や基本枠組は手つかずのままで（典型例として議会主権）、近代立憲主義の諸原理と矛盾しかねない制度も存続してきた（実際には憲法慣行によって矛盾を回避してきた）。だからこそ、後述する1990年代末以降の憲法改革は画期的であった。大多数の世襲貴族院議員を廃止し、裁判所に不適合宣言を下す権限を与え、三権にまたがる大法官を解消し、最高裁判所を設置した（詳しくは後掲❷・❸）。他方、Brexit（EU 離脱）をめぐる困難な状況は、憲法の不文性ゆえに招来されたともいわれ、イギリスは憲法的危機 constitutional crisis に直面している（後述❹参照）。

⑶ 近代立憲主義の先駆的存在・漸進的発展

イギリスは、17世紀に、他国よりも 1 世紀早い市民革命を経て、議会主権を確立した。その際、人権宣言の先駆として権利章典（1689年）を制定した。米仏の市民革命を経た後に理論化された立憲主義モデルに照らすと、この権利章典が保障するのは「人としての生来の権利」（人権）ではなく「イギリス人の古来からの権利」であり、国民主権ではなく議会主権であるため、比較憲法史においては人権宣言や国民主権の萌芽的存在として位置付けられる。イギリスの場合、イギリス以前にモデルが存在しないために、議会制にしても、裁判制度にしても、また権利・自由の保障にしても、個々の実践の積み重ねが憲法慣行となり、後世それがモデル化される、という漸進的発展を遂げてきた。これがイギリス憲法史を通じての特徴であり、大規模な制度構想や高邁な抽象的理想・目標を掲げた上、これを実現するべく邁進するというアプローチは非イギリス的だと敬遠されてきた。「憲法とは何か」を考える上で、成文憲法典国とは対照的な例を提供する。

⑷ イギリス憲法の基本原理

成文憲法典がないため、ダイシー（1835-1922）の『憲法研究序説』（1885年）は、なかば憲法典的役割を果してきた（ウェイドの改訂によって第10版〔1959年〕まで存在）。ダイシーは、イギリス憲法の基本原理を、①議会主権、②法の支配、③憲法習律と整理した。基本原理の中でも中核となる議会主権とは、議会がいかなる法をも制定・改廃する権能を有すること、そして、この議会の立法を無効とし排除する権能をもつ、いかなる個人も団体も存在しないことを意味する（「議会は、男を女に、女を男にする以外はなんでもできる」）。議会主権は、国際化の文脈では、EC（EU の前身）加盟やヨーロッパ人権条約国内法化との関係で、国内的には新・権利章典制定や地方分権との関係で問題となってきた。EU 法の優位との関係で、議会主権は事実上変更されたという論がある一方、EU脱退が可能なので議会主権は維持されているという論もある。後述するように、現在、EU離脱を巡って、議会主権に再度脚光が当たっている。

ダイシーは、法の支配の内容としては、以下の三点を挙げる。①政府の恣意的権力行使は認められないこと、正式の法の絶対的優位（国の通常の裁判所の前で通常の合法的方法で確証された明瞭な法違反の場合を除いて、何人も処罰を受けず、また身体や財物に適法に不利益を加えることはできず法によって支配されるのであり、それ以外のものによっては支配〔処罰〕されないこと）、②法の前の平等（通常の司法裁判所の運用する国の通常法にすべての者が等しく服すること）、③憲法の一般原則が、裁判の前に提起された特定の事件で私人の権利を決定した司法的判決の結果であること。ダイシーは、②との関連で行政裁判所の不存在をイギリス憲法の長所として描いたが、現在、行政裁判所は重要な存在である。他方、行政機関に対するコントロールとして司法審査 judicial review（違憲審査制ではない）が1960年代以降発展を遂げた。

憲法習律とは、議会制定法および判例法以外の、歴史的に形成されてきた準則で、国王、首相、大臣、議員、裁判官等によって遵守されるが、裁判所が実現する法ではない（憲法習律違反は政治的責任が問われる）。たとえば内閣・首相、政府と議会の関係など、憲法構造の相当部分が憲法習律によって形成され、制定法上の規定がないことが多いが、実際上、強い拘束力を有する。

⑸ 収録した法令

イギリス憲法は、議会制定法、判例法、憲法習律の中に存在し、それらが漸次変更・追加されていく。以下、憲法の基本的諸原理が、制定法の中にどのように存在しているのか、本章に収録した法令を中心に紹介する（収録法令はゴチック体で記す）。なお、イギリスがグレゴリオ暦を採用したのは1752年で、それ以前の年号表記はユリウス暦に基づく。たとえば、ウィリアムとメアリィの即位は、当時のイギリスの暦では1688年だが、大陸諸国では1689年となる（そのため、2種類の年号表記が散見される。その場合は、両方表記する）。

まず、人権についてであるが、人権規定の萌芽的・先駆的存在と称される**マグナ・カルタ**や**権利章典**等は、そこに規定されている権利が、「イギリス人の古来からの権利」である点で、近代的人権とは異なる。マグナ・カルタは、ジョン王とバロンとの間で、バロンの国王からの自由を確認する契約として1215年に締結されたのが最初である（1215年のマグナ・カルタは樋口・吉田編・前掲書収録）。その後、すぐに廃棄されたが、ヘンリー3世および4世の治下において30回以上確認され続けてきた。現在でも、エドワード1世治下において確認された**マグナ・カルタ**（1297年）の一部は効力がある。その一つとして、同29条は、陪審による裁判、法の適正な手続、法の支配の起源とされる1215年マグナ・カルタ39条および40条を継承している。権利請願（1627／1628年、樋口・吉田編・前掲書収録）および**権利章典**（1688／1689年）は、マグナ・カルタを継承し、人身の自由、司法の正義、租税、常備軍の規制、議会および選挙における臣民の権利等を保障する。**権利章典**は、名誉革命後の王位継承規定も含み、王位継承法（1700／1701年、樋口・吉田編・前掲書収録）はその補充規定である（同法は司法権の独立を初めて明示的に規定）。**1679年人身保護法**は、「権利あるところに救済あり」という法格言を具現する法で、人権の手続的保障を重視するイギリス憲法の特徴を体現する（1803年、1804年、1816年、1862年と補強され、現在、1960年司法運営法第14条が手続を規定）。

議会による人権保障として注目されるのは、平等である。人種関係法、性差別（禁止）法、障害者差別（禁止）法等の個別立法を制定し、個別の国内人権機関を設置した。**2006年平等法**は、これらを統合し、扱う問題を年齢、宗教・信念、ジェンダー再指定、性的指向に拡大した。さらに**2010年平等法**は、社会的経済的不平等に関する公共部門の義務を明確化し、実施面の充実を図った。また、性的マイノリティに対して、2004年ジェンダー認定法 Gender Recognition Act 2004、2004年シヴィル・パートナーシップ法 Civil Partnership Act 2004、そして**2013年婚姻（同性カップル）法**が制定されている。2010年の政権交代後に登場した**2012年自由保護法**は、労働党政権時代の自由制約立法を廃止・改正する。抽象的人権規定は、**1998年人権法**によって初めて登場したが、ヨーロッパ人権条約の条文をそのまま採用する（導入の具体的方法は後述２（３）①参照）。

統治機構に関して収録したのは、現行法の核となる**1911年議会法、1983年国民代表法、1985年国民代表法**および**2011年議会任期固定法**である。**2000年政党・選挙・レファレンダム法**は、法的には私的クラブと同じ位置づけであった政党に対して初めて法的規制を及ぼした。漸進的発展の中で複雑化した裁判所は、徐々に改革され、**1981年上級裁判所法**（**2005年憲法改革法**によって1981年最高法院法から名称変更）、**2005年憲法改革法**によって、「現代化」された。議院内閣制や内閣は、憲法習律によって規律されてきたが、**2010年憲法改革・統治法**は、議会制定法で規定されていなかった公務員制度の基本事項を定めると同時に、条約の批准に関するポンソンビー・ルール（憲法慣習）を規定した。Brexit をめぐっては、内閣、裁判所、議会の関係が問われることになったが、それを体現するのが、**2017年ヨーロッパ連合（脱退通告）法、2019年ヨーロッパ連合（脱退）法、2019年第２ヨーロッパ連合（脱退）法、2019年早期議会総選挙法**である。

20世紀後半以降の国際化（とりわけヨーロッパ化）の潮流を代表するのが、**1972年ヨーロッパ共同体法**および**1998年人権法**である。他方、この潮流とは逆向きなのが、**2011年ヨーロッパ連合法、2015年ヨーロッパ連合国民投票法、2018年ヨーロッパ連合（脱退）法、2020年ヨーロッパ連合（脱退協定）法**である。2018年ヨーロッパ連合（脱退）法は、EU 脱退の日に1972年ヨーロッパ共同体法を廃止するものであるが、2020年ヨーロッパ連合（脱退協定）法により脱退実施準備期間（貿易協定等の協議を行う）中は、1972年ヨーロッパ共同体法が保留される。

2 「憲法改革」

イギリス憲法の特徴からすると、20世紀末に「憲法改革 Constitutional Reform」と銘打って、憲法全体に渡る改革プランを提示したことは注目に値する。その際のキャッチフレーズ「現代化」は、根本的変革をせずに漸進的変遷と慣行に委ねられてきた実情を物語る。しかし、憲法改革は、大プランを喧伝しながら、実際には限定的改革にとどまった。その中で、地方分権、1998年人権法（以下、人権法）および司法改革は、憲法構造全般に重要な影響を及ぼすものとなった。

⑴ 憲法改革の背景

憲法改革を必要とする状況は、20世紀末に突然生じたのではなく、第二次世界大戦後より、様々な立場の論者から問題提起されてきた（例として、スカーマン『イギリス法―その新局面』）。選挙独裁の現状と違憲審査制の不存在から、行政権の濫用を防ぐ仕組が存在しないことが問題視され、1970年代には、新・権利章典法案が議員提出法案として頻繁に提出され、活発な議論が行われた。しかし、1980年代以降、議論は停滞する。憲法改革が再び政治的課題となった要因は、労働党が1992年総選挙において、連続4度目の敗北を喫したことである。これによって、労働党は党の変革をより明確に示す必要性を強く認識した（最も鮮明に示すのが党綱領第4条の「国有化」条項の削除）。1997年の選挙マニフェストで労働党が掲げた「憲法改革」の中身の大半は従来から議論されてきたが、それをまとめて「憲法改革」というパッケージを提示したことが、従来の Old Labour ではなく New Labour であるという印象作りに貢献した。

⑵ 憲法改革の経過

1997年総選挙（投票率71.5%）では、労働党は、659議席中418議席を得る大勝を得て、同年5月の女王演説に、マニフェストの中からすぐに結果を出せるものとして、ヨーロッパ人権条約の編入や地方分権を盛り込み、実現させた。しかし、民主政の過程（とりわけ庶民院および選挙制度）に関わる改革は政治腐敗防止という側面を除き改革は進展しなかった。他方、「憲法改革」の第二次的・波及的効果として、当初の憲法改革のメニューにはなかった司法改革が実現した。人権法の関係から裁判所が注目され始める一方、対ヨーロッパとの関係で前近代的外見を維持できなくなったためである。これは、**2005年憲法改革法**によって実現された（原語の Constitutional Reform を憲法改革と訳すこと自体に、単一の成文憲法典を前提とするバイアスが入りやすいが、実態は統治構造改革である）。以前は、大法官が三権にまたがる権力を有し、最上級裁判所としての貴族院が議会としての貴族院の内部にあるという、権力分立原理に反する状態が、憲法慣行（たとえば法服貴族以外の貴族院議員は裁判所としての貴族院の審議に参加しない）によって権力分立を保っていた。この慣行を成文化したものである。

⑶ 憲法改革の内容

① **市民的自由と人権／1998年人権法**　イギリスでは、以前は、人権 human rights という言葉は国外の問題について使い、国内の問題には市民的自由 civil liberties を用いてきた。後者は残余の自由 residual liberty とも言われ、「人は、法によって禁止されていないことは、何でも自由にすることができる」という考え方である。さらに、「何百という抽象的な人権規定よりも人身保護令状の方が役に立つ」（ダイシー）、「権利あるところに救済あり」と言われるように、具体的な自由侵害に対して独立した裁判所によって与えられる法的救済の有無を重視する。よって、抽象的人権規定や違憲審査制は非イギリス的と敬遠されてきた。また、イギリスの裁判官は抽象的人権規定を解釈した経験がないので仮に導入されても取り扱えない、抽象的な権利規定を裁判官に委ねることは裁判官の政治化を招く、といった理由から、抽象的人権規定の導入は実現されなかった。

それが変化した原因は２つある。第１に、ヨーロッパ人権条約である。同条約は、イギリスにとっては、イギリスほど人権が保障されていない国のための条約であって、イギリスが訴えられる対象になるとは予想していなかった。ところが、イギリスが個人申立権を承認して以来1990年代前半まで、ヨーロッパ人権委員会への申立件数の点でも、ヨーロッパ人権裁判所における敗訴件数の点でも第１位という不名誉な地位を占め続けた。しかも、イギリスは同条約を国内法に編入しなかったので（変型方式）、国内裁判所が同条約を国内法として解釈適用できない状況が長く続き、裁判官の中からも、国内法化を容認する声が聞かれるようになった。同条約を解釈適用せずに下した結果とは反対の結論が、後にヨーロッパ人権裁判所から示されるのは困惑的だからである。第２に、労働党が選挙マニフェストに入れ、政治課題におけるメインストリーム化が実現したからである。

人権の内容として、すでに批准しているヨーロッパ人権条約が選ばれたのは現実的選択である。他方、どのように「国内法化」するかの点では、議会主権を変更しない（換言すれば、議会制定法を無効にする違憲審査制は導入しない）というのが多数意見であった。そのため、**1998年人権法**（以下、人権法）は、複雑かつ精妙な仕組を採用した（厳密には、ヨーロッパ人権条約自体は、いまだ国内法ではない）。すなわち、法律は可能なかぎりヨーロッパ人権条約上の権利と適合的に解釈されなければならないこと（人権法３条）を前提として、公的機関（議会は除く）はヨーロッパ人権条約上の権利と適合するように行動する義務（同６条）を負い、公的機関の不適合な行動（不法な行為）による被害者は裁判所による救済を受ける（同７・８条）。裁判所は、法律をヨーロッパ人権条約上の権利と適合的に解釈できない場合で、当該法律が議会制定法の場合には不適合宣言を出し、それ以外の場合には当該法律を適用しないか、または無効とする（同４条）。不適合宣言は議会制定法を無効にせず（よって議会主権を侵害しない）、大臣の救済命令による当事者救済の手段がある（義務的ではない）（同10条）。事前の適合性確保手段として、法案を提出する大臣は、当該法案の適合性の有無を表明する（同19条）。

実際の問題は、裁判所の適合的解釈は、どこまでが「解釈」として許され、どこからが「立法」として許されないのかである。適合的解釈ができない場合には不適合宣言を出し裁判所の役割は終わりであるが、そもそも法律の解釈には一定の幅がある上、かたや人権規定は抽象的一般的であることから、解釈と立法の境界が予め明確なわけではない。裁判所は判例の中でその境界線を模索してきた（*R v A (No. 2)*、*Re S*、*Ex parte Anderson*、*Bellinger v Bellinger*、*Mendoza v Ghaidan* 等）。不適合宣言に対しては、政府は法改正で対応するなど誠実な対応を見せている。代表例としては、*Bellinger v Bellinger* では不適合宣言が出された後、2004年ジェンダー認定法 Gender Recognition Act 2004が制定され、性同一性障害者の問題に一定の解決が与えられた。このような議会と裁判所の関係を「対話」と評する論者もいる。

論争的分野はテロリズム対策である。9・11同時多発テロ後、わずか1ヶ月で成立した2001年反テロリズム・犯罪・安全法 Anti-Terrorism, Crime and Security Act 2001は、外国人テロリスト容疑者を刑事訴追せずに無期限拘束することを可能にした。ところが、貴族院は、2004年12月、同法による無期限拘束は不適合と宣言した（*A v Secretary of State for Home Department*）。政府は、新たに2005年テロ防止法 Prevention of Terrorism Act 2005を制定して無期限拘束を廃止したものの、政府内から裁判所への強い不満の声が表明された。その後も、2005年7月7日にロンドンで同時多発テロが発生し、また、内外での状況を受けて、2006年、2008年、2011年、2015年、2019年と次々にテロリズム対策法が制定され、そのたびに自由に対する制約が問題となり続けている。

人権法の影響は人権保障メカニズムにも及ぶ。議会内には人権合同委員会 Joint Committee on Human Rights が設置され、全政府提出法案のヨーロッパ人権条約適合性を審査し報告書を議会に提出する。また、**2006年平等法**は、国内人権機関として平等人権委員会 Equality and Human Rights Commission を設置した。よって、人権の実施手段という点で、既存の統治機関の間で（とくに議会と裁判所）、新設機関との間で、そしてヨーロッパ機関との間で、多層的実施メカニズムが出現する一方、各レベルで摩擦が生じている。その上、裁判所の付与した新たな権限は、司法の独立性や裁判官の任命方法の問題点をより意識することになり、司法改革の一つの契機となった。よって、人権法の影響は、統治構造の全レベルに波及し、長期的に重大な変革を漸進的にもたらしている。

② **地方分権**　最初に実現したものの一つが地方分権（地域的分権）である。スコットランドとウェールズに地域議会が設置され、前者には第一次立法権と一定範囲の課税権が、後者には第二次立法権が委譲された（1998年スコットランド法 Scotland Act 1998および1998年ウェールズ政府法 Government of Wales Act 1998）。北アイルランドでは、1998年4月の和平合意に基づき同年7月に議会が発足し、1998年北アイルランド法 Northern Ireland Act 1998により1999年12月に権限委譲が実現した。

③ **議会**　議会主権にいう議会 King in Parliament とは、国王（または女王）、庶民院、貴族院の三者によって構成される。実際には、憲法習律として、国王は形式的・儀礼的役割を果すのみで（君臨すれども統治せず）、実際には庶民院と貴族院によ

る二院制である。しかも、庶民院における普通選挙制実現が、庶民院の優越を確立させた（金銭法案や一般法律案は、一定の要件を満たすと貴族院の同意は不要。1911年議会法参照）。

貴族院改革　1999年貴族院法 House of Lords Act 1999は92人（2019年現在91人）を残して世襲貴族の議席を剝奪したので、2019年現在、一代貴族675人が中心的勢力である（そのほかに26人の聖職貴族が存在）。党議拘束は存在しない。貴族院の民主的正当性の強化につながる改革は「庶民院の優越性」を揺るがし、他方、改革の不徹底さは民主的正当性の欠如を拭えないというジレンマがゆえに、その後改革は停滞している。現在、首相が任命する一代貴族の増加も問題である。

庶民院改革　イギリスの統治構造の特徴として、また民主政体のモデルとして頻繁に言及されてきた「ウェストミンスター・モデル」であるが、選挙民の少数の支持で庶民院の多数を制した政党の政策が一方的に実施される問題性（選挙独裁）は以前から指摘され、①小選挙区制は安定的政府を創出する、②イギリスは「二大政党制」である、③イギリスは均質な国家である、という前提は疑問視されている。なぜならば、①戦後、過半数の投票を得て政権に就いた政党はなく、一党だけで絶対多数を達成できなかった選挙や得票率では劣るのに議席数では優るという選挙が存在すること、②得票率に基づけば二大政党制とはいえないこと、③スコットランド国民（民族）党（SNP）やウェールズ国民党等、地域に根ざした政党の存在が指摘できるからである。Jenkins 委員会報告書は、比例代表制の導入を推奨したが、具体化されなかった（後掲**3**(2)参照）。なお、ウェストミンスター議会以外の選挙では、すでに比例代表制が導入されている。

選挙・政治資金制度改革　唯一の抜本的改革が政治資金・選挙運動改革である。これは1997年総選挙における保守党の大敗北が、政治腐敗による政治不信に由来することに基づく。Neil 委員会報告書を受けた政府白書に基づき**2000年政党・選挙・レファレンダム法**が制定され、全国レベルの選挙費用支出制限を含む詳細な規制と選挙委員会 Electoral Commission が誕生した。他方、政党助成は実現せず、その代わり政策開発助成金（年間総額200万ポンド）が同法によって導入された。さらに、2009年政党・選挙法 Political Parties and Election Act 2009が制定され、政治資金に対する規制が強化された。議員・公職者のスキャンダルは後を絶たず、2009年には議員手当の使い方をめぐるスキャンダルが生じ、2009年議会行為基準法 Parliamentary Standards Act 2009が急遽制定された。選挙に関しては、法律ではないが、1997年総選挙から労働党が導入した女性立候補者優遇措置が注目される（1997年に女性議員の数が60人（議員全体の９％）から120人（同18.2％）へと倍増し、2017年総選挙時点では、女性議員は208人（32％）に到達し、労働党は議員の45％が女性である）。

④　**裁判所と司法改革**　2003年に大法官府が廃止され、憲法問題府 Department for Constitutional Affairs（後に司法府 Ministry of Justice に移管）が設置され、司法改革の議論が開始された。その結果、**2005年憲法改革法**が制定され、①大法官職の変更、②最高裁判所の設置（貴族院の一委員会として存在していた司法府の最上級審を立法府と

しての貴族院から切り離す)、③任命過程の透明性のための司法任命委員会創設等が実現された。これによって、立法、行政、司法と三権にまたがって権限を有していた大法官の司法的権限が廃止され、権力分立の徹底が図られ、司法権の独立の補強が明文によってなされた。最高裁判所は、議会議事堂とは独立の建物において2009年10月から活動を開始し、名実ともに独立性が明確にされた。

3 連立政権の憲法改革

(1) 政権交代と憲法改革

2010年の総選挙では、いずれの政党も過半数を確保できず(保守党307、労働党258、リベラル・デモクラッツ〔以下、LD〕57、その他28)、ハング・パーラメントとなった。政党間の交渉のすえ、保守党とLDと保守党は基本的理念が異なるため綿密な合意文書が作成された。同年6月には、政治・憲法改革特別委員会が庶民院に設置され、以下のような憲法問題に再び注意を向けさせた。

(2) 政治改革

合意文書では、①議会任期の5年固定化、②選挙改革として順位指定投票制(Alternative Vote)の導入、③国会議員に対するリコール、④貴族院の民選化、⑤庶民院改革等の政治改革、⑥選挙腐敗の改善等が掲げられた。①は、**2011年議会任期固定法**として実現し、任期が5年に固定された(ただし総議員の3分の2の多数で早期解散可能)。②は、2011年議会選挙システム・選挙区法 Parliamentary Voting System and Constituencies Act 2011となり、順位指定投票制の導入に関する国民投票を行い、賛成32.1%、反対67.9%と、現行の小選挙区制が支持された(投票率41%)。③は2015年国会議員リコール法 Recalls of MPs Act 2015として実現された(リコールの条件を満たすと議員は議席を失い補欠選挙を実施)。④は、2012年6月に貴族院改革法案が提出されたが、与党から造反議員が多数出現し撤回された。⑤は、庶民院改革特別委員会の提案を、政治・憲法改革特別委員会が検討するだけに終わった。⑥は、2013年選挙登録運営法となった。

(3) 人権・平等

合意文書は、労働党政権下における市民的自由に対する「浸食」を元に戻すとして、2011年3月、イギリス独自の権利章典の創設を調査する委員会を設立した。同委員会は関係団体から意見聴取を行ったが、コンセンサスに至らず、2012年3月に報告書を提出し解散した。自由に対する浸食を戻すための法律としては、**2012年自由保護法**が制定された(内実は労働党政権下の自由制約立法を廃止する法律)。たとえば、テロリズム規制法の起訴前拘束期間を28日から14日に短縮し、不起訴となった者の指紋・DNAの警察による保管(ヨーロッパ人権裁判所による条約違反認定を受けた)が見直された。「平等」について、合意文書は、社会的流動性と平等な機会における多くの障害を懸念し、日本の文脈では社会権の保障として扱われる内容も含む。たとえば、賃金の平等について、2013年企業・規制改革法 Enterprise and Regulatory Reform Act 2013が制定され、雇用審判所の権限が強化された。他方、人種、性別、宗教、性的指向、障害、年齢を理由とする様々な差別を徹底する具体的方策が推進され、たとえば、**2013年婚姻（同性カップル）法**が、イングランドおよびウェールズにおいて2014年３月に施行された（スコットランドでも同様の法律が2014年に施行）。

⑷　ヨーロッパ

合意文書は、EU においてイギリスが強力かつ積極的役割を果たすと宣言しつつ、これ以上の主権の委譲を行わないこと、1972年ヨーロッパ共同体法を改正し、EU に権限を移す条約は国民投票にかけること、ユーロに参加しないこと等を掲げた。実際、**2011年ヨーロッパ連合法**によって国民投票の手続が制定され、国内立法の最終的権威は議会にあることが確認された。他方、ヨーロッパ人権裁判所との関係では、幾つかの同裁判所判決が、政府の態度を硬化させ、2015年総選挙の保守党マニフェストに「人権法廃棄」が明記された。その筆頭は、①受刑者の選挙権の一律剝奪が条約違反とされたこと（すでに労働党政権下で下された *Hirst v UK*（No 2）〔2005年〕に起因する問題であるが、同種の事件がヨーロッパ人権裁判所に押し寄せた。政府はパイロット判決（*Greens and M.T. v UK*〔2010年〕）という形で法改正を迫られると同時に、ヨーロッパ評議会閣僚委員会から何度も判決の履行を促されてきた）および②外国人テロリスト容疑者の本国送還が条約違反とされたこと（*Othman*（*Ab Qatada*）*v UK*〔2012年〕）等である。キャメロン首相は、イギリスが議長国となった2012年のヨーロッパ評議会閣僚委員会において、ヨーロッパ人権裁判所改革の文脈で、同裁判所の権限を制約する提案を行い、妥協の結果、同裁判所の補完的役割や評価の余地（締約国の裁量）が同条約前文に規定された（第15議定書）。

4　Brexit と憲法危機？

⑴　2015年総選挙と国民投票

2011年議会任期固定法に明記された期日である、2015年５月７日に実施された総選挙では、再度の連立政権という予測（首相自身が単独勝利を予想していなかったという）に反して、保守党が単独勝利した（650議席中331議席獲得）。LD は連立政権の一翼を担ったことで独自色を失い大幅に議席を減らす一方、スコットランドでは SNP が躍進し労働党が議席を失ったためである。そのため、キャメロン首相は、保守党内 EU 離脱派を取り込むために盛り込んでいた選挙公約（EU と交渉の末、イギリスに最適な条件を確保した上、残留の是非について国民投票を行う）の実現に着手せざるを得なくなった。**2015年欧州連合国民投票法**（国民投票は諮問的で法的拘束力はない）が制定され、2016年６月23日に、国民投票が行われ、離脱派が17,410,742票（51.9%）、残留派が16,141,241票（48.1%）を獲得した（投票率72%）。この結果は社会の様々な分断を示すものとなった。離脱対残留が、イングランドでは53.4％対46.6％、ウェールズでは52.5％対47.5％である一方、スコットランドでは38.0％対62.0％、北アイルランドでは44.2％対55.8％と逆転する（スコットランド独立問題が再燃）。若い世代ほど残留を支持するが（18-24歳の有権者は73％が残留派）、45歳以上では離脱派が多数派となる。離脱派は主権の回復、移民抑制を、残留派が離脱による経済的損失および残留のメリットを重視した。キャメロン首相の即時辞任によって展開された保守党の党首選では、離脱派の中心人物（元ロンドン市長のジョンソン議員、法務大臣ゴブ、レッサム議員）が次々と辞退し、同年７月に残留派の内務大臣メイが無投票で党首に就任し、首相として任命されて内閣を組閣した（ジョンソンは外務大臣、レッサムは環境大臣、離脱派デイヴィス議員がBrexit大臣として閣内入り）。

⑵　2017年脱退通告と議会主権

メイ首相はBrexit means Brexitと言い切り、政府は国王大権に基づき脱退通告を行えるとして、脱退通告を2017年３月までに行うと明言した（EU側も脱退通告があるまで交渉に入らないと明言）。ところが、市民によって提起された司法審査において、2016年11月３日、高等法院は、議会主権ゆえに政府は単独で脱退通告を行えず、議会に諮る必要があると判示し、2017年１月24日、最高裁もこれを支持した（*Miller I*判決）。そこで、政府は同年３月16日に**2017年ヨーロッパ連合（脱退通告）法**を成立させた。国民投票前は庶民議員の３分の２が残留派であったが、庶民院では国民投票の結果を無視することは民主主義に反するという論調が席巻した。同月29日、イギリス政府は同法に基づき脱退通告を行った結果、2019年３月29日にイギリスがEUから脱退することが決まり、イギリスとEUの間で、離脱協定（deal）の協議が開始された（協定なしでも期限がくれば脱退となる）。

⑶　2017年総選挙と少数内閣への転落

メイ首相は、2017年４月18日、解散総選挙を宣言し、同月19日に**2011年議会任期固定法**によって要請される特別多数（定数の３分の２）を得て解散が可決された。表向きの理由はBrexitを円滑に進めるためにはstrong and stable governmentが必要だからとするが、実際には野党労働党の支持率が当時非常に低かったことを計算に入れての解散であった。しかし、労働党は解散に反対すると、Brexitに反対し、民意を無視しているという印象を与える懸念から解散に賛成した。同年６月８日の総選挙では、保守党は大幅に議席を減らして過半数に届かず、労働党は議席を伸ばしたが過半数に届かず、Brexitを牽引してきたシングル・イシュー政党であるUK独立党UK Independence Party（UKIP）は議席がゼロとなった。そのため、保守党は北アイルランドの地域政党である民主統一党Democratic Unionist Party（DUP）と連携を結ぶことによって過半数を庶民院で確保するという少数内閣に陥り、その後のBrexit交渉を困難なものにした。

⑷　難航するEUとの交渉と2018年ヨーロッパ連合（脱退）法

離脱のプランを事前に準備していなかったイギリスは、EUとの交渉においては劣勢に立たされた。交渉期限が2年と限られていて、その間に協定が成立しなければイギリスは自動的に脱退となるのに対して、EU側には交渉を急ぐ理由があまりない上、EUの根本原理である単一市場の一体性（モノ・人・サーヴィス・資本の自由移動）については妥協できない（イギリスの「いいとこ取り」を認めるようでは追随する国を生んでしまう）。そして、EU加盟国の団結は当初の予想を超えて固く、イギリスが個別交渉をする余地がなかった（他のEU加盟国の選挙ではEU離脱を掲げる政党が政権を取ることはなかった）。他方、メイ首相は国内においても少数内閣であるがゆえに苦境に立たされた。自党である保守党内の離脱強硬派（主権の回復が絶対的条件）、DUP（北アイルランドの別扱いを断固拒否）、野党労働党（政権奪取）、スコットランド地方政府（スコットランド独立）と、妥協点を見出しにくい相手のいずれかを味方につけて協定案の同意を得なければならないからである。首相がチェッカーズ・プランとして内閣案を示した際（同年7月6日）には、ジョンソン外相、デイヴィスBrexit大臣が辞任し、同年11月に協定案が発表された際にはラーブBrexit大臣が辞任する等、閣僚メンバーの辞任が続く一方、保守党、労働党両党において党籍を離れる議員も生じた。他方、離脱に対応する法律である**2018年ヨーロッパ連合（脱退）法**も、紆余曲折の上、2018年6月26日にようやく制定された。同法は、1972年ヨーロッパ共同体法を廃止する一方、EUに加盟している間にイギリス法となったEU法をそのままイギリス法とする措置をとるものである。

⑸　三度にわたる「協定」の拒絶と離脱期限の延長―迷走するBrexit

2017年11月にEUとイギリス政府との間で合意が成立し、EU欧州理事会が離脱協定と政治宣言を2018年12月13日に承認し、残るはイギリス議会による承認であった。ところが、庶民院は3度に渡って「協定」を否決する一方、indicative votesという手法で過半数を得られそうな対案を模索したが一つも過半数を得られなかった（庶民院議長の采配にも注目が集まった）。庶民院で唯一過半数（313対312）を得たのはクーパー労働党議員の提案に基づく法案で、協定なしにEUから離脱しないことを確保した（**2019年ヨーロッパ連合（脱退）法**）。まず、政府の協定案は2019年1月15日に432対202（記録的大差）で否決された（しかしメイ首相が翌日の不信任決議を325対306で乗り切ったのは、協定には反対した保守党内離脱強硬派もDUPも首相を支持したため）。第2回目は同年3月12日で、391対242で否決され、首相は期限延長をEUに要請し、EUは、協定案が承認されれば5月22日まで延長するが、否決された場合には対案を4月12日までに出すことを求めた。そして、第3回目は3月29日で、344対286で否決され、首相は再度の期限延長をEUに要請し、EUは、本年10月31日またはその前に協定が承認された場合にはその日までの延長を認めた。

⑹　Brexit 実現――首相交代、議会停会、離脱期限再延長、総選挙

メイ首相は6月7日に辞任し、7月23日に離脱派ジョンソン議員が党首に選出され、翌日24日に女王によって首相に任命された。首相は、協定なし離脱（hard Brexit）も辞さずとの強硬な姿勢を示したが、庶民院は、9月4日、2019年第2ヨーロッパ連合（脱退）法（通称 the Benn Act）を賛成327、反対299で可決し、協定なし離脱を阻止した（10月19日までに協定案が議会で承認されなければ、離脱期限の延期をEUに申請することを政府に義務付けた）。この間、与党議員の造反・除名（21名）が生じ、政府は協定案の承認も得られなければ、早期解散もできないというジレンマ状態に陥った。すなわち、9月4日、首相は、解散総選挙の動議を提出するが、賛成298、反対56で、動議は否決された（2011年議会任期固定法により、解散総選挙の動議の可決には、全議員3分の2の賛成が必要）。9月10日、ジョンソンは、2度目の解散総選挙の動議を提出するが、動議は否決され、議会は停会 prorogation に入った。

この停会は、9月9日の週から10月13日まで約1か月に及ぶ議会の停会を首相が女王に助言したことに基づく。議会の口封じ、権限濫用との批判が出され、市民および一部の議員がイングランドおよびスコットランドで裁判を提起した。イングランドの高等法院は審理できないと判断したが、スコットランドの民事上級裁判所 Court of Session は原告の主張を認容し、9月24日、最高裁判所は、審理できるとした上、首相の助言が違法であると判示し、翌日、議会が再開された。最高裁の役割が再度クローズアップされた（*Miller II* 判決）。

他方、政府とEUとの間で新たな協定案が成立し、10月19日（37年ぶりの土曜日開催）に庶民院での採決に付されるはずであったが、同日、レトゥイン保守党議員の修正案（離脱実施法案が可決されるまで協定案の承認を保留という内容）が322対306で可決され、19日に協定が承認されえないことが明確となり、2019年第2ヨーロッパ連合（脱退）法に基づき、首相はEUに離脱期限の延期を要請した（合わせて、離脱実施法案であるEU（脱退協定）法案 European Union（Withdrawal Agreement）Bill を提出）。EUは2020年1月末（またはそれまでに離脱協定が承認された時点）までの延期を再度認めた。

庶民院の硬直状態を受け、10月31日に、**2019年早期議会総選挙法**が成立し、11月6日、庶民院が解散され、12月12日に総選挙が実施された（同法の可決は単純多数で足り、2011年議会任期固定法が要求する解散のための特別多数決を迂回するものだが、実際には同法は賛成438、反対20、棄権182で可決された）。Brexit を強固に主張した保守党が1987年以来の圧倒的勝利（47議席増）をおさめ、労働党は1935年以来の大敗北（59議席減および保守党が一度も勝利したことのない幾つかの北部選挙区を保守党が奪取）に終わった（保守党365、労働党203、SNP48、LD11、DUP8、その他15）。その結果、2020年1月23日に、**2020年ヨーロッパ連合（脱退協定）法**が成立した（庶民院では賛成358、反対234）。脱退期限の1月31日にイギリスはEUを脱退し、イギリスとEUとの貿易協定交渉が始まった。同年12月31日までは移行期間で、その間イギリスはEU法に服するが、この移行期間を延長しない限り（延長期限は6月30日）、貿易協定の有無にかかわらず移行期間は終了する。

3 年半に及ぶ憲法政治の迷走は、憲法危機と言われてきた。2019年総選挙において新たに13議席を獲得したSNPが、スコットランド独立に向けて動き始めていること、*Miller* Ⅰ判決および *Miller* Ⅱ判決などから司法部門と政治部門の対立が顕在化していること、政府は、憲法・民主主義・権利委員会（Constitution, Democracy and Rights Commission）を設置し、憲法を検証し、新たな提案を行うと発表していることから、今後も、憲法構造のあり方に関する議論の動向が注目される。

（2020年 6 月16日現在）

マグナ・カルタ　Magna Carta（1297 CHAPTER 9 25 Edw 1 cc 1 9 29）〔抄〕

統治25年目に、エドワード王によって確認されたイングランドの自由および御猟林の自由に関する大憲章〔以下、省略〕

第１条〔自由の確認〕

朕は、第一に、イングランド教会が自由であり、その権利および自由全体が不可侵であることを神に認め、朕および朕の相続人のために本憲章によって永久に確認する。朕は、朕および朕の相続人のために、以下に列挙された自由が、朕の王国のすべての自由市民およびその相続人に対して彼らおよびその相続人が永久に所有保持しつづけるものとして認め、与える。

第２条～第８条　（廃止）

第９条〔ロンドン等の自由〕

ロンドン市は、過去に有していたすべての古来からの自由と慣習を有する。さらに、朕は、他のすべての都市、バラ、町およびバロンの５港、その他の港もすべての自由および慣習を有することを望み、認める。

第10条～第28条　（廃止）

第29条〔人身の自由と司法の適正〕

いかなる自由人も、同輩の合法的裁判、または国の法によらないかぎり、逮捕または監禁されたり、自由保有権、自由、自由な慣習を奪われたり、または法の保護を奪われたり、追放されたり、またはその他の方法で害されたりすることもなければ、朕が当人のもとに出向いていったり、糾弾したりすることはない。朕は誰にも司法または正義を売らず、何人に対してもこれを拒否したりまたは遅延させたりしない。

第30条～第37条　（廃止）

1679年人身保護法　Habeas Corpus Act 1679（1679 CHAPTER 2 31 Cha 2）〔抄〕

臣民の自由をよりよく保障し、海外での拘禁を防止するための法律

州長官が人身保護令状への応答を遅延していることの叙述

刑事事件、あるいは刑事事件と称されている事件のために国王の臣民を収監している州長官、看守その他の官吏が、その義務および既知の国の法に反して、第二、第三、そして時にはそれ以上の回数の人身保護令状を求めさせ続け、また、当該令状に従うのを回避するために他の手段を用いて、彼らにあてられた令状に対して答弁することを非常に遅らせている。……このことは彼ら臣民にとって、重大な負担と苦痛である。

州長官らは、反逆罪および重罪の場合を除いて、人身令状の送達後３日以内に、人身を令状の返還先である裁判所へ連れて行くことおよび拘禁の真の原因を明確にすること、そして距離に関する例外

上記（遅延）を防止し、州長官または看守その他の者によって拘禁されている者をより迅速に救済するために、誰でも、州長官らに向けられた人身保護令状を持参するならば、州長官…らは（犯したとされる犯罪が反逆罪で、…勾留状に明確かつ特別に表明されている場合を除き）、当該被拘禁者を送致する費用の支払または物品提供を条件として、…令状が送達されてから３日以内に同令状に対して回答し、または勾留され、もしくは拘束されている当事者の身柄を、前記令状の命ずるところにより、同令状が発給されるべき裁判所の裁判官または同令状が報告をするように定めている者のところ、もしくは面前に送致し、…その被拘禁者を留置または拘禁する真の理由を明示するものとする。

〔以下、省略〕

権利章典　Bill of Rights（1688 CHAPTER 2 1 Will and Mar Sess 2）〔抄〕

臣民の権利および自由を宣言し、王位継承を決定する法律

ウエストミンスターに召集された聖職貴族院議員ならびに世俗貴族院議員および庶民院議員は本王国のすべての領土を合法的に完全かつ自由に代表して、1688年2月13日、当時、オレンジ公ウィリアム殿下およびメアリ妃殿下の名前で呼ばれ、そのように知られていた両陛下のじきじきのご臨席のもと、前述の貴族院議員および庶民院議員によってなされた書面による一定の宣言を以下のような文言によって行う。

貴族院議員および庶民院議員によって述べられた宣言の冒頭　前王ジェームズ2世は、彼によって使われた様々な悪質な顧問官、裁判官および大臣の補佐を得て、新教および王国の法および自由を破壊し、根絶させようとした。

免除・停止権限　議会の同意なしに、法および法の執行を免除・停止する権限を奪い取り、かつ、それを行使することによって。

高位聖職者の収容　多様な高位聖職者が、前記の奪われた権限への同意を免除してもらおうとうやうやしく請願したために、かれらを収容し、起訴することによって。

教会に関する委任状　教会に関する訴訟のための宗務官裁判所と呼ばれる裁判所を設立するために、国璽に基づき委任状を発給し、執行させることによって。

金銭の徴収　議会により承認されている以外の時および方法によって、大権を口実にして、国王の用に供するための金銭を徴収することによって。

常備軍　議会の同意をえることなく平時に常備軍を王国に召集し、保持することによって、および法に反して兵士を宿営させることによって。

新教徒の武装解除等　旧教徒が法に反して武装し、使われていたときに、新教徒であるよき臣民が武装解除されることによって。

選挙の侵害　議会において奉仕する議員の選挙の自由を侵害することによって。

違法な訴追　議会においてのみ審理されるべき事項および訴訟を王座裁判所に訴追することによって、そしてその他の恣意的かつ、違法な手続によって。

陪審　しかも近年、不公平な腐敗した、資格のない者が裁判における陪審として任命され、仕えており、とりわけ大逆罪の訴訟における多くの陪審員が自由土地保有者ではなかった。

法外な保釈金　法外な保釈金が刑事裁判において収容されている人に要請され、臣民の自由のために制定されている法の利益が実現されなくなった。

罰金　法外な罰金が科されてきた。

刑罰　違法かつ残虐な刑罰が科されてきた。

有罪宣告等に先立つ罰金等の収用　罰金および没収が科されることになる人の有罪の宣告または判決の前に、罰金および没収の認容および約束が行われた。

これら全ては、王国の周知の法、制定法および自由に全く反している。

前王ジェームズ2世が政府を放棄し、王位が空位となり、オレンジ公ウィリアムが議会の代表を選出するために、貴族院議員および庶民院議員に書簡を出したという説明　前王ジェームズ2世は政府を放棄し、それにより王位が空位となったので、オレンジ公ウィリアム殿下（旧教的恣意的権限から王国を解放する光栄ある文書を作成し、全能の神を喜ばせるものである）は、彼らの宗教、法および自由が再び破壊される危険に陥ることのないよう確立するため、1688年1月22日ウエストミンスターに召集され、開催される議会に送られるべき権利を有する者として代表者を選ぶよう（聖職貴族院議員および世俗貴族院議員、そして庶民院の多様な中心的議員の助言により）、新教徒である聖職貴族院議員およ

び世俗貴族院議員に書簡を出し、そして県、市、大学、バラ、五港にも他の書簡を出した。そしてこれらの書簡に従って選挙が実施された。

臣民の権利　そこで、それぞれの書簡および選挙に従って、前記の聖職貴族院議員および世俗貴族院議員ならびに庶民院議員は、国民の完全かつ自由な代表者として集合し、前記の目的を実現するための最良の方法を非常に真剣に考慮して、最初に（彼らの先祖が同様の場合に通常行ったように）、古来からの権利と自由を主張・断言するために、以下のように宣言する。

停止権限　議会の同意なくして王の権威により法や法の執行を停止する権限があるかのようにふるまうことは違法である。

従来の停止権限　これまでなされてきたことであるが、王の権利によって法の免除や法の執行免除の権利があるかのようにふるまうことは違法かつ有害である。

違法な教会裁判所　教会の訴訟のための宗務官裁判所や同様の性質を有するその他の委員会や裁判所を設立するための委任状は、違法かつ有害である。

金銭の徴収　議会の同意なく国王のためまたは国王の用のために大権を口実にして、認められている期間よりも長く、また認められていない方法で、金銭を徴収することは、違法である。

請願権　国王に誓願することは臣民の権利であり、請願に対して収監や訴追を行うことは違法である。

常備軍　平時に王国内に常備軍を徴集維持することは、議会の同意がないかぎり法に反する。

臣民の武器　新教徒である臣民は、彼らの条件に適合し、法によって許されている自衛のための武器を保有することができる。

選挙の自由　議会の議員の選挙は自由でなければならない。

言論の自由　議会における言論および討論または議事手続の自由は、裁判所および議会外の場所において非難されたり、問題にされたりしてはならない。

法外な保釈金　法外な保釈金は要請されてはならず、法外な罰金や残虐かつ異常な刑罰が科されてはならない。

陪審　陪審員は適正に名簿に掲載され、選出されなければならない。

没収の認容　有罪判決前に特定人に対する罰金や没収に関して認容や約束を行うことは違法かつ無効である。

頻繁な議会　あらゆる苦情の救済および法の修正、強化ならびに維持のため、議会は頻繁に開かれねばならない。

〔以下、省略〕

1911年議会法　Parliament Act 1911（1911 CHAPTER 13 1 and 2 Geo 5）〔抄〕

庶民院の権限との関係で貴族院の権限に関する規定を定め、議会の任期を制約する法律

議会両院の関係を規律するために規定が制定されることが便宜であり、

現存する貴族院を世襲ではなく国民を基礎とする第2院に置き換えることが意図されているものの、そのような代替はただちに実施されえないのであり、

新たな第2院の権限を制約し定義するための代替を実現するために、議会によって規定が制定されることが要請されているのだが、貴族院の現行の権限を規制するために本法において条項を制定することが便宜である。

第1条　金銭法案に関する貴族院の権限

⑴　金銭法案が庶民院を通過し、会期終了前少なくとも1ヶ月前に貴族院に送付され、送付されてから1ヶ月以内に修正なしで貴族院を通過しなかった場合には、貴族院が法案に同意していないにもかかわらず、当該法案は、庶民院が反対の指示をしない限り、国王陛下に提示され、裁可が表明されることによって議会制定法となる。

(2) 金銭法案とは、庶民院議長の見解として、以下の事項のすべてまたはいずれかを扱う条項のみを含んでいる公法案のことを意味する。すなわち、

租税の賦課、廃止、減免、変更または徴税の規制、

負債の支払、または、その他の財政目的からの統合基金、公債基金統合、議会によって提供される金銭に対する負担の賦課、または当該負担の変更または廃止、

歳出、公的金銭の受領、保管、計算書の発行および監査、

公債または公債の支払の調達または保証、または、

上記の事項またはいずれかの事項に付随する従位的事項。

本項において、「租税」、「公金」、「公債」という表現は、それぞれ、地方公共団体または地方の目的のための団体によって徴収される租税、金銭または公債を含まない。

(3) すべての金銭法案は、貴族院に送付されるときおよび裁可のために国王陛下に提示されるとき、庶民院議長によって署名された庶民院議長の証明書によって金銭法案であることが承認されなければならない。議長は、実行可能ならば、証明書を付与する前に、各会期の最初に選任委員会によって委員会委員長名簿から任命された2人のメンバーに相談しなければならない。

第2条　金銭法案以外の法案に関する貴族院の権限に対する制約

(1) いかなる公法案（金銭法案または議会の最長期間を5年以上に延長するための何らかの条項を含む法案を除く）も、継続する2会期において庶民院によって可決されるならば（同一の議会であろうとなかろうと）、かつ会期終了の少なくとも1ヶ月前に貴族院に送付されていて、貴族院によってそれぞれの会期において拒否されるならば、当該法案は、貴族院による2回目の拒否の際に、庶民院が反対の指示をしない限り、国王陛下に提示され、それに対して裁可が署名されると、貴族院が当該法案に対して同意を与えていなくても、議会制定法となる。ただしこの規定は、庶民院における当該法案の第1回目の会期の第2読会の期日と2回目の会期において庶民院を通過する期日との間に1年が経過していない限り効力を発しない。

(2) 法案が、本条の条項を遂行し、裁可のために国王陛下に提示されるならば、本条の条項が適正に遵守されていることを、庶民院議長によって署名された証明書によって承認されなければならない。

(3) 法案が貴族院を修正なしにまたは両院によって同意されうる修正のみで貴族院を通過しない場合には、当該法案は貴族院によって拒否されたものとみなされる。

(4) 法案が貴族院に送付されたとき、それが以前の法案と同一であるか、以前の法案の期日以降経過した時間ゆえに庶民院議長によって必要と承認された変更しか含まない場合、または、前の会期において以前の法案に貴族院が行った修正および貴族院によってなされたことが庶民院議長によって2回目の会期において承認され、本条の遂行の中で裁可のために提示するよう本法案に挿入することが庶民院によって承認されるならば、当該法案は前の会期の際に貴族院に送付された以前の法案と同一であるとみなされる。

ただし、庶民院は適当と考えるならば、当該法案が2回目の会期において当該法案が通過する際に、当該法案に修正を挿入することなくさらなる修正を示唆し、当該示唆された修正を貴族院が検討し、もしも貴族院が同意するならば、貴族院によってなされた修正で、庶民院によって同意されたものとして扱う。しかし庶民院による当該権限の行使は、当該法案が貴族院によって拒否された場合には、本条の実施に影響を及ぼさない。

第3条　議長の証明書

本法に基づき付与される庶民院議長の証明書はいかなるものも、あらゆる目的のために終局的で、かついかなる司法裁判所によっても問題にされることはない。

〔以下、省略〕

1972年ヨーロッパ共同体法 European Communities Act 1972（1972 CHAPTER 68）〔抄〕

第１部　一般条項

第１条　略称および解釈

⑴　本法は1972年ヨーロッパ共同体法として引用される。

⑵　本法において、「EU」とは、1992年２月７日にマーストリヒトで署名されたヨーロッパ連合条約（それ以降の条約によって改正されたもの）によって創設された連合であるヨーロッパ連合を意味し「共同体」とは、ヨーロッパ経済共同体、ヨーロッパ石炭鉄鋼共同体およびヨーロッパ原子力共同体を、「条約またはEU条約」とは、本条第３節に従い、加盟前の条約、すなわち、本節 (a) ～ (v) の条件で、本法第１附則第１部も規定された条約を意味する。〔以下、省略〕

⑶　女王陛下が枢密院令によって、当該命令において指定された条約がここに定義されたEU条約の一つとみなされると宣言する場合には、当該命令はそのようにみなされるべきことについて最終的なものである。しかしながら、1972年１月22日以降に連合王国が加入した条約は、当該期日またはそれ以前に確定された条件で連合王国が承認した加入前条約を除いて、特別に指定されないかぎりはそのようにみなされないし、枢密院令の草案が議会両院の決議によって承認されないかぎりは特別に指定されることもない。

⑷　第２項および第３項の目的においては、「条約」は、国際協約、および、条約または国際協約に付された議定書または付属書を含む。

第２条　条約の一般的実施

⑴　条約に従って、時宜に応じて、条約によって創設され、または条約から生じる、または条約に基づく権利、権力、責任、義務および制約の全ておよび時宜に応じて条約によって提供されるまたは条約に基づく救済および手続は、法的効力を付与し、または連合王国において使われる立法制定なしに、法において承認され、利用可能となり、実施され、許容され、それに従って守られる。「実施できるEUの権利」という表現およびこれに類似の表現は、本法が適用される権利を参照しているとみなされる。

⑵～⑹〔省略〕

第３条　条約およびEU文書に関する決定および証明

⑴　あらゆる法的訴訟の目的のために、いずれの条約の意味または効力に関する、またはEU文書の有効性、意味または効力に関するいかなる問題も、法の問題として取り扱われなければならない（そして、ヨーロッパ連合司法裁判所に付託されないならば、ヨーロッパ連合司法裁判所および同裁判所に付属する裁判所によって規定された原理および関係する決定に従って決定されるべきものとする)。

〔以下、省略〕

1981年上級裁判所法　Senior Courts Act 1981（1981 CHAPTER 54）〔抄〕

第１部　上級裁判所の構成

上級裁判所

第１条　上級裁判所

⑴　イングランドおよびウェールズの上級裁判所は、控訴院、高等法院および刑事法院で構成され、それぞれ本法およびその他のいずれかの法の下で付与される管轄権を有する。

⑵　大法官は上級裁判所の長である。

控訴院

第２条　控訴院

(1)　控訴院は、職務上の裁判官および38名を越えない通常裁判官で構成される。

(2)　以下の者は控訴院の職務上の裁判官とする。

(a)　〔廃止〕

(b)　2003年６月12日よりも前に大法官であった者

(c)　最高裁判所の裁判官で、常任上訴貴族で、任命時、控訴院通常裁判官であったか、もしくは控訴院通常裁判官に任命される資格を有していた者、または(d)から(g)の職にあった者

(d)　首席裁判官

(e)　記録長官

(f)　女王座部首席裁判官

(g)　家事部首席裁判官

(h)　衡平法部首席裁判官

しかし、(b)または(c)に該当する者は、首席裁判官の要請に当人が同意しない限り、控訴院裁判官となり、控訴院裁判官として務めることを要請されない。

(2A)～(6)　〔省略〕

第３条　控訴院の部

(1)　控訴院には二つの部、すなわち刑事部と民事部がある。

(2)　首席裁判官は、控訴院刑事部の長官とし、記録長官は控訴院民事部の長官とする。

(3)～(6)　〔省略〕

高等法院

第４条　高等法院

(1)　高等法院は以下の者から成る。

(a)　〔廃止〕

(b)　首席裁判官

(ba)　女王座部首席裁判官

(c)　家事部首席裁判官

(d)　衡平法部首席裁判官

(dd)　上級統括裁判官

(ddd)　女王座部次席裁判官、および、

(e)　当裁判所の80人を超えない下位裁判官

(2)～(6)　〔省略〕

第５条　高等法院の部

(1)　高等法院には以下の三部がある。

(a)　衡平法部は、衡平法部の首席である衡平法部首席裁判官、衡平法部の次席である衡平法部次席裁判官、および、本条に従って、当座の間、割り当てられている下位裁判官で構成される。

(b)　女王座部は、首席裁判官、女王座部首席裁判官、女王座部次席裁判官、および、当座の間、割り当てられている下位裁判官で構成される。

(c)　家事部は、家事部首席裁判官、および、当座の間、割り当てられている下位裁判官で構成される。

(2)～(6)　〔省略〕

第６条・第７条　〔省略〕

刑事法院

第８条　刑事法院　〔省略〕

その他

第９条　上級裁判所の司法事務の処理のための支援　〔省略〕

第10条　上級裁判所裁判官の任命

(1)　首席裁判官、女王座部首席裁判官、家事部首席裁判官、または、衡平法部首席裁判官の職が空席の場合には、女王は、大法官の推薦に基づき、勅任状により当該職に資格者を任命することができる。

(2)～(8)　〔省略〕

第11条　上級裁判所裁判官の任期

(1)　本条は、上級裁判所裁判官の職に適用される。

(2)　本条が適用される職に任命された者は、70歳に到達する日に辞する。本条により、それ以前に職を保持することを終了する場合はこの限りではない。

(3)　本条が適用される職に任命された者は、良好な品行であるかぎり職を保持するが、議会の両院が女王に対して行った請求に基づく女王の解任権に服する。

(3A)　大法官が、第３項に基づく解任権の行使を女王に推薦する。

(4)～(10)　〔省略〕

第12条　上級裁判所裁判官の報酬等

(1)　第２項および第３項に従って、上級裁判所の裁判官に報酬が支払われなければなら

ない。報酬は、公務員に関する大臣の同意を得て、大法官によって決定される。

〔以下、省略〕

1983年国民代表法
Representation of the People Act 1983（1983 CHAPTER 2）〔抄〕

第１部　議会および地方政府選挙権およびその行使

議会および地方政府選挙権

第１条　議会議員選挙人

(1)　選挙区の議会選挙において、選挙人として投票することができる者は、選挙期日に以下の条件を満たすものである。

(a)　当該選挙区の議会選挙人登録簿に登録されている者、

(b)　（年齢を除き）投票についての法的欠格に該当しない者、

(c)　コモンウェルス市民またはアイルランド共和国市民、および、

(d)　投票年齢（すなわち18歳以上）に達している者。

(2)　何人も選挙人として以下のような投票はできない。

(a)　議会選挙における同一選挙区において１回を超えて投票すること、または、

(b)　総選挙において、２つ以上の選挙区で投票すること。

第２条　地方政府選挙人　〔省略〕

第３条　受刑者の公民権剝奪

(1)　有罪判決を受けた者は、刑期を務めるために刑事施設に拘禁されている期間、または本来拘禁されているはずなのに不法に逃亡中の期間は、いかなる議会選挙または地方議会選挙において法的に投票を行うことができない。

(2)～(3)　〔省略〕

〔以下、省略〕

1985年国民代表法
Representation of the People Act 1985（1985 CHAPTER 50）〔抄〕

在外連合王国市民の選挙権の拡張

第１条　議会選挙権の拡張

(1)　以下の場合、いずれの選挙区の議会選挙においても、選挙人として投票できる。

(a)　本法２条に基づき、同条に従って宣言を行った日（当該期日）に当該選挙区に関して在外選挙人と認められ、

(b)　当該期日および選挙期日において、

(i)　投票についての法的欠格に服さず、かつ

(ii)　イギリス市民であること、および

(c)　投票日において、当該選挙区の議会選挙人登録簿に登録されていること。

(2)　以下の場合、本法および基本法の目的のために、資格期日において選挙区の在外選挙人として認められる。

(a)　当該期日において連合王国の居住者ではないこと、および

(b)　以下の条件群のうちの一つを充足すること

〔以下省略〕

1998年人権法　Human Rights Act 1998（1998 CHAPTER 42）〔抄〕

序論

第１条　条約上の権利

(1)　本法において、「条約上の権利」とは、以下に規定されている権利および基本的自由を意味する（条約第16～第18条とともに解釈する）。

(a)　条約第２～第12条および第14条

(b)　第１議定書第１～第３条

(c)　第13議定書第１条

(2)　当該条項は明示された効力停止および留保（第14条および第15条参照）に従って本法の目的のために効力を有する。

(3)～(6)〔省略〕

第２条　条約上の権利の解釈

(1)　条約上の権利との関係で生じる問題を決定する裁判所および審判所は、以下のいずれについても考慮に入れなければならない。

(a)　ヨーロッパ人権裁判所の判決、決定、宣言または勧告的意見

(b)　条約第31条に基づき採用された報告書に付与されている委員会〔ヨーロッパ人権委員会〕の意見

(c)　条約第26条または第27条第２項に関わる委員会の決定

(d)　裁判所または審判所の見解によって当該問題が生じている訴訟に関連する限りで、条約第46条に基づく閣僚委員会の決定が存在する場合

(2)～(3)〔省略〕

第３条　立法の解釈

(1)　そうすることが可能な限り、第一次立法および従位立法は、条約上の権利と適合的に解釈され効力が付与されなければならない。

(2)　本条は、

(a)　制定されればいつでも第一次立法および従位立法に適用される。

(b)　不適合な第一次立法の効力、運用の継続または実施にいかなる影響も与えない。

(c)（廃止の可能性とは無関係に）第一次立法が不適合性の除去を妨げるならば、不適合な従位立法の効力、運用の継続または実施にいかなる影響も与えない。

第４条　不適合宣言

(1)　第２項は、第一次立法の条項が条約上の権利と適合的かどうかを裁判所が決定する訴訟において適用される。

(2)　裁判所は、当該条項が条約上の権利と不適合であると確証するならば、不適合宣言を行うことができる。

(3)　第４項は、裁判所が、第一次立法によって付与された権限の行使においてなされた従位立法の条項が条約上の権利と適合的かどうかを決定する訴訟において適用される。

(4)　裁判所が、以下のことを確証するならば、不適合宣言を行うことができる。

(a)　当該条項が条約上の権利と不適合であり、かつ

(b)（廃止の可能性とは無関係に）関係する第一次立法が不適合性の除去を妨げている。

(5)　本条において「裁判所」とは、以下を意味する。

(a)　最高裁判所

(b)　枢密院司法委員会

(c)　軍事法廷上訴裁判所

(d)　スコットランドにおいて、第一審裁判所としてではない刑事上級裁判所、または、民事上級裁判所

(e)　イングランドおよびウェールズにおいて、高等法院または控訴院

(f)　家事部首席裁判官、副大法官、または、高等法院下位裁判官〔高等法院裁判官のうち各部の首席を除いた裁判官〕によって取り扱われる事項における保護裁判所

(6)　本条に基づく宣言（「不適合宣言」）は、

(a)　宣言が付与された当該条項の効力、運用の継続または実施に影響を与えない。

(b)　宣言が付与された訴訟の当事者を拘束しない。

第５条　国王の介入権

(1)　裁判所が不適合宣言を行うかどうか検討する場合、国王は裁判所規則に従って通知を受けることができる。
(2)　第(1)項が該当するいかなる場合にも、以下の者は裁判所規則に従って通知すれば訴訟当事者として参加することができる。
(a)　国務大臣（または国務大臣によって任命された者）
(b)　スコットランド政府の一員
(c)　北アイルランド大臣
(d)　北アイルランド部門
(3)〜(5)〔省略〕

公的機関

第6条　公的機関

(1)　公的機関が条約上の権利に適合しない方法で行動することは違法である。
(2)　第1項は以下の場合には適用されない。
(a)　第一次立法の1つ以上の条項の結果として、当局には異なる行動ができなかったこと
(b)　第一次立法の1つ以上の条項、またはそれに基づくものが、条約上の権利と合致するように解釈できない、または効力を与えられない場合には、当局は当該条項に効力を与え、実施する。
(3)　本条において「公的機関」とは、以下のものである。
(a)　裁判所または審判所、および
(b)　誰でもその職務の幾つかが公的性質を有する機能である場合
ただし、議会の両院または議会の手続に関連する機能を行使するものは含まない。
(4)　（廃止）
(5)　特定の行為において、行為の性質が私的な場合には第(3)項(b)だけでは当人は公的機関とならない。
(6)「行為」には行為をしないことも含まれるが、以下のことをしないことは含まれない。
(a)　議会に立法の提案を提示または行うこと、または
(b)　第一次立法または救済命令を行うこと

第7条　手続

(1)　公的機関が第6条1項によれば違法となる方法で行動した（または行動することを提案している）と主張するものは、
(a)　適当な裁判所または審判所に、同法に基づき公的機関に対して訴訟を提起することができる、または
(b)　当該違法な行為の犠牲者である（またはその可能性がある）場合にのみ、いかなる法的手続においても、条約上の権利または関係する権利を援用することができる。
(2)〜(13)〔省略〕

第8条　司法的救済

(1)　裁判所が違法であると認定した公的機関のいかなる行為（または提案されている行為）に関して、裁判所が公正かつ適当と考える権限内で、救済または救済手段を与え、またはそのための命令を出すことができる。
(2)　損害賠償は、民事訴訟において、損害賠償を与える、または賠償の支払を命令する権限がある裁判所によってのみ与えられる。
(3)〜(6)〔省略〕

第9条　司法的行為〔省略〕

救済行為

第10条　救済行為実施権限

(1)　本条は以下の場合に適用される。
(a)　立法の条項が第4条に基づき条約上の権利と不適合であると宣言され、かつ上訴されても、
(i)　上訴しうる全ての者が書面でその意思がないことを表明したか、
(ii)　上訴期間が経過して、上訴期間中に上訴がなされなかったか、
(iii)　上訴期間内になされた上訴が決定されるかまたは棄却されている場合、または
(b)　国務大臣が、本条が発効したのちの連合王国に対する訴訟におけるヨーロッパ人権裁判所の認定を考慮に入れると、立法の条項がヨーロッパ人権条約に由来する連合王国の義務と適合しないと考える場合
(2)　国務大臣が、本条に基づき手続を開始する強力な理由があると考えるならば、命令によって、不適合性を除去するのに必要と

考える立法への修正を行うことができる。
(3)〜(7)〔省略〕

他の権利および手続

第11条　既存の人権の保障

条約上の権利の援用は、以下のことを制限しない。

(a)　連合王国のいずれかの部分において効力を発する法によってまたはそれに基づき当人に付与されるその他の権利または自由

(b)　第7条〜第9条とは別に当人が行える苦情申立または訴訟提起する権利

第12条　表現の自由〔省略〕

第13条　思想・良心・信教の自由〔省略〕

効力停止および留保

第14条〜第17条　効力停止および留保〔省略〕

ヨーロッパ人権裁判所裁判官

第18条　ヨーロッパ人権裁判所への任命

(1)〔省略〕

(2)　司法職の保持者は、当該職の辞職を要請されることなくヨーロッパ人権裁判所の裁判官となることができる。

(3)〜(7)〔省略〕

議会内手続

第19条　適合表明

(1)　法案の所管国務大臣は、議会の両院のいずれかにおいて法案の第2読会の際に、以下の効果を発する表明を行わなければならない。

(a)　当該大臣の見解では、法案の条項は条約上の権利と適合している（「適合表明」）

(b)　適合表明を行うことはできないが、それにもかかわらず政府は法案が議会を通過することを希望している

(2)　表明は書面でかつ大臣が適当と考える方法によって公表されなければならない。

補足〔省略〕

第1附則　条約条文

第1部　条約〔ヨーロッパ人権条約〕

権利および自由

第2条　生命に対する権利

1　何人の生命に対する権利も法によって保護される。何人も故意に生命を奪われない。ただし、法によって死刑が規定されている犯罪に関する有罪宣告後の裁判所の判決の執行による場合を除く。

2　生命の剥奪は、以下の、絶対に必要な実力の行使の結果である場合には、本条に違反して加えられたものとみなされない。

(a)　不法な暴力から人を防禦する場合

(b)　合法的な逮捕を行う、または合法的に拘禁された者の逃亡を防ぐため

(c)　暴動または反乱を鎮める目的で合法的に取られた行動の場合

第3条　拷問の禁止

何人も、拷問、非人道的または品位を下げる取扱または刑罰を受けることはない。

第4条　奴隷および強制労働の禁止

1　何人も奴隷状態または隷属状態に置かれない。

2　何人も強制的または義務的労働を行うことを要請されない。

3　本条の目的において、「強制的または義務的労働」という用語には、下記のものは含まれない。

(a)　本条約第5条の条項に従って課される拘禁中に通例要請される作業または当該拘禁から条件付で釈放中に要請される作業

(b)　軍事的性質の役務または良心的兵役忌避者が認められている国における良心的兵役忌避者に義務的軍役の代わりとして要求される役務

(c)　共同体の生命や幸福を脅かす緊急事態または災害の場合に要求される役務

(d)　通常の市民的義務の一部を構成する作業または役務

第5条　自由および安全についての権利

1　すべての者は、身体の自由および安全についての権利を有する。何人も、以下の場合で、法によって規定された手続に従わない限り、その自由を奪われない。

(a) 権限ある裁判所による有罪判決後の人の合法的拘禁

(b) 裁判所の合法的命令に従わないために、または法によって規定された責任の実現を確保するために行う、人の合法的逮捕または拘禁

(c) 犯罪を犯したという合理的嫌疑に基づき、または犯罪を犯すことを防止するためにあるいは犯したのちの逃亡を防ぐために必要だと合理的に考えられる場合に、権限ある法的機関のまえに連れていくために行う人の合法的逮捕または拘禁

(d) 教育上の監督のために合法的命令による未成年者の拘禁または権限ある法的機関の前に連れていくための未成年者の合法的拘禁

(e) 伝染病の蔓延を防止するための人の合法的拘禁ならびに精神異常、アルコール中毒、薬物中毒または放浪者の合法的拘禁

(f) 許可なき入国が行われるのを防止するための人の合法的拘禁もしくは逮捕、または退去強制または犯罪人引渡しのために措置がとられている人の合法的拘禁もしくは逮捕

2 逮捕されたすべての者は、当人が理解できる言語で、逮捕の理由および被疑事実を迅速に告げられる。

3 本条第1項(c)に従って逮捕されたまたは拘禁されたすべての者は、裁判官または法に基づき司法的権限を行使することが認められている者の前に迅速に連れていかれ、合理的期間内に審理を受けるか、または審理まで釈放されることができる。釈放は審理への出頭の保障を条件としうる。

4 逮捕または拘禁によって自由を奪われたすべての者は、自己の拘禁の合法性を迅速に裁判所によって決定し、当該拘禁が合法的ではない場合には釈放が命じられるように、訴訟手続をとる。

5 本条の条項に違反する拘禁または逮捕の犠牲者となったすべての者は、実施可能な補償を受ける権利を有する。

第6条　公正な裁判を受ける権利

1 民事的権利および義務または刑事的告発の決定のため、すべての者は、法によって設立された、独立で公平な裁判所による、公正で公開の審理を合理的期間内に受ける権利を有する。判決は公開で宣言される。ただし、民主的社会における道徳、公の秩序または国の安全のため、未成年者のため、または当事者の私的生活の保護の観点から要請される場合、または公開が司法の利益を侵害するような特別な状況において裁判所の意見として厳密に必要な範囲で、審理の全部または一部をプレスおよび公衆に対して公開しないことができる。

2 刑事犯罪で起訴されたすべての者は、法に従って有罪が立証されるまでは無罪と推定される。

3 刑事犯罪で起訴されたすべての者は、少なくとも下記のような権利を有する。

(a) 当人の理解できる言語でかつ詳細に、当人に対する告発の性質および理由を、迅速に告げられること

(b) 自己の防御の準備のために十分な時間と便宜を有すること

(c) 自分でまたは自分が選んだ法的援助を通じて自己を弁護すること、または法的援助のための支払をする十分な手段を有しない場合、司法の利益が要請するならば、法的援助が無料で提供されること

(d) 当人に対する証人を尋問すること、または尋問してもらうこと、および証人が当人に対するのと同じ条件で証人の出席と尋問を得ること

(e) 当人が裁判所で使用される言語を理解できないまたは話すことができない場合、通訳の援助を無料で得ること

第7条　法律なくして処罰なし

1 何人も当該行為がなされたときに、国内法または国際法のもとで刑事犯罪を構成しなかったいかなる行為または不作為を理由として刑事犯罪として有罪になることはない。当該刑事犯罪がなされたときに適用可能であった刑罰よりも重い刑罰が科されることはない。

2 本条は、当該行為がなされた際に、文明国によって認められた法の一般原理に従って犯罪である行為または不作為のゆえによる審理および刑罰に影響を与えない。

第8条　私生活および家庭生活の尊重に対

する権利

1　すべての者は私生活および家族生活、住居ならびに通信の尊重に対する権利を有する。

2　当該権利の行使に対する公的機関による介入は、法に従い、かつ国の安全、公共の安全または国の経済的福利という公的利益のため、無秩序または犯罪の防止のため、健康または道徳の保護のため、または他者の権利および自由の保護のため民主的社会において必要とされるもの以外には認められない。

第９条　思想、良心および信教の自由

1　すべての者は、思想、良心および宗教の自由に対する権利を有する。当該権利は、宗教または信条を変更する自由および、礼拝、教育、実践および儀式において宗教または信条を、一人でまたは他者とともに共同体において、かつ公的または私的に表明する自由を含んでいる。

2　自己の宗教または信条を表明する自由は、法によって規定され、かつ民主的社会において公共の安全の利益のため、公的秩序、健康または道徳の保護のため、または他者の権利および自由の保護のため民主的社会において必要とされる制約に服するのみである。

第10条　表現の自由

1　すべての者は、表現の自由に対する権利を有する。当該権利は、公的機関による介入なく、国境に影響されず、意見を保持し、受領し、情報および思想を伝達する自由を含む。本条は国家が、法、テレビおよび映画業界に対して免許を要請することを妨げない。

2　上記の自由の行使は、それが義務および責任を伴うものであることから、法によって規定され、かつ国の安全、領土の統一性、公共の安全の利益のため、無秩序および犯罪の防止のため、健康または道徳の保護のため、他者の名声または権利の保護のため、秘密に受領した情報の公表の防止のため、または司法部の権威および公正の維持のために民主的社会にとって必要な手続、条件、制約または刑罰に従わなければならない。

第11条　集会および結社の自由

1　すべての者は、平和に集会する自由および他者と結合する自由に対する権利を有し、それは当人の利益保護のため労働組合を結成し、かつ加入する権利を含む。

2　いかなる制約も、それが法によって規定されていて、かつ国の安全または公共の安全の利益のために、無秩序および犯罪の防止のため、健康または道徳の保護のため、他者の名声または権利の保護のために民主的社会において必要でない限りは、上記の権利行使に対して課されてはならない。本条は、上記の権利行使に対する、国家の軍隊、警察、国家の行政メンバーによる合法的制約を課すことを妨げるものではない。

第12条　結婚に対する権利

婚姻適齢の男性および女性は、婚姻し家族を形成する権利を、当該権利行使を統制する国内法に従って有する。

第14条　差別禁止

本条約に規定される権利および自由の享受は、性別、人種、皮膚の色、言語、宗教、政治的またはその他の意見、国籍または社会的出身、国内のマイノリティとの連携、財産、出生またはその他の身分など、如何なる理由に基づく差別を受けることなく確保されなければならない。

第16条～第18条　〔省略〕

第２部　第１議定書

第１条　財産権の保障

すべての自然人および法人は、所有物を平和的に享受する権利がある。何人も、公的利益のためにおよび法および国際法の一般原理によって規定される条件に従う以外は、当人の所有物を剝奪されることはない。

しかしながら、先行条文は、公的利益に従って財産の使用を規制する、または租税その他の分担金または罰金の支払を確保するのに必要とみなされる法を実施する国家の権利を妨げるものではない。

第２条　教育に対する権利

何人も教育に対する権利を否定されてはならない。教育および教授に関するとみなされる機能の行使において、国家は、親自身の宗教的・哲学的信念に適合する教育や教授を確保する親の権利を尊重しなければならない。

第3条　自由選挙に対する権利

自由選挙が合理的な間隔で、秘密投票により、立法部の選択において人々の意見の自由な表明を確保するような条件において行われることを締約国は約束する。

第3部　第13議定書

第1条　死刑廃止

死刑は廃止される。何人も死刑を求刑されたり、執行されたりしない。

〔以下、省略〕

2000年政党・選挙・レファレンダム法
Political Parties, Elections and Referendums Act 2000（2000 CHAPTER 41）〔抄〕

第1部　選挙委員会

選挙委員会および関連する役割を担う機関の創設

第1条　選挙委員会の創設

(1)　選挙委員会、別名、ウェルシュ語では Comisiwn Etholiadol と称される団体を設ける（以下、本法では「委員会」と記す）。

(2)　委員会は選挙委員と称されるメンバーで構成される。

(3)　選挙委員は、5人以上、9人以下とする。

(4)　選挙委員は、（第3条に従い）女王によって任命される。

(5)　女王は、（第3A条第6項に従って）委員の内の1名を委員会の長に任命する。

(6)　〔省略〕

第2条　議長委員会

(1)　本法によって付与された機能を行使するために委員会（「議長委員会」と称する）をおく。

(2)　議長委員会は、議長委員会の長となる庶民院の議長、および、以下のメンバーで構成される。すなわち、

(a)　当座、庶民院の内務と区別委員会委員長である、庶民院議員

(b)　大法官

(c)　地方政府に関係する責任を王国務大臣である、庶民院議員

(d)　国務大臣ではない5人の庶民院議員

(3)～(6)　〔省略〕

第3条～第21条　〔省略〕

第2部　政党の登録　〔省略〕

第3部　登録政党に対する会計義務　〔省略〕

第4部　登録政党および党員に対する寄付の規制　〔省略〕

第5部　選挙運動支出の規制　〔省略〕

第6部　第三者による国政選挙運動の規制　〔省略〕

第7部　レファレンダム　〔省略〕

第8部　選挙運動と手続　〔省略〕

第9部　企業による政治的寄付および支出　〔省略〕

〔以下、省略〕

2005年憲法改革法　Constitutional Reform Act 2005（2005 CHAPTER 4）〔抄〕

第1部　法の支配

第1条　法の支配

本法は以下の項目に反する影響を与えない。

(a)　法の支配に関する現行憲法原理、または

(b)　前項の法の支配原理に関わる大法官の現行憲法上の役割

第2部　大法官職の修正に関する取決

大法官職の資格

第2条　経験に基づく大法官の資格

(1)　経験に基づく資格があることが首相に明らかでないかぎり、大法官としての任命に推薦されない。

(2)　首相は以下の経験を考慮にいれることができる。

(a)　国務大臣としての経験

(b)　いずれかの議院の議員としての経験

(c)　資格ある実務家としての経験

(d)　大学における法学教員としての経験

(e)　首相が適当と考えるその他の経験

(3)　〔省略〕

司法の独立の継続

第3条　司法の独立の継続の保障

(1)　大法官、その他の国務大臣および司法部あるいは司法の運営に関する事項について責任を有する全ての者は、司法の独立の継続を擁護しなければならない。

(2)・(3)　〔省略〕

(4)　以下の個々の義務は、独立を擁護するために課される。

(5)　大法官およびその他の国務大臣は、司法部への特別なアクセスを通じて個々の司法的決定に影響を及ぼそうとしてはならない。

(6)　大法官は以下について考慮しなければならない。

(a)　当該独立を擁護する必要性

(b)　司法部の機能を行使することを可能にするのに必要な援助を得る必要性

(c)　司法部または司法の運営に関する事項における公的利益が、当該事項に影響を及ぼす決定において適正に反映される必要性

(7)　本条において「司法部」とは、以下の、いずれの司法部を含む。

(a)　最高裁判所

(b)　連合王国の地域の法に基づき設立されたその他の裁判所

(c)　国際裁判所

(7A)～(8)　〔省略〕

第4条　司法の独立の継続の保障：北アイルランド　〔省略〕

上級裁判官による代表

第5条　議会への代表

(1)　連合王国のいずれの部分についても首席裁判官は、連合王国の当該部分において、司法部または司法の運営に関する重要事項と考えた問題について書面による意見表明（代表）を議会に対して行うことができる。

(2)～(4)　〔省略〕

(5)　本条において「首席裁判官」とは、以下を意味する。

(a)　イングランド、ウェールズまたは北アイルランドに関しては、連合王国の当該部分における首席裁判官

(b)　スコットランドに関しては、民事上級裁判所長官

第6条　北アイルランド議会に対する代表　〔省略〕

イングランドおよびウェールズにおける司法部および裁判所

第7条　イングランドおよびウェールズにおける裁判所の長官

(1)　首席裁判官は、イングランドおよびウェールズの裁判所の長官としての職を保持し、イングランドおよびウェールズの司法部の長である。

(2)　イングランドおよびウェールズの裁判所の長官として、首席裁判官は以下の責任を

負う。

(a) イングランドおよびウェールズの司法部の見解を議会、大法官および国務大臣に対して一般的に表明すること

(b) 大法官の自由になる財源の範囲内で、イングランドおよびウェールズの司法部の福利、訓練および指導のための適切な手配を維持すること

(c) イングランドおよびウェールズの司法部の配置および裁判所内における仕事の配分のための適切な手配を維持すること

(3) イングランドおよびウェールズの裁判所の長官は、第4項に列挙されている裁判所の長であり、いずれの裁判所にも出席できる。

(4) 裁判所とは、控訴院、高等法院、刑事法院、カウンティ・コートおよび治安判事裁判所のことである。

(5) 1981年最高法院法（c. 54）第1条第2項（大法官はイングランドおよびウェールズの最高法院の長であること）は効力を失う。

第8条　刑事裁判における長および次長

(1) 刑事裁判の長をおく。

(2) 刑事裁判の長は、

(a) 首席裁判官、または

(b) 首席裁判官が別の人を任命した場合には、当該者である。

(3) 首席裁判官は、刑事裁判の次長を任命することができる。

(4) 首席裁判官は、以下の条件を満たさない限り、第2項(b)または第3項に基づき任命してはならない。

(a) 主席裁判官が大法官と事前に協議した。

(b) 任命されるべき人は控訴院の裁判官である。

(5) 第2項(b)または第3項に基づき任命された人は、任命条件に従って任命された職に就く。

第9条　家事裁判における長および次長

(1) 家事部首席裁判官は家事裁判の長である。

(2) 首席裁判官は家事裁判の次長を任命することができる。

(3) 首席裁判官は、以下の条件を満たさない限り、第2項に基づき任命してはならない。

(a) 首席裁判官が大法官と事前に協議した。

(b) 任命される人は控訴院の通常裁判官である。

(4) 家事裁判の次長に任命された人は、任命条件に従って任命された職に就く。〔以下省略〕

第10条～第22条　〔省略〕

第3部　最高裁判所

最高裁判所

第23条　最高裁判所

(1) 連合王国の最高裁判所をおく。

(2) 最高裁判所は、勅任状により女王によって任命される12人の裁判官で構成される。

(3) 女王は、時として第2項を命令によって変更し、最高裁判所の裁判官の数を増加し、または、さらに増加することができる。

(4) 前3項に基づく命令の草案が議会の両院に上程され、かつ両院によって承認されない限り、女王（枢密院における女王）に命令を出すように勧告がなされることはない。

(5) 女王は、勅任状により裁判官のうちの1人を最高裁判所の長官に、もう1人を副長官に任命する。

(6) 長官および副長官以外の裁判官は、「最高裁判所裁判官」と称される。

(7) 〔省略〕

第24条　裁判所の最初のメンバー

第23条適用開始に際して、

(a) 開始直前に常任上訴貴族であったものが最高裁判所裁判官となる。

(b) 開始直前に最先任常任上訴貴族であったものが、最高裁判所長官となる。

(c) 開始直前に次の最先任常任上訴貴族であったものが、最高裁判所副長官となる。

裁判官の任命

第25条　任命資格

(1)　何人も以下の条件を満たさない限り（いつの時点においても）、何人も最高裁判所裁判官に任命される資格はない。

(a)　最低２年以上、上級裁判官職についていること、

(b)　司法任命可能条件を15年間満たしたこと、または、

(c)　最低15年以上、資格ある実務家であること。

(2)〔省略〕

第26条　裁判所のメンバーの選出

(1)　本条は以下の職の任命の推薦に適用される。

(a)　最高裁判所の裁判官

(b)　最高裁判所の長官

(c)　最高裁判所の副長官

(2)　推薦は首相によってのみなされる。

(3)　首相は、

(a)　第29条に基づき氏名が首相に通知された者を推薦しなければならない。

(b)　それ以外の者を推薦してはならない。

(4)　最高裁判所の裁判官でない者が、長官または副長官の任命のために首相に対してその氏名が通知されたならば、裁判官として任命されなければならない。

(5)　大法官は、第１項に掲げられた職に空席が生じた場合には、または、そのような空席が近いうちに生じることが大法官に明らかな場合には、大法官は推薦すべき人物を選出する選出委員会を招集しなければならない。

(6)〜(8)〔省略〕

第27条　選出過程

(1)　委員会は、下記のことをしなければならない。

(a)　適用されるべき選出過程を決定すること

(b)　選出過程を適用すること、および

(c)　それに従って選出を行うこと。

(2)　選出過程の一環として委員会は下記の各々に相談しなければならない。

(a)　委員会のメンバーではなく、かつ選出のための検討対象となることを望まない上級裁判官

(b)　大法官

(c)　スコットランド第１大臣

(d)　ウェールズ議会第１大臣

(e)　北アイルランド国務大臣

(3)・(4)〔省略〕

(5)　選出は業績に基づかなければならない。

(6)　第25条の要件を満たすときのみ選出される。

(7)　委員会のメンバーは選出されない。

(8)　最高裁判所裁判官の任命の選出を行う際に、委員会は、裁判官が連合王国の各々の部分の法律の知識および実務経験を有することを委員会において確証しなければならない。

(9)　委員会は、選出を行う際に（本法の他の条項に従い）考慮に入れるべき事項に関して、大法官による助言を考慮しなければならない。

(10)〔省略〕

第28条　報告〔省略〕

第29条　大法官の選択肢

(1)　本条は以下の段階に及ぶ。

第１段階：人物が第27条に基づき選出される場合

第２段階：人物が第１段階における拒否または再検討の後に選出される場合

第３段階：人物が第２段階における拒否または再検討の後に選出される場合

(2)　第１段階において大法官は以下のいずれかを行わなければならない。

(a)　選出を通知する。

(b)　選出を拒否する。

(c)　選出を再検討することを委員会に要請する。

(3)　第２段階において大法官は以下のいずれかを行わなければならない。

(a)　選出を通知する。

(b)　選出を拒否する。但し、第１段階における再検討を行った後でなければ拒否できない。

(c)　選出を再検討することを委員会に要請する。但し、第１段階における拒否を行った後でなければ要請できない。

(4)　第３段階において大法官は、第５項が適用され大法官がそれに基づき通知をしないかぎり。選出を通知しなければならない。

(5)　大法官が第１段階または第２段階において再検討されることを要請した選出が、次

の段階で選出されなかった場合、大法官は第３段階において当該人物の名前を首相に通知することができる。

(6)〔省略〕

第30条　拒否および再検討権限の行使

(1) 第29条に基づく第１段階または第２段階における選出を拒否する大法官の権限の行使が認められるのは、大法官の見解として、選出された当該人物が当該職に適任ではないことを理由とする場合だけである。

(2) 第29条に基づく第１段階または第２段階における選出の再検討を委員会に要請する大法官の権限の行使が認められるのは、大法官の見解として、以下を理由とする場合だけである。

(a) 当該人物が当該職務に適任であるとする十分な証拠がない場合

(b) 当該人物が業績の点で最良の候補者ではないとする証拠が存在する場合

(c) 当該人物が任命されると、最高裁判所の裁判官が連合王国の各々の部分の法律の知識および実務経験を有することになるとする十分な証拠がない場合

(3) 大法官は、委員会に対して、選出を拒否するまたは選出の再検討を要請する理由を与えなければならない。

第31条　拒否および再検討要請後の選任

(1) 第29条に基づき大法官が第１段階または第２段階の選出を拒否または再検討を要請する場合、委員会は本条に従って新たに人を選出する。

(2) 大法官が選任を拒否するならば、委員会は、

(a) 拒否された人物を選出してはならない。および

(b) 拒否が選出再検討後にされたならば、委員会が当該選出を検討した人物を選出してはならない。

(3) 大法官が選出の再検討を要請するならば、委員会は、

(a) 同一人物または異なる人物を選出できる。しかし、

(b) 当該要請が拒否に引き続く場合には、拒否された人物を選出できない。

(4) 委員会は大法官に対して、拒否または再検討要請後に選出された人物について知らせなければならない。

任命条件

第32条　忠誠宣誓および司法宣誓〔省略〕

第33条　任期

最高裁判所裁判官は、良好な品行であるかぎり当該職を保持するが、議会両院の請求に基づき罷免することができる。

第34条　報酬および手当

(1) 最高裁判所裁判官は、報酬を受ける権利がある。

(2) 報酬額は財務省との協定に従って大法官によって決定される。

(3)〔省略〕

(4) 第２項に基づく決定は金額を増加できるが減額できない。

(5)～(6)〔省略〕

第35条　辞任および引退

(1) 最高裁判所裁判官は、辞任する旨の書式による通知を大法官に付与することによって、当該職をいつでも辞任することができる。

(2) 最高裁判所の長官または副長官は（裁判官としての職を辞任するかどうかに関わりなく）、辞任する旨の書式による通知を大法官に付与することによって、当該職をいつでも辞任することができる。

(3)〔省略〕

第36条　医療的引退

(1) 本条は、大法官が、医学的証明書によって最高裁判所裁判官としての職を保持する人物が、以下に該当することを納得する場合に適用される。

(a) 長期にわたる心身の故障のため、職務上の義務を果たすことができない場合、かつ

(b) 当座、辞任することができない場合

(2) 大法官は、発する権限のある文書によって、当該人物の職が空席となったことを宣言できる。

(3)～(4)〔省略〕

第37条～第39条〔省略〕

管轄、他の裁判所との関係等

第40条　管轄

(1) 最高裁判所は上位正式記録裁判所であ

る。

⑵　民事訴訟におけるイングランドおよびウェールズの控訴院の命令または判決に対するいずれの上訴も最高裁判所になされる。

⑶　本条発効時またはその直後に、スコットランドの裁判所の命令または判決に対する上訴が同裁判所から貴族院になされた場合、それは最高裁判所に対してなされる。

⑷　第9附則は、

⒜　その他の管轄を貴族院から最高裁判所に移す。

⒝　地方分権に関する管轄を枢密院司法委員会から最高裁判所に移す。

⒞　管轄に関するその他の変更を行う。

⑸～⑹〔省略〕

第41条～第43条〔省略〕

運用および手続

第44条　特別資格顧問〔省略〕

第45条　規則制定

⑴　最高裁判所長官は、最高裁判所において従われるべき実務および手続を運営する規則（「最高裁判所規則」と称される）を制定できる。

⑵〔省略〕

⑶　最高裁判所長官は、以下のことを確保するために最高裁判所規則制定権を行使しなければならない。

⒜　裁判所が利用可能で、公正でかつ効率的であること、および

⒝　規則が平易でかつわかりやすく表現されていること

⑷　最高裁判所規則を制定する前に、長官は以下のすべてに相談しなければならない。

⒜　大法官

⒝　第5項に列挙された団体

⒞　規則によって影響を受けやすい人々を代表する団体で、長官が相談することが適切だと考えるもの

⑸　前項第4項⒝に規定する団体とは下記の通りである。

イングランドおよびウェールズ・バリスタ評議会

イングランドおよびウェールズ・ソリシタ協会

スコットランド弁護士会

北アイルランド・バリスタ評議会

北アイルランド・ソリシタ協会

第46条～第60条〔省略〕

第4部　司法の任命および懲戒

第1章　委員会およびオンブズマン

一般条項

第61条　司法任命委員会

⑴　司法任命委員会と呼ばれる団体をおく。

⑵　第12附則は司法任命委員会に関するものである。

第62条　司法任命・行為オンブズマン

⑴　司法任命・行為オンブズマンと呼ばれる団体をおく。

⑵　第13附則はオンブズマンに関するものである。

第2章　任命

一般条項

第63条　能力および高潔な人格

⑴　第2項および第3項は、本第4部のもとで委員会または選任委員会（「選出団体」）によってなされる選出について適用される。

⑵　選出はもっぱら業績に基づく。

⑶　選出団体が、当該人物が高潔な人格者であることを確信しないかぎり、誰も選出されることはない。

第64条　多様性の促進

⑴　委員会は、本第4部に基づきその職務を行う際には、任命のために選出可能な人物の範囲において多様性を促進する必要性を考慮しなければならない。

⑵　本条は第63条に従う。

第65条～第107条〔省略〕

第3章　懲戒

懲戒権限

第108条　懲戒権限

⑴　第14附則に列挙されている大法官の罷免権限を行使できるのは、規定されている手

続（当該権限が服するその他の要請と同様に）に適合してからである。
(2) 首席裁判官は、大法官との協定に従い、規定された手続に合致するときだけ、以下の権限を行使できる。
(3) 首席裁判官は、司法職保持者に対して、懲戒目的で正式な助言、正式な警告または叱責を与えることができる（非公式にまたはその他の目的であるいは特定の司法職保持者にいかなる助言も警告も向けられていない場合に、首席裁判官が行えることを、本条は制約しない）。
(4) 首席裁判官は、以下のいずれかに該当する期間、司法職の停止を行うことができる。
(a) 当人が刑事訴訟に服しているとき
(b) 当人が刑事訴訟において科された刑期に服しているとき
(c) 当人が犯罪で有罪となり、当該犯罪を構成する行為との関係で規定された手続に服しているとき
(5) 首席裁判官は、以下の場合にはいつでも司法職の停止を行うことができる。
(a) 当人が犯罪で有罪となったとき、かつ
(b) 規定された手続に基づき、当人が職から排除されることが決定されたとき、かつ
(c) 停止が司法部における信頼を維持するのに必要であることが、大法官との協定に基づき首席裁判官にとって明らかであるとき
(6)〜(8)〔省略〕
〔以下、省略〕

2006年平等法　Equality Act 2006（2006 CHAPTER 3）〔抄〕

第1部　平等人権委員会

委員会

第1条　設立
平等人権委員会という団体をおく。
第2条　構成〔省略〕
第3条　一般的義務
委員会は、以下のような社会の発展を促進・支援するために、第1部の下でその機能を行使する。
(a) 人々の可能性を実現する能力が偏見や差別によって制約されない社会
(b) 各個人の人権が尊重され、保護されている社会
(c) 各個人の尊厳と価値が尊重されている社会
(d) 各個人が社会に参加する平等な機会を有する社会、および
(e) 多様性を理解し、尊ぶと同時に、平等と人権に対して共有する尊重に立脚して、集団が互いに尊重し合う社会
第4条〜第7条〔省略〕
第8条　平等と多様性
(1) 委員会は、第1部によって付与される権限を行使することによって、以下のことを行う。
(a) 平等および多様性の重要性に関する理解を促進すること、
(b) 平等および多様性に関する良い慣行を奨励すること、
(c) 機会の平等を促進すること、
(d) 2010年平等法における権利に対する認識と理解を奨励すること、
(e) 同法を実行すること、
(f) 不法な差別の撤廃に向かって働くこと、および、
(g) 不法なハラスメントの廃絶に向かって働くこと
(2) 前1項の「多様性」とは個人は異なっているという事実であり、「平等」とは個人の間の平等のことであり、「不法」とは第34条に従って解釈される。
(3) 障害者とその他の者との間の機会の平等を促進するために、委員会は、障害者に対する優遇措置をとりわけ奨励する。
(4)〔省略〕

義務

第９条　人権

⑴　委員会は、第１部によって付与された権限を行使することによって、以下のことを行う。

(a)　人権の重要性に関する理解を促進すること、

(b)　人権に関する良い慣行を奨励すること、

(c)　人権に対する認識、理解および保護を奨励すること、および、

(d)　公的機関が1998年人権法（c. 42）第６条（ヨーロッパ人権条約上の権利との適合性）に適合するよう奨励すること

⑵　第１部において「人権」とは、以下を意味する。

(a)　1998年人権法第１条によって付与された意味におけるヨーロッパ人権条約上の権利、および、

(b)　その他の人権

⑶〜⑸〔省略〕

第10条　集団

⑴　委員会は、第１部によって付与された権限を行使することによって、以下のことを行う。

(a)　以下における良好な関係の重要性についての理解を促進すること、

(i)　異なる集団のメンバー間

(ii)　集団のメンバーと他者との間

(b)　以下の関係における良い慣行を奨励すること

(i)　異なる集団のメンバー間

(ii)　集団のメンバーと他者との間

(c)　**集団のメンバーに対する偏見、憎悪および敵意の撤廃に向けて働くこと、および、**

(d)　集団のメンバーが社会に参加できるように働くこと

⑵　第１部において「集団」とは、以下の事項において共通の属性を共有する人々の集団またはクラスを意味する。

(a)　年齢

(b)　障害

(c)　ジェンダー

(d)　（2010年平等法第７条の意味における）ジェンダーの再指定

(e)　人種

(f)　宗教または信念、および、

(g)　性的指向

⑶〜⑺〔省略〕

第11条　法律のモニタリング〔省略〕

第12条　成果のモニタリング〔省略〕

一般的権限

第13条　情報、助言およびその他〔省略〕

第14条　行動指針〔省略〕

第15条　行動指針：補足〔省略〕

第16条　調査〔省略〕

第17条〜第19条〔省略〕

実施権限

第20条　調査

⑴　委員会は、ある人について、以下の調査を行う。

(a)　不法行為をしたかどうか、

(b)　第21条に基づく不法行為勧告によって課された要求に従ったかどうか、または、

(c)　第23条に基づく約束に合致したかどうか。

⑵〜⑸〔省略〕

第21条〜第27条〔省略〕

第28条　法的支援

⑴　委員会は、以下の場合には、法的訴訟の当事者となった個人を支援することができる。

(a)　当該訴訟が、2010年平等法の条項に（全体的または部分的に）関係する、または、関係しているかもしれず、かつ、

(b)　当該個人が、同法の条項に反する行為の犠牲者であったと申し立てている。

⑵〜⒀〔省略〕

第29条〜第32条〔省略〕

解釈

第33条〔廃止〕

第34条　不法

⑴　第１部（第30条第３項を除く）において、「不法」とは2010年平等法の条項に反するものをいう。

〔以下、省略〕

2010年平等法　Equality Act 2010（2010 CHAPTER 15）〔抄〕

第１部　社会的経済的不平等

第１条　社会的経済的不平等に関する公共部門の義務

⑴　本条が適用される機関は、同機関の職務をどのように行使するかに関する戦略的本質を有する決定を行う際には、社会的経済的不利益から生じる結果の不平等を縮減することを目指す方法で当該職務を行使することの望ましさを適切に考慮しなければならない。

⑵　前項に基づく追う義務をいかに実施するかを決定する際に、本条2A 項に従って発行されるガイダンスを考慮に入れなければならない。

⑶～⑹〔省略〕

第２条～第３条〔省略〕

第２部　主要概念

第１章　保護される特徴

第４条　保護される特徴

以下の特徴は保護される特徴である。

年齢、障害、ジェンダー再指定、結婚およびシヴィル・パートナーシップ、妊娠およびマクニティ〔妊娠・出産状態〕、人種、宗教または信条、性別、性的指向

第５条～第12条〔省略〕

第２章　禁止される行為

差別

第13条　直接差別〔省略〕

第14条　複合的差別：二重の特質〔省略〕

第15条　障害から生じる差別〔省略〕

第16条　ジェンダー再指定差別：職場欠勤の事例〔省略〕

第17条　妊娠および母性差別：非職場事例〔省略〕

第18条　妊娠および母性差別：職場事例〔省略〕

第19条　間接差別〔省略〕

〔以下、省略〕

2010年憲法改革・統治法
Constitutional Reform and Governance Act 2010（2010 CHAPTER 25）〔抄〕

第１部　公務員組織〔省略〕

第２部　条約の批准

第20条　批准前の条約の議会提出義務

⑴　次項以下に規定する場合を除き、条約は、以下の条件を満たさない限り、批准されてはならない。

(a)　国務大臣が条約の写しを議会にすでに提出したこと

(b)　国務大臣が適切と考える方法で条約がすでに公表されていること

(c)　両議院のいずれも条約が批准されてはならないとＡ期間の間に決議することなくＡ期間が経過したこと

(2A)　Ａ期間とは、21開会日の期間で、第１項(a)の要件が満たされた日の後の最初の開会日から起算する。

〔以下、省略〕

2011年ヨーロッパ連合法　European Union Act 2011（2011 CHAPTER 12）〔抄〕

第１部　EU に関する条約および決定に関する制約

序論

第１条　〔省略〕

ヨーロッパ連合条約（TEU）およびヨーロッパ連合の機能に関する条約（TFEU）の修正に関する制約

第２条　TEU および TFEU を修正または取り替える条約

⑴　ヨーロッパ連合条約またはヨーロッパ連合の機能に関する条約を修正する、または取り替える条約が批准されるためには、下記の条件を満たすことが必要である。

ⓐ　条約に関する言明が、第５条に従って議会に提出されており、

ⓑ　議会法によって当該条約が承認され、かつ、

ⓒ　国民投票の条件または免除の条件が満たされること

⑵　国民投票の条件は以下である。

ⓐ　条約の承認を提供する法律が以下のことを規定していること。条約を承認する条項が、条約が批准されるべきかに関する国民投票が連合王国、または、当該条約がジブラルタルにも関係する場合には、連合王国およびジブラルタルを通じて行われるまで、条約は発効しない。

ⓑ　国民投票が実際に行われ、かつ、

ⓒ　国民投票における投票の過半数が条約の批准に賛成である。

⑶　免除の条件は、条約の承認を規定する法律が、当該条約は第４条に該当しないことを言明することである。

2011年議会任期固定法　Fixed-term Parliaments Act 2011（2011 CHAPTER 14）〔抄〕

第１条　議会の総選挙の選挙期日

⑴　本条は、1983年国民代表法第１附則第１則の日程表のために適用し、かつ、第２条に服する。

⑵　本法可決後の最初の議会総選挙の選挙期日は2015年５月７日とする。

⑶　議会総選挙の選挙期日は、前回の議会総選挙の選挙期日があった暦年から数えて５番目にあたる暦年の５月の第１木曜日とする。

⑷　〔省略〕

第２条　早期議会総選挙

⑴　以下の場合には、早期議会選挙を行うものとする。

ⓐ　庶民院が第２項の規定する様式の決議を可決すること、および、

ⓑ　決議が分列評決で可決された場合には、決議に賛成した議員の数が、庶民院の議席数（欠員を含む）の３分の２以上であること。

⑵　第１項ⓐの決議の様式は以下とする。「早期議会総選挙を行うものとすること」

⑶　以下の場合にも、早期議会総選挙を行うものとする。

ⓐ　庶民院が第４項の規定する様式の決議を可決すること、および、

ⓑ　上記の決議が可決されてから、第５項の規定する様式の決議を庶民院が可決することなく、14日が経過すること。

⑷　第３項ⓐの決議の様式は以下とする。「庶民院は女王陛下の政府を信任しないこと」

⑸　第３項ⓑの決議の様式は以下とする。「庶民院は女王陛下の政府を信任すること」

⑹　〔以下、省略〕

第３条　議会の解散

⑴　活動中の議会は、第１条に基づき決定される、または第２条第７項に基づき指定される次の議会総選挙の期日から数えて25平日前にあたる日の最初に解散する。

⑵　それ以外の場合には議会は解散されえない。

(3) ひとたび議会が解散されると、大法官および北アイルランドとの関係では国務大臣が、選挙令状に押印して、発給する権限を有する（1983年国民代表法第1附則第3則参照）。

(4) ひとたび議会が解散されると、女王は、以下の内容の、新議会を召集する布告を発給することができる。

(a) 新議会の最初の集会の日を指定すること

(b) 本法律の可決以前、新議会を召集する布告によって、通常処理されていたその他の事項を処理すること（但し、第1項および第3項によって処理される事項を除く）

〔以下、省略〕

2012年自由保護法　Protection of Freedoms Act 2012（2012 CHAPTER 9）〔抄〕

第1部　バイオメトリック・データの規制

第1章　指紋等の破棄、保管および使用

警察および刑事証拠法に服する指紋およびDNAプロファイルの破棄ルール

第1条　指紋とDNAプロフィルの破棄

1984年警察および刑事証拠法第63C条の後に以下を挿入する。

第63D条　指紋とDNAプロファイルの破棄

(1) 本条が適用されるのは、以下である。

(a) 以下の場合の指紋

(i) 本法本部によって付与された権限に基づき人から採取したもの

(ii) 警察による犯罪捜査との関係で、当人の同意に基づき警察によって採取されたもの、および、

(b) (a)(i)および(ii)に規定されているように採取されたDNAサンプルに由来するDNAプロファイル

(2) 以下のことが責任ある主任警察官に明らかとなった場合には、本条が適用される指紋およびDNAプロファイル（「第63D条素材」）は破壊されなければならない。

(a) 指紋の採取、または、DNAプロファイルの場合にはDNAプロファイルが由来するサンプルの採取が不法である、または、

(b) 指紋、または、DNAプロファイルの場合にはサンプルが、当人の逮捕に関連して当人から採取されたが、当該逮捕が不法または誤った身元に基づいていた。

(3) 〔以下、省略〕

第2部　監視の規制　〔省略〕

第3部　比例性を欠く執行行為からの財産保護　〔省略〕

第4部　対テロリズム権限

テロリスト容疑者の起訴前勾留

第57条　最大勾留期間としての14日間　〔省略〕

第58条　暫定的更新のための緊急権限および更新の審査　〔省略〕

停止・捜索権限（一般）

第59条　現行の停止・捜索権限の廃止　〔省略〕

第60条　人および車両の停止・捜索権限の置き換え　〔省略〕

第61条　一定の場所における停止・捜索権限の置き換え　〔省略〕

第62条　服務規程　〔省略〕

〔以下、省略〕

2013年婚姻（同性カップル）法 Marriage (Same Sex Couples) Act 2013（2013 CHAPTER 30）〔抄〕

第１部　イングランドおよびウェールズにおける同性カップルの婚姻

第１条　同性カップルへの婚姻の拡張

⑴　同性カップルの婚姻は合法である。

〔以下、省略〕

2015年ヨーロッパ連合国民投票法 European Union Referendum Act 2015（2015 CHAPTER 36）〔抄〕

第１条　国民投票

⑴　連合王国がヨーロッパ連合加盟国として残留すべきかどうかに関する国民投票を行わなければならない。

⑵　国務大臣は、規則に基づき、国民投票を行うべき期日を指定する。

⑶　前項に基づき指定される期日は、

(a)　2017年12月31日よりも遅くてはならず、

(b)　2016年５月５日であってはならず、かつ、

(c)　2017年５月４日であってはならない。

⑷　投票用紙に示されるべき質問は、以下である。

「連合王国はヨーロッパ連合加盟国として残留すべきか、それともヨーロッパ連合を離脱すべきか？」

⑸　上記質問に対して投票用紙に示されるべき回答は、以下である。

「ヨーロッパ連合加盟国として残留する。ヨーロッパ連合を離脱する。」

⑹　〔以下、省略〕

2017年ヨーロッパ連合（脱退通告）法 European Union（Notification of Withdrawal）Act 2017（2017 CHAPTER 9〔抄〕

第１条　EU からの脱退を通告する権限

⑴　首相は、ヨーロッパ連合条約50条２項に基づき、EU から脱退する連合王国の意図を通告することができる。

⑵　本条は1972年ヨーロッパ共同体法または他のいかなる立法によって制定された、またはそれに基づく条項の如何にかかわらず効力を有する。

〔以下、省略〕

2018年ヨーロッパ連合（脱退）法 European Union（Withdrawal）Act 2018（2018 CHAPTER 16）〔抄〕

ヨーロッパ共同体法の廃止

第１条　1972年ヨーロッパ共同体法の廃止

1972年ヨーロッパ共同体法は離脱の日に廃止される。

実施期間中の保留

第1A 条　実施期間中のヨーロッパ共同体法の保留　〔省略〕

第1B 条　実施期間中の EU 由来の国内法の

保留〔省略〕

既存のEU法の保持

第2条　EU由来の国内法の保留

(1)　EU由来の国内法で、離脱日の直前に国内法において効力を有するものは、離脱日およびその後も国内法において効力を有し続ける。

(2)　本条においてEU由来の国内法とは以下の立法である。

(a)　1972年ヨーロッパ共同体法2条2項または第2附則1条Aに基づき制定されたもの

(b)　同法2条2項(a)および(b)に規定された目的のために可決または制定された、または運用されているもの

(3)〔省略〕

第3条　EU立法の編入

(1)　直接的EU立法は離脱日の直前に効力があるかぎり、離脱日およびその後も国内法の一部である。

(2)　本法において「直接的EU立法」とは、

(a)　いかなるE規則、EU決定またはEU三次立法で、離脱日直前にEU法において効力を有し、かつ、

(i)　免除EU文書（これについては20条1項および第6附則参照）ではないもの

(ii)　連合王国以外の一加盟国にのみだされたEU決定ではないもの、および、

(iii)　効力が2条1項が適用される立法において再生されてないもの、

(b)　EEA協定の付属文書で、離脱日直前にEU法において効力を有するもので、

(i)　前(a)節に該当するものを参照またはそれに適応したものを有し、

(ii)　その効力が2条1項が適用される立法において再生されていないもの、または、

(c)　EEA協定第1議定書（本協定の付属文書において参照されるEU文書との関係で適用される水平的適応を含むもの）で、離脱日直前にEU法において効力を有するもの。

(3)　本法の目的において、いかなる直接的EU立法も離脱日直前において効力を有するのは、以下の場合である。

(a)　しかる時に効力を発し、のちに適用されると規定されるものは、離脱日直前に効力を有し、適用され、

(b)　誰宛てかが特定化されている決定の場合には、離脱日前に当該人物に通知されており、

(c)　その他の場合は、離脱日直前に効力があること。

(4)〜(5)〔省略〕

第4条　ヨーロッパ共同体法2条1項に基づく権利等の留保

(1)　いかなる権利、権限、責任、義務、制約、救済および手続も、離脱日直前において、

(a)　1972年ヨーロッパ共同体法2条1項によって承認され、認められるもの、および

(b)　したがって、実施され、認められ、かつ守られるものは、

離脱日およびその後も、国内法において承認され、有効である（したがって、実施され、認められ、適用される）

(2)〜(3)〔省略〕

第5条　保留と編入に対する例外〔省略〕

第6条　保持されたEU法の解釈

(1)　裁判所または審判所は、

(a)　離脱日およびその後にEU裁判所によって設定されたいかなる原理または決定によって拘束されず、かつ、

(b)　離脱日およびその後は、EU裁判所にいかなる問題も付託できない。

(2)〜(7)〔省略〕

第7条　保持されたEU法の地位〔省略〕

脱退に関する主たる権限

第8条　脱退から生じる欠落への対応

(1)　国務大臣は、連合王国EU脱退から生じる以下について防止、救済、軽減するために適当と考える条項を規則によって制定することができる。

(a)　保持されたEU法が実効的に機能しないこと、または、

(b)　保持されたEU法におけるその他の欠落

(2)〜(9)〔省略〕

第9条　脱退協定の実施〔省略〕

権限移譲

第10条～第12条　〔省略〕

議会による脱退監督

第13条　EUとの交渉の結果の議会承認

⑴　脱退協定が批准されるのは以下の場合だけである。

(a)　国務大臣が議会のいずれかの議院に以下を提出し、

(i)　政治協定が成立したという声明

(ii)　交渉された脱退協定、および

(iii)　将来の関係に関するフレームワーク

(b)　交渉された脱退協定および将来の関係に関するフレームワークが、国務大臣の動議に基づく庶民院の決議によって承認され、

(c)　交渉された脱退協定および将来の関係に関するフレームワークを知らせる貴族院への動議が、国務大臣によって貴族院に託され、かつ、

(i)　貴族院が当該動議を議論し、または、

(ii)　貴族院が当該動議について、前(b)において規定される決議を庶民院が通過させた後、貴族院開会日5日以内に議論を終了させなかった場合で、かつ、

(d)　脱退協定の実施を規定する条項を有する議会法が制定された場合。

⑵～⒃　〔省略〕

〔以下、省略〕

2019年ヨーロッパ連合（脱退）法　European Union（Withdrawal）Act 2019（2019 CHAPTER 16）〔抄〕

第1条　条約50条の延長に関する義務

⑴　本法が女王裁可を得た日またはその翌日に、国務大臣は次項に規定する形式で庶民院に動議を提出しなければならない。

⑵　本項に規定する動議の形式は以下である。

「当議院は、2019年ヨーロッパ連合（脱退）法1条の目的のために、○○までの期間、EU条約50条3項に規定される期間延長を首相が要請することに同意する」

⑶～⑺　〔省略〕

〔以下、省略〕

2019年第2ヨーロッパ連合（脱退）法 European Union（Withdrawal）（No. 2）Act 2019（2019 CHAPTER 26）〔抄〕

第1条　ヨーロッパ連合からの連合王国の離脱に関する義務

⑴　本項の条件とは、連合王国がヨーロッパ連合条約50条2項に基づき連合王国がヨーロッパ連合と協定を締結したとの声明および協定の複本を、国務大臣が議会の各院に提出し、かつ、

(a)　当該協定が国務大臣による動議に対する庶民院の決議によって承認され、かつ

(b)　貴族院が協定について留意するようにとの動議が国務大臣によって貴族院に出され、かつ、

(i)　貴族院は当該動議を討議し、かつ、

(ii)　貴族院は当該動議に関する討議を終了していないが、庶民院が前(a)に規定する決議を可決した日の後の最初の貴族院の会期日で始まる2会期日の期間の最後の時点であること。

⑵　本項の条件とは、国務大臣が、連合王国がヨーロッパ連合条約50条2項に基づき合意した協定なしヨーロッパ連合から離脱するという声明を議会の各院に提出し、かつ、

(a)　当該声明が、国務大臣による以下の形式による動議に対する庶民院の決議によって承認される場合－

当院は、離脱の日に、2018年ヨーロッパ連合（脱退）法20条１項に規定される脱退協定なしに、連合王国がヨーロッパ連合からの脱退することを承認する。

(b) 貴族院が声明について留意するようにとの動議が国務大臣によって貴族院に出され、かつ、

(i) 貴族院は当該動議を討議し、かつ、

(ii) 貴族院は当該動議に関する討議を終了していないが、庶民院が前（a）に規定する決議を可決した日の後の最初の貴族院の会期日で始まる２会期日の期間の最後の時点であること。

(3) 前第１項または第２項の条件が満たされない場合、遅くとも2019年10月19日までに第４項に従わなければならない。

(4) 首相は、…ヨーロッパ連合条約50条２項に基づく連合王国とヨーロッパ連合との間の協定を実施する法案を討議し、可決するために、ヨーロッパ連合条約50条３項に基づき2019年10月31日午後11時に終了する期間の延長を、当該期間を2020年１月31日午後11時までに延長することを要請する、本法附則に規定する形式の書簡を欧州理事会議長に送付することによって、欧州理事会から得なければならない。

(5) 〔省略〕

〔以下、省略〕

2019年早期議会総選挙法 Early Parliamentary General Election Act 2019（2019 CHAPTER 29）〔抄〕

第１条　早期議会総選挙

(1) 早期議会総選挙が本法の可決によって2019年12月12日に実施されることになる。

(2) 同日は、2011年議会任期固定法２条７項に基づく選挙期日として扱われる。

〔以下、省略〕

2020年ヨーロッパ連合（脱退協定）法 European Union（Withdrawal Agreement）Act 2020（2020 CHAPTER 1）〔抄〕

第１部　実施期間

実施期間中の保留される法律

第１条　実施期間中のヨーロッパ共同体法の保留　〔省略〕

第２条　実施期間中の追加保留　〔省略〕

第３条～第４条　〔省略〕

第２部　脱退協定の残留実施

第５条～第６条　〔省略〕

第３部　市民の権利

入国および居住に関する権利

第７条　居住に関する権利：適用期限と暫定的保護　〔省略〕

第８条　フロンティア労働者　〔省略〕

第９条　入国および居住の権利の制約　〔省略〕

第10条　現存する国外追放根拠の維持　〔省略〕

第11条　市民の権利に関する移民決定への不服申立て等　〔省略〕

専門資格

第12条　専門資格の承認　〔省略〕

社会保障システムの調整

第13条　社会保障システムの調整　〔省略〕

平等な待遇

第14条　差別禁止、平等な待遇および労働者の権利等　〔省略〕

独立監督機構

第15条　市民の権利協定のための独立監督機構　〔省略〕

〔以下、省略〕

＊　邦訳に際しては、主として、樋口陽一・吉田善明編『解説　世界憲法集〔第４版〕』（元山健訳出部分、三省堂、2001年）、田島裕『イギリス憲法典−1998年人権法』（信山社、2001年）を参照した。現行法令の出典は、〈http://www.legislation.gov.uk〉である。合わせてStatutes of the RealmおよびHalsbury's Statutes of England and Walesを参照した。〔　〕内は訳者による補足である。紙幅の関係で、各制定法の本文に先行する、長い法律名（long title）および制定条項（enacting formula）は、一部の例外を除き省略した。

アメリカ合衆国

解　説

1　合衆国憲法の成立と特質

成立　アメリカ合衆国憲法は、世界の現行成文憲法中最古のものである。合衆国憲法は、1787年５月、フィラデルフィアの憲法制定会議（Federal Convention）において起草され、その後各州の憲法会議（conventions）における討議を経て、1788年６月、所定の９州の承認を得て成立をみた。そしてこの憲法の下に、翌1789年４月ジョージ・ワシントンが初代大統領に就任し、ここに合衆国政府が発足した。これによってアメリカ合衆国は、それまでの連合規約（Articles of Confederation）の下での国家連合から連邦国家へ、即ち、各州間の「堅固な友好同盟」から「より完全な連邦」へと移行することになったのである。

しかし、この移行は決してスムーズに行われたわけではない。合衆国憲法の成立をめぐっては、いわゆる連邦派と反連邦派との激しい対立がみられた。ごく大まかにいえば、連邦派の人々は、政治的経済的な統一と安定を確保するためには諸州を超えた強力な中央政府の樹立が必要であるとして憲法案の承認を求めたが、これに対して反連邦派の人々は、この同じ憲法案によって恣意的な権力が解き放たれる虞れがあるとして憲法案に反対し、地方分権＝「人民により近い政府」を主張して譲らなかった。この両者の対立は、穏健派と急進派、有産層と無産層の対立という側面をも有し、それゆえ憲法案の承認をめぐっては、各々の利害を賭けた激しい権力闘争が展開された。そもそもフィラデルフィアの憲法制定会議は、名目的には、あくまでも連合規約の改正のために招集された会議であったから、それが実際には連合規約の改正ではなく新憲法の起草を行ったことについては、これを越権行為であるとする批判の余地があったし、また憲法の確定発効のために13州全部の承認ではなく９州の承認をもって足りるとした点は、連合規約の改正手続に照らせば到底認められないものであった。

しかし、このような経緯にもかかわらず、いったん成立した憲法は、ほどなく合衆国の基本法として広く受け容れられるに至った。そして、その後今日までの約230年間に27の修正条項を付加したほかは、基本的にそのままの形で存続しているのである。

特質　この合衆国憲法の特質は、第1に、それがまずもって組織の文書として構想されたという点に求められよう。正文を一見すれば明らかなように、合衆国憲法は、もっぱら連邦政府を中心に統治の組織と諸権限を明記した文書であり、権利章典を欠いている。もとより憲法の本体も私権剝奪法や遡及処罰法の制定禁止など若干の権利保障を含んでいるが、これらは権利のカタログとして十分なものではない。このことは、憲法制定の主目的が権力の抑制よりも権力の有効な組織化にあったことの端的な現われだと思われる。

連邦派の人々は、この憲法に列挙された連邦政府の諸権限は人民主権の理念に基づき人民によって「委任された権限」（delegated powers）であり、連邦政府はこれらの権限のみを行使することが許され、それを越えた行為は違憲無効となるのであるから、権利章典がなくとも人民の権利の保障に欠けるところはないと主張した。しかし、権利章典の欠如は人民の権利の保障について人々に不安を与え、多くの州の憲法会議が、のちに権利章典を追加することを憲法の承認の条件とした。その結果、1791年に最初の10の修正条項が権利章典として憲法の本体に追加されたのであった。

第2の特質として、合衆国憲法は、連邦政府と州政府との間の権限の分割を認め、この両者の相互関係について規定した。「連邦制」（federalism）の採用である。これによって、「連邦は州の単なる集合以上のものであるが、同時にまた各州は連邦の単なる部分以上のものである」（ブライス）という独特な権力の分散と統合のシステムがとられることになった。

このアメリカ的連邦制の建前は、連邦政府の権限は憲法に列挙された一定の事項にのみ及び、州政府には他のすべての事項に関する残余の不可侵の主権が留保されるというものであった。たとえば、憲法は、各州に対して共和政体を保障し（第4条第4節）、各州の法令、記録、および司法手続に対する十分な信頼および信用の付与（同第1節）、逃亡犯罪人や逃亡奴隷の引渡し（同第2節）等に関して州を独立の法的存在として承認し、また連邦議会への代表の選出（第1条第2～4節）、大統領選挙（第2条第1節第2項・第3項）、憲法修正（第5条）の諸過程における州の影響力行使を構造的に保障した。さらに憲法は、連邦議会に対して、各州からの輸出品に課税し、あるいは1808年までの間各州が行う奴隷貿易に干渉することを禁止した（第1条第7節第5項・第1項）。

しかし、他方において憲法は、州に対しても私権剝奪法や遡及処罰法の制定を禁止し（同第10節第1項）、または一定の州行為を連邦議会の同意にかからしめる（同第2項・第3項）ことによって州の権限に対し限定を加え、さらに第6条第2項において「この憲法、これに準拠して制定される合衆国の法律、および……すべての条約は、国の最高法規である」と規定して連邦の優位を宣明した。これらの規定は、中央集権と地方分権という2つの相反する要請を調和せしめようとする苦心の結果であったが、しかし、これによっても、連邦と州との関係、あるいは連邦政府の権限の適切な範囲に関する論議に決着がついたわけではなく、この問題はその後も重要な憲法問題として争われることになる。

第３の特質として、合衆国憲法は、連邦政府の立法・執行・司法の３権の分離（権力分立）と抑制・均衡について規定した。権力分立の理念は、すでに1776年のヴァジニア憲法をはじめ諸州の憲法の中に明瞭に反映されていたが、合衆国憲法も同一の理念に基づき、かなり徹底した三権分立制を採用した。なかでも注目されるのは、連邦議会議員と合衆国の公務員との兼職禁止という形で、連邦政府の立法権と執行権（行政権）とを厳格に分離した点である（第１条第６節第２項）。これによって、副大統領を除き（同第３節第４項参照）、連邦議会と行政府の人的構成に重なり合うところはなく、行政府は、大統領を中心にまったく議会の外部で活動することになった。この点は、わが国のような議院内閣制をとる国と異なる大きな特色となっている。

しかし、権力分立は、それだけでは政府権力の濫用を防止する手段として十分なものではない。そこで憲法は、さらに権力相互の抑制と均衡のシステムをとり入れた。上院は、合衆国最高裁裁判官や大統領をも含めて、すべての弾劾につき裁判を行う権限を専有し（第１条第３節第６項）、また大統領が行う条約の締結や最高裁裁判官等の任命に対し「助言と承認」を与えるという形で関与する（第２条第２節第２項）ことができる。他方、大統領は、連邦犯罪につき刑の執行停止および恩赦を行う権限を有し（同第２節第１項）、また制限付きながら法律案に対する拒否権（veto power）（第１条第７節第２項）を有する。司法部による法令の憲法適合性審査（＝司法審査）の権限について、憲法は明文で規定していないが、この権限は、1803年のマーベリ対マディスン事件（Marbury v. Madison）の判決以来、判例法として確立され、その後立法部および執行部に対する強力な抑制手段として用いられるようになる。

第４の特質として、合衆国憲法は、最初の10の修正条項の形式で人民の権利保障について規定した。この権利章典は、第１修正において言論・出版の自由、平穏に集会し請願を行う権利、信教の自由と政教分離を規定したほかは、人身の自由と私有財産権の保障に関する諸規定を中心に構成されている点に特色がある。ここに掲げられた諸権利は、基本的に国家権力による干渉を否定することを内容とする自由権であり、前国家的な天賦固有の人権という論理構造を有するものであった。しかしまた、それらの権利は、決して抽象的な理論の所産ではなく、1215年のマグナ・カルタや1628年の権利請願、1689年の権利章典において確認された「イギリス人の諸権利」に由来するものであって、その意味ではまさに、「『自然的』権利となる前に『歴史的』権利であった」（ダントレーヴ）ということができよう。

この合衆国憲法の権利章典は、当時としては画期的なものであったが、同時にまたいくつかの限界を有していた。第１に、それは元来、連邦政府に対してのみ適用され、州政府に対しては適用されなかった。権利章典の主要部分が、第14修正のデュー・プロセス条項（Due Process Clause）を通じて州の行為に対しても適用されるようになるのは、20世紀に入ってからであった。第２に、権利章典は、平等の問題について沈黙している。そもそも合衆国憲法は、それと明示こそしていないが、奴隷制を承認し、また女性が参政権をもたないことを当然の前提としていた。南北戦争後の1868年になって、ようやく州に対して「その管轄内にある何人に対しても法の平等な保護を拒んではならない」（第14修正第1節）という規定が憲法に追加されるに至ったが、黒人の参政権の保障はさらにその2年後であり（第15修正第1節）、女性の参政権の実現は、実にそれから半世紀後の1920年のことであった（第19修正第1節）。第3に、権利章典は、社会権の保障を欠いている。20世紀の諸国の憲法は、多かれ少なかれ社会国家的理念に基づき、国家に対して一定の作為を請求することを内容とする種々の社会権を宣言し保障しているが、合衆国憲法は、ついにこのような社会権の保障規定を追加することなく今日に至っている。

以上のごとく、合衆国憲法は、良くも悪くも18世紀の自由主義的立憲主義の精神を具体化した文書であった。そして、この文書をのちの時代に生かすために、憲法の本体はそのままの形で維持しつつ、これに不適切な部分を改める修正条項を順次付加していくという興味深い方法が採用された（第5条）。しかし、実際上憲法の修正は必ずしも容易ではない（過去の著名な例として、男女同権の修正案（Equal Rights Amendment, ERA）の挫折がある）。そこで、具体的な憲法事件において憲法の意味するところは何かを宣明する合衆国最高裁判所の役割が重要になってくる。合衆国最高裁の憲法解釈のあり方は、それ自体絶えず激しい論議の的になってきたが、にもかかわらず、最高裁がその時々に自らの憲法解釈に基づいて憲法原理の内実を規定し、それによって事実上、この18世紀の文書を今日まで生かしてきたことは否定できないであろう。以下、この点に留意しつつ、合衆国憲法の発展を、連邦制、権力分立、基本的人権の3つの領域ごとに概観しておこう。

2 合衆国憲法の発展

連邦制　合衆国憲法の制定以来2世紀余を経て、アメリカ連邦制は大きな変化を遂げた。それは一言でいえば、連邦政府の権限の漸進的拡大という変化であった。

合衆国憲法は、連邦議会に対して一定の限定された権限のみを委任し、その余の権限は州政府に留保する建前をとったが、連邦権限の拡大の芽はすでにこの「限定された権限」の中に胚胎していた。たとえば、通商条項（Commerce Clause）（第1条第8節第3項）や「必要かつ適切」条項（Necessary and Proper Clause）（同第18項）は、その司法的解釈を通じて、19世紀前半における連邦権限の漸進的拡大に寄与した。さらに南北戦争を経て合衆国の政治的経済的な全国的一体化が達成された19世紀後半になると、連邦と州との間の関係には根本的な変化が生ずることになる。鉄道事業の発展に伴う鉄道運賃の統一的規制の要請に応え、あるいは19世紀末の企業の独占化傾向に対処するために、各種の連邦法による規制が試みられたが、これらの規制は20世紀に入って一層強化された。

1930年代のニュー・ディールを迎えて、社会経済政策における連邦政府のイニシアティヴは決定的なものとなる。全国産業復興法（National Industrial Recovery Act, NIRA）を中心とする一連のニュー・ディール立法が制定され、それに基づいて連邦政府の経済介入が実施された。当時の合衆国最高裁は、当初ニュー・ディール諸立法に対し違憲判断を下したが、1937年に至って自らニュー・ディール立法に対する態度を改め（Wagner Act cases）、連邦主導型の、新しい連邦と州との関係を承認した。第2次大戦後もこの連邦主導型の体制に変化はなく、むしろそれは強化される傾向にある。たとえば、連邦政府は、ニュー・ディール期に確立された社会福祉プログラムを実施するための州や地方自治体への財政援助を通じてその影響力を増大せしめ、また、環境保護やエネルギー資源等の新たな問題領域に次々と規制を及ぼしていった。

しかし、とりわけ注目されるのは、市民的諸権利の領域への連邦政府の積極的介入である。合衆国最高裁は、1954年ブラウン事件（Brown v. Board of Education）において人種別学を違憲とし、さらにその後の一連の諸判決を通じて人種隔離撤廃に指導的役割を果たした（Desegregation cases）。また連邦の政治部門は、市民的諸権利に関する法律（Civil Rights Act of 1964）を制定し、あるいは差別撤廃のための積極的措置（Affirmative Action）を実施した。

このような状況に対して、1981年に発足したレイガン政権は、福祉の見直しと「規制緩和」（deregulation）の方針を打ち出すとともに、市民的諸権利の領域における連邦裁判所の権限を抑制しようと試みたが、ニュー・ディール以来のアメリカ連邦制のあり方に根本的な変更を加えるには至らなかった。最高裁は、1976年に、最低賃金と最高労働時間に関する連邦議会の規制は、州や地方自治体の公共部門の労働者には及ばない旨判示した（National League of Cities v. Usery）が、この判決は、1937年以来の最高裁判決の流れの中ではむしろ例外であり、9年後に最高裁自身によって覆されている（Garcia v. San Antonio Metropolitan Transit Authority, 1985）。

もっとも、その後も最高裁の中に、連邦主導型の連邦制のあり方に対する批判やその修正の動きがみられなくなったわけではない。たとえば、州内の放射性廃棄物の処理に関する連邦議会の規制の一部を違憲とした判決（New York v. United States, 1992）や、学校内への銃器の持込みを刑罰をもって禁止する連邦法を、1936年にそれに基づいて違憲判断が下されて以来「休眠状態」にあった通商条項を援用して違憲無効と判示した判決（United States v. Lopez, 1995）、さらには、同じく銃規制について、連邦議会が、銃器の購入規制に関する連邦の政策を実施するために州の法執行者を動員することを違憲とした判決（Printz v. United States, 1997）のように、州権を尊重する意味をもつ諸判決が存在する。いわゆる「宗教的自由回復法」（Religious Freedom Restoration Act, RFRA–後出、基本的人権の項を参照）を第14修正第5節に規定された連邦議会の権限を越えるものとして違憲と判示した判決（City of Boerne v. Flores, 1997）もこの流れの中に位置づけることができよう。しかし、他方では、最高裁は、たとえば、治療目的に限定したマリファナの栽培や使用を認めたカリフォルニア州法に対して、これを禁止することを連邦権限の範囲内であるとして、通商条項違反の主張を退ける（Gonzales v. Raich, 2005）というように、州権を制約する意味をもつ判決も下している。

2008年のメデリン事件（Medellin v. Texas）において最高裁は、死刑判決を受けたメキシコ国籍の刑事被告人による州の刑事手続の領事関係ウイーン条約違反を理由とする人身保護請求に対して、条約は自動執行的なものを除き、連邦議会が国内法化する立法を行わない限り、拘束力ある国内法とはならないとし、ウイーン条約も本件に関する国際司法裁判所の判決も自動執行的ではなく、また、大統領の権限には、州に対して条約の遵守を義務づける権限は含まれていないとして、州に対し国際司法裁判所の判決に従った是正を求める大統領の覚書（memorandum）も裁判所を拘束する連邦法とはならないとの興味深い判断を示した。

2010年民主党オバマ政権の下で、個人に保険加入を義務づけ制裁金をもってこれを担保するとともに、保険に入る経済的余裕のない国民のための医療扶助制度（Medicaid system）の拡充を図ることを内容とする医療保険改革法（Patient Protection and Affordable Care Act, ACA）が成立したが、共和党を中心とする保守勢力によりその合憲性が争われ、最高裁は、制裁金によって個人に保険加入を強制することは通商条項に基づく連邦議会の規制権限の行使としては認められないとする一方、議会の課税権の行使としては認められるとし、また医療扶助制度の拡充については、連邦議会は自らの政策を州に強制することはできないとした（National Federation of Independent Business v. Sebelius, 2012）。このように、今日連邦制に関しては、連邦主導の基本的枠組みの中で、具体的な事案に応じて連邦と州との微妙な権限のバランスがとられているといえよう。

権力分立　合衆国憲法の制定から約230年の間に、連邦政府内部の権力関係にも大きな変化が生じた。とりわけ注目されるのは、連邦議会の地位が相対的に低下し、大統領権限の拡大（執行権の優位）という事態が現出したことである。

合衆国憲法は、その第2条第1節において「執行権は、アメリカ合衆国大統領に属する」と端的に規定するが、この規定のしかたは、立法権（第1条第1節・第8節）および司法権（第3条第1節・第2節）の場合と微妙に異なり、大統領権限の範囲につき曖昧な点を残している。このため歴代の大統領は、しばしば憲法に明示的な根拠のない権限を、執行権に固有の権限として行使してきた。たとえば、憲法は、条約締結権と大使その他の外交官の任命権を、上院の助言と承認を条件として大統領に付与している（第2条第2節第2項）。しかし、実際上大統領が外交関係において行使している広汎な権限は、到底これらの規定に帰せしめうるものではない。19世紀半ば以来、また第2次大戦を機にさかんに行われている行政協定（executive agreement）の締結は、その一例である（これには、上院の助言と承認は不要とされている）。大統領はまた、憲法上明記されてはいないけれども、実際上戦争を遂行する権限をもつ。戦争の宣言は連邦議会の権限である（第1条第8節第11項）が、朝鮮戦争やヴェトナム戦争、さらにはその後の湾岸戦争やイラク戦争は、このような宣言を経ることなく大統領のイニシアティヴの下に遂行された。1973年の戦争権限に関する決議（War Powers Resolution of 1973）は、大統領の戦争権限の抑制を図ったものであるが、しかし他方、議会による戦争の宣言なしに大統領が軍事行動を命じうること自体は認めるなど、問題が残されている。2013年のシリア内戦に際しオバマ大統領が打ち出した軍事介入の方針に対し国民世論が強く反発した結果、大統領が連邦議会に軍事行動の事前承認を求めようとしたことは新しい動きとして注目される。

積極国家の時代の到来とともに、国内的にも大統領権限の伸張には著しいものがあった。大統領は、いわゆる大統領令（executive order）によって様々な施策を実行するに至ったが、このような施策の中には、しばしば市民の基本的人権にかかわる重大なものが含まれていた。第２次大戦中の日系アメリカ人の強制収容措置、冷戦期の忠誠審査、60年代の差別撤廃のための積極的措置、2001年同時多発テロ後の特別軍事法廷の設置、2016年の銃規制の強化等はその例である。またニュー・ディール期以降、委任立法の増加に伴い、立法機能の実質的部分が行政機関の手に委ねられる傾向が強まった。

このような状況に対して合衆国最高裁は、概して慎重な態度を持してきたといえる。大統領と連邦議会との間の権限分配に関する裁定は、最高裁自身の権限の範囲にかかわる微妙かつ困難な問題だからである。最高裁が大統領権限の抑制のために介入した顕著な例は、次の２例にとどまる。トゥルーマン大統領の大統領令による接収の試みを違憲と判示した1952年の鉄鋼所接収事件（Youngstown Sheet & Tube Co. v. Sawyer）、ウォータゲイト事件調査に関する証拠のテープ・文書の提出を大統領特権（executive privilege）を盾に拒否しようとしたニクスン大統領の主張を斥けた1974年のウォータゲイト・テープ事件（United States v. Nixon）、がそれである。80年代に入ると最高裁は、１院による議会拒否権の行使を違憲とすることにより実際上立法権の委任を制限する意味をもつ判断を下し（Immigration and Naturalization Service v. Chadah, 1983）、あるいは一定の身分保障の下に政府高官の違法行為に関する捜査および公訴提起をなしうる独立検察官の制度を合憲と判示する（Morrison v. Olson, 1988）など、従来の権力関係を見直すかのような姿勢を示して注目された。このような最高裁の姿勢は、その後も基本的に維持されているといってよいであろう。1998年に最高裁は、法律案の一部を選択的に拒否する権限を大統領に付与した連邦法（Line Item Veto Act of 1996）を、〔事前〕送付条項（Presentment Clause）（第１条第７節第２項）に違反するとして違憲無効と判示した（Clinton v. City of New York）。

周知の通り、1999年前半には、クリントン大統領の不倫揉み消し疑惑に端を発する大統領弾劾問題が全米を揺るがした。この事件で大統領が結果的に有罪判決を免れたことは、いかに「不道徳」な大統領であっても、彼を失うことの政治的デメリットのほうが大きいと感じる国民世論の動向を示すものともいえようが、同時に忘れてならないのは、この結論が、連邦議会の上院によって、権力の抑制と均衡の重要性を念頭に置いて、大統領の行為が合衆国憲法の定める弾劾の要件（第２条第４節）に該当するかどうかを厳密に法的に検討したうえで引き出されているということである。

2000年の大統領選挙は、民主党ゴア、共和党ブッシュの両候補の間で史上稀にみる大接戦となり、勝敗の行方を左右するフロリダ州での票の集計作業をめぐる混乱が法廷闘争に発展した。最終的な判断を求められた合衆国最高裁は、統一的な基準を示すことなく票の再集計を命じたフロリダ州最高裁の決定は平等保護条項に違反するとして、破棄差戻の判決を下し（Bush v. Gore, 2000）、結果的にブッシュ大統領の誕生に道を開いたが、このように合衆国最高裁が票の再集計作業の続行を認めず、事実上大統領選挙の帰趨を決したことについては権力分立の観点から適切であったか論議を招くことになった。

2012年1月上院の暫定的な閉会日程の合間を縫ってオバマ大統領が全国労働関係委員会（National Labor Relations Board, NLRB）の欠員を補充したことが大統領の「上院の閉会中の任命」権限（第2条第2節第3項）の濫用に当たるのではないかが問題とされた。最高裁は、「閉会」には会期中の実質的な期間の閉会を含むこと、また、「閉会中の任命」権限は閉会中のみならず閉会前に生じた欠員にも及ぶことを確認した上で、本件では上院は閉会中ではなかったとして、この任命を無効とした（NLRB v. Noel Canning, 2014）。

イスラエルが独立した1948年以来アメリカ政府はイェルサレムの帰属については中立の立場をとってきた。イェルサレム生まれのアメリカ市民の子が連邦法である外交関係承認法（Foreign Relations Authorization Act）の規定に従って旅券に出生国であるイスラエルの記載を求めたのに対し国務省がこれを拒否したことについて、最高裁は、国務長官にイスラエルを出生地として記録することを求める同法の規定はイスラエルを国家として承認し、イェルサレムがどの国の主権に帰属するかを決定する大統領の排他的権限を侵害するとして違憲の判断を下した（Zivotofsky v. Kerry, 2015）。連邦議会に対して大統領が外交関係につき一定の範囲で独立かつ排他的な権限を有することを認めたものとして注目される。

2016年2月保守派の論客として知られたスカリア最高裁裁判官の急死により欠員の補充が必要となったが、オバマ大統領による後任の裁判官の指名に対して、上院で多数を占める共和党は、同年11月の大統領選挙の結果が出るまで欠員の補充をすべきではないとして、指名承認の審議には応じないという姿勢を打ち出した。大統領が最高裁裁判官の指名を行ったとき上院にはそれに応じて承認の審議を行うべき義務があるかどうかが論議の的となった（第2条第2節第2項参照）。結局この件は、2016年の大統領選挙を制したトランプが翌年大統領に就任して、保守派の裁判官を任命することで決着した。

トランプ大統領は、その就任以来、次々と大統領令を発して、強引に自らが公約した政策の実現を図り、内外に大きな波紋を投げかけた。中でも、極め付きは、2019年2月メキシコとの国境に壁を建設するために国家非常事態を宣言し、予算権限をもつ議会の頭越しに国防総省などの予算を組み替えて約80億ドルを捻出する荒業を行ったことである。連邦議会の上下両院がこの宣言の無効を決議したものの、トランプ大統領は拒否権を発動してこの決議を退けた。全米16州と市民団体が大統領の予算組替えを違憲として提訴したが、最高裁は、同年7月訴訟終結まで予算使用の一時差止めを認めた連邦下級審の決定を覆し、予算使用を認める判断を下した。

2019年12月トランプ大統領は、政敵に打撃を与えるために外国政府に圧力を加えたという「ウクライナ疑惑」で弾劾訴追され（第2条第4節）、弾劾裁判にかけられる史上3人目の大統領となった。しかし、共和党が多数を占める上院は無罪判決を下した。党派的対立の激化により弾劾裁判の機能が損なわれたとの声が上がっている。

基本的人権　合衆国憲法と権利章典による人民の権利保障は、主として裁判所によって実効化されてきた。憲法制定以来19世紀を通じて、裁判所の主たる関心は私有財産権の保障にあった。当初、合衆国最高裁は、そのためにもっぱら契約条項（Contract Clause）（第1条第10節第1項）による既得権保護の理論に訴えたが、19世紀末から20世紀初頭には、第14修正のデュー・プロセス条項を法的規制の実体的適正を求めるものと解し、これにより州の社会経済立法を、私有財産権や「契約の自由」に対する不当な干渉として次々に違憲無効と判示していった（実体的デュー・プロセス論）。1937年の、いわゆる「憲法革命」において最高裁は、この経済的自由に関する実体的デュー・プロセス論を放棄したが、やがて今度は、市民的自由の領域において積極的に司法審査権を行使するようになる。第1修正の保障が州にも適用されるか否かという問題については、すでに1925年のギトロウ事件（Gitlow v. New York）において第14修正のデュー・プロセス条項の「自由」の中に言論の自由が含まれることが明らかにされ、1947年までには第1修正の保障がすべてこの「自由」の中に含まれることが明らかにされた。今日では、州や地方自治体による市民的諸自由の侵害事件は、合衆国最高裁が取り上げる憲法事件の中核をなしており、多様な問題領域に即した精緻な判例法理が展開されつつある。

たとえば、第1修正の言論の自由の保障に関しては、いかに不快な内容の言論であっても、内容に基づく規制は原則として許されず、このことは「純粋言論」（pure speech）のみならず「象徴的言論」（symbolic speech）にも及ぶというのが確立した判例法理となっている（Texas v. Johnson, 1989）。この内容に基づく規制の原則禁止の例外として、従来、猥褻・名誉毀損と並んで、「喧嘩言葉」（fighting words）が挙げられていたが、最高裁は、この喧嘩言葉の規制についても、特定の見解に基づくもののみが選別的に禁止されることがあってはならないとして、象徴的言論に属する人種差別的表現行為を規制する市条例を違憲と判示した（R.A.V. v. City of St. Paul, 1992）。このことは、公権力による表現行為の規制に対しより一層の慎重さを要求する意味をもつ反面、憲法上許されない「見解に基づく差別」（viewpoint discrimination）とは何かという新たな問題を生ぜしめている。1995年に最高裁は、宗教を「見解」と捉えることにより、公立大学における宗教系学生団体への公費助成を拒否した大学当局の措置は「見解に基づく差別」にあたるとして違憲とする判決を下した（Rosenberger v. Rector and Visitors of University of Virginia）が、それによって第1修正のもう一方の原則－国教禁止（政教分離）原則－を侵害しないかとの議論を呼ぶこととなった。2009年には最高裁は、公有地である公園内にモーゼの「十戒」（Ten Commandments）の記念碑を含む、私人の寄附に係る恒久的な展示物を政府が選択的に設置することは「政府言論」（government speech）の一形態であるとし、当該地域社会と深い絆をもたない宗教団体による市の歴史とも無関係な記念碑の設置申請を拒否しても第1修正の言論の自由条項との関係で問題は生じないと判示した（Pleasant Grove City v. Summum）が、本件のような私人の寄附に係る展示物の設置を政府言論と捉えたことは適当であったか、また、国教禁止条項との関係で問題は生じないのかといった疑問や批判が提示されている。

第１修正の信教の自由の保障に関しては、1990年のスミス事件（Employment Division v. Smith）において、最高裁が宗教上の信条を理由に一般的中立的な法義務を免れることはできないと判示したことにより、この自由の保障の限界が改めて論議されることとなった。1993年には、連邦議会がこの判決を実質的に覆す意味を持つ「宗教的自由回復法」を制定したが、最高裁は、1997年のフロリス判決（前出）において、これを第14修正第５節に規定された連邦議会の権限を越えるものとして、州に適用される限りで違憲と判示した。これに対して連邦議会は、2000年に「宗教的土地使用及び特定施設被収容者法」（Religious Land Use and Institutionalized Persons Act, RLUIPA）を制定し、刑務所等の特定施設に収容された者に限定して、信教の自由に対する実質的負担の除去を図り、最高裁もこれを合憲としている（Cutter v. Wilkinson, 2005）。2012年には最高裁は、宗教系私立学校で宗教教育を担当する教師の解雇の是非が争われた事件で、雇用差別禁止法のような一般的中立的な法律による規制が宗教団体とその構成員である聖職者との間の雇用をめぐる紛争には適用されないという「聖職者例外」（ministerial exception）を最高裁として初めて認め（Hosanna-Tabor Evangelical Lutheran Church & School v. EEOC）、スミス判決（前出）との整合性が問われている。2014年のホビー・ロビー事件では最高裁は、憲法判断は避けたものの、医療保険改革法に基づき家族経営の営利企業の事業主が抱く宗教的信念に反する避妊具の使用を保険でカバーするように求めることは宗教的自由回復法に違反すると判示した（Burwell v. Hobby Lobby）。

第１修正の国教禁止原則は、最高裁にとって最も困難な問題領域の１つである。この領域に関する最高裁の憲法判断は曲折を経ており、その判断の一貫性がたえず論議の的となってきた。政府の公的助成の憲法適合性をめぐる多くの事例が存在するが、今日では、宗教系を含む私立学校の授業料について個人に公的支援を行う制度（school voucher）も合憲とされ（Zelman v. Simmons-Harris, 2000）、この点に関してはほとんど決着がついた観がある。しかし、他方、公の施設や敷地内における「十戒」のテクストの展示や記念碑の設置をめぐる事件では、最高裁の判断は違憲（McCreary County v. ACLU of Kentucky, 2005）と合憲（Van Orden v. Perry, 2005）（ただし、相対多数意見）に分かれ、なお議論の余地を残している。

「人民が武器を保有しまた携帯する権利」を規定した第２修正については、「規律ある民兵」の維持とかかわりなく個人の自衛の権利を保障したものであるか否かが古くから争われてきたところであるが、2008年に最高裁は、第２修正は個人が自衛のために武器を保有し携帯する権利をそれ自体として保障したものであるとし、コロンビア特別区による厳格な銃規制法（拳銃の登録を禁止することにより拳銃を所持できなくするとともに、自宅での小火器携行を許可に係らしめ、また自宅において合法的に所有する小火器については弾丸を抜いて分解しておくか安全装置をかけておくことを求めるものであった）を同修正に反し違憲と判示して大いに論議を呼んだ（District of Columbia v. Heller）。また最高裁は、その２年後、法廷意見を形成することはできなかったが、この第２修正の権利が第14修正のデュー・プロセス条項を通じて州に対しても適用されることを明らかにしている（McDonald v. City of Chicago, 2010）。これに対して、国内で相次ぐ銃乱射事件に業を煮やしたオバマ大統領は、2016年ネット販売を含めて銃器の販売許可の取得を徹底させ、殺傷力の強い銃器の購入者について犯罪歴の確認を確実に行うよう求める大統領令を発することとしたが、保守派の反発も強く、有効な対策とはなりえなかった。

平等の問題に関しては、南北戦争後の第13・14・15修正と1866年の市民的諸権利に関する法律（Civil Rights Act of 1866）によって、まず人種差別禁止原理が宣明されたものの、南部諸州の抵抗にあい、人種的平等の実現は当面阻止されることになった。1950〜60年代に至ってようやく人種差別撤廃の動きは本格化し、大きな成果をあげたが、この点に関しては、連邦の政治部門の貢献もさることながら、合衆国最高裁がブラウン判決（1954年、前出）以来、第14修正の「法の平等な保護」を実質化していったこと（「平等主義革命」）がやはり特筆に値する。加えて女性差別の撤廃も、第19修正、連邦法および司法判決により、人種差別撤廃に準じて実現されていった。ただ、連邦政府による差別撤廃のための積極的措置に対しては、これが従来差別されてきたマイノリティ・グループの人々を優遇する結果、多数派に属する人々を逆に差別することにならないか、という「逆差別」の問題が提起され、その評価をめぐって激しい論議が続けられていたが、1995年に至って最高裁は、連邦議会によるものであれ、他のいかなる政府機関によるものであれ、およそすべての人種に基づく分類は、平等保護条項の下で厳格な司法審査に服さなければならないとして、差別撤廃のための積極的措置の実施に否定的な態度を打ち出した（Adarand Constructors, Inc. v. Pena）。これにより差別撤廃のための積極的措置の実施は、大きな転換点を迎えたということができるだろう。そして2003年には、大学の学部の入学者選抜について、人種的または民族的なマイノリティ・グループに属することのみによって一律にポイントを与えるというような割当制（quota）に当たる仕組みは違憲であるとされた（Gratz v. Bollinger）。しかし、他方、同年同日の最高裁判決は、ロー・スクールの入学者選抜については、人種を、学生の構成の多様性を確保するために考慮しうる要素の1つとして捉えることは許されると判示しており（Grutter v. Bollinger）、その後の展開が注目されたが、2016年のフィッシャー事件（Fisher v. University of Texas at Austin）では最高裁は、差別撤廃のための積極的措置の実施自体は容認しつつも、大学がその入学手続において人種という要素を許容される方法で用いているかどうかを手続の実際に即して厳密に審査する必要性を説いている。

すでに指摘したとおり、合衆国憲法は社会権の観念を知らず、憲法のどこを見ても福祉受給を権利として保障してはいない。しかし、連邦と州の社会福祉プログラムの下に様々な公的扶助が現に行われており、そこに不公正や差別的な取扱いがあれば、憲法問題を生じうる。たとえば、合衆国最高裁はかつて、福祉受給資格として1年間の居住要件を課すことは州境を越えた移動の権利を侵害し、また貧困な一時滞在者に法の平等な保護を拒むものであって許されないとし（Shapiro v. Thompson, 1969）、また、いったん付与された便益を告知と聴聞の機会を含む適正な手続を経ることなく奪うことは許されない、とした（Goldberg v. Kelly, 1970）。しかし、1970年代半ばになると、手続的デュー・プロセスの要求を緩和するなど、この領域では最高裁の後退が目につくようになる（Mathews v. Eldridge, 1976）。1999年に至って最高裁は、既存の住民と新来の住民との間で福祉受給額に差を設けるカリフォルニア州の制度を違憲とする判決を下した（Saenz v. Roe）が、その根拠として、19世紀後半以来ほとんど「死文化」していた第14修正第１節の特権・免除条項（Privileges and Immunities Clause）を援用したことにより、耳目を集めた。

2001年９月11日に勃発した同時多発テロ以降、アメリカでは「テロとの戦い」が前面に打ち出され、国家の安全保障のために、はたして、またどこまで市民的諸自由を制限することができるかが大きな論議の的になった。とりわけ、同時多発テロの直後に成立した「愛国者法」（Patriot Act）は、テロ対策の名の下に電話やコンピュータの通信傍受などに関する捜査機関の権限を大幅に強化したもので、これに反対する声も少なくなかったが、その後部分改正を経て2015年６月に失効するまで存続した。愛国者法に代わって同年同月成立した「米国自由法」（USA Freedom Act）にはテロと無関係な通話記録の大規模収集活動の禁止が盛り込まれたが、その実効性がどこまで担保されるかはなお不透明である。この点で、最高裁が、2004年に、テロリストの嫌疑をかけられて身柄拘束された人々に関する人身保護請求について連邦裁判所の管轄権を認め、司法府による手続保障を重視する姿勢を見せたこと（Hamdi v. Rumsfeld; Rasul v. Bush; Rumsfeld v. Padilla）、また2006年には、ブッシュ大統領が対テロ戦争のために設けた特別軍事法廷を連邦法およびジュネーヴ条約に違反すると判示したこと（Hamdan v. Rumsfeld）、さらに2008年には、連邦裁判所に人身保護を求める憲法上の特権がキューバのグアンタナモ（Guantanamo）基地収容所に収容された外国人にも及ぶことを認めたこと（Boumediene v. Bush）、が注目される。2017年トランプ大統領はテロリストの入国を阻止するためとして、イラン、リビヤ、シリアなど７か国の国民に限ってアメリカへの入国を制限する大統領令を発し、特定宗教を差別するものとして批判する声が高まった。しかし、合衆国最高裁は、2018年の Trump v. Hawaii で、国家の安全保障に関する大統領権限の正当な行使であるとして、入国禁止措置を容認した。

現代アメリカ社会においては、個人の生き方にかかわる根本的な道徳的争点が憲法問題の装いをまとって裁判所の面前に登場する場面がしばしばみられる。1973年に最高裁は、有名なロウ対ウエイド事件（Roe v. Wade）において、妊娠中絶を行うかどうかを決定する女性の権利を憲法上のプライヴァシー権として承認し、これを第14修正のデュー・プロセス条項によって保護される「自由」の中に位置づけたことにより、大きな論議を巻き起こした（「実体的デュー・プロセスの復活」）。1989年に至って最高裁は、公的施設における妊娠中絶の禁止等の措置を合憲としてロウ判決を修正する方向に踏み出し（Webster v. Reproductive Health Services）、さらにその３年後の1992年には、法廷意見を形成することはできなかったものの、妊娠中絶に際してのインフォームド・コンセント、24時間の待機、親の同意等の諸要件を女性の中絶決定権に対する「不当な負担」（undue burden）にはあたらないとして合憲と判示した（Planned Parenthood v. Casey）。その後もロウ判決に対する保守派の挑戦は続いているが、2016年最高裁は、人工妊娠中絶を実施する医師が中絶施設から30マイル以内の近接する病院に患者を入院させる権限をもつことや中絶施設が救急病院並みの設備を有することを要求するテキサス州法を、中絶を求める女性に「不当な負担」を強いるものとして違憲と判示した（Whole Woman's Health v. Hellerstedt）。

1986年に最高裁は、上記の憲法上のプライヴァシー権には合意の上でも同性愛行為を行う権利までは含まれないとした（Bowers v. Hardwick）が、2003年に至って、この先例を誤りとして覆し、成人の合意による同性愛行為を刑罰をもって禁圧することを違憲であるとした（Lawrence v. Texas）。最高裁はまた、植物状態にある患者の「尊厳死」の権利につき判断する前提として、自己の欲しない医学上の処置を拒否する憲法上の「自由」を承認している（Cruzan v. Director, Missouri Department of Health, 1990）。しかし、その後に登場した「安楽死」をめぐる事件（Washington v. Glucksberg, 1997）においても、第14修正のデュー・プロセス条項によって保護されるべき「自由の利益」（liberty interests）とは何かについて最高裁裁判官の間にはなお見解の一致はみられない。

いわゆる同性婚の問題について、2013年最高裁は、「婚姻」を男女の異性間の結合、「配偶者」を夫婦である異性の相手と定義した連邦の結婚防衛法（Defense of the Marriage Act, DOMA）は第５修正の「デュー・プロセスと平等保護の基本原則」を不法に侵害するものであるとし、州が合法として取り扱っている同性婚の効力を連邦政府は否定することができないと判示した（United States v. Windsor）。もっとも、その時点では、州自身が婚姻の制度を異性間の結合に合法的に限定しうるかという論点についての判断は留保されていた。この点について世論は大きく割れていたが、2015年に至り、最高裁は、第14修正のデュー・プロセス条項と平等保護条項に基づき、婚姻の権利は基本的なものであって、同性のカップルにも等しく保障されるべきであるとして、婚姻を異性のカップルに限定する州法を違憲無効とする画期的な判断を下した（Obergefell v. Hodges）。しかし、LGBTの権利をめぐる紛争は依然として終息する気配はない。2018年のMaterpiece Cakeshop, Ltd. v. Colorado Civil Rights Commissionにおいて、最高裁は、ゲイ・カップルに結婚祝いのケーキを作ることを宗教的信条に基づいて拒否したクリスチャンのケーキ職人の行為に対して、州当局は宗教的信条に配慮するべきであるとして、その拒否行為を擁護する判断を下した。

これらの憲法判決は、今日最高裁が個人の基本的権利の領域で直面する課題の困難さを人々に認識せしめるとともに、最高裁による司法審査（憲法解釈）の適切なあり方について本格的な再検討を促すに至っている。

アメリカ合衆国憲法〔1788年〕

〔前文〕

われら合衆国の人民は、より完全な連邦を形成し、正義を樹立し、国内の静穏を保障し、共同の防衛に備え、一般の福祉を増進し、われらとわれらの子孫の上に自由の恵沢を確保する目的をもって、ここにアメリカ合衆国のために、この憲法を制定し確立する。

第１条〔連邦議会〕

第１節〔立法権、両院制〕

この憲法によって付与される立法権は、すべて合衆国連邦議会に属する。連邦議会は、上院（Senate）および下院（House of Representatives）で構成される。

第２節〔下院の組織、下院議員の任期・資格等〕

① 下院は、各州人民が２年ごとに選出する議員で組織する。各州における選挙人は、州議会中議員数が多い方の１院の選挙人の資格要件を備えることを要する。

② 年齢25歳に達しない者、７年以上合衆国市民でない者、および選挙された時その選出された州の住民でない者は、下院議員となることができない。

③《下院議員および直接税は、連邦に加入する各州の人口に比例して、各州の間に配分される。各州の人口とは、年期服役者を含み、納税義務のないインディアンを除く自由人の総数に、自由人以外のすべての人数の５分の３を加えたものとする*。》実際の人口の算定は、合衆国連邦議会の最初の開会の後３年以内、およびその後10年ごとに、法律の定めるところにしたがって行うものとする。下院議員の数は、人口30,000人に対し１人の割合を超えてはならない。ただし、各州は、少なくとも１人の下院議員を持つものとする。上記の算定がなされるまでは、ニュー・ハンプシャ州は３名、マサチューセッツ州は８名、ロウド・アイランドおよびプロヴィデンス植民地は１名、コネティカット州は５名、ニュー・ヨーク州は６名、ニュー・ジャージ州は４名、ペンシルヴェニア州は８名、デラウェア州は１名、メアリランド州は６名、ヴァジニア州は10名、ノース・キャロライナ州は５名、サウス・キャロライナ州は５名、ジョージア州は３名を選出することができるものとする。

〔《　》内は、第14修正第２節および第16修正により改正〕

④ 州の代表に欠員を生じたときは、その州の執行部は、その補充のために選挙の命令を発しなければならない。

⑤ 下院は、議長およびその他の役員を選任する。弾劾を行う権限は下院に専属する。

＊ 自由人以外の人とは、黒人奴隷を指す。この「５分の３」条項は、白人たる自由人のみを基準とすべしとする南部諸州と、奴隷を含めてすべて１人として計算すべしとする北部諸州との妥協の産物であった。

第３節〔上院の組織、上院議員の任期・資格等〕

① 合衆国の上院は、各州から２名ずつ選出される上院議員で組織する。《上院議員の選出は、各州議会によって行われるものとし、》その任期は６年とする。上院議員は、それぞれ１票の投票権を有する。

〔《　》内は、第17修正第１項により改正〕

② 第１回選挙の結果に基づいて上院議員が集会したときは、直ちにこれをできるだけ同数の３部に分ける。議員の３分の１が２年ごとに改選されるように、第１部の議員は２年目の終わりに、第２部の議員は４年目の終わりに、第３部の議員は６年目の終わりに、それぞれその議席を失うものとする。《州議会の休会中に、辞職その他の理由により欠員を生じた場合には、州の執行部は、次の議会が開会され補充を行うまでの間、臨時の任命を行うことができる。》

〔《　》内は、第17修正第２項により改正〕

③ 年齢30歳に達しない者、９年以上合衆国市民でない者、および選挙された時その選出された州の住民でない者は、上院議員となることができない。

④ 合衆国の副大統領は、上院の議長となる。ただし、可否同数のときを除き、表決には加わらない。

⑤　上院は、議長以外の役員を選任する。副大統領欠席のとき、または副大統領が合衆国大統領の職務を行うときは、臨時議長を選出する。

⑥　すべての弾劾につき、これを裁判する権限は、上院に専属する。この目的のために開会されるときには、議員は宣誓または確約をしなければならない。合衆国大統領が裁判される場合には、最高裁判所首席裁判官を議長とする。何人も、出席議員の3分の2の同意がなければ、有罪の判決を受けることはない。

⑦　弾劾事件の判決は、免官および、名誉、信任または報酬を伴う合衆国の公職に任ぜられこれに在職する資格を剝奪すること以上に及ぶことができない。ただし、有罪の判決を受けた者に対し、法律によって、起訴、審問、判決、処罰をなすことを妨げない。

第4節〔選挙に関する定め、集会日〕

①　上院議員および下院議員の選挙を行う時、所および方法は、各州においてその議会が定めるものとする。ただし、連邦議会は、上院議員の選挙を行う所に関する定めを除き、何時でも法律によってこの点に関する規則を設け、または変更することができる。

②　連邦議会は、毎年少なくとも1回集会する。この集会は、法律によって別の日を定めない限り、《12月の第1月曜日とする。》
〔《　》内は、第20修正第2節により改正〕

第5節〔議院の権限〕

①　各議院は、その議員の選挙、選挙結果および資格について判定を行う。各議院は、議員の過半数をもって、議事を行うに必要な定足数とする。定足数に充たない場合は、日々休会することができ、また各議院の定める方法と制裁によって、欠席議員の出席を強制することができる。

②　各議院は、議事規則を定め、議員が秩序を乱したときはこれを懲罰し、また3分の2の同意によって議員を除名することができる。

③　各議院は、議事録を作成し、その議院が秘密を要するものと判定する部分を除き、随時これを公表しなければならない。各議院の議員の賛否は、議題のいかんにかかわらず、出席議員の5分の1の請求があれば、これを議事録に記載しなければならない。

④　連邦議会の会期中は、いずれの議院も他の議院の同意がなければ、3日の期間を超えて休会し、またはその議場を両議院の開会中の場所から他に移すことはできない。

第6節〔議員の報酬、特権、兼職禁止〕

①　上院議員および下院議員は、その職務に対し報酬を受ける。この報酬は、法律によって定められ、合衆国の国庫から支出されるものとする。両議院の議員は、叛逆罪、重罪および公安を害する罪によるほか、会期中の議院に出席中、およびこれに往復の途上において逮捕されない特権を有する。議員は、議院における発言または討議について、院外において責任を問われない。

②　上院議員および下院議員は、その在任期間に新設され、また増俸された合衆国の文官職に任命されることはできない。合衆国の公職にある者は、その在職中議員となることはできない。

第7節〔議事手続〕

①　歳入の賦課に関するすべての法律案は、先に下院に提出しなければならない。ただし、他の法律案におけると同様、上院はこれに対し修正案を発議し、または修正を付して同意することができる。

②　下院および上院を通過したすべての法律案は、法律となるに先立ち、合衆国大統領に送付しなければならない。大統領は、法律案を承認するときはこれに署名する。承認しないときは、拒否理由を付して、これを発議した議院に還付する。その議院は、拒否理由の全体を議事録に記載し、その法律案を再議に付する。再議の結果、その議院が3分の2の多数をもってその法律案の通過を可決したときは、拒否理由と共にこれを他の議院に回付するものとする。他の議院でも同様に再議を行い、その3分の2の多数をもって可決したときは、その法律案は法律となる。すべてこれらの場合には、両議院における表決は、指名による賛否の表明によってなされ、法律案に対する賛成者、反対者の氏名は、それぞれの議院

の議事録に記載されるものとする。大統領が法律案の送付を受けてから10日以内（日曜日を除く）にこれを還付しないときは、その法律案は、大統領が署名した場合と同様に法律となる。ただし、連邦議会の休会により法律案を還付することができない場合は、この限りでない。

③　すべて両議院の同意を必要とする命令、決議もしくは表決（休会の決議を除く）は、これを合衆国大統領に送付するものとする。その効力を生ずるためには、大統領の承認を得ることを要する。大統領が承認しないときは、法律案の場合について定められた規則および制限にしたがって、上院および下院の3分の2の多数をもって再び可決されることを要する。

第8節〔連邦議会の権限〕

①　連邦議会は、次に掲げる諸権限を有する。合衆国の債務の弁済、共同の防衛および一般の福祉の目的のために、租税、関税、輸入税、消費税を賦課徴収すること。ただし、すべての関税、輸入税、消費税は、合衆国全土を通じて均一でなければならない。

②　合衆国の信用において金銭を借り入れること。

③　外国との通商ならびに各州間およびインディアンの部族との間の通商を規制すること。

④　統一的な帰化の規則、および合衆国全土に適用される統一的な破産に関する法律を制定すること。

⑤　貨幣を鋳造すること、その価格および外国貨幣の価格を規制すること、ならびに度量衡の標準を定めること。

⑥　合衆国の証券および通貨の偽造に対する罰則を設けること。

⑦　郵便局を設置し、郵便道路を建設すること。

⑧　著作者および発明者に対し、一定の期間その著作および発明に関する独占的権利を確保することにより、学術および技芸の進歩を促進すること。

⑨　最高裁判所の下に下級裁判所を組織すること。

⑩　公海において犯された海賊行為および重罪、ならびに国際法違反の罪を定義し、これに対する罰則を設けること。

⑪　戦争を宣言し、捕獲免許状を付与し、陸上および海上における捕獲に関する規則を定めること。

⑫　軍隊を徴募し、これに財政的措置を講ずること。ただし、この目的のためにする歳出の承認は、2年を超える期間にわたってはならない。

⑬　海軍を建設し、これを維持すること。

⑭　陸海軍の統帥および規律に関する規則を定めること。

⑮　連邦の法律の執行、叛乱の鎮圧および侵略の撃退の目的のためにする民兵の招集に関する規定を設けること。

⑯　民兵の編制、装備および訓練に関する規定を設けること、ならびに民兵中、合衆国の軍務に服すべきものについて、その統帥に関する規定を設けること。ただし、民兵の将校の任命、および連邦議会の定める軍律にしたがって民兵を訓練する権限は、各州に留保される。

⑰　特定の州が譲渡し、連邦議会が受領することにより合衆国の政府の所在地となる地区*（10マイル平方を超えてはならない）に対して、いかなる事項に関しても専属的な立法権を行使すること。要塞、武器庫、造兵廠、造船所その他必要な建造物の建設のために、それぞれの州の議会の同意を得て購入した土地のすべてに対して同様の権限を行使すること。

⑱　上記の権限、およびこの憲法により合衆国政府またはその各部門もしくは公務員に対し付与された他の一切の権限を執行するために、必要かつ適切なすべての法律を制定すること。

＊　現在のコロンビア特別区（ワシントン）がこれにあたる。合衆国政府の所在地をめぐる各州間の争いを避けるため、その決定を連邦議会による将来の決定に委ねたのである。

第9節〔連邦議会の権限に対する制限〕

①　連邦議会は、1808年前において、現存する州が入国を適当と認める人々の移住および輸入を禁止することはできない。ただし、その輸入に対しては、1人につき10ド

ルを超えない租税または関税を課することができる*。

② 人身保護令状（Writ of Habeas Corpus）の特権は、叛乱または侵略に際し公共の安全上必要とされる場合のほか、停止されてはならない。

③ 私権剝奪法（Bill of Attainder）または遡及処罰法（ex post facto Law）を制定してはならない。

④ 《人頭税その他の直接税は、前〔第2節第3項〕に規定した人口調査または算定に基づく割合によるのでなければ、賦課することができない。》

〔《 》内は、第16修正により改正〕

⑤ 各州から輸出される物品には、租税または関税を賦課することができない。

⑥ 通商または徴税の規制により、1州の港湾に対して他州の港湾よりも有利な地位を与えてはならない。また、1州に出入りすることを目的とする船舶に対して、他州において入港、出港手続、または関税の支払いを強制してはならない。

⑦ 国庫からの支出はすべて、法律で定める歳出予算にしたがってのみ行われる。一切の公金の収支に関する正式の決算は、随時公表しなければならない。

⑧ 合衆国は貴族の称号を授与しない。何人も、報酬または信任を伴う合衆国の官職にある限り、連邦議会の同意なしに、国王、公侯または他の国家から、いかなる贈与、俸給、官職または称号をも受けることができない。

* 州際通商条項（第1条第8節第3項）に基づいて黒人奴隷の輸入を禁止しようとする北部諸州と、これに反対する南部諸州との妥協の産物。1808年以降奴隷の輸入は禁止された。

第10節〔州の権限に対する制限〕

① いかなる州も、条約、同盟もしくは連合を締結し、捕獲免許状を付与し、貨幣を鋳造し、信用証券を発行し、金貨および銀貨以外のものをもって債務弁済の法定手段とし、私権剝奪法、遡及処罰法もしくは契約上の債権債務関係を害する法律を制定し、または貴族の称号を授与してはならない。

② いかなる州も、その物品検査法執行のために絶対必要な場合を除き、連邦議会の同意なしに、輸入品または輸出品に対し、輸入税または関税を賦課することはできない。輸入品または輸出品に対して州が賦課した輸入税または関税の純収入は、合衆国の国庫の用に供される。この種の法律はすべて、連邦議会の修正および規制に服する。

③ いかなる州も、連邦議会の同意なしに、噸税を賦課し、平時において軍隊もしくは軍艦を保持し、他州もしくは外国と協約もしくは協定を結び、または現実に侵略を受けたときもしくは猶予しがたい急迫の危険があるときを除き、戦争行為をしてはならない。

第2条〔大統領〕

第1節〔執行権、大統領の任期・選挙方法・資格・地位の承継等〕

① 執行権は、アメリカ合衆国大統領に属する。大統領の任期は4年とし、同一任期で選任される副大統領と共に、次に定める方法で選挙される。

② 各州は、その議会の定める方法により、その州から連邦議会に送り得る上院議員および下院議員の総数と同数の選挙人（Electors）を選任する*。ただし、上院議員、下院議員または信任もしくは報酬を伴う合衆国の公職にある者は、選挙人に選任されることができない。

③ 《選挙人は、それぞれの州に会合し、無記名投票により2名を選出する。そのうち少なくとも1名は、選挙人と同じ州の住民であってはならない。選挙人は、すべての得票者および各得票者の得票の一覧表を作成し、これに署名し認証をした上封印を施して、上院議長に宛て、合衆国政府の所在地に送付しなければならない。上院議長は、上院議員および下院議員の立会いの下、すべての認証書を開封したのち、投票を計算する。最多数の得票が、選任された選挙人の総数の過半数に達しているときは、その最多数の票を得た者が大統領となる。過半数に達した者が1名にとどまらず、しかもその得票が同数のときは、下院は直ちに無記名投票により、そのうちの1名を大統領に選出しなければならない。過

半数に達した者がないときは、得票者の一覧表中の高得票者5名の中から、同一方法により下院が大統領を選出しなければならない。ただし、この方法により大統領を選出するときは、投票は州を単位として行われ、各州の議員団が1票をもつものとする。この場合の定足数は、全州の3分の2から1名または2名以上の議員が出席することとし、大統領の選出には、全州の過半数を要するものとする。いずれの場合にも、大統領を選出したのち、次に最多数の選挙人の投票を得た者が副大統領となる。ただし、同数の票を得た者が2名以上あるときは、上院は、無記名投票によりその中から副大統領を選出しなければならない。》
〔《　》内は、第12修正により改正〕

④　連邦議会は、選挙人選任の時および選挙人が投票を行う日を定めることができる。投票日は、合衆国全土を通じて同じ日でなければならない。

⑤　出生により合衆国の市民である者、またはこの憲法採択の時に合衆国の市民である者でなければ、大統領になることができない。年齢35歳に達しない者および14年間合衆国内に居住したことのない者は、大統領になることができない。

⑥《大統領が免職され、死亡し、辞職し、またはその権限および義務を遂行する能力を失ったときは、その職務権限は副大統領に帰属する。》連邦議会は、大統領および副大統領が共に免職され、死亡し、辞職し、または執務不能となった場合につき法律で規定し、その場合に大統領の職務を行うべき公務員を定めることができる。この公務員は、これにより、上記のような執務不能の状態がなくなる時または大統領が選出される時まで、大統領の職務を行う。
〔《　》内は、第25修正により補足〕

⑦　大統領は、その職務に対して定時に報酬を受ける。その額は、任期中増減されることはない。大統領は、その任期中、合衆国または州から他のいかなる報酬をも受けてはならない。

⑧　大統領は、その職務の遂行を開始する前に、次のような宣誓または確約をしなければならない。―「私は、合衆国大統領の職務を忠実に遂行し、全力を尽くして合衆国憲法を維持し、保護し、擁護することを厳粛に誓う（または確約する）」。

＊　いわゆる選挙人団（Electoral College）による間接選挙制の規定である。選挙人の選任は、当初州議会自体において行われたところもあるが、今日では、すべての州において国民の一般投票によって決定されている。また、政党の発達に伴い、選挙人は各州においてその所属政党から一団として指名され、所属政党の意向により投票する。したがって、国民の一般投票による選挙人の選出は、いずれの政党を選ぶかに帰着する。この選挙人の選挙においては、一部の州を除いて、1票でも多数を占めた政党が当該州の選挙人全体を独占する仕組みとなっている。

第2節〔大統領の権限〕

①　大統領は、合衆国の陸海軍および現に招集されて合衆国の軍務に服している各州の民兵の総指揮官である。大統領は、行政各部局の長に対し、それぞれの職務に関するいかなる事項についても、書面による意見具申を求めることができる。大統領は、弾劾の場合を除き、合衆国に対する犯罪について刑の執行停止および恩赦を行う権限を有する。

②　大統領は、上院の助言と承認を得て、条約を締結する権限を有する。ただし、この場合には、上院の出席議員の3分の2の賛成を要する。大統領は、大使その他の外交使節および領事、最高裁判所の裁判官、ならびに法律によって設置される他のすべての合衆国の公務員で、この憲法にその任命に関して別段の定めなきものを指名し、上院の助言と承認を得て、これを任命する。ただし、連邦議会は、法律によって、その適当と認める下級公務員の任命権を大統領のみに、または裁判所に、もしくは各部局の長に与えることができる。

③　大統領は、上院の閉会中に生ずる一切の欠員を補充することができる。ただし、その任命は次の会期の終わりに効力を失う。

第3節〔大統領のその他の権限〕

大統領は、随時連邦の状況について連邦議会に情報を提供し、また自ら必要かつ良策と考える施策について、議会にこれを審議するように勧告する。大統領は、非常の場合には、両院またはそのいずれかの1院を招集することができる。大統領は、閉会の時期に関し両院の間に意見の一致を欠くときは、自ら適当と考える時期まで休会させることができる。大統領は、大使その他の外交使節を接受する。大統領は、法律が忠実に執行されることに留意し、また合衆国のすべての公務員を任命する。

第4節〔弾劾〕

大統領、副大統領および合衆国のすべての文官は、叛逆罪、収賄罪その他の重罪または軽罪につき弾劾され、有罪の判決を受けたときは、その職を免ぜられる。

第3条〔連邦司法部〕

第1節〔司法権、裁判官の身分保障〕

合衆国の司法権は、1つの最高裁判所、および連邦議会が随時制定し設置する下級裁判所に属する。最高裁判所および下級裁判所の裁判官は、非行なき限り、その職を保ち、またその職務に対して定時に報酬を受ける。その額は、在職中減ぜられることはない。

第2節〔管轄権〕

① 司法権は、次の諸事件に及ぶ。〔1〕この憲法、合衆国の法律および合衆国の権限に基づいて締結されまた将来締結される条約の下で発生するコモン・ロー上およびエクイティ上のすべての事件。〔2〕大使その他の外交使節および領事に関係するすべての事件。〔3〕海法および海事裁判権に関するすべての事件。〔4〕合衆国が当事者である争訟。〔5〕2以上の州の間の争訟。〔6〕《1州と他州の市民との間の争訟。》〔7〕相異なる州の市民の間の争訟。〔8〕相異なる州から受けた権利付与に基づく土地の権利に関する同じ州の市民の間の争訟。〔9〕《1州またはその市民と他の国家または外国の市民もしくは臣民との間の争訟。》

〔《　》内は、第11修正により補足〕

② 大使その他の外交使節および領事に関係する事件ならびに州が当事者である事件のすべてについて、最高裁判所は第1審管轄権を有する。前項に掲げたその他すべての事件については、最高裁判所は、連邦議会の定める例外の場合を除き、またその定める規則にしたがい、法律および事実の双方に関し、上訴審管轄権を有する。

③ 弾劾の場合を除き、すべての犯罪の審理は、陪審によって行われなければならない。審理は、その犯罪が実行された州で行われなければならない。ただし、犯罪地がいずれの州にも属しないときは、審理は、連邦議会が法律で指定する1または2以上の場所において、これを行うものとする。

第3節〔叛逆罪〕

① 合衆国に対する叛逆罪を構成するのは、合衆国に対して戦いを起こし、または敵に援助および助力を与えてこれに加担する行為に限るものとする。何人も、同一の公然行為に対する2名の証人の証言があるか、または公開の法廷における自白によるのでなければ、叛逆罪につき有罪とされることがない。

② 連邦議会は、叛逆罪の刑罰を宣明する権限を有する。ただし、叛逆罪を理由とする私権剝奪は、血統汚損（Corruption of Blood）または、私権剝奪を受けた者の生存中限りの場合を除き、財産没収（Forfeiture）に至ることがあってはならない。

第4条〔連邦制〕

第1節〔各州間の相互信頼〕

各州は、他州の法令、記録、および司法手続に対して、十分な信頼と信用（Full Faith and Credit）を与えなければならない。連邦議会は、これらの法令、記録、および司法手続を証明する方法およびその効力につき、一般的法律をもって規定することができる。

第2節〔各州市民の特権および免除、逃亡犯罪人の引渡し等〕

① 各州の市民は、他州においてもその州の市民がもつすべての特権および免除を享受する権利を有する。

② 1州において叛逆罪、重罪その他の犯罪につき告発された者が逃亡して裁判を免れ、他州において発見されたときは、その逃亡した州の行政当局の要求があれば、その犯罪につき裁判権を有する州に移すために引き渡されなければならない。

③ 《1州においてその法律の下に労役にし

たがう義務ある者は、他州に逃亡した場合でも、その州の法律または規則によって右の労役から解放されることなく、右の労役に対して権利を有する当事者の請求があれば、引き渡されなければならない。》

〔《　》内は、第13修正により廃棄〕

第3節〔新しい州の加入手続、合衆国に属する領地〕

① 連邦議会は、新しい州をこの連邦に加入させることができる。ただし、既存の州の領域内に新しい州を形成もしくは創設し、または2以上の州もしくはその一部を合併して1州を形成するためには、連邦議会のほか関係各州の議会の同意を得なければならない。

② 連邦議会は、合衆国に属する領地（Territory）その他の財産を処分し、これに関し必要な一切の準則および規則を制定する権限を有する。この憲法中のいかなる規定も、合衆国または特定の州の有する権利を損なうように解釈されてはならない。

第4節〔州に対する保障〕

合衆国は、この連邦内の各州に共和政体を保障し、侵略に対し各州を保護する。合衆国は、州議会または（議会の招集が可能でないときは）執行部の要請があれば、州内の暴動に対し各州を保護する。

第5条〔憲法修正〕

連邦議会は、両議院の3分の2が必要と認めるときは、この憲法に対する修正を発議し、または各州中3分の2の議会の要請あるときは、修正発議を目的とする憲法会議（Convention）を招集しなければならない。いずれの場合においても、修正は、4分の3の州議会によって承認されるか、または4分の3の州における憲法会議によって承認されるときは、あらゆる意味において完全に、この憲法の一部として効力を有する。上記の2つの承認方法のいずれによるかは、連邦議会の定めるところによる。ただし、1808年前に行われる修正によって、第1条第9節第1項および第4項の規定に変更をきたすことはできない*。また、いずれの州も、その同意なしに、上院における平等の投票権を奪われることはない。

＊ 1808年前においては、憲法修正によって黒人奴隷の輸入を禁止し、また奴隷に対して過大な人口割を課することはできない、という趣旨を確認したものである。

第6条〔最高法規〕

① この憲法の採択前に契約されたすべての債務および締結されたすべての約定は、この憲法の下においても連合規約の下におけると同様、合衆国に対して有効なものとする。

② この憲法、これに準拠して制定される合衆国の法律、および合衆国の権限に基づいて締結されまた将来締結されるすべての条約は、国の最高法規である。各州の裁判官は、各州の憲法または法律中に反対の定めある場合といえども、これに拘束される。

③ 先に規定した上院議員および下院議員、州議会の議員、ならびに合衆国および州のすべての行政官および司法官は、宣誓または確約によって、この憲法を支持する義務を負う。ただし、合衆国のいかなる公職または信任による職務についても、その資格要件として宗教上の審査を課せられることはない。

第7条〔発効〕

この憲法は、9つの州の憲法会議の承認があるときは、これを承認した州の間において確定発効すべきものとする。

1787年、アメリカ合衆国独立第12年、9月17日、列席各州一致の同意により憲法会議においてこの憲法を制定した。その証明のため、われらはここに署名する。

ジョージ・ワシントン、議長、ヴァジニア代表

ニュー・ハンプシャ――ジョン・ラングドン、ニコラス・ギルマン

マサチューセッツ――ナサニエル・ゴーラム、ルーファス・キング

コネティカット――ウィリアム・サミュエル・ジョンスン、ロウジャ・シャーマン

ニュー・ヨーク――アレグザンダ・ハミルトン

ニュー・ジャージ――ウィリアム・リヴィンストン、デイヴィッド・ブリアリ、ウィリアム・パタスン、ジョナサン・デイトン

ペンシルヴェニア——ベンジャミン・フランクリン、トマス・ミフリン、ロバァト・モリス、ジョージ・クライマ、トマス・フィッツシモンズ、ジェアレド・インガソル、ジェイムズ・ウィルスン、グーヴァヌア・モリス

デラウェア——ジョージ・リード、ガニング・ベッドフォード Jr.、ジョン・ディッキンスン、リチャード・バセット、ジェイコブ・ブルーム

メアリランド——ジェイムズ・マクヘンリ、ダニエル・オブ・セント・トマス・ジェニファ、ダニエル・キャロル

ヴァジニア——ジョン・ブレア、ジェイムズ・マディスン Jr.

ノース・キャロライナ——ウィリアム・ブラウント、リチャード・ドッブス・スペイト、ヒュー・ウィリアムスン

サウス・キャロライナ——ジョン・ラトリッジ、チャールズ・コウツウァース・ピンクニィ、チャールズ・ピンクニィ、ピアス・バトラ

ジョージア——ウィリアム・フュー、エイブラハム・ボールドウィン

書記ウィリアム・ジャクスン、認証する。

修正条項

〔第1修正から第10修正までは、1791年成立。一般に、「権利の章典」(Bill of Rights) と呼ばれる〕

第1修正〔信教、言論、出版、集会の自由、請願権〕

連邦議会は、国教を樹立し、または宗教上の行為を自由に行うことを禁止する法律、言論または出版の自由を制限する法律、ならびに人民が平穏に集会する権利、および苦情の処理を求めて政府に対し請願する権利を侵害する法律を制定してはならない。

第2修正〔人民の武装権〕

規律ある民兵は、自由な国家の安全にとって必要であるから、人民が武器を保有しまた携帯する権利は、これを侵してはならない。

第3修正〔軍隊の舎営に対する制限〕

平時においては、所有者の同意を得ない限り、何人の家屋にも兵士を舎営させてはならない。戦時においても、法律の定める方法による場合のほか、同様とする。

第4修正〔不合理な捜索、逮捕、押収の禁止〕

不合理な捜索および逮捕または押収に対し、身体、家屋、書類および所有物の安全を保障されるという人民の権利は、これを侵してはならない。令状は、宣誓または確約によって裏付けられた相当な理由に基づいてのみ発せられ、かつ捜索さるべき場所および逮捕さるべき人または押収さるべき物件を特定して示したものでなければならない。

第5修正〔大陪審の保障、2重の危険の禁止、デュー・プロセス、財産権の保障〕

何人も、大陪審の告発または起訴によらなければ、死刑を科せられる罪その他の破廉恥罪につき責を負わされることはない。ただし、陸海軍、または戦時もしくは公共の危険に際して現に軍務に服している民兵において生じた事件については、この限りでない。何人も、同一の犯罪について重ねて生命身体の危険に臨ましめられることはない。何人も、刑事事件において自己に不利な証人となることを強制されることはなく、また法の適正な過程 (due process of law) によらずに、生命、自由または財産を奪われることはない。何人も、正当な補償なしに、私有財産を公共の用のために徴収されることはない。

第6修正〔陪審審理、迅速な公開の裁判その他刑事上の人権保障〕

すべての刑事上の訴追において、被告人は、犯罪が行われた州およびあらかじめ法律によって定められた地区の公平な陪審による迅速な公開の裁判を受け、かつ事件の性質と原因とについて告知を受ける権利を有する。被告人は、自己に不利な証人との対質を求め、自己に有利な証人を得るために強制手続を取り、また自己の防禦のために弁護人の援助を受ける権利を有する。

第7修正〔民事事件における陪審審理の保障〕

コモン・ロー上の訴訟において、訴額が20ドルを超えるときは、陪審による裁判を

受ける権利が保障されなければならない。陪審によって認定された事実は、コモン・ローの準則によるほか、合衆国のいずれの裁判所においても再審理されることはない。

第8修正〔残虐で異常な刑罰の禁止等〕

過大な額の保釈金を要求し、または過重な罰金を科してはならない。また、残虐で異常な刑罰を科してはならない。

第9修正〔人民の権利に関する一般条項〕

この憲法に一定の権利を列挙したことをもって、人民の保有する他の諸権利を否定しまたは軽視したものと解釈してはならない。

第10修正〔州または人民に留保された権限〕

この憲法によって合衆国に委任されず、また州に対して禁止されていない権限は、それぞれの州または人民に留保される。

第11修正〔州を被告とする訴訟に対する連邦の裁判権の否認〕〔1798年成立〕

合衆国の司法権は、合衆国の1州に対して、他州の市民または外国の市民もしくは臣民によって提起され追行されるコモン・ロー上またはエクイティ上の訴訟にまで及ぶものと解釈してはならない*。

* 第3条第2節第1項〔6〕に規定された「1州と他州の市民との間の争訟」とは、元来、州が原告となり、他州の市民を被告として訴えを提起する場合のみを予定したものとの見方が有力であった。しかし、規定の文言からはこの趣旨が明確でなく、1793年には、ノースキャロライナ州の市民がジョージア州を相手取って合衆国最高裁判所へ提起した訴えが適法とされた（Chisholm v. Georgia, 2 Dall. 419〔U. S. 1793〕）。本修正は、この最高裁判決を覆し、州の主権を保護することをはかったものである。その際同じ見地から、第3条第2節第1項〔9〕の規定にも合わせて限定が加えられたのである。

第12修正〔大統領の選挙方法の改正〕〔1804年成立〕

選挙人は、それぞれの州に会合し、無記名投票により大統領および副大統領を選出する。そのうち少なくとも1名は、選挙人と同じ州の住民であってはならない。選挙人は、その投票用紙に大統領として投票する者の氏名を記し、別の投票用紙に副大統領として投票する者の氏名を記さなければならない。選挙人は、大統領として得票した者のすべてと各得票者の得票および副大統領として得票した者のすべてと各得票者の得票につき、それぞれ別の一覧表を作成し、これに署名し認証をした上封印を施して、上院議長に宛て、合衆国政府の所在地に送付しなければならない。——上院議長は、上院議員および下院議員の立会いの下、すべての認証書を開封したのち、投票を計算する。——大統領としての最多数の得票が、選任された選挙人の総数の過半数に達しているときは、その最多数の票を得た者が大統領となる。過半数に達した者がないときは、下院は直ちに無記名投票により、大統領として得票した者の一覧表中の高得票者3名以下の中から、大統領を選出しなければならない。ただし、この方法により大統領を選出するときは、投票は州を単位として行われ、各州の議員団が1票をもつものとする。この場合の定足数は、全州の3分の2から1名または2名以上の議員が出席することとし、大統領の選出には、全州の過半数を要するものとする。《右の選出権が下院に帰した場合において、下院が次の3月4日*以前に大統領を選出しないときは、副大統領が、大統領に死亡その他憲法上執務不能とされる事態が生じた場合と同様、大統領の職務を行うものとする。》—副大統領としての最多数の得票が、選任された選挙人の総数の過半数に達しているときは、その最多数の票を得た者が副大統領となる。過半数に達した者がないときは、上院は、得票者の一覧表中の高得票者2名の中から、副大統領を選出しなければならない。この場合の定足数は、上院議員の総数の3分の2とし、副大統領の選出には、総議員数の過半数を要するものとする。ただし、憲法上大統領の地位に就くことができないとされている者は、合衆国副大統領の地位に就くことができない**。

〔《　》内は、第20修正第3節により改正〕

* 合衆国憲法の施行以来、大統領の任期の開始日は3月4日とされていた。この点は、

後に第20修正第1節（1933年成立）により1月20日と改められる。

＊＊　合衆国憲法上、副大統領については、その被選挙資格が規定されていなかったため、これを大統領の被選挙資格（第2条第1節第5項）と同一であるとして、ここに追加規定したものである。

第13修正〔奴隷または意に反する苦役の禁止〕〔1865年成立〕

第1節　奴隷または意に反する苦役は、犯罪に対する処罰として当事者が適法に有罪宣告を受けた場合を除いて、合衆国またはその管轄に属するいずれの地域内においても存在してはならない。

第2節　連邦議会は、適当な立法によって本条の規定を実施する権限を有する。

第14修正〔市民権、特権または免除、デュー・プロセス、法の平等保護等〕〔1868年成立〕

第1節　合衆国において出生しまたは帰化し、その管轄権に服するすべての人は、合衆国およびその居住する州の市民である。いかなる州も合衆国市民の特権または免除を制限する法律を制定しまたは執行してはならない。いかなる州も法の適正な過程（due process of law）によらずに、何人からも生命、自由または財産を奪ってはならない。また、その管轄内にある何人に対しても法の平等な保護を拒んではならない。

第2節　下院議員は、納税義務のないインディアンを除いた各州の総人口を計算し、それぞれの州の人口に応じて各州の間に配分されなければならない。ただし、合衆国大統領および副大統領の選挙人の選任、連邦議会の下院議員、州の行政官および司法官、または州議会の議員の選挙に際して、州の住民である男子のうち、年齢21歳に達し、かつ合衆国の市民である者に対し、叛乱への関与その他の犯罪以外の理由により、投票権を否定し、または方法のいかんを問わずこれを制限する場合には、その州選出の下院議員の数は、上記の男子市民の数がその州の年齢21歳以上の男子市民の総数に対して有する割合に応じて減ぜられるものとする＊。

第3節　かつて連邦議会の議員、合衆国の公務員、州議会の議員、州の行政官または司法官として、合衆国憲法を支持する旨の宣誓をしながら、合衆国に対する侵略もしくは叛乱に加担し、または合衆国の敵に援助もしくは助力を与えた者は、連邦議会の上院議員もしくは下院議員、大統領および副大統領の選挙人となり、または合衆国もしくは州において文武の官職に就くことができない。ただし、連邦議会は、各議院の3分の2の投票によってこの欠格を解除することができる。

第4節　法律によって認められた合衆国の国債は、侵略または叛乱を鎮圧するための役務に対する恩給および賜金の支払いのために起債された公債を含めて、その効力を争うことができない。ただし、合衆国に対する侵略もしくは叛乱を援助するためになされた負債もしくは債務、または奴隷の喪失もしくは解放を理由とする請求に対しては、合衆国およびいかなる州もこれを負担し、または支弁してはならない。これらの負債、債務および請求は、違法かつ無効とする。

第5節　連邦議会は、適当な立法によって本条の諸規定を執行する権限を有する。

＊　このただし書きの規定は、実行に移されたことがなく、また、その後の女性参政権の実現（第19修正）や投票年齢18歳への引下げ（第26修正）により、ほとんどその意義を失っている。

第15修正〔黒人の選挙権〕〔1870年成立〕

第1節　合衆国市民の投票権は、人種、体色、または従前の労役の状態を理由として、合衆国または州により拒否されまたは制限されることはない。

第2節　連邦議会は、適当な立法によって本条の規定を実施する権限を有する。

第16修正〔所得税の賦課徴収権〕〔1913年成立〕

連邦議会は、いかなる源泉から生ずる所

得に対しても、各州の間に配分することなく、また国勢調査または人口算定に準拠することなしに、所得税を賦課徴収する権限を有する。

第17修正〔上院議員の選挙方法の改正〕〔1913年成立〕

① 合衆国の上院は、各州から２名ずつ６年を任期として、その人民によって選挙される上院議員をもってこれを組織する。上院議員は、それぞれ１票の投票権を有する。各州の選挙人は、州議会の議員数の最も多い１院の選挙人として必要な資格を備えなければならない。

② 上院における州の代表に欠員を生じたときは、その州の執行部は、その補充のために選挙の命令を発しなければならない。ただし、州議会は、人民が州議会の定めるところにしたがい選挙によってこの補充を行うまでの間、その州の執行部に対して臨時の任命を行う権限を与えることができる。

③ この修正は、それが憲法の一部として効力を発生する前に選出された上院議員の選挙または任期に影響を及ぼすものと解釈してはならない。

第18修正〔禁酒修正〕〔1919年成立、第21修正第１節により廃止〕

第１節 本条の承認から１年を経たのちは、合衆国およびその管轄権に服するすべての領地において、飲用の目的をもって酒精飲料を醸造、販売、もしくは運搬し、またはその輸入もしくは輸出を行うことをここに禁止する。

第２節 連邦議会および州は、適当な立法によって本条の規定を実施する共同の権限を有する。

第３節 本条は、連邦議会によって州に提議された日から７年以内に、憲法の定めるところにしたがい、州議会によってこの憲法の修正として承認されないときは、その効力を生じない。

第19修正〔女性の参政権〕〔1920年成立〕

① 合衆国市民の投票権は、合衆国または州によって、性別を理由として、拒否されまたは制限されることはない。

② 連邦議会は、適当な立法によって本条の規定を実施する権限を有する。

第20修正〔大統領および副大統領の任期の修正等〕〔1933年成立〕

第１節 大統領および副大統領の任期は、本条の承認がなければ任期が終了すべき年の１月20日正午に終了し、上院議員および下院議員の任期は、同じ年の１月３日正午に終了する。その後任者の任期は、その時点より開始する*。

第２節 連邦議会は、毎年少なくとも１回集会する。この集会は、連邦議会が法律によって別の日時を定めない限り、１月３日正午に開会されるものとする。

第３節 大統領の任期の開始時と定められた時において、大統領に当選した者が死亡している場合には、副大統領に当選した者が大統領となる。大統領の任期の開始時と定められた時までに大統領が選出されていない場合、または大統領に当選した者がその資格を備えるに至らない場合には、副大統領に当選した者は、大統領がその資格を備えるに至るまでの間、大統領の職務を行う。連邦議会は、大統領に当選した者および副大統領に当選した者がいずれもその資格を備えるに至らない場合に、何人が大統領の職務を行うか、またいかなる方法でその職務を行う者を選定するかを法律によって定めることができる。この場合には、その者は、大統領または副大統領がその資格を備えるに至るまで大統領の職務を行う。

第４節 連邦議会は、大統領を選出する権限が下院に帰した場合において、下院が大統領を選出すべき候補者のうちに死亡を生じたとき、また副大統領を選出する権限が上院に帰した場合において、上院が副大統領を選出すべき候補者のうちに死亡を生じたときの措置について法律で規定することができる。

第５節 第１節および第２節は、本条の承認がなされたのちの10月15日に効力を生ずる。

第６節 本条は、その提議の日から７年以内に、４分の３の州議会によってこの憲法の修正として承認されないときは、その効力を生じない。

＊　従来、上院議員および下院議員の任期の開始日は3月4日とされていたが、これでは11月の選挙で新たに当選した者は、その年の12月に開会される通常議会（第1条第4節第2項参照）には参加できず、落選者を含む前任議員が翌年3月4日までの会期（いわゆるLame Duck Session）を務めるという不都合があった。そこで、1月3日正午を期して新旧議員が交代することとし、通常議会の開会もこれに合わせて改められたのである（本修正第2節参照）。

第21修正〔禁酒修正の廃止〕〔1933年成立〕

第1節　合衆国憲法第18修正は、これを廃止する。

第2節　州、合衆国の領地または所有地の法律に違反して、これらの地域内における酒精飲料の引渡しまたは使用のためにする、同地域への輸送または輸入は、これを禁止する。

第3節　本条は、連邦議会によって州に提議された日から7年以内に、憲法の定めるところにしたがい、州の憲法会議によってこの憲法の修正として承認されないときは、その効力を生じない。

第22修正〔大統領の3選禁止〕〔1951年成立〕

第1節　何人も2回を超えて大統領の職に選出されることはできない。他の者が大統領に選出された場合のその任期のうち2年を超えて大統領の職にあった者または大統領の職務を行った者は、何人といえども1回を超えて大統領の職に選出されることはできない。ただし、本条の規定は、本条が連邦議会によって発議された時に大統領の職にある者に対しては適用されない。また、本条の規定は、それが効力を生ずる時に任期中の大統領の職にある者または大統領の職務を行う者が、その任期の残存期間中、大統領の職にありまたは大統領の職務を行うことを妨げない。

第2節　本条は、連邦議会によって州に提議された日から7年以内に、4分の3の州議会によってこの憲法の修正として承認されないときは、その効力を生じない。

第23修正〔コロンビア特別区における大統領および副大統領の選挙人の選任〕〔1961年成立〕

第1節　合衆国政府の所在地を構成する地区〔コロンビア特別区〕は、連邦議会の定める方法によって、大統領および副大統領の選挙人を選任する。この選挙人の数は、同地区が州であれば同地区から連邦議会に選出し得る上院議員および下院議員の総数に等しい数とする。ただし、その数は、いかなる場合においても、人口の最も少ない州の選挙人の数を超えてはならない。同地区の選挙人は、州によって選任された選挙人に追加されるものとする。ただし、同地区の選挙人は、大統領および副大統領の選挙の目的のためには、州によって選任された選挙人とみなされ、同地区に会合して、第12修正の規定する義務を履行するものとする。

第2節　連邦議会は、適当な立法によって本条の規定を実施する権限を有する。

第24修正〔選挙権の要件としての人頭税等の禁止〕〔1964年成立〕

第1節　大統領もしくは副大統領、大統領もしくは副大統領の選挙人、または連邦議会の上院議員もしくは下院議員のための予備選挙その他の選挙における合衆国市民の投票権は、合衆国または州によって、人頭税その他の租税を納付しないことを理由として、拒否されまたは制限されてはならない。

第2節　連邦議会は、適当な立法によって本条の規定を実施する権限を有する。

第25修正〔大統領の地位の承継等〕〔1967年成立〕

第1節　大統領が免職され、死亡し、または辞職した場合には、副大統領が大統領となる＊。

第2節　副大統領の職が空席のときは、大統領は副大統領を指名し、この指名された者は、連邦議会の両院の過半数による承認を得て副大統領の職に就任する＊＊。

第3節　大統領が、その職務上の権限および義務の遂行が不可能である旨の宣明書を上院の仮議長および下院議長に送達するときは、大統領がこれと反対の趣旨の宣明書をそれらの者に送達するまでの間、副大統領が大統領代理として大統領の権限および義務を遂行する。

第4節　副大統領および行政各部の長の過半数、または連邦議会が法律によって定めるその他の機関の長の過半数が、大統領はその職務上の権限および義務の遂行が不可能である旨の宣明書を上院の仮議長および下院議長に送達するときは、副大統領が直ちに大統領代理として大統領の権限および義務を承継する。

その後において、大統領が上記の不能は存在しない旨の宣明書を上院の仮議長および下院議長に送達するときは、大統領はその職務上の権限および義務を回復する。ただし、副大統領および行政各部の長の過半数、または連邦議会が法律によって定めるその他の機関の長の過半数が、4日以内に、大統領はその職務上の権限および義務の遂行が不可能である旨の宣明書を上院の仮議長および下院議長に送達するときはこの限りでない。その場合、連邦議会はこの問題につき決定を下すものとし、開会中でないときは、48時間以内にその目的のために会議を招集しなければならない。連邦議会が後者の宣明書を受理したのち21日以内に、または連邦議会が開会中でないときは会議の招集を要求されたのち21日以内に、両院の3分の2の投票によって、大統領はその職務上の権限および義務の遂行が不可能である旨を決定するときは、副大統領は大統領代理として大統領の権限および義務を引き続き遂行する。その他の場合には、大統領はその職務上の権限および義務を回復する。

＊　大統領が死亡するなど、その職務を遂行することができない場合については、第2条第1節第6項に規定されているが、この規定からは、副大統領が大統領の地位を承継してその残任期間大統領となるものかどうかが明確ではなかったため、この点を明記し確認したものである。

＊＊　合衆国憲法には、副大統領の空席を補充する方法が定められていなかったため、これを規定したものである。1973年、この規定によってフォードが副大統領に就任した。周知のとおり、彼は、その後ニクスン大統領の辞任に伴い、本修正第1節の規定により大統領となった。

第26修正〔年齢18歳以上の市民の選挙権〕〔1971年成立〕

第1節　年齢18歳またはそれ以上の合衆国市民の投票権は、合衆国または州によって、年齢を理由として拒否されまたは制限されてはならない。

第2節　連邦議会は、適当な立法によって本条の規定を実施する権限を有する。

第27修正〔連邦議会の議員の歳費の改定〕〔1992年成立〕

上院議員および下院議員の歳費を改定する法律は、その成立後に行われる下院議員の選挙ののちまで施行されてはならない。

〔出典〕

Albert P. Blaustein & Gisbert H. Flanz (eds.), The United States of America, XVII Constitutions of the Countries of the World (Oceana, 1990); United States of America Supplement (Oceana, 1992). なお、訳出にあたって、宮沢俊義編『世界憲法集〔第4版〕』(岩波文庫、1983年)(斎藤眞訳)、塚本重頼『註解アメリカ憲法〔増補版〕』(酒井書店、1974年)を参照した。

1776年7月4日、連合会議《コングレス》における13のアメリカ連合諸邦の全員一致の宣言(独立宣言)〔1776年〕

人類の歴史において、ある国民が、それまで自分たちを他国民の下に結びつけていた政治的束縛を断ち切り、自然の法と自然の神の法とによって当然に賦与されるべき独立平等の地位を、この地上の諸強国の間で主張することが必要となる場合に、その国民が独立を余儀なくさせられた理由を宣明することは、人類の意見を尊重しようとするならば、当然に導かれる帰結である。

われらは、次の事柄を自明の真理であると信ずる。すべての人は平等に造られ、造物主によって一定の奪うことのできない権利を与えられ、その中には生命、自由および幸福の追求が含まれる。これらの権利を確保するために人びとの間に政府が組織され、その権力の正当性は被治者の同意に由来する。いかなる統治形態といえども、これらの目的を損なうものとなるときは、人民はそれを改廃し、彼らの安全と幸福をもたらすものと認められる諸原理と諸権限の編制に基づいて、新たな政府を組織する権利を有する。たしかに長期にわたって存続している政府は、些細な一時の理由によって変革されるべきではない。このことは、実に思慮分別の命ずるところである。したがって、あらゆる経験が示すとおり、人類は害悪が受忍できるものである限り、彼らが慣れ親しんだ諸形態を廃止するよりも、耐え忍ぼうとする傾向がある。しかし、長きにわたる暴虐と簒奪が、常に同一の目的の下に行われることによって、人民を絶対的な専制の下に服従せしめようとする企図が明らかになるときは、このような政府を廃棄し、人民の将来の安全のために新たな保障の組織を整えることは、人民の権利であり、また義務である。

これらの植民地が耐え忍んできた苦難は、まさにそのようなものであったし、また今や彼らをしてやむを得ずその従前の統治形態を改変せしめる必要性も、そこから生ずる。大英国の現国王の歴史は、これらの諸邦の上に絶対的な僭主制を樹立することを直接の目的としてくり返し行われた権利侵害と簒奪の歴史である。このことを証明すべく、公正なる世界の人びとに対して事実の提示を行わんとするものである。

彼〔イギリス国王〕は、一般の福祉のために有益かつ必要な法律の裁可を拒んだ。

彼は、彼の裁可があるまでは法律の執行を停止するという規定がない場合には、彼の総督をして緊急の必要性がある法律をも成立させることを禁止した。また、法律の執行を停止した場合には、その法律をまったく執行停止のまま放置した。

彼は、広汎な地域を人民に利用させる法律についても、人民が議会に代表を送る権利—人民にとってこの上なく貴重なものであり、ただ僭主にとってのみ恐るべきものである—を放棄しない限り、その成立を認めようとしなかった。

彼は、各植民地議会を、普通は考えられない、不便で、公文書の保管庫から遠く離れた地に召集せしめたが、これはもっぱら議会を疲労困憊させて彼の諸施策に同意させることを目的としたものであった。

彼は、人民の権利を彼が侵害したことに各植民地議会が雄々しく反対したことを理由に、議会をくり返し解散した。

彼は、こうして議会を解散したのち、長年にわたって、新しい代表が選出されることを拒んだ。その結果、本来消滅することのない立法権は、人民一般の手に復帰し、行使されることとなった。その間諸邦は、外部からの侵入と内部の動乱という危険に曝され続けた。

彼は、諸邦の人口増大の阻止に努めた。その目的のために、外国人帰化法の制定を妨げ、移民の諸邦への移住を促進するその他の法律の成立を拒み、新たに土地を取得する条件を厳しくした。

彼は、司法権を確立する法律の裁可を拒むことによって、司法の執行を妨げた。

彼は、裁判官をして、その任期ならびに報酬の額および支払について、彼の意思のみに依存するようにした。

彼は、多数の新しい官職を創設し、多数の新任官吏を諸邦に送り込んで、わが人民を悩まし、その財産を食い尽くした。

彼は、平時において、植民地議会の同意を得ることなく、われらの間に常備軍を駐屯させた。

彼は、軍隊が文民の権力から独立し、それより優位に立つように計らった。

彼は、本国議会の越権の立法行為に裁可を与え、それによって、本国議会と結んで、われらの憲法には無縁の、また、われらの諸法律の承認しない権限にわれらを服従せしめた。〔その立法行為とは、次のとおりである。〕われらの間に多数の軍隊を宿営せしめたこと。その軍隊が諸邦の住民を殺害しても、偽りの裁判によって処罰を免れしめたこと。わが諸邦が世界各地と交易することを禁止したこと。われらの同意なく租税を課したこと。多くの事件において、われらから陪審による裁判を受ける利益を奪ったこと。無実の植民地の人民を、罪を犯した廉で、裁判のために海外へ移送したこと。隣接する英領植民地においてイギリス法の自由な制度を廃止して、そこに専断的な政府を樹立し、また、その境界を拡大して、各植民地にも同様な専制的な支配を導入する先例かつ格好の手段としたこと。われらの特許状を撤回し、われらの大切な法律を廃止し、われらの政府の諸形態を根本的に変更したこと。われらの議会の活動を停止し、いかなる場合においても本国議会が自ら植民地のために立法する権限を有すると宣言したこと。

彼は、われらを、彼の庇護の下にはないと宣言し、われらに戦争を仕掛けることによって、植民地に対する統治を放棄した。

彼は、われらの海洋を略奪し、海岸を荒らし、町を焼き、人民の命を奪った。

彼は、いま外国人傭兵の大軍を派兵して、最も野蛮な時代にも比肩するもののない、およそ文明国の元首には似つかわしくない残虐と背信の数々をもって開始された死と荒廃と専制の事業を成し遂げようとしている。

彼は、公海上で捕虜となったわが同胞市民をして、強制的に祖国に対して武器を取らしめ、その友人や同胞を処刑する者たらしめ、あるいは逆に自らを友人や同胞の手に倒れる者たらしめた。

彼は、われらの間に騒乱を引き起こし、辺境の住民に対して無慈悲なインディアン蛮族の攻撃をもたらした。インディアンの戦闘法が、年齢、性別、身分の別なく、相手を徹底的に殲滅するものであることはよく知られている。

これらの圧制に対しては、その各段階において、われらはこれ以上はないつつましさで救済の請願を行ってきたが、われらがくり返し行った請願は、危害のくり返しによって応えられたにすぎなかった。これらの行為は、ことごとく僭主とは何かを教えるものであり、それらの行為によってかく特徴づけられる性格をもつ君主には、自由な人民の統治者たる資格はない。われらはまた、われらの英国の同胞に対する配慮においても欠けるところはなかった。われらは、彼らの議会がわれらの上に不当な権限を押し及ぼそうとしたことについてたびたび彼らに警告した。われらは、この地へのわれらの移住および定住の事情に、彼らの注意を喚起した。われらは、彼らの生来の正義観と寛容の精神に訴え、われらの共通の血縁の絆によって、われら相互の関係と交通を不可避的に阻害するであろうこれらの簒奪を承認しないようにと、彼らに懇願した。しかるに彼らもまた、正義と血族の声に耳を貸さなかった。それ故、われらは、われらの独立を宣明する必要性を不本意ながらも承認し、彼らを他の人類と同様、戦時においては敵、平時においては友とみなさざるを得ない。

故に、われらアメリカ連合諸邦の代表は、連合会議に参集し、われらの企図の正しさを世界の至高の審判者に訴えつつ、これらの植民地の善良なる人民の名において、またその権能により、次のように厳粛に公布し宣言する。これらの連合植民地は、自由にして独立の諸邦であり、また権利として当然そうあるべきものである。これらの諸邦は、イギリス国王への忠誠から一切解除され、大英国との政治的関係はことごとく解消され、また解消されるべきである。自由にして独立の諸邦として、連合植民地は、宣戦・講和をなし、同盟・通商の関係を結び、独立諸邦が正当になし得るその他一切の行為をなす完全なる権限を有する。

この宣言を支持するために、われらは、聖なる摂理の保護を固く信頼しつつ、互いにわれらの生命、財産および貴き名誉を捧げることを誓う。

ジョン・ハンコック〔議長〕

ニュー・ハンプシャ――ジョサイア・バートレット、ウィリアム・ウィップル、マシュウ・ソーントン

マサチューセッツ――サミュエル・アダ

ムズ、ジョン・アダムズ、ロバァト・トリート・ペイン、エルブリッジ・ゲリィ

ロウド・アイランド――スティーヴン・ホプキンズ、ウィリアム・エラリィ

コネティカット――ロウジャ・シャーマン、サミュエル・ハンティントン、ウィリアム・ウィリアムズ、オリヴァ・ウォルコット

ニュー・ヨーク――ウィリアム・フロイド、フィリップス・リヴィンストン、フランシス・ルウィス、ルウィス・モリス

ニュー・ジャージ――リチャード・ストックトン、ジョン・ウィザスプーン、フランシス・ホプキンスン、ジョン・ハート、エイブラハム・クラーク

ペンシルヴェニア――ロバァト・モリス、ベンジャミン・ラッシュ、ベンジャミン・フランクリン、ジョン・モートン、ジョージ・クライマ、ジェイムズ・スミス、ジョージ・テイラ、ジェイムズ・ウィルスン、ジョージ・ロス

デラウェア――シーザー・ロドニィ、ジョージ・リード、トマス・マッキーン

メアリランド――サミュエル・チェイス、ウィリアム・ペイカ、トマス・ストウン、チャールズ・キャロル・オブ・キャロルトン

ヴァジニア――ジョージ・ウィス、リチャード・ヘンリ・リー、トマス・ジェファスン、ベンジャミン・ハリスン、トマス・ネルスン Jr.、フランシス・ライトフット・リー、カータ・ブラックストン

ノース・キャロライナ――ウィリアム・フーパァ、ジョウゼフ・ヒューズ、ジョン・ペン

サウス・キャロライナ――エドワード・フトリッジ、トマス・ヘイワド Jr.、トマス・リンチ Jr.、アーサ・ミドルトン

ジョージア――バトン・グウィネット、ライマン・ホール、ジョージ・ウォルトン

〔出典〕

Carl Becker, The Declaration of Independence: A Study in the History of Political Ideas（Vintage Books ed. 1958）. なお、訳出にあたって、斎藤眞『アメリカ史の文脈』（岩波書店、1981年）を参照した。

ヴァジニア権利章典〔1776年〕

善良なるヴァジニア人民の代表が、完全にして自由なる会議に参集し、制定した権利の宣言。その諸権利は、政府の基礎および根幹として、人民およびその子孫に属する。

1．すべて人は、生まれながらにして等しく自由かつ独立した存在であり、一定の固有の権利を有する。これらの権利は、人民が社会を形成するにあたり、いかなる契約によっても、人民の子孫からこれを奪うことはできない。これらの権利とは、財産を取得所有し、幸福と安寧を追求獲得する手段を備えた、生命と自由を享受する権利である。

2．すべて権力は人民に存し、それ故、人民に由来する。行政官は人民の受託者かつ公僕であって、いかなる時も人民に対して責任を負う。

3．政府は、人民、国家もしくは社会の共通利益、保護、安全のために樹立され、または樹立されるべきものである。あらゆる多様な政府の形体のうち、最大限の幸福と安寧をもたらすことができ、また、失政の危険に対して最も効果的な保障を備えるものが、その最善の政府形体である。いかなる政府も、これらの目的に反し、または適切に対応していないと認められるときは、社会の多数者は、その政府を改良し、改変し、または廃止する権利を有する。この権利は、疑う余地のない、誰にも譲り渡すことができず、また、放棄することのできないものである。ただし、この権利行使の方法は、公共の福祉に最も適合すると判断されるものでなければならない。

4．いかなる個人、または個人の集団も、公

職の報酬としての外に、社会から独占的または別個の報酬もしくは特権を受けてはならない。これらの公職は、相続の対象ではなく、行政官、立法者または裁判官の職は世襲されるものであってはならない。

5．立法権、執行権、司法権は、それぞれ分離され区分されなければならない。これら三権を担う各部門の構成員は、圧制に陥ることがないように、人民の負担を身をもって知り、それにともに与かるべく、一定の期間、私人としての地位に復帰し、その選出母体に立ち戻るものとする。その欠員は、一定かつ正規の選挙を頻繁に行うことによって補充されなければならない。この選挙において、前職の全員または一部が再選資格を有するか否かは、別に法律の定めるところによる。

6．すべて選挙は自由でなければならない。社会に対し、恒久的な共通の利害関心と愛着をもつことを示すに足る十分な証拠を有するすべての人は、参政権を有する。彼ら自身または選挙で選ばれた彼らの代表の同意なしには、公共の用途のために、課税しまたはその財産を奪うことはできない。同様に彼らが公共の福祉のために同意したものでない限り、いかなる法律も彼らを拘束することはできない。

7．およそ人民の代表の同意なく法律またはその執行を停止する権力は、いかなる当局者によるものであれ、人民の権利にとって有害であり、行使されてはならない。

8．すべての重罪その他の犯罪の訴追に際しては、人はその告発の理由および根拠の開示を求め、訴追者および証人と対面し、自己に有利な証拠を要求し、近隣の12人の公平な陪審員による迅速な審理を受け、これらの陪審員の全員一致の同意によらなければ有罪とされることのない権利を有する。また、何人も自己に不利な証拠の提出を強制されることはなく、国法または陪審員の判断によらなければその自由を奪われることはない。

9．過大な額の保釈金を要求し、または過重な罰金を科してはならない。また、残虐で異常な刑罰を科してはならない。

10. 官憲または令状送達吏に対し、犯行の証拠なくして嫌疑ある場所を捜索することを命じ、または特定の記名もなく、もしくはその犯罪が明示的に記されず、証拠の裏付けもない個人もしくは複数の人々の逮捕を命じる一般令状は、苛酷かつ圧制的であり、発布されてはならない。

11. 財産に関する紛争および個人間の訴訟においては、12人の陪審員による古来の審理が最も望ましく、尊重されなければならない。

12. 出版の自由は、自由の偉大な防塞の一つであって、これを制限するものは専制政府といわなければならない。

13. 武器の訓練を受けた人民の団体から成る規律ある民兵は、自由な国家の適切かつ自然で、安全な護りである。平時における常備軍は、自由にとって危険なものとして避けなければならない。いかなる場合においても、軍隊は、文民の権力に厳格に服従し、その統制を受けなければならない。

14. 人民は、統一した政府をもつ権利を有する。したがって、ヴァジニア政府から分離し、または独立したいかなる政府もその領域内に樹立されてはならない。

15. およそ自由の政体を、または自由の恵沢を、人民に対して確保するためには、正義、中庸、節制、倹しさおよび廉潔を固く守り、根本的諸原理を頻繁に想起することによるほかない。

16. 宗教、または我らが創造主に対して負う義務とそれを果たす方法は、武力または暴力によってではなく、理性と信念によってのみ指示されうるものである。それ故、すべて人は、良心の命じるところに従って、自由に宗教を信仰し、その信仰にかかわる宗教的活動を行う平等の権利を有する。互いに相手に対してキリスト教的忍耐、愛情および慈悲をもって接することは誰もが果たすべき義務である。

〔出典〕

The Constitution of Virginia; Together with Virginia Bill of Rights（Nabu Press, 2011）. なお、訳

出にあたっては、高木八尺＝末延三次＝宮沢俊義編『人権宣言集』（岩波文庫、1978年）（斎藤真訳）を参照した。

アメリカ合衆国憲法改正経過一覧表

回	連邦議会の採択	州議会による承認	修正条項	修正の内容
1	1789年	1791年	第1修正～第10修正	権利章典の追加
2	1794年	1798年	第11修正	州を被告とする訴訟に対する連邦の裁判権の否認（第3条第2節①の補足）
3	1803年	1804年	第12修正	大統領の選挙方法の改正（第2条第1節③の改正）
4	1865年	1865年	第13修正	奴隷または意に反する苦役の禁止（新設、第4条第2節③の廃棄）
5	1866年	1868年	第14修正	市民権、特権または免除、デュー・プロセス、法の平等保護等（新設、第1条第2節③の改正）
6	1869年	1870年	第15修正	黒人の選挙権（新設）
7	1909年	1913年	第16修正	所得税の賦課徴収権（第1条第2節③、同条第9節④の改正）
8	1912年	1913年	第17修正	上院議員の選挙方法の改正（第1条第3節①②の改正）
9	1917年	1919年	第18修正	禁酒修正（新設）
10	1919年	1920年	第19修正	女性の参政権（新設）
11	1932年	1933年	第20修正	大統領および副大統領の任期の修正等（第1条第4節②の改正、第2条第1節⑥の補足、第12修正の一部改正）
12	1933年	1933年	第21修正	禁酒修正（第18修正）の廃止〔この修正の承認は、各州議会ではなく、各州がそれぞれ招集した憲法会議においてなされた〕
13	1947年	1951年	第22修正	大統領の3選禁止（第2条第1節①の改正）
14	1960年	1961年	第23修正	コロンビア特別区における大統領および副大統領の選挙人の選出（第2条第1節②③の改正）
15	1962年	1964年	第24修正	選挙権の要件としての人頭税等の禁止（新設）
15	1965年	1967年	第25修正	大統領の地位の承継等（第2条第1節⑥の改正）
16	1971年	1971年	第26修正	年齢18歳以上の市民の選挙権（第1条第2節③の改正）
17	1789年	1992年	第27修正	連邦議会の議員の歳費の改定（新設）

カ ナ ダ

解 説

1　カナダ憲法の歴史

(1)　カナダの形成

現在のカナダにあたる地域に最初に到来したヨーロッパ人は、イギリス国王の命を受けて1497年にニュー・ファウンドランドに到着したジョン・ガボットだと言われている。しかしこの地に初めて本格的な植民地を形成したのはフランスであった。フランスは現在のケベックの当たりにニュー・フランスと呼ばれる植民地を形成したのである。だが、イギリスは現在のアメリカに当たる東海岸側及び大西洋側及びハドソン湾周辺に植民地をつくり、やがてイギリスとフランスはこの地の支配権を巡って戦争となる。イギリスの勝利の結果、フランスは1763年のパリ条約によって北米大陸の植民地をイギリスに譲る形となった。

しかし、旧フランスの植民地ではフランス語が使用され、元々フランス法が適用されてきたため、イギリスのコモンローを適用し、融合をはかろうとするイギリスの試みはうまくゆかず、旧フランスの植民地とそれ以外のイギリスの植民地との関係は必ずしも良好ではなかった。

やがて、東海岸の植民地がイギリスと対立し、独立し、アメリカ合衆国が成立すると、独立戦争中にイギリス側に着いたロイヤリストたちの多くが大量に流入し、イギリス法になれたこれらイギリス系住民と、融合策をあきらめフランス法の適用を認めた旧フランスの植民地との融合はますます難しくなった。ところが南北戦争が終結し、大陸横断鉄道の建設により国家の形成に進むアメリカを前にして、ケベック、オンタリオ、ノバ・スコシア、ニュー・ブランズウィックの４植民地は、一つの国を形成すべく、イギリス本国議会に1867年英領北アメリカ法（現在は、1867年憲法法律と呼ばれるようになっている）を制定してもらい、「カナダ」という国を作ることを決意した。こうして、カナダは1867年に建国された。

(2)　1982年カナダ法への道程

1867年の英領北アメリカ法は、連合王国の憲法と同じ原理に基づく憲法を意図したものであり、イギリスの女王エリザベス2世の統治を認め、カナダの連邦議会を連邦の立法機関として創設し、連邦議会と州（プロビンス）との間の権限分配を定め、それ以前から州で認められてきた州の裁判所を承継しつつ、州の裁判所の創設権を州に認め、新たに全国的な控訴裁判所（カナダ最高裁判所）及び連邦の裁判所の創設を認めた。

そして、次第にカナダに加わる植民地の数は増え、その後州の数は十州に増え、さらに連邦の立法権が及ぶ準州（テリトリー）の数も3つになった。人口三千万ほどの国でありながら、その国土は日本の約27倍にも及ぶ。

その間、カナダはこの1867年英領北アメリカ法のもとで国を形成してきたが、同法は、イギリスの議会が制定した法律であった。そのため改正のためにはイギリスの議会にこれを改正してもらうしかなかった。またイギリス議会にはカナダに対する立法権が認められていた。そこで、1867年英領北アメリカ法の制定以降は、イギリスのカナダに対する立法権を否定して、カナダの連邦議会にカナダに対する最終的権限を確保すること、1867年英領北アメリカ法の改正権限をカナダに確保することが課題となった。前者の課題は、1931年のウェストミンスター法で達成され、それ以降カナダの要請なしにイギリス議会が一方的にカナダに対して立法権を行使することがなくなった。しかし、憲法改正権限の確保には、1982年のカナダ法の制定を待たなければならなかった。

イギリス議会が1982年に制定したカナダ法は、それ以降イギリス議会のカナダに対する立法権を否定し、1867年英領北アメリカ法を1867年憲法法律と改名し、同時に1982年憲法法律を制定し、これらを含む一連の基本的な法律及びその改正を「カナダの憲法」として特別な改正手続によらなければ改正されない法規範として樹立した。と同時に、最高法規と宣言し、これらを改正する権限をカナダに認め、これによってカナダは憲法改正権を確保した。

(3) 現在

ただこの1982年憲法法律の制定には、ケベック州の同意はなかった。同法の制定に際し、憲法改正にケベック州の同意が必要かどうかが問題となったが、カナダ最高裁判所はすべての州の同意は必要ではなく、ケベック州の同意は不可欠ではないと判断していた。だが政治的にはケベック州の同意は不可欠であった。そのため同法施行後、ケベック州の同意を得るため交渉が進められ、1987年にミーチレイク合意が成立したが、最終的に憲法を再改正する試みは成功しなかった。

その間、ケベックの分離独立を目指す勢力がケベック州内で強まり、独立を目ざすフランス系住民と独立に反対するイギリス系住民及び他の州との間の緊張関係は高まった。ケベックの分離独立を阻止したい連邦政府は、再びすべての州の合意を得るため交渉を行い、1992年のシャーロットタウンの合意が成立し、国民投票でその受け入れを判断することとなった。だが、当初は支持が強かったこの合意にも反対の声が次第に強くなり、国民投票の結果、結局この合意も受け入れられなかった。

そのため連邦政府は、ケベックの分離独立を阻止するため、ケベックをカナダにおける独自の社会であることを宣言で認め、さらに憲法改正を大臣が提案するためにはケベックの同意を要求する法律（地域的拒否権法）を制定した。その結果、ケベック州における分離独立を巡る州民投票では、分離独立は否定された。

このようにカナダには、フランス語を話し、フランス法に慣れ親しんだ人々と英語を話し、イギリスのコモンローに慣れ親しんだ人々が共存しており、後述するように英語とフランス語がカナダの公式言語となっている。さらに、刑法は連邦法であって、その裁判にはコモンローが適用されるが、民法は各州にゆだねられ、ケベック州だけではフランス民法典に由来する民法典が存在しそれが適用されているが、それ以外の州ではイギリスのコモンローが適用されるという形になっている。

そしてこのような異なった文化・言語の共存を背景にして、カナダでは多文化主義がしばしば重要な原理として主張されており、憲法の解釈にもこのような多文化主義の影響をみることができる。後述するように憲法のなかにも少数者言語権が保障されており、英語圏の人々とフランス語圏の人々の言語だけでなく文化の違いを尊重しようとしているのである。多くの移民を受け入れているカナダであるが、アメリカが人種のるつぼといわれるようにこれら移民を統合するのではなく、それぞれの移民の持つ文化的遺産の違いを尊重しつつ共存をはかるというのがカナダ的な生き方だといえるかもしれない。

2　カナダの憲法の基本的な特色

(1)　カナダの憲法

1982年憲法法律は、一定の法律を「カナダの憲法」と定めている（1982年憲法法律第52条）。これには、1982年カナダ法、1867年憲法法律、1982年憲法法律及びその改正などが含まれる。これらはカナダの最高法規であり、これらに反する法律は効力を有しない。そしてこれらのカナダの憲法については、改正のための特別な手続が定められている。したがって依然として成文の憲法典を持たないイギリスと異なり、カナダには成分の憲法法規が存在する。しかし、単一の憲法と呼ばれる成文の憲法典を有するアメリカとは異なり、カナダには憲法という名前のついた単一の成文の憲法典は存在しない。また、カナダ最高裁判所は裁判官の独立など一定の原理を不文の憲法の要求と判断しており、カナダの憲法は成文の法典に限られない。

憲法の改正に必要な手続は、対象事項によって異なる。一定の事項については、連邦議会の両院の合意とすべての州の賛成が必要であるが（第41条）、最も一般的な改正規定によれば、上院及び庶民院の合意と３分の２の州（つまり７州）の承認そしてすべての州の人口の少なくとも50%を占める州の承認が要求される（第38条）。これによれば、10の州のうちいずれにも改正への拒否権はない。ただし、既にみたように連邦議会は地域的拒否権法を制定し、憲法改正を内閣が提案する場合には、ケベック、オンタリオ、ブリティッシュ・コロンビアの３州の同意などを必要とすると定めており、実際の憲法改正は憲法上の規定よりもさらに難しくなっている。

(2) 統治の機構

カナダの憲法は、1867年憲法法律が定めているように、イギリスの憲法と同様の憲法原理によって支配されることを意図している。それゆえ、カナダの統治の機構はきわめてイギリスに類似している。1867年憲法法律の規定の上でもその類似性は明らかであるが、同時に憲法規定によって定められていない習律と呼ばれる慣行が、きわめて大きな役割を果たしている。この習律は、憲法規範ではなく、裁判所によっては執行されえないものではあるが、この習律を理解することなくしては、カナダの統治の仕組みを理解することはできない。

カナダは立憲君主国であり、カナダの女王はイギリスのクイーンエリザベス2世である。ただし、習律により、女王はその統治権をカナダの首相の助言に基づいて行使する。しかも女王の権限のほとんどはカナダの総督にゆだねられており、その総督は習律によりその権限をカナダの首相の助言に基づいて行使する。

カナダの立法権は、庶民院と上院及び女王の三者によって構成される連邦議会に付与されている(第17条)。したがって、庶民院と上院で法案が可決されても、女王にはこれを拒否する権限がある(第55条-57条)(ただし、習律により女王は、これを拒否しない)。

法律を執行する権限は女王がもっている(第9条)。しかし、実際にはその権限は総督に付与されている。そして総督は、その権限を首相の助言に基づいて行使する。ただ、1867年憲法法律には、首相も内閣についても規定はどこにもない。1867年憲法法律に規定されているのは、女王に助言を与える枢密院という機関だけである(第11条)。だが、この枢密院という機関は単に儀礼的な存在であり、女王に対する助言は現実にはこの枢密院のなかの委員会によって与えられる。これが内閣である。首相は、庶民院において選挙で多数を占めた政党の党首が総督によって任命される。そして首相が内閣を構成すべき大臣の枢密院への任命を総督に助言する。こうして形成された内閣が、法律の執行の責任を負うわけである。責任政府の原理と呼ばれている。

そして、連邦議会において中心的役割を果たす庶民院議員は、国民によって直接選挙で選ばれており、その意味で代表民主制がとられていることは明らかである。そして内閣はその庶民院に対して連帯して責任を有しており、内閣が庶民院の信任を失った場合(例えば庶民院が内閣不信任案を可決した場合など)、内閣は総辞職するか、庶民院を解散し総選挙をもとめなければならない。

(3) カナダの裁判所制度

このような議院内閣制度がとられているため、カナダでは権力分立原則は正式には採用されていない。しかし、裁判所の独立は認められており、その限りで権力分立原則が採用されているということもできる。

カナダの裁判所制度は、カナダ全体に及ぶ控訴裁判所としてのカナダ最高裁判所と

(1867年憲法法律第101条)、カナダ法の良き運用のための連邦裁判所（同）及び州によって創設される州の裁判所（第129条）の二重構造によって構成されている。州の裁判所は、上級裁判所と簡易裁判所にわかれている。州の上級裁判所は、事実審である地方裁判所と控訴審である控訴裁判所に分かれているが、カナダの一つの特色はこの州の上級裁判所の裁判官は連邦政府によって（つまり総督によって）任命され、その身分と独立が保障されているという点である（第96条、第99条）。これに対し州の簡易裁判所の裁判官は、州政府によって任命される。連邦裁判所及び州の簡易裁判所の裁判官の独立と身分保障については明文の憲法規定はないが、カナダ最高裁判所はこれを不文の憲法の要求と判断している。

カナダの最高裁判所は、カナダ全体の控訴裁判所であり、連邦法の問題ならず州法の問題についても上告を受け付ける。裁判官は、主席裁判官（長官）と８人の陪席裁判官の９人であり、首相の助言に基づいて総督によって任命される。法律により９人のうち３人はケベック州から任命されなければならないことになっており、慣行により残りのうち３名はオンタリオから、２名は太平洋側諸州から最後の１名は大西洋側諸州から任命されることになっている。定年は75歳である。

カナダの最高裁判所は、1867年憲法法律がイギリス本国議会が制定した法律で、カナダ連邦議会の制定した法律はそれに反すれば効力を持たないため、当初からカナダ連邦議会や州議会の法律が1867年憲法法律に反しないかどうかの司法審査を行ってきた（当初は、イギリスの枢密院の司法委員会への上訴が可能であったため、文字通り最高の裁判所ではなかった)。1982年に権利と自由の憲章が制定され、権利や自由が侵害された場合の司法的救済を求める権利が明記されたことにより（第24条)、権利・自由を侵害する法律の違憲性をも審査できるようになり、それ以降かなり積極的に司法審査権を行使してきた。カナダの最高裁判所は世界的にみて最も司法審査権行使に積極的な裁判所のひとつだと言える。

(4) 連邦と州の権限分配――連邦主義

カナダは連邦制国家である。カナダには10の州がある。1867年憲法法律は、この連邦と州の権限分配について定めている。同法は一方で連邦議会の権限を列挙し（第91条)、他方で州の権限を列挙しつつ（第92条)、連邦議会に包括的な「平和、秩序及び良き統治」のための立法権減を付与することにより、州に留保された権限以外の残余的な立法権を連邦議会にゆだねて、強い連邦を作ることを意図したのであった。このような意図は、刑法典の制定を州にではなく連邦議会にゆだねた点、州の上級裁判所の裁判官の任命を総督に認めた点など、他の規定からもうかがわれる。

ところがこのもくろみは建国後枢密院の司法委員会の判例によってみごとに覆されてしまった。枢密院は、州の権限をきわめて広く認め、逆に連邦議会の権限を狭く解釈することによって、実質的にカナダをきわめて地方分権的な国に転換してしまったのであった。

3　カナダにおける個人の権利の保障

(1)　カナダにおける権利保障の歴史

カナダは、イギリスの憲法原理と同様の憲法原理を採用したため、連邦議会が制定した法律が個人の権利を侵害したときにも、裁判所はこの法律を違憲と判断し個人の権利を擁護することはできなかった。個人の権利の尊重はコモンローの伝統ではあったが、法律に優位する憲法典の欠如と個人の権利を憲法上宣言した権利章典の欠如は、個人の権利の実効的な保護を困難にしていた。

第2次世界大戦後、個人の権利を保護する世界的な潮流のなかで、カナダでも権利章典を求める声が強まった。これに応える形で、連邦議会は1960年のカナダ権利章典という法律を制定した。これは一定の個人の権利を基本的な権利と宣言し、連邦の法律はこれ従って解釈されることを求めたものであった。この権利章典の制定は大きな意味は持ったが、裁判所はこれに基づいて連邦の法律を無効とすることはできず、その実効性には限界があった。

結局カナダにおける憲法的な権利保障の導入は、1982年カナダ法による権利と自由の憲章の採択に待たなければならなかった。

(2)　カナダの権利及び自由の憲章

1982年に採択された権利及び自由の憲章は、自由民主主義国家における権利保障のほとんどを含んでいる。基本的な権利としての思想の自由、信教の自由、表現の自由などに加え、民主的な権利としての投票権、法的な権利としての被疑者・被告人の手続的権利、平等権など、きわめて包括的である。

そうした中で、カナダの権利及び自由の憲章には、いくつかの注目すべき特色がある。その第1は、憲章は圧倒的に自由権の保障という性格を有しており、政府に対する積極的な義務づけが一般的には存在しないという点である。それゆえ、日本国憲法のような生存権などの積極的な義務づけ規定は存在しない。しかも第2に、憲章には経済的な権利の保障規定が存在しない。20世紀の初頭アメリカの最高裁判所が契約の自由を過度に保護し社会経済規制立法を覆してきびしい批判を受けたことに照らし、憲章の起草者たちは経済的自由の保障を意図的に排除したのである。そのかわり、憲章には、少数派言語権の保障があり、たとえばフランス語を母語とする市民はその子どもをフランス語で教育を受けさせる権利を有している。

第3に、権利と自由の保障は絶対的ではなく、憲章の第1条は自由で民主的な国家において正当化されないような侵害のみを否定している。そのため、権利及び自由を侵害する政府の行為でも、第1条のもとで正当化される場合には、侵害は憲法違反ではないと考えられている。そしてこの第1条の存在は、アメリカにおける権利保障と比べカナダにおける権利の保障が相対的なものであることを象徴的に示していると受け止められてきた。

この第1条の正当化のプロセスは2段階に分かれる。第1の段階では、侵害が法によって認められたものであることが証明されなければならない。権利・自由の制限を授権した法（法律または判例法）が存在しない場合や、たとえ存在してもその規定があまりにもあいまいであった場合には、この第１の段階で正当化が否定される。

第２の段階は、実質的な要件であり、カナダ最高裁判所の判例によれば、権利・自由の制限は、重要で実質的な利益に仕えていなければならず、手段がこの利益と合理的な関連性を有していて、最小限度の制約を加えていて、最終的な利益と犠牲の間の均衡がとれていなければならない。このすべての要件を満たしていない場合には、制限は正当化されない。

この基準はかなり厳しい基準である。カナダ最高裁判所は、この基準がすべての権利・自由の制限の正当化の過程で適用されると判断しているが、さすがにすべての事例でこの基準をそのまま適用することは困難であった。そのためカナダ最高裁判所は、この基準の適用において、様々な文脈的な考慮要素を考慮しなければならないとするようになった。文脈的な考慮の一つは、規制の目的ないし性格であり、規制が社会の中の弱者を保護しようとしている場合には立法者に広い裁量が認められるという。さらにもう一つは問題となっている権利の価値ないし重要性であり、例えば同じ表現の自由が問題となっていても、重要な価値を持つ政治的表現の制約の場合には基準が厳しく適用されるが、価値の低い表現の制約の場合には基準が満たされる可能性が高いという。結果的には、一つの基準をすべての事例で適用しているが、その基準の適用の厳格さは利益衡量によって決まるという形になっている。

第４に、その結果として、例えば表現の自由の制約についても、カナダの最高裁判所は、例えば虚偽の報道を禁止した刑法の規定や、投票前３日間どの候補者に投票するのかの調査の公表を禁止した選挙法の規定などは違憲としているが、他方でヘイトスピーチを禁止した刑法の規定や実在の児童が映っていなくても、コンピューターグラフィックによるものでも、児童に見える成人を映したものであっても、児童ポルノとしてその所持を禁止した規定などは合憲としている。カナダの最高裁判所は、社会的弱者を保護するための表現の自由の制限にはきわめて許容的だといえる。

第５に、このことに直接関連しているのが平等権の保護に関するカナダ最高裁判所の判例である。憲章第15条は平等権を保障しているが、カナダ最高裁判所はこの規定はすべての不合理な差別を排除したものではなく、列挙されている事由か、それに類似した事由による差別のみを排除したものだと狭く解釈してきた。それでも、国籍や、婚姻上の地位、さらに性的指向に基づく差別も列挙された事由に類似したものとして排除の範囲を拡大してきた。ただ、これらの事由に基づく異なった扱いがすべて排除されるわけではなく、現在のカナダ最高裁判所の理解によれば、偏見を永続化させるような差別だけが排除される。そのうえ、平等権を侵害しても、第１条のもとで正当化される場合もありうる。したがって、平等権の保護はかなり狭くなっているような印象を受ける。

ところが性的指向に基づく差別に対しては、カナダ最高裁判所は厳しい姿勢をとるようになり、配偶者手当の支給などで異性間の婚姻状態にあるカップルと同性間の事実上の婚姻状態のカップルの間で区別し後者を排除することを違憲とするようになった。これを受けて、州の控訴裁判所では、同性間の婚姻が法的に認められていないのを違憲と判断するようになり、結局連邦議会は同性間の婚姻を認めるように法律を改正した。カナダは同性婚を認めた世界で4番目の国になった。

第6に、カナダの最高裁判所は、権利及び自由の保護にかなり積極的である。ときにカナダ最高裁判所は、アメリカの最高裁判所のように自由に強い保護を与えるのを拒んでいるが、それでもその影響には大きなものがある。たとえば刑法には妊娠中絶を禁止した規定があり、カナダの最高裁判所は、この規定のもとでは例外的に妊娠中絶が認められる場合があるが、その要件が実際にはきわめて厳しく、例外を認められるためにはあまりにも時間がかかるために、妊娠している女性の健康が損なわれる危険性が高いとして、この規定を違憲と判断した。妊娠中絶の権利を正面から認め、規制の可能性を排除する意図ではなかったが、違憲判決の結果刑法典を改正しようとする法改正は結局成立せず、刑法の妊娠中絶禁止規定は適用できなくなった。違憲判決は手続的でその範囲は狭かったが、結果的にカナダでは妊娠中絶は自由になった。

また、カナダでは売春それ自体は違法ではなかったが、売春関連行為（売春宿の管理、売春の利益に依拠して生活すること、公の場所での売春のそそのかし）が刑法典で禁止されていたため、売春婦（セックス・ワーカー）は安全な環境で売春できなかった。売春婦の訴えに基づいてカナダ最高裁判所はこれらの規定を違憲と宣言している。さらに、刑法典では自殺の幇助も同意殺人も禁止されていたため、不治の病で著しい苦痛に苛まれている患者であっても、医師に補助してもらって死ぬことができなかった。カナダ最高裁判所は、患者の訴えに基づいて、このような刑法典による自殺幇助および同意殺人の全面的禁止は正当化されないとして、部分的に違憲と宣言し、連邦議会に安楽死の導入を余儀なくしている。

第7に、カナダの憲章には、違憲判決にもかかわらず法律の有効性を維持することができる権限を州及び連邦政府に認めた規定がある（第33条）。憲章の規定の適用排除を認めたわけである。この宣言をあらかじめしておけば、法律が違憲とされる可能性はなくなる。しかし、次第にこの規定を援用することは難しくなってきているカナダでは積極的な司法審査権行使を正当化するため、裁判所と連邦議会の「対話」を重視する見解が有力で、この適用除外の権限はその有力な根拠となってきたが、はたしてそれが実効的な手段かどうか疑問が提起されている（ただし、ケベック州は、最近になって権力を行使する立場にある公務員が職場で宗教的装飾物を身につけることを禁じた宗教的中立法を制定し、信教の自由の侵害の主張を排除するため、この条項を用いて、激しい議論を呼んでいる）。

(3) 先住民の権利

このようなすべてのカナダの市民の権利の保障とは別に、カナダの憲法は先住民の権利を保障している（1982年憲法第35条）。この先住民の権利の保障は市民の個人の権利とはあくまで別枠であり、しかもその権利は先住民にしか認められていない。

先住民は、ヨーロッパ人到来以前にカナダに住んでいたインディアン、イヌイット及びヨーロッパ人と先住民との間にできた子孫で独自の文化を築いてきたメティであり、これらの先住民の有している、ヨーロッパ人との接触に先立って既に存在していた先住民社会にとって中核的な行為、伝統及び慣行が権利として保護される。このような権利も絶対的ではないが、政府には先住民に対する忠実義務が負わされ、そこから先住民と協議する義務や、権利を剥奪する場合の補償の義務などが導かれている。

＊　詳しくは松井茂記『カナダの憲法——多文化主義の国のかたち』（岩波書店・2012）を参照。

1867年憲法法律〔抄〕(U. K., 30 & 31 Victoria, c. 3)

カナダ、ノバ・スコーシア及びニュー・ブランズウィックの連邦(Union)及びその統治、ならびにそれに関連する目的のための法律

1867年3月29日

カナダ、ノバ・スコーシア及びニュー・ブランズウィックの植民諸州は、グレイト・ブリテン及びアイルランドの連合王国の国王のもとで、連邦を結成し、連合王国の憲法と原理において同様の憲法を持つ、ひとつの自治国(Dominion)を作りたいとの希望を表明し、

また、そのような連邦が、これら植民諸州の福祉に寄与し、かつ大英帝国の利益を増進するものであり、

また、英国議会の権限により連邦を樹立し、新しい国の立法権限の構成を宣言するだけでなく、その執行政府の性質についても宣言することが便宜であり、

また、英領北アメリカのその他の諸地域が連邦にいずれ加入する際の規定を置くことが便宜であることに鑑み、以下のように定める。

第1編 序章

第1条〔引用〕

本法律は、1867年憲法法律と引用することができる。

第2条 削除

第2編 連邦

第3条〔連邦の宣言〕

女王が、本法律の可決後6ヶ月を超えない期間の定められた日以降、女王の名誉ある枢密院の助言に基づき、カナダ、ノバ・スコーシア、ニュー・ブランズウィックの植民諸州が、カナダの名前のもとで1つの自治国を結成することを布告することは適法である。その日以降は、これら3植民州はその名前のもとで1つの自治国となる。

第4条〔以下の条文の解釈〕

それとは異なったことが明示されているか含意されていない限り、カナダという名称は、本法律のもとで結成されたカナダのことを指すものとする。

第5条〔4つの州〕

カナダは、オンタリオ、ケベック、ノバ・スコーシア及びニュー・ブランズウィックという名前の4つの州に分割される。

第6条〔オンタリオ州及びケベック州〕

(本法律可決時点に存在する)かつてアッパーカナダ及びロウアーカナダの植民州を構成していたカナダ植民州の両部分は分割され、2つの別々の州を形成する。かつてアッパーカナダ植民州を構成していた部分はオンタリオ州を構成し、かつてロウアーカナダ植民州を構成していた部分は、ケベック州を構成する。

第7条〔ノバ・スコーシア州及びニュー・ブランズウィック州〕

ノバ・スコーシア州とニュー・ブランズウィック州は、本法律可決時点に存在していたのと同じ州境を有する。

第8条〔10年ごとの国勢調査〕

この法律により、1871年に実施され、それ以降10年ごとに実施されるべき国勢調査において、4つの州のそれぞれの人口が区別されなければならない。

第3編 執行権

第9条〔執行権が女王にあることの宣言〕

カナダに対する執行府及び執行権限は、引き続き女王に存在することを宣言する。

第10条〔総督に言及した諸規定の適用〕

本法律における総督に言及した諸規定は、女王の名前においてカナダの統治を担当するカナダのその時々の総督、あるいはいかなる称号で表示されていたとしても、その他のその時々の最高執行官ないし行政官にも適用される。

第11条〔カナダの枢密院の構成〕

カナダのための女王の枢密院と呼ばれ、カナダの政府における援助及び助言を与えるための枢密院が設置される。枢密院の構成員となる人は随時総督によって選出され

召喚され、枢密院顧問として宣誓を行う。その構成員は、随時総督によって解任される。

第12条〔法律の下で枢密院の助言に基づいて、若しくは単独で行使しうる諸権限〕

連邦結成の時点で、グレイト・ブリテンの議会、グレイト・ブリテン及びアイルランドの連合王国の議会、アッパーカナダ、ロウアーカナダ、カナダ、ノバ・スコーシア、あるいはニュー・ブランズウィックの立法府の法律のもと、これらの州の総督ないし副総督が、それぞれの執行参事会の助言もしくは助言及び承諾とともに、またはこれらの参事会ないしその構成員の一部と一緒にあるいは総督ないし副総督個人に付与されていた、あるいは行使されるべきすべての権限、権能ないし機能は、同じものが連邦結成後もカナダの政府に関して継続し、行使可能で行使されている限りで、総督に付与され、行使させる。総督は、それぞれの事例の必要に応じ、カナダの女王の枢密院、その構成員の一部の助言ないし助言及び承諾とととともに、もしくは総督個人によって、これを行使する。ただし、(グレイト・ブリテン議会、グレイト・ブリテン及びアイルランドの連合王国の議会の法律のもとで存在するものを除き) カナダの連邦議会によって廃止ないし変更された場合は、別とする。

第13条〔枢密院における総督に言及した諸規定の適用〕

本法律における枢密院における総督への言及は、カナダのための女王の枢密院の助言により及び助言とともに行動する総督のことをさすものと解されなければならない。

第14条〔総督に副官任命を認める女王の権限〕

女王陛下が適切と認めた場合、女王が総督に対し、カナダの一部についてその副官として共同または別々に行動し、総督の望む間、その資格において総督がそれを委ねることが必要ないし便宜であると考えるような総督の権限、権威ないし機能を行使する1人もしくは複数の人を随時任命することを授権することは適法である。ただしそのような副官の任命は、総督本人の権限、権威ないし機能の行使に影響を与えない。

第15条〔軍隊の指揮権の女王への付与〕

カナダの及びカナダにおける陸海民兵及び陸海軍の最高指揮官は、これにより引き続き女王であり、女王に付与されることを宣言する。

第16条〔カナダ政府の所在地〕

女王が別段の指示を行うまでは、カナダ政府の首都はオタワとする。

第4編　立法権

第17条〔カナダ連邦議会の構成〕

女王、上院 (Senate) と呼ばれる上院 (Upper House) 及び庶民院によって構成されるカナダ連邦議会を設置する。

第18条〔両院の持つ特権等〕

上院及び庶民院及びそのそれぞれの構成員が保有し、享受し、行使しうる特権、免責及び権限は、カナダ連邦議会の法律によって随時定義される。ただし、そのような法律は、この法律可決の時点で、グレイト・ブリテン及びアイルランドの連合王国の議会の庶民院及びその構成員が保有、享受ないし行使する特権、免除ないし権限を越えるようなものを付与することはできない。

第19条〔カナダ連邦議会の最初の会期〕

カナダ連邦議会は、連邦結成後6箇月をこえない時期に召集されなければならない。

第20条　削除

上院

第21条〔上院議員の数〕

この法律の規定に従い、上院は、上院議員と呼ばれる105名の構成員によって構成される。

第22条〔上院における州の代表〕

上院の構成に関しては、カナダは以下の4つの領域によって構成される。

1　オンタリオ
2　ケベック
3　ノバ・スコーシア、ニュー・ブランズウィックの沿海諸州及びプリンス・エドワード島

4　マニトバ、ブリティッシュ・コロンビア、サスカチュワン及びアルバータからなる西部諸州

　これらの4つの領域は、（この法律の規定による他）次のように上院に平等に代表される。すなわち、オンタリオは24名の上院議員、ケベックは24名の上院議員、沿海諸州及びプリンス・エドワード島は24名の上院議員（そのうちノバ・スコーシアの代表が10名及びニュー・ブランズウィックの代表10名、プリンス・エドワード島の代表が4名）、そして西部諸州が24名の上院議員（そのうち、マニトバの代表が6名、ブリティッシュ・コロンビアの代表が6名、サスカチュワンの代表が6名、アルバータの代表が6名）。これに加え、ニュー・ファウンドランドは上院に6名の上院議員の代表、ユーコン準州、北西準州及びヌナブト準州は上院にそれぞれ1名の上院議員の代表を持つ権利がある。

　ケベックの場合、同州を代表する24名の上院議員は、カナダ統合法律集の第1章の別表Aに指定されたロウアーカナダの24の選挙区のそれぞれで任命されなければならない。

第23条〔上院議員の資格〕

　上院議員の資格は、以下の通りである。

⑴　彼は、年齢満30歳以上でなければならない。

⑵　彼は、出生による女王の臣民か、グレイト・ブリテンの議会、グレイト・ブリテンとアイルランドの連合王国の議会、連邦結成前のアッパーカナダ、ロウアーカナダもしくはカナダ、ノバ・スコーシア、ニュー・ブランズウィックの植民諸州の立法者並びに連邦結成後のカナダ連邦議会の法律によって、帰化を認められた女王の臣民でなければならない。

⑶　彼は、その任命された州内に、自己の使用及び収益のため、土地ないし地代を払って保有する保有不動産を自由保有権としてコモン・ロー上もしくは均衡法上保有するか、自己の使用または便益のため、土地もしくは自由保有もしくは庶民保有の保有不動産をコモン・ロー上もしくは衡平法上保有しているか所持していて、その価値が、それが負っている、それによって支払われるべき、それに対して課される、あるいはそれに影響を与える借地代、賦課金、金銭債務、手数料、担保代金及び資産制限を超えて、4000ドルの価値がなければならない。

⑷　彼の不動産及び動産が、合計して、金銭債務及び責任を超えて4000ドルの価値を有さなければならない。

⑸　彼は、任命される州の住民でなければならない。

⑹　ケベックの場合、任命される選挙区の中に不動産の資格を有しており、その選挙区の住民でなければならない。

第24条〔上院議員の召喚〕

　総督は、随時、カナダの国璽を押印した文書により、資格ある人を上院に召喚する。この法律の規定に従い、このように召喚されたすべての人が上院の構成員となり上院議員となる。

第25条　削除

第26条〔一定の場合の上院議員の追加〕

　いかなるときでも、総督の推薦に基づいて女王が上院に4名から8名の構成員を追加するよう指示するのが適切だと考えた場合、総督は、召喚状により、カナダの4つの領域を平等に代表する、その状況に応じ4名から8名の資格ある人をこれに従い上院に追加することができる。

第27条　〔省略〕

第28条〔上院議員数の上限〕

　いかなるときでも、上院議員の数は、113名を超えてはならない。

第29条〔上院議員の任期〕

⑴　第2項の場合を除き、上院議員は、本法律の規定に従い、終生上院における地位を有する。

⑵　本項が効力を有して以降上院に召喚された上院議員は、本法律の規定に従い、75歳に達するまでの間上院に地位を有する。

第30条～第36条　〔省略〕

庶民院

第37条〔カナダ庶民院の構成〕

　庶民院は、本法律の規定に従い、308名の構成員によって構成される。そのうち、

オンタリオから106名が、ケベックから75名が、ノバ・スコーシアから11名が、ニュー・ブランズウィックから10名が、マニトバから14名が、ブリティッシュ・コロンビアから36名が、プリンス・エドワード島から４名が、アルバータから26名が、サスカチュワンから14名が、ニュー・ファウンドランドから７名が、ユーコン準州から１名が、北西準州及びヌナブト準州からそれぞれ１名が選出される。

第38条〔庶民院の召喚〕

総督は、随時、カナダの国璽を押印した文書により、女王の名前において、庶民院を召喚し、召集する。

第39条〔上院議員と庶民院議員の兼職禁止〕

上院議員は、庶民院の議員に選出されることも、出席することも、投票することもできない。

第40条～第49条　〔省略〕

第50条〔庶民院議員の任期〕

庶民院は、（総督によってもっと早期に解散されない限り）庶民院を選出する令状が返却された日から５年間継続し、それ以上には継続しない。

第51条〔庶民院議員の数の再調整〕

⑴　庶民院の構成員の定数及びその州の代表は、本項が効力を発した場合及びそれ以降10年ごとに行なわれる国勢調査が完了するごとに、以下のルールに従って、連邦議会が随時定める機関、方法ないし時期において再調整されなければならない。

ルール

1.　各州には、州の人口を選挙区基礎数で割り、小数点以下を切り上げした数に等しい人数の構成員が配分される。

2.　第１のルール及び第51A 条の適用によって州に配分された構成員の数が、1985年憲法法律（代表）が発効した日においてその州に配分されていた構成員の数より少ない場合は、配分される構成員の数に、その日に配分されていた構成員の数と等しくなるだけの数の構成員を付加する。

3.　第１のルール及び第２のルール及び第51A 条の適用の後、第４のルールに定められた状況を満たす各州に関しては、再調整の結果、その州に配分された構成員の数をすべての州に配分された構成員の数で割った数が、その州の人口を全州の合計人口によって割られた数を下回らない限度で可能な限り近接するように必要に応じて構成員の数を付加する。

4.　第３のルールは、先の再調整の結果、その州に配分された構成員の数をすべての州に配分された構成員の数で割った数が、その州の人口を全州の合計人口によって割られた数以上である州に適用される。ただし、それぞれの州の人口は、再調整のために準備された推測に従って再調整に先立つ10年ごとの国勢調査の年の７月１日現在のものをいう。

5.　別段の事情がない限り、本ルールの適用において、州の人口は、直近の10年ごとの国勢調査の年の７月１日の推測される人口とする。

6.　このルールにおいて「選挙区基礎数」とは次のことを意味する。

a.　2011年の10年ごとの国勢調査の終了後の再調整に関しては、111、116

b.　それ以降の10年ごとの国勢調査の終了後の再調整に関しては、先の再調整で適用された選挙区基礎数に、先の再調整のために準備された推測に従って10年ごとの国勢調査の年の７月１日の州の人口をそれぞれの州の人口で割った数の平均の数をかけ、小数点以下の数字を切り上げることによって得られる数字

(1.1)～⑵　〔省略〕

第51A 条〔庶民院の構成〕

この法律における別段の規定にかかわらず、州は常に、庶民院において、その州を代表する上院議員の数よりも少なくない数の庶民院議員の代表を持つ権利がある。

第52条〔庶民院議員数の増加〕

庶民院議院の議員の数は、随時、カナダ連邦議会によって増加することができる。ただし、この法律に定める州の比例的代表は損なわれてはならない。

金銭法案への投票、国王の裁可

第53条〔支出法案及び租税法案〕

公的歳入の一部を支出し、もしくは租税ないし関税を課す法案は、庶民院に先に提出されなければならない。

第54条〔金銭に関する投票の勧告〕

投票、決議、発言ないし法案が提出されている会期中に総督の指示によって庶民院にまず勧告された目的のためでない限り、庶民院が公的歳入の一部を支出し、課税ないし関税を課す投票、決議、発言ないし法案を採択しもしくは可決することは適法ではない。

第55条〔法案への女王の裁可等〕

連邦議会の両議院で可決された法案が女王の裁可のため総督に送付されたとき、総督は、この法律の規定及び女王陛下の指示に従い、その裁量により、女王の名前においてそれに裁可を与えるか、女王の裁可を拒否するか、女王の判断を仰ぐため法案に対する裁可を留保するかを、宣言しなければならない。

第56条〔総督が裁可した法案に対する枢密院命令による否認〕

総督が女王の名前で法案に裁可を与えた場合、彼は、可及的速やかな機会に、法案の成文を女王の主たる国務長官に送付しなければならない。枢密院における女王が、国務長官が受領してから2年の間にそれを否認した場合、(国務長官が法律を受領した日の国務長官の証明書とともに) 総督が連邦議会の両院のそれぞれに向けた発言ないし指示もしくは布告によって示した判断により、その判断が示された日以降、法律は無効となる。

第57条〔判断を留保された法案への女王の決定〕

女王の判断を仰ぐため裁可を留保された法案は、それが女王の判断のため総督に送付された日から2年の間に、総督が、枢密院における女王の裁可を受けたことを、連邦議会の両議院のそれぞれへの発言ないし指示もしくは布告によって伝えないかぎり、効力を有しない。

この発言、指示もしくは布告は、それぞれの議院の議事録に記入され、その適法に認証された副本がカナダの記録として適当な職員によって保存されなければならない。

第5編　州の構成

執行権

第58条〔州の副総督の任命〕

それぞれの州に、副総督という名称の職員が、カナダの国璽を押印した文書により枢密院における総督によって任命される。

第59条～第89条　〔省略〕

第90条〔金銭に関する投票等に関する諸規定の州議会への適用〕

本法律のカナダ連邦議会に関する以下の諸規定、すなわち、支出及び租税法案、金銭法案への投票についての勧告、法案への裁可、法律の否認、裁可を留保された法案への裁量による承諾に関する諸規定は、それぞれの州の立法府にも適用される。ただし、総督に代え州の副総督、女王及び国務長官に代え総督、2年間に代え1年間、カナダに代え州に読み替えた上で、これらの諸規定が再制定されそれぞれの州及びその立法者に適用があったかのように、である。

第6編　立法権限の配分

連邦議会の権限

第91条〔カナダ連邦議会の立法権〕

女王が、上院と庶民院の助言と承諾に基づいて、本法律によってもっぱら州議会に付与された事項の諸類型に該当しないすべての事項について、カナダの平和、秩序及び良き統治のために法律を制定することは適法である。より明確にするため、そして本条の上記の権限の一般性を何ら制限するものではないが、カナダ連邦議会の排他的な立法権限は（本法律のいかなる別段の規定にもかかわらず）次に列挙された種類の事項に及ぶ。すなわち、

1　削除

1A　公債と公的財産

2　取引及び通商の規制

2A　失業保険

3　税金のあらゆる方式及び制度による歳費の徴収

4　公的信用に基づく金銭の貸借
5　郵便サービス
6　国勢調査及び統計
7　民兵、軍隊、海軍及び国防
8　カナダ政府の公務員その他の職員の報酬及び手当ての決定及び支給
9　位置指標、海上の位置指標、灯台、セーブル島
10　航行及び運輸
11　検疫及び海事病院の設置及び維持
12　海岸及び内水における漁業
13　州とイギリスないし外国との間及び州の間のフェリー
14　貨幣及び硬貨の鋳造
15　銀行業務、銀行の設立及び紙幣の発行
16　貯蓄銀行
17　重量及び尺度
18　為替及び約束小切手
19　利息
20　法定貨幣
21　破産及び倒産
22　発明及び発見の特許
23　著作権
24　インディアン及びインディアンに留保された土地
25　帰化及び外国人
26　婚姻及び離婚
27　刑法。ただし、刑事管轄権を有する裁判所の組織はこれに含まれないが、刑事事項に関する手続はこれに含まれる。
28　刑務所の設置、維持及び運営
29　本法律によってもっぱら州議会に委ねられた事項の列挙から明示的に除外された事項。

本条に列挙された種類の事項のいずれかに該当する事柄については、本法律により排他的に州議会の権限として認められた種類の事項の列挙に含まれる地方もしくは私的な性質の種類の事柄には該当しない。

州の立法者の排他的権限

第92条〔排他的な州立法権の対象事項〕

それぞれの州において、立法者は、以下に列挙する事項の種類に該当する事柄に関して法律を制定する排他的権利を有する。すなわち、

1　廃止
2　州の目的のための租税を徴収するため州内における直接課税
3　もっぱら州の信用に基づく金銭の借入
4　州の官職を創設し、その任期を定め、州の職員を任命し、給与を支払うこと
5　州の属する公的な土地及びその上の木材及び森の管理及び販売
6　州内において州のための公的な社会復帰のための刑務所の設置、維持及び管理
7　海事病院を除き、州における及び州のための病院、保護施設、慈善施設及び慈善の組織を設置し、維持し、管理すること
8　州における市町村組織
9　州、地方もしくは市町村のための租税を徴収するため店舗、美容院、居酒屋、競売場その他の免許に服する事業
10　次の列挙されたようなものを除く、地方の業務及び事業
(a)　州を他の州のものと結ぶ、あるいは州の境界を超えてのびる蒸気機関、他の船舶、鉄道、運河、電報その他の業務及び事業
(b)　州とイギリスその他の外国との間の蒸気汽船
(c)　完全に州内に位置していても、その実施の前もしくは後において、カナダ連邦議会によりカナダの一般的便益のためのものあるいは複数の州の便益のためのものと宣言された業務
11　州の対象事項を扱う会社の法人化
12　州における婚姻の祝福
13　州内における財産及び民事的権利
14　民事及び刑事の管轄権を持つ州の裁判所の設置、維持及び組織を含む州内における司法の運用。これにはこれらの裁判所における民事的事項に対する手続を含む。
15　本条に列挙された事項に該当する事柄に関して州の法律を執行するため罰金、刑罰もしくは拘禁を科すこと
16　一般的に州における単なる地方もしくは私的な性格のすべての事柄。

再生不可能な天然資源、森林資源ないし電気エネルギー

第92A条〔再生不可能な天然資源、森林資源ないし電気エネルギーに関する法〕

(1) それぞれの州で、立法者は、以下に関し法律を制定する排他的権利を有する。

(a) 州における再生不可能な天然資源の探索、

(b) 州における再生不可能な天然資源及び森林資源の開発、保存ないし管理。これには、それぞれの第1次的生産物の比率に関する法律を含む。

(c) 州における電気エネルギーの発生及び生産のための場所ないし施設の開発、保存ないし管理。

(2) それぞれの州において、立法者は、州における再生不可能な天然資源の及び森林資源の第1次的生産物及び州における電気エネルギーの発生のための施設から産出されたものを州からカナダの他の部分に輸出することに関する法律を制定することができる。ただしその法律は、カナダの他の部分に輸出される価格ないし提供における差別を授権し、定めることは許されない。

(3) 第2項は、同項で言及されている事項に関し法律を制定する連邦議会の権限を縮減するものではない。そのような連邦議会の法律と州の法律が抵触する場合、連邦議会の法律が抵触する限度で優位する。

(4) それぞれの州において、立法者は、以下の事項に関するいかなる様式ないし制度によるものであれ、その生産がその州から全部ないし一部が輸出されているか否かにかかわらず、租税によって公金を徴収することに関する法律を制定することができる。

(a) 州における再生不可能な天然資源及び森林資源及びそこからの第1次的生産、及び

(b) 州における電気エネルギーの発生及びその生産のための場所ないし施設。

ただし、その法律は、カナダの他の部分に輸出される生産と州から輸出されない生産の間を差別化する租税を授権し定めてはならない。

(5) 「第1次的生産」の言葉は、第6別表で定める意味を有する。

(6) 第1項から第5項までの規定は、本条が効力を発する以前に、州の立法者ないし政府が有していた権限ないし権利を縮減するものではない。

教育

第93条〔教育に関する立法〕

各州において、州立法者は、以下の条件のもとで教育に関して専属的に法律を制定することができる。

(1) 当該法律は、連邦結成当時、州において、法律により、一群の範囲の人が享受している特定宗派の学校に関する権利もしくは特権に不利益を与えてはならない。

(2) 連邦結成当時、アッパーカナダにおいて女王のローマ・カソリックの臣民の別宗派の学校及び学校の理事会に法律上与えられ及び課された権限、特権及び義務は、これによりケベックにおける女王のプロテスタント及びローマ・カソリックの臣民の反対宗派の学校にも適用されなければならない。

(3) 連邦結成当時、州において法律により、別宗派のもしくは反対宗派の学校が存在していた場合、もしくはそれ以降州の立法者によって設立された場合、教育に関する女王の臣民のプロテスタントもしくはローマ・カソリックの少数派の権利もしくは特権に影響するいかなる州当局による法律もしくは命令に対しても、総督に申立てが認められなければならない。

(4) 枢密院における総督が、随時、本条の規定の適切な執行に必要な州法がなされていないと思われた場合、または本条のもとでの申立てに対する枢密院における総督の決定が、適切な州の機関によって適切に執行されていないと思われた場合、そのような場合には、それぞれの事案の状況が必要とする限りにおいて、カナダ連邦議会は、本条の諸規定及び本条のもとの枢密院における総督の決定の適切な執行のための救済法を制定することができる。

第93A条〔ケベック〕

第93条の第1項から第4項までの規定は、ケベックには適用されない。

オンタリオ、ノバ・スコーシア及びニュー・ブランズウィックにおける法律の統一

第94条〔3州における法の統一のための立法〕

本法律における別段の規定にもかかわらず、カナダ連邦議会は、オンタリオ、ノバ・スコーシア及びニュー・ブランズウィックの財産及び民事的権利の法律の全部ないし一部並びにこれら3州における裁判所の全部ないし一部の手続の統一のための規定を制定することができる。この目的のための法律を可決した以降は、その法律に含まれる事項に関する法律を制定するカナダ連邦議会の権限は、本法律の別段の規定にもかかわらず、何らの制約も受けない。ただし統一性のための規定を設けるカナダ連邦議会の法律は、それが州においてその立法者により法律として採択し制定されない限り効力を有しない。

老齢年金

第94A条〔老齢年金及び付随的な給付に関する立法〕

カナダ連邦議会は、老齢年金及び付随する給付金に関する法律を制定することができる。これには、年齢に関係のない遺族給付金及び障害給付金を含む。ただし、その法律は、同事項に関する現存するないし将来の州立法者の制定する法律の作用に影響を与えるものではない。

農業及び移民

第95条〔農業等に関する競合的立法権〕

それぞれの州で、立法者は、州における農業及び州への移民に関する法律を制定することができる。また、これにより、カナダ連邦議会は、随時、州の全部または一部における農業及び州の全部または一部における移民に関する法律を制定できることを宣言する。農業ないし移民に関する州立法者の法律は、カナダ連邦議会の法律と抵触する限りにおいて州において効力を有しない。

第7編　裁判所

第96条〔裁判官の任命〕

総督は、それぞれの州における上級、地方ないし郡裁判所の裁判官を任命する。ただし、ノバ・スコーシア及びニュー・ブランズウィックの遺言検認裁判所を除く。

第97条〔オンタリオ州における裁判官の選出〕

オンタリオ、ノバ・スコーシア及びニュー・ブランズウィックの財産及び民事的権利及びこれらの州における裁判所の手続に関する法律が統一されるまでは、総督によって任命されるべきこれらの州の裁判所の裁判官は、これらの州のそれぞれの弁護士から選出されなければならない。

第98条〔ケベックにおける裁判官の選出〕

ケベック裁判所の裁判官は、同州の弁護士から選出されなければならない。

第99条〔裁判官の任期〕

⑴　本条の第2項に定める他、上級裁判所の裁判官は、善行を保つ限り職を保持することができる。裁判官は、上院及び庶民院の指示に基づき総督によってのみ、解任されうる。

⑵　本条が効力を発する以前もしくは以降任命された上級裁判所の裁判官は、年齢75歳に達したときに退官し、あるいは本条が効力を発したときにその年齢にすでに達した場合には退官する。

第100条〔裁判官の報酬等〕

上級、地方、及び郡の裁判所（ノバ・スコーシア及びニュー・ブランズウィックの遺言検認裁判所を除く）及びその裁判官が随時報酬を支払われるべき事件における海事裁判所の裁判官の報酬、手当、及び年金は、カナダ連邦議会によって指定され、支払われなければならない。

第101条〔一般的な控訴裁判所等〕

カナダ連邦議会は、本法律の別段の規定にかかわらず、カナダの一般的な控訴裁判所の構成、維持及び組織及びカナダ法のより良き運用のためのさらなる裁判所の設立を定めることができる。

第８編　歳入、債務、資産及び租税

第105条〜第126条　〔省略〕

第９編　付随的規定

一般

第127条〜第128条　〔省略〕

第129条〔現存する法：裁判所、職員等の継続〕

本法律で別段の規定がない限り、連邦結成時点でカナダ、ノバ・スコーシア、あるいはニュー・ブランズウィックで効力を有していたすべての法律及びすべての民事及び刑事の管轄権の裁判所、並びに連邦結成時点で存在したすべての司法、行政及び事務執行的な委員会、権限、権威及び職員は、オンタリオ、ケベック、ノバ・スコーシア及びニュー・ブランズウィックにおいて、あたかも連邦が結成されなかったかのように、それぞれ継続される。ただし、（グレイト・ブリテン議会ないしグレイト・ブリテン及びアイルランドの連合王国の議会の法律のもとで制定されもしくは存在していたものに関する場合を除いて）これらは、カナダ連邦議会もしくはそれぞれの州の立法者によって、本法律のもとでその連邦議会もしくは州立法者の権限に従って、撤回、廃止ないし変更されうる。

第130条〜第131条　〔省略〕

第132条〔条約の義務〕

カナダ連邦議会は、グレイト・ブリテン帝国と諸外国との間の条約のもとで発生するカナダ、そのいずれかの州のグレイト・ブリテン帝国の一部としての義務を遂行するために必要かつ適当なすべての権限を有する。

第133条〔英語及びフランス語の使用〕

カナダ連邦議会の両院及びケベック州議会の両院の討論において、何人も英語及びフランス語を使用することができる。それぞれの議院の記録及び議事録は双方の言語で記入されなければならない。本法律のもとで設立されるカナダの裁判所及びケベックの裁判所の全部または一部における、あるいはそこから発せられる訴答手続及び令状においては、いかなる者によっても、いずれの言語も使用されうる。

カナダ連邦議会及びケベック州議会の法律は両言語で印刷され公表されなければならない。

第134条〜第145条　〔省略〕

第11編　他の植民地の編入

第146条〔ニュー・ファウンドランド等の連邦への編入を認める権限〕

女王におかれては、女王陛下の名誉ある枢密院の助言に基づき、カナダ連邦議会の両院及びニュー・ファウンドランド、プリンス・エドワード島及びブリティッシュ・コロンビアのそれぞれの植民地議会の表決により、これらの植民地もしくは植民州もしくはその一部を連邦に編入すること、カナダ連邦議会の両院の表決により、ルパート・ランド及び北西領域もしくはその一部を連邦に編入することは適法である。それぞれの場合の編入の条件は、この法律の規定の定めに従い、表決に示された及び女王が承認するのに適当と考えるものである。その目的のための枢密院における命令の規定は、グレイト・ブリテンとアイルランドの連合王国の議会によって制定されたのと同等の効力を有する。

第147条　〔省略〕

1982年カナダ法

カナダ上院及び庶民院の要求を実施するための法律（U. K., 1982、c. 11）

カナダが、以下に述べる諸規定を実施するための連合王国議会の法律の制定を求め、それに同意し、連邦議会に集会したカナダ上院及び庶民院が女王陛下に対し、女王陛下がそのための法律案を連合王国議会に提出されることを要請する意見書を提出したことに鑑み、

それゆえ、今次の議会に集会した聖職の貴族院議員、貴族の貴族院議員及び庶民の助言と同意に基づき、女王陛下におかれては、その権限に基づき、以下のように定める。

第１条〔1982年憲法の制定〕

本法の別表Ｂに添付された1982年憲法法律をこれにより制定し、本法に定めるようにカナダにおいて効力を有するものとする。

第２条〔カナダのために立法する権限の終了〕

1982年憲法法律が発効したのち制定される連合王国議会の法律は、その法律の一部としてカナダには適用されない。

第３条〔フランス語版〕

別表Ｂに含まれない限りにおいて、本法律別表Ａに添付された本法のフランス語版は、カナダにおいてその英語版と同じ権威を有する。

第４条〔引用〕

本法は、1982年カナダ法として引用する。

1982年憲法法律（1982年カナダ法別表Ｂ）

第１編　カナダの権利及び自由の憲章

カナダが神の至高性と法の支配を承認する諸原理に基づいていることに鑑み、以下のように定める。

権利及び自由の保障

第１条〔カナダにおける権利及び自由〕

カナダの権利及び自由の憲章がその中で保障する権利及び自由は、法によって定められた、自由で民主的な社会において正当化されるものと証明されうるような合理的な制限にのみ服する。

基本的諸自由

第２条〔基本的諸自由〕

すべての人は以下の基本的諸自由を有する。

(a)　良心及び信教の自由、

(b)　思想、信念、意見及び表現の自由（これにはプレス及び他のコミュニケーションメディアの自由を含む）、

(c)　平和的集会の自由、及び

(d)　結社の自由

民主的権利

第３条〔市民の民主的権利〕

すべてのカナダ市民は、庶民院及び州の立法議会の構成員の選挙において投票する権利及びその構成員となる資格を有する権利を有する。

第４条〔立法機関の活動期間への上限〕

(1)　庶民院及び州立法議会は、その構成員の総選挙の令状の返却の日と定められた日より５年を超えて継続してはならない。

(2)　戦争、侵略ないし反乱が実際起きているか、起きるおそれがあるときには、庶民院は連邦議会の決定により、州立法議会は州立法議会の決定により、５年を超えて継続することができる。ただし、庶民院ないし州立法議会の構成員の３分の１を超える投票によって継続が反対されなかった場合に限る。

第５条〔立法機関の毎年の開催〕

連邦議会及び州立法府は少なくとも12ヶ月に一度は開会されなければならない。

移動の自由

第6条〔市民の移動の自由〕

(1) すべてのカナダの市民は、カナダに入国し、滞在し、出国する権利を有する。

(2) すべてのカナダ市民及びカナダの永住権を獲得したすべての人は、次の権利を有する。

(a) いかなる州にでも移動し住居を構え、そして

(b) いかなる州においてもその生計をはかる。

(3) 第2項で定める権利は、以下の制限に服する。

(a) 主として現在ないし以前居住していた州に基づいて人を差別するものを除き、現に州において効力を有する法律ないし一般的に適用される行為、及び

(b) 公的な資金による社会サービスを受ける資格として合理的な居住要件を定める法律。

(4) 第2項及び第3項は、その州において社会的ないし経済的に不利な立場にある個人の状況をその州において緩和することをその目的とするような法律、プログラムないし活動を妨げるものではない。ただし、これはその州における雇用率が、カナダ全体の雇用率を下回っている場合に限る。

法的権利

第7条〔生命、自由及び身体の安全性〕

すべての人は、生命、自由及び身体の安全性ならびにそれらを基本的な正義の諸原則に合致した形でなければ剝奪されないという権利を有する。

第8条〔捜索又は押収〕

すべての人は、不合理な捜索及び押収に対して保護される権利を有する。

第9条〔拘留又は拘禁〕

すべての人は恣意的に拘留され拘禁されない権利を有する。

第10条〔逮捕又は拘留〕

すべての人は逮捕もしくは拘留された場合、次の権利を有する。

(a) その理由を速やかに告知される権利、

(b) 遅延なく弁護人を選任し指示する権利及びその権利を告知される権利、

(c) 拘留の適法性を人身保護令状によって決定してもらう権利及び拘留が適法でなかった場合に釈放される権利。

第11条〔刑事及び刑罰的事項の手続〕

犯罪を理由に起訴されたいかなる人も、以下の権利を有する。

(a) 不合理な遅延なく具体的な犯罪名を告知される権利、

(b) 合理的な期間内に裁判を受ける権利、

(c) その犯罪に関する手続において不利益な証人となることを強制されない権利、

(d) 法に従い独立で公平な裁判所による公正で公開の公判によって法に有罪と宣告されるまでは無罪と推定される権利

(e) 正当な理由なく合理的な保釈を拒否されない権利

(f) 軍事法に従い軍事裁判所で裁かれる犯罪の場合を除いて、その犯罪に対する最高刑が5年以上の拘禁である場合には、陪審裁判を受ける権利

(g) その作為もしくは不作為の時点で、カナダ法もしくは国際法のもとで犯罪を構成するか、諸国のコミュニティにおいて承認されている一般的な法原則により犯罪であった場合を除いて、作為もしくは不作為を理由に有罪とされない権利、

(h) 犯罪を理由に最終的に無罪とされた場合、再びそれを理由に裁判にかけられない権利、及び犯罪を理由に有罪とされ刑罰を受けた場合に、それを理由に再度裁判にかけられ、刑罰を科されない権利、及び

(i) 犯罪を理由に有罪とされた場合に、その犯罪に対する刑罰が犯行の時点と刑の宣告の時点で変更があった場合は、より軽い刑によって処罰される権利。

第12条〔取扱いないし刑罰〕

すべての人は、残虐で異常な取扱いないし刑罰に服させられない権利を有する。

第13条〔自己帰罪〕

手続で証言をした証人は、偽証罪もしくは事実に反する証拠を提出した罪で起訴された場合を除いて、提出したその罪を根拠

づけるような証拠を、その証言以外の手続において証人の罪を根拠付けるように使用されない権利を有する。

第14条〔通訳者〕

いかなる手続においても、その手続が行われている言語を理解しもしくは話すことができないか、耳が聴こえない当事者ないし証人は、通訳者の補助を受ける権利を有する。

平等権

第15条〔法の前及び法のもとの平等及び法の平等な保護及び平等な恩恵〕

(1) すべての個人は、法の前及び法のもとに平等であり、法の平等な保護及び法の平等な恩恵を受ける権利を有し、とりわけ、人種、出身国ないし民族的な出自、肌の色、宗教、性別、年齢もしくは精神的ないし身体的障害に基づくような差別を受けない。

(2) 第1項の規定は、不利益を受けてきた個人もしくは集団の状況を改善することを目的としている法、プログラムないし活動を排除するものではない。これには、人種、出身国ないし民族的な出自、肌の色、宗教、性別、年齢もしくは精神的ないし身体的障害に基づき不利益を受けてきた者が含まれる。

カナダの公式言語

第16条〔カナダの公式言語〕

(1) 英語とフランス語がカナダの公式言語であり、連邦議会及びカナダ政府のすべての機関における使用について、同等の地位と同等の権利及び特権を有する。

(2) 英語及びフランス語がニュー・ブランズウィクの公式言語であり、ニュー・ブランズウィックの議会及び政府のすべての機関における使用について、同等の地位と同等の権利及び特権を有する。

(3) 本憲章の規定は、英語とフランス語の地位及び使用の平等を促進するための連邦議会もしくは州議会の権限を制限するものではない。

第16. 1条〔ニュー・ブランズウィックにおける英語及びフランス語の言語的コミュニティ〕

(1) ニュー・ブランズウィックにおける英語の言語的コミュニティ及びフランス語の言語的コミュニティは、平等な地位と平等の権利及び特権を有する。これには、これらのコミュニティの保持及び増進にとって不可欠な独自の教育制度及び独自の文化的諸制度を持つ権利が含まれる。

(2) 第1項において言及されている地位、権利及び特権を保持し増進するニュー・ブランズウィックの立法者及び政府の役割を確認する。

第17条〔連邦議会の手続〕

(1) すべての人は、連邦議会の討論及び他の手続において英語とフランス語を使用する権利を有する。

(2) すべての人は、ニュー・ブランズウィックの立法者の討論及び他の手続において英語とフランス語を使用する権利を有する。

第18条〔連邦議会の法律及び記録〕

(1) 連邦議会の法律、記録及び議事録は、英語とフランス語で印刷され公表されなければならず、両言語は平等に権威を有する。

(2) ニュー・ブランズウィックの立法者の法律、記録及び議事録は、英語とフランス語で印刷され公表されなければならず、両言語は平等に権威を有する。

第19条〔連邦議会によって設置された裁判所における手続〕

(1) いかなる人でも、連邦議会によって設置された裁判所において、裁判所の訴答手続及び裁判所から発せられる令状においては、英語もしくはフランス語を用いることができる。

(2) いかなる人でもニュー・ブランズウィックの裁判所において、裁判所の訴答手続及び裁判所から発せられる令状においては、英語もしくはフランス語を用いることができる。

第20条〔公衆による連邦の諸機関との会話〕

(1) カナダにおける公衆のいかなる構成員も、連邦議会もしくはカナダ政府の機関の長もしくは中央事務所において、英語もしくはフランス語で会話をする権利及び利用可能なサービスを受ける権利を有し、以下の場合にはそのような機関のその他の事務所についても同じ権利を有する。

(a) そのような事務所における会話もしくはサービスを受けることについて、その言語に対する十分な需要がある場合、
(b) その事務所の性質にゆえに、その事務所における会話及びサービスを受けることにとって英語及びフランス語の双方で認められることが合理的である場合

(2) ニュー・ブランズウィック州の公衆のいかなる構成員も、ニュー・ブランズウィック州の立法者及び政府の機関のいかなる事務所においても、英語及びフランス語で会話をする権利及び利用可能なサービスを受ける権利を有する。

第21条〔現存する憲法的諸規定の継続〕

第16条から第20条までの諸規定は、カナダの憲法の諸規定のもとで存在しまたは継続している英語、フランス語もしくはそのいずれかの言語に関する権利、特権ないし義務を縮減しもしくは否定するものではない。

第22条〔権利及び特権の維持〕

第16条から第20条までの諸規定は、英語でもフランス語でもない言語に関し、この憲章が効力を発する以前もしくは以降取得されたあるいは享受している法的ないし慣習的権利ないし特権を縮減しもしくは否定するものではない。

少数派言語教育権

第23条〔教育の言語〕

(1) 次の要件を満たすカナダ市民、すなわち
(a) その居住する州において、学びなお理解するその第1言語が英語ないしフランス語の言語的少数派に属するか、
(b) カナダにおいてその初等学校教育を英語ないしフランス語で受け、その教育を受けた言語がその州の英語ないしフランス語の言語的少数派に属する州に居住している

このような市民は、その子どもがその州においてその言語で初等及び中等学校教育を受ける権利を有する。

(2) カナダにおいてその子どもが英語もしくはフランス語で初等及び中等学校教育を受けたカナダ市民は、そのすべての子どもが同じ言語で初等及び中等学校教育を受ける権利を有する。

(3) 第1項及び第2項のもとにおけるその子どもを英語もしくはフランス語の州の言語的少数派に属する言語で初等及び中等学校教育を受ける権利は、
(a) その州において、当該権利を有する市民の子どもの数が、少数派言語教育の公的な基金からそれを提供することを正当化するに足りる場合に適用され、そして
(b) そのような子どもの数がそれを正当化する場合に、公的な基金によって提供される少数派言語教育施設において教育を受ける権利を含む。

権利の執行

第24条〔保障された権利及び自由の執行〕

(1) 本憲章によって保障されている権利ないし自由を侵害ないし否定された者は、誰でも、権限ある管轄権を有する裁判所に、裁判所が状況に応じて適当で正当と考える救済を得るため申立てをすることができる。

(2) 第1項のもとの手続で、裁判所が、証拠が本憲章によって保障されている権利ないし自由を侵害ないし否定する仕方で得られたと結論した場合、すべての状況に照らして、それを手続において許容することが司法の運用に不名誉をもたらすと証明された場合にはその証拠を排除しなければならない。

一般的規定

第25条〔先住民の権利及び自由への憲章の影響の否定〕

憲章における権利及び自由の保障は、カナダの先住民に関する先住民の権利、条約上の権利そのほかの権利ないし自由を廃止したりその重要性を損なうものと解釈されてはならない。これには以下のものが含まれる。
(a) 1763年10月7日の国王の布告によって承認された権利ないし自由、及び
(b) 土地に対する請求に関する合意（land claims agreement）によって現在存在するか、それによって取得される権利ないし自由。

第26条〔他の権利及び自由への憲章の影響

の否定〕

この憲章における権利及び自由の保障は、カナダにおいて存在する他の権利や自由の存在を否定するものと解釈されてはならない。

第27条〔多文化主義的遺産〕

この憲章は、カナダ人の多文化主義的遺産の保持及び増進に合致するように解釈されなければならない。

第28条〔権利の両性への平等な保障〕

この憲章におけるこれとは異なる規定にかかわらず、保障されている権利及び自由は、男性及び女性に平等に保障される。

第29条〔一定の学校に関する権利の維持〕

この憲章は、特定宗派の、別宗派の、反対宗派の学校について憲法のもとで保障されている権利ないし特権を廃止したりその重要性を損なうものではない。

第30条〔準州及び準州の当局への適用〕

憲章における州及び州議会ないし立法者への言及は、それぞれの状況に応じ、ユーコン準州、西部準州及びそれぞれの立法者を含むものとする。

第31条〔立法権権限の拡張の否定〕

憲章の規定は、いかなる機関ないし組織の立法権をも拡大するものではない。

憲章の適用

第32条〔憲章の適用〕

⑴ この憲章は、以下のものに適用される。

(a) カナダの連邦議会及び政府について、連邦議会の権限内のすべての事柄に関して（これには、ユーコン準州及び北西準州に関するすべての事柄を含む)、及び

(b) それぞれの州の立法者及び政府については、それぞれの州の立法者の権限内のすべての事柄に関し。

⑵ 第1項にもかかわらず、第15条は、本条が効力を持った後3年間は効力を有しない。

第33条〔明示の宣言がある場合の例外〕

⑴ 連邦議会ないし州の立法者は、それぞれの事情に応じ、連邦議会の制定する法律ないし州立法者の制定する法律において、本憲章の第2条ないし第7条から第15条の規定にもかかわらず、その法律ないしその一部の規定が作用を認められると宣言することができる。

⑵ 本条のもとで不適用の宣言がなされた法律ないしその一部の規定は、その宣言の中で言及された本憲章の規定がなかった場合に持つであろう作用を有する。

⑶ 第1項のもとでなされた宣言は、それが効力を有してから5年もしくはその宣言で指定されたそれ以前の日に失効する。

⑷ 連邦議会ないし州の立法者は第1項のもとでの宣言を再度行うことができる。

⑸ 第4項のもとで行われた再宣言には、第3項が適用される。

引用

第34条〔引用〕

本編は、カナダ権利及び自由の章典と引用することができる。

第2編　カナダの先住民の権利

第35条〔現存する先住民の権利及び条約上の権利の承認〕

⑴ カナダの先住民の現存する先住民の権利及び条約上の権利は、これにより承認され確認される。

⑵ 本法律において、「カナダの先住民」とは、カナダのインディアン、イヌイット、メティスの人々を含む。

⑶ より確実にする目的で、第1項における「条約上の権利」には、土地に対する請求に関する合意によって現存するあるいはそれによって取得される権利を含む。

⑷ 本法律における別段の規定にかかわらず、第1項において言及されている先住民の権利及び条約上の権利は、男性及び女性に等しく保障される。

第35．1条〔憲法会議への参加の保障〕

カナダ政府及び州政府は、1867年憲法法律第91条24号、本法律の第25条ないし本編への修正を行うに先立って、以下の原則に従わなければならない。

(a) カナダの首相及び州の首相によって構成され、その議題として提案されている修正に関する事項が含まれた憲法会議がカナダの首相によって招集されること、及び

(b) カナダの首相が、その事項の討論に参加するよう、カナダの先住民の代表を招くこと。

第３編　地域的な不均衡の平等化

第36条〔平等な機会の促進の保障〕

(1) 連邦議会ないし州の立法者の立法権限を変更するものでも、それぞれの立法権限の行使に関するその権利を変更するものではないが、連邦議会と州立法者は、カナダ政府及び州政府とともに、以下の事項を確約する。
(a) カナダ人の福祉のため平等な機会を増進すること
(b) その機会における不均衡を減少させるため経済的発展を促進すること、及び
(c) すべてのカナダ人にとって合理的な質の不可欠な公的サービスを提供すること。

(2) 連邦議会及びカナダ政府は、州政府が合理的に同等のレベルの公的サービスを合理的に同等なレベルでの租税に基づいて提供する十分な歳入を有するよう確保するため、平等化資金（equalization payments）を提供することを約束する。

第４編　憲法会議

第37条　削除

第４．１編　憲法会議

第37．１条　削除

第５編　カナダ憲法の改正手続

第38条〔カナダ憲法を改正する一般手続〕

(1) カナダの憲法の改正は、以下に定めるようにして承諾された場合に、カナダの国璽のもとで総督によって発せられる宣告によって行われる。
(a) 上院及び庶民院の決議、及び
(b) 少なくとも州の３分の２で、最近の一般的国勢調査に従えば、その合計がすべての州の人口の少なくとも50％を占める州の立法議会の決議。

(2) 第１項のもとで行なわれるもので、州の立法者もしくは政府の立法権、財産的権利ないし他の権利ないし特権を縮減するような修正は、第１項のもとで要求される上院、庶民院、立法議会のそれぞれの構成員の過半数による決議を必要とする。

(3) 第２項のもとでの修正は、その修正条項が関連する宣告の発布に先立って、州の立法議会がその構成員の過半数の支持でもってそれに反対する決議を表明した州には適用されない。ただし、州の立法議会は、その後、その構成員の過半数の支持をもつ決議でもってその反対を撤回し、修正を承認することができる。

(4) 第３項の反対決議は、それに関連する宣告の布告以前及び以後のいつの時期にでも撤回されうる。

第39条〔宣言への制限〕

(1) 第38条第１項のもとで発布されるべき宣告は、修正手続を開始する決議の採択から１年を経過するまでは発せられてはならない。ただし、それぞれの州の立法議会が、以前に承諾ないし反対の決議を採択しない場合に限る。

(2) 第38条第１項のもとで発布されるべき宣告は、修正手続を開始する決議の採択から３年を経過した後は発生せられてはならない。

第40条〔補償〕

第38条第１項のもとでなされる修正が、州立法府から連邦議会に教育ないし文化的事項に関する州の立法権を付与する場合、カナダは、その修正条項が適用されない州に合理的な補償を与えなければならない。

第41条〔全員一致の合意による改正〕

以下に定める事項に関するカナダ憲法の修正は、カナダの国璽のもとで総督によって発せられる宣告により、上院、庶民院及びそれぞれの州の立法議会の決議によって承諾された場合にのみなしうる。
(a) 女王、総督及び州の副総督の職、
(b) 本編が効力を発した時点で州が代表される権利を有する上院議員の数より少なくない数の庶民院の構成員を持つ州の権利、
(c) 第43条の場合を除き、英語及びフランス語の使用、
(d) カナダ最高裁判所の構成、及び
(e) 本編の修正。

第42条〔一般的手続による改正〕

(1) 以下の事項に関するカナダ憲法の修正は、第38条第1項によってのみ許される。

(a) カナダ憲法で規定されている庶民院における州の比例的代表の原則、

(b) 上院の権限及び上院議員を選出する方法、

(c) 州が上院において代表されるべき構成員の数及び上院議員の居住資格、

(d) 第41条(d)の場合を除いて、カナダ最高裁判所、

(e) 既存の州の準州への拡大、及び

(f) 別段の法律ないし慣行にもかかわらず、新しい州の設立。

(2) 第38条第2項から第4項までの規定は、本条第1項で言及した事項についての修正には適用されない。

第43条〔すべての州ではなく幾つかの州のみに関する規定の改正〕

以下に定める、すべての州ではなくひとつもしくは複数の州に適用される規定の修正については、上院及び庶民院ならびにその修正条項が適用されるそれぞれの州の立法議会の決議によって承諾されたときにのみ、カナダの国璽のもと総督によって発せられる宣言によって行われる。

(a) 州の間の境界線の変更、及び

(b) 州における英語もしくはフランス語の使用に関する規定の修正。

第44条〔連邦議会による改正〕

第41条及び第42条の場合を除き、連邦議会は、カナダの執行政府もしくは上院及び庶民院に関するカナダ憲法を修正する法律を制定する排他的な権利を有する。

第45条〔州立法者による改正〕

第41条の場合を除いて、それぞれの州の立法者は州の憲法を修正する法律を制定する排他的な権限を有する。

第46条〔改正手続の開始〕

(1) 第38条、第41条、第42条、及び第43条のもとでの修正の手続は、上院もしくは庶民院もしくは州における立法議会によって開始することができる。

(2) 本編の目的のための承諾の決議は、それによって承認された宣言の発布前であればいつでも撤回することができる。

第47条〔上院の決議なしの改正〕

(1) 第38条、第41条、第42条ないし第43条のもとの宣告でなされたカナダ憲法の修正は、宣言の発布を承諾する上院における決議がなくとも、庶民院におけるその承認の決議の採択の後180日以内に、上院がそれを承諾する決議を行わず、その期間経過後庶民院が再度それを承諾する決議を行った場合には、成立する。

(2) 連邦議会が延期されもしくは解散されている期間は、第1項でいう180日の計算に参入しない。

第48条〔宣言を発する助言〕

本編のもとで宣言によって修正を行うために必要な決議が採択されたら直ちに、カナダの女王の枢密院は、本件の下における宣言を発するよう総督に助言を与える。

第49条〔憲法会議〕

本編の諸規定を再検討するため、本編が効力を発してから15年以下に、カナダの首相は、カナダ首相と州の首相から構成される憲法会議を招集する。

第6編 1867年憲法法律の修正

第50条 削除

第51条 削除

第7編 一般規定

第52条〔カナダの憲法の最高法規性〕

(1) カナダの憲法は、カナダの最高法規であり、憲法の諸規定に抵触するすべての法は、抵触する限りにおいて、一切の効力または効果を有しない。

(2) カナダの憲法は、以下のものを含む。

(a) 本法を含む1982年カナダ法

(b) 別表に列挙された法律及び命令及び

(c) (a)及び(b)号に列挙された法律及び命令に対する改正

(3) カナダ憲法は、カナダ憲法に含まれる権限に基づいてのみ修正される。

第53条〔廃止と新しい名称〕

(1) 別表第1欄で言及されている制定法は、第2欄に示されている限度で廃止ないし修正され、廃止されない限り、第3欄に示された名前の下にカナダで法として効力を有する。

(2) 別表においてその第１欄の名前によって言及されている、1982年カナダ法を除くすべての制定法に関するすべての制定法は、これによりその第３欄の対応する名前に修正される。別表で言及されていない英領北アメリカ法は、その制定の年号と、もしある場合はその番号を続けた憲法法律として引用することができる。

第54条〔廃止とその結果の改正〕

第４編は、本編が効力を発してから１年後のその日に撤回され、本条は撤回され、本法律は第４編及び本条の撤回の結果カナダの国璽のもとで総督によって発せられる宣告によって条文番号を改められる。

第54.１条　削除

第55条〔カナダの憲法のフランス語版〕

別表において言及されたカナダの憲法の部分のフランス語版は、カナダ法務長官によって可及的速やかに準備されなければならない。行為をとるのを正当化するに十分な一部が準備できた場合、カナダの憲法の規定の修正に適用される手続に従い、カナダの国璽のもとで総督によって発せられた宣言により制定されなければならない。

第56条〔一定の憲法的条文の英語版及びフランス語版〕

カナダの憲法の一部が、英語及びフランス語で制定された場合及び憲法の一部のフランス語版が第55条に従って制定された場合、その憲法の部分の英語版とフランス語版は平等に権威を有する。

第57条〔本法律の英語版及びフランス語版〕

本法律の英語版とフランス語版は平等に権威を有する。

第58条〔施行〕

第59条の規定の場合を除く他、本法律は、女王もしくは総督がカナダの国璽のもとで発せられる宣言で指定される日に効力を発する。

第59条〔ケベックに対する第23条第１項ａの施行〕

(1) 第23条第１項(a)の規定は、女王もしくは総督によりカナダの国璽のもとで発せられた宣言で指定された日において、ケベックに関しては効力を発する。

(2) 第１項のもとでの宣言は、ケベックの立法議会もしくは政府によって授権された場合にのみ発せられる。

(3) 第23条第１項(a)の規定がケベックに関して効力を発した日に本条は撤回され、本条の撤回の結果、カナダの国璽のもとで女王もしくは総督によって発せられる宣言により、本法律は修正され条文番号をつけ直す。

第60条〔引用〕

本法律は、1982年憲法法律として引用することができる。1867年から1975年（第２）憲法法律及び本法律はともに1867年から1982年憲法法律として引用することができる。

第61条〔言及〕

1867年から1982年憲法法律への言及は、1983年憲法修正宣言への言及を含むものと見なされなければならない。

＊　松井茂記『カナダの憲法――多文化主義の国かたち』（岩波書店・2012）323頁以下より転載。カナダの憲法法律は各項ごとに見出しが付けられている。ここでは各条の第１項の見出しを訳出してある。

イタリア共和国

解　説

1　憲法史概観

(1)　サルデーニャ王国基本憲章

イタリアにおける立憲主義憲法制定の試みは、フランス革命の影響がイタリア半島に及び、ナポレオンが北イタリアに侵入した1790年代に始まる。しかし、当時のイタリア半島は教皇領や外国領を含めて小国が割拠する状態にあったため、統一イタリア国家に直接結びつく立憲主義憲法としては、1848年3月4日のサルデーニャ王国基本憲章（アルベルト憲章）が最初のものということになる。この憲章は、サルデーニャ王国による統一（リソルジメント）の達成（1861年）後、そのまま統一イタリア王国の憲章となった。

欽定憲法であるアルベルト憲章は、絶対君主制から立憲君主制への移行期の典型的な憲法であり、フランスの1814年憲章および1830年憲章、ベルギーの1831年憲法の影響を強く受けているといわれる。アルベルト憲章は、国家の政体を代表君主制と定め（第2条）、一方では、神聖不可侵の国王が国家元首として立法・行政・司法の三権を保持し、軍隊の統帥権等も有するものとしていたが（第3条から第5条までおよび第68条）、反面では、「市民の権利および義務」の表題の下に人権カタログを掲げ（第24条から第32条まで）、二院制議会のうち代議院について、制限選挙によるとはいえ代表制を採用していた（第39条）。

このアルベルト憲章は、その後、カヴールの主導の下で、イギリスの議院内閣制の影響を受けた運用がなされるようになり、さらに、自由主義の時代の終わりには、この憲章の下で男子普通選挙制（1912年）および比例代表制（1919年）が導入された。

(2)　ファシズム体制

イタリアの自由主義体制は、ムッソリーニの政権獲得により終焉を迎えた。第一次世界大戦後の経済危機と社会主義運動の広がりを背景にファシズム運動が支持を集め、1922年10月、「ローマ進軍」を経て、ムッソリーニが首相に任命されたのである。

ファシズム政権の下で、アルベルト憲章体制は大きく変質した。アチェルボ法という詐欺的選挙法と選挙干渉とにより議会を掌握したムッソリーニは、議会演説で独裁を宣言してマッテオッティ事件（ファシストの選挙干渉を糾弾した社会党議員の誘拐・暗殺事件）を乗り切ると、立法府に対する執行府とりわけ政府主席の優位を制度化し、ファシスト党の機関であるファシズム大評議会を体制の最高機関とすることに成功した。さらに、1939年には、代議院が廃止され、ファシスト党の全国評議会委員と労使協調組合全国評議会委員で組織されるファッシ・労使協調組合議会が設置された。

(3) 現行憲法の制定

第二次世界大戦の敗色が濃厚になり、連合国軍がシチリアに上陸するという事態を前に、1943年7月、ムッソリーニが解任され、ファシズム体制は事実上崩壊した。北イタリアを占領したドイツ軍に対する戦争と抵抗運動が続くなか、アルベルト憲章体制の復活か、新憲法の制定かという問題は棚上げされていたが、1944年6月25日国王代行命令第151号（第一暫定憲法）により、アルベルト憲章を廃棄し、国土の解放後に政体（共和制か王制か）を決定し、新憲法を制定する憲法制定議会の選挙を行うことが宣言された。さらに、1946年3月16日国王代行命令第98号（第二暫定憲法）では、政体を選択する国民投票を憲法制定議会の選挙と同時に実施すべきことが定められている。

1946年6月2日に行われた国民投票と選挙の結果、政体については共和制が支持され（有効投票の54.3%）、憲法制定議会選挙については、キリスト教民主党が37.3%、社会党が20.7%、共産党が18.7%の議席を獲得した。憲法制定議会は、75人の委員からなる憲法委員会を設置して、憲法草案の作成に当たるものとされた。憲法委員会は、市民の権利および義務に関する第一小委員会、共和国の憲法体制に関する第二小委員会、社会的・経済的な権利および義務に関する第三小委員会に分かれて審議を行い、1947年2月に憲法委員会草案が本会議に提出されている。新憲法は、12月22日に453対62の多数で可決され、1948年1月1日から施行された。

(4) 現行憲法の運用

第一共和制下の憲法運用　現行憲法の制定・施行から1994年の総選挙でベルルスコーニ政権が誕生するまでの時期は、「第一共和制」と呼ばれる。第一共和制の下では、各政党の勢力は、キリスト教民主党が40%弱、共産党が25%程度、社会党が10%程度でほぼ安定していた。このように政党の力関係が固定化するなか、キリスト教民主党の一党優位を前提に、各政党が国家の諸資源を支配し（このことは、国営放送のチャンネルがキリスト教民主党、共産党、社会党に配分されていたことに象徴的に示される）、市民社会にも影響力を行使する「政党支配制（partitocrazia）」が形成された。この時期の憲法運用に関して、2つのことを指摘しておきたい。

第一に、上記のように現行憲法は1948年から施行されたが、憲法が定める諸制度のすべてがそれと同時に実施されたわけではない。第一共和制の下で「万年与党」の地位にあったキリスト教民主党は、後になると左派政党との連携に踏み切るが、憲法施行当時には、東西冷戦を背景に、左派勢力とりわけ共産党を排除する戦略をとっていた。それだけでなく、キリスト教民主党は、国会の権限を抑制する憲法上の諸制度を共産党が利用して国会内多数派を悩ませるのを防ぐために、そのような諸制度の実施を遅らせようとしたと言われ、実際、憲法裁判所が発足したのは1956年、経済労働国民会議が設置されたのは1957年、最高司法会議が設置されたのは1958年、法律の廃止的国民投票制度が施行されたのは1970年、普通州が設置されたのは1970年になってからであった。

第二に、第一共和制の下での内閣は、常に不安定であり、平均すると１年ももたない短命政権であった。1993年の選挙制度改革まで、両議院の選挙制度は、一貫して比例代表制を基本としており、その選挙制度の下で、いずれの政党も単独では過半数の議席を獲得することができず、連立政権という形が常態化していたためである。

第一共和制の終焉　第一共和制の終焉と戦後憲法体制の大変動をもたらした要因には、様々なものが考えられる。1989年のベルリンの壁の崩壊に象徴される東欧革命は、共産主義の防波堤としてのキリスト教民主党の存在意義を低下させ、また、共産党の党名変更（1991年）をもたらした。さらに、1992年、ミラノの老人福祉施設をめぐる贈収賄事件の摘発を契機として、検察官（「清い手（mani pulite）」と呼ばれた）が大規模な政治汚職（いわゆる「賄賂都市（tangentopoli）」）の摘発に乗り出した。その捜査は、代議院議員338人、元老院議員100人に及び、クラクシ元首相（社会党）は収賄罪で有罪判決を受け（その後、チュニジアに逃亡）、アンドレオッティ元首相（キリスト教民主党）もマフィアとの関係について捜査の対象となった。

既成政党に対する不信と、腐敗・汚職を構造化した選挙制度に対する不信とを背景に、1993年、選挙制度が改革され、一種の小選挙区比例代表連用制が導入された（その後、2005年に選挙法が再度改正され、比例代表制に戻された）。この新選挙法の下で行われた1994年総選挙の結果、ベルルスコーニのフォルツァ・イタリアを中心とする右派連合が勝利して政権を獲得する一方で、第一共和制の下での主要政党はことごとく解党ないし消滅し、これによって第一共和制は幕を閉じたのである。

第二共和制への移行　イタリアにおける憲法典の改正は、その多くが1990年代以降に行われている。先に触れた政党制の変容を受けて、「第二共和制」の諸制度を構築するため、当初は、超党派で憲法第２部（共和国の組織）を全面改正することが目指された。しかし、結果的には、当時最大野党であったフォルツァ・イタリアが憲法改正案に対する支持を撤回したため、全面改正という方法は放棄され、実現可能な改正から着手するという方法がとられることとなった。

1990年代後半以降、適正手続原則の明文化や在外選挙制度の導入といった改正も行われているが、最も重要な改正は、2001年10月18日憲法的法律第３号による地方分権改革であろう。この改正は、地方制度に関する憲法第２部第５章の19か条のうち14か条を改廃する大がかりなもので、これによってイタリアは連邦制への移行の第一歩を踏み出したと評されることもある。この改正の結果、州の立法権が大幅に強化され、行政権能は基礎自治体である市町村に第一次的に帰属するものとする補完性の原理が憲法上明記されるとともに、財政に関しても、市町村、県および州の財政自治権および自主財源を保障する規定が設けられた。

2 憲法の内容・特色

⑴ 基本原則

憲法第１条１項は、イタリアが「民主的な共和国」であると宣言している。この規定は、1946年の国民投票で選択されたところに従い、国家元首が世襲で任期を定めずに就任する王制を排除し、共和制という政体を定めたものである。そして、共和政体は、明文で憲法改正の限界であるとされている（第139条）。

イタリア憲法は、カトリックの社会教説とマルクス主義の理論が合流した独特なものであるといわれる。このことを象徴的に示すのが、第２条以下の規定である。第２条は、「個人としての人間の不可侵の権利」を保障するだけでなく、家族・教会・労働組合・政党といった中間団体に対して「人格発展の場」という積極的評価を与え、同時に、「政治的、経済的および社会的な連帯という背くことのできない義務」を定めている。ここには、個人から出発して、家族等を経て、国家に至るという、カトリックの社会教説の影響を看てとることができよう。他方で、第３条が「法律の前の平等」だけでなく、権利および自由の平等な享受を妨げる「経済的および社会的な種類の障害を除去する」ことを共和国の責務と定め、第４条がすべての市民に勤労の権利を承認していることも、イタリア憲法の特色ということができる。

⑵ 人権

基本権に関して、イタリア憲法上、①市民的関係、②倫理的・社会的関係、③経済的関係および④政治的関係という４つの領域に即して基本権を分類する独特の体系化がなされている点が注目される。この体系は、社会的関係を、⒜個人が個人として取り扱われる市民的関係、⒝個人が中間団体の構成員となる倫理的・社会的関係、⒞個人が経済社会の一員となる経済的関係および⒟個人が政治共同体の一員として取り扱われる政治的関係という４つに分けたうえで、それぞれの社会的関係に即して人権を保障しようとするものであり、先に触れた憲法第２条と同様の発想に基づいている。

中間団体との関連で、大多数のイタリア国民が信仰するカトリック教会と国家との関係についても触れておこう。憲法第７条２項は、「両者の関係は、ラテラノ諸協定（Patti）により規律する」と定めている。ラテラノ諸協定は、主としてイタリア国家と主権国家としてのヴァチカン市国との間の関係を定めた1929年２月11日の政教条約（Trattato）、イタリア国内における教会の取扱いを定めた1929年２月11日の政教協約（Concordato）および19世紀に行われた教会財産の収用に対する補償を定めた財務協定（Convenzione finanziaria）という３つの取極から成る。かつて、政教条約第１条はカトリック国教制を定めていたが、政教協約を全面的に改正した1984年２月18日のヴィッラ・マダーマ協約の付属議定書により国教制が廃止され、イタリアの政教関係は公認宗教制に移行した。

⑶ 統治機構

国会　代議院と元老院という二院制が採用されているが、イタリアの二院制は、両議院が完全に対等な権限を有する二院制であり、両議院の組織方法も類似しているため、「対等で対称的な二院制（bicameralismo paritario e simmetrico）」と呼ばれてきた。

代議院議員も元老院議員も原則として直接普通選挙で選出され（第56条1項および第58条1項）、任期はともに5年で（第60条1項）、代議院・元老院の両方について大統領による解散がある（第88条1項）。

選挙制度は近時、後述の憲法改正論議にも影響されながら、憲法裁判所による2つの違憲判決を受けて改革された。2005年から2014年まで、どちらの議院についても、安定した政権の形成を目的として「多数派プレミアム付き比例代表制」、すなわち比例代表制を基礎にしつつも得票数が最大の候補者名簿連合の議席が必ず議員定数の55％に達するようにする制度がとられてきた。しかしこの制度の下では各政党の得票率と議席比率との間で大きな乖離が生じうるため、憲法裁判所はこの多数派プレミアム制度を違憲と判断した（2014年判決第1号）。その結果2015年に選挙法が改正され、代議院の選挙制度は、全国得票数が最大の候補者名簿が40％以上の票を得た場合には多数派プレミアムとして55％の議席を与えるが、40％以上の票を得た候補者名簿がない場合には上位2つの候補者名簿による決選投票を行い、得票の多い候補者名簿に55％の議席を与えるという制度に改められた。しかし、憲法裁判所は、新たな多数派プレミアム制度については支持したものの、決選投票制度について違憲と判断したため（2017年判決第35号）、2017年に再度選挙法の改正が行われることになった。

代議院議員選挙法（2017年11月3日法律第165号による改正後の1957年3月30日共和国大統領令第361号）および元老院議員選挙法（2017年11月3日法律第165号による改正後の1993年12月20日委任命令第533号）によれば、現在、両議院とも、在外選挙区選出分を除いた議員定数の約37.5％を小選挙区制で、残りの約62.5％を比例代表制で選出するという仕組みが採られている。

具体的には、代議院の場合、全国に州を基礎として28の選挙区（circoscrizione elettorale）が設けられ（州の数は20であるが、人口の多いいくつかの州は複数の選挙区に分けられている）、この選挙区をさらに分割し、原則として人口に基づいて全国で232の一人区（collegio uninominale）が設けられている。小選挙区制の選挙はこの一人区で争われ、単純に最も多くの票を獲得した候補者が当選人となる。

比例代表選挙で選出される議席（386議席）に関しては、各選挙区内の隣接する一人区を合併する形で、全国で63の複数人区（collegio plurinominale）が設けられ、政党・政党連合は複数人区ごとに候補者名簿を届け出る。各政党・政党連合が各複数人区で得た票は全国レベルで集計され、ヘア＝ニーマイヤー方式に従ってそれぞれの議席数が確定される。その後、選挙区レベルおよび複数人区レベルでも、同様の方法で各政党・政党連合の議席数が確定される。

元老院の選挙制度も、基本的には代議院の場合と変わりはない。116議席が小選挙区制で、193議席が比例代表制で選出され、そのため、全国に20の州選挙区（circoscrizione regionale)、116の一人区、34の複数人区が設けられ、おおむね代議院の場合と同様に選挙が行われる。ただし、憲法上元老院議員は「州を基礎として選出する」（第57条1項）ものとされているため、比例代表選挙による政党・政党連合間の議席の配分が全国レベルではなく、州レベルで行われるという違いがある。

この新たな制度による選挙は、2018年3月に実施された。多数派プレミアム制度が廃止されたことから予想されていた通り、この選挙でいずれの政党・政党連合も過半数の議席を獲得することができず、安定した多数派は形成されなかった。その結果、選挙後、五つ星運動と同盟の連立による新政権が成立するまでに3か月近くを要することとなった。

両議院の権限は、完全に対等である。法律（なお、予算の議決も予算承認法律という法律の形式で行われる。第81条4項参照）の制定に関して、憲法は「立法権能は、両議院が共同して行使する」と定めており（第70条）、法律案が法律として成立するためには、両議院が同一の条文で可決しなければならない。両院協議会や代議院による法律案の再可決といった制度は存在しないから、両議院の間で議決が一致しない場合、代議院と元老院との間の法律案の往復は、理論上は両議院が同一の条文で可決するまで永遠に続くことになる。

国会と政府との関係について、憲法は、政府は「両議院の信任を有しなければならない」（第94条1項）と定めており、議院内閣制（sistema parlamentare）を採用している。政府は、その信任を代議院・元老院の両方において受けなければならない。したがって、信任を付与しまたは撤回（不信任）する権限についても、両議院の権限は、完全に対等ということができる。

大統領　「国家元首であり、国民の統一を代表する」（第87条1項）機関として共和国大統領が存在する。大統領は、国会の合同会議において選出される（第83条）。大統領は、憲法上、内閣総理大臣その他の大臣を任命する権限（第92条2項）、代議院および元老院を解散する権限（第88条）ならびに軍隊を指揮する権限（第87条9項）を有することからも分かるように、単なる名目的な元首ではない。ただし、大統領が政治過程においてどの程度重要な役割を帯びるかは、その時々の政治状況にも左右される。例えば、両議院で安定した多数派が形成されているときは、大統領の政治的な重要性は小さくなる。

(4)　憲法保障

憲法裁判所　法律の合憲性統制のための機関として、憲法裁判所が設置されている。憲法裁判所は、①前提問題型の合憲性の裁判権、②主要問題型の合憲性の裁判権、③権限争議の裁判権、④大統領の弾劾裁判権を有するほか（第134条）、1970年5月25日法律第352号により、国の法律に関する廃止的国民投票（憲法第75条）の請求の適法性を審査する権限が付与されている。

①の前提問題型の合憲性の裁判とは、「国および州の法律および法律の効力を有する行為の合憲性に関する争い」であって、通常裁判所または行政裁判所の裁判の進行

中に職権により指摘されまたは当事者の一方により提起され、憲法裁判所に移送されたものの裁判をいう。この型の合憲性の裁判は、ドイツでいう具体的規範統制に近いものということができ、憲法裁判所の裁判が求められる事案のうち最大の割合を占めている。

②の主要問題型の合憲性の裁判とは、憲法の規定上、憲法裁判所に直接合憲性の問題を提起すべきものとされる裁判をいい、ドイツでいう抽象的規範統制に類似した制度であるといえよう。これには、特別州に関するものを除くと、(a)州憲章の合憲性に関する争いであって国が提起するもの（第123条２項）、(b)州の法律等の合憲性に関する争いであって国が提起するもの（第127条１項）、(c)国の法律等の合憲性に関する争いであって州が提起するもの、および(d)州の法律等の合憲性に関する争いであって他の州が提起するもの（同条２項）がある。この型の合憲性の裁判は、かつては憲法裁判所が扱う裁判の数パーセントを占めるにすぎなかったが、2001年の地方分権改革以後、増加する傾向にある。

憲法改正　イタリア憲法上、憲法の「改正」には、「憲法改正法律」と「憲法的法律」という２つの方式がある（第138条）。憲法改正法律とは、憲法典を直接に書き換える法形式をいい、憲法的法律とは、憲法典を補完するためこれと同一の形式的効力を有する規範を憲法典の外につくる法形式をいう。ただし、両者の間には制定の主体・手続に違いがないうえ、憲法改正法律と憲法的法律とが同一の法律中に含まれることもある（なお、憲法改正法律も官報には「憲法的法律」の名で公布される）。2019年２月末までに、40の憲法改正法律・憲法的法律が制定され、16回の憲法典の改正が行われている。翻訳末尾の一覧表には、憲法改正法律としての実質を有するもののみを掲げている。

3　2016年の憲法改正案とその挫折

イタリアでは第一共和制の時代から、立法の非効率性と内閣の不安定性とが問題とされ、その制度的な要因として「対等で対称的な二院制」の仕組みが挙げられてきた。両議院の完全に対等な権限は、類似した選挙制度によって両議院の間の政治的同質性が高くなったときには、立法の非効率をもたらすだけであり、反対に両議院の間に「ねじれ現象」が生じたときには、直ちに政治の行詰まりをもたらすことになると批判されてきたのである。

そうしたところから、対等で対称的な二院制を克服する改革の提案が以前からなされており、2005年にも二院制改革を含む憲法改正案が両議院で可決されたことがある（ただし、2006年の国民投票で否決された）。そして、2013年になって再び、政権の安定化と、迅速かつ効率的な意思決定とを実現する必要があるとして、憲法改正が議論されるようになったのである。

そうしたなか、2014年４月、レンツィ政権によって、「対等な二院制の克服、議員数の削減、諸機関の運営費用の抑制、経済労働国民会議の廃止および憲法第２部第５

章の見直しのための諸規定」と題する憲法改正法律案が国会に提出され、この憲法改正法律案は、2015年10月13日および2016年1月20日に元老院によって、2016年1月11日および4月12日に代議院によって可決された。これは、イタリア憲法の全139か条のうち47か条を改正しようという大がかりなものであり、その要点は次のとおりであった。

① **元老院の組織原理の見直し**　元老院は、領域団体（州・自治県・市町村）を代表する機関とする。元老院議員の直接選挙制を廃止し、終身元老院議員・任命による元老院議員を除いた95人の元老院議員は、州議会・自治県議会がその構成員の中から1人以上を、また領域内の市町村長の中から1人を選出する。その任期は州議会・自治県議会の議員と一致するものとし、元老院の解散の制度も廃止する。

② **両議院の権限の見直し**　両議院の権限を対等なものとする現在の制度を改め、元老院の権限を縮小して、代議院に優先的な権限を付与する。第一に、政府に信任を付与しまたは撤回する権限は、代議院にのみ属するものとする。

第二に、元老院が代議院と共同して立法権能を行使するのは、憲法改正法律・憲法的法律や州の利益にかかわる法律など、憲法に特に掲げられた法律に限られ、予算承認法律を含めてそれ以外の法律は、代議院が審議し可決することで成立するものとする。元老院は、代議院が可決した法律案を審査して修正を提案する権限を有するが、これを受け入れるか否かの最終決定権は代議院に属する。

③ **緊急立法手続の整備**　内閣は、法律案を迅速に審議させるため、代議院に対し、政府綱領実施のために不可欠な法律案を優先的に議事日程に記載し、一定期間内に最終表決に付すよう請求することができるものとする。

以上要するに、この憲法改正案は、二院制改革に関しては、対等な二院制から実質的に一院制へと移行することで、多数派プレミアム付き比例代表制選挙によって代議院で55％以上の議席を獲得した政党が、代議院における議席のみを基盤として、内閣を形成し、その政策の実施に必要な法律を迅速に成立させることができるようにすることを意図するものであった。

④ **国と州の立法権限の見直し**　通信制度、エネルギー、大規模輸送網、文化財・景観、環境など、従来国と州との競合的立法事項とされていたいくつかの事項を国の排他的立法事項に移す。また、競合的立法事項という概念そのものを廃止して、国の排他的権限に明示的に留保されていない事項はすべて州の立法権限に属するものとするが、必要な場合には、国はその排他的権限に留保されていない事項についても介入することができるようにする。

⑤ **県の廃止**　州・県・市町村という現在の3層構造から、州・市町村という2層構造に改める。

しかしながら、この憲法改正法律案は、2016年12月4日に実施された国民投票（投票率65.5％）の結果、賛成が40.9％、反対が59.1％で否決され、レンツィ政権による憲法改正の試みは挫折した。その原因のすべてをポピュリズム・反EU勢力の台頭に帰してよいかは問題であるが、政権の支持率が低下するなか、国民投票が憲法改正の是非を問う場というよりは、政権に対する審判の場になってしまったという面があったことは確かであろう。

ただ、この憲法改正案の内容は、レンツィ政権になって突如出てきたものではない。これは、憲法改革委員会最終報告書（2013年）をはじめとして、対等で対称的な二院制を克服するため、これまでになされてきた議論の蓄積を踏まえた合理的な解決策であった。今回の改正案が否決された結果、非効率的な立法と不安定な内閣という問題はそのまま残ることになったのであり、これらをどう克服するかは今後も議論の対象であり続けるであろう。

イタリア共和国憲法〔1948年〕

暫定国家元首は、
1947年12月22日の会議においてイタリア共和国憲法を可決した、憲法制定議会の議決を参照し、
憲法の最終規定第18条を参照し、
以下に掲げるイタリア共和国憲法に
審署する。

基本的諸原理

第1条〔政体、国民主権〕
① イタリアは、勤労に基礎を置く民主的な共和国である。
② 主権は国民に属し、国民は憲法の定める形式および制限においてこれを行使する。

第2条〔人権の不可侵性、中間団体の承認、社会連帯の義務〕
共和国は、個人としての人間の不可侵の権利および人格発展の場としての社会組織における人間の不可侵の権利を承認および保障し、政治的、経済的および社会的な連帯という背くことのできない義務を満たすよう要求する。

第3条〔法の前の平等、実質的平等を実現する責務〕
① すべての市民は、同等な社会的尊厳を有し、性別、人種、言語、宗教、政治的意見、人的および社会的な条件による区別なく、法律の前に平等である。
② 市民の自由と平等を事実上制限することにより人格の完全な発展を妨げ、国の政治的、経済的および社会的な組織へのすべての勤労者の実効的な参加を妨げる経済的および社会的な種類の障害を除去することは、共和国の責務である。

第4条〔勤労の権利、社会進歩に寄与する義務〕
① 共和国は、すべての市民に勤労の権利を承認し、この権利を実効的ならしめる諸条件を促進する。
② 各市民は、その能力と選択とに応じて、社会の物質的進歩または精神的進歩に寄与する活動を行いまたはそのような役割を果たす義務を負う。

第5条〔地方自治・分権の保障〕
一にして不可分の共和国は、地方自治を承認および促進し、国家事務において広範な行政上の分権を行い、その立法の原理および方法を自治と分権の要請に適合させる。

第6条〔言語的少数者の保護〕
共和国は、特別な諸規範により言語的少数者を保護する。

第7条〔国家とカトリック教会との関係〕
① 国家とカトリック教会は、各々その固有の秩序において、独立かつ最高である。
② 両者の関係は、ラテラノ諸協定により規律する。これらの諸協定の改正は、両当事者が承諾するときは、憲法改正の手続を必要としない。

第8条〔すべての宗派の自由、カトリック以外の宗派と国家との関係〕
① すべての宗派は、法律の前に等しく自由である。
② カトリック以外の宗派は、イタリアの法秩序に反しない限り、自己の規約に従って団体を組織する権利を有する。
③ カトリック以外の宗派と国家との関係は、その代表者との取極に基づき、法律で規律する。

第9条〔文化・学術の促進、景観・文化財の保護〕
① 共和国は、文化の発展ならびに科学的および技術的な研究を促進する。
② 共和国は、国の景観ならびに歴史的および芸術的な財産を保護する。

第10条〔国際法規範の遵守、外国人の法的地位、庇護権等〕
① イタリアの法秩序は、一般的に承認された国際法規範に従う。
② 外国人の法的地位は、国際法規範および国際条約に従い、法律で規律する。
③ イタリア憲法が保障する民主的な自由の実効的な行使を自国において妨げられている外国人は、法律が定める条件に従って、

共和国の領土内に庇護を求める権利を有する。

④ 政治犯罪を理由とする外国人の引渡しは、これを認めない。

第11条〔戦争放棄、主権の制限〕

イタリアは、他の国民の自由を侵害する手段および国際紛争を解決する方法としての戦争を放棄する。イタリアは、他国と同等の条件において、諸国家間に平和と正義を確保する機構に必要な主権の制限に同意する。イタリアは、この目的のための国際組織を促進し、助成する。

第12条〔国旗〕

共和国の国旗は、イタリア三色旗、すなわち、緑、白および赤の等幅で垂直な3つの帯の旗である。

第1部　市民の権利および義務

第1章　市民的関係

第13条〔人身の自由〕

① 人身の自由は、これを侵すことができない。

② いかなる形式の拘禁、身体の検査もしくは捜索または人身の自由に対するその他のいかなる制限も、司法官憲の理由を付した令状によりかつ法律が定める場合と方法によるのでなければ、許されない。

③ 法律が厳密に定める緊急かつ必要な例外的な場合には、公安官憲は、暫定的な処分をすることができる。この処分は、48時間以内に司法官憲に通知しなければならず、司法官憲が通知を受けてから48時間以内にこれを承認しないときは、取り消されたものとみなし、いかなる効力も有しない。

④ 形態のいかんを問わず自由を制限されている者に肉体的および精神的な暴力を加える行為は、これを処罰する。

⑤ 未決勾留の最高限度は、法律で定める。

第14条〔住居の不可侵〕

① 住居は、これを侵すことができない。

② 検査もしくは捜索または差押えは、人身の自由を保護するために定められた保障に従い法律が定める場合と方法によるのでなければ、行うことができない。

③ 衛生および公共の安全を理由とする調査および検査または経済上および税務上の目的を有する調査および検査は、特別の法律により規律する。

第15条〔通信の自由と秘密〕

① 信書およびその他のすべての形態の通信の自由と秘密は、これを侵すことができない。

② その制限は、法律が定める保障をともない、司法官憲の理由を付した令状によってのみ、これを行うことができる。

第16条〔通行・滞在の自由、出国・再入国の自由〕

① すべての市民は、衛生上または治安上の理由により法律が一般的に定める制限の場合を除き、国の領土のいずれの部分でも自由に通行し、滞在することができる。政治的理由によっては、いかなる制限も定めることができない。

② すべての市民は、法律上の義務がある場合を除き、自由に共和国の領土外に出ることができ、再び共和国の領土内に入ることができる。

第17条〔集会の権利〕

① 市民は、平穏かつ武器をもたずに集会する権利を有する。

② 集会は、公衆に開かれた場所におけるものであっても、事前の届出を必要としない。

③ 公共の場所における集会は、当局に事前の届出をしなければならない。当局は、治安上または公共の安全上の理由が証明される場合に限り、これを禁止することができる。

第18条〔結社の権利〕

① 市民は、刑法が個人に禁止していない目的のために、許可なくして自由に結社を設立する権利を有する。

② 秘密結社および軍事的性格の組織を通じて間接的ではあっても政治的目的を追求する結社は、これを禁止する。

第19条〔信教の自由〕

何人も、個人的にであれ、結社を通じてであれ、形態のいかんを問わず、自己の宗教上の信条を自由に表明し、その布教を行い、私的にまたは公にその礼拝を行う権利を有する。ただし、善良の風俗に反する儀式については、この限りではない。

第20条〔宗教団体の差別的取扱いの禁止〕

結社または団体が教会の性格を有することおよび宗教的または祭祀的な目的を有することは、その設立、権利能力および各行動形態について、特別の立法上の制限や特別の租税上の負担を課す原因となってはならない。

第21条〔表現の自由〕

① 何人も、自己の思想を、言論、文書その他あらゆる流布の手段により、自由に表明する権利を有する。

② 出版は、許可または検閲に服させられない。

③ 差止めは、出版に関する法律が明示的にこれを認めている犯罪の場合または責任者の表示について同法が定める規範に対する違反の場合に、司法官憲の理由を付した令状によってのみ、これを行うことができる。

④ 前項の場合であって、絶対的な緊急性があり、かつ司法官憲が適時に介入することができないときは、定期出版物の差止めは、司法警察員がこれを行うことができる。司法警察員は直ちに、遅くとも24時間以内に、これを司法官憲に通告しなければならない。司法官憲が通告を受けてから24時間以内にこれを承認しないときは、差止めは、取り消されたものとみなし、いかなる効力も有しない。

⑤ 法律は、一般的性格の規範により、定期出版物の資金調達方法を公表するよう定めることができる。

⑥ 善良な風俗に反する出版物、興行およびその他のすべての表現は、これを禁止する。その違反を予防し、抑制するのに適当な処分は、法律で定める。

第22条〔政治的理由による権利能力・市民権・姓名剝奪の禁止〕

何人も、政治的理由により、権利能力、市民権、姓名を奪われない。

第23条〔法律によらない労務提供・財産供出の賦課の禁止〕

いかなる労務提供または財産供出も、法律に基づかない限り、課すことができない。

第24条〔裁判を受ける権利〕

① 何人も、自己の権利および正当な利益の保護のため、訴訟を提起することができる。

② 防御は、手続のあらゆる時期および段階において、侵すことのできない権利である。

③ 貧困者に対しては、特別の制度により、いずれの裁判権においても訴訟を提起し、防御する手段を確保する。

④ 裁判の過誤に対する補償の条件と方法は、法律で定める。

第25条〔適正な裁判の保障、刑罰法規の不遡及等〕

① 何人も、法律で事前に定められた本来の裁判官による裁判を受ける権利を奪われない。

② 何人も、その行為がなされる以前に施行された法律によるのでなければ、処罰されない。

③ 何人も、法律が定める場合でなければ、保安処分に付せられない。

第26条〔外国への市民の引渡しの条件〕

① 外国への市民の引渡しは、国際協定が明示的に定める場合にのみ、これを認めることができる。

② 政治犯罪を理由とする外国への引渡しは、いかなる場合であっても、これを認めない。

第27条〔刑事責任、無罪推定の原則、刑罰〕

① 刑事責任は、個人に属する。

② 被告人は、有罪判決が確定するまでは、有罪とみなされない。

③ 刑罰は、人道的取扱いに反するものであってはならず、受刑者の再教育をめざすものでなければならない。

④ 死刑は、これを認めない。

〔第4項は2007年10月2日憲法的法律第1号により改正〕

第28条〔公務員・国・公共団体の責任〕

国および公共団体の上級公務員および下級公務員は、その行為によって権利を侵害したときは、刑事法、民事法および行政法に従い、直接に責任を負う。この場合、民事上の責任は、国および公共団体に及ぶ。

第２章　倫理的・社会的関係

第29条〔家族の権利の保障、婚姻における両性の平等〕

① 共和国は、婚姻に基づく自然的な共同社会としての家族の諸権利を承認する。

② 婚姻は、家族の一体性を保障するために法律が定める制限の下に、両配偶者の道徳的および法的な平等に基づき、これを規整する。

第30条〔子どもに対する両親の権利および義務、嫡出でない子の保護〕

① 子どもを養育し、訓育し、教育することは、その子どもが婚姻外で生まれたものであっても、両親の義務であり、権利である。

② 両親が無能力の場合に両親の責務が果たされるような措置は、法律でこれを定める。

③ 婚姻外で生まれた子どもに対しては、法律により、法律婚による家族の構成員の諸権利と両立するあらゆる法的保護および社会的保護を保障する。

④ 父の捜索に関する規範および制限は、法律でこれを定める。

第31条〔家族形成への配慮、母性・児童・青年の保護〕

① 共和国は、家族の形成および家族に関連する責務の履行に対し、大家族に特に配慮しつつ、経済的措置その他の方策により優遇措置をとる。

② 共和国は、母性、児童および青年を保護し、この目的のために必要な施設に対し助成を行う。

第32条〔健康の保護、強制的な衛生処置の禁止〕

① 共和国は、個人の基本的権利および社会全体の利益として健康を保護し、困窮者に対しは無料の医療を保障する。

② 何人も、法律の規定によらなければ、衛生上の処置を強制されない。法律は、いかなる場合であっても、人の身体の尊重によって課される制限に反してはならない。

第33条〔芸術・学問の自由、教育の自由、大学の自治〕

① 芸術および学問は自由であり、その教授も自由である。

② 共和国は、教育に関する一般的規範を定め、あらゆる種類と段階の国立学校を設置する。

③ 法人および私人は、国の負担を伴うことなしに、学校および教育施設を設立する権利を有する。

④ 法律は、同等な取扱いを求める国立でない学校の権利および義務を定めるにあたり、それらの学校に対し完全な自由を保障し、その生徒に対して国立学校の生徒と対等な修学上の取扱いを保障しなければならない。

⑤ 各種類と各段階の学校への入学またはその卒業および専門職業資格について、国家試験を定める。

⑥ 高等文化施設、大学および学術団体は、国の法律が定める限度内で、自律的な秩序を定める権利を有する。

第34条〔義務教育の無償、教育助成措置〕

① 学校は、すべての者に開かれる。

② 初等教育は、少なくとも８年間与えられ、無償かつ義務である。

③ 能力があり成績の優れた者は、資力がなくても、最上位の段階の学校に進学する権利を有する。

④ 共和国は、競争試験によって付与されるべき奨学金、家族手当その他の方策により、この権利を実効的なものとする。

第３章　経済的関係

第35条〔勤労の保護、移民の自由〕

① 共和国は、あらゆる形態で行われる勤労を保護する。

② 共和国は、勤労者の育成と職業能力の向上に配慮する。

③ 共和国は、勤労の権利を確立し、規律することを目的とする国際協定および国際組織を促進し、助成する。

④ 共和国は、公共の利益のために法律で定める義務のある場合を除き、移民の自由を承認し、外国におけるイタリア人の勤労を保護する。

第36条〔報酬を受ける権利、労働時間の法定、休暇をとる権利〕

① 勤労者は、その勤労の量と質とに比例し

た報酬を受ける権利を有する。この報酬は、いかなる場合であっても、勤労者とその家族に対し自由で尊厳ある生存を保障するに足りるものでなければならない。

② 勤労日の労働時間の限度は、法律でこれを定める。

③ 勤労者は、毎週の休日および年次有給休暇に対する権利を有し、これを放棄することはできない。

第37条〔女性・年少勤労者の権利・保護〕

① 女性勤労者は、男性勤労者と同一の権利を有し、同等の勤労につき男性勤労者と同一の報酬を受ける。その勤労条件は、女性勤労者が家庭における本質的な役割を果たすことを可能にし、母親および幼児に特別の適切な保護を保障するものでなければならない。

② 賃金を得る勤労についての最低年齢は、法律でこれを定める。

③ 共和国は、特別の規範により未成年者の勤労を保護し、同等の勤労につき同等の報酬を受ける権利を未成年者に保障する。

第38条〔生活扶助を受ける権利〕

① 勤労の能力がなく、生活するのに必要な資力を有しないすべての市民は、社会的な扶持および扶助を受ける権利を有する。

② 勤労者は、事故、疾病、障碍および老齢、その意に反する失業の場合に、その生活上の必要に相応する資力が提供され、保障される権利を有する。

③ 勤労能力のない者および障碍者は、教育および職業訓練を受ける権利を有する。

④ 本条に定める責務は、国が設置しまたは助成する機関および施設がこれを行う。

⑤ 私的な扶助は、自由である。

第39条〔団結権、労働協約締結権〕

① 労働組合を組織することは、自由である。

② 労働組合に対しては、法律の規範に従った地方官庁または中央官庁への登録を除くほか、義務を課すことができない。

③ 登録の要件は、労働組合の規約が民主的な基礎に基づく内部秩序を定めていることである。

④ 登録された労働組合は、法人格を有する。組合員の数に比例して統一的に代表された労働組合は、労働協約を締結することができ、この労働協約は、これが言及する職種に属するすべての者について拘束力を有する。

第40条〔ストライキ権〕

ストライキ権は、これを規律する法律の範囲内で行使される。

第41条〔私的経済行為の自由〕

① 私的な経済行為は、自由である。

② 私的な経済行為は、社会的利益に反して営んではならず、安全、自由または人間の尊厳を害するような方法で営んではならない。

③ 法律は、公的および私的な経済活動が社会的目的に向けられ、調整されるようにするため、適当な計画および統制を定める。

第42条〔私的所有の承認〕

① 財産は、公有または私有とする。経済財は、国、公共団体または私人に属する。

② 私有財産は、法律により承認し、保障する。この法律は、私有財産の取得および享有の方法を定め、私有財産の社会的機能を確保しこれをすべての人が享受できるようにするための制限を定める。

③ 私有財産は、法律が定める場合には、補償の下に、公共の利益のために収用することができる。

④ 法定相続および遺言による相続に関する規範および制限ならびに相続財産に対する国の権利は、法律で定める。

第43条〔特定の企業の公有化〕

法律は、公共の利益のため、重要な公益事業もしくはエネルギー源に関連しまたは独占状態に関連する特定の企業または特定の種類の企業であって、高度に公益的性格を有するものを、国、公共団体または勤労者団体もしくは利用者団体に始源的に留保し、または補償の下に収用してこれらに譲渡することができる。

第44条〔私的土地所有に対する規制等〕

① 法律は、土地の合理的な利用を達成し公平な社会関係を確立するため、私的な土地の所有に義務および拘束を課し、地域および農業地帯に応じて所有面積の制限を定め、土地の開墾、大土地所有の改革および生産単位の再編成を促進し、義務づけ、な

らびに中小の土地所有を助長する。

② 法律は、山岳地帯のための措置を定める。

第45条〔協同組合の承認、手工業の保護〕

① 共和国は、相互扶助の性格を有し、私的投機を目的としない協同組合の社会的機能を承認する。法律は、適切な手段により協同組合の増加を促進および助成し、適当な統制によりその性格および目的を確保する。

② 法律は、手工業の保護および発展のための措置をとる。

第46条〔勤労者の企業管理協力権〕

共和国は、勤労の経済的および社会的向上を目的として、生産の要請との調和を図りつつ、法律が定める方法と制限において企業の管理に協力する勤労者の権利を承認する。

第47条〔貯蓄の保護・信用制度の規律〕

① 共和国は、あらゆる形態における貯蓄を奨励し、保護する。共和国は、信用制度の運用を規制し、調整し、統制する。

② 共和国は、国民の貯蓄が住宅所有、耕地の直接所有ならびに国内の大規模な生産企業への直接および間接の株式投資にあてられるよう助成する。

第4章　政治的関係

第48条〔普通選挙、投票の自由・秘密の保障〕

① 成年に達した男女のすべての市民は、選挙人である。

② 投票は、個人的かつ平等であり、自由かつ秘密である。投票を行うことは、市民の義務である。

③ 法律は、外国に居住する市民が投票権を行使する要件と方式を定め、その実効性を保障する。この目的のため、両議院の選挙のための一の在外選挙区を設け、憲法規範が定める定数内で、法律が定める基準に従って議席を配分する。

④ 投票権は、民事上の無能力もしくは確定した刑事判決の効果によらなければ、または法律が定める反道徳的行為の場合でなければ、制限することができない。

〔第3項は2000年1月17日憲法的法律第1号により追加〕

第49条〔政党結成の自由〕

すべての市民は、民主的な方法で国の政策の決定に協力するために、自由に政党を結成する権利を有する。

第50条〔請願権〕

すべての市民は、立法措置を求めまたは共通の要請を表明するために、両議院に対して請願を行うことができる。

第51条〔公職就任権〕

① すべての男女の市民は、法律が定める要件に従い、平等な条件で、公職および選挙による公務に就くことができる。この目的のため、共和国は、適当な措置により男女の機会均等を促進する。

② 共和国に属しないイタリア人は、公職および選挙による公務への就任に関し、法律により、これをイタリア市民と同等に扱うことができる。

③ 選挙による公の職務に就いた者は、その職務を遂行するために必要な時間を自由に用いる権利を有し、その本職の地位を保持する権利を有する。

〔第1項は2003年5月30日憲法的法律第1号により第2文を追加〕

第52条〔兵役の義務〕

① 祖国の防衛は、市民の神聖な義務である。

② 兵役は、法律が定める制限と方法において、義務である。市民は、兵役義務の履行によって、その職務上の地位および政治的諸権利の行使を脅かされない。

③ 軍隊の秩序は、共和国の民主的精神に従う。

第53条〔納税の義務〕

① 何人も、その担税能力に応じて、公共の費用を負担しなければならない。

② 税体系は、累進的な基準に従う。

第54条〔憲法および法律の遵守義務〕

① すべての市民は、共和国に対する忠誠義務ならびにその憲法および法律の遵守義務を負う。

② 公職を付託された市民は、法律で定める場合には宣誓を行い、紀律と名誉をもってその公職を遂行する義務を負う。

第2部　共和国の組織

第1章　国会

第1節　両議院

第55条〔両院制、国会合同会議〕

① 国会は、代議院および共和国元老院で構成する。

② 国会は、憲法が定める場合にのみ、両議院の議員の合同会議を開く。

第56条〔代議院議員選挙の原則、定数、被選挙資格、議席配分方法〕

① 代議院は、直接普通選挙で選出する。

② 代議院議員の定数は630とし、そのうちの12は在外選挙区において選出する。

③ 選挙の日に25歳に達しているすべての選挙人は、代議院議員の被選挙資格を有する。

④ 選挙区の間での議席の配分は、在外選挙区に配分される議席数を除き、直近の国勢調査によって明らかになった共和国の人口総数を618で除し、その配分基数と最大剰余数に基づいて各選挙区の人口に比例して議席を分配することにより行う。

〔本条は1963年2月9日憲法的法律第2号および2001年1月23日憲法的法律第1号により改正〕

第57条〔元老院議員選挙の定数、議席配分方法〕

① 元老院は、在外選挙区に配分される議席を除き、州を基礎として選出する。

② 選挙による元老院議員の定数は315とし、そのうちの6は在外選挙区において選出する。

③ 各州の元老院議員の定数は7以上とする。ただし、モリーゼ州の定数は2、ヴァッレ・ダオスタ州の定数は1とする。

④ 州の間での議席の配分は、在外選挙区に配分される議席数を除き、前項の規定を踏まえ、かつ配分基数と最大剰余数に基づいて、直近の国勢調査によって明らかになった各州の人口に比例して行う。

〔本条は1963年2月9日憲法的法律第2号、1963年12月27日憲法的法律第3号および2001年1月23日憲法的法律第1号により改正〕

第58条〔元老院議員選挙の原則、選挙資格、被選挙資格〕

① 元老院議員は、25歳以上の選挙人が直接普通選挙で選出する。

② 40歳に達した選挙人は、元老院議員の被選挙資格を有する。

第59条〔終身元老院議員〕

① 共和国大統領であった者は、辞退しない限り、当然に終身の元老院議員である。

② 共和国大統領は、社会、科学、芸術および文学の分野における最高の功績により祖国の名を高めた市民を5人、終身の元老院議員に任命することができる。

第60条〔両議院の任期〕

① 代議院および元老院は、5年の任期で選出される。

② 各議院の任期は、戦争の場合に限り法律により延長することができる。

〔本条は1963年2月9日憲法的法律第2号により改正〕

第61条〔選挙期日、最初の集会、前議院の権限〕

① 新議院の選挙は、前議院の任期満了から70日以内に行う。新議院の最初の集会は、選挙から20日以内に行う。

② 新議院が集会するまでは、前議院の権限が延長される。

第62条〔両議院の集会〕

① 両議院は、2月および10月の休日でない最初の日に当然に集会する。

② 各議院は、その議長、共和国大統領またはその議員の3分の1の発議により、臨時に召集することができる。

③ 一議院が臨時に集会するときは、他の議院も当然に召集される。

第63条〔議長および理事部〕

① 各議院は、その議員の中から、議長および理事部を選出する。

② 国会が合同会議を開くときは、議長および理事部は代議院のそれを充てる。

第64条〔議院規則、会議の公開、定足数・議決方法、政府構成員の出席〕

① 各議院は、その議員の絶対多数でその規則を定める。

② 会議は公開とする。ただし、各議院およ

び国会合同会議は、秘密会を開くことを議決することができる。

③　各議院および国会合同会議の議決は、憲法が特別多数を定める場合を除き、その議員の過半数が出席し、かつ出席議員の過半数で採択されない限り、効力を有しない。

④　政府の構成員は、議院に議席を有しない場合であっても、会議に出席する権利を有し、要請されたときは、出席する義務を負う。政府構成員が発言を求めるときは、何時でも発言をさせなければならない。

第65条〔被選挙欠格・兼職禁止〕

①　代議院議員および元老院議員の被選挙欠格および兼職禁止は、法律でこれを定める。

②　何人も、同時に両議院の議員となることはできない。

第66条〔議員の資格争訟〕

各議院は、その議員の資格ならびに被選挙欠格および兼職禁止に関する争訟を裁判する。

第67条〔全国民の代表・命令委任の禁止〕

国会議員はすべて、全国民を代表し、委任に拘束されることなくその職務を行う。

第68条〔議員の免責・特権〕

①　国会議員は、その職務を遂行するに際して表明した意見および行った表決について、責任を問われない。

②　国会議員は、その所属する議院の許諾がなければ、身体もしくは住居の捜索を受け、逮捕され、またはその他の方法で身体の自由を奪われ、拘禁されることがない。ただし、確定した有罪判決の執行の場合、または現行犯罪のときは逮捕しなければならないものと定められた犯罪行為で拘束された場合は、この限りではない。

③　形態のいかんを問わず国会議員の会話または通信を傍受し、信書を差し押さえるときも、前項の許諾を要する。

〔本条は1993年10月29日憲法的法律第3号により改正〕

第69条〔議員の手当〕

国会議員は、法律が定める手当を受ける。

第2節　法律の制定

第70条〔立法権能〕

立法権能は、両議院が共同して行使する。

第71条〔法律の発案権、国民発案〕

①　法律の発案権は、政府、両議院の各議員、憲法的法律が定める機関および団体に属する。

②　国民は、少なくとも5万人の選挙人が条文の形で作成された草案を提出することにより、法律の発案権を行使する。

第72条〔法律案の審議・表決、略式手続、委員会立法〕

①　一議院に提出された法律案は、その議院の規則の規範に従い、委員会で審議し、次いで本会議で審議する。本会議は、その法律案の逐条審査を行い、最終表決によりこれを議決する。

②　緊急と宣言された法律案についての略式手続は、議院規則で定める。

③　法律案の審議および議決は、規則で定める場合および形式において、会派を比例的に反映するように構成された委員会（常任委員会を含む。）に付託することができる。この場合においても、確定的な議決がなされるまでは、政府またはその議院の議員の10分の1もしくは委員会の5分の1が、その法律案の審議および表決を本会議で行うよう要求するとき、または投票宣言のみを伴う本会議の最終議決に付すよう要求するときは、その法律案は本会議に返付する。委員会の議事の公開の形式は、規則で定める。

④　憲法および選挙に関する事項の法律案、立法の委任に関する法律案、国際条約の批准の承認に関する法律案、予算および決算の承認に関する法律案は、常に、本会議が審議し直接に議決するという通常手続による。

第73条〔法律の審署・公布・施行〕

①　法律は、可決から1か月以内に共和国大統領が審署する。

②　両議院が各々その議員の絶対多数で緊急性を宣言したときは、法律は、その定める期日内に審署される。

③　法律は、審署の後直ちに公布され、その

法律が異なる期日を定める場合を除き、その公布に続く15日目に施行される。

第74条〔大統領の再議請求権〕

① 共和国大統領は、法律に審署する前に、両議院に対する理由を付した教書によって再議を求めることができる。

② 両議院がその法律を再び可決したときは、共和国大統領は、その法律に審署しなければならない。

第75条〔法律の廃止的国民投票〕

① 50万人の選挙人または5つの州議会が要求するときは、法律または法律の効力を有する行為の全部または一部の廃止を決定するために、国民投票を行う。

② 租税および予算に関する法律、大赦および減刑に関する法律ならびに国際条約の批准の承認に関する法律についての国民投票は、これを認めない。

③ 代議院の選挙権を有する市民はすべて、国民投票に参加する権利を有する。

④ 国民投票に付された提案は、有権者の過半数が投票に参加し、有効投票の過半数の賛成が得られたときに、可決される。

⑤ 国民投票を実施する方法は、法律で定める。

第76条〔立法の委任〕

立法権能の行使は、指導的な原則および指針が定められ、期間が限定され、かつ対象が特定されていなければ、政府に委任することができない。

第77条〔委任命令、緊急命令〕

① 政府は、両議院の委任がなければ、通常法律の効力を有する命令を発することができない。

② 緊急の必要がある非常の場合に政府がその責任で法律の効力を有する暫定措置をとったときは、政府は、これを法律に転換するために、その日のうちにこれを両議院に提出しなければならない。両議院は、解散されている場合であっても、特に召集され、5日以内に集会する。

③ この命令は、その公布から60日以内に法律に転換されなければ、はじめからその効力を失う。ただし、両議院は、法律に転換されなかった命令に基づき生じた法律関係を法律で規律することができる。

第78条〔戦争状態の議決〕

両議院は、戦争状態を議決し、必要な権限を政府に付与する。

第79条〔大赦および減刑〕

① 大赦および減刑は、各議院の議員の3分の2の多数が逐条審査および最終表決で議決した法律により付与する。

② 大赦または減刑を付与する法律は、その適用期間を定める。

③ いかなる場合であっても、大赦および減刑は、当該法律案の提出後になされた犯罪に対しては適用することができない。

〔本条は1992年3月6日憲法的法律第1号により改正〕

第80条〔国際条約の批准の承認〕

両議院は、法律により、政治的性質を有する国際条約、仲裁もしくは司法的解決を定める国際条約または領土の変更を伴う国際条約または財政上の負担もしくは法律の改正を伴う国際条約の批准を承認する。

第81条〔予算・決算の承認、収支の均衡〕

① 国は、経済循環の不況と好況とを考慮しながら、その予算の収入と支出との間の均衡を確保する。

② 金銭の借り入れは、経済循環の影響を考慮する目的のため、および例外的な事象が生じた場合において両議院がそれぞれの議員の絶対多数で事前に承認したときにのみ、これを認める。

③ 新たな負担または負担の増加を伴うすべての法律は、その財源を整える。

④ 両議院は、毎年、政府が提出する予算および決算を法律により承認する。

⑤ 予算の暫定的執行は、法律により、かつ全体で4か月を超えない期間についてでなければ、これを認めることができない。

⑥ 予算法律の内容ならびに予算の収入と支出との間の均衡および公行政機関全体の債務持続可能性を確保するための基本的な規範および基準は、憲法的法律により定められた原則を尊重しつつ、各議院の議員の絶対多数で可決した法律で定める。

〔本条は2012年4月20日憲法的法律第1号により改正〕

第82条〔議院の調査権〕

① 各議院は、公共の利益に関する事項につ

いて調査を行うことができる。

② この目的のために、各議院は、その議員の中から、各会派を比例的に反映するようにつくられた委員会を任命する。この調査委員会は、司法官憲と同一の権限を有し、同一の制限の下に、調査および審査を行う。

第２章　大統領

第83条〔大統領の選挙〕

① 共和国大統領は、国会議員の合同会議において国会が選出する。

② この選挙には、少数派の代表が確保されるような方法で州議会が選出した各州につき３人の代表者が参加する。ヴァッレ・ダオスタ州の代表者は、１人とする。

③ 共和国大統領は、秘密投票により、会議の３分の２の多数で選出する。３回目の投票の後は、絶対多数で決する。

第84条〔大統領の被選挙資格、兼職禁止、待遇〕

① 50歳に達し、市民権および政治的権利を有するすべての市民は、共和国大統領に選出されることができる。

② 共和国大統領の職は、他のいかなる職務とも兼ねることができない。

③ 大統領の給与および年間経費は、法律で定める。

第85条〔大統領の任期、新大統領の選挙〕

① 共和国大統領の任期は、７年とする。

② 大統領の任期が満了する30日前に、代議院議長は、新たな共和国大統領を選出するために、国会と州代表者の合同会議を召集する。

③ 両議院が解散されている場合または両議院の任期の満了まで３か月にみたない場合には、大統領の選挙は、新たな両議院の集会から15日以内に行う。その間、在任中の大統領の権限は延長される。

第86条〔大統領職の代行、大統領の欠缺〕

① 共和国大統領がその職務を遂行できないときは、元老院議長がその職務を代行する。

② 共和国大統領の永続的故障もしくは死亡または辞職の場合には、代議院議長は、15日以内に新たな大統領の選挙を行う旨を公示する。ただし、両議院が解散されている場合または両議院の任期の満了まで３か月にみたない場合には、それを過ぎた期日を指定することができる。

第87条〔大統領の地位、権限〕

① 共和国大統領は、国家元首であり、国民の統一を代表する。

② 共和国大統領は、両議院に教書を送ることができる。

③ 共和国大統領は、新たな議院の選挙を告示し、その最初の集会の日を定める。

④ 共和国大統領は、政府提出法律案を両議院に提出することを承認する。

⑤ 共和国大統領は、法律に審署し、法律の効力を有する命令および規則を発布する。

⑥ 共和国大統領は、憲法が定める場合に国民投票を告示する。

⑦ 共和国大統領は、法律が定める場合において、国家公務員を任命する。

⑧ 共和国大統領は、外交上の使節に信任を与えおよびこれを接受し、必要なときは両議院の事前の承認を得て、国際条約を批准する。

⑨ 共和国大統領は、軍隊の指揮権を有し、法律に従い組織される最高国防会議を主宰し、両議院の議決を経て戦争状態を宣言する。

⑩ 共和国大統領は、最高司法会議を主宰する。

⑪ 共和国大統領は、恩赦を付与し、刑を減ずることができる。

⑫ 共和国大統領は、共和国の栄典を授与する。

第88条〔両議院の解散権〕

① 共和国大統領は、その議長の意見を聴取して、両議院または一議院のみを解散することができる。

② 共和国大統領は、その任期の最後の６か月の間は、解散権を行使することができない。ただし、その期間の全部または一部が立法期の最後の６か月と重複するときは、この限りではない。

〔第２項は1991年11月４日憲法的法律第１号により改正〕

第89条〔大統領の行為への副署〕

① 共和国大統領のすべての行為は、それを

提案した大臣の副署がなければ効力を有しない。その行為の責任は、提案した大臣が負う。

② 法律の効力を有する行為および法律で定めるその他の行為は、内閣総理大臣も副署する。

第90条〔大統領の無答責、弾劾訴追〕

① 共和国大統領は、叛逆罪または憲法侵害罪による場合を除き、その職務の遂行に際してなした行為につき、責任を問われない。

② 叛逆罪および憲法侵害罪の場合、共和国大統領は、国会合同会議がその議員の絶対多数で議決することにより、弾劾の訴追がなされる。

第91条〔大統領の宣誓〕

共和国大統領は、職務に就く前に、国会合同会議において、共和国への忠誠と憲法の遵守を宣誓する。

第3章 政府

第1節 内閣

第92条〔政府の構成、任命〕

① 共和国政府は、内閣総理大臣および各大臣で構成する。内閣総理大臣および各大臣はともに、内閣を組織する。

② 共和国大統領は、内閣総理大臣を任命し、その提案に基づいて各大臣を任命する。

第93条〔大臣の宣誓〕

内閣総理大臣および各大臣は、職務に就く前に、共和国大統領の面前で宣誓する。

第94条〔政府に対する信任の付与および撤回〕

① 政府は、両議院の信任を有しなければならない。

② 各議院は、理由が付された動議を記名点呼投票で可決することにより、信任を付与しまたは撤回する。

③ 政府は、その成立から10日以内に、両議院にその信任を求める。

④ 政府の提案に対する一議院または両議院の反対表決は、政府の辞職の義務を伴うものではない。

⑤ 不信任の動議は、その議院の少なくとも10分の1の議員が署名しなければならず、その提出から3日を経た後でなければ、討議に付すことができない。

第95条〔内閣総理大臣の権限、各大臣の責任〕

① 内閣総理大臣は、政府の一般政策を指揮し、その責任を負う。内閣総理大臣は、各大臣の活動を促進および調整することにより、政策上および行政上の方針の統一を維持する。

② 各大臣は、内閣の行為につき連帯して責任を負い、その主任する省の行為につき個別的に責任を負う。

③ 内閣府の組織ならびに各省の数、所掌事務および組織は、法律で定める。

第96条〔内閣総理大臣および各大臣の訴追〕

内閣総理大臣および各大臣は、その職務を解かれた後であっても、共和国元老院または代議院が事前に許諾したときは、憲法的法律によって定める規範に従い、その職務の遂行に際して行った犯罪について、通常裁判所に訴追される。

〔本条は1989年1月16日憲法的法律第1号により改正〕

第2節 公行政

第97条〔行政機関〕

① 公行政機関は、欧州連合の秩序に従って、予算の均衡と公債務の持続可能性を確保する。

② 行政機関は、法律の規定に従い、行政の能率的運営と公平とを確保するように組織する。

③ 公務員の権限の範囲、職掌および責任は、行政機関の規則で定める。

④ 公行政機関の公務員の任用は、法律が定める場合を除き、競争試験による。

〔本条は2012年4月20日憲法的法律第1号により第1項を挿入〕

第98条〔公務員〕

① 公務員は、国民にのみ奉仕する。

② 公務員が国会議員を兼職するときは、年功序列以外の昇進を受けることができない。

③ 司法官、現役の職業軍人、警察職員および警察官、外国にある外交官および領事官については、法律により、政党に加入する

権利の制限を定めることができる。

第３節　補助機関

第99条〔経済労働国民会議〕

①　経済労働国民会議は、法律が定める方法により、専門家ならびに数的および質的な重要性を考慮して選ばれた各生産部門の代表者で構成する。

②　経済労働国民会議は、法律がこれに属せしめた事項および権能について、両議院および政府の諮問機関である。

③　経済労働国民会議は、法律の発案権を有し、法律が定める原則に従いかつ法律が定める制限内で、経済的立法および社会的立法の起草に寄与することができる。

第100条〔国務院、会計院〕

①　国務院は、法および行政に関する諮問機関であり、行政における正義の擁護機関である。

②　会計院は、政府の行為について適法性の事前統制を行い、国の予算の執行について事後的な検査を行う。会計院は、法律が定める場合および形式において、国が経常的に補助する団体の財政管理の検査に参加する。会計院は、検査結果を両議院に直接報告する。

③　本条の２つの機関およびその構成員の政府に対する独立は、法律で保障する。

第４章　司法

第１節　司法組織

第101条〔裁判の原則〕

①　裁判は、国民の名において行う。

②　裁判官は、法律にのみ従う。

第102条〔司法権の行使、特別裁判官の禁止、参審制〕

①　司法権能は、司法組織に関する規範により設置され規律される通常司法官が行使する。

②　例外裁判官または特別裁判官は、これを置くことができない。ただし、特定事項に関する特別部を通常裁判機関に設置することができ、司法官でない市民であって適任の者をこれに参加させることもできる。

③　国民が裁判に直接参加する場合と形式は、法律で定める。

第103条〔国務院・会計院の裁判権、軍事裁判所〕

①　国務院およびその他の行政裁判機関は、公行政に関して正当な利益を保護するために、および法律が定める特別の事項について主観的権利を保護するためにも、裁判権を有する。

②　会計院は、公会計に関する事項および法律が特定するその他の事項について裁判権を有する。

③　軍事裁判所は、戦時においては、法律が定める裁判権を有する。軍事裁判所は、平時においては、軍隊に属する者が行った軍事犯罪についてのみ裁判権を有する。

第104条〔司法府の独立、最高司法会議〕

①　司法府は、他のいかなる権力からも独立した自立的な組織である。

②　最高司法会議は、共和国大統領が主宰する。

③　破毀院第一部長および破毀院付検事長は、当然に最高司法会議の構成員となる。

④　最高司法会議のその他の構成員は、すべての通常司法官が、各部門に属する司法官の中からその３分の２を選出し、国会合同会議が、大学の法律学の正教授および15年の職歴を有する弁護士の中からその３分の１を選出する。

⑤　最高司法会議は、国会が指名した構成員の中から、副議長１人を選出する。

⑥　最高司法会議の選挙による構成員の任期は４年とし、連続して再選されることはできない。

⑦　最高司法会議の選挙による構成員は、その在任中、職業名簿に登録しまたは国会議員もしくは州議会議員となることができない。

第105条〔最高司法会議の権限〕

最高司法会議は、司法組織に関する規範に従い、司法官の任用、補職、転任、昇進および懲戒処分に関する権限を有する。

第106条〔司法官の任命〕

①　司法官の任命は、競争試験により行う。

②　司法組織に関する法律は、単独裁判官が行うすべての権能につき、選挙による任命を含めて名誉司法官の任命を認めることができる。

③　大学の法律学の正教授、および15年の職歴を有しかつ上級裁判所の裁判に関与するための特別名簿に登録されている弁護士は、顕著な功績により、最高司法会議の指名に基づいて、これを破毀院評定官に任命することができる。

第107条〔司法官の身分保障〕

①　司法官は、これを罷免することができない。司法官は、司法組織〔に関する規範〕が定める理由によりかつその定める防御の保障の下でなされた最高司法会議の決定、または本人の同意をもってなされた最高司法会議の決定によらなければ、その職を免じ、その職を停止しまたは他の裁判所もしくは職務に移すことができない。

②　司法大臣は、懲戒の訴えを提起する権限を有する。

③　司法官は、その職務の違いを除くほか、相互の間で区別されない。

④　検察官は、司法組織に関する規範がこれに関して定める保障を享受する。

第108条〔司法組織に関する規範〕

①　司法組織および司法官に関する規範は、法律で定める。

②　特別裁判所の裁判官、これに付置される検察官および裁判に参加するその他の者の独立は、法律で保障する。

第109条〔司法警察の指揮〕

司法官憲は、司法警察を直接に指揮する。

第110条〔司法大臣の権限〕

最高司法会議の権限に属するものを除き、司法に関する事務の組織および運営は、司法大臣の権限に属する。

第２節　裁判に関する規範

第111条〔適正手続、破毀院への上訴〕

①　裁判は、法律が規律する適正な手続を通じて行う。

②　すべての訴訟は、対等な条件の下で、公平な第三者である裁判官の面前における当事者の間の対審により行う。訴訟の合理的な期間は、法律で保障する。

③　刑事手続においては、犯罪で訴追された者が、自己に帰せられた犯罪の性質と理由とを可能な限り短時間のうちに他人に知られることなく示されること、自己の防御を準備するのに必要な時間と条件とを与えられること、自己に不利な証言をする者を裁判官の面前で尋問しまたは尋問させ、自己に有利な証言をする者の召喚および尋問を訴追と同一の条件で求めならびに自己に有利な他のあらゆる証拠を取得することができること、手続において用いられている言語を理解できずまたはこれを話せないときは通訳の補助を受けられることを法律で保障する。

④　刑事手続においては、証拠調べは、対審の原則に基づいて行う。被告人の有罪は、被告人またはその弁護人の尋問を自由な選択により故意に回避した者の供述に基づいてこれを立証することはできない。

⑤　被告人の同意により、または客観的な供述不能が確認されもしくは違法な行為が立証されたことにより、対審による証拠調べが行われない場合については、法律でこれを定める。

⑥　すべての裁判上の処分には、理由を付さなければならない。

⑦　通常裁判所または特別裁判所が言い渡した判決および人身の自由に関する処分に対する破毀院への上訴であって、法律違反を理由とするものは、常にこれを行うことができる。この規範に対する例外は、戦時における軍事裁判所の判決についてのみこれを認める。

⑧　国務院および会計院の判決に対する破毀院への上訴は、裁判管轄に関する理由がある場合にのみ、これを行うことができる。

〔本条は1999年11月23日憲法的法律第２号により第１項から第５項までを挿入〕

第112条〔起訴法定主義〕

検察官は、刑事訴追を行う義務を負う。

第113条〔行政訴訟〕

①　公行政の行為に対しては、常に、通常裁判所または行政裁判所における権利および正当な利益の裁判上の保護が認められる。

②　この裁判上の保護は、これを否定し、または特定の異議申立手段もしくは特定の種類の行為に限定することができない。

③　いずれの裁判機関が、いかなる場合に、いかなる効果をもって公行政の行為を取り

消すことができるかは、法律で定める。

第５章　州、県、市町村

第114条〔共和国の構成〕

① 共和国は、市町村、県、大都市圏、州および国でこれを構成する。

② 市町村、県、大都市圏および州は、憲法が定める原則に従い固有の憲章、権限および権能を有する自治団体である。

③ ローマは、共和国の首都である。その組織は、国の法律で定める。

〔本条は2001年10月18日憲法的法律第３号により改正〕

第115条〔廃止〕

〔本条は2001年10月18日憲法的法律第３号により廃止〕

第116条〔特別州〕

① フリウリ・ヴェネツィア・ジュリア、サルデーニャ、シチリア、トレンティーノ・アルト・アディジェ（南チロル）およびヴァッレ・ダオスタは、憲法的法律で定めるそれぞれの特別憲章に基づき、特殊な形式と条件の自治権を有する。

② トレンティーノ・アルト・アディジェ（南チロル）州は、トレント自治県およびボルツァーノ自治県で構成する。

③ 第117条第３項に定める事項ならびに同条第２項第１号（ただし、治安判事の組織に限る。）、第ｎ号および第ｓ号が定める事項に関する特殊な形式と条件の自治権は、第119条に定める原則を遵守しつつ、関係する州の発案に基づき、地方公共団体の意見を聴取して、国の法律でその他の州に認めることができる。この法律は、国と関係州との取極に基づき、両議院が議員の絶対多数で可決する。

〔本条は2001年10月18日憲法的法律第３号により改正〕

第117条〔国の専属的立法事項、国と州との競合的立法事項等〕

① 立法権は、憲法ならびに欧州連合の法秩序および国際的義務に由来する拘束を遵守して、国と州により行使される。

② 国は、以下に掲げる事項について専属的な立法権を有する。

a） 外交政策および国家の国際関係、国家と欧州連合との関係ならびに庇護権および欧州連合に属しない国家の市民の法的地位

b） 移民

c） 共和国と宗派との間の関係

d） 防衛および軍隊、国家の安全ならびに武器、弾薬および爆薬

e） 通貨、貯蓄の保護および金融市場、競争の維持、外国為替制度、国の税制度および会計制度、公の予算の均衡ならびに財源の均等化

f） 国の諸機関およびその選挙法律、国政上の国民投票ならびに欧州議会選挙

g） 国および国の公法人の制度および行政組織

h） 地方行政警察を除き、公の秩序および安全

i） 国籍、身分関係およびその登録

l） 裁判および手続規範、民事法および刑事法ならびに行政裁判制度

m） 全国的に保障されるべき市民的権利および社会的権利に関する給付の本質的な水準の決定

n） 教育に関する一般的規範

o） 社会保障

p） 市町村、県および大都市圏の選挙法、執行機関および基本的権能

q） 税関、国境取締および国際的な疾病予防

r） 度量衡および標準時の決定、国、州および地方公共団体の行政機関が保有するデータの電子計算機による統計的な調整ならびに知的財産

s） 環境、生態系および文化財の保護

③ 次に掲げる事項は、競合的立法事項である。州の国際関係および州と欧州連合との関係。外国との通商。労働の保護と安全。教育。ただし、学校施設の自治を害してはならず、また、職業教育および職業訓練を除く。職業。科学技術研究および生産部門のための技術革新への支援。健康の保護。食糧。スポーツに係る制度。災害救助。国土利用計画。民間港および民間空港。大規模輸送網および大規模航路網。通信制度。エネルギーの全国規模での生産、輸送および配給。補充的・補完的な年金保険。公財

政及び税制の調整。文化財および景観の活用ならびに文化活動の推進と組織。貯蓄銀行、農業金庫および地方信用銀行。地方不動産信用公庫および地方農業信用公庫。競合的立法事項については、基本原則の決定を国の立法に留保しつつも、州が立法権を有する。

④　国の立法に明示的に留保されていない事項はすべて、州が立法権を有する。

⑤　州ならびにトレント自治県およびボルツァーノ自治県は、その権限に属する事項につき、欧州連合の法令の作成のための決定に参加し、国の法律が定める手続規範を遵守しつつ、国際協定および欧州連合の法令を実施し執行する。州および自治県による不履行がある場合の代理権限の行使の方法は、国の法律で規律する。

⑥　国は、州に委任した事項を除き、専属的立法事項について規則制定権を有する。その他の事項についてはすべて、州が規則制定権を有する。市町村、県および大都市圏は、組織およびその有する権能の遂行の規律について条例制定権を有する。

⑦　州法律は、社会的、文化的および経済的生活における男女の完全な均等を妨げるあらゆる障害を除去し、選挙による公職への男女のアクセスの均等を促進する。

⑧　共同機関の設置による場合を含めて、州がその権能をより良く行使するための他の州との取極は、州法律で承認する。

⑨　州は、その権限に属する事項につき、国の法律が規律する場合と形式において、外国との合意および他国の内部の領域団体との取極を結ぶことができる。

〔本条は2001年10月18日憲法的法律第３号および2012年４月20日憲法的法律第１号により改正〕

第118条〔行政権能の配分〕

①　行政権能は、その統一的行使を確保するために補完性、区分性および最適性の原理に基づいて県、大都市圏、州および国に付与される場合を除き、市町村に属する。

②　市町村、県および大都市圏は、固有の行政権能および国または州の法律により各々の権限に応じて付与された行政権能を有する。

③　第117条第２項第ｂ号および第ｈ号に定める事項についての国と州との間の調整の形式ならびに文化財の保護についての取極および調整の形式は、国の法律で規律する。

④　国、州、大都市圏、県および市町村は、補完性原理に基づき、公益的活動の遂行のために市民が個人としておよび団体を通じて行う自主的な行為を助長する。

〔本条は2001年10月18日憲法的法律第３号により改正〕

第119条〔市町村、県、大都市圏および州の財政〕

①　市町村、県、大都市圏および州は、各々の予算の均衡を遵守しつつ収入および支出の財政自治権を有し、欧州連合の法秩序に由来する経済的および財政的な拘束の遵守の確保に協力する。

②　市町村、県、大都市圏および州は、自主財源を有する。市町村、県、大都市圏および州は、憲法に従いかつ公財政と税制に係る調整原理に従って、租税を定めて賦課し、固有の収入を徴収する。市町村、県、大都市圏および州は、その区域に関連する国税収入の分配を受ける。

③　国の法律は、住民１人当たりの担税能力が低い地域のために、使途の制限のない均等化基金を設立する。

④　前２項に定める財源に由来する収入は、市町村、県、大都市圏および州がこれに属する公的権能を完全に賄うことができるものでなければならない。

⑤　経済発展、社会的結束および社会的連帯を促進し、経済的および社会的な不均衡を除去し、人権の実効的な行使を促進し、またはその権能の通常の行使とは異なる目的を達成するため、国は、特定の市町村、県、大都市圏および州のために、追加の財源を分配し、特別な措置をとる。

⑥　市町村、県、大都市圏および州は、国の法律が定める一般原則に従って帰属させられる固有の財産を有する。市町村、県、大都市圏および州は、投資的支出を賄うためにのみ、同時に償還計画を定め、各州の地方公共団体の全体について予算の均衡が遵守されるという条件で、金銭を借り入れる

ことができる。この契約による借入に対しては、いかなる国家保証も行わない。

〔本条は2001年10月18日憲法的法律第3号および2012年4月20日憲法的法律第1号により改正〕

第120条〔州際の自由な交通、国の代行権限〕

① 州は、州と州との間の輸出入または移動に課税することができず、方法のいかんを問わず州と州との間の人および物の自由な交通を妨げる措置をとることができず、国の領土のいかなる地域においても勤労権の行使を制限することができない。

② 国際規範および国際条約または欧州連合の規範が遵守されない場合、公共の衛生および安全に重大な危険がある場合、法的統一または経済的統一を保護することが求められる場合、とりわけ地方政府の境界にかかわらず市民的権利および社会的権利に関する給付の本質的な水準を確保することが求められる場合には、中央政府は、州、大都市圏、県および市町村の機関に代わって行為することができる。補完性原理および誠実な協力の原理を遵守しつつ代行権限が行使されることを保障する手続は、法律で定める。

〔本条は2001年10月18日憲法的法律第3号により改正〕

第121条〔州の機関とその権限〕

① 州の機関は、州議会、参事会および知事とする。

② 州議会は、州に属する立法権ならびに憲法および法律が州に付与するその他の権能を行使する。州議会は、両議院に法律案を提出することができる。

③ 州参事会は、州の執行機関である。

④ 州知事は、州を代表し、参事会の政策を指揮し、その責任を負い、州法律に審署し、州規則を制定し、国が州に委任した行政権能を共和国政府の訓令に従い指揮する。

〔本条は1999年11月22日憲法的法律第1号により改正〕

第122条〔州議会議員、州知事、州参事会員〕

① 州知事および州参事会のその他の構成員ならびに州議会議員の選挙制度ならびに被選挙欠格および兼職禁止は、共和国の法律で定める基本原則の制限内で、州法律で定める。共和国の法律は、選挙で選出される機関の任期についても定める。

② 何人も、同時に、州議会議員もしくは州参事会員と、国会の一議院の議員、他の州の州議会議員もしくは州参事会員または欧州議会議員となることはできない。

③ 州議会は、その議員の中から、議長および理事部を選出する。

④ 州議会議員は、その職務を遂行するに際して表明した意見および行った表決について、責任を問われない。

⑤ 州知事は、州憲章が異なる定めをする場合を除き、直接普通選挙でこれを選出する。州知事は、参事会員を任命し、罷免する。

〔本条は1999年11月22日憲法的法律第1号により改正〕

第123条〔州憲章〕

① 各州は、憲法に適合するようにその統治形体ならびに組織および運営の基本原則を定める一の憲章を有する。州憲章は、州の法律および行政措置に関する州民発案権および州民投票の行使ならびに州の法律および規則の公布を規律する。

② 州憲章は、州議会が、その議員の絶対多数で、少なくとも2か月の期間をおいて連続して2回議決することで可決した法律により採択し、改正する。この法律には、政府監察官の承認の添付を要しない。共和国政府は、州憲章に関する合憲性の問題を、その公示から30日以内に憲法裁判所に対して提起することができる。

③ 州憲章は、その公示から3か月以内に州の選挙人の50分の1または州議会議員の5分の1が請求するときは、州民投票に付す。州民投票に付された憲章は、有効投票の過半数で承認されないときは、審署されない。

④ すべての州において、州憲章は、州と地方公共団体との間の協議機関である地方自治体評議会に関する規律を定める。

〔本条は1999年11月22日憲法的法律第1号および2001年10月18日憲法的法律第3号により

改正〕

第124条〔廃止〕

〔本条は2001年10月18日憲法的法律第３号により廃止〕

第125条〔行政裁判機関〕

共和国の法律が定める法秩序に従い、州に第一審の行政裁判機関を設置する。その支部は、州都以外の場所に設置することができる。

〔本条は2001年10月18日憲法的法律第３号により改正〕

第126条〔州議会の解散、州知事の罷免〕

① 共和国大統領は、理由を付した命令により、憲法に反する行為または法律の重大な違反行為をした州議会を解散し、州知事を罷免する。この解散および罷免は、国の安全を理由としても行うことができる。この命令は、共和国の法律で定める方式で構成される州問題に関する両院合同委員会の意見を聴取して発する。

② 州議会は、少なくとも５分の１の議員が連署した理由を付した動議を記名点呼投票により議員の絶対多数で可決することによって、州知事に対する不信任を表明することができる。この動議は、提出から３日を経た後でなければ、討議に付すことができない。

③ 直接普通選挙で選出された州知事に対する不信任動議が可決された場合またはその罷免、永続的故障、死亡もしくは辞職の場合には、参事会は辞職し、州議会はこれを解散する。州議会議員の過半数が同時に辞職した場合も、同様とする。

〔本条は1999年11月22日憲法的法律第１号により改正〕

第127条〔州法律に関する合憲性審査〕

① 共和国政府は、州の法律が州の権限を越えると認めるときは、その公布から60日以内に憲法裁判所に対して合憲性の問題を提起することができる。

② 州は、国または他の州の法律または法律の効力を有する行為が自らの権限の領域を侵していると認めるときは、その法律または法律の効力を有する行為の公布から60日以内に合憲性の問題を憲法裁判所に対して提起することができる。

〔本条は2001年10月18日憲法的法律第３号より改正〕

第128条〔廃止〕

〔本条は2001年10月18日憲法的法律第３号により廃止〕

第129条〔廃止〕

〔本条は2001年10月18日憲法的法律第３号により廃止〕

第130条〔廃止〕

〔本条は2001年10月18日憲法的法律第３号により廃止〕

第131条〔各州〕

以下の州を設置する。

ピエモンテ　ヴァッレ・ダオスタ　ロンバルディア　トレンティーノ・アルト・アディジェ　ヴェネト　フリウリ・ヴェネツィア・ジュリア　リグーリア　エミリア・ロマーニャ　トスカーナ　ウンブリア　マルケ　ラツィオ　アブルッツィ　モリーゼ　カンパーニャ　プーリア　バジリカータ　カラーブリア　シチリア　サルデーニャ

〔モリーゼ州は1963年12月27日憲法的法律第３号により設置された〕

第132条〔州の合併・新設、県・市町村の帰属州の変更〕

① 既存の州の合併または人口100万人以上の新たな州の設置は、関係住民の少なくとも３分の１を代表する市町村議会がこれを要求し、かつ当該住民の過半数が住民投票でこれを承認するときは、州議会の意見を聴取し、憲法的法律でこれを行うことができる。

② 県または市町村の一の州からの分離と他の州への編入は、県または市町村がこれを要求し、かつその住民の過半数が住民投票でこれを承認するときは、州議会の意見を聴取し、共和国の法律でこれを行うことができる。

〔本条は2001年10月18日憲法的法律第３号により第２項を改正〕

第133条〔県の境界変更・新設、新市町村の設置〕

① 一の州の区域内における県の区域の変更および新たな県の設置は、市町村の発議に基づき、当該州の意見を聴取して、共和国

の法律で定める。

② 州は、関係住民の意見を聴取して、州法律により、その区域内に新たな市町村を設置しならびに市町村の区域および名称を変更することができる。

第６章　憲法保障

第１節　憲法裁判所

第134条〔憲法裁判所の権限〕

憲法裁判所は、次の事項を裁判する。

国および州の法律および法律の効力を有する行為の合憲性に関する争い

国の諸権力の間の権限争議ならびに国と州との間および各州の間の権限争議

憲法の定めにより共和国大統領に対して提起された弾劾

〔本条は1989年１月16日憲法的法律第１号により改正〕

第135条〔憲法裁判所の構成〕

① 憲法裁判所は15人の裁判官で構成する。その３分の１は共和国大統領が、３分の１は国会が合同会議で、残りの３分の１は最高通常裁判機関および最高行政裁判機関が任命する。

② 憲法裁判所の裁判官は、退職した者も含めて上級通常裁判機関および上級行政裁判機関の司法官、大学の法律学の正教授ならびに20年の職歴を有する弁護士の中から選出する。

③ 憲法裁判所の裁判官は、それぞれについて宣誓の日から９年の任期で任命される。再任はこれを認めない。

④ 憲法裁判所の裁判官は、任期の終了により職務を解かれ、職権の遂行を停止する。

⑤ 憲法裁判所は、法律で定める規範に従ってその構成員の中から長官を選出する。長官は、その任期を３年とし、再選が許される。ただし、裁判官としての任期は変わらないものとする。

⑥ 憲法裁判所の裁判官の職は、国会議員および州議会議員の職、弁護士としての職業の遂行ならびに法律で定めるあらゆる職務と兼ねることができない。

⑦ 共和国大統領に対する弾劾の裁判においては、憲法裁判所の正規の裁判官に加えて、国会が９年ごとに作成する、元老院議員の被選挙資格を有する市民の名簿から抽選で選出され、正規の裁判所の裁判官の任命について定めるのと同じ方法で選任される16人の構成員が参加する。

〔本条は1967年11月22日憲法的法律第２号および1989年１月16日憲法的法律第１号により改正〕

第136条〔違憲判決の効力〕

① 憲法裁判所が法律または法律の効力を有する行為の規範が違憲であると宣言したときは、その規範は、判決の公布の日の翌日から効力を失う。

② 憲法裁判所の判決は、これを公布しならびに両議院および関係する州議会に通知し、両議院および関係する州議会は、必要と認めるときは憲法に適合するよう措置をとる。

第137条〔憲法的法律・法律への委任、判決の終局性〕

① 合憲性に関する裁判提起の条件、形式および期間ならびに憲法裁判所の裁判官の独立の保障は、憲法的法律で定める。

② 憲法裁判所の組織および運営に必要なその他の規範は、通常法律で定める。

③ 憲法裁判所の判決に対しては、上訴を認めない。

第２節　憲法改正、憲法的法律

第138条〔憲法改正・憲法的法律の手続〕

① 憲法改正法律およびその他の憲法的法律は、各議院が、少なくとも３か月の期間をおいて連続して２回の議決をすることで採択するものとし、第２回目の表決では各議院の議員の絶対多数で可決するものとする。

② 憲法改正法律および憲法的法律は、その公示から３か月以内に、一議院の議員の５分の１、50万人の有権者または５つの州議会が要求するときは、これを国民投票に付す。国民投票に付された憲法改正法律および憲法的法律は、有効投票の過半数で承認されない限り、審署されない。

③ 憲法改正法律および憲法的法律が各議院の第２回目の表決においてその議員の３分の２の多数で可決されたときは、国民投票は行わない。

第139条〔憲法改正の限界〕

共和政体は、憲法改正の対象とすることができない。

経過規定および最終規定

1　この憲法の施行とともに、暫定国家元首は、共和国大統領の権限を行使し、その称号を受ける。

2　共和国大統領の選挙の日までにすべての州議会が組織されていないときは、その選挙は、両議院の議員のみでこれを行う。

3　共和国元老院の最初の構成については、憲法制定議会の議員であって、元老院議員となる法定要件を備えかつ次に掲げる者に該当する者は、共和国大統領の命令によりこれを元老院議員に任命する。

内閣総理大臣または立法府の議長であった者

解散された元老院の議員であった者

憲法制定議会の選挙も含めて、3回以上の選挙で選出された者

1926年11月9日の代議院の会議において議員の資格喪失を宣告された者

ファシスト国防特別裁判所の判決により、5年以上の懲役刑に服した者

さらに、解散された元老院の議員であって全国評議会の委員であった者も、共和国大統領の命令により元老院議員に任命する。

元老院議員に任命される権利は、任命の命令が署名される前にこれを放棄することができる。総選挙の候補者となることの受諾は、元老院議員に任命される権利の放棄とみなす。

4　元老院の最初の選挙については、モリーゼ州は、その人口に基づいて認められる数の元老院議員を有する独自の州とみなす。

5　憲法第80条の規定は、財政上の負担または法律の改正を伴う国際条約に関しては、両議院の召集の日から効力を有する。

6　この憲法の施行から5年以内に、国務院、会計院および軍事裁判所を除く現存の特別裁判機関の見直しを行う。

7　憲法に適合する新たな司法組織に関する法律が制定されるまでは、現行の司法組織に関する規範が引き続き遵守される。

憲法裁判所が活動を開始するまでは、憲法第134条で定める争訟の裁判は、憲法の施行の前に存在する規範の形式および制限において行う。

〔第3項は1967年11月22日憲法的法律第2号により廃止〕

8　州議会および選挙で選出される県行政機関の選挙は、憲法の施行から1年以内に実施する。

州に配分される国の権能の移譲は、公行政のすべての部門について、共和国の法律で規律する。地方公共団体の間における行政権能の再編および配分がなされるまでは、県および市町村が現に行使している権能および州が県および市町村に行使を委任したその他の権能は、県および市町村に属する。

中央行政機関の公務員を含めて国の上級公務員および下級公務員の州への移籍であって、新たな法秩序によって必要となったものは、共和国の法律で規律する。州は、その部局の設置に際し、必要な場合を除いて、その職員を国および地方公共団体の職員から任用しなければならない。

9　共和国は、憲法の施行から3年以内に、その法律を、地方自治の必要と州に付与された立法権限に適合させる。

10　憲法第116条に定めるフリウリ・ヴェネツィア・ジュリア州に対しては、憲法第2部第5章の一般規範を暫定的に適用する。ただし、憲法第6条に従った言語的少数者の保護は、これを行うものとする。

11　この憲法の施行から5年間は、憲法第132条第1項が求める要件をみたさない場合であっても、憲法的法律により、憲法第131条が定める一覧を改正して他の州を設置することができる。ただし、関係住民の意見は、これを聴取しなければならない。

12　解散されたファシスト党の再建は、いかなる形式の下においても禁止する。

憲法第48条にかかわらず、憲法の施行から5年間は、ファシスト体制について責任がある指導者に対しては、法律により、投票権および被選挙資格を一時的に制限する。

13　〔サヴォイア家の家族およびその子孫は、

選挙人となることができず、公職にも選挙による公務にも就くことができない。〕

〔サヴォイア家の前国王、その配偶者およびその男子孫は、国の領土内に入り、滞在することが禁止される。〕

サヴォイア家の前国王、その配偶者およびその男子孫の財産であって国の領土内に存在するものは、国に移管する。これらの財産に対する物権の移転および設定であって1946年６月２日以降に生じたものは、無効とする。

〔第１項および第２項は2002年10月23日憲法的法律第１号により失効〕

14　貴族の称号は、これを認めない。

1922年10月28日以前に存在した貴族の称号に付属する名称は、氏名の一部とみなす。

聖マウリツィオ会は、医療法人として存続し、法律が定める方法で運営される。

紋章審議会の廃止は、法律で規律する。

15　この憲法の施行とともに、国家の暫定組織に関する1944年６月25日国王代行命令第151号は、法律に転換する。

16　この憲法の施行から１年以内に、従前の憲法的法律であって、現在までに明示的または黙示的に廃止されていないものの改正およびこの憲法との調整を行う。

17　憲法制定議会は、1948年１月31日までに、共和国元老院の選挙に関する法律、特別州の憲章および出版に関する法律を審議するために、その議長により召集される。

新たな両議院の選挙の日まで、憲法制定議会は、1946年３月16日国王代行命令第98号第２条第１項および第２項ならびに第３条第１項および第２項がその権限に帰属させた事項について審議する必要が生じたときは、これを召集することができる。

前項の期間中、常任委員会は、その職務を引き続き行う。立法委員会は、送付された法律案を、必要な意見および修正案を付して、政府に返付する。

議員は、政府に対して質問を提出し、書面による答弁を求めることができる。

本条第２項に定める憲法制定議会の召集は、政府または200人以上の議員の理由を付した要求に基づいて、議長がこれを行う。

18　この憲法は、憲法制定議会が可決してから５日以内に暫定国家元首が審署し、1948年１月１日に施行する。

憲法の正文は、共和国の各市町村の庁舎に寄託し、すべての市民がこれを知ることができるように、1948年中、そこに掲示する。

憲法は、国璽を押し、共和国の公式法令集に収録する。

憲法は、共和国の基本法として、すべての市民および国の機関が忠実に遵守しなければならない。

1947年12月27日　ローマで制定

エンリーコ・デ・ニコラ

副署　憲法制定議会議長

ウンベルト・テッラチーニ

内閣総理大臣

アルチーデ・デ・ガスペリ

認証　国璽監

ジュゼッペ・グラッシ

〔出典〕

Angelo Mattioni（a cura di）, Codice costituzionale, 20ª ed., La Tribuna, 2019

＊　なお、翻訳にあたっては、畑博行・小森田秋夫編『世界の憲法集〔第５版〕』（有信堂、2018年）17頁以下（高橋利安訳）、本書第２版（井口文男訳）のほか、イタリア共和国代議院ウェブサイト（http://www.camera.it./）に掲載の英訳および仏訳も参考にした。

イタリア共和国憲法改正一覧表（2019年２月末現在）

回	改正法律名	改正された条文
1	「憲法第56条、第57条及び第60条の改正」（1963年２月９日憲法的法律第２号）	第56条、第57条及び第60条
2	「憲法第131条及び第57条の改正並びにモリーゼ州の設置」（1963年12月27日憲法的法律第３号）	第57条及び第131条
3	「憲法第135条の改正及び憲法裁判所に関する諸規範」（1967年11月22日憲法的法律第２号）	第135条、並びに暫定規定及び最終規定第７条
4	「憲法第96条、第134条及び第135条及び1953年３月11日憲法的法律第１号の改正並びに憲法第96条に定める犯罪に係る手続に関する諸規範」（1989年１月16日憲法的法律第１号）	第96条、第134条及び第135条
5	「憲法第88条２項の改正」(1991年11月４日憲法的法律第１号)	第88条
6	「恩赦及び減刑に関する憲法第79条の見直し」（1992年３月６日憲法的法律第１号）	第79条
7	「憲法第68条の改正」（1993年10月29日憲法的法律第３号）	第68条
8	「州知事の直接選挙及び州の憲章自治に関する諸規定」（1999年11月22日憲法的法律第１号）	第121条、第122条、第123条及び第126条
9	「憲法第111条への適正手続に関する諸原則の挿入」（1999年11月23日憲法的法律第２号）	第111条
10	「外国に居住するイタリア市民の投票権の行使のための在外選挙区の設置に関する憲法第48条の改正」（2000年１月17日憲法的法律第１号）	第48条
11	「外国に居住するイタリア人を代表する代議院議員及び元老院議員の定数に関する憲法第56条及び第57条の改正」（2001年１月23日憲法的法律第１号）	第56条及び第57条
12	「憲法第２部第５章の改正」（2001年10月18日憲法的法律第３号）	第114条、第115条、第116条、第117条、第118条、第119条、第120条、第123条、第124条、第125条、第127条、第128条、第129条、第130条及び第132条
13	「憲法の暫定規定及び最終規定第13条１項及び２項の失効に関する憲法的法律」（2002年10月23日憲法的法律第１号）	暫定規定及び最終規定第13条
14	「憲法第51条の改正」（2003年５月30日憲法的法律第１号）	第51条
15	「死刑の廃止に関する憲法第27条の改正」（2007年10月２日憲法的法律第１号）	第27条
16	「憲法典への予算均衡原則の導入」（2012年４月20日憲法的法律第１号）	第81条、第97条、第117条及び第119条

ドイツ連邦共和国

解 説

1 基本法の成立

基本法の成立　1945年5月8日、ドイツの無条件降伏とナチスの《第三帝国》が崩壊後、ドイツは英米仏ソ4国の分割統治下に入った。その中で、翌1946年12月1日のヘッセン憲法、その翌日のバイエルン憲法をはじめ、各ラントごとに次々と憲法が制定された。しかし、戦後ドイツの国家体制のあり方については、1947年3月10日からのモスクワでの4か国外相会議でも、また同年11月25日からのロンドンでの外相会議でも、ソ連（当時、以下同じ）と英米仏3国の意見は一致するに至らず、英米仏3国は、翌1948年2月23日から、ソ連を除外して、再びロンドンでドイツ問題について会議を開き（途中からはベネルクス3国も参加）、英米仏3国の西側占領地区を統合して、西側ドイツに適用されるべき憲法を制定することを合意した（同年6月7日のロンドン協定）。

この協定を実施するために、憲法制定会議を招集する権限を与えられた、当時の11のラントの首相は、1948年7月のコーブレンツでの会議において、ドイツの主権が回復されていない現状の下では、本来の《憲法制定国民議会》ではなく、それに代わる基本法制定機関として、ラント政府の代表者からなる《議会評議会》（Parlamentarischer Rat）をボンに招集するべきことを決定した。これを受けて同年9月1日にボンに招集された70人の代表者（表決権を有しないベルリーン代表5人を含む）で構成された議会評議会は、CDUのアーデナウアー（後の初代連邦総理大臣）を議長に選出して、基本法制定のための討議を開始した。

これに先立って、ラントの首相によって設立されていた専門委員会は、同年8月10日に、オーストリア国境にほど近いヘレンキームゼーにおいて会議を開いて基本法の草案を起草していた。このいわゆる《ヘレンキームゼー草案》が、上記のボンでの基本法制定のための会議での審議の基礎になった。こうして翌1949年5月8日、議会評議会において53対12で可決された草案が、同月22日までにバイエルンを除くラントの議会で採択されて、基本法成立の要件（基本法第144条第1項参照）を満たし、同月23日、《ドイツ連邦共和国基本法》（Grundgesetz für die Bundesrepublik Deutschland）として連邦法律公報に公布され、翌24日に施行された（第145条第2項）。ちなみに、この基本

ドイツ

法が通常《ボン基本法》と通称されることがあるのは、基本法制定作業がボンで行われたためである。

基本法の暫定的性格　以上の経緯からもわかるように、基本法は、当時の西側ドイツ（以下「西ドイツ」）にとって「過渡期のあいだ国家生活にひとつの新しい秩序を与えるため」（制定当初の前文）の暫定的な憲法であることを自認していた（第146条も参照)。《憲法》（Verfassung）という通常の名称を意識的に避けて《基本法》としたことや、基本法制定会議が選挙で選ばれた国民の代表による《憲法制定議会》ではなく《議会評議会》とされたこと（第137条第２項および第145条第１項も参照)、さらには、公選の国民代表が基本法制定過程に参加していないこと等もその表れである。しかし、基本法はその後、1990年のドイツ統一に至るまでの《２つのドイツ》時代においても、かなり安定した妥当力を保持し続け、多くの市民に受容されていったのであり、西ドイツ（ドイツ連邦共和国）にとって《基本法》という名称の《憲法典》であったことは疑いがない。

2　《２つのドイツ》からドイツ統一へ

東ドイツ憲法の成立　一方、旧ソ連占領地域の東側ドイツ（以下「東ドイツ」）でも、基本法よりやや遅れて、1949年10月７日に「ドイツ民主共和国憲法」が制定され、これによって、東西両ドイツはその後約41年間、まったく別々の道を歩むこととなった。この最初の東ドイツ憲法では社会主義的色彩は比較的希薄であったが、その後、社会主義的憲法を制定するための社会的基盤ができたと判断した東ドイツでは、1968年４月に新憲法を制定した。この68年憲法は、その後1974年に大はばに改正され、「ドイツの分断の克服と、民主主義と社会主義を基礎とする統一にまで至る２つのドイツ国家の漸進的接近」とを目指すという当初の目標は放棄されて、むしろ「ソ連との恒久的で取り消しえない同盟関係」がさらに強調され、国民（Nation）としても西ドイツとの一体性を否定して、恒久的に独自の道を進むことを選んだかのように見えた。68年憲法のこのような大はばな改正の重要なきっかけのひとつとなったのは、1972年12月21日に両ドイツが締結したいわゆる《基本条約》の発効（1973年６月21日）と両ドイツ国家の国連加盟（同年９月）であったといえよう。

他方、西ドイツでも、東ドイツの68年憲法制定に呼応するように、1968年６月24日には、《非常事態憲法》とも形容される大規模かつ重大な基本法の第17回改正（後述）がなされ、東側陣営への警戒姿勢が強まった。連邦憲法裁判所も、上記の1972年の《基本条約》の合憲性に関する判決（1973年７月31日）の中で、当初の基本法前文に謳われていた「ドイツ統一の要請」（この部分はドイツ統一に伴う改正によって変更されている）は「単に政治的意義のみならず法的内実をもっており、ドイツ再統一は憲法の命ずるところ」であって、「連邦共和国のいかなる憲法上の機関も、政治的目標としての国家的統一体の再建を放棄してはならない」としながらも、同条約自体は合憲と判決した。これによって東西両ドイツの関係は「２つのドイツの平和的共存」の形で正常化に向けて歩み出したが、逆に、ドイツ統一への道はそれだけ遠ざかったように思われた。

ドイツ統一　このような状況からすれば、ごく近い将来にドイツの《統一》（あるいは《再統一》）が実現されることは、まずありえないのではないか、というのが大方の予測であったといえよう。ところが、東西の急激な緊張緩和のうねりの中で、1989年11月9日には、1961年8月以来東西ベルリーンを隔てていた《壁》が崩壊し、それに続く一連の無血革命的な出来事により、ドイツ統一の実現の可能性は急速に高まっていった。1990年3月18日には東ドイツで初めての自由選挙が行われ、CDUを中心とする保守・ドイツ連合が圧勝し、同年7月1日の「通貨・経済・社会保障同盟創設に関する国家条約」の発効による経済統合を経て、早くも同年10月3日には政治的統一が実現するという、予想以上のきわめて急速なテンポで事態が進展していった。

その際、統一の道筋としては、上記の第146条によって両ドイツ国民が《憲法制定議会》を開催して新憲法を採択し、基本法を失効させるという方法も可能であったし、またその方が本筋であったようにも思われるが、これはかなりの時間を要することであった。実際に東ドイツ側では、1989年12月に「東ドイツ新憲法」作業グループ（通称《円卓会議》）が組織されて独自の新憲法制定が模索され、翌90年4月4日にはその《円卓会議草案》が採択されるまでに至ったが、東ドイツ経済の急速で深刻な破綻に加えて、西ドイツの主導の下に早急な統一をめざした当時のコール政権の強い意志もあって、ドイツ統一は、当時の基本法第23条後段の規定に従って東ドイツが西ドイツに《加入》する形で実現した。

統一条約　すなわち、1990年7月22日、東ドイツの人民議会はラント制導入法を可決し、これにより、1952年以来《郡県制》が採られていた東ドイツ地域に、再び従来のような5つのラントが復活することになった。次いで同年8月23日、人民議会は、基本法第23条に基づき1990年10月3日をもって基本法の適用領域に加わる旨の宣言を採択し、さらに同年8月31日には東西両ドイツ政府が「統一条約」に調印した。その間、9月12日には、東西両ドイツと第二次世界大戦の戦勝4か国（英米仏ソ）が、モスクワにおいて戦勝国の権利の消滅と統一後のドイツの完全な主権の回復等を謳った「ドイツ問題の最終的解決に関する条約」に調印し、《ヤルタ体制》に終止符が打たれた。

こうして成った1990年10月3日の東西両ドイツの統一によって、ドイツ連邦共和国は、旧東西両ベルリーンを合一したベルリーンと、東ドイツ地域に新しく作られた上記の5ラントに、従来の西ドイツの諸ラントを合わせた、合計16のラントから構成されることとなり（改正後の前文参照）、基本法の適用範囲はその全地域に及び、東ドイツ憲法は最終的にその使命を終えた。そして翌10月4日にはベルリーンの旧ライヒ議会議事堂に統一議会が招集されて、新生ドイツの歩みが始まった。

ところでこの統一は、東ドイツ側からの《加入》の意思によってなされたものであるとはいえ、いわば西ドイツによる東ドイツの《吸収合併》であり、統一後の国名

（ドイツ連邦共和国）も憲法典の名称（基本法）も従来のままで、とりあえずは統一に伴う基本法の最小限度の改正のみがなされた。「統一条約」（「ドイツ連邦共和国とドイツ民主共和国との間のドイツ統一の樹立に関する条約」）によれば、ドイツの首都はベルリーンと定められ、10月3日はドイツ統一の日として法律上の祝日とされることになった（統一条約第1章第2条）。なお、1999年8月までに、連邦議会（旧ライヒ議事堂）や大統領官邸をはじめとする主な連邦機関がベルリーンに移転し、これによってボンは、基本法成立後ちょうど50年を経て、ようやくドイツの暫定的な首都としての機能を終えた。

3 基本法の改正

ドイツ統一までの基本法改正　基本法の改正には、連邦議会で総議員の3分の2以上の賛成および連邦参議会で総票決数の3分の2以上の賛成が必要である（第80条第2項）。かなり高いハードルであるが、実際には、施行後2年経った1951年8月に早くもなされた第1回改正（当初の第143条の削除）を皮切りに、非常に多くの条項の改正がなされてきた。その間、とくに50年代と60年代には、ほとんど毎年のように頻繁な改正がなされており、1969年には合計8回もの改正（しかもそのうち3回は同日の改正）がなされた。

統一に至るまでの時期のこれらの改正の中で、特に大幅で重要な改正は、①西ドイツの再軍備に伴う1956年3月19日の第7回改正、②第115条のあとに新たに追加された11か条を含む《非常事態》のための大幅な追加・変更がなされた1968年6月24日の第17回改正、および③1969年5月12日の同日になされた第20回～第22回の3度にわたる改正（そのうち第21回改正はとくに「財政改革法」と呼ばれる）であろう。

再軍備と《たたかう民主制》　ところで、制定当初の基本法には軍隊に関する規定は一切なく、わずかに信仰・良心の自由を保障した第4条第3項がいわゆる《良心的兵役拒否権》を明記する形で将来の徴兵の可能性を示唆していたにすぎない。ところがその後、直接には1954年10月のパリ協定で西ドイツのNATO加盟が決定されたために、再軍備の必要が生じた。すでに同年3月26日の第4回改正で第73条第1号が変更されて、「18歳以上の男子の兵役義務および民間人の保護を含む防衛」が連邦の専属的立法権に属する事項に加えられて、徴兵制の憲法的基礎づけがなされ、それを受けて、上述の第7回改正で新設された第12a条で国民の徴兵義務が、また第87a条で軍隊の設置が根拠づけられるに至った。この点にも関連して、「防衛上の緊急事態」に対応するための法制度の確立の必要性については、すでに1960年から繰返し主張され、憲法改正法律の草案が何度か連邦議会に提出されていたが、ついに1968年の第17回改正がなされ、《抵抗権》条項（第20条第4項）の付加を含む非常に大幅な補充・変更がなされるに至った。これによって、対外的には西側諸国との関係がいっそう緊密になるとともに、対内的にも《自由で民主的な基本秩序》に敵対する諸勢力への対抗措置が憲法的に整備された。違憲政党の禁止に関わる第21条第2項を典型とする《たたかう民主制》の姿勢は、すでに制定当初から基本法の大きな特徴をなすものとして指摘されていたが、その性格はこの1968年改正によって一層明確となった。

統一に伴う基本法改正　上述した「統一条約」は、1990年９月20日に東ドイツの人民議会で３分の２以上の賛成で批准されたあと、西ドイツでも９月23日に基本法改正に必要な３分の２の多数の同意が得られた結果、この条約（第４条）に含まれている基本法の改正にかかわる規定も、統一とともにドイツ全土に適用されることとなった（第36回改正）。

この改正の主な内容を挙げると、まず前文では、統一の要請にかかわる部分の文言を削除し、新たにできた５つのラントも含めた合計16ラントにおけるドイツ国民が「自由な自己決定によってドイツの統一と自由を成し遂げ」、基本法が全ドイツに適用されることになった旨の文言が付け加えられた。次に、ドイツ統一の憲法上の根拠として用いられた第23条はその役割を終え、オーデル／ナイセ線でのポーランド国境の確定に伴って今後ドイツが新たな領土要求を行わないことの証しとして、いったん削除された。また連邦参議会の議席配分を定めた第51条第２項の改正により、人口700万人以上のラントに対しては従来の５票に代わって６票の票決権が与えられることになった。最後に第146条については、SPD 等の強い主張を受けて、ドイツ統一によって基本法が全ドイツ国民に適用されることになる旨の文言を挿入した以外は、従来の文言が維持されたが、統一の完成後においてもなお同条を残したことの法的意味については、さまざまな論議がなされたところである。また統一条約第５条には、両ドイツ政府がドイツ連邦議会に対し、２年以内に統一に関連して生じた基本法の改正に関する諸問題を扱うべきことを勧告しており、その対象として、連邦とラントの関係、ベルリーン／ブランデンブルク地域の再編成の問題などとともに、とくに《国家目標規定》の導入の問題と「第146条の適用とその枠内における国民投票の問題」が挙げられていた。

統一以降の基本法改正　上の勧告に沿って1991年11月28日に設置された「連邦議会議員32名と連邦参議会構成員32名（各ラント２名ずつ）の合計64名からなる憲法調査合同委員会」は、1992年１月以来の21か月に及ぶ審議を終えて1993年10月28日に最終報告を発表した。これを基礎として、連邦議会は基本法改正の審議を行い、1994年６月30日に改正法律案を可決したが、ラントの立法権限の強化を是非とも認めさせたいと考えていた連邦参議会は、同年８月26日に、16のラントすべての代表が一致して連邦議会の議決を拒否した。そこで９月１日には法案審議合同協議会（基本法第77条第２項参照）が招集されて妥協点が模索され、ようやくラント権限強化の一部について妥協が成立し、連邦議会は同年９月６日、連邦参議会は９月23日に、改めて改正案を可決するに至った。通算して42回目になるこの改正法律は、10月16日の連邦議会選挙後の10月27日に連邦大統領による認証を経て、ようやく11月３日に公布され（施行は11月15日）、これによって、第３条第２項の男女同権の実現に向けての国の責務の規定、第20a 条の「自然的生活基盤の保護義務」に関する規定、連邦参議会の権限に関する第76条等の改正など、合計14項目にわたる変更・追加がなされた。

統一以後のその他の基本法改正　基本法はその間にも、上の本格的な改正作業とは別に、その改正作業の進捗を待っておれない状況に対応するために、その時々の必要に迫られた5回の改正が行われている。すなわちまず、第37回改正（1992年7月14日）により第87d条第1項に第2文が付加されたのち、同年12月21日には、EUの設立にかかわるいわゆる「マーストリヒト条約」に対する批准に伴い、連邦議会は連邦参議会の同意を得て、合計8か所に及ぶ大規模な基本法の第38回改正法律を可決した。同条約批准のための法律は、その合憲性をめぐって連邦憲法裁判所に提訴がなされたが、同裁判所は1993年10月12日、これを合憲とし、同条約は同年11月1日に発効した。これによって連邦政府は、同条約に伴うさまざまな事務を執行し、政策を策定していく権限を授権された。この改正でもっとも目立つのは、上記の統一条約に伴う改正で削除されていた第23条に、EUのための諸原則に関する詳細な新規定が導入されたことであるが、それ以外にも、いくつかの条項の変更と新規定の導入がなされた。とくに、外国人の参政権の規定（第28条第1項）の導入も注目される点のひとつである。

また1993年6月28日には、外国人労働者問題に悩むドイツの長年の懸案の1つであった《庇護権》につき、連邦議会は新たに長文の第16a条を設けて、いわゆる《経済難民》等の入国制限を基本法に根拠づけるに至った（第39回改正）。さらに、わが国と同様ドイツでも、国営企業の民営化が進み、それに伴って、連邦制に伴う連邦とラントの権限配分にかかわる規定を中心とする基本法の改正がなされた。すなわち、連邦鉄道の民営化に伴う1993年12月20日の第40回改正と、連邦郵便・電信電話制度の民営化のための法律が成立したのに伴う1994年8月30日の第41回改正がこれである。

近時の基本法改正　これら一連の改正によって、ドイツ統一に伴う基本法改正は、一段落したかに思われたが、その後も、EUの展開や世界的な経済危機を含むグローバルな情勢の激しい変化に対応する必要性もあって、2019年3月の直近改正までにさらに21回（通算63回）の改正が行われている。そのうちとくに重要なものとしては、①住居の不可侵に関わる第13条の変更（第3項～第6項の追加）により、裁判官の命令に基づいて重大犯罪の被疑者が滞在している疑いのある住居を聴覚的に監視する制度を導入した1998年3月26日の第45回改正、②連邦とラントの権限配分の変更や連邦立法に対する連邦参議会の権限縮小等を内容とする、20余カ条以上に及ぶ2006年8月28日の第52回改正（第1次連邦改革）、③リスボン条約の批准に関わる2008年10月8日の第53回改正（ただし施行はリスボン条約が発効した2009年12月1日）および④「連邦とラントの財政関係現代化合同委員会」（2007年3月発足）の提案を基礎として2009年7月29日に成立した、主として税財政関連の規定にかかわる第57回改正（第2次連邦改革）などが挙げられよう。このうち③に関連しては、同条約承認法律および基本法改正等についてもその合憲性を巡って連邦憲法裁判所に訴えが提起され、同裁判所は、この基本法改正と同日に制定された「EUの事項における連邦議会及び連邦参議会の権利の拡大・強化法」の一部について違憲と判断したものの、基本法改正自体については合憲との判断を示した（2009年6月30日）。総じてこれらの最近の改正は、現代的課題に直面したドイツが、それまでのどちらかといえば分権の方向に傾いていた権限分配規定を、ドイツ全体の視点から新たに再編成して、連邦とラントの協力関係を強化しようとする動きの一環といえるであろう。

以上触れた基本法の現在までの改正については、改正法律の名称とその年月日と連邦法律公報（Bundesgesetzblatt = BGBl.）の掲載頁を末尾に一覧表で示した（なお、改正法律の年月日は第82条第1項に基づく連邦大統領による認証のなされた日付であり、法律の議会による可決や公布の日付とは必ずしも一致しない）。

4 基本法の特色概観

以上に概観した基本法のいくつかの特徴について触れておこう。

基本権　まず基本法は、ヴァイマル憲法とは異なり、基本権に関する章を冒頭に置き、その第1条は《人間の尊厳》を尊重・保護することが国家権力の義務であるとし（第1項）、「不可侵にして譲り渡すことのできない人権」の存在を認め（第2項）、さらに、基本権が立法権を含むすべての国家権力を拘束するものであることを明記している（第3項）。そしてこの第1条の基本原則は、第20条のそれと共に憲法改正の限界をなすものとされていること（第79条第3項）によっても担保されている。さらに基本権は、一方で、これを法律によって制限する場合にも決してその本質的内実が侵害されることは許されず（第19条第2項）、他方で、連邦憲法裁判所へのいわゆる憲法訴願（憲法異議）制度（第93条第1項4a号、4b号）を通じて、個々の基本権侵害から市民の基本権を確保するという形で、その保障がなされている。

基本法の基本権規定は、その多くがフランクフルト憲法以来の古典的・伝統的な基本権を受け継いだものであり、他方で、ヴァイマル憲法に含まれていた詳細な《社会的基本権》は、ごく一部（たとえば第6条など）を除いて、ほとんど姿を消している。その代わりに基本法は、第20条第1項にいわゆる《社会国家》条項を置き、社会的・経済的・文化的諸権利の実現を広範に立法者に委託するにとどめており、基本法の基本権規定の大きな特色の一つをなしている。また、第18条が、意見表明の自由や集会の自由などを「自由で民主的な基本秩序に敵対するために濫用する者」はそれらの基本権を喪失すると定めているのも、非常に特徴的な規定である。これは、第21条に含まれる政党禁止条項とともに、ヴァイマル憲法がナチスの政権獲得とその憲法破壊を防げなかったことへの反省から基本法が採用したとされる《たたかう民主制》の代表的規定である。

ただし、このような基本権規定の意味あいは、その後の基本法運用、特に連邦憲法裁判所による基本権規定の拡大的解釈によって大きく変化してきた。まず、同裁判所は早くから、基本権規定は主観的権利を保障するのみならず客観的価値を定めるものでもあるとし、私法も含めた全法秩序がこれに拘束されるとの解釈を示してきた。さらに同裁判所は、国家の基本権保護義務論を展開し、基本権は古典的な防御権としての意味合いだけでなく、国家権力の発動を求める根拠ともなりえることになった。刑法の堕胎罪規定を緩和し、妊娠12週以内の中絶を原則不可罰とした法改正を、胎児の権利を害しており国家の基本権保護義務に反するとの理由で違憲とした1975年の判決は、その代表例であるが、それだけに大きな議論を呼んだ。さらに、同裁判所は《社会国家》条項をも積極的に解釈し、上記の《人間の尊厳》条項とむすびつけるかたちで、「人間の尊厳に値する生存最低限の保障を求める権利」が基本法上保障されていると解釈するに至っている。日本国憲法第25条1項と同様の生存権保障が、解釈によって認められたことになる。

他方、連邦憲法裁判所は、自由権保障も拡充してきた。「人格の自由な発展」の権利を規定する第2条第1項を上記の《人間の尊厳》条項と結びつけて、「一般的自由」、とりわけ私的領域の保護のための基本権を保障するものと解している。その点ではこの条項は、日本国憲法の第13条と類似した機能を果たすものといえる。さらに、同裁判所はその中でも特に、社会の情報化・IT 化の中で個人の人格発展のために情報管理の重要性が増しているとの観点から、「情報自己決定権」を厚く保護する姿勢を見せている。これは日本でのプライバシー権保障に相当するものであり、憲法に明文規定のない「新しい」権利が解釈によって導かれている点でも類似しているが、その保障程度は日本よりもずっと手厚いものである。

上記した基本法第18条の基本権喪失条項は、まだ一度も発動されたことがない。むしろ連邦憲法裁判所は、特に冷戦終結後は、極右の活動にも一般に寛大な姿勢を見せており、極右の集会を禁止しようとする行政や行政裁判所と対立することもしばしばある。憲法敵対的勢力との対立の緊張がゆるむ中、同裁判所は、《たたかう民主制》の守護者というよりも、さまざまの意見が自由に交わされるフォーラムの擁護者としてふるまおうとしているようである。ただし、ナチスの支配を正当化しその犠牲者の尊厳を侵害する態様で公共の平穏を乱す者を処罰する規定については、同裁判所は、それが特定の意見を禁止するものだと認めつつ、ナチス支配正当化がドイツにおいてもつ特殊な危険性を指摘してその合憲性を認めている（2009年）。このように、基本法はドイツに定着した今でも、ナチスの過去を完全に断ち切ったとはいえないことも確かである。

政党制　基本法は、フランスやイタリアと同様、第21条で政党設立の自由を憲法上に明文で根拠づけている一方で、ナチス党の経験を踏まえて、政党が違憲かどうかについて連邦憲法裁判所が判断するという独特の制度を設けている。そして現に1952年には右翼政党の社会主義国家党 SRP が、また1956年にはドイツ共産党 KPD が、連邦憲法裁判所によって違憲と判断されたことはよく知られている。ただし、その後連邦憲法裁判所に違憲と判断された政党は存在しない。近時、右翼政党の NPD（ドイツ国民民主党）に対する政党禁止の申立てがなされたが、同裁判所は、同党が自由で民主的な基本秩序を除去する目的を有しているとは認めつつも、それが現実化する脅威は低いとして申立てを認めなかった（2017年）。政党禁止に現実的な脅威の高さを求めるこの判決は、1950年代に政党禁止が認められたときよりも実質的に要件を加重しているといえる。

連邦大統領　基本法の定める連邦大統領は、連邦を代表する元首であるとはいえ、その地位・権限は、ヴァイマル憲法のそれとは対照的にきわめて弱く、儀礼的・形式的なものである。任期5年の連邦大統領は、国民の直接選挙によってではなく連邦議会議員とラント議会選出議員からなる連邦会議によって選挙され（第54条）、またヴァイマル憲法第48条第2項に代表されるような強大な独裁権限はもはや連邦大統領には与えられていない。

連邦議会　このように儀礼的な元首のもとで、ドイツの政治は実質的には議院内閣制によって担われている。連邦議会は直接選挙で選ばれる議員からなり、任期は4年である（第38条第1項、第39条第1項）。連邦議会は、連邦の立法の中心となる機関である（第77条第1項）。ただし、連邦制の観点から、後述する連邦参議会にも広く立法への参加権が認められている。法律は、その内容によって、連邦参議会の同意を必要としないものと、それを必要とするものに分けられる。原則は前者であり、後者の場合はいちいち基本法に連邦参議会の同意を必要とする旨が規定されている。前者についても、連邦参議会は法案審議合同協議会の開催請求権と異議申立権を有する（第77条第2項、第3項）。

連邦議会選挙は、いわゆる小選挙区比例代表併用制で行われる（ただし、ワイマール憲法とは異なり、基本法は選挙制度を指定しているわけではなく、これは法律レベルの定めである。）。各有権者は小選挙区の候補者に対する投票と、比例代表選挙に対する投票の2票を投じる。小選挙区では最多得票を集めた候補者が当選するが、小選挙区数（したがって、その選挙で選ばれる議員数）は全議員定員の半分にとどまり、政党ごとの獲得議席数は基本的に比例代表選挙における得票割合に応じて決まる。実際の議員は、小選挙区で当選した者を優先したうえで、獲得議席数の残りの分をあらかじめ提出されていた各党の候補者名簿（ラントごとに作成される）に従って定める。そのため、比例代表制の一種と考えてよい制度といえる。ただし、ワイマール期にとられた徹底した比例代表制が小党濫立とそれによる政治の不安定を生んだとの反省から、得票率5％未満の政党には議席を配分しないという《5％条項》が設けられている（得票率5％未満であっても、3つ以上の小選挙区で議席を獲得した政党には、比例区での得票割合に応じた議席が配分される。）（実際のドイツの選挙制度はかなり複雑であり、ここでの説明は簡略化したものである。）。

連邦政府　連邦議会選挙が行われ新たな連邦議会が発足すると、それまでの連邦政府の職務は終了し（第69条2項）、新たな連邦首相選出プロセスが始まる（もちろん、辞職などで連邦首相が欠けた場合も同様である）。連邦首相は、連邦大統領が提案する人物を連邦議会が議員総数の過半数で選出することで決定するのが原則である（第63条第1、2項）。基本法は、提案された人物がこの過半数を得られない場合についての対処も用意しているが（同条第3、4項）、これまでこれらの条項が使用されたことはない。選挙制度が基本的に比例代表制であることから、単独政党が過半数の議席を確保することは非常に困難であり、戦後ドイツではほとんどの期間連立政権が組まれている。連邦大統領は、選挙後連立交渉がまとまるのを待って、その交渉で首相に推された人物（多くの場合大きい方の政党の党首）を首相として提案するのが慣行である。

基本法下での連邦政府に関する規定のうちで最大の特徴の一つといえるのは、連邦首相に対する《建設的不信任》の制度（第67条）と解散権の制限（第68条第1項）であろう。前者は、連邦議会に対して、次の連邦首相について過半数の合意が得られないかぎり不信任は認めないということであり、後者は解散を、第63条第4項の場合のほかは、連邦首相からの信任動議を連邦議会が否決した場合に限るものである。このような制度は、特にヴァイマル共和制末期における、極めて頻繁な政権交代による政治の不安定を克服して、安定した政府形成の方策として案出されたものである。基本法下のドイツはたしかに政権の安定を達成した（約70年間に連邦首相になったのは8人にとどまり、10年以上政権を担当した首相が3人いる（アーデナウアー、コール、メルケル））。ただし、この安定は戦後ドイツの政治・社会状況によるところも大きいだろう。連邦議会の解散は、現時点までで合計3回（1972年、1983年、2005年）を数えるのみである。これらの解散はいずれも第68条第1項に基づくものであるが、実は、本当に連邦議会内で連邦首相を支持する勢力が過半数を割ったというよりも、解散を実現するためにわざと与党議員が信任動議に賛成しなかったのであり、このような第68条運用が許されるのかについては議論がある。ただし、連邦憲法裁判所は1983年、2005年の解散について、いずれも合憲としている。

基本法上、連邦首相には単独での政治の基本方針決定権が与えられており、他の大臣はこの基本方針に拘束される（第65条）。また、上記で首相の（不）信任が問題となっていたことが示すように、連邦議会に対して直接責任を負うのは連邦首相のみであり、わが国のように内閣が国会に対して連帯責任を負う制度とは異なる。このように、基本法は連邦首相に強い権限を認めており、さらに現実政治において、選挙で中心的役割を担った大政党のリーダーが連邦首相になるという慣行が成立したため、首相は非常に強い政治的権力を有する。このような基本法下の政治のあり方は《首相民主政》（Kanzlerdemokratie）ともいわれる。むろん、これは一般的な傾向の描写にとどまり、具体的な政治のあり方は、ときどきの状況によって変わってくる。

戦後ドイツでは、長らく保守のキリスト教民主・社会同盟（CDU／CSU）が優位を保ち、小党と連立して政権を担ってきたが、徐々に左派の社会民主党（SPD）も勢力を伸ばし、連邦議会選挙には両党が首相候補者を掲げて臨むという構図が定着した。とくに80年代に連邦議会に進出した緑の党が穏健化すると、選挙はCDU／CSUと自由民主党（FDP）からなる保守側のブロックとSPDと緑の党からなる左派側のブロックでの政権選択としての意味合いを強くもつようになり、2大政党制に近い政党状況が生まれた。しかし、2000年代になると、旧東ドイツの社会主義統一党の後継政党である民主社会主義党（PDS）が西ドイツ地域の左派グループと合併して左翼党となり、勢力を全ドイツ規模に広めた。さらに2015年の中東からの難民の大量流入を契機として、メルケル政権の寛大な難民政策を批判する右派政党「ドイツのための選択肢」（AfD）が台頭した。こうして、ドイツではかつてとは様変わりして多党化が進んでおり、安定した政権運営の困難さは増しつつある。2017年9月の連邦議会選挙の後は、連立交渉に長い時間がかかり、結局メルケルを首相とするCDU／CSUとSPDの連立政権が発足したのは2018年3月になってからであった。このいわゆる大連立政権は、かつては例外的現象と考えられていたが、最近では常態化しつつある（もっとも、特にSPDは弱体化しており、もはや「大」連立とも呼びにくくなっている。）。

連邦制および連邦参議会　ドイツは連邦制国家であり、国家の権限は原則としてラントに属し、連邦は基本法が定める権限のみを有するというのが大原則である（第30条）。連邦制は、基本法改正によっても廃止することは許されない（79条3項）。とはいえ、多くの政治課題はドイツ全体での調整を必要とするため、連邦の権限は次第に増大している（特に第72～74条参照）。上記した基本法改正の経緯が示すように、連邦とラントの権限分配の修正は、多くの基本法改正の対象となってきた。また、連邦が権限をもつ分野についても、連邦法律の執行はラントの権限だというのが基本法の原則である（第83条）。ただし、この点についても、連邦が法律の執行まで行う分野は多く存在する（第86～90条参照）。

ラントは、連邦参議会を通じて連邦の立法・行政にも関与する。基本法上の連邦参議会の地位は、厳密な意味での二院制における一院というよりも、むしろそれを通じてラントが「連邦の立法および行政ならびに欧州連合の事務において協力する」（第50条）独特の機関である。連邦参議会の構成員は、各ラントの政府がその構成員（つまり各ラントの大臣）から選んだ者であり、連邦参議会選挙というものは存在しない。しかも、他のラント政府構成員が代理することもできるとされるから、ラント政府の中で誰を連邦参議会構成員にするかは実は名目的な事柄であり、各ラント政府は都合に応じて適切と考える大臣を派遣することになる（第51条第1項）。各ラントは、その人口に応じて3票から6票の票決権を有しており、その票決権は一括してのみ行使することができる（つまり、3票の票決権をもつラントが、2票分賛成、1票分反対というような投票をすることは許されない）（第51条第2、3項）。たとえばラント首相が一人で出席しても、議決における賛否の意思表示は、当該ラントに与えられている得票数として算入される仕組みである。

ドイツの各ラントも議院内閣制をとっているため、その政府がどのように構成されるかは、基本的に各ラントの議会選挙の結果によって定まる。そのため、ラント議会選挙は、連邦参議会における政党ごとの勢力分布に影響を与えるという意味で、間接的に連邦政治に対しても意味を有することになる。連邦参議会の構成員は各ラントの利益を主張しようとするから、連邦政府の連立与党に属する場合であっても、必ずしも連邦レベルでの政党の決定に常に従うわけではない。しかし、連邦レベルの連立与党がラント議会選挙で敗北を続けたりして、ラント政府、つまり連邦参議院の構成員の多数が明確に野党で占められるようになると、国政運営の困難さは高まる。ただ、ドイツでは連邦議会ないし連邦政府と連邦参議会の間に摩擦が生じることはさほど異例ではなく、上記した法案審議合同協議会が妥協案作成のために実質的に機能することが多い。

連邦参議会は、上記したようなかたちで連邦の立法に参画するが、さらに法律の執行にも関与する（第80条、第84条など参照）。このように、連邦参議会は、ドイツ連邦制の歴史に由来する非常にユニークな組織である。

連邦憲法裁判所　上にすでに見たように、1951年にカールスルーエに設置された連邦憲法裁判所の果たす機能は、極めて大きい。すなわち同裁判所の権限は、すでに触れた憲法訴願（憲法異議）のほかに、抽象的規範統制（第93条１項２号）、連邦機関争訟（同１号）、いわゆる具体的規範統制（第100条１項）、連邦制に伴う伝統的な憲法争訟（同３号・４号）など、非常に広範かつ強大である（詳細は第93条および第100条ならびに第18条、第21条２項、第41条２項、第61条、第98条２項・５項、第99条、第126条などを参照）。これらのうち、わが国の裁判所の付随的違憲審査権と対照されることの多い抽象的規範統制権限は、2018年12月末までに連邦憲法裁判所に係属した全案件23万8048件のうち、わずか183件（0.1%弱）に過ぎない。全案件の96%強を占めるのは、上記の憲法訴願（憲法異議）で約23万件である。もっとも、このうち実質的な審査にまで進んで訴えが認められたのは、2.3%程度にすぎないとはいえ、公権力による個別的・具体的な基本権侵害に対する市民の最後の《避け所》として連邦憲法裁判所が果たすべき機能はきわめて重要である。また、件数の上で第２位を占める具体的規範統制手続（3,678件）についても、連邦憲法裁判所によるいわゆる《憲法適合的解釈》の強い要請を通じて、本来の憲法保障的機能から、今日ではむしろ個人の基本権保護へと、その中心的機能の大きな変化が見られると言ってよかろう。

連邦憲法裁判所法により、同裁判所の決定はすべての国家機関を拘束するものとされ、また、上述の抽象的・具体的規範統制や憲法訴願などにおいて法律の合憲性についてなされる決定が、「法律としての効力」を有するとされている点（第94条第２項、連邦憲法裁判所法§31第２項参照）も、わが国の裁判所制度と比較して連邦憲法裁判所制度の大きな特徴をなしている。

連邦憲法裁判所の裁判官は、半数ずつ連邦議会と連邦参議会によって選出される（第94条１項）。連邦憲法裁判所法は、いずれの場合にも、選出には３分の２以上の多数の同意が必要だと規定する（同法§６、７）。この要件により、そのときどきの多数派による党派的な人事が抑制されているといわれる。

ドイツ連邦共和国基本法（1949年）

議会評議会(Parlamentarischer Rat)は、1949年5月23日に、ライン河沿いのボンにおいて公開の会議を開催し、議会評議会が1949年5月8日に議決したドイツ連邦共和国基本法が、1949年5月16日から同月22日に至る週において、関係のドイツ各ラントの3分の2以上のラント議会によって採択されたことを確定した。

この確定に基づき、議会評議会は、その議長を代表として、基本法を認証し、かつ公布した。

基本法はこれにより、第145条第3項に従って、連邦法律公報に登載する。

前　文

ドイツ国民は、神と人間とに対する責任を自覚し、

合一された欧州における同権をもった一員として世界の平和に奉仕せんとする意思に満たされて、その憲法制定権力に基づいて、この基本法を制定した。

バーデン=ヴュルテンベルク、バイエルン、ベルリーン、ブランデンブルク、ブレーメン、ハンブルク、ヘッセン、メークレンブルク=フォーアポメルン、ニーダーザクセン、ノルトライン=ヴェストファーレン、ラインラント=プァルツ、ザールラント、ザクセン、ザクセン=アンハルト、シュレースヴィヒ=ホルシュタインおよびテューリンゲンの諸ラントにおけるドイツ人は、自由な自己決定によってドイツの統一と自由を成し遂げた。これにより、この基本法は全ドイツ国民に適用する。

〔この前文は、1990年8月31日調印の「統一条約」第4条により変更〕

Ⅰ　基本権

第1条〔人間の尊厳、人権、基本権の拘束力〕

(1) 人間の尊厳（Würde des Menschen）は不可侵である。これを尊重し保護することが、すべての国家権力に義務づけられている。

(2) それゆえに、ドイツ国民は、世界のすべての人間共同体、平和および正義の基礎として、不可侵にして譲り渡すことのできない人権(Menschenrechte)を信奉する。

(3) 以下の基本権(Grundrechte)は、直接に適用される法として、立法、執行権および裁判を拘束する。

〔第3項は、1956年3月19日の第7回基本法改正法律により変更〕

第2条〔人格の自由、生命および身体を害されない権利〕

(1) 各人は、他人の権利を侵害せず、かつ、憲法的秩序または道徳律に違反しない限りにおいて、自己の人格を自由に発展させる権利を有する。

(2) 各人は、生命への権利および身体を害されない権利を有する。人身の自由は、不可侵である。これらの権利は、法律の根拠に基づいてのみこれに介入することが許される。

第3条〔法律の前の平等、男女同権、差別的取扱いの禁止〕

(1) すべての人は法律の前に平等である。

(2) 男性と女性は同権である。国は、女性と男性の同権が現実的に達成されることを促進し、現に存する不利益の除去を目指す。

(3) 何人も、その性別、生まれ、人種、言語、故郷および家柄、その信仰、宗教上または政治上の見解を理由として、不利益を受け、または優遇されてはならない。何人も、その障害を理由として不利益を受けてはならない。

〔第2項第2文および第3項第2文は1994年10月27日の第42回改正法律で付加〕

第4条〔信仰・良心の自由〕

(1) 信仰、良心の自由、ならびに宗教および世界観の告白の自由は、不可侵である。

(2) 妨げられることなく宗教的活動を行うことが保障される。

(3) 何人も、その良心に反して、武器をもってする軍務を強制されてはならない。詳細は、連邦法律で規律する。

第5条〔意見表明の自由、知る権利、学問

の自由〕

(1) 何人も、言語、文書および図画によって自己の意見を自由に表明し流布する権利、ならびに、一般に近づくことのできる情報源から防げられることなく知る権利を有する。プレスの自由ならびに放送およびフィルムによる報道の自由は、これを保障する。検閲は、これを行わない。

(2) これらの権利は、一般的法律の規定、少年保護のための法律上の規定、および個人的名誉権によって制限を受ける。

(3) 芸術および学問、研究および教授は自由である。教授の自由は、憲法に対する忠誠を免除するものではない。

第6条〔婚姻、家族、母および子の保護〕

(1) 婚姻および家族は、国家秩序の特別の保護を受ける。

(2) 子どもの養育および教育は、親の自然的権利であり、かつ、何よりもまず親に課せられている義務である。この義務の履行については、国家共同体が監視する。

(3) 子どもは、親権者に故障がある場合、または子どもがその他の理由から放置されるおそれのある場合には、法律の根拠に基づいてのみ、親権者の意思に反して、家族から引き離すことが許される。

(4) すべての母は、共同社会の保護と配慮とを請求することができる。

(5) 嫡出でない子に対しては、法律制定によって、肉体的および精神的成長について、ならびに社会におけるその地位について、嫡出子に対すると同様の条件が作られなければならない。

第7条〔学校制度、宗教の授業〕

(1) 全学校制度は国〔＝ラント〕の監督の下にある。

(2) 親権者は、子どもを宗教の授業に参加させることについて決定する権利を有する。

(3) 宗教の授業は、無宗派学校を除く公立学校において、正課の授業科目である。宗教の授業は、国の監督権を害さない限りにおいて、宗教共同体の教義に沿って行われるものとする。いかなる教員も、その意思に反して宗教の授業を行うことを義務づけられてはならない。

(4) 私立学校を設立する権利は保障する。公立学校の代用としての私立学校は、国の認可を必要とし、かつ、ラント法律に服する。この認可は、私立学校がその教育目標および施設ならびにその教職員の学問上の養成において公立学校に劣らず、かつ、親の資産状況による生徒の選別が助長されない場合に与えるものとする。この認可は、教職員の経済的および法的地位が十分に確保されない場合にはこれを与えないものとする。

(5) 私立の国民学校は、教育行政官庁が特別の教育的利益を承認する場合にのみ、または、親権者の申立てに基づき、それが宗派共同学校（Gemeinschaftsschule）として、〔キリスト教の〕宗派学校として、もしくは世界観学校として設立されるよう求められている場合で、かつ、この種の公立の国民学校が市町村内に存在していない場合にのみ認めるものとする。

(6) 予備学校は、引き続き廃止されたままとする。

第8条〔集会の自由〕

(1) すべてのドイツ人は、届出または許可なしに、平穏に、かつ武器を携帯せずに、集会する権利を有する。

(2) 屋外の集会については、この権利は法律により、または法律の根拠に基づいて制限することができる。

第9条〔結社の自由〕

(1) すべてのドイツ人は、社団および組合を結成する権利を有する。

(2) 団体のうちで、その目的もしくはその活動が刑事法律に違反するもの、または、憲法的秩序もしくは諸国民のあいだの協調の思想に反するものは、禁止する。

(3) 労働条件および経済的条件を維持し促進するために団体を結成する権利は、何人にも、そしてすべての職業に対して保障されている。この権利を制限し、または妨害することを企図する合意は無効であり、これを目的とする措置は違法である。第12a条、第35条第2項および第3項、第87a条第4項、および第91条による措置は、第1文の趣旨における団体が労働条件および経済的条件を維持し促進するために行う労働争議に対してとることは、許されない。

〔第3項第3文は、1968年6月24日の第17回基本法改正法律で付加〕

第10条〔信書、郵便および電信電話の秘密〕

(1) 信書の秘密ならびに郵便および電信電話の秘密は、不可侵である。

(2) 〔これに対する〕制限は、法律の根拠に基づいてのみ命ずることが許される。その制限が自由で民主的な基本秩序、または連邦もしくはラントの存立もしくは安全の保障に役立つときは、法律によってその制限が、制限を受ける者に通知されない旨、および、裁判で争う方途に代えて議会の選任した機関および補助機関による事後審査を行う旨を定めることができる。

〔1968年6月24日の第17回基本法改正法律で第2項を付加・変更〕

第11条〔移転の自由〕

(1) すべてのドイツ人は、連邦の全領域内における移転の自由を享有する。

(2) この権利は法律によって、または法律の根拠に基づいてのみ、かつ、十分な生活基盤がなく、その結果公衆に特別の負担が生ずる場合、または、連邦もしくはラントの存立もしくは自由で民主的な基本秩序に対する差し迫った危険を防止するために必要な場合、伝染病の危険、自然災害もしくは特に重大な災害事故に対処するために必要な場合、少年が放置されないように保護し、もしくは犯罪行為を防止するために必要な場合にのみ、制限することが許される。

〔第2項は1968年6月24日の第17回基本法改正法律で変更〕

第12条〔職業選択の自由、強制労働の禁止〕

(1) すべてのドイツ人は、職業、職場および養成所を自由に選択する権利を有する。職業の遂行については、法律によって、または法律の根拠に基づいて、規律することができる。

(2) 何人も、伝統的・一般的な、すべての人に平等に課せられる公共の役務給付義務の範囲内にある場合を除き、一定の労働を強制されてはならない。

(3) 強制労働は、裁判所によって命じられる自由剝奪の場合にのみ許される。

〔1956年3月19日の第7回改正法律で、いったん当初の第2項に第2～4文が挿入され第3項が追加され当初の第3項は第4項となったが、これらの変更は1968年6月24日の第17回基本法改正法律で新たに追加された次の第12a条の一部とされたために原形に復し、さらに同日の改正で第1項が変更された〕

第12a条〔国防その他の役務従事義務〕

(1) 男子に対しては、満18歳から軍隊、連邦国境警備隊または民間防衛団における役務に従事する義務を課すことができる。

(2) 良心上の理由から武器をもってする軍務を拒否する者に対しては、代役に従事する義務を課すことができる。この代役の期間は兵役の期間を超えるものであってはならない。詳細は法律で規律するが、この法律は良心の決定の自由を侵害してはならず、かつ、軍隊および連邦国境警備隊に何ら関わりのない代役の可能性をも規定するものでなければならない。

(3) 第1項または第2項に定める役務に徴用されていない国防義務者に対しては、防衛緊急事態において、法律により、または法律の根拠に基づいて、民間人の保護を含む防衛を目的とする非軍事的な役務給付のために、労務関係に就くことを義務づけることができるが、公法上の役務関係に就く義務を課すことは、警察的任務、または、公法上の役務関係でなければ履行しえない公の行政の高権的任務を引き受けさせるためにのみ許される。第1文による労務関係は、軍隊において、その給養に関する領域において、および公の行政について認めることができるが、民間人の給養に関する領域において労務関係に就く義務を課すことは、民間人の生活に必要な需要を満たし、または、民間人の保護を確保するためにのみ許される。

(4) 防衛緊急事態において、民間の衛生施設および医療施設ならびに常駐の野戦病院における非軍事的役務給付の需要が志願者のみによっては満たされない場合には、法律により、または法律の根拠に基づいて、18歳以上55歳までの女子をこの種の役務給付に徴用することができる。女子は、いかなる場合にも、武器をもってする役務を義務づけられてはならない。

⑸　防衛緊急事態の発生以前においては、第3項の義務は第80a条第1項に準拠してのみ課すことができる。第3項の役務給付を準備するために、特別の知識または熟練を必要とするときは、法律により、または法律の根拠に基づいて、訓練行事に参加する義務を負わせることができる。その限りにおいて、第1文は適用しない。

⑹　防衛緊急事態において、第3項第2文に示された分野における労働力の需要が志願者のみによっては満たされない場合には、この需要を確保するために、法律により、または法律の根拠に基づいて、職業に従事することを放棄しまたは職場を放棄するドイツ人の自由を制限することができる。防衛緊急事態が発生する以前には、第5項第1文を準用する。

〔本条は1968年6月24日の第17回基本法改正法律で追加。その後2000年12月19日の第48回基本法改正法律で第4項第2文変更〕

第13条〔住居の不可侵〕

⑴　住居は不可侵である。

⑵　捜索は、裁判官によってのみ命ぜられ、危険が切迫している場合に、法律において定められたその他の機関によっても命ぜられ、その法律の定める形式によってのみ、行うことが許される。

⑶　一定の事実によって、ある者が法律上個別に定められた特に重大な罪を犯したとの嫌疑が根拠づけられるときは、事態の捜索が他の方法によっては比較にならないほど困難になり、あるいは見込みがなくなるであろうと考えられる場合には、裁判官の命令に基づき、被疑者が滞在していると推測される住居を聴覚的に監視するための技術的手段を講じることが許される。この措置には、期限が付けられるものとする。この命令は、3名の裁判官による合議体によって下す。危険が急迫しているときは、この命令は1人の裁判官によっても下すことができる。

⑷　公共の安全に対する急迫の危険、とりわけ、共通の危険や生命の危険の防止のためにとられる、住居を監視するための技術的手段は、裁判官の命令によってのみ講じることができる。危険が急迫しているときは、この措置は法律上定められた他の機関によっても命じることができ、この場合には、事後に遅滞なく裁判官の決定がなされるものとする。

⑸　〔第3項および第4項の〕技術的手段が、もっぱら、住居内に踏み込む際にそこにいる人々を保護するためだけに予定されている場合には、その措置は法律上定められた機関によって命じることができる。その際に得られた知見を他の方法で利用することは、刑事訴追または危険防止の目的のためにのみ、かつ、それに先立ってその措置の適法性が裁判官によって確認されている場合にのみ許され、危険が急迫しているときは、事後に遅滞なく裁判官の決定がなされるものとする。

⑹　連邦政府は、第3項によって行われ、ならびに、連邦の権限範囲内において第4項によって行われ、および裁判官による審査が必要とされる限度で第5項によって行われた技術的手段について、毎年、連邦議会に報告する。連邦議会によって選出された委員会は、この報告に基づいて議会による統制を行う。諸ラントは、議会による同等の統制を保障する。

⑺　上の場合以外には、〔住居への〕干渉および制限は、共同の危険または個々人の生命への危険を防衛するためにのみ、行うことが許されるが、法律の根拠に基づいて、公共の安全および秩序に対する急迫の危険を防止するためにも、特に〔住宅地その他の〕場所の不足を除去し、伝染病の危険を防止し、また危険にさらされている少年を保護するためにも、行うことが許される。

〔1998年3月26日の第45回基本法改正法律で新たな第3項から第6項までが追加され、従前の第3項が現行の第7項となった〕

第14条〔所有権・相続権・公用収用〕

⑴　所有権および相続権は、保障する。その内容および限界は、法律で定める。

⑵　所有権には義務が伴う。その行使は、同時に公共の福祉に役立つべきである。

⑶　公用収用は、公共の福祉のためにのみ許される。公用収用は、法律により、または、補償の方法および程度を規律する法律

の根拠に基づいてのみ、行うことが許される。その補償は、公共の利益および関係者の利益を正当に衡量して、定めるものとする。補償の額につき争いのあるときは、正規の裁判所で争う途が開かれている。

第15条〔社会化〕

土地、天然資源および生産手段は、社会化(Vergesellschaftung)の目的のために、補償の方法と程度とを規律する法律により、公有またはその他の公共経済の形態に移すことができる。その補償については、第14条第3項第3文および第4文を準用する。

第16条〔国籍剥奪、引渡し〕

(1) ドイツ国籍は、剥奪してはならない。国籍の喪失は、法律の根拠に基づいてのみ許され、かつ、当人の意思に反しては、当人がそれによって無国籍にならない場合に限りで許される。

(2) いかなるドイツ人も、外国に引き渡されてはならない。欧州連合を構成する一の国家または一の国際裁判所への引渡しに関しては、法治国家の諸原則が保たれている限度で、法律により異なる規律をすることができる。

〔第2項の当初の規定にあった第2文は1993年6月28日の第39回基本法改正法律で次の第16a条に移された。2000年11月29日の第47回基本法改正法律で第2項第2文付加〕

第16a条〔庇護権とその制限〕

(1) 政治的に迫害された者は、庇護権を有する。

(2) 欧州共同体を構成する国家から入国する者、または、難民（Flüchtlinge）の法的地位に関する協定ならびに人権および基本的自由の保護に関する条約の適用が保障されているその他の第三国から入国する者は、第1項を援用することができない。欧州共同体の外にある国家が、第1文の前提条件に該当する場合には、連邦参議会の同意を必要とする法律で定める。第1文の場合においては、滞在を終了させる措置は、これに対して申し立てられる法的救済手続とは独立に遂行することができる。

(3) 連邦参議会の同意を必要とする法律により、諸国家が、その法的状態、法適用および一般的政治状況からして、そこにおいては政治的迫害も行われておらず、かつ、残酷もしくは屈辱的な処罰もしくは処遇も行われていない国家であることを決定することができる。かかる国家の一つからの外国人は、政治的に迫害されている者とはみなされない。ただし、この推定に反して政治的に迫害されていることが明らかとなる事実を摘示するときはこの限りではない。

(4) 第3項の場合、および、明らかに根拠がなく、または明らかに根拠がないとみなされるその他の場合においては、滞在を終了させる措置の遂行は、その措置の適法性の重大な疑義が存在する場合にのみ、裁判所によって停止する。審査の範囲は、制限することができ、遅きに失した申立ては、考慮に入れずにおくことができる。詳細は、法律で定めるものとする。

(5) 第1項ないし第4項は、欧州共同体の構成国が、相互間で、および第三国との間で締結する国際法上の条約によって、締約国においてその適用が確保されていなければならない難民の法的地位に関する協定ならびに人権および基本的自由の保護に関する条約に基づく諸義務を遵守しつつ、庇護決定の相互的承認を含む庇護請願の審査に関する権限規制を行うことを妨げるものではない。

〔本条は1993年6月28日の第39回基本法改正法律で追加。第1項は元来第16条第2項にあったもの〕

第17条〔陳情権〕

何人も、個人で、または他人と共同して、管轄機関および議会に対して、文書で請願または訴願をなす権利を有する。

第17a条〔基本権の制限〕

(1) 兵役および代役に関する法律は、軍隊および代役に属している者に対して、兵役または代役の期間中、言語・文書および図画によって自己の意見を自由に表明しおよび流布する基本権（第5条第1項第1文前段）、集会の自由の基本権（第8条）および、他人と共同して請願または訴願を申し立てる権利を保障している限度における陳情の権利（第17条）が制限される旨を規定することができる。

(2) 民間人の保護を含む防衛のための法律

は、移転の自由（第11条）および住居の不可侵（第13条）の基本権が制限される旨を規定することができる。

〔本条は1956年３月19日の第７回改正法律で追加〕

第18条〔基本権の喪失〕

意見表明の自由、特に出版の自由（第５条第１項）、教授の自由（第５条第３項）、集会の自由（第８条）、結社の自由（第９条）、信書、郵便および電信電話の秘密（第10条）、所有権（第14条）または庇護権（第16a 条）を、自由で民主的な基本秩序に敵対するために濫用する者は、これらの基本権を喪失する。それらの喪失とその程度については、連邦憲法裁判所によって言い渡される。

〔第１文の「第16a 条」の部分は1993年６月28日の第39回改正法律で変更されたもの〕

第19条〔基本権の制限とその限界、法人の基本権享有主体性、基本権侵害の法的救済〕

(1) この基本法によって基本権が法律により、または法律の根拠に基づいて制限されうる限度において、その法律は一般的に適用されるものでなければならず、単に個々の場合にのみ適用されるものであってはならない。さらにその法律は、条項を示して〔制限する〕基本権を挙げなければならない。

(2) いかなる場合でも、基本権はその本質的内実において侵害されてはならない。

(3) 基本権は、その本質上内国法人に適用しうる限りにおいて、これにも適用する。

(4) 何人も、公権力によって自己の権利を侵害されたときは、裁判で争う途（Rechtsweg）が開かれている。他の〔機関の〕管轄が認められていない限度において、通常裁判所への出訴の途が与えられている。第10条第２項第２文は〔これによって〕影響を受けない。

〔第４項第３文は1968年６月24日の第17回改正で付加〕

Ⅱ　連邦およびラント

第20条〔連邦国家、権力分立、社会的連邦国家、抵抗権〕

(1) ドイツ連邦共和国は、民主的かつ社会的な連邦国家である。

(2) すべての国家権力は、国民（Volk）に由来する。国家権力は、選挙および投票において国民により、かつ、立法、執行権および裁判の個別の諸機関を通じて行使される。

(3) 立法は憲法に適合する秩序に、執行権および裁判は法律および法に拘束されている。

(4) この秩序を排除することを企てる何人に対しても、すべてのドイツ人は、他の救済手段が可能でない場合には、抵抗する権利を有する。

〔第４項は1968年６月24日の第17回改正で追加〕

第20a 条〔自然的生活基盤の保護義務〕

国は、来たるべき世代に対する責任を果たすためにも、憲法的秩序の枠内において立法を通じて、また、法律および法の基準にしたがって執行権および裁判を通じて、自然的生存〔生命〕基盤および動物を保護する。

〔本条は1994年10月27日の第42回改正法律で追加。2002年７月26日の第50回改正法律で「および動物」の部分が追加変更〕

第21条〔政党の憲法的地位〕

(1) 政党は、国民の政治的意思形成に協力する。政党の結成は自由である。政党の内部秩序は、民主制の諸原則に合致していなければならない。政党は、その資金の出所および用途について、ならびにその財産について、公的に報告しなければならない。

(2) 政党のうちで、その目的またはその支持者の行動に徴して、自由で民主的な基本秩序を侵害しもしくは除去し、またはドイツ連邦共和国の存立を危うくすることを目指すものは、違憲である。

(3) 政党のうちで、その目的またはその支持者の行動に徴して、自由で民主的な基本秩序を侵害しもしくは除去し、またはドイル連邦共和国の存立を危うくすることを目指すものは、国の助成を受けられない。このことが確定したときは、これらの政党の租税優遇措置も行われず、これらの政党の寄付の優遇措置も行われない。

⑷　第２項による〔政党の〕違憲の問題および第３項による国の財政援助の排除については、連邦憲法裁判所がこれを決定する。
⑸　詳細は、連邦法律で規律する。
〔第１項第４文は1983年12月21日の第35回改正法律で変更。第２項は2017年７月13日の第61回改正で当初の第２文の規定が削除されて（文言修正されて）第４項となり、新たに第３項が追加され、当初の第３項は第５項となった〕

第22条〔連邦国旗〕

⑴　ドイツ連邦共和国の首都は、ベルリーンとする。首都において国家全体を代表すること（Repräsentation des Gesamtstaates）は、連邦の任務である。詳細は連邦法律で規律する。
⑵　連邦国旗は、黒＝赤＝金色である。
〔第１項は2006年８月28日の第52回改正法律で追加されたもので、従来の文言が第２項となった〕

第23条〔欧州連合のための諸原則〕

⑴　統一された欧州を実現させるために、ドイツ連邦共和国は、欧州連合の発展に協力するが、この欧州連合は、民主的、法治国家的、社会的および連邦的な諸原則および補完性（Subsidiarität）の原則に義務づけられており、本質的な点でこの基本法の基本権保障に匹敵する基本権保障を有しているものとする。この点について、連邦は、連邦参議会の同意を得て、法律により高権を委譲することができる。欧州連合の創設に関して、ならびに、その条約上の根拠の変更およびこれに匹敵する規律であって、それによりこの基本法がその内容において変更もしくは補充され、またはかかる変更もしくは補充が可能となるようなものに関しては、第79条第２項および第３項を適用する。
（1a）　連邦議会および連邦参議会は、欧州連合の立法行為が補充性原則に抵触することを理由として、欧州連合裁判所に訴えを提起する権利を有する。連邦議会はその議員の４分の１の申立てがあるときは、訴えを提起する義務を負う。欧州連合の条約上の根拠において連邦議会と連邦参議会に帰属している諸権利を行使するために、連邦参議会の同意を必要とする連邦法律により、第42条第２項第１文および第52条第３項第１文の例外を認めることができる。
⑵　欧州連合に関わる事項においては、連邦議会は協力し、また諸ラントは連邦参議会を通じて協力する。連邦政府は、連邦議会および連邦参議会に対し、包括的に、かつ可能な限り早い時期に、情報を与えなければならない。
⑶　連邦政府は、欧州連合の法設定行為に協力する前に、連邦議会に態度決定の機会を与える。連邦政府は交渉に際して連邦議会の態度決定を考慮に入れる。詳細は、法律で規律する。
⑷　連邦参議会は、連邦の意思形成に対応する国内的措置に協力しなければならない場合、または、諸ラントが国内的に権限を有している場合には、その限度で、連邦の意思形成に参加するものとする。
⑸　連邦が専属的権限を有している領域において諸ラントの利害が影響を受ける場合、または、その他連邦が立法を行う権利を有している場合には、その限りで、連邦政府は連邦参議会の態度表明を考慮に入れる。重要な点において諸ラントの立法権限、ラントの官庁の新設、またはラントの行政手続が関わっている場合には、その限度で、連邦の意思形成に際して連邦参議会の見解を権威あるものとして考慮するものとするが、その際には、連邦の全国家的責任が保持されるものとする。連邦にとって支出が増加しまたは収入が減少する可能性のある事項においては、連邦政府の同意を必要とする。
⑹　学校教育、文化、または放送の分野における諸ラントの専属的立法権が重要な点において関わっているときは、欧州連合の一員としてのドイツ連邦共和国に帰属している諸権利の主張は、連邦により、連邦参議会の指定する諸ラントの代表に委譲されるものとする。これらの権利の主張は、連邦政府の参加の下に、かつ連邦政府と意見調整をした上で行い、その際には、連邦の国家全体の責任が保持されるものとする。
⑺　第４項から第６項までについての詳細は、連邦参議会の同意を必要とする法律で

規律する。

〔基本法の適用範囲に関する制定当初の文言は、ドイツ統一によって不要となったため1990年８月31日調印の統一条約でいったん削除された後、1992年12月21日のマーストリヒト条約同意に伴う第38回改正法律で新規定に変更。第６項第１文は、2006年８月28日の第52回改正法律で変更。2008年10月８日の第53回改正法律で第1a項が追加〕

第24条〔高権の委譲、集団的安全保障〕

⑴　連邦は、法律により、高権的諸権利(Hoheitsrechte)を国際機関に委譲することができる。

(1a)　諸ラントが、国家的権能を行使しおよび国家的任務を遂行することについて、権限を有している限度において、諸ラントは、連邦政府の同意を得て、境界を接している諸施設に高権を委譲することができる。

⑵　連邦は、平和を維持するために、相互的集団安全保障制度に加入することができる。その場合には、連邦はその高権を制限し、〔それによって〕欧州および世界の諸国民の間に平和で永続的な秩序をもたらし、かつ保障することに同意するであろう。

⑶　国際紛争を規律するために、連邦は一般的・包括的・義務的な国際仲裁裁判に関する協定に加入するであろう。

〔第1a項は、1992年12月21日の第38回改正法律で追加〕

第25条〔連邦法の構成部分としての国際法〕

国際法の一般的諸原則は連邦法の構成部分である。それらは、法律に優先し、連邦領域の住民に対して直接に権利・義務を生ぜしめる。

第26条〔侵略戦争の禁止〕

⑴　諸国民の平和的共同生活を妨げ、特に侵略戦争の遂行を準備するのに役立ち、かつ、そのような意図をもってなされる行為は、違憲である。このような行為は処罰するものとする。

⑵　戦争遂行用の武器は、連邦政府の許可を得ることによってのみ、製造し、運搬し、商取引することが許される。詳細は、連邦法律で規律する。

第27条〔商船隊〕

すべてのドイツ商船は、統一した商船隊を組織する。

第28条〔ラントおよび市町村の憲法秩序〕

⑴　ラントにおける憲法的秩序は、この基本法の趣旨に即した共和制的・民主的および社会的な法治国家の諸原則に適合していなければならない。ラント、郡および市町村においては、国民は普通・直接・自由・平等および秘密の選挙に基づいて設置された議会を有していなければならない。郡および市町村における選挙に際しては、欧州共同体を構成するある国家の国籍を有している者も、欧州共同体の法の基準に従って、選挙権および被選挙権を有する。市町村においては、市町村集会が選挙された団体に代わることができる。

⑵　市町村に対しては、法律の範囲内において、地域的共同体のすべての事項を自己の責任において規律する権利が保障されていなければならない。市町村連合もまた、その法律上の任務領域の範囲内において、法律の基準にしたがって、自治権を有する。自治の保障には、財政上の自己責任の基盤も含まれ、税率設定権を有する市町村に帰属する経済関連の租税財源もこの基盤の一部をなしている。

⑶　連邦は、ラントの憲法的秩序が基本権ならびに第１項および第２項の規定に適合することを保障する。

〔第１項第３文は1992年12月21日の第38回改正法律で付加。第２項は1994年10月27日の第42回改正法律で第３文前段が付加され、1997年10月20日の第44回改正法律で同項後段が付加〕

第29条〔連邦領域の新編成〕

⑴　連邦領域は、ラントが規模および能力に応じて、そのラントに課せられた任務を実効的に遂行しうることを保障するために、新たに編成することができる。その場合には、同郷的結束、歴史的・文化的連関、経済的合目的性ならびに地域開発計画およびラントの国土計画の要請を考慮しなければならない。

⑵　連邦領域を新たに編成するための措置は、〔ラントの〕住民表決（Volksentscheid）によって追認されることを要する連邦法律によってなされる。当該ラントの意思は、聴かなければならない。

⑶　住民表決が行われるラントは、その領域または領域の一部から新たなラント、または新たな境界を有するラントが形成されることになるラント（当該ラント）である。採決は、当該ラントが従来どおりに存続すべきか、または、新たなラントもしくは新たな境界を有するラントが形成されるべきか、という問題についてなされなければならない。新たなラント、または新たな境界を有するラントを形成することに関する住民表決は、将来の領域において、および、そのラントへの所属が同様の意味において変更されることになる、当該ラントの領域または領域の諸部分の全体において、そのたびごとに多数がその変更に同意する場合に、成立する。その住民表決は、当該ラントのうちの一のラントの領域において多数がその変更を拒絶するときは、成立しないが、その拒絶は、当該ラントへの所属が変更されることになる領域部分において、3分の2の多数がその変更に同意するときは、顧慮されない、ただし、当該ラントの全領域において3分の2の多数が変更を拒絶したときは、この限りでない。

⑷　関連した、境界の区切られた住宅・経済地域で、その諸部分が複数のラントに属し、少なくとも人口100万人を有する所において、その地域の連邦議会の有権者の10分の1による住民請願（Volksbegehren）によって、この地域について統一的なラントへの所属を招来すべきことが要求されるときは、連邦法律によって、2年以内に、第2項によってラントへの所属を変更されるかどうかについて規定するか、または、当該ラントにおいて住民投票（Volksbefragung）が行われることを規定しなければならない。

⑸　住民投票は、法律において提案されるべきラントへの所属の変更が同意を得られるかどうかを確認することを目的とする。その法律は、住民投票についての異なった提案をすることができるが、その提案は2つを超えることはできない。ラントへの所属の変更の提案に多数が賛成したときは、連邦法律によって、2年以内に、そのラントへの所属が第2項によって変更されるかどうかが規定されなければならない。住民投票に付された提案が第3項第3文および第4文の基準に合致した同意を得られたときは、その住民投票の実施後2年以内に、提案されたラントをつくるための連邦法律が発布されなければならない。その連邦法律は、もはや住民表決によって追認されることを要しない。

⑹　住民表決および住民投票における多数とは、少なくとも連邦議会の有権者の4分の1を含む投票の過半数をいう。住民表決、住民請願および住民投票についてのその他の詳細は、連邦法律で規律する。この法律は、5年の期間内は住民請願を繰り返すことができない旨を定めることもできる。

⑺　ラントの領域のその他の変更は、ラントへの所属が変更されることになる領域が5万人以上の人口を有しない場合には、関係するラント間の協約により、または、連邦参議会の同意を得た連邦法律によって行うことができる。詳細は、連邦参議会の同意および連邦議会議員の多数の同意を必要とする連邦法律で規律する。この連邦法律には、関係する市町村および郡の意見を聴取することが定められなければならない。

⑻　ラントは、第2項から第7項までの規定にかかわらず、ラント間の協約により、当該ラントにその時々に包括されている領域またはその領域の一部について、新たな編成を規律することができる。関係する市町村および郡は、［意見の］聴取を受けるものとする。その［ラント間の］協約は、それに参加するすべてのラントにおける住民表決によって承認されることを要する。その［ラント間の］協約がラントの領域の一部にかかわるものであるときは、その承認は、当該部分の住民表決のみに限定することができ、〔次の〕第5文後段は適用しない。住民表決において、投票総数の過半数の中に、連邦議会〔議員〕の有権者の少なくとも4分の1の投票が含まれているときは、その過半数で決定がなされることとし、詳細は、連邦法律で規律する。その

〔ラント間の〕協約には、連邦議会の同意を必要とする。

〔1969年8月19日の第25回改正法律および1976年8月23日の第33回改正法律で全面的に変更。1994年10月27日の第42回改正法律で第7項の一部変更、第8項追加〕

第30条〔ラントの任務〕

国家の権能の行使および国家の任務の遂行は、この基本法が別段の定めをせず、または許していない限度において、ラントのなすべき事柄である。

第31条〔連邦法の優位〕

連邦の法はラントの法に優先する。

第32条〔外交関係の処理〕

(1) 外国との諸関係の処理は、連邦の任務である。

(2) あるラントの特別の事情に関係する条約は、その締結に先立って、適当な時期に、そのラントの意見を聴取しなければならない。

(3) ラントは、立法について権限を有している限度において、連邦政府の同意を得て、外国と条約を締結することができる。

第33条〔公民としての権利・義務、公職就任における平等〕

(1) 各ドイツ人は、各ラントにおいて、等しく公民としての権利を有し義務を負う。

(2) 各ドイツ人は、その適性・資格および専門的能力に応じて、等しく各公職に就くことができる。

(3) 市民権および公民権の享受、公職への就任、ならびに公務において得た権利は、宗教上の信仰〔告白〕のいかんに左右されることはない。何人も、ある信条または世界観に属するか否かによって、不利益を受けてはならない。

(4) 高権的権能の行使は、恒常的任務として、通常は、公法上の勤務関係・忠誠関係にある公務員に委託されなければならない。

(5) 公務に関する法は、職業官吏制度の伝統的諸原則を考慮して規律し、かつ継続的に発展させなければならない。

〔第5項は2006年8月28日の第52回改正法律で変更〕

第34条〔職務上の義務違反に対する責任〕

ある人が、自己に委託された公務の行使において、第三者に対して負担している職務上の義務に違反したときは、その責任は、原則として、その者が服務している国家または団体が負う。故意または重過失があるときは、求償を妨げない。損害賠償請求権および求償については、通常裁判所で争う途が排除されてはならない。

第35条〔連邦およびラントの法律上および職務上の援助、災害救助〕

(1) 連邦およびラントのすべての官庁は、相互に法律上および職務上の援助〔＝司法共助・職務共助〕を行う。

(2) 公共の安全および秩序を維持しまたは回復するために、ラントは、特別の重要性を有するときは、ラント警察が連邦国境警備隊の支援がなければ任務を遂行しえず、または、任務の遂行に著しい困難をきたす場合において、ラント警察の支援のために、連邦国境警備隊の力および施設を要請することができる。自然災害または特に重大な災厄事故の場合に救助を受けるために、ラントは、他のラントの警察力、他の行政官庁の力と施設、ならびに、連邦国境警備隊および軍隊の力と施設とを要請することができる。

(3) 自然災害または災厄事故が一のラントを超える領域に危険を及ぼすときは、連邦政府は、これに有効に対処するのに必要な限度において、ラント政府に対し、他のラントのために警察力を使用させるべきことを指図することができ、また警察力を支援するために、連邦国境警備隊および軍隊の部隊を出動させることができる。第1文による連邦政府の措置は、連邦参議会の要求があるときはいつでも、〔また〕その他の場合には危険が除去されたのち遅滞なく、中止するものとする。

〔第2項および第3項は1968年6月24日の第17回改正法律で追加。1972年7月28日の第31回改正法律で第2項に第1文が付加〕

第36条〔連邦官庁の職員〕

(1) 連邦最高官庁においては、公務員は、すべてのラントから、適当な割合で、任用するものとする。その他の連邦官庁に勤務する職員は、通常は、その者が勤務するラントから採用すべきである。

(2) 国防法は、連邦のラントへの編成およびその特別な同郷的諸関係をも考慮しなければならない。

〔第２項は、1956年３月19日の第７回改正法律で追加〕

第37条〔連邦強制〕

(1) あるラントが基本法またはその他の連邦法律によって負担している連邦義務を履行しないときは、連邦政府は、連邦参議会の同意を得て、連邦強制の手段によってそのラントに義務を履行させるために必要な措置をとることができる。

(2) 連邦強制を実行するために、連邦政府またはその受託者は、すべてのラントおよびその官庁に対して、指図権を有する。

Ⅲ 連邦議会

第38条〔連邦議会選挙、選挙権・被選挙権、議員の地位〕

(1) ドイツ連邦議会の議員は、普通・直接・自由・平等および秘密の選挙によって選挙する。議員は全国民の代表者であって、委任および指図に拘束されることはなく、自己の良心のみに従う。

(2) 18歳に達した者は、選挙権を有し、成年になる年齢に達した者〔＝18歳〕は、被選挙権を有する。

(3) 詳細は、連邦法律で規定する。

〔第２項は1970年７月31日の第27回改正法律で変更〕

第39条〔被選期間、解散後の選挙、招集〕

(1) 連邦議会は、以下の諸規定を条件として、４年の任期について選挙する。その被選期間（Wahlperiode）は、新たな連邦議会の集会とともに終了する。新たな選挙は、被選期間の開始の後、早くとも46カ月目、遅くとも48カ月目に行う。連邦議会の解散の場合には、新たな選挙は60日以内に行う。

(2) 連邦議会は、遅くとも選挙後30日目に集会する。

(3) 連邦議会は、会議の終了および再開を定める。連邦議会議長は、それより前に連邦議会を招集することができる。議員の３分の１、連邦大統領または連邦総理大臣の要求があるときは、連邦議会議長は連邦議会を招集する義務を負う。

〔第１項および第２項は、1976年８月23日の第33回改正法律および1998年７月16日の第46回改正法律で変更。第１項はさらに1998年７月16日の第46回改正法律で変更〕

第40条〔議長、書記役議員、議事規則〕

(1) 連邦議会は、その議長、副議長および書記役議員を選挙する。連邦議会は、議事規則を定める。

(2) 議長は、連邦議会議事堂内における議事堂管理権および警察権を行使する。議長の許諾がなければ、連邦議会の構内において、いかなる捜索または押収も行ってはならない。

第41条〔選挙審査〕

(1) 選挙の審査は、連邦議会の責務である。連邦議会は、連邦議会議員がその資格を喪失したかどうかについても決定する。

(2) 連邦議会の決定に対しては、連邦憲法裁判所に訴願することが許される。

(3) 詳細は、連邦法律で規律する。

第42条〔議事の公開、多数決〕

(1) 連邦議会は、公開で議事を行う。その議員の10分の１の申立てに基づき、または連邦政府の申立てに基づいて、３分の２の多数をもって、公開を禁ずることができる。申立てについては、非公開の会議で決する。

(2) 連邦議会の議決には、この基本法に特別の定めのある場合を除いては、投票の過半数を必要とする。連邦議会が行うべき選挙については、議事規則によって例外を許すことができる。

(3) 連邦議会およびその委員会の公開の会議に関して、真実に即して報告しても、いかなる責任も問われることはない。

第43条〔連邦政府・連邦参議会の構成員の会議への出席・発言権〕

(1) 連邦議会およびその委員会は、連邦政府のどの構成員に対しても、出席を要求することができる。

(2) 連邦参議会および連邦政府の構成員、ならびにこれらの受託者（Beauftragter）は、連邦議会およびその委員会のすべての会議に出席することができる。これらの者は、いつでも発言を認められなければならない。

第44条〔調査委員会〕

(1) 連邦議会は、公開の議事において必要な証拠を取り調べる調査委員会を設置する権利を有し、議員の4分の1の申立てがあるときは、これを設置する義務を負う。公開は、禁止することができる。

(2) 証拠調べには、刑事訴訟に関する規定が類推適用される。信書・郵便および電信電話の秘密は、これによって影響を受けない。

(3) 裁判所および行政官庁は、法律上および職務上の援助をする義務を負う。

(4) 調査委員会の決議は、裁判による審査を受けることがない。裁判所は、調査の基礎となっている事情の評価および判断においては、自由である。

第45条〔欧州連合委員会〕

連邦議会は、欧州連合の事務のための委員会を選任する。連邦議会はこの委員会に対し、第23条に基づいて連邦議会が連邦政府に対して有している諸権利を主張することを授権することができる。連邦議会はまた、欧州連合の条約上の根拠において連邦議会に帰属している諸権利を行使することも授権することができる。

〔本条は、1976年8月23日の第33回改正法律でいったん削除された後、1992年12月21日の第38回改正法律で新規定となり、さらに2008年10月8日の第53回改正法律（施行は2009年12月1日）で第3文が付加〕

第45a条〔外務委員会、国防委員会〕

(1) 連邦議会は、外務に関する委員会および国防に関する委員会を設置する。

(2) 国防委員会は、調査委員会の権利をも有する。国防委員会は、その委員の4分の1の申立てがあるときは、ある事項をその調査の対象とする義務を有する。

(3) 第44条第1項は、国防の分野には適用されない。

〔本条は1956年3月19日の第7回改正法律で追加。1976年8月23日の第33回改正法律で変更〕

第45b条〔連邦議会の国防受託者〕

議会による統制を行う場合には、基本権を保護し、および連邦議会の補助機関として、連邦議会の国防受託者を任命する。詳細は、連邦法律で規律する。

〔本条は1956年3月19日の第7回改正法律で追加〕

第45c条〔陳情委員会の設置〕

(1) 連邦議会は、第17条により連邦議会に提出された請願および訴願を処理することを任務とする陳情委員会を設置する。

(2) この委員会が訴願について審査する権能は、連邦法律で規律する。

〔本条は1975年7月15日の第32回改正法律で追加〕

第45d条　議会統制委員会

(1) 連邦議会は、連邦の秘密情報機関の行動を統制するための委員会委員を任命する。

(2) 詳細は、連邦法律でこれを規律する。

〔本条は2009年7月17日の第55回改正法律で追加。なお、本条の条文見出しのみ例外的に原典のまま〕

第46条〔議員の刑事免責および不逮捕特権〕

(1) 議員は、いかなる時にも、連邦議会またはその委員会の一つにおいて行った表決または発言を理由として、裁判上または職務上、訴追され、または、その他連邦議会外において責任を問われてはならない。ただし、中傷的誹謗に関してはこのことは適用されない。

(2) 刑罰を科せられるべき行為のゆえに議員が責任を問われ、または逮捕されるのは、連邦議会の許諾があった場合のみである。ただし、現行犯でまたはその翌日中に逮捕されるときは、この限りでない。

(3) 連邦議会の許諾は、さらに、議員の人身の自由を制限するその他のすべての場合においても、または、第18条に基づく手続を議員に対して開始する場合にも、必要である。

(4) 議員に対する刑事手続および第18条に基づく手続、勾留および議員の人身の自由に対するその他の制限は、いかなる場合にも、連邦議会の要求があるときは、停止するものとする。

第47条〔議員の証言拒否権〕

議員は、その議員としての資格において他人から事実を打ち明けられ、または、議員としての資格において他人に事実を打ち明けたときは、その相手について、およびこれらの事実自体について、証言を拒否する権利を有する。この証言拒否権が及ぶ限りにおいては、書類の押収は許されない。

第48条〔選挙準備のための休暇請求権、職務行使の自由、補償請求権、国有交通機関の無料利用権〕

(1) 連邦議会に議席を得ようとする者は、その選挙の準備のために必要な休暇を請求する権利を有する。

(2) 何人も、議員の職務を引き受け、かつこれを行使することを妨げられてはならない。このことを理由とする解約告知または免職は、許されない。

(3) 議員は、その独立を保障するにふさわしい補償〔＝歳費〕を請求する権利を有する。議員は、国有の交通手段を無償で利用する権利を有する。詳細は、連邦法律で規律する。

第49条〔2つの被選期間のあいだにおける委員の権利〕〔削除〕

〔本条の当初の規定は1956年3月19日の第7回改正法律で変更後、1976年8月23日の第33回改正法律で全文削除〕

Ⅳ　連邦参議会

第50条〔連邦参議会の権能〕

ラントは、連邦参議会を通じて連邦の立法および行政ならびに欧州連合の事務において協力する。

〔1992年12月21日の第38回改正法律で変更〕

第51条〔連邦参議会の構成〕

(1) 連邦参議会は、ラント政府の構成員によって構成され、ラント政府が任免する。これらの者は、そのラント政府のその他の構成員によって代理されることができる。

(2) 各ラントは少なくとも3票の票決権を有し、人口200万以上のラントは4票、人口600万以上のラントは5票、人口700万以上のラントは6票の票決権を有する。

(3) 各ラントは、その有する票決権と同数の構成員を派遣することができる。一のラントの表決は、一括してのみ、かつ、出席者またはその代理人によってのみ、行うことができる。

〔第2項は1990年8月31日調印の統一条約第4条によって変更〕

第52条〔連邦参議会の議長、招集、票決、議事規則〕

(1) 連邦参議会が選出する議長の任期は1年である。

(2) 議長は、連邦参議会を招集する。議長は、少なくとも2つのラントの代表者または連邦政府の要求があるときは、これを招集しなければならない。

(3) 連邦参議会は、少なくともその票決の過半数をもって議決を行う。連邦参議会は議事規則を定める。連邦参議会は、その議事を公開で行う。その公開は、これを禁止することができる。

(3a) 欧州連合の事務のために、連邦参議会は、欧州連合専門部会（Europakammer）を形成することができ、その議決は連邦参議会の議決とみなす。一括して行使されるべき諸ラントの票決の数は、第51条第2項の規定による

(4) 連邦参議会の委員会には、ラント政府のその他の構成員またはその委任を受けた者が所属することができる。

〔第3a項は1992年12月21日の第38回改正法律で追加され、さらにその第2文は2006年8月28日の第52回改正法律で変更〕

第53条〔連邦政府構成員の議事参加権、連邦政府の報告義務〕

連邦政府の構成員は、連邦参議会およびその委員会の議事に参加する権利を有し、要求があるときは、これに参加する義務を負う。これらの者は、いつでも発言することができなければならない。連邦参議会は、事務の処理について、常時、連邦政府から報告を受けるものとする。

Ⅳa　合同委員会

第53a条〔合同委員会の構成およびその手続〕

(1) 合同委員会は、その3分の2を連邦議会議員、3分の1を連邦参議会構成員で構成する。連邦議会議員は、院内諸政党の議員数の割合に応じて連邦議会によって定められ、議員は連邦政府に所属してはならない。各ラントは、その選任した連邦参議会構成員によって代表され、これらの構成員

は〔ラントの〕指示に拘束されていない。合同委員会の組織およびその手続は、連邦議会が議決する委員会規則によって規律し、かつ、この規則には連邦参議会の同意を必要とする。

(2) 連邦政府は、防衛緊急事態に対する政府の計画について、合同委員会に報告しなければならない。第43条第1項による連邦議会およびその委員会の権利は影響を受けない。

〔Ⅳa 章の標題および第53a 条は、1968年6月24日の第17回改正法律で追加〕

V　連邦大統領

第54条〔連邦大統領の選挙および在任期間、連邦会議〕

(1) 連邦大統領は、討議によらないで、連邦会議(Bundesversammlung)によって選挙する。連邦議会〔議員〕の選挙権を有し、かつ、40歳に達したすべてのドイツ人は、被選挙権を有する。

(2) 連邦大統領の在任期間は5年である。1回に限り、引き続き再選されることが許される。

(3) 連邦会議は、連邦議会議員と、ラント議会が比例代表選挙の諸原則に従って選挙した、これと同数の議員とで構成する。

(4) 連邦会議は、遅くとも、連邦大統領の在任期間の満了の30日以前に、また、在任期間満了前に〔職務が〕終了する場合には、この時から遅くとも30日以前に、集会する。連邦会議は、連邦議会の議長によって招集される。

(5) 〔連邦議会の〕被選期間経過後は、第4項第1文の期間は、連邦議会の第1回の集会とともに進行する。

(6) 連邦会議の構成員の過半数の投票を得た者が〔連邦大統領に〕選ばれる。2回の選挙でも候補者のいずれもがこの過半数を得られないときは、さらに1回の投票を行って最多数の投票を得た者が、選ばれる。

(7) 詳細は、連邦法律で規律する。

第55条〔職務の非両立性〕

(1) 連邦大統領は、連邦またはラントの、政府にも立法機関にも所属することは許されない。

(2) 連邦大統領は、その他の有給の職務に就くことは許されず、またいかなる営業および職業に従事することも、また、営利を目的とする企業の幹部および監査役会に所属することも許されない。

第56条〔職務就任の際の宣誓〕

連邦大統領は、その職務を引き受ける際に、参集した連邦議会および連邦参議会の構成員の面前で、次のとおり宣誓を行う：

「私は、私の力をドイツ国民の幸福のために捧げ、その利益を増進し、国民を損害から免れしめ、連邦の基本法および諸法律を守りかつ擁護し、私の義務を良心的に果たし、何人にも正義を行うことを誓う。神よ、ご照覧あれ。」

この宣誓は、宗教上の誓言なしに行うこともできる。

第57条〔権能の代理〕

連邦大統領の権能は、連邦大統領に事故あるとき、または、その職務が任期満了以前に終了したときは、連邦参議会議長によって代理して行使される。

第58条〔副署〕

連邦大統領の命令および処分は、それが有効であるためには、連邦総理大臣または管轄連邦大臣による副署を必要とする。〔ただし〕このことは、連邦総理大臣の任免、第63条による連邦議会の解散、および第69条第3項による要請については、適用しない。

第59条〔国際法上の代表権、条約締結権〕

(1) 連邦大統領は、国際法上連邦を代表する。連邦大統領は、連邦の名において、外国と条約を締結する。連邦大統領は、〔外国の〕使節を信認し接受する。

(2) 連邦の政治的関係を規律し、または、連邦の立法の対象にかかわる条約は、それぞれ連邦の立法について権限を有する機関の、連邦法律の形式での承認または協力を必要とする。行政協定については、連邦行政に関する規定を準用する。

第59a 条〔防衛緊急事態の確定〕〔削除〕

〔本条は1956年3月19日の第7回改正法律でいったんは追加されたが、その後1968年6月24日の第17回改正法律で削除され、第1項から第3項までは第115a 条へ、また第4項

は第115l条第3項に移動〕

第60条〔連邦裁判官・連邦公務員等の任免権、恩赦権〕

(1) 連邦大統領は、法律に特別の定のある場合を除いては、連邦裁判官、連邦公務員、将校および下士官を任免する。

(2) 連邦大統領は、個々の場合に、連邦に代わって恩赦権を行使する。

(3) 連邦大統領は、この権能を他の官庁に委託することができる。

(4) 第46条第2項から第4項までの規定は、連邦大統領に準用する。

〔第1項は1956年3月19日の第7回改正法律で変更〕

第61条〔連邦大統領の訴追〕

(1) 連邦議会または連邦参議会は、連邦大統領が基本法またはその他の連邦法律に故意に違反したことを理由として、連邦憲法裁判所に訴追することができる。訴追の提起を求める動議は、少なくとも、連邦議会議員の4分の1、または、連邦参議会の表決数の4分の1をもって提出されなければならない。訴追の提起を求める議決は、連邦議会議員の3分の2または連邦参議会の表決数の3分の2の多数を必要とする。訴追は、訴追する議院の受託者によって代表される。

(2) 連邦憲法裁判所は、連邦大統領が基本法またはその他の連邦法律に故意に違反したことについて有責であることを確定したときは、連邦大統領にその職務の喪失を宣告することができる。連邦憲法裁判所は、訴追が提起された後、仮の命令によって、連邦大統領がその職務を執行することは差支えがある旨を定めることができる。

Ⅵ 連邦政府

第62条〔連邦政府の構成〕

連邦政府は、連邦総理大臣および連邦大臣で構成する。

第63条〔連邦総理大臣の選挙、連邦議会の解散〕

(1) 連邦総理大臣は、連邦大統領の提案に基づき、連邦議会によって、討議によらずに選挙される。

(2) 連邦議会議員の過半数の投票を得た者が、〔連邦総理大臣に〕選挙されたこととなる。選挙された者は、連邦大統領によって任命される。

(3) 〔連邦総理大臣として〕提案された者が選挙されないときは、連邦議会は、投票後14日以内に、その半数を超える議員により連邦総理大臣を選挙することができる。

(4) この期間内に選挙が成立しないときは、遅滞なく新たな投票が行われ、その投票で最多票を得た者が〔連邦総理大臣に〕選ばれたこととなる。選ばれた者が連邦議会議員の過半数の投票を得たときは、連邦大統領は選挙後7日以内に、この者を連邦総理大臣に任命しなければならない。選ばれた者がこの過半数を得なかったときは、連邦大統領は7日以内にこの者を任命するか、または、連邦議会を解散するかしなければならない。

第64条〔連邦大臣の任免〕

(1) 連邦大臣は、連邦総理大臣の提案に基づき、連邦大統領によって任免される。

(2) 連邦総理大臣および連邦大臣は、その職務を引き受けるに際して、連邦議会の面前で、第56条に定める宣誓を行う。

第65条〔連邦総理大臣の職務権限および責任〕

連邦総理大臣は、政治の基本方針を定め、これについて責任を負う。この基本方針の範囲内において、各連邦大臣は、独立して、かつ自らの責任において自己の所轄事務を指揮する。連邦大臣の間での意見の相違については、連邦政府が決定する。連邦総理大臣は、連邦政府が決定し、かつ連邦大統領が認可した執務規程に従って、連邦政府の事務を指揮する。

第65a条〔連邦国防大臣の権限〕

(1) 連邦国防大臣は、軍隊に対する命令権および司令権を有する。

(2) 〔削除〕

〔本条は1956年3月19日の第7回改正法律で追加。1968年6月24日の第17回改正法律で第2項削除〕

第66条〔職務の非両立性〕

連邦総理大臣および連邦大臣は、その他の有給の職務に就くことは許されず、またいかなる営業および職業に従事することも、また、営利を目的とする企業の幹部に所属したり、連邦議会の同意なしにその監査役会に所属することも、許されない。

第67条〔建設的不信任決議案〕

(1) 連邦議会は、その議員の過半数をもって連邦総理大臣の後任を選出し、連邦大統領に対し、連邦総理大臣を罷免すべきことを要請することによってのみ、連邦総理大臣に対して不信任を表明することができる。連邦大統領は、その要請に応じて、選挙された者を〔連邦総理大臣に〕任命しなければならない。

(2) その動議と選挙との間には、48時間おかなければならない。

第68条〔信任決議案、連邦議会の解散〕

(1) 自己に信任を表明すべきことを求める連邦総理大臣の動議が、連邦議会議員の過半数の同意を得られないときは、連邦大統領は、連邦総理大臣の提案に基づいて、21日以内に連邦議会を解散することができる。その解散権は、連邦議会がその議員の過半数をもって別の連邦総理大臣を選挙するや否や、消滅する。

(2) その動議と選挙との間には、48時間なければならない。

第69条〔連邦総理大臣の代理人、連邦総理大臣および連邦大臣の在任期間の終了、職務の継続〕

(1) 連邦総理大臣は、連邦大臣の1人を自己の代理人に任命する。

(2) 連邦総理大臣または連邦大臣の職務は、いずれの場合においても、新たな連邦議会の集会とともに終了し、連邦大臣の職務は連邦総理大臣の職務のその他のすべての終了の場合にも、終了する。

(3) 連邦総理大臣は、連邦大統領の要請に基づき、連邦大臣は連邦総理大臣または連邦大統領の要請に基づき、その後任が任命されるまで、その事務を続行する義務を負う。

Ⅶ 連邦の立法

第70条〔ラントの立法権とその限界〕

(1) ラントは、この基本法が連邦に立法の権限を付与していない限度において、立法権を有する。

(2) 連邦とラントの〔立法に関する〕管轄権の範囲は、専属的立法と競合的立法に関するこの基本法の規定に従って区分する。

第71条〔連邦の専属的立法〕

連邦の専属的立法の領域においてラントが立法の権限を有するのは、連邦法律においてこれにつき明文で授権される場合、およびその限度においてのみである。

第72条〔連邦の競合的立法権の範囲〕

(1) 競合的立法の領域においてラントが立法の権限(Befugnisse zur Gesetzgebung)を有するのは、連邦が法律によってその立法管轄権(Gesetzgebungszuständigkeit)を行使していないあいだ、およびその限度においてである。

(2) 連邦が第74条第1項第4号、第7号、第11号、第13号、第15号、第19a号、第20号、第22号、第25号および第26号の領域において、立法権(Gesetzgebungsrecht)を有するのは、連邦領域における等価的な生活関係をつくり出し、または、国家全体の利益のための法的もしくは経済的統一を維持するために、連邦法律による規律を必要とする場合であり、かつその限度においてである。

(3) 連邦がその立法管轄権を行使した場合でも、以下の各号〔の領域〕については、諸ラントは、法律により、これと異なる規律をすることができる：

1 狩猟制度（ただし狩猟免許証の法を除く）
2 自然保護及び景観保護（ただし自然保護の一般的諸原則、種の保存の法又は海洋自然保護の法を除く）
3 土地分配
4 国土整備
5 水質保全（ただし汚染物質又は工場施設に関わる規制は除く）
6 大学入学許可及び大学修了認定
7 土地税

これらの領域における連邦法律は、連邦参議会の同意を得て別段の定めがなされていない限り、早ければ公布後6カ月後に効力を生ずる。第1文の領域においては、連邦法とラント法は、その時々の後法が優先する関係に立つ。

(4) 連邦法律上の規律について第2項にいう必要性がもはや存しないときは、ラント法によってこれに代えることができる旨を、連邦法律によって規定することができる。

〔1994年10月27日の第42回改正法律で全面的に変更。2006年8月28日の第52回改正法律で第2項が変更され、新たな第3項が追加され、従前の第3項が第4項となった。第3項第1文第7号は、2019年11月15日の第64回改正法律で追加。〕

第73条〔連邦の専属的立法権限のカタログ〕

(1) 連邦は、次の事項について専属的立法権を有する：

1 外交事務、および、民間人の保護を含む防衛

2 連邦における国籍

3 移転の自由、旅券制度、住民登録制度および身分証明制度、入国および出国ならびに犯罪人引渡し

4 通貨・貨幣および造幣制度、度量衡ならびに標準時

5 関税・通商区域の統一、通商・航行条約、商品取引の自由、および関税・国境保護を含む外国との商品・支払取引

5a ドイツの文化財の国外流出に対する保護

6 航空交通

6a 完全にまたは半分以上が連邦の所有になっている鉄道（連邦の鉄道）の交通、連邦の鉄道の鉄路の建設、維持および経営、ならびにこれらの鉄路の利用に対する対価の徴収

7 郵便制度および遠距離通信

8 連邦および連邦直属の公法上の団体に勤務する者の法律関係

9 営業上の権利保護、著作権および出版権

9a 複数のラントに及ぶ危険が存する場合、一のラント警察官庁の管轄権が認められていない場合、または、ラントの最高官庁が要請している場合における、連邦刑事警察庁による国際テロリズムの危険の予防

10 次の事項に関する連邦とラントとの協力

a 刑事警察

b 自由で民主的な基本秩序、連邦またはラントの存立および安全の保障（憲法保障）のため、および

c 暴力の行使によって、または暴力の行使を目的とする準備行為によって、ドイツ連邦共和国の対外的利益を脅かす、連邦領域内における企図に対する擁護のため

ならびに、連邦刑事警察庁の設立および国際的な犯罪予防

11 連邦目的のための統計

12 武器法および爆発物法

13 戦傷者および戦争遺族の援護ならびにかつての捕虜の生活保護

14 平和的目的のための核エネルギーの生産および利用、この目的のために用いられる施設の建設および運用、核エネルギーの放出の際に、または電離放射線によって生ずる危険に対する保護、ならびに放射線物質の除去。

(2) 第1項第9a号による法律には連邦参議会の同意を必要とする。

〔第1項の第1号は1954年3月26日の第4回改正法律および1968年6月24日の第17回改正法律で変更。第3号は2006年8月28日の第52回改正法律で変更。第5a号は同改正法律で追加。第6号は1993年12月20日の第40回改正で変更。第6a号は同改正法律で追加。第7号は1994年7月8日の第41回改正法律で変更。第9a号は2006年8月28日の第52回改正法律で追加。第10号は1972年7月28日の第31回改正法律で変更。第12号から第14号までは2006年8月28日の第52回改正法律で追加。第2項は同改正法律で追加され、従前の文言が第1項とされた〕

第74条〔連邦の競合的立法権限のカタログ〕

(1) 競合的立法は次の分野に及ぶ：

1 民法、刑法、裁判所の構成、裁判の手続（ただし未決拘禁の執行の法を除く）、弁護士制度、公証人制度および法律相談

2 戸籍制度

3 社団法

4 外国人の滞在および居住の権利

5 〔削除〕

6 引揚者および難民に関する事項

7 公的扶助（ただし療養施設の法を除く）

8 〔削除〕

9 戦争損害および補償

10 戦没者の墓苑、ならびに戦争のその他の犠牲者および暴力的支配の犠牲者の墓苑

11 経済法（鉱業、工業、エネルギー管理、手工業、営業、商業、銀行・証券取引所制度、私法上の保険制度）、ただし閉店時間、飲食店、興行、見本市、展示会および市場に関する法を除く

12 経営体組織・労働保護および職業紹介を含む労働法、ならびに失業保険を含む社会保険

13 職業教育補助の規律および学術研究の助成

14 第73条および第74条の〔規定する事項の〕分野において問題になる限度における公用収用の法

15 土地、天然資源および生産手段の、公有またはその他の共同経済の形態への移行

16 経済上の権力的地位の濫用防止

17 農林業生産の促進（ただし耕地整理の法を除く）、食糧の確保、農林業生産物の輸出入、遠洋・沿岸漁業、および沿岸保護

18 都市計画上の土地取引、土地法（開発分担金の法を除く）ならびに住宅手当に関する法、旧債務補助法、住宅建設促進奨励金、鉱山労働者住宅建設法および鉱員入植法

19 公共の危険を伴う、または伝染性の人畜の病気に対する措置、医業その他の治療業および医療営業に対する許可、ならびに、薬局制度、薬剤、医薬品、治療薬、麻酔薬および毒薬の法

19a 病院の経済的安定および病院支給規準額の規律

20 食料を得るのに役立つ動物を含む食料品の法、嗜好品、生活必需品および飼料の法、ならびに、農林業の種苗取引の保護、病害虫に対する植物の保護、ならびに動物保護

21 遠洋航海および沿岸航海ならびに航路標識、内水航行、気象通報〔業務〕、海洋航路および一般運輸に供する内陸水路

22 道路交通、自動車交通制度、および遠距離交通に供する陸路の建設および維持、ならびに自動車による公道の利用に対する手数料または料金の徴収および分配

23 山岳鉄道を除く、連邦の鉄道以外の鉄路

24 廃棄物管理、大気汚染防止、および騒音の防止（ただし人の行動に起因する騒音からの保護を除く）

25 国家〔賠償〕責任

26 医学的に裏づけのある、人の生命の発生、遺伝情報の研究およびその人工的変更、ならびに臓器、組織および細胞の移植に関する規律

27 ラント、市町村およびその他の公法上の社団の公務員ならびにラントの裁判官の、経歴、俸給および年金を除く、身分に関する権利および義務

28 狩猟制度

29 自然保護および景観保護

30 土地分配

31 国土整備

32 水質保全

33 大学入学許可および大学修了認定。

⑵ 第1項第25号および第27号による法律には、連邦参議会の同意を必要とする。

〔1994年10月27日の第42回改正法律で第2項が追加され、元来の規定が全体として第1項とされた。個別には第1項第1号および第3号は2006年8月28日の第52回改正法律で変更。第4a号は1972年7月28日の第31回改正法律で追加後1976年8月23日の第34回改正法律で変更されたが、2006年8月28日の第52回改正法律で削除。第5号は1994年10月27日の第42回改正法律で削除され、その内容は第75条第1項第6号へ移動。第7号は2006年8月28日の第52回改正法律で変更。第8号は1994年10月27日の第42回改正法律で第5号とともに削除。第10号は1965年6月16日の第13回改正法律で変更され、第10a号も同日の改正法律で追加されたが、2006年8月28日の第52回改正法律で第10号が削除され、第10a号が第10号となる。第11a号は1959年12月23日の第10回改正法律で追加後、2006年8月28日の第52回改正法律で削除。第13号、第19a号および第22号は1969年5月12日の第22回改正法律で追加・変更。

第17号、第19号、第20号および第22号は2006年8月28日の第52回改正法律で変更。第18号は1994年10月27日の第42回改正法律で変更。第20号は1971年3月18日の第29回改正法律で変更。第23号は1993年12月20日の第40回改正で変更。第24号は1972年4月12日の第30回改正法律で追加。第25号・第26号は1994年10月27日の第42回改正法律で追加。第27号から第33号までは2006年8月28日の第52回改正法律で追加。第2項は2006年8月28日の第52回改正で変更〕

第74a条〔連邦のその他の競合的立法権限〕

〔削除〕

〔本条は1971年3月18日の第28回改正法律でいったんは追加されたが、2006年8月28日の第52回改正法律で全文削除〕

第75条〔大綱的規定を発する連邦権限のカタログ〕〔削除〕

〔本条の当初の規定には第2項がなかったが、1969年5月12日の第22回改正法律で第1a号が追加、全体が第1項とされ、さらに旧第2項・第3項が追加。1971年3月18日の第28回改正法律でこれら第2項・第3項はいったん削除されて、内容的には第74a条第3項・第4項に移動、さらに第1項第1号が変更。1994年10月27日の第42回改正法律で、第1項柱書きおよび第2号および第5号が変更され、第74条第1項第5号にあった規定が第6号となり、第1項末尾第2文および第2項・第3項が追加。その後、2006年8月28日の第52回改正法律で全文削除〕

第76条〔法律案の提出〕

(1) 法律案は、連邦政府、連邦議会の議員団、または連邦参議会を通じて、連邦議会にこれを提出する。

(2) 連邦政府の法律案は、まず、連邦参議会に送付するものとする。連邦参議会は、6週間以内にこの法律案に対する態度を決める権限を有する。連邦参議会が重大な理由により、とりわけ法律案の範囲を考慮して、期限の延長を要求するときは、その期限は9週間となる。連邦政府は、法律案を連邦参議会に送付するに際してそれが例外的にとくに急を要するものである旨を表示した場合には、連邦参議会の態度決定がまだ連邦政府に到達していなくとも、3週間後に、または、連邦参議会が第3文により〔期限延長を〕要求したときは6週間後に、その法律案を連邦議会に送付することができるが、連邦政府は、連邦参議会の態度決定が到達した後、遅滞なくこれを連邦議会に追加提案しなければならない。この基本法を改正するための法律案および第23条または第24条により高権を委譲するための法律案については、態度決定のための期限は9週間となるが、第4文は適用されない。

(3) 連邦参議会の法律案は、連邦政府を通じて、6週間以内に連邦議会に送付するものとする。連邦政府は、その送付に際してその見解を提示するものとする。連邦政府が重大な理由により、とりわけ法律案の範囲を考慮して、期限の延長を要求するときは、その期限は9週間となる。連邦参議会が、法律案が例外的にとくに急を要するものである旨を表示した場合には、その期間は3週間となり、または、連邦政府が第3文により〔期限延長を〕要求したときは6週間となる。この基本法を改正するための法律案および第23条または第24条により高権を委譲するための法律案については、態度決定のための期限は9週間となるが、第4文は適用されない。連邦議会は、その法律案について適当な期間内に審議して議決しなければならない。

〔第2項は、1968年11月15日の第18回改正法律で第2文変更、第3文追加。第3項は、1969年7月17日の第23回改正法律で第1文変更。その後1994年10月27日の第42回改正法律で第2項・第3項全面変更〕

第77条〔立法手続、法案審議合同協議会〕

(1) 連邦法律は、連邦議会が議決する。連邦法律は、それが採択された後、連邦議会議長を通じて、遅滞なく、連邦参議会に送付するものとする。

(2) 連邦参議会は、法律の議決を受け取ったときから3週間以内に、法律案を合同で審議するために連邦議会と連邦参議会の構成員で組織する委員会を招集すべきことを要求することができる。この委員会の構成および手続を規律する議事規則は、連邦議会によって議決され、連邦参議会の同意を必要とする。この委員会に派遣される連邦参議会の構成員は、指示に拘束されていない。法律が連邦参議会の同意を必要とするものであるときは、連邦議会および連邦政府も〔この委員会の〕招集を要求することができる。委員会が法律の議決の修正を提案したときは、連邦議会は改めて議決を行わなければならない。

(2a) 法律が連邦参議会の同意を必要とする限りにおいて、連邦参議会は、第2項第1文による要求が出されておらず、または、〔連邦議会との〕合同協議手続が、法律案を修正するための提案が出されることなく終了しているときは、適当な期間内に、同意について票決しなければならない。

(3) 法律が連邦参議会の同意を必要としない限度において、連邦参議会は、第2項による手続が終了しているときは、連邦議会によって議決された法律に対して、2週間以内に異議を申し入れることができる。異議申入れの期間は、第2項末文の場合には、連邦議会によって改めて行われた議決の到達とともに進行し、その他のすべての場合には、第2項で規定された委員会の手続が終了した旨の、委員会の通知の到達とともに進行する。

(4) 異議が連邦参議会の票決の過半数をもって議決されたときは、その異議は、連邦議会構成員の過半数の決議によって却下することができる。連邦参議会がその異議を少なくとも3分の2の多数をもって議決したときは、連邦議会がこれを却下するには、〔投票の〕3分の2の多数、少なくとも連邦議会構成員の過半数を必要とする。

〔第2項および第3項は1968年11月15日の第18回改正法律で変更。第2a項は1994年10月27日の第42回改正法律で追加〕

第78条〔連邦法律の成立要件〕

連邦議会によって議決された法律が成立するのは、連邦参議会が、同意したとき、第77条第2項による〔委員会の招集の〕申立てをしなかったとき、第77条第3項の期間内に異議を申し入れず、もしくはこれを撤回したとき、またはその異議が連邦議会〔の投票〕によって否決されたときである。

第79条〔基本法の変更〕

(1) 基本法は、基本法の文言を、明文で変更しまたは補充する法律によってのみ、変更することができる。講和の規律、講和の規律の準備、もしくは占領法秩序の除去を対象とし、または、連邦共和国の防衛に役立つべく定められている国際法上の条約の場合には、基本法の規定がそれらの条約の締結および発効の妨げとはならないことを明らかにするためには、このことを明らかにすることに限定した基本法の文言の補充で足りる。

(2) このような法律は、連邦議会構成員の3分の2および連邦参議会の票決数の3分の2の同意を必要とする。

(3) この基本法の変更によって、連邦の諸ラントへの編成、立法に際しての諸ラントの原則的協力、または、第1条および第20条にうたわれている基本原則に触れることは、許されない。

〔第1項第2文は、1954年3月26日の第4回改正法律で付加〕

第80条〔法規命令〕

(1) 法律によって、連邦政府、連邦大臣またはラント政府に対し、法規命令を発する権限を与えることができる。その場合には、与えられる権限の内容、目的および程度は、法律において規定されなければならない。〔命令の〕法的根拠が、その命令の中に示されなければならない。権限がさらに委譲されうることが法律に規定されているときは、その権限の委譲には、法規命令が必要である。

(2) 郵便制度・遠距離通信の施設利用についての諸原則および料金に関する、連邦の鉄道の施設利用に対する対価の徴収の諸原則に関する、鉄道の建設および経営に関する、連邦政府または連邦大臣の法規命令、ならびに、連邦参議会の同意を必要とする連邦法律に基づく法規命令、またはラントが連邦の委任に基づいて、もしくは固有事務として執行する連邦法律の根拠に基づく法規命令は、連邦法律に特別の定めがある場合を除いては、連邦参議会の同意を必要とする。

(3) 連邦参議会は、連邦政府に対し、連邦参議会の同意を必要とする法規命令を発するよう求める提案を送付することができる。

(4) 連邦法律により、または連邦法律の根拠に基づいて、ラント政府が法規命令を発する権限を与えられる限度において、ラントは法律によって規律を行う権限をも有する。

〔第2項は、1993年12月20日の第40回改正法律および1994年8月30日の第41回改正法律で変更。第3項および第4項は1994年10月27日の第42回改正法律で追加〕

第80a条〔緊迫状態における法律の規定の適用〕

(1) この基本法、または民間人の保護を含む防衛に関する連邦法律において、本条の基準に従ってのみ法規定を適用することが許される旨が規定されているときは、その適用は、連邦議会が緊迫状態の発生を確定した場合、または、連邦議会が特別にその適用に同意した場合にのみ、許される。緊迫状態の確定、ならびに第12a条第5項第1文および第6項第2文の場合における特別の同意には、投票数の3分の2の多数を必要とする。

(2) 第1項による法規定に基づく措置は、連邦議会の要求があるときは、廃止するものとする。

(3) 第1項にかかわらず、国際機関が連邦政府の同意を得て同盟条約の枠内においてなす決定に基づき、かつその決定の基準に従って、このような法規定を適用することも許される。本項による措置は、連邦議会がその構成員の過半数による要求があるときは、廃止するものとする。

〔本条は1968年6月24日の第17回改正法律で追加〕

第81条〔立法上の緊急状態〕

(1) 第68条において連邦議会が解散されない場合には、連邦大統領は、連邦政府がある法律案を緊急なものであると表示したにもかかわらず連邦議会がこれを否決したときは、連邦政府の申立てに基づき、連邦参議会の同意を得て、立法上の緊急状態を宣言することができる。このことは、連邦総理大臣がある法律と第68条の動議とを結合させていたにもかかわらず否決されてしまっていた場合にも、同様である。

(2) 立法上の緊急状態が宣言された後、連邦議会がその法律案を再び否決し、または、連邦政府が受け入れられない旨を表示した表現形式においてその法律案を採択したときは、その法律は、連邦参議会がこれに同意する限りにおいて、成立したものとみなす。その法律案が再び提出されたのち4週間以内に連邦議会によって可決されない場合にも、同様である。

(3) 連邦総理大臣の在任期間中は、連邦議会が否決したその他のいかなる法律案でも、立法上の緊急状態が第1回目に宣言されたのち6ヵ月の期間内であれば、第1項および第2項に従って、可決することができる。その期間の経過後は、同一の連邦総理大臣の在任中は、さらに立法上の緊急状態の宣言を行うことは、許されない。

(4) 基本法は、第2項によって成立する法律によって変更したり、またはその全部もしくは一部を失効させまたはその適用を停止したりすることは、許されない。

第82条〔法律および法規命令の認証・公布・施行〕

(1) この基本法の規定に従って成立した法律は、副署ののち、連邦大統領によって認証され、連邦法律公報に公布する。法規命令は、これを発布する官署によって認証され、法律に特別の定めがある場合を除いては、連邦法律公報に公布する。

(2) いずれの法律およびいずれの法規命令も、施行の日を規定するべきである。このような規定がないときは、いずれの法律およびいずれの法規命令も、連邦法律公報が発行された日の経過後14日目に効力を生ずる。

Ⅷ　連邦法律の執行および連邦行政

第83条〔ラントの執行権の推定〕

ラントは、この基本法が特別の定めをなし、または特別のことを許していない限度において、その固有の事務として、連邦法律を執行する。

第84条〔官庁の組織および行政手続、連邦監督〕

(1) ラントがその固有の事務として連邦法律を執行する場合には、ラントは、官庁の設置および行政手続について規律する。連邦法律に何らか特段の定めのあるときは、ラントはこれと異なった規律をすることができる。ラントが第2文による異なった規律をした場合に、これに関わってなされる官庁の設置および行政手続についてのその後の連邦法律による規律は、当該ラントにおいて、連邦参議会の同意を得て別段の定めがなされない限り、早くとも当該ラントによる規律の公布の6ヵ月後に、効力を生ずる。第72条第3項第3文は、準用する。例外的な場合には、連邦は、連邦に統一的な規律の特別の必要性を理由として、ラントに代わって、〔連邦法律と〕異なる可能性のない行政手続を規律することができる。かかる法律には連邦参議会の同意を必要とする。連邦法律によって、市町村および市町村連合に任務を委譲することはできない。

(2) 連邦政府は、連邦参議会の同意を得て一般的行政規則を発布することができる。

(3) 連邦政府は、ラントが連邦法律を現行法に従って執行することについて、監督を行う。連邦政府は、この目的のために、ラントの最高官庁に受託者を派遣することができ、ラントの最高官庁の同意を得て、また、この同意が拒否されたときは連邦参議会の同意を得て、下級官庁にも受託者を派遣することができる。

(4) 連邦政府が、ラントにおいて連邦法律を執行する際に欠陥があることを確認し、その欠陥が除去されないときは、連邦政府またはラントの申立てに基づき、連邦参議会は、ラントが法に違反したかどうかを決定する。連邦参議会のこの決定に対しては、連邦憲法裁判所に出訴することができる。

(5) 連邦政府に対し、連邦参議会の同意を必要とする連邦法律によって、連邦法律を執行するために、特別の場合について個別的指示を与える権限を付与することができる。その指示は、連邦政府が緊急なものとみなす場合の他は、ラントの最高官庁に対して向けられるものとする。

〔第1項は2006年8月28日の第52回改正法律で変更〕

第85条〔連邦の委託による行政〕

(1) ラントが連邦の委託を受けて連邦法律を執行する場合において、連邦参議会の同意を得た連邦法律が特別の定めをしている場合を除いては、官庁の組織を定めることは、ラントの事務である。連邦法律によって、市町村および市町村連合に任務を委譲することはできない。

(2) 連邦政府は、連邦参議会の同意を得て、一般的行政規則を発布することができる。連邦政府は、公務員および被用者の統一的養成を規律することができる。中級官庁の長は、連邦政府の了解を得て任命するものとする。

(3) ラントの諸官庁は、連邦の管轄官庁の指示に服する。その指示は、連邦政府が緊急なものとみなす場合の他は、ラントの最高官庁に対して向けられるものとする。指示の遂行は、ラントの最高官庁が確保するものとする。

(4) 連邦の監督は、執行の適法性および合目的性に及ぶ。連邦政府は、この目的のために、報告および文書の原本を要求することができ、かつ、受託者をすべての官庁に派遣することができる。

〔第1項第2文は2006年8月28日の第52回改正法律で追加〕

第86条〔連邦固有行政〕

連邦が、連邦固有行政によって、または公法上の連邦直属の団体もしくは営造物によって法律を執行する場合においては、連邦政府は、法律が特別の規定を設けていない限度において、一般的行政規則を発布する。連邦政府は、法律に特別の定めのある場合を除き、官庁の組織について規律する。

第87条〔連邦固有行政の対象〕

(1) 〔連邦が〕自己の行政下部組織を有する連邦固有行政として行うのは、外交事務、連邦税財務行政、ならびに、第89条の基準によるものとして、連邦水路行政および船舶航行行政である。連邦法律により組織することのできるものは、連邦国境警備官庁、警察情報・通報制度のための中央官庁、刑事警察のための中央官庁、ならびに、憲法擁護を目的として、および、連邦領域において、暴力を行使して、もしくは暴力の行使をめざす準備行為によって、ドイツ連邦共和国の対外的利益を危うくする企図に対する保護を目的として、必要資料を収集するための中央官庁である。

(2)　その管轄区域が一つのラントの領域を越えてまたがっている社会保険の保険者は、連邦直属の公法上の団体として運営される。その管轄区域が、一つのラントの領域を越えてまたがってはいるが3つ以上のラントを越えてまたがってはいない社会保険の保険者は、監督を行うラントが関係する諸ラントによって定められているときは、第1文にかかわらず、ラント直属の公法上の団体として運営される。

(3)　その他、連邦に立法権が与えられている事務について、独立の連邦上級官庁および新たな公法上の連邦直属の団体および営造物を、連邦法律によって、設立することができる。連邦に立法権が与えられている分野において連邦に新たな任務が生じた場合において、緊急の必要があるときは、連邦参議会の同意と連邦議会構成員の過半数の同意を得て、連邦固有の中級官庁および下級官庁を設立することができる。

〔第1項第2文は1972年7月28日の第31回改正法律で変更。第1項第1文は1993年12月20日の第40回改正法律および1994年8月30日の第41回改正法律で変更。第2項第2文は1994年10月27日の第42回改正法律で付加〕

第87a 条〔軍隊の設置、出動、任務〕

(1)　連邦は、〔国の〕防衛のために軍隊を設置する。軍隊の数字上の勢力およびその組織の大綱は、予算案から明らかになるのでなければならない。

(2)　軍隊は、防衛のために出動する場合の他は、この基本法が明文で許している限度においてのみ、出動することが許される。

(3)　軍隊は、防衛緊急事態、および緊迫状態において、軍隊の防衛任務を遂行するのに必要とされる限度において、民間の物件を保護し、交通規制の任務を引き受ける権限を有する。その他、防衛緊急事態、および緊迫状態において、警察による措置を支援するためにも、民間の物件の保護を軍隊に任せることができ、その場合には、軍隊は管轄官庁と協働する。

(4)　連邦もしくはラントの存立またはその自由で民主的な基本秩序に対する差し迫った危険を防止するために、連邦政府は、第91条第2項の要件が現に存在し、かつ、警察力および連邦国境警備隊〔の力〕が十分でない場合には、民間の物件を保護するに際し、および、組織されかつ軍事的に武装した反乱者を鎮圧するに際し、警察および連邦国境警備隊を支援するために、軍隊を出動させることができる。軍隊の出動は、連邦議会または連邦参議会の要求があれば取り止めるものとする。

〔本条は1956年3月19日の第7回改正法律で追加された後、1968年6月24日の第17回改正法律で変更され、新たに第2項から第4項までが追加され、従前の文言が第1項となる〕

第87b 条〔連邦国防行政〕

(1)　連邦国防行政は、〔連邦が〕自己の行政下部組織を有する連邦固有行政として行う。連邦国防行政は、軍隊の人員部門の任務および軍需品を直接に充填する任務に仕える。傷害を被った者の扶助および土木建築の任務は、連邦参議会の同意を必要とする連邦法律によってのみ、連邦国防行政に委譲することができる。さらに、法律が第三者の諸権利に介入する権利を連邦国防行政に与える限度において、その法律には連邦参議会の同意を必要とするが、このことは、人員部門の分野における法律については適用されない。

(2)　その他、国防代役制度および民間人の保護を含む防衛のための法律は、連邦参議会の同意を得て、その全部または一部が、自己の行政下部組織を有する連邦固有行政として執行され、または、連邦の委託を受けてラントによって執行される旨を規定することができる。そのような法律が連邦の委託を受けてラントによって執行される場合には、その法律は、連邦参議会の同意を得て、第85条の根拠に基づいて連邦政府および管轄連邦最高官庁に与えられている権限の全部または一部を、連邦上級官庁に委譲する旨を規定することができ、その際、これらの官庁が、第85条第2項第1文に従って一般的行政規則を発布する際には、連邦参議会の同意を必要としない旨を規定することができる。

〔本条は1956年3月19日の第7回改正法律で追

加〕

第87c 条〔核エネルギーの生産および利用におけるラントの委託行政〕

第73条第１項第14号の根拠に基づいて発布される法律は、連邦参議会の同意を得て、それが連邦の委託を受けてラントによって執行される旨を規定することができる。

〔本条は1959年12月23日の第10回改正法律で追加後、2006年８月28日の第52回改正法律で変更〕

第87d 条〔航空交通行政〕

⑴　航空交通行政は、これを連邦行政（Bundesverwaltung）として行う。航空の安全確保の任務は、欧州共同体法により認められている外国の航空安全確保組織を通じても、これを行使することができる。詳細は、連邦法律でこれを規律する。

⑵　連邦参議会の同意を必要とする連邦法律によって、航空交通行政の任務を委託行政としてラントに委託することができる。

〔本条は1961年２月６日の第11回改正法律で追加。第１項は1992年７月14日の第37回改正法律で変更され、かつ第２文が付加された後、さらに2009年７月29日の第56回改正法律で現行規定のように変更〕

第87e 条〔鉄道交通行政〕

⑴　連邦の鉄道に関する鉄道交通行政は、連邦固有行政として行う。連邦法律により、鉄道交通行政の任務をラントの固有事務として委託することができる。

⑵　連邦は、連邦法律によって連邦に委託された、連邦の鉄道の範囲を超える鉄道交通行政の任務を引き受ける。

⑶　連邦の鉄道は、私法的形態での経済的企業として行う。これらの鉄道は、経済的企業の活動が鉄道路線の建設、維持および経営を包括している限度において、連邦の所有である。第２文によって企業に対する連邦の持分を譲渡することは、法律の根拠に基づいてなされるが、これらの企業に対する２分の１を超える持分は連邦に残される。詳細は、連邦法律によって規律する。

⑷　連邦は、連邦の鉄道の路線網を拡充しおよび維持するに際し、ならびに近距離鉄道旅客運輸にかかわらない限りにおいて連邦の鉄道をこの路線網へ供給するに際し、公共の福祉、とくに交通の需要が考慮されることを保障する。詳細は、連邦法律によって規律する。

⑸　第１項から第４項までの規定に基づく法律には連邦参議会の同意を必要とする。さらに、連邦の鉄道企業の解散、合併および分割、連邦の鉄道の路線の第三者への譲渡、ならびに連邦の鉄道の路線の廃止を規律し、または、近距離旅客鉄道へ影響を及ぼす法律も、連邦参議会の同意を必要とする。

〔本条は1993年12月20日の第40回改正法律で追加〕

第87f 条〔郵便・遠距離通信行政〕

⑴　連邦は、連邦参議会の同意を必要とする連邦法律の基準に従って、郵便制度および遠距離通信の分野において、地域間格差が生じないように適切かつ十分なサーヴィスを保障する。

⑵　第１項の意味におけるサーヴィスは、私経済的活動として、特別財産たるドイツ連邦郵便に由来する企業を通じて、およびその他の私的提供者を通じてなされる。郵便制度および遠距離通信の分野における高権的任務は、連邦固有の行政において遂行する。

⑶　第２項第２文にかかわらず、連邦は、連邦直属の公法上の営造物の法形式において、特別財産たるドイツ連邦郵便に由来する企業に関する任務を、連邦法律の基準に従って遂行する。

〔本条は1994年８月30日の第41回改正で追加〕

第88条〔連邦銀行〕

連邦は、通貨・発券銀行を連邦銀行として設置する。その任務および権限は、欧州連合の枠内において、独立した欧州中央銀行に委譲され、欧州中央銀行は価格安定の確保という優先的目的に義務づけられる。

〔第２文は1992年12月21日の第38回改正法律で付加〕

第89条〔連邦水路〕

⑴　連邦は、旧来のドイツ国〔＝ライヒ〕の水路の所有者である。

⑵　連邦は、自己の官庁によって連邦水路を管理する。連邦は、一のラントの領域を越

える内水航行の国家的任務、および、法律によって連邦に委託される海洋航行の任務を引き受ける。連邦は、連邦水路が一のラントの領域内に存在している限度において、申立てにより、委託行政として、その連邦水路の行政をこのラントに委託することができる。水路が複数のラントの領域を通過している場合には、連邦は、関係する諸ラントが申請するラントに対してこれを委託することができる。

(3) 水路の管理・改修および新設に際しては、土地改良および治水の需要は、ラントと協力して保護するものとする。

第90条〔連邦道路〕

(1) 連邦は、引き続き連邦高速自動車道路〔アウトバーン〕およびその他の遠距離交通用の連邦道路の所有者である。その所有権は譲渡しえない。

(2) 連邦高速自動車道路の行政は連邦行政においてなされる。連邦はその任務を処理するために私法上の会社を用いることができる。この会社は連邦の所有であって譲渡しえない。この会社およびその子会社に第三者が直接または間接に参加することは認められない。公使協働関係の範囲内で私人が参加することは、連邦高速自動車道路網全体もしくはラントのその他の連邦遠距離道路網全体またはそれらの主要部分を包括する路線網については、認められない。詳細は、連邦法律でこれを規律する。

(3) ラント、または、ラントの法により管轄を有する自治行政団体は、連邦の委託を受けて、その他の遠距離交通用の連邦道路を管理する。

(4) 連邦は、ラントの申請に基づいて、その他の遠距離交通用の連邦道路がこのラントの領域内に存在している限りにおいて、これを連邦行政に移管することができる。

〔2017年7月13日の第62回改正で第1項変更、新たな第2項が追加され、従前の第2項・第3項は変更されて第3項・第4項となる〕

第91条〔連邦またはラントの存立に対する危険の防止〕

(1) 連邦もしくはラントの存立またはその自由で民主的な基本秩序に対する差し迫った危険を防止するために、ラントは、他のラントの警察力ならびに他の行政官庁および連邦国境警備隊の力と施設とを要請することができる。

(2) 危険が迫っているラントにおいて、その危険と自ら戦う用意がなく、または戦える状態にないときは、連邦政府はこのラントの警察力および他のラントの警察力を連邦の指示に従わせ、ならびに連邦国境警備隊の部隊を出動させることができる。その命令は、危険が除去された後は、〔また〕その他の場合でも連邦参議会の要求があればいつでも廃止するものとする。その危険が一ラントを越える領域にまで及ぶときは、連邦政府は、実効的に〔危険と〕戦うために必要とされる限度において、ラント政府に指示を与えることができるが、第1文および第2文は、影響を受けない。

〔1968年6月24日の第17回改正法律で変更〕

Ⅷa　共同任務、行政協力

第91a条〔共同任務の概念・内容およびその遂行手続〕

(1) 連邦は、次に掲げる分野において、ラントの任務が全体のために重要な意味を持ち、かつ、連邦の協力が生活関係を改善するのに必要であるときは、ラントのそれらの任務の遂行に協力する（共同任務）。

1　地域的経済構造の改善

2　農業構造および沿岸保護の改善

(2) 共同任務および個々の点での調整は、連邦参議会の同意を得た連邦法律によって詳細に規定する。

(3) 連邦は、第1項第1号の場合には、いずれのラントについても、その支出の半額を負担する。第1項第2号の場合には、連邦は少なくとも半額を負担するが、その〔資金の〕持ち分は、すべてのラントに対して統一的に確定するものとする。詳細は、法律で規律する。資金の準備は、連邦およびラントの予算案における〔その持ち分の〕確定にまつものとする。

〔Ⅷa の標題は、1969年5月12日の第21回改正法律で本条および次の第91b 条が追加されたのに伴って追加。その当時の規定のうち、第1項第1号は、1970年7月31日の第27回改正法律でいったん変更された後、2006年

8月28日の第52回改正法律で削除され、それまでの第2号・第3号が第1号・第2号となり、同改正法律で第2項が変更され、第3項および第5項が削除され、当時の第4項が第3項とされ、さらに第3項が変更。その後、2009年7月29日の第57回改正法律で標題が変更〕

第91b条〔教育計画および研究についての連邦とラントの協力〕

⑴ 連邦およびラントは、特定の地域の枠を越えた意義を有する場合には、協定に基づき、以下の各号の事項の助成について協力することができる：

1 大学以外の学術的研究の設備および計画

2 大学における学術および研究の計画

3 大型装置を含む大学の研究建物。

第1文第2号による協定には、すべてのラントの同意を必要とする。

⑵ 連邦およびラントは、協定に基づき、国際的比較における教育制度の能率を査定するために、ならびにこれに関して報告し推薦するに際して、協力することができる。

⑶ 費用負担については、協定により規律する。

〔本条は1969年5月12日の第21回改正法律で追加された後、2006年8月28日の第52回改正法律で全面的に変更。第1項は2014年12月23日の第60回改正法律で変更〕

第91c条〔公共の情報技術システム〕

⑴ 連邦およびラントは、その任務の遂行に必要とされる情報技術システムの計画、設置および運用に際して協働することができる。

⑵ 連邦およびラントは、協定に基づき、その情報技術システム間のコミュニケーションのために必要な標準および安全要求を確定することができる。第1文による運用の基礎に関する協定には、内容および規模に応じて決まる個々の任務について、詳細の規律が、協定の中で決められるべき特別多数の同意があれば連邦およびラントに対して効力を発する旨を、予め定めることができる。かかる協定には、連邦議会および関係するラントの議会の同意を必要とし、協定を解約する権利を排除することはできない。協定には、経費負担についても規律する。

⑶ ラントは、さらに、情報技術システムを共同で運用させること、およびそのための特定の設備を立てることについても協定することができる。

⑷ 連邦は、連邦とラントの情報技術網を結合するために、結合ネットワークを構築する。結合ネットワークの構築および稼動についての詳細は、連邦参議会の同意を得た連邦法律でこれを規律する。」

⑸ 連邦とラントの行政サーヴィスへの情報技術による包括的なアクセスは、連邦参議会の同意を得た連邦法律でこれを規律する。

〔本条は2009年7月29日の第57回改正法律で第1項から第4項までが追加。第5項は2017年7月132日の第62回改正法律で追加。〕

第91d条〔行政遂行能力の比較研究〕

連邦およびラントは、その行政の遂行能力を確認し促進するために、比較研究調査を実施し、その成果を公表することができる。

〔本条は2009年7月29日の第57回改正法律で追加〕

第91条e条〔求職者基礎保障における協力〕

⑴ 求職者のための基礎保障の領域における連邦法律の施行に際しては、連邦およびラントもしくはラント法により権限を有する市町村および市町村連合は、共通の制度において協力することを原則とする。

⑵ 連邦は、一定限度の市町村および市町村連合が、その申立てにより、およびラント最上級官庁の同意に基づき、第1項による任務を独自に遂行しようとするときは、これを認めることができる。第1項による法律の施行に際して、その任務が連邦において遂行すべき任務である限度で、行政経費を含む必要不可欠な経費は、連邦がこれを負担する。

⑶ 詳細は、連邦参議会の同意を必要とする連邦法律でこれを規律する。

〔本条は、2010年7月21日の第58回改正法律で追加〕

Ⅸ　裁判

第92条〔裁判機関〕

　裁判権は、裁判官に委任されており、連邦憲法裁判所、この基本法に規定されている連邦裁判所およびラントの裁判所によって行使される。

〔1968年６月18日の第16回改正法律で変更〕

第93条〔連邦憲法裁判所の管轄権〕

(1)　連邦憲法裁判所が決定するのは、次の各事項である：

1　一の連邦最高機関の権利・義務の範囲に関する紛争、または、この基本法によって、もしくは連邦最高機関の執務規則によって固有の権利を付与されている他の関係諸機関の権利・義務の範囲に関する紛争に際しての、この基本法の解釈について

2　連邦政府、ラント政府、または連邦議会構成員の４分の１の申立てに基づき、連邦法律もしくはラントの法が形式上および実質上この基本法と適合するかどうか、または、ラントの法がその他の連邦法と適合するかどうか、ということについて意見の相違または疑義がある場合

2a　連邦参議会、ラント政府またはラント議会の申立てに基づき、法律が第72条第２項の要件に合致しているかどうかについての意見の相違がある場合

3　連邦およびラントの権利・義務について意見の相違がある場合、特に、ラントによる連邦法の執行、および連邦監督の実行の際に、両者の権利・義務について意見の相違がある場合

4　他に裁判で争う方途が与えられていない限度において、連邦とラントとの間、異なるラントの間、または、一のラント内部におけるその他の公法上の紛争において

4a　各人が、公権力によって自己の基本権の一つ、または、第20条第４項、第33条、第38条、第101条、第103条および第104条に含まれている諸権利の一つを侵害されている、とする主張をもって提起することができる憲法訴願〔憲法異議〕について

4b　ある法律によって第28条の自治権が侵害されたことを理由とする、市町村および市町村連合の憲法訴願〔憲法異議〕について；ただし、ラントの法律による侵害の場合には、ラントの憲法裁判所に訴願を申し立てることができない場合に限る

4c　連邦議会選挙に関して政党として認められなかった団体からの訴願〔異議〕において

5　この基本法に規定されたその他の場合において。

(2)　連邦憲法裁判所は、さらに、連邦参議会、ラント政府またはラント議会の申立てにより、第72条第４項の場合において連邦法律上の規律について第72条第２項による必要性がもはや存しないかどうか、または、第125a条第２項第１文の場合において連邦法を公布することがもはやできないかどうかについて裁判する。その必要性が存しない、または連邦法がもはや公布することができないことが確定されれば、第72条第４項または第125a条第２項第２文におよる連邦法律は変更される。第１文による申立てが許されるのは、第72条第４項または第125a条第２項第２文による法律案が連邦議会において否決され、または、これについて１年以内に審議されずもしくは議決されなかった場合、またはこれに対応する法律案が連邦参議会において否決された場合のみとする。

(3)　さらに連邦憲法裁判所は、その他連邦法律によって指定されている場合にも行動する。

〔第１項第２号は2008年10月８日の第53回改正法律で従前の「３分の１」を「４分の１」に変更。第2a号は1994年10月27日の第42回改正法律で追加。第4a号および第4b号は1969年１月29日の第19回改正法律で追加。第4c号は2012年７月11日の第59回改正法律で追加。第２項は、2006年８月28日の第52回改正法律で追加され、従前の第２項が第３項とされた〕

第94条〔連邦憲法裁判所の構成および組織〕

(1)　連邦憲法裁判所は、連邦裁判官およびその他の構成員で構成されている。連邦憲法

裁判所の構成員は、それぞれ半数ずつ、連邦議会および連邦参議会によって選出される。構成員は、連邦議会、連邦参議会、連邦政府のいずれにも、また、これらに相当するラントの機関にも、所属することは許されない。

(2) 連邦法律は、連邦憲法裁判所の機構および手続を規律し、かつ、その裁判がいかなる場合に法律としての効力を有するかについて、定める。連邦法律は、憲法訴願に際し、前もって〔通常の〕裁判で争う方途を残らずとることを申立ての前提条件とし、また、特別の受理手続を規定することができる。

〔第2項第2文は1969年1月29日の第19回改正法律で付加〕

第95条〔連邦最高裁判所、合同法廷〕

(1) 通常裁判権、行政裁判権、税財務裁判権、労働裁判権、および社会裁判権の分野について、連邦は、最高裁判所として、連邦通常裁判所、連邦行政裁判所、連邦税財務裁判所、連邦労働裁判所、および連邦社会裁判所を設置する。

(2) これらの裁判所の裁判官の任命については、それぞれの専門分野を管轄する連邦大臣が、それぞれの専門分野を管轄するラントの大臣および連邦議会によって選出されるこれと同数の委員で構成される裁判官選出委員会と共同して決定する。

(3) 裁判の統一を保持するために、第1項に掲げる裁判所の一の合同法廷（Gemeinsamer Senat）を設置するものとする。詳細は、連邦法律でこれを規律する。

〔第95条は1968年6月18日の第16回改正法律で全面的に変更〕

第96条〔連邦裁判所〕

(1) 連邦は、営業上の権利保護の事務のために、連邦裁判所を設置することができる。

(2) 連邦は、軍隊に対する軍刑事裁判所を連邦裁判所として設置することができる。軍刑事裁判所は、防衛緊急事態においてのみ、および、外国に派遣されまたは軍艦に乗船させられている軍隊の所属者に関してのみ、その刑事裁判権を行使することができる。詳細は、連邦法律で規律する。これらの裁判所は、連邦法務大臣の職務領域に属する。これらの専任裁判官は、裁判官職に就く資格を有していなければならない。

(3) 第1項および第2項に掲げた裁判所にとっての最高裁判所は、連邦通常裁判所である。

(4) 連邦は、連邦に対して公法上の勤務関係に立つ者について、懲戒手続および苦情処理手続において決定するための連邦裁判所を設置することができる。

(5) 下記の分野における刑事手続に関しては、連邦参議会の同意を得た一の連邦法律で、ラントの裁判所が連邦の裁判権を行使する旨を規定することができる。

1．大量殺戮
2．人類に対する国際刑法上の犯罪
3．戦争犯罪
4．諸国民の平和的共存を妨げるのに適し、かつ、そのような意図をもってなされるその他の行為
5．国家〔＝ラント〕の保護

〔全3項からなっていた本条の当初の規定のうち、第3項は1956年3月19日の第7回改正法律で変更。同時に全3項からなる第96a条（その第1項と第2項を合わせたものが第96条第2項に対応、第3項は第96条第3項に対応）が追加。1961年3月6日の第12回改正法律で、上記第96条第3項が削除されて第96a条第4項になると同時に、第96a条が全面変更。1968年6月18日の第16回改正法律で第96条全文廃止、第96a条が第96条となると同時に、第3項変更。1969年5月12日の第22回改正法律で第4項変更。1969年8月26日の第26回改正法律で第5項追加。2002年7月26日の第51回改正法律で第5項変更〕

第96a条

〔本条は、上記1956年3月19日の第7回改正法律による第96条の改正と同時にいったんは追加され、その後1961年3月6日の第12回改正法律で全面変更されたのち、1968年6月17日の第16回改正法律で第96条が全文廃止されて第96a条が第96条とされたことにより、条数のみが残る結果となった〕

第97条〔裁判官の独立〕

(1) 裁判官は独立であり、ただ法律にのみ従う。

(2) 専任として、かつ正規の定員として終局

的に任用された裁判官は、裁判官の裁判によってのみ、かつ、法律の定める理由に基づき、および法律の定める方式においてのみ、その意に反して、その任期の満了する以前に罷免し、または、継続的もしくは一時的に停職せしめ、または、転職もしくは退職せしめることができる。法律制定によって定年年齢を確定して、その年齢に達したときに、終身で任用された裁判官が退職するものとすることができる。裁判所の組織またはその管轄区域を変更する場合には、裁判官を他の裁判所へ転任させ、または退職させることができる。ただし〔その場合には〕、俸給の全額が〔引き続き〕支払われなければならない。

第98条〔連邦裁判官およびラントの裁判官の法的地位〕

⑴　連邦裁判官の法的地位は、特別の連邦法律によって規律するものとする。

⑵　連邦裁判官が、職務の内外において、基本法の諸原則またはラントの憲法的秩序に違反したときは、連邦憲法裁判所は、連邦議会の申立てに基づき、３分の２の多数をもって、その裁判官が転職せしめられ、または退職せしめられるべきことを命ずることができる。故意による違反の場合には、罷免を宣告することができる。

⑶　ラントにおける裁判官の法的地位は、第74条第１項第27号に異なる定めがない限りにおいて、特別のラント法律によって規律するものとする。

⑷　ラントは、ラントにおける裁判官の任用について、ラントの法務大臣が裁判官選出委員会と共同して決定する旨を規定することができる。

⑸　ラントは、ラントの裁判官について、第２項に相当する規律をすることができる。現行のラント憲法は〔これによって〕影響を受けない。裁判官訴追に関する決定は、連邦憲法裁判所の権限に属する。

〔第３項は1971年３月18日の第28回改正法律で変更後、さらに2006年８月28日の第52回改正法律でさらに変更〕

第99条〔ラント法による連邦憲法裁判所および連邦最高裁判所への管轄権の委譲〕

ラントの法律によって、一のラント内の憲法紛争の決定を連邦憲法裁判所に行わせ、また、ラントの法の適用が問題となっている事件における決定を、終審として、第95条第１項に掲げる最高裁判所に、行わせることができる。

〔1968年６月18日の第16回改正法律で変更〕

第100条〔具体的規範統制、連邦法の構成部分としての国際法、ラントの憲法裁判所の義務〕

⑴　裁判所が、決定に際してある法律の効力が問題となっている場合に、その法律が違憲であると考えるときは、その〔裁判〕手続を中止し、かつ、あるラントの憲法に対する違反が問題となっているときは憲法紛争について管轄を有するラント裁判所の決定を、また、この基本法に対する違反が問題となっているときは連邦憲法裁判所の決定を、求めるものとする。このことは、ラントの法によるこの基本法の違反、または、ラントの法律と連邦法律との不一致が問題となっている場合にも、同様である。

⑵　ある法的紛争において、国際法上のある原則が連邦法の構成部分であるかどうか、およびそれが個々人に対して直接に権利・義務を生ずるもの（第25条）であるかどうかについて疑義があるときは、裁判所は連邦憲法裁判所の決定を求めなければならない。

⑶　ラントの憲法裁判所が、基本法の解釈に際して、連邦憲法裁判所または他のラントの憲法裁判所の裁判と異なる〔裁判をしようとする〕ときは、連邦憲法裁判所の決定を求めなければならない。

〔第３項第２文は1968年６月18日の第16回改正法律で変更〕

第101条〔例外裁判所の禁止、裁判を受ける権利〕

⑴　例外裁判所は、許されない。何人も法律の定める裁判官〔の裁判を受ける権利〕を奪われない。

⑵　特別の専門分野についての裁判所は、法律によってのみ設置することができる。

第102条〔死刑廃止〕

死刑は廃止されているものとする。

第103条〔法律上の審問、遡及的刑法・二重処罰の禁止〕

⑴　裁判所においては、何人も、法律上の審問を請求する権利を有する。

⑵　ある行為がなされる以前にその可罰性が法律によって規定されていた場合にのみ、その行為を罰することができる。

⑶　何人も、一般的刑法の根拠に基づいて、同一の行為のゆえに重ねて処罰されてはならない。

第104条〔自由剝奪の際の権利保護〕

⑴　人身の自由は、正式の〔＝正規の立法手続を踏んだ〕法律の根拠に基づいてのみ、かつ、その法律に規定されている方式を遵守してのみ制限することができる。抑留〔または拘禁〕されている者は、精神的にも肉体的にも虐待されてはならない。

⑵　自由剝奪の許容およびその継続については、裁判官のみが決定するものとする。裁判官の命令に基づかないすべての自由剝奪の場合には、遅滞なく、裁判官の決定がなされるものとする。警察が、逮捕した日の翌日の終了後も、自己の独断で自己の留置所に留置することは、何人に対しても、許されない。詳細は、法律で規律するものとする。

⑶　何人でも、犯罪行為の嫌疑を理由として一時的に逮捕されたときは、遅くとも、逮捕された日の翌日には裁判官の下に引致されるものとし、裁判官は、この者に逮捕の理由を告げ、これに尋問し、かつ、これに異議申立ての機会を与えなければならない。裁判官は、遅滞なく、理由を付した文書による勾留書を発するか、または、釈放を命ずるかしなければならない。

⑷　自由剝奪の命令または継続についての裁判官のすべての決定は、遅滞なく、被抑留者の身内の者または被抑留者の信頼する者に通知するものとする。

X　財政制度

第104a 条〔連邦とラントとの経費負担、財政援助〕

⑴　連邦およびラントは、この基本法に特別の定めのある場合を除いて、その任務を引き受けることにより生ずる経費を別々に負担する。

⑵　ラントが連邦の委託によって行動するときは、それによって生ずる経費は連邦が負担する。

⑶　金銭給付を伴い、かつ、ラントによって執行される連邦法律は、その金銭給付の全部または一部を連邦が負担する旨を定めることができる。連邦がその経費の半分またはそれ以上を負担する旨をその法律が定めるときは、その法律は、連邦の委託によって執行される。

⑷　第三者に対して金銭給付、金銭価値のある現物給付またはそれに匹敵する役務給付をなすべきラントの義務を根拠づけ、かつ、ラントが固有の事務として執行する連邦法律、または第３項第２文に基づいて連邦の委任によって執行する連邦法律は、そこから生じる支出がラントによって負担されることとなるときは、かかる連邦法律には連邦参議会の同意を必要とする。

⑸　連邦およびラントは、その官庁において生ずる行政経費を負担し、かつ、秩序ある行政について連邦もラントも相応にその責任を負う。詳細は、連邦参議会の同意を必要とする連邦法律によって、これを定める。

⑹　連邦およびラントは、国内的な権限および任務の分担に従って、超国家的または国際法上の義務の違反に対するドイツの負担を分担する。複数のラントに及ぶ欧州連合の財政修正の場合には、連邦とラントはこの負担を15対85の割合で分担する。第２文の場合においては、ラント全体が全負担の35％を、一般的基準に準拠して、連帯して担うが、負担の原因を作ったラントは、得られた資金の額に応じて、全負担の50％を担うものとする。詳細は、連邦参議会の同意を必要とする連邦法律でこれを規律する。

〔本条は1969年５月12日の第21回改正法律で追加。2006年８月28日の第52回改正法律で第３項第３文が削除され、第４項が変更され、新たに第６項が追加〕

第104b 条〔連邦による財政援助〕

⑴　連邦は、この基本法が連邦に立法権限を付与している限度において、ラントおよび市町村（市町村連合）の特別に重要な投資について、ラントに対し、

1　経済全体の均衡が乱れるのを防止するため、または

2　連邦領域において経済力の相違を調整するため、または

3　経済成長を促進するために、

必要な財政援助を与えることができる。連邦は、国の統制能力を超え国の財政状態を著しく損なうような自然災害または〔それに準ずる〕異常な緊急状態の場合には、第1文にかかわらず、立法権限がなくても財政援助を与えることができる。

(2)　詳細、とくに援助の対象となる投資の種類については、連邦参議会の同意を必要とする連邦法律により、または連邦予算法律の根拠に基づく行政協定によって、これを規律する。その連邦法律または行政協定には、財政援助の利用についてのラントのその都度の計画の策定に関する規定を置くことができる。ラントの計画を策定するための規準の確定は、関係するラントと協力してこれを行う。目的に沿った資金利用を担保するために、連邦政府は、報告および記録の提出を求め、すべての官庁のもとでの調査を実施することができる。連邦の資金は、ラントの固有の資金に追加して調達される。この資金は期限付きで与えるものとし、その利用はこれを周期的に審査するものとする。財政援助は、時の経過に応じて毎年の金額を下げるものとする。

(3)　連邦議会、連邦政府および連邦参議会は、要求に基づき、とられた措置の遂行および達成された改善について、情報を与えられるものとする。

〔本条は2006年8月28日の第52回改正法律で追加。2009年7月29日の第57回改正法律で第1項第2文が追加。2017年7月13日の第62回改正法律で第2項第2文から第4文までが追加挿入。2019年3月28日の第63回改正法律で第2項第4文が付加〕

第104c条〔連邦による教育インフラのための市町村の財政援助〕

連邦は、ラントに対し、ラント全体にとって重要な投資のために、ならびに、とくにこれと直接に結びついた、市町村の教育インフラの給付能力を向上させるためのラントおよび市町村（市町村連合）の期限付きの出費のために、財政援助を与えることができる。第104b条第2項第1文から第3文、第5文、第6文および第3項は、これを準用する。目的に合致した資金利用を保証するために、連邦政府は、報告を求めおよび適宜に書類の提出を求めることができる。

〔本条は、2017年7月13日の第62回改正法律で追加。2019年3月28日の第63回改正法律で変更〕

第104d条〔福祉住宅建設のための財政援助〕

連邦は、ラントに対し、財政的に脆弱な市町村（市町村連合）による、ラント全体にとって重要な投資のために、福祉住宅建設の領域において、財政援助を与えることができる。第104b条第2項第1文から第5文までおよび第3項は、これを準用する。

〔本条は、2019年3月28日の第63回改正法律で追加〕

第105条〔関税、専売、租税に関する立法権限〕

(1)　連邦は、関税および財政専売について専属的立法権を有する。

(2)　連邦は、土地税について、競合的立法権を有する。連邦は、その他の租税の収入の全部または一部が連邦に帰属する場合、または、第72条第2項の要件が存する場合には、これらの租税について、競合的立法権を有する。

(2a)　ラントは、地域的な消費税および奢侈税が連邦法律で規律された税と同種のものでない間、またその限度において、これらの租税について法律を制定する権限を有する。ラントは、不動産取得税の税率を定める権限を有する。

(3)　税収入の全部または一部がラントまたは市町村（市町村連合）に入る租税についての連邦法律には、連邦参議会の同意を必要とする。

(3)　税収入の全部または一部がラントまたは市町村（市町村連合）に入る租税についての連邦法律には、連邦参議会の同意を必要とする。

〔第2項および第2a項は1969年5月12日の第21回改正法律で変更・追加。第2a項は2006

年８月28日の第52回改正法律で第２文が追加。第２項第１文は、2019年11月15日の第64回改正法律で追加。〕

第106条〔税収入の配分〕

⑴ 財政専売の収益および次に掲げる租税の収入は、連邦に帰属する。

1 関税

2 第２項によってラントに帰属せず、第３項によって連邦およびラントに共同に帰属せず、または第６項によって市町村に帰属しない限度における、消費税

3 道路貨物運輸税、自動車税および機械化された交通手段に関わるその他の取引税

4 資本流通税、保険税および手形税

5 １回限りの財産課税および負担調整の実施のために徴収される調整課税

6 所得税付加税および法人税付加税

7 欧州共同体の範囲内での課税

⑵ 次に掲げる租税の収入は、ラントに帰属する。

1 財産税

2 相続税

3 第１項によって連邦に帰属せず、または第３項によって連邦およびラントに共同に帰属しない限度における、取引税

4 ビール税

5 賭博場税。

⑶ 所得税、法人税および売上税は、所得税の収入が第５項によって、および、売上税の収入が第5a項によって、市町村に配分されない限度において、連邦とラントに共同に帰属する（共同租税）。所得税および法人税の収入については、連邦およびラントが各々半分ずつ取得する。売上税に対する連邦とラントの取得分は、連邦参議会の同意を必要とする連邦法律で確定する。その確定に際しては、次に掲げる諸原則を出発点とするものとする：

1 経常収入の範囲内においては、連邦とラントはその必要経費の補塡を求める請求権を均しく有する。その際、経費の範囲は、多年にわたる財政計画を考慮しつつ調査するものとする

2 連邦およびラントの経費補塡の要求は、公平な均衡が得られ、納税義務者の過重な負担を避け、連邦領域における生活関係の統一性が保持されるように、相互に調整するものとする。

売上税に対する連邦とラントの取得分の確定には、1996年１月以降において子ども〔の数〕の考慮から所得税法上ラントに生じる租税収入減が、付加的に算入される。詳細は第３文による連邦法律が規定する。

⑷ 売上税に対する連邦とラントの取得分は、連邦とラントとの収支関係が甚だしく変動したときは、改めて確定するものとするが、その際には、第３項５文によって売上税の取得分の確定において付加的に算入される租税収入減は、引き続き考慮に入れないままとする。連邦法律によってラントが付加的経費を課され、または、その収入を取り上げられる場合には、超過負担は、それが短期間に限定されているときは、連邦参議会の同意を必要とする連邦法律によって、連邦の財政補助割当金をもって調整することもできる。その法律には、この財政補助割当金の算定およびそのラントへの配分に関する諸原則が定められるものとする。

⑸ 市町村は、所得税収入につき、その市町村の住民の所得税給付の基礎資料に基づいて、諸ラントから、これを市町村にさらに送付することとなる場合には、その取り分を取得する。詳細は、連邦参議会の同意を必要とする連邦法律で定める。その連邦法律には、市町村が市町村取得分に対する税率を確定する旨を規定することができる。

(5a) 市町村は、1998年１月１日以降は、売上税の収入の取り分を取得する。この取得分は、場所および経済に関連する基準率に基づいて、諸ラントから市町村にさらに送付する。詳細は、連邦参議会の同意を必要とする連邦法律で定める。

⑹ 土地税および営業税の収入は、市町村に帰属し、地域的消費税・奢侈税は、市町村に、またはラントの立法の基準に従って市町村連合に、帰属する。市町村は、法律の範囲内において土地税および営業税の税率を確定する権利が与えられるものとする。ラント内に市町村が存在しないときは、土地税および営業税ならびに地域的消費税・

奢侈税の収入は、ラントに帰属する。連邦およびラントは、割当により、営業税の収入にあずかることができる。割当に関する詳細は、連邦参議会の同意を必要とする連邦法律で定める。ラントの立法の基準に従って、土地税および営業税、ならびに所得税および売上税の収入に対する市町村の取得分を、割当に関する算定の基礎資料とすることができる。

(7) 共同租税の全収入に対するラントの取得分のうち、市町村および市町村連合に対し、全体で、ラントの立法によって定められる百分率が〔収入として〕与えられる。その他の点については、ラントの立法によって、ラントの租税の収入が市町村（市町村連合）の収入となるかどうか、またどの程度その収入となるかについて定める。

(8) 連邦が、個々のラントまたは市町村（市町村連合）において、これらのラントまたは市町村（市町村連合）に経費増または収入減（特別負担）の直接の原因となるような、特別の設備を誘致するときは、連邦は、ラントまたは市町村（市町村連合）にその特別負担をかけることを要求することができないとき、およびその限度において、必要な調整〔＝補償〕を与える。その設備の結果としてこれらのラントまたは市町村（市町村連合）に生ずる第三者の補償給付および財政的利益は、その調整に際して考慮する。

(9) 市町村（市町村連合）の収入および支出も、本条の意味におけるラントの収入および支出とみなす。

〔1955年12月23日の第6回改正法律で当初の全4項の規定が全6項からなる新規定に全面的に変更されたあと、第1956年12月24日の第8回改正法律で上記改正による第2項第7号が削除（号数変更）され第6項変更、第7項および第8項追加されたが、その後1969年5月12日の第21回改正法律で全9項からなる規定に全面変更後、1995年11月3日の第43回改正法律で第3項第5・6文および第4項第1文後段付加、また1997年10月20日の第44回改正法律で、第3項第1文変更、第5a項追加、第6項第1～3文と第6文変更。さらに2009年3月19日の第54回改正法律で、第1項第3号が変更されると同時に、第2項の従前の第3号が削除され、以下、従前の第4号から第6号までの号数繰上げで、それぞれ第3号から第5号までとなった〕

第106a条〔公共の近距離旅客交通についてのラントへの補助〕

1996年1月1日以降は、公共の近距離旅客運輸について、連邦の税収総額からの一定価額が、諸ラントに帰属する。詳細は、連邦参議会の同意を必要とする連邦法律で規律する。第1文による価額は、第107条第2項による財政力の調整に際しては、考慮されない。

〔本条は1993年12月20日の第40回改正法律で追加〕

第106b条〔自動車税の連邦への移管に伴う措置〕

2009年7月1日以降、自動車税が〔諸ラントから〕連邦に委譲されることにより、連邦の税収総額からの一定価額が、諸ラントに帰属する。詳細は、連邦参議会の同意を必要とする連邦法律でこれを規律する。

〔本条は2009年3月19日の第54回改正法律で追加〕

第107条〔地域的収入、ラント間の財政調整〕

(1) ラントの租税の収入ならびに所得税および法人税の収入に対するラントの取得分は、それらの租税がそのラントの領域内の税財務官庁によって収受される限度において、個々のラントに帰属する（地域的収入）。法人税および勤労所得税に関しては、連邦参議会の同意を必要とする連邦法律によって、地域的収入の限定ならびにその配分の方法および範囲についての詳細な規定を設けるものとする。その法律には、その他の租税の地域的収入の限定およびその配分についての規定を設けることもできる。売上税の収入に対するラントの取得分は、第2項による規制を留保して、そのラントの人口数に応じて個々のラントに帰属する。

(2) 連邦参議会の同意を要する連邦法律によって、諸ラント間の異なる財政力が適当に調整されるよう確保するものとし、その際、市町村（市町村連合）の財政力および

ドイツ

財政的需要を考慮するものとする。この目的のために、法律において、売上税の収入に対するラントの取得分の配分に係るその都度の財政力を考慮した割増分および割引分を規律するものとする。割増分を与え割引分を徴収するための条件ならびにこの割増分および割引分の率の数値基準は、同法律において規定するものとする。財政力を算定するために、鉱業法上の採掘料（Förderabgabe）は、その収入の一部についてのみ考慮することができる。法律はまた、連邦がその資金の中から、給付能力の弱いラントに対し、その一般的な財政上の需要を補填するための交付金（補充交付金）を与える旨を定めることもできる。交付金は、第1文から第3文までの規準にかかわらず、市町村（市町村連合）の担税力が特に低いことを示す給付能力の弱いラントにも与えることができ（市町村担税力対応交付金）、またそれ以外に、第91b条による助成資金の分担が住民の分担を下回る、給付能力の弱いラントにも与えることができる。

〔1953年4月20日の第3回改正法律および1954年12月25日の第5回改正法律で一部変更後、1955年12月23日の第6回改正法律で全面的に変更。その後1969年5月12日の第21回改正法律で変更。第1項第4文は2006年8月28日の第52回改正法律および2009年3月19日の第54回改正法律で変更後、2017年7月13日の第62回改正法律でさらに変更。同改正で第2項も大幅変更〕

第108条〔税財務行政〕

(1) 関税、財政専売、連邦法律で規律された輸入売上税を含む消費税、2009年7月1日以降における自動車税および機械化された交通手段に関わるその他の取引税ならびに欧州共同体の域内における課税は、連邦税財務官庁が管理する。これらの官庁の構成は、連邦法律で規律する。中級官庁が設置されている限りにおいて、その長は、ラント政府の了解を得てこれを任命する。

(2) その他の租税は、ラント税財務官庁が管理する。これらの官庁の構成、および、公務員の統一的養成は、連邦参議会の同意を得た連邦法律によって規律することができる。中級官庁が設置されている限りにおいて、その長は、連邦政府と協議してこれを任命する。

(3) ラント税財務官庁が、全部または一部が連邦の収入となる租税を管理するときは、ラント税財務官庁は連邦の委託を受けて行動する。第85条第3項および第4項は、連邦政府を連邦税財務大臣と読み替えて適用する。

(4) 租税法律の実施が著しく改善され、または簡易化される場合、およびその限度において、連邦参議会の同意を必要とする連邦法律によって、租税を管理するに際して連邦税財務官庁とラント税財務官庁とが協働する旨を規定し、ならびに、第1項に該当する租税についてはラント税財務官庁がこれを管理する旨、およびその他の租税については連邦税財務官庁がこれを管理する旨を規定することができる。市町村（市町村連合）のみの収入となる租税については、ラントは、ラント税財務官庁に帰属する管理の全部または一部を市町村（市町村連合）に委譲することができる。第1文による連邦法律は、連邦とラントの協働のために、法律の定める多数の同意があれば租税法律の執行のための規制がすべてのラントを拘束するものとなる旨を規定することができる。

(4a) 租税法律の実施が著しく改善されまたは簡易化される場合およびその限度において、連邦参議会の同意を要する連邦法律によって、第2項に該当する租税の管理に際して、ラントの税務官庁どうしが協働して、および、一または複数のラントが関係するラントと協働して、ラントの領域を超えた権限の委譲を規定することができる。費用負担は、連邦法律でこれを規律することができる。

(5) 連邦税財務官庁によって適用されるべき手続は、連邦法律でこれを規律する。ラント税財務官庁によって、および第4項第2文において市町村（市町村連合）によって適用されるべき手続は、連邦参議会の同意を得た連邦法律でこれを規律することができる。

(6) 税財務裁判権は、連邦法律でこれを統一的に規律する。

⑺　連邦政府は、一般的行政規則を発布することができる。すなわち、行政がラント税財務官庁または市町村（市町村連合）の義務である限度において、連邦参議会の同意を得てこれを発布することができる。

〔1969年5月12日の第21回改正法律で変更。2001年11月26日の第49回改正法律で第1項第3文および第2項第3文変更。2009年3月19日の第54回改正法律で第1項第1文変更。2017年7月13日の第62回改正法律で第4項第3文および第4a項が付加〕

第109条〔予算の独立の原則、経済全体の均衡の維持〕

⑴　連邦およびラントは、その財政において、独立であって、相互に依存するものではない。

⑵　連邦およびラントは、欧州共同体設立条約第104条に基づく欧州共同体の法律行為から生じる、予算規律の遵守のために課せられるドイツ連邦共和国の義務を、共同して遂行し、この枠内において、経済全体の均衡の要請を考慮に入れる。

⑶　連邦およびラントの予算は、原則として、起債（Kredit）に基づく歳入によることなく〔収支を〕均衡させるものとする。連邦およびラントは、通常の状況から逸脱した景気の推移の影響を好況および不況のいずれの場合にも均しく考慮に入れるための規律、ならびに、国の統制能力を超え国の財政状態を著しく損なうような自然災害〔またはそれに準ずる〕異常な緊急状態の場合のために予め例外規律を定めることができる。かかる特例規律については、それに対応する弁済規定を予め定めておくものとする。連邦の予算については、起債に基づく歳入が名目国内総生産の0.35パーセントを超えない場合には、第1文の原則が妥当するとの条件付きで、第115条が詳細の形態を規律する。ラントの予算についての詳細の形態は、起債に基づくいかなる歳入も認められない場合に限って、第1文の原則が妥当するとの条件付きで、ラントがその憲法上の権限の枠内でこれを規律する。

⑷　連邦参議会の同意を必要とする連邦法律によって、財政法、景気に応じた財政運営および複数年にまたがる財政計画のための、連邦およびラントに対して共通に適用される諸原則を策定することができる。

⑸　欧州共同体設立条約第104条の規定に関連して、予算規律の遵守のために課せられる欧州共同体の制裁措置は、連邦とラントが65対35の割合で負担する。ラントに割り当てられる負担の35％は、ラントの住民数に応じて、ラント全体が連帯して担い、ラントに割り当てられる負担の65％は、各ラントが負担の原因へのラントの寄与度に応じて、これを負担する。詳細は、連邦参議会の同意を必要とする連邦法律でこれを規律する。

〔1967年6月8日の第15回改正法律で第2項～第4項付加。その後、第2項は2009年7月29日の第57回改正法律で変更。第3項は1969年5月12日の第20回改正法律でいったん変更された後、2009年7月29日の第57回改正法律でそのままの文言で第4項となり、上記第15回改正による旧第4項は削除され、新たな第3項が付加。第5項は、2006年8月28日の第52回改正法律で追加された後、2009年7月29日の第57回改正法律で変更〕

第109a条〔安定化評議会〕

⑴　予算に関わる非常事態を回避するため、連邦参議会の同意を必要とする連邦法律により、次の各号について規律する：

1　連邦とラントの財政運営についての、合同委員会（財政安定化評議会）を通じての継続的な監視

2　財政に関わる非常事態の虞れがある場合を確定するための要件および手続

3　財政に関わる非常事態を回避するための財政立直しプログラムを立案しこれを遂行するための諸原則。

⑵　財政安定化評議会は、2020年以降、連邦およびラントによる第109条第3項の準則の遵守を監視する義務を負う。その監視は、財政規律維持のための欧州連合運営条約に基づいてなされる法行為による準則および手続に対応させるものとする。

⑶　財政安定化評議会の議決およびその基となった協議資料は、これを公表するものとする。

〔本条は2009年7月29日の第57回改正法律で追

加された後、2017年7月13日の第62回改正法律で第1項第2文変更、第2項および第3項が追加〕

第110条〔連邦の予算〕

(1) 連邦のすべての収入および支出は、予算計画に計上するものとし、連邦企業体および特別財産については、繰入れまたは引出しのみを計上することで足りる。予算計画は、収入と支出とが均等になるものとする。

(2) 予算計画は、一または複数の会計年度について、各年度ごとに、最初の会計年度の始まる前に、予算法律によって確定する。〔予算法律には〕予算計画が、部分によっては、異なる〔複数の〕期間に、会計年度別に分けて、これを執行する旨を規定することができる。

(3) 第2項第1文による〔予算〕法律案、ならびに、予算法律の改正案および予算計画の修正案は、連邦参議会に送付されるのと同時に連邦議会にも提出され、連邦参議会は6週間以内に、〔また〕修正法律案の場合には3週間以内に、その案に対する態度を決定する権限を有する。

(4) 予算法律には、連邦の収入および支出に関連する規定、ならびに、その議決される予算法律が対象としている期間に関連する規定のみをおくことができる。予算法律は、その規定が次の予算法律の公布によって初めて失効し、または、第115条による委任がある場合には、それよりも後の時点で失効する旨を規定することができる。

〔1969年5月12日の第20回改正法律で変更〕

第111条〔予算の承認以前の支出〕

(1) 一の会計年度が終了するまでに次年度の予算が法律で確定されなかったときは、連邦政府は、その〔予算〕法律が効力を生ずるまで、次に掲げる目的に必要な一切の支出をなす権限を有する：

a 法律上存在している施設を維持し、法律によって議決された措置を実施すること

b 法的な根拠を持つ連邦の義務を履行すること

c 前年度の予算計画によってすでに承認を受けていた金額の限度において、建築、調達およびその他の給付を継続し、または、これらの目的のための補助をさらに認めること。

(2) 特別の法律に基づいて租税・公課およびその他の財源から得られる収入、または、事業経営資金積立金が、第1項の支出を充足できない限りにおいて、連邦政府は、財政運営を維持するために必要な資金を、前年度の予算計画の総計の4分の1までを限度として、起債の方法で調達することが許される。

第112条〔予定超過支出、予定外支出〕

予定超過支出および予定外支出は、連邦財務大臣の同意を必要とする。その同意は、予見することができず、かつ、避けることのできない必要がある場合にのみ、これを与えることが許される。詳細は、連邦法律でこれを規定することができる。

〔1969年5月12日の第20回改正法律で変更〕

第113条〔連邦政府の同意を必要とする予算の議決〕

(1) 法律が、連邦政府の提案した予算計画の支出を増額し、または、新たな支出を含みもしくは将来に支出をもたらすものであるときは、その法律は連邦政府の同意を必要とする。歳入の減少を含みまたは将来に減少をもたらす法律についても、同様とする。連邦政府は、連邦議会がこのような法律に関する議決を中止すべきことを要求することができる。この場合には、連邦政府は、6週間以内に連邦議会に対して態度決定を送付しなければならない。

(2) 連邦政府は、連邦議会が法律を議決した後4週間以内に、連邦議会が改めて議決をすべきことを要求することができる。

(3) 法律が第78条によって成立したときは、連邦政府は、6週間以内に限り、かつ、前もって第1項第3文および第4文による手続または第2項による手続を開始していた場合に限り、その同意を拒否することができる。この期間の経過後は、同意がなされたものとみなす。

〔1969年5月12日の第20回改正法律で変更、第2項以下が追加〕

第114条〔会計報告、会計検査〕

(1) 連邦財務大臣は、次の会計年度中に、

連邦政府の責任を解除するために、連邦議会および連邦参議会に対し、すべての歳入および歳出ならびに資産および債務について、決算書を提出しなければならない。

⑵　連邦会計検査院は、その構成員が裁判官的独立性を有し、決算を検査し、ならびに連邦の予算の執行および経済運営の経済性および合規性（Ordnungsmäßigkeit）について検査する。連邦会計検査院は、第1文による検査の目的で、連邦行政の外にある官署においても調査を行うことができ、このことは、連邦がラントに対しラントの任務を履行するために用途の定められた財政資金を配分する場合にも適用される。連邦会計検査院は、毎年、連邦政府のほか、直接に連邦議会および連邦参議会に対し、〔会計の〕報告をしなければならない。連邦会計検査院のその他の権限については、連邦法律でこれを規律する。

〔1969年5月12日の第20回改正法律で変更〕

第115条〔起債、担保引受〕

⑴　起債をすることならびに人的および物的保証その他の保証を引き受けることが、将来の会計年度に支出を生じる可能性がある場合には、連邦法律によって、その金額を特定しまたは特定しうるような授権を必要とする。

⑵　歳入と歳出は、原則として、起債に基づく収入によることなく〔収支を〕均衡させるものとする。この原則は、起債に基づく収入が名目国内総生産の0.35パーセントを超えない場合に妥当する。このほか、通常の状況から逸脱した景気の推移に際しては、その予算への影響を好況および不況のいずれの場合にも均しく考慮に入れるものとする。事実上の借入が第1文から第3文までによって許される起債の最高限度を逸脱する場合には、管理アカウントに記録され、名目国内総生産の1.5パーセントの限界価格を超える負荷は、景気の動向に合わせて還元するものとする。詳細、特に金融取引をめぐる歳入と歳出の清算、および景気調整手続の根拠に基づく景気の推移を考慮に入れた年間の純借入の上限を計算するための手続き、ならびに、事実上の借入と規則上の限界との乖離のコントロールおよび調整については、連邦法律でこれを規律する。国の統制能力を超え国の財政状態を著しく損なうような自然災害〔またはそれに準ずる〕異常な緊急状態の場合には、この借入限度額は、連邦議会議員の多数決に基づいて、これを超過することができる。この議決は、弁済計画と結びついたものでなければならない。第6文によってなされた借入の返済は、適切な期間内に行わなければならない。

〔1969年5月12日の第20回改正法律で変更され、第2項も付加。2009年7月29日の第57回改正法律で、第1項の当初の第2文および第3文が削除され、また第2項は全面変更〕

Ⅹa　防衛緊急事態

〔Ⅹaの標題および以下の第115a条から第115l条まではすべて、1968年6月24日の第17回改正法律で追加〕

第115a条〔防衛緊急事態の定義およびその確定〕

⑴　連邦領域が武力によって攻撃され、または、このような攻撃が直前に差し迫っていること（防衛緊急事態）の確定は、連邦参議会の同意を得て、連邦議会が行う。その確定は、連邦政府の申立てに基づいて行い、連邦議会議員の投票数の3分の2の多数で、かつ、少なくともその過半数を必要とする。

⑵　状況からして不可避的に即時に行動することが必要とされ、かつ、克服しえない障害があって連邦議会が適時に集会することが妨げられ、または、連邦議会が〔定足数に達しないために〕議決することが不可能なときは、合同委員会がその委員の投票数の3分の2の多数で、かつ、少なくともその過半数をもってこの確定を行う。

⑶　この確定は、第82条に従って、連邦大統領によって連邦法律公報に公布される。適時に連邦法律公報に公布することが不可能なときは、公布は他の方法で行い、事情が連邦法律公報への公布を許すに至ったときは、直ちに追加して公布するものとする。

⑷　連邦領域が武力によって攻撃され、管轄の連邦機関が、即時に第1項第1文の確定

を行うことができないときは、この確定は行われたものとみなし、かつ、その攻撃が開始された時点で公布されたものとみなす。連邦大統領は、事情が許せば直ちにその時期を告知する。

(5) 防衛緊急事態が確定されたことが公布され、連邦領域が武力によって攻撃されるときは、連邦大統領は、連邦議会の同意を得て、防衛緊急事態の存在について国際法上の宣言をすることができる。合同委員会は、第2項の要件の下に、連邦議会に代わるものとする。

第115b条〔連邦総理大臣の命令・司令権〕

防衛緊急事態の公布とともに、軍隊に対する命令権および司令権は、連邦総理大臣に移行する。

第115c条〔連邦の立法権限の拡大〕

(1) 連邦は、防衛緊急事態の場合には、ラントの立法権限に属する分野の事項についても、競合的立法権を有する。これらの法律には、連邦参議会の同意を必要とする。

(2) 防衛緊急事態の間、事態が必要とする限度において、連邦法律によって、防衛緊急事態について、次のことをなしうる：

1 公用収用に際しては、第14条第3項第2文によることなく、補償について暫定的に規律しうること。

2 自由の剥奪について、裁判官が平時に適用される期間内に活動することができなかった場合のために、第104条第2項第3文および第3項第1文とは異なる期間を、ただし最高4日の期間を、定めること。

(3) 連邦は、または、直前に差し迫っている攻撃を防止するのに必要な限度において、防衛緊急事態のために、連邦参議会の同意を得た連邦法律によって、連邦およびラントの行政および財政制度について、第Ⅷ章、第Ⅷa章および第Ⅹ章とは異なる規律をすることができるが、その際には、ラント、市町村および市町村連合の生存能力を、特に財政的な観点からも、維持するものとする。

(4) 第1項および第2項第1号による連邦法律は、その実施に備えるために、すでに、防衛緊急事態の発生する前の時点で、適用することが許される。

〔第3項は、1969年5月12日の第21回改正法律で変更〕

第115d条〔緊急の法律案〕

(1) 連邦の立法に関しては、防衛緊急事態においては、第76条第2項、第77条第1項第2文および第2項ないし第4項、第78条ならびに第82条第1項にかかわらず、第2項および第3項の規定を適用する。

(2) 連邦政府が緊急なものとして表示した法律案は、連邦議会に提出すると同時に連邦参議会にも送付するものとする。連邦議会および連邦参議会は、これらの法律案を遅滞なく共同で審議する。ある法律に連邦参議会の同意が必要とされる限度において、法律の成立にはその投票の過半数の同意を必要とする。詳細は、議事規則で規律するが、その議事規則は連邦議会で議決され、かつ、連邦参議会の同意を必要とする。

(3) 法律の公布については、第115a条第3項第2文を準用する。

第115e条〔合同委員会の地位およびその限界〕

(1) 合同委員会が、防衛緊急事態において、投票の3分の2の多数、かつ、少なくともその委員の過半数をもって、連邦議会が適時に集会するためには克服しがたい障害があること、または、連邦議会が議決することが不可能であることを確定したときは、合同委員会は、連邦議会および連邦参議会の地位を有し、かつ、その諸権利を一致して行使する。

(2) 合同委員会の〔議決する〕法律によって基本法を変更し、その全部もしくは一部を失効させ、また、その適用を停止することは許されない。第23条第1項第2文、第24条第1項または第29条による法律を発布する権限は、合同委員会の有するところではない。

〔第2項第2文は1992年12月21日の第38回改正法律で変更〕

第115f条〔連邦政府の非常権限〕

(1) 連邦政府は、防衛緊急事態においては、事態が必要とする限度において、次のことをなしうる：

1 全連邦領域において連邦国境警備隊を

出動させること
2　連邦行政〔官庁〕の他、ラント政府に対しても、また、連邦政府が緊急と認めるときは、ラントの諸官庁に対して、指図をなし、かつ、この権限を連邦政府によって特定されるラント政府の構成員に委譲すること。

(2)　連邦議会、連邦参議会および合同委員会は、第1項によってとられた措置について、遅滞なく、報告を受けるものとする。

第115g 条〔連邦憲法裁判所の地位〕

連邦憲法裁判所およびその裁判官の憲法上の地位、およびその憲法上の任務の遂行は、侵害してはならない。連邦憲法裁判所法を合同委員会の〔議決する〕法律で変更することが許されるのは、連邦憲法裁判所の見解からしても、この変更が裁判所の活動能力を維持するのに必要であるとされる限度においてのみである。連邦憲法裁判所は、このような法律が発布されるまで、裁判所の活動能力を保持するのに必要な措置をとることができる。連邦憲法裁判所は、出席した裁判官の過半数をもって、第2文および第3文による決定を行う。

第115h 条〔議会の被選期間および連邦憲法裁判所裁判官の在任期間〕

(1)　防衛緊急事態の間に満了する、連邦議会またはラントの議会の被選期間は、防衛緊急事態の終了後6ヵ月で終了する。防衛緊急事態に満了する連邦大統領の在任期間、および、その職務が任期満了前に終了した場合の連邦参議会議長による職務の代行は、防衛緊急事態の終了後9ヵ月で終了する。防衛緊急事態中に終了する連邦憲法裁判所の構成員の任期は、防衛緊急事態の終了後6ヵ月で終了する。

(2)　合同委員会が連邦総理大臣を新たに選出する必要があるときは、合同委員会はその委員の過半数をもって新たな連邦総理大臣を選出するが、〔その場合には〕連邦大統領が、合同委員会に〔連邦総理大臣候補者を〕提案する。合同委員会は、その委員の3分の2の多数をもって連邦総理大臣の後任を選出することによってのみ、連邦総理大臣に対して不信任を表明することができる。

(3)　防衛緊急事態の継続中は、連邦議会の解散は行わない。

第115i 条〔ラント政府の非常権限〕

(1)　連邦の管轄機関が、危険を防止するのに必要な措置をとることができず、かつ、状況からして不可避的に連邦領域の個々の部分において即時に独自に行動することが必要とされるときは、ラント政府またはラント政府の特定する官庁もしくは受託者は、その管轄区域について第115f 条第1項の意味に即した措置をとる権限を有する。

(2)　第1項による措置については、連邦政府は、〔また〕ラントの官庁および連邦下級官庁との関係においては、ラントの総理大臣も、いつでも廃止することができる。

第115k 条〔非常立法の序列および適用範囲〕

(1)　第115c 条、第115e 条、および第115g 条による法律、ならびにこれらの法律の根拠に基づいて発布される法規命令は、それらを適用しうる間は、これに反する法の適用を停止せしめる。〔ただし〕第115c 条、第115e 条および第115g 条の根拠に基づいて発布されていたそれ以前の法に対しては、この限りでない。

(2)　合同委員会が議決した法律、およびそれらの法律の根拠に基づいて発布された法規命令は、防衛緊急事態の終了後、遅くとも6ヵ月でその効力を失う。

(3)　第91a 条、第91b 条、第104a 条、第106条および第107条と異なる規定を含む法律は、長くとも、防衛緊急事態の終了に続く第二会計年度の終りまでしか適用されない。これらの法律は、防衛緊急事態の終了後、連邦参議会の同意を得た連邦法律によって変更し、これを第8a 章および第10章による規律に移すことができる。

〔第3項は1969年5月12日の第21回改正法律で変更〕

第115l 条〔合同委員会の法律の廃止、防衛緊急事態の終了、講和〕

(1)　連邦議会は、いつでも、連邦参議会の同意を得て、合同委員会の法律を廃止することができる。連邦参議会は、連邦議会がこのことについて議決すべきことを要求することができる。合同委員会または連邦政府が、危険を防止するためにとったその他の措置は、連邦議会および連邦参議会が廃止すべきことを議決した場合には、廃止しなければならない。

(2) 連邦議会は、連邦参議会の同意を得て、いつでも、連邦大統領が公布すべき議決によって、防衛緊急事態の終了を宣言することができる。連邦参議会は、連邦議会がこのことについて議決すべきことを要求することができる。防衛緊急事態は、それを確定するための要件がもはや存在しないときは、遅滞なく、それが終了したことを宣言しなければならない。

(3) 講和条約の締結については、連邦法律によって決定する。

XI 経過規定および終末規定

第116条〔ドイツ人の概念、再帰化〕

(1) この基本法の意味におけるドイツ人とは、法律に特別の定めのある場合を除いては、ドイツの国籍を有している者、または、ドイツ民族に属する引揚者もしくは難民として、あるいはその配偶者もしくは卑属として、1937年12月31日現在のドイツ国の領域に受け入れられていた者をいう。

(2) 1933年1月30日から1945年5月8日までの間において、政治的・人種的または宗教的理由に基づいて国籍を剥奪された旧ドイツ国籍保有者およびその卑属は、申請に基づいて、再び帰化されるものとする。これらの者は、1945年5月8日以降にその住所をドイツに置き、かつ、反対の意思を表明していなかった限りにおいて、国籍を剥奪されなかった者とみなす。

第117条〔男女同権、移転の自由についての経過規定〕

(1) 第3条第2項に反する法は、それがこの基本法のこの規定〔＝第3条第2項〕に適合するに至るまで効力を有するが、その効力は、長くとも1953年3月31日までとする。

(2) 現在の住宅難を考慮して移転の自由の権利を制限する法律は、連邦法律によって廃止されるまでは、その効力を有する。

第118条〔西南ドイツ地方におけるラントの再編成〕

バーデン、ヴュルテンベルク=バーデン、およびヴュルテンベルク=ホーエンツォレルンの諸ラントを含む領域における再編成は、第29条の規定にかかわらず、関係諸ラントの合意によってなすことができる。合意が成立しないときは、再編成は連邦法律で規律するが、この連邦法律には、住民投票が規定されていなければならない。

第118a条〔ベルリーンおよびブランデンブルクの新構成の決定〕

ベルリーンおよびブランデンブルクの両ラントを包括する領域の新たな構成は、第29条の規定にかかわらず、両ラントの有権者が参加して、両ラントの合意によって決定することができる。

〔本条は1994年10月27日の第42回改正法律で追加〕

第119条〔引揚者および難民についての経過措置〕

引揚者および難民に関する事務においては、特に、これをラントに分担させるためには、連邦法律による規律がなされるまで、連邦政府が、連邦参議会の同意を得て、法律としての効力を有する命令を発布することができる。その際、特別な場合には、連邦政府に対し、個別的指図を与える権限を付与することができる。その指図は、危険が切迫している場合の他は、ラント最高官庁に向けられるものとする。

第120条〔占領費および戦争の結果たる負担〕

(1) 連邦は、占領費の支出、およびその他戦争の結果たる内外の負担に対する費用を、詳細な連邦法律の規定によって、負担する。これらの戦争の結果たる負担が、1969年10月1日までに連邦法律によって規律されていた場合には、その限度において、連邦およびラントは、その相互の関係においては、これらの連邦法律の基準に従って、その費用を負担する。戦争の結果たる負担に対する費用が、連邦法律において〔すでに〕規律されておらず、また規律されもせず、それらの費用が、1965年10月1日までに、ラント、市町村（市町村連合）または、ラントもしくは市町村の任務を担うその他の任務遂行者によって調達されたときは、その限度において、連邦は、この時点以降も、この種の費用を引き受ける義務を課されない。連邦は、失業保険を含む社会保険の負担および失業者救済の負担に対する補助金を負担する。戦争の結果たる負担を本項の規定によって連邦とラントに配分することは、戦争の結果に対する補償請求権についての法律の規定に影響を及ぼすものではない。

(2) 収入は、連邦が支出を引き受けると同時に連邦に移行する。

〔第1項は1965年7月30日の第14回改正法律で変更、さらに同項第2文は1969年7月28日の第24回改正法律で変更〕

第120a条〔負担調整の実施〕

(1) 負担調整を実施するための法律は、連邦参議会の同意を得て、これらの法律が、調整給付の分野においては、一部は連邦によって執行され、一部は連邦の委託に基づいてラントによって執行される旨、ならびに、第85条の根拠に基づいて、連邦政府および管轄の連邦最高官庁にその限度において帰属する権限の全部または一部が連邦調整官庁に委譲される旨を、定めることができる。連邦調整官庁がこの権限を行使する際には、連邦参議会の同意を必要とせず、その指図は、緊急の場合を除いて、ラント最高官庁（ラント調整官庁）に向けられるものとする。

(2) 第87条第3項第2文は、これにより影響を受けない。

〔本条は1952年8月14日の第2回改正法律で追加〕

第121条〔基本法の意味における多数の定義〕

この基本法の意味における連邦議会および連邦会議の構成員の多数とは、法律で定められた構成員数の多数をいう。

第122条〔立法権力の移行および廃止〕

(1) 連邦議会の集会〔1949年9月7日〕以後は、法律は、もっぱら、この基本法において認められた立法権力によって議決される。

(2) 第1項によって権限が消滅する、立法機関および立法に際して助言することにより協力する諸機関は、この時点をもって解散されたものとする。

第123条〔旧法および旧条約の効力の存続〕

(1) 連邦議会が招集される前の時代の法は、それが基本法に抵触しない限り、引き続き適用される。

(2) 旧ドイツ国が締結した条約で、この基本法によりラントの立法の管轄とされている事項に関わるものは、それが一般的な法原則によって有効であり、かつ引き続き効力を有する場合には、新しい条約がこの基本法によって権限を有する機関によって締結されるか、または、それらの条約に含まれている規定に基づいてその他の方法でその効力を失うまでは、関係するすべての当事者の権利および異議を留保して、なおその効力を保有する。

第124条〔連邦の専属的立法権限に属する領域に関する従来の法〕

連邦の専属的立法の対象に関わる法は、その適用地域内において、連邦法となる。

第125条〔競合的立法の領域に関する従来の法〕

連邦の競合的立法の対象に関わる法は、

1 それが一つまたは複数の占領地域内において統一的に適用される限度において、

2 その法によって、1945年5月8日以降に〔＝5月9日から〕旧ドイツ国の法が変更されることになった限度において、

その適用地域内において、連邦法となる。

第125a条〔連邦法の効力〕

(1) 連邦法として〔過去に〕制定されていたが、第74条第1項の変更によって、第84条第1項第6文、第85条第1項第2文もしくは第105条第2a項第2文の付加によって、または第74a条、第75条もしくは第98条第3項第2文の削除によって、もはや〔今後は〕連邦法としては制定されえなくなる法は、引き続き連邦法として効力を有する。かかる法は、ラント法によってこれに代えることができる。

(2) 1994年11月15日まで効力を有していた文言における第72条第2項の根拠に基づいて制定されていた法であって、第72条第2項の変更によってもはや連邦法として制定することができなくなるものは、引き続き連邦法として効力を有する。かかる法は、ラ

ント法によってこれに代えることができる旨を、連邦法律によって規定することができる。

⑶　ラント法として制定されていたが、第73条の変更によってもはやラント法として制定しえなくなる法は、引き続きラント法として効力を有する。かかる法は、連邦法によってこれに代えることができる。

〔本条は1994年10月27日の第42回改正法律で追加された後、2006年８月28日の第52回改正法律で全面的に変更され、第３項が付加〕

第125b 条〔第52回基本法改正に伴う連邦法等の効力〕

⑴　2006年９月１日まで効力を有していた文言における第75条の根拠に基づいて制定されていた法で、この時点以降も連邦法として公布することのできるものは、引き続き連邦法として効力を有する。その限りで、ラントの立法の権限および義務は、引き続き存する。第72条第３項第１文に列挙された領域においては、ラントはこの法と異なる規律をすることができるが、ただし、第72条第３項第１文第２号、第５号および第６号の領域においては、2006年９月１日以降、第２号および第５号の場合には遅くとも2010年１月１日以降、また第６号の場合には遅くとも2008年８月１日以降に、連邦がその立法権限を行使した後であり、かつその場合に限られる。

⑵　2006年８月31日以前に効力を有していた文言における第84条第１項の根拠に基づいて制定されていた連邦法律上の規律については、ラントはこれと異なる規律をすることができるが、行政手続に関する規律についてラントがこれをなしうるのは、2008年12月31日までは、2006年９月１日以降にその時々の連邦法律において行政手続に関する規律が変更された場合においてのみである。

⑶　第72条第３項第１文第７号の領域においては、これと異なるラント法に基づいて、早くとも2025年１月１日以降の期間について、土地税の徴収をすることができる。

〔本条は2006年８月28日の第52回改正法律で追加。第３項は、2019年11月15日の第64回改正法律で追加。〕

第125c 条〔第52回基本法改正に伴う経過規定〕

⑴　2006年９月１日まで効力を有していた文言における第91a 条第１項第１号に関連して同条第２項の根拠に基づいて制定されていた法は、2006年12月31日まで引き続き効力を有する。

⑵　2006年９月１日まで効力を有していた文言における第104a 条第４項により、市町村交通融資および社会〔福祉〕的住居促進の分野において作られた規律は、2006年12月31日まで引き続き効力を有する。市町村交通融資法§６第１項による特別の行動計画のための市町村交通融資の分野において作られた規律、ならびに、基本法第104a条第４項によるブレーメン、ハンブルク、メークレンブルク＝フォーアポメルン、ニーダーザクセンおよびシュレースヴィヒ＝ホルシュタインの海港に対する連邦の財政援助に関する2001年12月20日の法律により、2006年９月１日まで効力を有していた文言における第104a 条第４項によって作られたその他の規律は、それが廃止されるまで、引き続き効力を有する。連邦法律による市町村交通融資法の改正は、これを認める。2006年９月１日まで効力を有していた文言における第104a 条第４項によって作られたその他の規律は、2019年12月31日より早い時点に効力を失うことが規定されていない、または規定されない限り、2019年12月31日まで引き続き効力を有する。第104b 条第２項第４文は、これを準用する。

⑶　第104条第２項第５文は、2019年12月31日以降に効力を発する規律に基づいて初めて適用されるものとする。

〔本条は2006年８月28日の第52回改正法律で追加。第２項は、2017年７月13日の第62回改正法律で第２文と第３文が追加。2019年３月28日の第63回改正法律で、第２項第３文が一部削除、新第５文および第３項が付加〕

第126条〔従来の法の効力に関する連邦憲法裁判所の規範統制権限〕

法が連邦法としての効力を引き続き有するかどうかについての意見の相違については、連邦憲法裁判所が決定する。

第127条〔統合経済地区の法〕

連邦政府は、統合経済地区の行政法が第124条または第125条によって連邦法として引き続き効力を有する限度において、関係諸ラントの政府の同意を得て、それをこの基本法の公布後1年以内に、バーデン、大ベルリーン、ラインラント=プァルツ、およびヴュルテンベルク=ホーエンツォレルンの諸ラントにおいて、施行することができる。

第128条〔指図権の効力の存続〕

引き続き効力を有する法が、第84条第5項の意味における指示権を規定している限度において、指示権は、法律による別段の規律がなされるまで存続する。

第129条〔権限の存続〕

(1) 連邦法として引き続き効力を有する法的定めの中に、法規命令または一般的行政規則を発布する権限、ならびに、行政行為を行う権限が含まれている限度において、この権限は、今後これらの事項について管轄を有する機関に移行する。疑義のある場合には、連邦政府が連邦参議会の了解を得て決定し、その決定は公開するものとする。

(2) ラント法として引き続き効力を有する法的定めの中にこのような権限が含まれている限度において、この権限は、ラント法により管轄を有する機関によって行使される。

(3) 第1項および第2項の意味における法的定めが、法律に代わってそれらの定め自体を変更しもしくは補充する権限、または法律の効力を持つ法的定めを発布する権限を与えている限度において、これらの権限は消滅しているものとする。

(4) 第1項および第2項の定めは、それらの法的定めの中に、もはや適用されない定め、またはもはや存在していない施設が指示されている限度において、これを準用する。

第130条〔公法上の団体についての経過規定〕

(1) 行政機関およびその他の公の行政もしくは司法のための施設であって、ラントの法またはラント間の条約に基づいていないもの、ならびに、西南ドイツ鉄道の経営連合体およびフランス占領地区の郵便・電信電話制度についての管理委員会は、連邦政府の下に置かれる。連邦政府は、連邦参議会の同意を得て、その委譲、解散または清算について規律する。

(2) これらの行政機関および施設の職員の職務上の最高の上官は、管轄の連邦大臣である。

(3) ラントの直属でなく、かつラント間の条約に基づいていない公法上の団体および営造物は、管轄の連邦最高官庁の監督の下に置かれる。

第131条〔旧公務員の法律関係の規律〕

引揚者および難民を含めて、1945年5月8日において公務に従事していた者であって、公務員法上または賃率法上以外の理由で退職し、かつ、現在まで使用されず、もしくは、以前の地位に準じて使用されない者の法律関係は、連邦法律によって規律するものとする。引揚者および難民を含めて、1945年5月8日において被扶助権を有していて、公務員法上または賃率法上以外の理由でもはや何らの扶助も受けず、もしくは、何らの相当の扶助も受けていない者についても、同様である。連邦法律が施行されるまでは、ラントの法に特別の定めがある場合を除いては、法律上の請求権を主張することはできない。

第132条〔公務員の諸権利の廃止〕

(1) この基本法の施行の時期に、終身で任用されている公務員および裁判官で、その職に対する人格的および専門的適性を欠いている者は、連邦議会の最初の集会後6ヵ月以内に、退職もしくは休職させ、または俸給のさらに低い職に転任させることができる。解約できない勤務関係にある被用者にも、この規定を準用する。勤務関係が解約できる被用者については、賃率についての規律を超える解約告知期間は、同一の期間内に廃止することができる。

(2) この規定は「ナチズムおよび軍国主義からの解放」に関する諸規定に該当しない公務従事者、または、ナチズムによる被迫害者と認められる公務従事者については、その者の一身に重大な理由が存しない限り、適用しない。

(3) 該当者には、第19条第4項に従って、出訴の途が開かれている。

⑷ 詳細は、連邦参議会の同意を必要とする連邦政府の命令で定める。

第133条〔統合経済地区の行政法の主体としての連邦〕

連邦は、統合経済地区の権利および義務を承継する。

第134条〔旧ドイツ国の財産の権利承継者〕

⑴ 旧ドイツ国（Reich）の財産は、原則として連邦財産となる。

⑵ 旧ドイツ国の財産は、その本来の目的規定からすれば、おおむね、この基本法上は連邦の行政的任務でない行政的任務のためのものとされていたものである限度において、無償で、今後管轄を有する任務担当者に譲渡されるものとし、また、この財産が、現在の一時的でない利用に従い、この基本法上は今後はラントによって遂行されるべき行政的任務のために用いられている限度においては、その財産はラントに譲渡されるものとする。連邦は、その他の財産もラントに譲渡することができる。

⑶ ラントおよび市町村（市町村連合）が無償で旧ドイツ国の利用に供していた財産は、連邦が固有の行政任務のために必要としない限り、再びラントおよび市町村（市町村連合）の財産となる。

⑷ 詳細は、連邦参議会の同意を必要とする連邦法律で規律する。

第135条〔ラントへの所属の変更の際の財産の承継者、もはや存在しないラントおよび団体等の財産の帰属〕

⑴ 1945年5月8日以降に〔＝5月9日から〕この基本法の施行までに、ある地域のラントへの所属に変更が生じたときは、この地域においては、その地域が〔かつて〕所属していたラントの財産は、現在その地域が所属しているラントに帰属する。

⑵ もはや存在していないラントならびにもはや存在していないその他の公法上の社団および営造物の財産は、その本来の目的規定からすれば、おおむね、行政的任務のためのものとされていたものである限度において、または、この財産が、現在の一時的でない利用に従い、おおむね行政的任務のために用いられている限度においては、今後これらの任務を遂行するラントまたは公法上の社団もしくは営造物に移転する。

⑶ もはや存在していないラントの不動産は、それがすでに第1項の意味における財産に属していない限り、従物を含めて、それが位置しているラントに移転する。

⑷ 連邦の重要な利益、またはある地域の特別な利益が必要とする限りにおいて、連邦法律によって、第1項ないし第3項と異なる規律をすることができる。

⑸ その他、権利の承継および財産分割は、1952年1月1日までに関係諸ラント間、または公法上の社団もしくは営造物間での合意によってなされない限り、連邦参議会の同意を必要とする連邦法律で規律する。

⑹ かつてのプロイセン・ラントの私法上の企業への参与関係は、連邦に移行する。詳細は、連邦法律で規律するが、その連邦法律は右と異なる規定をすることもできる。

⑺ 第1項から第3項までの規定によってラント、または公法上の社団もしくは営造物に帰すべき財産について、右各項によって権限を有する者がラント法律によって、ラント法律の根拠に基づいて、またはその他の方法で、基本法の施行の際に〔すでに〕処分してしまっていたときは、その財産の移転は処分前になされたものとみなす。

第135a条〔一定の公的債務の履行の限定〕

⑴ 第134条第4項および第135条第5項において留保された連邦の法律制定によって、次の各号の債務について、それが履行されない旨、または完全には履行されない旨を定めることもできる：

1 旧ドイツ国の債務、ならびにかつてのプロイセン・ラントおよびその他の、もはや存在していない公法上の社団および営造物の債務

2 第89条、第134条および第135条による財産価格の移転と関連する、連邦またはその他の公法上の社団および営造物の債務、および、これらの権利主体の債務で第1号に掲げられた権利主体の措置に基づくもの

3 ラントおよび市町村（市町村連合）の債務であって、これらの権利主体が、1945年8月1日以前に、占領軍の命令を

実施するために、または、戦争に起因する困窮状態を除去するために、旧ドイツ国に課せられた、または旧ドイツ国から委譲された行政上の任務の範囲内においてとった措置によって生じたもの。

⑵　第１項は、ドイツ民主共和国またはその権利主体の債務、ならびに、連邦、ラントおよび市町村へのドイツ民主共和国の財産価格の移転と関連する連邦またはその他の公法上の社団および営造物の債務、およびドイツ民主共和国またはその権利主体の措置に基づく債務に準用する。

〔本条は1957年10月22日の第９回改正法律で追加。1990年８月31日調印の統一条約第４条による基本法改正で第２項付加〕

第136条〔連邦参議会の第１回集会、連邦大統領の権限に関する経過規定〕

⑴　連邦参議会は、連邦議会の第一回の集会の日に、第１回の集会をする。

⑵　最初の連邦大統領が選挙されるまでは、連邦大統領の権限は、連邦参議会の議長が行使する。〔ただし〕連邦議会を解散する権利は、連邦参議会議長には帰属しない。

第137条〔被選挙権の制限、選挙法および連邦憲法裁判所の権限についての経過規定〕

⑴　連邦、ラントおよび市町村における、公務員、公務の被用者、職業軍人、一時的志願兵および裁判官の被選挙権は、法律で制限することができる。

⑵　連邦共和国の第一回の連邦議会、第一回の連邦会議および第一回の連邦大統領の選挙については、議会評議会によって議決される選挙法を適用する。

⑶　第41条第２項により連邦憲法裁判所に帰属する権限は、連邦憲法裁判所が設置されるまでは、統合経済地区のドイツ上級裁判所が行使し、その手続法の基準に従って、決定を下す。

〔第１項は1956年３月19日の第７回改正法律で変更〕

第138条〔西南ドイツ地方の公証人制度〕

バーデン、バイエルン、ヴュルテンベルク＝バーデンおよびヴュルテンベルク＝ホーエンツォレルンの諸ラントにおける現行の公証人制度の変更には、これらのラントの政府の同意を必要とする。

第139条〔ドイツ国民解放法の規定の効力〕

「ドイツ国民をナチズムおよび軍国主義から解放する」ために発布された法規定は、この基本法の諸規定によって影響を受けない。

第140条〔国家と宗教に関するヴァイマル憲法の規定の効力〕

1919年８月11日のドイツ国憲法〔＝ヴァイマル憲法〕の第136条、第137条、第138条、第139条および第141条の規定*は、この基本法の構成部分である。

＊　基本法の構成部分とされているヴァイマル憲法の条文

第136条〔信教の自由の効果、沈黙の自由、宗教的行事等の強制の禁止〕

①　市民および公民の権利および義務が、宗教の自由の行使によって条件づけられたり制限されたりすることはない。

②　市民および公民としての権利の享受ならびに公職への就任は、宗教上の信仰告白に係らしめられない。

③　何人も、自己の宗教上の信念を明らかにすることを義務づけられない。官庁は、〔ある者の〕権利および義務がある宗教団体への所属に係り、または、法律の命じる統計上の調査のために宗教団体への所属を問うことが必要とされる限りにおいてのみ、それについて問う権利を有する。

④　何人も、教会の定める行為もしくは儀式、宗教の実践への参加、または宗教上の宣誓方式の使用を強制されない。

第137条〔国教会の禁止、宗教団体〕

①　国の教会は、存在しない。

②　宗教団体を結成する自由は、保障する。ライヒ領域内における宗教団体の結合は、いかなる制限にも服さない。

③　宗教団体は各々、すべてのものに適用される法律の範囲内で、その事務を独立して処理し管理する。宗教団体は各々、国または市町村の関与を受けることなく、その役職を付与する。

④　宗教団体は、民事法の一般的規定により権利能力を取得する。

⑤　宗教団体は、従来公法上の社団であっ

た限りにおいて、今後も公法上の社団とする。その他の宗教団体は、その根本規則およびその構成員数からして存続することが確実である場合には、その申請に基づいて、〔公法上の社団と〕同一の権利が与えられるものとする。二以上のこのような公法上の社団が、一の連合をなす場合には、この連合もまた公法上の社団とする。

⑥　公法上の社団たる宗教団体は、市民租税台帳に基づき、ラントの法の定める基準に従って、租税を徴収する権利を有する。

⑦　一の世界観を共同で振興することを任務とする結社は、宗教団体と同等に取り扱う。

⑧　これらの規定を実施するためにさらに規律が必要となる限りにおいて、その規律はラント立法の責務である。

第138条〔宗教団体への給付、宗教団体等の財産権〕

①　法律、条約または特別の権原に基づいて宗教団体に対してなされる国の給付は、ラントの法律制定によって有償で廃止する。これについての諸原則は、ライヒが定める。

②　宗教団体および宗教的結社が、礼拝、教化および慈善の目的のために用途を指定した自己の営造物、財団その他の財産に対して有する所有権その他の権利は、保障する。

第139条〔日曜日・祭日の法的保障〕

日曜日および国が承認した祝日は、労働を休む日および精神の向上の日として、引き続き法律により保護する。

第141条〔軍隊その他の公の営造物における宗教的行事〕

軍、病院、刑事施設またはその他の公の営造物において礼拝および司牧の要望が存する限りにおいて、宗教団体は、宗教的行事を行うことが許されるものとし、その際にはいかなる強制も避けなければならない。

第141条〔宗教の授業に関する特例〕

第7条第3項第1文は、1949年1月1日時点でラントの法による特別の定めが存在していたラントにおいては、適用しない。

第142条〔ラント憲法の基本権保障の効力〕

第31条の規定にかかわらず、ラントの憲法の諸規定も、この基本法の第1条ないし第18条に合致して基本権を保障している限りにおいて、その効力を保持する。

第142a 条〔ボンおよびパリの条約〕〔削除〕

〔本条は1954年3月26日の第4回改正法律で追加。1968年6月24日の第17回改正法律で削除〕

第143条〔旧東ドイツ領域における法の効力〕

(1)　統一条約第3条に掲げられた領域における法は、〔そこにおける〕諸般の事情が異なるために、これを基本法秩序に完全に適合させることが、まだなしえない場合、およびその限度において、遅くとも1992年12月31日までは、この基本法の諸規定と相違してもよい。〔しかしそれらの〕相違は、第19条第2項に違反するものであってはならず、かつ、第79条第3項に掲げられた基本秩序と一致するものでなければならない。

(2)　第2章、第8章、第8a 章、第9章、第10章および第11章との相違は、遅くとも1995年12月31日までは許容される。

(3)　第1項および第2項とは別に、統一条約第41条およびその施行規則も、この条約第3条に掲げられた領域における財産への介入がもはや原状に回復されない旨を規定している限度において、その効力を維持する。

〔基本法制定当初は「内乱罪」について詳細に定めていた本条は、1951年8月30日の第1回改正法律（刑法変更法）でいったん削除された後、1956年3月19日の第7回改正法律で「国内的緊急事態」における軍隊の出動に関する規定が置かれたが、この規定も1968年6月24日の第17回改正法律で再び削除され、空白になっていた。1990年8月31日調印の統一条約第4条により新規定が挿入〕

第143a 条〔鉄道交通行政についての連邦の専属的立法権〕

(1)　連邦は、連邦固有行政として行われた連邦鉄道を経済的企業に変更することによって生じるすべての事務について、専属的立法権を有する。第87e 条第５項は準用する。連邦鉄道の公務員は、法律により、その法的地位を維持しつつ、かつ、雇用当局の責任の下に、サーヴィス提供業務のために、私法的に組織される連邦の鉄道に配置することができる。

⑵　第１項による法律は、連邦が実施する。

⑶　従来の連邦鉄道の近距離鉄道旅客交通の分野における任務の遂行は、1995年12月31日までは、連邦の事務である。このことは、鉄道交通行政の任務についても同様である。詳細は、連邦参議会の同意を必要とする連邦法律で規律する。

〔本条は1993年12月20日の第40回改正法律で追加〕

第143b 条〔郵便・遠距離通信事業の民営化〕

⑴　特別財産たるドイツ連邦郵便は、連邦法律の基準に従って私法形式の企業に変更される。連邦は、この企業から生じるすべての事務について専属的立法権を有する。

⑵　この変更以前に存在していた連邦の専属的諸権利は、連邦法律によって、過渡的に、ドイツ連邦郵便たる郵便事業およびドイツ連邦郵便たる遠距離通信事業に由来する企業に、付与することができる。ドイツ連邦郵便たる郵便事業を承継する企業の資本のうち２分の１を超える資本は、連邦が、早くとも〔郵便民営化〕法律の施行ののち５年後に、放棄することが許される。このためには、連邦参議会の同意を得た連邦法律を必要とする。

⑶　ドイツ連邦郵便に勤務する連邦公務員は、その法的地位を維持しつつ、かつ、雇用当局の責任の下に、私的企業に勤務する。その企業は雇用当局の権限を行使する。詳細は、連邦法律で規定する。

〔本条は1994年８月30日の第41回改正法律で追加〕

第143c 条〔共同任務の廃止に伴う措置〕

⑴　大学附属病院を含む大学の拡充および新設〔第91a 条第１項第１号〕ならびに教育計画〔第91b 条〕という共同任務の廃止、ならびに、市町村の交通事情の改善および社会〔福祉〕的住居促進のための財政援助の廃止の結果、連邦の財政負担分がなくなったことに対して、ラントは、2007年１月１日から2019年12月31日までは、毎年、連邦の予算から一定額が与えられる。2013年12月31日までは、この金額は2000年から2008年の調査期間における連邦の財政負担分の平均値に基づいて与えられる。

⑵　第１項による金額は2013年12月31日までは、以下の各号に従って、ラントに分配される：

1　2000年から2003年までの期間における各ラントの平均負担分によって算出される額を、毎年の固定金額として、

2　従来の重複財政措置の任務分野における其の時々の目的に限定して。

⑶　連邦およびラントは、2013年末までは、第１項によってラントに配分されるラントの任務遂行のための財政資金が、どの程度さらに適切かつ必要であるかを審査する。2014年１月１日以降は、第２項第２号により定められている、第１項によって与えられる財政資金の目的拘束は行われないが、資金量の投資的目的拘束は存続する。連帯協定Ⅱ（Solidarpakt Ⅱ）に基づいて生じる合意は影響を受けない。

⑷　詳細は、連邦参議会の同意を必要とする連邦法律で規律する。

〔本条は2006年８月28日の第52回改正法律で追加〕

第143d 条〔強化支援金〕

⑴　2009年７月31日まで効力を有する第109条および第115条の適用は、2010年の会計年度が最後となる。2009年８月１日以降に効力を有することとなる第109条および第115条の適用は、2011年の会計年度が最初となるが、すでに設立された特別財産のために2010年12月31日時点で存在している起債の授権については影響を受けない。ラントは、2011年１月１日から2019年12月31日までの期間内は、現行のラント法上の規律に準拠して、第109条第３項の準則から逸脱することができる。ラントの予算は、2020年の会計年度において第109条第３項第５文の準則が履行されるよう、作成されなければならない。連邦は、2011年１月１日から2015年12月31日までの期間内は、第

115条第2項第2文の準則から逸脱することができる。現存の赤字削減については、2011年の会計年度において開始されるべきである。毎年の予算は、2016年の会計年度において第115条第2項第2文による準則が履行されるよう、作成されなければならず、その詳細は連邦法律でこれを規律する。

(2) 2020年1月1日以降に第109条第3項の準則が遵守されるための援助として、ベルリーン、ブレーメン、ザールラント、ザクセン゠アンハルトおよびシュレースヴィヒ゠ホルシュタインの各ラントに対し、2011年から2019年までの期間について、連邦の予算から、毎年、総額8億ユーロの強化支援金（Konsolidierungshilfe）を与えることができる。このうち、ブレーメンには3億ユーロ、ザールラントには2.6億ユーロを、ベルリーン、ザクセン゠アンハルトおよびシュレースヴィヒ゠ホルシュタインにはそれぞれ8,000万ユーロを割り当てる。この援助は、連邦参議会の同意を得た連邦法律に準拠した行政協定に基づいてなされる。かかる援助を与えることは、2020年末までに財政赤字が完全に解消されることを前提とする。詳細について、とくに財政赤字の毎年ごとの削減幅、財政安定化評議会による財政赤字の削減の監視、および削減幅が遵守できない場合の帰結については、連邦参議会の同意を得た連邦法律および行政協定によって規律する。財政が極度の危機であることを根拠に強化支援金と財政立直し支援金とを同時に与えることはできない。

(3) 強化支援金を交付することから生じる財政負担は、連邦とラントが半分ずつ負うものとし、ラントはその売上税のラント取得分からこれを負担する。詳細は、連邦参議会の同意を得た連邦法律でこれを規律する。

(4) 第109条第3項の準則を将来において自律的に遵守できるための援助として、ブレーメンおよびザールラントの両ラントに対して、2020年1月1日以降、年間総額で8億ユーロの財政健全化支援金（Sanierungshilfe）を、連邦の予算から与えることができる。これら両ラントは、これによって、過剰な債務を縮減するための措置ならびに経済力および財政力を強化するための措置を講ずる。詳細は、連邦参議会の同意を必要とする連邦法律でこれを規律する。この財政健全化支援金と、極度の財政逼迫を理由とする財政健全化支援金とを同時に交付することはできない。

〔本条は2009年7月29日の第57回改正法律で追加された後、第4項が2017年7月13日の第62回改正法律で追加〕

第143e条〔連邦高速自動車道路行政〕

(1) 連邦高速自動車道路は、第90条第2項にかかわらず、遅くとも2020年12月31日までは、ラントまたはラント法によって権限を有する自治行政団体による委任行政においてこれを行う。連邦は、連邦参議会の同意を必要とする連邦法律により、第90条第2項および第4項による委任行政から連邦行政への変更を規律する。

(2) ラントによる委任は、2018年12月31日までになされるものとし、この委任があれば、連邦は、第90条第4項にかかわらず、当該ラントの領域内にあるその他の遠距離交通用連邦道路を、2021年1月1日をもって連邦行政に移管する。

(3) 連邦参議会の同意を得た連邦法律により、一のラントが、申請に基づいて、連邦高速自動車道路、ならびに連邦が第90条第4項または第143e条第2項により連邦行政に移管されたその他の遠距離交通用連邦道路の敷設ならびにその変更に関わる計画画定および計画認可の任務を、連邦の委任として引き受け、そのことを前提として〔連邦への〕戻し譲渡をすることができる旨を規律することができる。

〔本条は、2017年7月13日の第62回改正法律で追加。2019年3月28日の第63回改正法律で第3項が付加〕

第143f条〔財政調整法の効力〕

第143d条、連邦とラントの財政調整に関する法律および2020年1月1日以降に効力を有する文言における第107条第2項に基づいて公布されるその他の法律は、2030年12月31日の翌日以降に、連邦政府、連邦議会、または、少なくとも3つのラントが共同で、連邦国家的財政関係の新秩序に関する交渉を要求し、連邦政府、連邦議会またはラントが連邦大統領に交渉要求を通告した後５年が経過しても法律による連邦国家的財政関係に関する新秩序が発効しなかったときは、失効する。失効の期日は、連邦法律公報においてこれを公表する。

〔本条は、2017年７月13日の第62回改正法律で追加〕

第143g 条〔第107条の継続的適用〕

2019年12月31日までの税収配分、ラント財政調整および連邦財政補充配分に関する規律については、2017年７月13日の基本法改正法律が効力を発するまでの文言における第107条が引き続き適用されるものとする。

〔本条は、2017年７月13日の第62回改正法律で追加〕

第144条〔基本法の採択の方式、ラントの権利〕

⑴　この基本法は、さしあたって適用すべきドイツのラントのうち３分の２のラントの議会によって採択されることを要する。

⑵　第23条に挙げられたラントのうちの一つにおいて、またはこれらのラントのうちの一つの一部において、この基本法の適用が制限を受ける限度において、このラントまたはこのラントの一部は、第38条に従って代表者を連邦議会に、また、第50条に従って代表者を連邦参議会に派遣する権利を有する。

第145条〔基本法の認証、公布、発効〕

⑴　議会評議会は、大ベルリーンの議員の協力の下に、公開の会議において、この基本法の採択を確定し、認証し、公布する。

⑵　この基本法は、公布の日の経過とともに〔＝1949年５月24日に〕効力を生ずる。

⑶　この基本法は、連邦法律公報に登載するものとする。

第146条〔基本法の失効〕

この基本法は、ドイツの統一と自由の達成後は全ドイツ国民に適用されるが、ドイツ国民が自由な決断で議決した憲法が施行される日にその効力を失う。

〔1990年８月31日調印の統一条約第４条により変更〕

〔出典〕 基本法の原資料は、1969年の改正までの全文については、連邦法律公報第３部（BGBl. Ⅲ Nr. 100-1 Folge 132、Stand vom 1. Oktober 1969）にまとめられていたが、その後の改正については、その時々の改正が連邦法律公報第１部（BGBl. I）に——ただし、1990年10月３日のドイツ統一に関わる改正のみについては、連邦法律公報第２部（BGBl. Ⅱ）に——登載されている。なお、訳出に当たっては、Horst Dreier und Fabian Wittreck（Hrsg.）, GG Grundgesetz, 11. Auflage 2017（Mohr Siebeck 2017）〔ただしこれには一部に誤りがある〕、石川健治（一部抄訳）（高橋和之編『[新版] 世界憲法集 第２版』岩波文庫、2012年刊）および永田秀樹訳（畑　博行・小森田秋夫編『世界の憲法集〔第五版〕』有信堂、2018年刊）を参考にした。

基本法改正経過一覧表（2019年３月末現在）

回	改正法律の名称	改正年月日	連邦法律公報登載頁
1	刑法改正法律	1951.8.30.	BGBl. I 739
2	基本法に第120a 条を追加する法律	1952.8.14.	BGBl. I 445
3	基本法第107条を変更する法律	1953.4.20.	BGBl. I 130
4	基本法を補充する法律	1954.3.26.	BGBl. I 45
5	基本法第107条を変更する第二法律	1954.12.25.	BGBl. I 517
6	財政憲法を変更し補充する法律	1955.12.23.	BGBl. I 817
7	基本法を補充する法律	1956.3.19.	BGBl. I 111
8	基本法第106条を変更し補充する法律	1956.12.24.	BGBl. I 1077
9	基本法に第135a を追加する法律	1957.10.22.	BGBl. I 1745
10	基本法を補充する法律	1959.12.23.	BGBl. I 813
11	航空交通行政に関する条項を基本法に導入する法律（基本法の第11回改正法律）	1961.2.6.	BGBl. I 65
12	基本法を改正する第12回法律	1961.3.6.	BGBl. I 141
13	基本法を改正する第13回法律	1965.6.16.	BGBl. I 513
14	基本法を改正する第14回法律	1965.7.30.	BGBl. I 649
15	基本法を改正する第15回法律	1967.6.8.	BGBl. I 581
16	基本法を改正する第16回法律	1968.6.18.	BGBl. I 657
17	基本法を改正する第17回法律	1968.6.24.	BGBl. I 709
18	基本法を改正する第18回法律（第76条および第77条）	1968.11.15.	BGBl. I 1177
19	基本法を改正する第19回法律	1969.1.29.	BGBl. I 97
20	基本法を改正する第20回法律	1969.5.12.	BGBl. I 357
21	基本法を改正する第21回法律（財政改革法律）	1969.5.12.	BGBl. I 359
22	基本法を改正する第22回法律	1969.5.12.	BGBl. I 363
23	基本法を改正する第23回法律	1969.7.17.	BGBl. I 817
24	基本法を改正する第24回法律	1969.7.28.	BGBl. I 985
25	基本法を改正する第25回法律	1969.8.19.	BGBl. I 1241
26	基本法を改正する第26回法律（第96条）	1969.8.26.	BGBl. I 1357
27	基本法を改正する第27回法律	1970.7.31.	BGBl. I 1161
28	基本法を改正する第28回法律（第74a 条）	1971.3.18.	BGBl. I 206
29	基本法を改正する第29回法律	1971.3.18.	BGBl. I 207
30	基本法を改正する第30回法律（第74条-環境保護）	1972.4.12.	BGBl. I 593
31	基本法を改正する第31回法律	1972.7.28.	BGBl. I 1305
32	基本法を改正する第32回法律（第45c 条）	1975.7.15.	BGBl. I 1901
33	基本法を改正する第33回法律（第29条および第39条）	1976.8.23.	BGBl. I 2381
34	基本法を改正する第34回法律（第74条第4a 号）	1976.8.23.	BGBl. I 2383
35	基本法を改正する第35回法律（第21条第１項）	1983.12.21.	BGBl. I 1481
36	統一条約	1990.8.31.	BGBl. II 885
	統一条約同意法律	1990.9.23	BGBl. II 890
37	基本法を改正する法律	1992.7.14.	BGBl. I 1254
38	基本法を改正する法律	1992.12.21.	BGBl. I 2086
39	基本法を改正する法律（第16条および第18条）	1993.6.28.	BGBl. I 1002
40	基本法を改正する法律	1993.12.20.	BGBl. I 2089
41	基本法を改正する法律	1994.8.30.	BGBl. I 2245
42	基本法を改正する法律（第３条、第20a 条、第28条、第29条、第72条、第74条、第75条、第76条、第77条、第80条、第87条、第93条、第118a 条および第125a 条）	1994.10.27.	BGBl. I 3146

43	基本法を改正する法律	1995.11.3.	BGBl. I 1492
44	基本法を改正する法律（第28条および第106条）	1997.10.20.	BGBl. I 2470
45	基本法を改正する法律（第13条）	1998.3.26.	BGBl. I 610
46	基本法を改正する法律（第39条）	1998.7.16.	BGBl. I 1822
47	基本法を改正する法律（第16条）	2000.11.29.	BGBl. I 1633
48	基本法を改正する法律（第12a 条）	2001.12.19.	BGBl. I 1755
49	基本法を改正する法律（第108条）	2001.11.26	BGBl. I 3219
50	基本法を改正する法律（国家目標としての動物の保護）	2002.7.26	BGBl. I 2862
51	基本法を改正する法律（第96条）	2002.7.26	BGBl. I 2863
52	基本法を改正する法律（第22条、第23条、第33条、第52条、第72条、第73条、第74条、第74a 条、第75条、第84条、第85条、第87c 条、第91a 条、第91b 条、第93条、第98条、第104a 条、第104b 条、第105条、第107条、第109条、第125a、第125b 条、第125c 条、第143c 条）	2006.8.28	BGBl. I 2034
53	基本法を改正する法律（第23条、第45条および第93条）	2008.10.8	BGBl. I 1926
54	基本法を改止する法律（第106条、第106b 条、第107条、第108条）	2009.3.19	BGBl. I 606
55	基本法を改正する法律（第45d 条）	2009.7.17	BGBl. I 1977
56	基本法を改正する法律（第87d 条）	2009.7.29	BGBl. I 2247
57	基本法を改正する法律（第91c 条、第91d 条、第104b 条、第109条、第109a 条、第115条、第143d 条）	2009.7.29	BGBl. I 2248
58	基本法を改正する法律（第91e 条）	2010.7.21	BGBl. I 944
59	基本法を改正する法律（第93条）	2012.7.11	BGBl. I 1478
60	基本法を改正する法律（第91b 条）	2014.12.23	BGBl. I 2438
61	基本法を改正する法律（第21条）	2017.7.13	BGBl. I 2346
62	基本法を改正する法律（第90条、第91c 条、第104b 条、第104c 条、第107条、第108条、第109a 条、第114条、第125c 条、第143d 条、第143e 条、第143f 条、第143g 条）	2017.7.13	BGBl. I 2347
63	基本法を改正する法律（第104b 条、第104c 条、第104d 条、第125c 条、第143e 条）	2019.3.28	BGBl. I 404
64	基本法を改正する法律（第72条、第105条、第125b 条）	2019.11.15	BGBl. I 1546

フランス共和国

解　説

1　フランス憲法史の展開

フランスでは、大革命期の1791年憲法から現行の1958年憲法に至る諸憲法の総数が15を超え*、その平均持続年数が約15年（最長の第3共和制憲法で65年間）という短命ぶりが特徴の一つになっている。また、諸憲法が採用した政治体制も、フランス大革命期の1791年憲法が立憲君主制、1793年憲法（施行されずにおわった）や1795年憲法が共和制、ナポレオン1世統治下の1804年憲法が帝制というように各々異なっており、これらの3つの憲法制度が1つのサイクルとなって繰り返された。すなわち、王政復古を実現した1814年憲章（シャルト）と1830年憲章が立憲君主制、1848年の2月革命に続く第2共和制憲法が共和制、ナポレオン3世による1852年憲法が帝制を採用したことによって、第2のサイクルが形成された。その後は、第3共和制－第4共和制－第5共和制と共和政体が続いたが、1875年の第3共和制憲法が「王制待ちの共和制憲法」といわれたように、その始期に立憲君主制の、また、ヴィシー政権下にあったその終期に帝制の影を見出すことによって第3のサイクルを認めることも可能である。この第3共和制期には、フランス公法学の進展によって大革命以来の憲法原理が理論的に体系化され、議会中心主義のもとで近代立憲主義が確立された。

ついで、第2次大戦後の第4共和制下では、現代憲法の特徴としての人権の「社会化」現象が認められ、民主的・社会的共和国であることを自称する1946年憲法の前文のなかで、いわゆる社会権が保障された。また、大革命期に、「国民（ナシオン）主権（souveraineté nationale）」原理のもとで確立された「純粋代表制（le régime représentatif pur）」は、19世紀後半以降の男子普通選挙制の定着などを背景として、第3共和制下で「半代表制（le régime semi-représentatif）」に変化していた。1946年憲法ではさらに、「国民の主権はフランス人民に属する（La souveraineté nationale appartient au peuple français）」（第3条第1項）として「人民（プープル）主権（souveraineté populaire）」原理への傾斜を示す主権規定のもとで、人民の直接的な意思決定手続を憲法改正について部分的に導入する「半直接制（le régime semi-direct）」が採用された。このような第4共和制憲法は、小党分立下の政治的不安定のなかで、わずか12年で命脈を絶ち、第5共和制憲法に強固な憲法体制の確立を託すことになった。

＊1　ここでは、1791年9月3日憲法、1793年6月24日憲法、1795年（共和暦Ⅲ年）8月22日憲法、1799年（共和暦Ⅷ年）12月13日憲法、1802年（共和暦Ⅹ年）8月4日憲法、1804年（共和暦Ⅻ年）5月18日憲法、1814年6月4日憲章、1815年4月23日帝国憲法付加法、1830年8月14日憲章、1848年11月4日憲法、1852年1月14日憲法、1875年憲法（2月24日、2月25日、7月16日の3つの憲法的法律）、共和国臨時政府1945年11月2日憲法的法律、1946年10月27日憲法、1958年10月4日憲法の15の憲法を対象としている（フランス憲法院Webサイト http://www.conseil-constitutionnel.fr/ の La Constitution の中の Les Constitutions de la France 参照）。1940年7月10日の憲法的法律などを加えれば、総数はさらに多くなる。

2　1958年第5共和制憲法の制定と特徴

1958年5月13日、アルジェリアでクーデターが発生すると、この問題を解決するためにかつての「フランス解放の英雄」ドゥ・ゴールが首相の座につき、6月3日の憲法的法律により、新憲法制定について授権を受けた。この憲法的法律では、①普通選挙、②立法・行政間の権力分立、③議会に対する政府の責任、④司法権の独立、⑤共和国の共同体の組織化という5原則、および憲法草案についての人民投票の実施などが定められた。こうして、ドゥ・ゴールが1946年6月のバイユー演説などで明らかにしていた憲法構想の主要部分が、司法大臣ミシェル・ドゥブレを中心に起草された新憲法草案のなかで実現された。この憲法草案は、憲法諮問委員会およびコンセイユ・デタ（国務院）の審議と議決を経て、1958年9月28日に人民投票に付され、承認された。人民投票の結果は、フランス本土および海外県（アルジェリアとサハラ県を除く）の集計では、賛成17,668,790票、反対4,626,511票、棄権4,016,614票であった。

第5共和制憲法は、自由・平等・友愛の基本理念に立脚し、「フランスは、不可分の、非宗教的、民主的かつ社会的な共和国である」（第1条）、共和国の原理は「人民の、人民による、人民のための政治である」（第2条）と定める。この憲法は、大統領権限の強化、半直接制に基づく民主的共和制、憲法院の設置による違憲審査制導入などの特徴を有する。

第1の特徴は、第3共和制以来の議会中心主義から大統領中心主義への傾斜（議会中心主義の相対化）である。大統領は、公権力の運営についての仲裁者であり、共和国の独立と共同体の協定の守護者として、統治機構上最も重要な「扇の要（la clé de voûte＝アーチの要石）」の位置を占める（第5条）。大統領の任期は、憲法制定当初は7年であったが2000年の憲法改正により5年に短縮された（第6条）。また、大統領は憲法制定当初は間接選挙で選出されたが、1962年の憲法改正によって大統領直接公選制が採用され、議会中心主義から大統領中心主義への転換が進展した。フランスの制度は、半大統領制（le régime semi-présidentiel）と呼ばれることもあるが、当初は「議院内閣制と大統領制との中間形態」と解されていた（最近の展開は後述）。

大統領は、首相・大臣を任免し、閣議を主宰し、国民議会を解散する権限をもつが、議会に対する責任を直接負うことはない（議会に責任を負うのは政府であり、首相は、国民議会の不信任案可決の際は辞表を提出しなければならない。ただし、この場合にも大統領は議会解散権を行使してこれに対抗することができる)。また、2008年の憲法改正によって、大統領の免責特権と罷免手続が明確にされた(第67条、第68条)。このほか、大統領は軍隊を統帥し非常事態措置権を発動する(第16条)。

第2の特徴は半直接制の採用である。1958年憲法は、1946年憲法と同じく「人民(プープル)主権」を標榜する主権規定をおき、第11条で、公権力の組織や一定の条約の批准などについて人民投票(référendum)への付託を認めた。さらに1995年の憲法改正によって、経済・社会政策に関する法律などにも人民投票の範囲を拡大した。しかし、大統領の発案による任意的なものにとどまったため「プレビシット(plébiscite)」(独裁的権限の追認を目的とする国民投票)として機能する危険も指摘され、また、命令的委任禁止の条項(第27条第1項)が定められるなど、人民の主権行使の内容について限界があった。そのため2008年の憲法改正で人民発案制度が導入された(後述)。

第3の特徴は、人権保障規定の不在のもとでの憲法院の違憲審査による人権保障の進展である。1958年憲法前文では、「1946年憲法前文によって確認され補完された1789年宣言で保障された人権」の尊重を謳っており、1789年宣言(46頁以下参照)に規定される自由、所有、安全、抵抗の諸権利のほか、1946年憲法前文(45頁参照)に掲げる社会権の保障が確認された。しかし、このような前文のみでは人権保障の実現にとって不十分であることは否定できず、人権保障についての憲法規範の確立と違憲立法審査権の活用が不可避的な課題となった。そこで憲法院(Conseil constitutionnel)の違憲審査制(第61条)が1970年代以降積極的に活用され、人権保障機関としての役割を果たすことで一定の解決が与えられた。とくに、2008年憲法改正によって事後審査制が導入された後は、積極的な違憲審査が行われている。

このほか、1958年憲法制定当初は「フランス共同体」を組織していたが、旧植民地の独立によって共同体に関する第13章〔旧第12章〕が空文化したため1995年の憲法改正により削除された。また1990年代以降は、欧州連合条約に基づく改革と憲法改正が繰り返されて欧州連合に関する第15章が重要な意味を担うようになり、2009年12月のリスボン条約発効まで、フランス憲法の改正が繰り返された。

3 1958年憲法の運用

(1) 憲法改正の経緯

1958年憲法の施行後、2020年1月までに24回の憲法改正が行われた。

フランス憲法の改正手続は、第89条で定められる。発案権は、大統領と国会議員にある。原則として、両院の過半数で議決されたのち人民投票の承認が必要となるが、政府提出改正案の場合は、大統領が両院合同会議を招集したときは人民投票にはかけられず、有効投票の5分の3の賛成があれば改正が成立する。他方、議員提出改正案の場合は、人民投票が必要となる。下記の24回の改正では、②と⑮以外はすべて両院合同会議の5分の3の賛成で成立した。②は憲法第89条ではなく第11条の人民投票であったため、⑮（2000年の大統領任期短縮のための改正）のみが、原則通り第89条の人民投票で実施されたことになる（247-248頁の一覧表参照）。

① 1960年６月４日改正――1960年４月にフランスとマダガスカル共和国、マリ連邦との間に締結された協定を契機として、フランス共同体に関する旧第12章（旧第85条、第86条）が、憲法第89条の手続きにしたがって改正され、独立後も共同体にとどまることが可能とされた。

② 1962年11月６日改正――共和国大統領の選出につき、国会議員、海外領土の議会の議員および市町村会の代表者を選挙人とする間接選挙制を定めていた第２章の旧６条および選出方法に関する旧７条が改正され、大統領選出が直接普通選挙によるものとされた。この改正は、憲法改正に関する第89条の手続ではなく、ドゥ・ゴール大統領による第11条の人民投票への付託の手続によって行われた。1962年10月28日の人民投票の結果は、有効投票の62.25％（登録有権者の46.65％）が賛成であったが、元老院議長が憲法院に付託した。憲法院は、人民投票によって承認をえた法律は憲法第61条による審査の対象ではないとして、憲法院の審査権がないことを宣言した。

③ 1963年12月30日改正――国会の会期に関する第４章第28条の規定が、第89条の憲法改正手続にしたがって両院合同会議（Congrès）の議決によって改正され、第１会期が10月２日から80日以内、第２会期が４月２日から90日以内に変更・短縮された。

④ 1974年10月29日改正――審署前の法律の憲法院への付託に関する憲法第７章第61条第２項の規定が、1974年10月21日の両院合同会議の議決によって改正された。従来は、共和国大統領、首相、国民議会および元老院の議長をその付託権者としていたのに対して、改正後は、60名の国民議会議員および60名の元老院議員が加えられた。付託権者の拡大は、1971年判決以後の憲法院の人権保障機関としての展開に対応するもので、その後の人権保障にとって重要な意味をもった。

⑤ 1976年６月18日改正――大統領が欠けた場合の処置に関する第２章第７条が、1974年の前ポンピドゥー大統領の死亡とジスカール・デスタン大統領選出を契機として1976年６月14日の両院合同会議の議決によって改正された。

⑥ 1992年６月25日改正――1992年２月７日締結の欧州連合（マーストリヒト）条約批准のための憲法改正が、同年４月９日憲法院判決を経て国民議会に提案され、６月23日両院合同会議で可決された。憲法第２条第２項追加、第54条・第74条後段修正、欧州共同体と欧州連合に関する憲法第14章新設（第88条の１～４）が実現した。

⑦ 1993年７月27日改正――司法官職高等評議会に関する第65条改正、高等法院に関する第９章改正と新第10章（第68条の１、第68条の２）新設、経過規定に関する第93条追加、を内容とする憲法改正案が、７月19日の両院合同会議で可決された。

⑧ 1993年11月25日改正――1993年７月末採択の移民制限法に関する同年８月13日憲法院違憲判決を契機に庇護をうける権利（亡命権）に関する議論が高まり、同年11月19日の両院合同会議で憲法改正が実現した（憲法第６章に第53条の１を追加）。

⑨ 1995年８月４日改正――憲法第11条の人民投票の範囲拡大、議会の通年会期制の導入、不逮捕特権に関する修正、フランス共同体規定の削除等を内容とする憲法改

正が、1995年7月31日の両院合同会議で成立した。

⑩　1996年2月22日改正——憲法第34条の第6項に、社会保障財政に関する法律についての項目を新設し、第39条を修正、第47条の1を追加するための憲法改正が、1996年2月19日の両院合同会議で成立した。

⑪　1998年7月20日改正——1995年の改正で削除された第13章を「ニュー＝カレドニアに関する経過規定」として復活させ、第76・77条を新設する憲法改正が、1998年7月6日の両院合同会議で成立した。

⑫　1999年1月25日改正——1997年10月20日締結のアムステルダム条約の憲法適合性を確保するために第15章の第88条の2、第88条の4を修正する憲法改正が、1999年1月18日の両院合同会議で成立した。

⑬　1999年7月8日改正——1998年7月18日にフランスが署名した国際刑事裁判所規程条約にもとづいて国際刑事裁判所の裁判権を承認するため、憲法第6章に第53条の2を追加する憲法改正案が、1999年6月28日の両院合同会議で成立した。

⑭　1999年7月8日改正——1998年6月18日に憲法第3条を修正して公選による公職への男女平等なアクセスを促進・推奨するための政府案が提出され、約1年の審議を経て、憲法第3条・第4条改正案が確定され、1999年6月28日の両院合同会議で成立した。

⑮　2000年10月2日改正——共和国大統領の任期を7年から5年に短縮するための憲法第6条改正案が、2000年6月20日国民議会可決、同年6月29日元老院可決後、第89条の手続により人民投票にかけられ、有効投票の73％の賛成で成立した。

⑯　2003年3月25日改正——欧州連合条約に基づいて欧州共通の逮捕状に関する規定を定めるための憲法改正案が、2002年12月17日の国民議会可決、2003年1月22日の元老院可決後、同年3月17日の両院合同会議で審議・採択されて成立した。これにより憲法第88条の2に欧州逮捕状に関する規定が追加された。

⑰　2003年3月28日改正——共和国の地方分権化を定める憲法改正案が、2002年12月4日の国民議会可決、同年12月11日の元老院可決後、2003年3月17日の両院合同会議で審議・採択されて成立し、第1、7、13、37、60、72-74条が修正された。

⑱　2005年3月1日改正——欧州憲法制定条約批准にそなえて憲法第60条改正のほか第15章を大幅に改定する改正案が、2005年2月1日の国民議会可決、同年2月17日の元老院可決後、同年2月28日の両院合同会議で成立した。しかし同年5月29日の人民投票で欧州憲法制定条約批准案が否決され、憲法第15章の改正は凍結された。

⑲　2005年3月1日改正——2004年の環境憲章を憲法上に明示するための憲法前文・第34条改正案が、2004年6月1日の国民議会可決、同年6月24日の元老院可決後、2005年2月28日の両院合同会議で成立し、前文に環境憲章が規定された。

⑳　2007年2月23日改正——ニュー・カレドニアの選挙人団に関する第77条を改正するための憲法的法律が、2007年2月19日の両院合同会議で成立した。

㉑　2007年2月23日改正——高等法院に関する第9章を改正するための憲法改正案が、2007年2月19日の両院合同会議で成立した。

㉒　2007年２月23日改正──死刑廃止を明記するための憲法改正案が、2007年２月19日の両院合同会議で成立した。

㉓　2008年２月４日改正──2007年12月13日締結のリスボン条約（欧州連合基本条約を修正する条約）を批准するための憲法第15章の改正が、2008年２月４日の両院合同会議で成立し、同条約発効後（2009年12月１日）に施行された。

㉔　2008年７月23日第５共和制の諸制度改革に関する改正──統治機構を現代化するための全般的な改正が、2008年６月３日国民議会第一読会、同年６月24日の元老院第一読会、同年７月９日国民議会第二読会、同年７月16日第二読会元老院可決後、2008年７月21日の両院合同会議で成立した。

⑵　統治機構の改革──大統領の権限強化・任期短縮と地方分権

(a)　大統領権限の強化──1958年憲法下の統治機構改革については、1962年憲法改正による大統領直接公選制の導入が重大な意味をもった。行政権の担当者に民主的正統性が付与されて、いわゆる「行政までの民主主義」が実現され、行政権優位の統治構造や大統領権限の強化が進行した。1995年憲法改正（上記⑨）による人民投票付託範囲の拡大もこの一環である。

しかし実際には、大統領の権限行使が議会内多数派に依存することが不可避であるため、大統領と首相、議会の多数派が各々異なる党派に属する場合には、憲法制度の運用に重大な障害が生じる。大統領と首相がともに行政権を担うことに由来する「行政の二頭性」の矛盾が社会党のミッテラン大統領のもとで現実化し、1986年に野党からシラク首相が任命されて「コアビタシオン（cohabitation＝保革共存）」が開始された。1993年には同大統領が野党のバラデュール首相を任命し、第２次コアビタシオンが開始された（1995年シラク大統領選出により解消）。1997年６月にはシラク大統領のもとで社会党のジョスパンが首相に任命され、第３次コアビタシオンが実施された。

背景には、国民議会議員と大統領の任期のずれ（前者が５年、後者が７年）の問題があったため、大統領任期を５年に短縮する憲法改正が2000年に実現した（上記⑮参照）。この2000年改正が第89条の人民投票によって実現したことは、第５共和制下の憲法改正で初めてであった。しかし、投票率がわずか30.19％（棄権率69.81％、無効票・白票が投票者の16.09％で、賛成投票を投じた人は登録選挙人数の18.55％）という結果となり、直接民主制の困難さが示された。その後2008年７月23日の大改正（上記㉔）が実施され、大統領権限の強化と国会の諸権限との調整が図られた。

(b)　地方分権─フランスの憲法伝統は中央集権主義であるが、ミッテラン政権下で1983年３月２日の法律（第213号）などによる地方分権化政策が推進された。この改革では、州（région）が法律上の地方公共団体として認められたほか、知事の後見監督権限の廃止や知事（préfet）の名称の廃止（1988年２月29日デクレで復活）が定められ、市町村などの自治権や行政事務権限が強化された。その後、2002年シラク大統領再選後にラファラン内閣が地方分権化のための憲法改正案を提出し、2003年憲法改正（上記⑰）を実現させた。これにより第１条に国家の地方分権的性格が明示され、第

72条以下に、国の権限委譲と補完性の原則、地方公共団体の自主立法権、住民投票・住民発案、財政自主権、海外公共団体の地位の整備などが規定された。但し、憲法第1条に明示される「共和国の不可分性」と地方分権化とりわけ自主立法権との関係など、理論的な課題も残存した。

他方、海外領土や海外県についても自治権拡大の要求が強まり、ニュー＝カレドニアの自治と特別の地位の承認に関する1998年7月20日憲法的法律による憲法改正が実施された（上記⑪参照）。これにより第13章に経過規定をおいてニュー＝カレドニアの住民投票や権限移譲等が定められ、2007年にも改正が実施された（上記⑳参照）。

(3) 人権保障の展開 —— 憲法院判例の進展と憲法規範の拡大

(a) 憲法院判例の進展 —— フランスでは第3共和制下の議会中心主義（法律の優位）の伝統のもとで違憲立法審査制を排斥し続けてきた。しかし、第5共和制憲法で政治的機関として設置された憲法院は、1971年7月16日の結社の自由に関する判決以降人権保障機関としての役割を演じた。とくに前記1974年憲法改正（上記④）による付託権者拡大後に法律の違憲審査は著しく増大し、判決数は1980年代だけでも129件に及んだ。国有化法判決（1982年1月16日の違憲判決と同年2月11日の合憲判決）や新聞法判決（1984年10月10-11日判決と1986年7月29日の違憲判決）の動向には、政権交代、再交代のなかでの憲法院の役割と政策推進に与える影響力の大きさが示された。

このように、フランス政治や人権保障に与える憲法院の影響力はめざましいものであるが、憲法院の機能にも大きな限界があった。大統領と両院議長により各3名ずつ任命される任期9年の9名の構成員と、前大統領の職責による終身の構成員からなるその人的構成からして政治的な色彩を帯びるという問題性以上に、法律の審署前の事前審査にとどまった点で、他国の違憲立法審査制とは異なる重大な限界をもっていた。このため憲法院への付託権者を市民にも拡大して一定の事後審査制を導入する憲法改正が1990年と1993年に提案されたが実現に至らず、2008年7月23日改正（上記㉔）によって「三度目の正直」として「抗弁による違憲審査制」が実現した。

(b) 憲法規範の拡大 —— 憲法典に十分な人権規定をもたない1958年憲法では、裁判規範たるべき憲法の法源の問題が重要である。これについて憲法院判例は、1958年憲法前文が言及している(i)1789年宣言と(ii)1946年憲法前文に加えて、(iii)「共和国の諸法律によって承認された基本的諸原理」等に憲法としての裁判規範性（「憲法ブロック」）を認めてきた。さらに2005年3月1日憲法的法律による憲法改正（上記⑲）により、(iv)2004年の環境憲章が憲法規範の地位を得た。

(4) 欧州統合・国際化とフランス憲法改正

1992年2月7日欧州共同体加盟12か国によって締結された欧州連合条約（マーストリヒト条約）は、欧州統一通貨や欧州内自由通過制のほか、加盟国内に居住する欧州連合市民の地方選挙権を認めていたため、憲法適合性が問題となった。憲法院は、1992年4月9日憲法改正の後でなければ条約を批准しえないと判断し、同年6月に憲法改正が実施された（上記⑥参照）。これにより共和国の言語をフランス語とする１文が憲法第２条に追加されたほか、第54条（国際協約の合憲性審査に関する憲法院への付託権者の拡大）、第74条修正などが行われた。しかし欧州連合条約で創設された欧州連合市民の市町村会選挙権・被選挙権や主権移譲に関する諸規定は、憲法第３条の主権規定や第24条第３項の元老院議員の選挙制度と代表制論との関係など、憲法理論的にも多くの課題を含んでいた。その後、アムステルダム条約批准に関する憲法院1997年12月31日判決では、（従来の主権制限と主権移譲を区別する基準を採用せず）上記1992年判決で確認された「国民（＝国家）主権行使の本質的要件」を侵害するか否かという基準を中心に審査して違憲判断を下し、憲法第88条の２、第88条の４の改正が成立した（上記⑫参照）。

さらに欧州統合や国際条約批准を契機とする憲法改正が、繰り返された。欧州逮捕状に関する2003年の憲法改正（上記⑯）も、国際刑事裁判所創設規程に関する1999年の憲法改正（上記⑬）も、死刑廃止に関する欧州人権規約第13選択議定書（2002年）と国連死刑廃止条約第２選択議定書（1989年）の批准に関する2007年２月の憲法改正（上記㉒）もその例である。とくに、欧州連合の統治機構や欧州人権憲章に関する規定をもつ欧州憲法の制定に関する条約（2004年10月29日ローマで締結）について、フランス共和国大統領は、条約の憲法適合性を憲法院に付託し、同2004年11月19日判決で違憲判断が示されたため、欧州連合に関する憲法第15章の大幅改正が実現した（上記⑱参照）。しかし、2005年５月29日に実施された欧州憲法制定条約批准のための人民投票の結果批准が否決され、この憲法改正は凍結された。その後、2007年12月13日のリスボン条約（欧州連合基本条約を修正する条約）を批准するための憲法第15章の改正が2008年２月４日に実施された（上記㉓）が、リスボン条約発効をまって効力を有すると定められたため2008年７月23日の改正時点でも未施行であった。2009年12月１日にリスボン条約が発効し、2008年憲法改正で再修正された第15章が施行された。

4　2008年７月23日憲法改正の経緯と内容

(1)　2008年改正の特徴と経緯

2008年７月23日の憲法的法律による改正は、「1958年以来最大で、1962年以来最も抜本的な改正」（フィヨン首相）であり、89か条からなる条文のほぼ半数に修正が施された（上記憲法的法律は47か条からなり、憲法の39か条が修正され、９か条が新設された）。改正条項の施行日は、(i)改正公布時、(ii)2009年３月末、(iii)組織法律等が定める期日、(iv)リスボン条約発効時の４種類に分かれていたが、2013年12月６日の組織法律によって2015年１月１日が施行日と定められた憲法第11条を最後にすべてが施行された。

2008年憲法改正は、2007年５月に就任したサルコジ大統領の意向を汲んで、バラデュール元首相を委員長とする通称バラデュール委員会の審議を経て実現された。最終的な改正内容は、サルコジ大統領の構想ともバラデュール委員会の構想とも異なるものが含まれたが、ミッテラン政権下のヴデル委員会等で提案された一連の統治機構改革の総仕上げの意味合いも持っていた（詳細は、辻村『フランス憲法と現代立憲主義の挑戦』有信堂、2010年、15頁以下参照）。

改正の基礎となった2007年10月29日提出のバラデュール委員会報告書は、「より民主的な第５共和国（Une Ve République plus démocratique）」と題するもので、［Ⅰ］より制御された執行権、［Ⅱ］強化された議会、［Ⅲ］市民のための新たな諸権利という３部構成をとり、77の提案を含んでいた。［Ⅰ］ではとくに、1962年憲法改正による大統領直接公選制と2000年憲法改正による５年任期制導入によって「大統領中心主義化（présidentialisation）」の展開が認められることから、議会権限の拡大による均衡回復および大統領と首相の権限分配の調整を求めた。［Ⅱ］では、議会の自律権強化、立法手続の改善、行政監督機能の強化、議会権限の再調整（野党の諸権利の拡大）などを含んでいた。［Ⅲ］の市民の権利拡大については、現行の違憲立法審査制の限界や選挙制度改革、司法制度改革の必要性を説き、国民議会選挙への比例代表制の部分的導入、元老院議員選挙の人口比例原則重視、人民発案（initiative populaire）に基づく人民投票制導入、司法官職高等評議会の改革、抗弁による事後的違憲審査制の導入と憲法院改革、「基本権擁護官」の創設など、重要な内容を提示した。

国会では、憲法改正案が2008年４月23日に政府から提出されて以来、国民議会第一読会で審議され同年６月３日に採択されたが、この段階で提出された修正案の総数は600を超え、採決の回数は146回に及んだ。元老院の第一読会では憲法第１条の追加修正（パリテ条項）、大統領の任期制限や違憲審査、権利擁護官等に関する条項等の修正が加えられて同年６月24日に採択された。国民議会第二読会、元老院第二読会を経て同年７月21日に両院合同会議が招集された。採決結果は、投票総数905、有効票数896、（採択に必要な票数538票に対して）賛成539票、反対357票、棄権９票という１票差で採択された（上記㉔）。このような僅差の理由は、与党UMP［国民運動連合］の議席が採択に必要な５分の３に及ばず、野党（とくに社会党）の協力がえられなかったことにあった。

(2)　2008年改正の３つの主要論点

第１の論点は「執行権の統制」であり、2008年憲法改正で以下の諸規定が導入された。(i)大統領の３選禁止（憲法第６条第２項）、(ii)大統領の任命権に対する国会の監督権限付与（同第13条第５項）、(iii)大統領の非常事態措置の制限（30日後に憲法院が審査開始できる手続を導入）（同第16条第６項）、(iv)大統領の恩赦権の限定（個別に実施するもののみ認められ、集合的なものを禁止）（同第17条）、(v)両院合同会議で大統領が所信表明する機会の保障（同第18条第２項）。このうち(v)以外は、大統領権限の制限につながり、(ii)と(iv)はサルコジ大統領の意向で政府案に追加されたものである。(ii)では、一定の官職の任命について両院の常任委員会に諮問されることとされ、反対票が投票総数の５分の３を超えた場合には、大統領は任命を行うことができないこととされた。

第２の「議会の活性化」の論点は多岐にわたるが、(a)組織・代表機能の改善、(b)立法機能の強化、(c)統制機能の強化に分けることができる。(a)では、第24条で国会の任務を明確化し立法機能・統制機能・評価機能を明らかにした。また、両院の定数の上限（議席数）を、国民議会577、元老院384と（組織法律で）定め、選挙区や議席配分に関する独立委員会を創設した（第25条第3項）。野党の地位を強化するため、反対会派及び少数会派に対して月1回の会議を保障することなどを明記した（第48条第5項）ほか、第51条の1を新設して少数会派に特別の権利を認めた。(b)立法機能の強化では、立法事項が拡大され、第34条第1項第1号のなかに「マスメディアの自由、多元性及び独立性」が明示されたほか、議事日程の配分が第48条に明記され、法案審議手続が詳細に定められた。(c)統制機能の強化については、第34条の1を新設して両院の決議の手続を明確にし、海外派兵後の報告義務、会計検査の厳正さの要求を明示したほか、第51条の2を新設して国政調査のための調査委員会の設置を定めた。

第3の「市民の参画拡大」の論点では、憲法第11条を改正して、人民投票の対象事項を拡大したほか、国会議員の5分の1が、有権者の10分の1の支持を得た場合、人民発案による人民投票に付託する制度が新設された。これは、純粋な人民発案制度ではなく、一定数の人民の賛成によって国会議員が発案する点で、合同発案制度（initiative conjointe）といえる。このほか、憲法第69条が改正され、経済社会環境評議会に対する市民の付託権が認められた。また、この第3の論点のなかで事後的違憲審査制が提案され、フランス憲法学界をはじめ、国外でも大いに注目された。

(3) 事後的違憲審査制の導入

2008年改正のなかで最も重要な意味を持つのが、違憲の抗弁による事後的違憲審査制（un contrôle de constitutionnalité a posteriori et par voie d'exception）の導入である（第61条の1参照）。この制度は、通常裁判所に係争中の事件の審理中に、当事者が憲法で保障された権利・自由の侵害を主張した場合には、当該裁判官の判断により「合憲性優先問題（QPC：Questions prioritaires de constitutionnalité）」として破毀院もしくはコンセイユ・デタ（国務院）から憲法院に付託する、事後的な付随的審査制である。これは世界の違憲審査制の二類型（アメリカ型の付随的違憲審査制とドイツ型の抽象的違憲審査制）に対して、独自の折衷形態であるといえる。

この61条の1を施行するために必要な組織法律（n° 2009-15235）は、2009年11月24日国民議会第二読会採択後、同年12月3日の憲法院判決（Décision n° 2009-595 DC）を経て、同年12月10日に成立し、この憲法改正が2010年3月1日から施行された。組織法律によれば、申立てを受けた裁判所は8日以内にQPCとしての移送の可否を審理し、8日以内に破毀院もしくはコンセイユ・デタに移送される。3カ月以内に憲法院への移送の可否が審理され、決定された場合は理由を付して憲法院に移送される。憲法院では、対審および公開で3カ月以内に審理して合憲、留保付合憲、違憲のいずれかの判決を下す。（このため申し立てから6カ月半で最終判断が下ることになる）。憲法院が合憲とした場合は原審で訴訟が継続され、違憲の場合は判決の公布日もしくは判決が定める期日以降に法律が廃棄される（憲法第62条第2項）。憲法院の判決には上訴は認められず、公権力・全行政機関と司法機関を拘束する。このように、憲法院の判決は最終的な効力を持ち、法律を廃棄するだけではなく、その時期や条件も決定できるため、憲法裁判官は立法者に対して非常に大きな権力をもつことになった。

現実には、2010年3月の施行5年後の2015年3月1日時点で、QPCとして憲法院に送付された件数は465件であった。送付率は19.7%（破毀院から258件、1504件中18%、コンセイユ・デタから207件、856件中24%）、判決は395件出された。QPC判決のうち合憲判決（décision de conformité）56.2%、留保付合憲判決（conformité sous réserve）14.1%、および全部違憲判決（non-conformité totale）14.6%、一部違憲判決（non-conformité partielle9.3%）、請求棄却等5.8%が含まれ、違憲判決比率（23.9%）の高さが注目される（憲法院のウェブサイト内 Avril 2015 : Les 5ans de la QPC http://www.conseil-constitutionnel.fr/conseil-constitutionnel/francais/a-la-une/avril-2015-les-5-ans-de-la-qpc-au-conseil-constitutionnel-quelques-chiffres.143503.html 参照）。当事者の出席のもとで口頭弁論が開かれており、破毀院から326人の弁護士、コンセイユ・デタから75人の弁護士が憲法院で弁論し、審議期間の平均は70日（最長92日、最短13日）であったとされる。当初の心配にも拘らず、順調に運用されているといえる。

反面、憲法院に移送できる対象が、「憲法に保障された権利と自由」の侵害事例に限定されているなどによる人権保障機能の不完全さや、憲法院への加重提訴による機能麻痺の危惧、「裁判官政治」の危険など課題が指摘されていることに変わりはない。これに対して、2013年3月に政府から提出された憲法的法律案のうちの一つに憲法院改革案が含まれ、与党社会党からも元大統領が構成員になる規定の廃止などが提案されたが、実現には至っていない（QPC手続・運用の概要は、フランス憲法判例研究会編・編集代表辻村みよ子『フランスの憲法判例Ⅱ』信山社、2013年、曽我部・田近編『憲法裁判所の比較研究』信山社、2016年、113頁以下を参照）。

⑷ 男女平等参画と人権保障の多元化

(a) 男女平等参画（パリテ）規定の拡大 ―― パリテ（parité、男女同数）と呼ばれる男女平等参画規定は、1999年7月8日の憲法改正（上記⑭）によって実現した。1982年11月18日の憲法院判決（Décision n° 82-146 DC）が地方議会議員選挙でのクオータ制導入を違憲としたことから、公選による議員職等の男女平等を求める運動が高揚したことに由来する。1999年憲法改正後、2000年6月6日に公職への男女平等参画促進法が制定され、比例代表制で実施される市町村議会選挙等への男女交互名簿式の導入により女性議員率が47%になるなどの大きな成果をえた。その後、2008年7月23日憲法改正（上記㉔）によって旧第3条第5項から第1条第2項に移され、政治分野以外の社会・経済的領域にも男女平等参画が明記された。また取締役会・監査役会における男女の職業平等に関する法律が2011年1月27日に制定され、管理職に40%クオータ制が導入された（辻村・糠塚康江『フランス憲法入門』三省堂、2012年、184頁以下参照）。

2012年にオランド新大統領・エロー内閣のもとで女性閣僚が半数を超える19名任命され、同年6月選挙では、下院の女性議員が577人中155人（26.9%）当選した（IPU調査結果では、2019年12月1日現在39.7%、世界193か国中21位）。地方選挙ではパリテを県議会選挙に適用するための2013年５月17日法改正によって「２人組小選挙区２回投票制」が導入され、2015年３月選挙で女性議員比率が50％となった（世界経済フォーラムのジェンダーギャップ指数〈GGI〉も、2014年度に45位から16位に急上昇し、2015年度15位、2018年度12位、2019年度15位になった）。

(b) 言語・メディアの多元性——2008年の憲法改正によって憲法第75条の後に第75条の１が新設され、地域言語はフランスの資産であることが明記された。これは政府の改正案にもなかったが、同年５月22日の国民議会第一読会で追加され、元老院での削除後、国民議会第二読会で採択されたものである。また、メディアの多元性の尊重が憲法第34条に明記されたほか、多元主義の確保が重要な議題となり、政党に関する憲法第４条に「法律は意見の多元的な表明を保障する」と定められた。

(c) 権利擁護官の創設——憲法第11章の後に第11章の２（XIbis）章が新設され、「権利擁護官（Le Défenseur des droits）」というタイトルのもとに第71条の１が追加された。ここでは、公的機関による権利尊重を監視する職責をもって、共和国大統領から６年任期で任命され、大統領に報告することを任務とする新たな機関が創設された。

5 2008年改正後のフランス立憲主義の展開

(1) 同性婚法の制定・家族改革

2008年憲法改正では、アメリカ大統領制のような強力な大統領制を標榜するサルコジ大統領のもとで、「大統領中心主義化（présidentialisation）」の加速がめざされたが、2012年５月の大統領選挙で社会党のオランド氏が勝利した。オランド大統領は、着任早々、1999年のパクス（民事連帯契約）法を進めて同性婚を認める法律（2013年５月17日同性婚法）を制定し、同性の両親による親権（homoparentalité）や養子縁組も認めた。憲法院も合憲判決（n° 2013－669DC）を下して、子の利益や家族の多様性を尊重した。この改革は、選挙の公約に掲げていたとはいえ社会生活に非常に大きな影響をもつものであり、大統領・政府与党の力を印象づけた。

(2) パリ同時多発テロ後の政治

2015年11月13日のパリ同時多発テロ直後から、オランド大統領は、犯行声明を出した過激派組織「IS」に対するシリア空爆を開始し、非常事態宣言を発した。これは憲法第16条に基づく大統領の非常事態措置権の行使ではなく、アルジェリア独立運動の激化に対応して制定された緊急事態法（1955年４月３日法制定、2011年、2013年改正）に基づく措置である。政府の判断で国境管理の強化や令状なしでの家宅捜索、外出禁止令を発することができることを定めており、テロ事件後、2015年11月20日法で強化された。さらにオランド大統領は、議会の承認を得ずに緊急措置をとれるよう憲法改正の考えを示した。

「国民の保護」をタイトルに掲げ、緊急事態に関する憲法36条の１の新設のほか、国籍はく奪権限を立法府に付与するために憲法34条改正をめざした憲法改正案が、

2015年12月23日に国民議会に提出され、2016年２月10日に採択された。元老院では、憲法学者のオリヴィエ・ボーらが聴問会で反対の意見を述べ、同年３月22日に修正案が可決された。これにより両院同一の文言で合意に至らなかったことから、オランド政権は同年３月30日に憲法改正を断念した。

⑶　人権保障のゆらぎと立憲主義

人権保障についても、2008年憲法改正によって「多元性の尊重」が重視され新たな傾向が示されたことから、アメリカ型のような「国家からの自由」ではなく、「国家による自由」を重視するフランス型人権保障体系が変容したかにみえる。しかし1990年のゲソ法（人種差別・反ユダヤまたは外国人排撃等のすべての行為を禁止する法律）や2001年の反セクト法などは、共和国の基本原理（ライシテ）を維持するためのスカーフ禁止法（2004年）やブルカ禁止法（2010年）等に引き継がれた。これはドイツの「たたかう民主制」とも軌を一にするもので、共和国原理のための制約をも認めるフランス型人権保障の特色が維持されていることが示された。2013年11月の同時多発テロ後は、とくにテロリズムの脅威による排外主義が強まっており、イスラム女性の水着（ブルキニ）の着用を禁止する自治体が相つぐなど、対応がエスカレートしている。アメリカの9.11以後と同じような自由の萎縮現象が起こらないことを祈りたい。

また、2008年憲法改正による事後的違憲審査制の導入により、J.＝J. ルソーの「主権＝一般意思」の最高性原則に反するものとして長く違憲審査制を排斥してきたフランスの憲法伝統が変容して、司法審査を重視するアメリカ型やドイツ型に接近したようにみえる。しかし、アメリカのような「法の支配」や「立憲主義」の論理よりも、むしろ「市民の参画拡大」という民主主義の論理によって実現されたこと自体に、人民主権を重視するフランス型の立憲主義の伝統が示されているともいえよう。

憲法学界の内外で、今日に至るまで、民主主義のあり方をめぐる種々の議論がなされており、民主主義と結びついた「フランス型立憲主義」の動向が注目される。

［辻村みよ子］

6　マクロン大統領の登場と第５共和制憲法

⑴　マクロン大統領の登場とフランスの政党政治

2017年４月23日（第１回投票）および５月７日（第２回投票）に行われた第11回フランス大統領選挙において、エマニュエル・マクロンが第５共和制憲法下で８代目の大統領に選出された。当選時39歳という年齢は、フランス大統領就任者の中で史上最年少である。マクロン大統領の登場とその後に行われた国民議会議員選挙の結果は、1980年代以降安定的に定着してきたかに見えたフランスの政党政治の構造を大きく揺るがせている。

第５共和制憲法発足後は、左翼陣営ではフランス共産党の力がかなり強く、与野党入れ替わり型の政権交代がなかなか実現しなかった。1970年代に社会党を統一し強化することに成功したミッテランは1981年の大統領選で勝利するが、その際第二回投票において社共両党の支持の下で大統領に当選し、共産党閣僚を含む左翼政権を実現させた。この時以来、フランス政党政治は、保守派（右派）と社会党を中心とする左翼とが、大統領ポストと国民議会の多数を奪い合う選挙戦の形で行われるようになり、コアビタシオンの時期を含めて、2大政治ブロック間の対立と妥協がフランス政党政治の基本構図となってきた。ところが、オランド大統領の下で閣僚経験を有するマクロンが共和国前進（La République En Marche!）」を結成し、大統領戦に臨んだ。第1回投票では保守派や左翼の候補を押しのけ第1位を獲得し、続く第2回投票でも、極右政党の国民戦線党首のマリーヌ・ルペンに圧勝する結果となった。さらに同年6月におこなわれた国民議会選挙では、「共和国前進」が議席率53.3%に達する308議席を獲得し、絶対多数を確保した（但し、第二回投票における棄権率は57.4%にも達した。）。これに対して、オランド大統領の下で与党であった社会党はわずか30議席（前回2012年選挙では280議席）の惨敗に終わった。こうして、政党によって担われる選挙を媒介として国民と議会をつなぐ回路に大きな亀裂が生まれた。国民は持って行きようのない不満の出口を求めるようになり、それを象徴する現象として2018年11月から非組織的自生的な政府に対する市民運動（「黄色いベスト」運動）が活性化し、その一部が暴徒化するなどの状況が生じた。流動化するフランス憲法政治・政党政治の今後が注目される。

⑵　マクロン大統領の二つの憲法改正案―2018年案から2019年案へ

2017年7月にマクロンは、両院合同会議において「代表としての性質・責任性・能率性をより強化した民主主義のために（Pour une démocratie plus représentative, responsable et efficace）」とする制度改革のプランを示し、翌年5月9日に立法レベルでの改革も含めた憲法改正案を国民議会に提出した。その具体的内容としては、①共和国司法院の廃止、②立法手続を迅速化させるための改革、③経済社会環境評議会の改組および「市民社会院（Chambre de la société civile）」への名称変更、④元大統領の憲法院裁判官就任資格付与制度の廃止、⑤検察官の人事制度の改革による司法の独立性の強化、⑥議員定数の削減改革に伴う憲法院への付託等に必要な元老院および国民議会議員の人数の削減（60名から40名へ）、⑦特定の地方公共団体の権限強化をするための立法措置の容認、⑧コルシカに対する特別の地位の承認、⑨海外県に対する一定の自主立法権の付与、⑩若者に兵役に代替する義務を課す「全国民的奉仕義務（service national universel）」制度の導入、が盛り込まれた。これに加えて立法レベルの改革として、国会議員定数の削減（約30%）、国民議会における比例代表制選挙の一部導入、そして極めてラディカルな改革と評しうる、国会議員の任期の上限を3期とする改革が憲法改正案と一体をなすものとして提案された。全体としては、大統領優位の統治構造の推進を目指しているとみられるものであった。この憲法改正案は、マクロン大統領の警備責任者のスキャンダル（ベナラ事件）や、無党派市民たちによる自然発生的な政府に対する抗議活動である「黄色いベスト」運動の対応に追われ、国民議会での審議が停滞した。その後2019年１月に審議が再開されることが予定されていたが、マクロン大統領の発案で同年１月から３月まで各地で開催された「国民大討論（Grand débat national）」の結果を踏まえて憲法改正を再検討するとの理由で、審議の再開は延期されてしまった。

このような事態の経緯を経て、マクロン大統領は2019年８月29日に新たな憲法改正案（「民主主義的生活の再生のために（Pour un renouveau de la vie démocratique）」）を提出した。新たに盛り込まれた改正内容としては、①憲法１条に、国は環境保全・生物的多様性・気候変動に対する対応を行うことを規定を追加する、②市民の政治参加をより活性化するために、一定の時間的な制限の下で、市民発案と一定数の議員の賛成を条件とする国民投票の実施に関する従来のハードルを下げ（必要有権者数を全有権者の10分の１から100万人へ、必要国会議員数を５分の１から10分の１へ）、対象領域を拡大する（「社会問題」についての可能となる）、③同じく市民の政治参加の活性のために、経済社会環境評議会を改組して、「市民参加評議会（Conseil de la participation citoyenne）」を設置する（同評議会は抽選によって選ばれた者によって構成される市民会議を設置することができる）、等がある。また先の2018年改正案ですでに提案されていた提案のうち、①共和国司法院の廃止、②元大統領の憲法院裁判官就任資格付与制度の廃止、③検察官の人事制度の改革による司法の独立性の強化、④議員定数の削減改革に伴う憲法院への付託等に必要な元老院および国民議会議員の人数の削減（但し国会議員の削減人数の減少に伴い60名から45名へ）、⑤特定の地方公共団体の権限強化をするための立法措置の容認、⑥コルシカに対する特別の地位の承認、⑦海外県に対する一定の自主立法権の付与、⑧若者に兵役に代替する義務を課す「全国民的奉仕義務」制度の導入等の提案は、そのまま維持されている。これに対して、立法手続を迅速化させるための改革は見送られた。また立法レベルの改革としては、兼職制限や国会議員数の削減と国民議会における比例代表制選挙の一部導入が、若干の変更の上で維持されている（前者については削減数を減少させ、後者については対象議席割合を増加させた）。

以上の内容を有する2019年の憲法改正提案は、立法手続を迅速化させるための改革などの議会の激しい反対が予想される項目を見送り、環境問題に関して時代の要請に応える姿勢を示し、また市民の能動的な政治参加に開かれた制度設計を行うことを通じて低迷している支持率を高め、2022年に予定されている大統領選挙で再選を目指すマクロン大統領の政治戦略の一環をなしている、とみられる。この点からも、マクロン大統領による憲法改正の企図の行方が注目されよう。

（2020年１月現在）

［山元一］

フランス第5共和国憲法〔1958年〕

〔前文（Préambule）〕

フランス人民は、1946年憲法前文で確認され補充された1789年宣言が定める人権および国民主権の原理、さらに2004年環境憲章が定める権利と義務を遵奉することを、厳粛に宣言する。

共和国は、これらの原理と諸人民の自由な決定の原則に基づき、共和国に加わる意思を表明する海外領土に対して、自由、平等、友愛という共通の理想に立脚し、かつ、その民主的発展を目的として構想された新たな諸制度を提供する。

〔2005年3月1日の憲法的法律第2005-205号により、第1文を追加修正〕

第1条〔共和国の基本原理〕

① フランスは、不可分の、非宗教的、民主的かつ社会的な共和国である。フランスは、出生、人種または宗教による差別なしに、すべての市民に対して法律の前の平等を保障する。フランスは、いかなる信条をも尊重する。その組織は、地方分権化される。

② 法律は、選挙によって選出される議員職と公職、ならびに職業的および社会的要職に対する男女の平等なアクセス〔参画〕を促進（favoriser）する。

〔1995年8月4日の憲法的法律第95-880号により共同体に関する旧第1条が削除され、旧第2条第1項が第1条となる。2003年3月28日の憲法的法律第2003-276号により分権化の規定を追加。本条第2項は、1999年7月8日の憲法的法律第99-569号により第3条第5項に追加された後、2008年7月23日の憲法的法律第2008-724号によって本条第2項に移され、職業的・社会的要職に関する文言が追加された〕

第1章　主権（De la Souveraineté）

第2条〔共和国の言語・国旗・国家・標語・原理〕

① 共和国の言語はフランス語である。

② 国旗は、青、白、赤の3色旗である。

③ 国歌は、《ラ・マルセイエーズ》である。

④ 共和国の標語は、《自由、平等、友愛》である。

⑤ 共和国の原理は、人民の、人民による、人民のための統治である。

〔1995年8月4日の憲法的法律第95-880号により本条（旧第2条）旧1項が第1条となり、旧第2項〜第6項を各々第2条第1項〜第5項に変更。なお、第1項（旧第2項）は1992年6月25日の憲法的法律第92-554号により追加〕

第3条〔国民主権と選挙〕

① 国民の主権は人民に属し、人民は、その代表者を通じて、および、人民投票の方法によって、主権を行使する。

② 人民のいかなる部分も、いかなる個人も、主権の行使を自己のために独占することはできない。

③ 選挙は、憲法に定める要件に従って、直接または間接選挙で行われる。選挙は、つねに、普通、平等かつ秘密選挙である。

④ 民事上および政治上の権利を享有する成年男女のフランス国民は、すべて、法律の定める要件に従って、選挙人となる。

〔2008年7月23日の憲法的法律第2008-724号により、パリテに関する本条第5項〈1999年7月8日憲法的法律第99-569号により追加〉が第1条2項に移され、文言が追加された〕

第4条〔政党および政治団体〕

① 政党および政治団体は、選挙による意思表明に協力する。政党および政治団体は、自由に結成され、自由にその活動を行う。政党および政治団体は、国民主権と民主主義の原理を尊重しなければならない。

② 政党および政治団体は、法律の定める要件に従って、第1条第2項で表明された原則の実施に貢献する。

③ 法律は、意見の多元的な表明、ならびに国民の民主主義的な生活に対する政党および政治団体の公平な参加を保障する。

〔1999年7月8日の憲法的法律第99-569号により本条第2項を追加。さらに2008年7月23日の憲法的法律第2008-724号により第2項

の文言を修正し、第3項を新設〕

第2章　共和国大統領（Le Président de la République）

第5条〔大統領の地位〕

① 共和国大統領は、憲法の尊重を監視する。共和国大統領は、その裁定（arbitrage）によって、公権力の適正な運営と国家の継続性を確保する。

② 共和国大統領は、国の独立、領土の一体性、条約の尊重の保障者である。

〔1995年8月4日の憲法的法律第95-880号により第2項修正〕

第6条〔大統領の選任〕

① 共和国大統領は、5年の任期で、直接普通選挙によって選出される。

② 何人も、連続して2期を超えて〔共和国大統領の〕任期を務めることはできない。

③ 本条施行の態様は、組織法律（loi organique）が定める。

〔1962年11月6日の法律第62-1292号により改正。第1項は2000年10月2日の憲法的法律第2000-964号により再改正。さらに2008年7月23日の憲法的法律第2008-724号により第2項を追加〕

第7条〔大統領選挙手続・職務の代行〕

① 共和国大統領は、有効投票の絶対多数により選出される。第1回投票で絶対多数が得られない場合には、14日後に第2回投票を行う。第2回投票では、場合によっては、より上位の候補者が辞退した後に、第1回投票で最多数の票を得た2人の候補者のみが立候補できる。

② 投票は、政府の招集に基づいて開始される。

③ 新大統領の選挙は、現職大統領の任期満了日の前20日から35日以内に行われる。

④ 何らかの理由で共和国大統領が欠けた場合、または、政府の付託を受けた憲法院がその構成員の絶対多数の裁決によって障害事由（empêchement）を認定した場合、大統領の職務は、第11条、第12条に定めるものを除き、元老院議長によって臨時に行使される。また、元老院議長の職務の行使が妨げられる場合には、政府によって臨時に行使される。

⑤ 大統領が欠けた場合、もしくは憲法院によって障害事由が確定的に認定された場合、新大統領選出のための投票は、憲法院が不可抗力と認めた場合を除いて、大統領が欠けた日もしくは憲法院が障害事由の確定を宣言した日から20日以降35日以内に行われる。

⑥ 候補者の立候補届出締切期日の前30日以内に立候補の決意を表明した候補者の1名が、締切期日に先だつ7日以内に、死亡もしくは障害を認められた場合、憲法院は選挙の延期を決定することができる。

⑦ 第1回投票前に、候補者の1名の死亡もしくは障害が認められた場合、憲法院は選挙の延期を宣告する。

⑧ 第1回投票で最多得票を得た上位2名の候補者のうち1名について、辞退があるときにはそれ以前に、死亡もしくは障害が認められた場合、憲法院は、選挙手続全体を新たに行うことを宣言する。第2回投票のために立候補していた2名の候補者のうちの1名の死亡もしくは障害の場合も、同様とする。

⑨ いずれの場合も、憲法院は、第61条第2項に定める要件、あるいは第6条で規定される組織法律が候補者の立候補に関して定める要件に従って、付託を受ける。

⑩ 憲法院は、〔本条〕第3項、第5項に定める期間を延長することができる。ただし、投票は、憲法院がそれを決定した期日の35日以降に行うことはできない。もし、本項の適用によって、現職大統領の任期満了以後に選挙期日が延期されることになるときは、現職大統領は、後任者の告示まで、その職務を続行する。

⑪ 共和国大統領が欠けた期間中、もしくは共和国大統領の障害事由の確定についての宣言から新大統領選出までの期間中は、憲法第49条および第50条、第89条は適用されない。

〔1962年11月6日の法律第62-1292号により改正、第6項～第10項は1976年6月18日の憲法的法律第76-527号により追加。2003年3月28日の憲法的法律第2003-276号による改正により第1項の「2週間後の日曜」を「14日後」に修正〕

第8条〔首相および政府構成員の任免〕

① 共和国大統領は、首相を任命する。共和国大統領は、首相による政府の辞表提出に基づいてその職を免ずる。

② 共和国大統領は、首相の提案に基づいて政府の他の構成員を任命し、また、その職を免ずる。

第9条〔閣議の主宰〕

共和国大統領は、閣議を主宰する。

第10条〔法律の審署〕

① 共和国大統領は、確定的に採択された法律が政府に送付された後15日以内に、法律を審署（promulguer）する。

② 共和国大統領は、右の期間の満了前に、国会に対して、この法律またはその一定の条文について再審議を要求することができる。〔国会は〕この再審議を拒否することができない。

第11条〔人民投票への付託および人民発案〕

① 共和国大統領は、官報に登載された会期中の政府の提案または両議院の共同の提案に基づいて、公権力の組織に関する法律案、国の経済・社会、または環境政策およびそれにかかわる公役務をめぐる諸改革に関する法律案あるいは憲法には違反しないが諸制度の運営に影響を及ぼすであろう条約の批准の承認を目的とする法律案〔いずれも政府提出法律案〕を、すべて、人民投票に付託することができる。

② 人民投票が政府の提案に基づいて組織されるときは、政府は、各議院において声明を発し、それに続いて審議が行われる。

③ 第1項に掲げる対象に関する人民投票は、選挙人名簿に登載された選挙人の10分の1の支持を得て国会議員の5分の1によって発案される場合に、組織することができる。この発案は、議員提出法律案（proposition de loi）の形式をとり、過去1年以内に審署された法規の廃止を対象とすることはできない。

④ この発案の要件および憲法院が前項規定の遵守を統制する要件は、組織法律が定める。

⑤ 上記の議員提出法律案が組織法律に定められた期限内に両議院において審議されない場合は、共和国大統領はこれを人民投票に付託する。

⑥ 上記の議員提出法律案がフランス人民によって採択されなかった場合は、人民投票後2年を経過するまでは、同一の事項に関するいかなる新規の人民投票案も提出することができない。

⑦ 人民投票によって政府提出法律案または議員提出法律案の採択が確定したときは、共和国大統領は、諮問結果の発表から15日以内にそれを審署する。

〔1995年8月4日の憲法的法律第95-880号により第1項修正、第2項新設、第3項（旧第2項）修正。2008年7月23日の憲法的法律第2008-724号により修正、第3項～第7項新設。同第46条1項で組織法律等が制定された場合に改正が施行されることが定められ、2013年12月6日の組織法律第2013-1114号により2015年1月1日から施行〕

第12条〔国民議会の解散と総選挙〕

① 共和国大統領は、首相および両院議長に諮問した後、国民議会の解散を宣告することができる。

② 総選挙は、解散の後、20日以降40日以内に行われる。

③ 国民議会は、その選挙後の第2木曜日に当然に集会する。この集会が通常会期として定められる期間外に行われる場合には、会期は、15日の期間で当然に開始される。

④ 総選挙後1年以内には、新たな解散手続をとることができない。

〔1995年8月4日の憲法的法律第95-880号により、第3項修正〕

第13条〔オルドナンスおよびデクレの署名、文・武官の任命〕

① 共和国大統領は、閣議で議決されたオルドナンス（ordonnance）およびデクレ（décret）に署名する。

② 共和国大統領は、国の文官および武官を任命する。

③ コンセイユ・デタ評議官、賞勲局総裁、大使および特使、会計検査院主任検査官、知事、第74条所定の海外公共団体およびニュー＝カレドニアにおける国家代表、将官、大学区長、中央行政庁の長官は、閣議で任命される。

④ 閣議で任命される他の官職、および、共

和国大統領の任命権限を、その名において行使させるために共和国大統領が委任できる要件については、組織法律が定める。

⑤ 第3項に掲げるもの以外の官職または職務で、権利と自由の保障あるいは国民の経済・社会生活にとっての重要性から、共和国大統領の任命権が、各議院の権限を有する常任委員会の意見公開後に行使されるものについては、組織法律がこれを定める。

各委員会の否定票の合計が、両委員会における有効投票の5分の3以上であるときは、大統領は任命を行うことができない。権限を有する常任委員会については、官職または職務に応じて、法律によって定める。

〔2003年3月28日の憲法的法律第2003-276号により第3項修正。2008年7月23日の憲法的法律第2008-724号により第5項新設。2010年7月23日の組織法律により施行〕

第14条〔信任状の授受〕

共和国大統領は、外国政府に派遣する大使および特使に信任状を授与する。外国の大使および特使は、共和国大統領あての信任状を上呈する。

第15条〔軍隊の長、国防会議の主宰〕

共和国大統領は、軍隊の長である。共和国大統領は、国防のための高等評議会および高等委員会を主宰する。

第16条〔非常事態措置権〕

① 共和国の制度、国の独立、その領土の保全あるいは国際協約の履行が重大かつ直接に脅かされ、かつ、憲法上の公権力の適正な運営が中断されるときは、共和国大統領は、首相、両院議長、ならびに憲法院に公式に諮問した後、状況により必要とされる措置をとる。

② 共和国大統領は、これらの措置を教書(message)によって国民に通告する。

③ これらの措置は、最短の期間内に、憲法上の公権力に対してその任務を遂行する手段を確保させる意思に即して実施されなければならない。憲法院は、この問題について諮問される。

④ 〔この場合に〕国会は、当然に集会する。

⑤ 国民議会は、非常事態権限の行使中は解散されない。

⑥ 非常事態権限行使から30日経過後に、国民議会議長、元老院議長、または、60名の国民議会議員もしくは60名の元老院議員は、第1項の要件についてその充足を審査するために憲法院に付託することができる。憲法院は、最短期間内に、公開の意見を表明して裁定する。憲法院は、非常事態権限の行使から60日経過後、およびその期間を超えるといつでも、職権により当然に審査を行い、同一の条件により裁定することができる。

〔2008年7月23日の憲法的法律第2008-724号により、第6項新設〕

第17条〔恩赦〕

共和国大統領は、個人に対して恩赦を行う権限をもつ。

〔2008年7月23日の憲法的法律第2008-724号により修正〕

第18条〔教書〕

① 共和国大統領は、教書によって、国会の両院に意思を伝達する。教書は朗読されるが、これについていかなる討議も行われない。

② 共和国大統領は、この目的のために両院合同会議(Congrès)として招集される国会において発言することができる。大統領の声明については、彼の出席がなくても討論できるが、これについていかなる採決も行われない。

③ 会期外の場合には、両議院は、この目的のために特別に集会する。

〔2008年7月23日の憲法的法律第2008-724号により、第2項新設、第3項修正〕

第19条〔大統領の行為への副署〕

第8条(第1項)、第11条、第12条、第16条、第18条、第54条、第56条、および第61条に定める行為以外の大統領の行為は、首相によって、また、場合により、責任を担う大臣によって副署される。

第3章 政府(Le Gouvernement)

第20条〔政府の任務〕

① 政府は、国政を決定し、遂行する。

② 政府は、行政および軍事力を司る。

③ 政府は、第49条および第50条に定める要件と手続に従って、国会に対して責任を負

う。

第21条〔首相の権限〕

① 首相は、政府の活動を指揮する。首相は、国防について責任を負う。首相は法律の執行を保障する。第13条の規定の留保のもとで、首相は、命令制定権を行使し、文官および武官を任命する。

② 首相は、その権限の一定のものを大臣に委任することができる。

③ 首相は、場合により、第15条に定める〔国防高等〕評議会および〔国防高等〕委員会の主宰について、共和国大統領の職務を代行する。

④ 首相は、明示的な委任に基づき、かつ、特定の議事日程に関して、閣議の主宰について、臨時に、共和国大統領の職務を代行することができる。

第22条〔首相の行為への副署〕

首相の行為は、場合により、その執行を任務とする大臣によって副署される。

第23条〔政府構成員の兼職禁止〕

① 政府構成員の職務は、国会議員職、全国的な性格をもつ職能代表の職務、および、公職または職業活動の行使のすべてと両立しない。

② 上記のような国会議員職、職能代表の職務または公職の担当者の補充任用のための要件は、組織法律が定める。

③ 国会議員の補充は、第25条の規定に従って行われる。

第４章　国会（Le Parlement）

第24条〔国会の構成〕

① 国会は、法律を議決する。国会は、政府の行為を監視し、公共政策について評価を行う。

② 国会は、国民議会（l'Assemblée nationale）と元老院（le Sénat）からなる。

③ 国民議会の議員は、直接選挙によって選出され、その定数は577を超えてはならない。

④ 元老院は、間接選挙で選出され、その議員の定数は348を超えてはならない。元老院は、共和国の地方公共団体の代表を確保する。

⑤ フランス国外に居住するフランス人は、国民議会および元老院に代表される。

〔2008年７月23日の憲法的法律第2008-724号により、第１項新設、第３・４項追加修正、第５項は旧第４項第３文を移動し追加修正〕

第25条〔議員の定数、被選挙資格、補充選挙と独立委員会〕

① 各議院の権限の期間、その構成員の定数、歳費、被選挙資格の要件、被選挙欠格および兼職禁止の制度については、組織法律が定める。

② 議席に欠員があるとき、所属する国民議会の改選または元老院の一部改選まで、国民議会議員ないし元老院議員の補充、もしくは各議院の議員が政府の職務を受諾した場合はその臨時の代理員を確保するための補充議員選出の要件についても、同様に、組織法律が定める。

③ 独立委員会は、国民議会議員の選挙区の画定、または国民議会議員もしくは元老院議員の議席配分を修正する政府提出法律案ないし議員提出法律案について、公開の意見を表明して裁定する。独立委員会の構成ならびに組織・運営の規則は、法律が定める。

〔2008年７月23日の憲法的法律第2008-724号により、第２項修正、第３項新設。2009年１月13日の組織法律制定により施行〕

第26条〔議員の特権〕

① 国会議員は、その職務の執行中に表明した意見もしくは表決に関して、訴追・捜索・逮捕・拘禁または裁判されない。

② 国会議員は、その所属議院の理事部の許諾がなければ、重罪事件もしくは軽罪事件について、逮捕あるいは自由を剥奪ないし制約するいかなる措置の対象にもならない。この許諾は、現行犯あるいは確定した有罪判決の場合には求められない。

③ 国会議員の拘禁、自由を剥奪ないし制約する措置、または訴追は、その所属議院の要求がある場合には、会期の期間中、停止される。

④ 当該議院は、場合により、前項の適用を目的とする補充会議として当然に集会する。

〔1995年８月４日の憲法的法律第95-880号により、第２項〜４項修正〕

第27条〔命令的委任の禁止、議員の表決権〕

① 命令的委任（mandat impératif）は、すべて無効である。

② 国会議員の表決権は、一身専属的である。

③ 組織法律は、例外的に、表決に関する委任を認めることができる。この場合、いかなる者も、1以上の委任を受けることはできない。

第28条〔通常会期〕

① 国会は、単一の通常会期に、当然に集会する。会期は、10月の最初の平日（jour ouvrable）に始まり、翌年6月の最後の平日に終了する。

② 各議院が通常会期に開会しうる期日は、120日間を超えてはならない。開会する週については、各議院が定める。

③ 首相は関係議院の議長への諮問を経た後に、あるいは、各議院の議員はその過半数の請求により、補充日程の会議の開催を決定することができる。

④ 会議の日程および時間は、各議院の規則によって定める。

〔1963年12月30日の憲法的法律第63-1327号により旧第2項・第3項が修正された後、1995年8月4日の憲法的法律第95-880号により第1項～第4項修正〕

第29条〔臨時会期〕

① 国会は、首相もしくは国民議会議員の過半数の請求に基づき、特定の議事日程に関して、臨時会期として集会する。

② 臨時会期が、国民議会議員の請求に基づいて開会されるとき、招集理由とされた議事日程の終了後直ちに、かつ、開会から起算して12日以内に閉会のデクレが発せられる。

③ 首相のみが、閉会のデクレに続く1か月の期間満了前までに、新たな会期を請求することができる。

第30条〔特別の臨時会期〕

国会が当然に集会する場合のほか、臨時会期は、共和国大統領のデクレによって、開会され、閉会される。

第31条〔政府構成員の議院への出席〕

① 政府の構成員〔閣僚〕は、両議院に出席する。政府の構成員は、自らが求める時に意見を表明する。

② 政府の構成員は、政府委員に補佐させることができる。

第32条〔国民議会議長および元老院議長〕

国民議会議長は、立法期間を任期として選出される。元老院議長は、元老院の一部改選の後に選出される。

第33条〔両議院の会議〕

① 両議院の会議は、公開である。完全な議事録は、官報で公表される。

② 各議院は、首相、もしくは、その構成員の10分の1の請求に基づいて、〔会議を〕秘密会として開くことができる。

第5章　国会と政府との関係（Des rapports entre le Parlement et le Gouvernement）

第34条〔法律事項〕

① 法律は、次の事項に関する規律を定める。

――公民権、および公的自由の行使のため市民に認められる基本的保障。メディアの自由、多元性（le pluralisme）および独立性。国防のため、市民に対し、その身体および財産に課せられる義務。

――国籍、人の身分および能力、夫婦財産制、相続および無償譲与。

――重罪（crime）および軽罪（délit）の決定、ならびにそれらに適用される刑罰。刑事訴訟手続。大赦、新たな裁判制度の創設および司法官の身分。

――あらゆる性格の租税の基礎、税率および徴収の態様。通貨発行制度。

② 法律は、同様に、次の事項に関する規律も定める。

――両議院、地方議会、フランス国外のフランス人代表機関の選挙制度、および、地方公共団体の議会構成員についての選挙による議員職と公職の行使の条件。

――各種の公共施設（établissements publics）の創設。

――国の文官および武官に認められる基本的保障。

――企業の国有化および公的部門から私的部門への企業所有の移転。

③　法律は、次の基本原則を定める。
――国防の一般組織。
――地方公共団体の自由な行政、その権限および財源。
――教育。
――環境の保全。
――所有制度、物権および民事上・商事上の債務。
――労働権、労働組合の権利および社会保障。

④　予算法律（lois de finances）は、組織法律に定める要件および留保のもとで、国の歳入と歳出を定める。

⑤　社会保障財政法律（lois de financement de la sécurité sociale）は、組織法律に定める要件および留保のもとで、社会保障に関する財政収支の一般的要件を決定し、かつ、収入の予測を考慮して支出の目的を定める。

⑥　計画策定法律（lois de programmation）は、国の活動目標を定める。

⑦　公財政の複数年の方針は、計画策定法律が定める。この方針は、公行政の会計の均衡という目標に組み込まれる。

⑧　本条の規定は、組織法律によってこれを明確にし、かつ補充することができる。

〔1996年2月22日の憲法的法律第96-138号により、第6項新設。旧第6・7項は第7・8項に変更。2003年3月28日の憲法的法律第2003-276号により、第3項の地方公共団体の原語が修正。2005年3月1日の憲法的法律第2005-205号により、第3項に環境保全が追加。2008年7月23日の憲法的法律第2008-724号により、第1項削除、第6項文言修正、第7項新設〕

第34条の1〔決議〕

①　両議院は、組織法律に定める要件に従って、決議（résolutions）を表決することができる。

②　政府が、その採択ないし否決により政府の責任が問題になりうるか、あるいは、政府自身への命令が伴うと判断する場合には、その決議案は受理されず、議事日程に登載されない。

〔2008年7月23日の憲法的法律2008-724号により新設。2009年4月15日の組織法律により施行〕

第35条〔宣戦〕

①　宣戦は、国会によって承認される。

②　政府は、軍隊を外国に派遣する決定をした場合には、派遣後遅くとも3日以内に国会に決定を通知し、続行の目的を明確にする。この通知について討議することはできるが、これに続いて表決することはできない。

③　外国への派兵期間が4か月を超える場合には、政府は、その延長について国会の承認を得るものとする。政府は、最終決断を国民議会に対して要求することができる。

④　4か月の期間終了時に国会が会期外のときは、国会は、次の会期の開始時に決定を行う。

〔2008年7月23日の憲法的法律第2008-724号により第2項～第4項新設〕

第36条〔戒厳令〕

①　戒厳令（l'état de siège）は、閣議において発令される。

②　12日を超える戒厳令の延長は、国会によらなければ承認されない。

第37条〔命令事項〕

①　法律の領域に属する事項以外の諸事項は、命令の性格をもつ。

②　これらの諸事項について定められた法律形式の法文は、コンセイユ・デタの意見を徴した後に定められるデクレによってこれを変更することができる。これらの法文のうち、本憲法の施行後に制定されたものは、憲法院が前項に従って命令の性格をもつと宣言した場合でなければ、これをデクレによって変更することはできない。

第37条の1〔実験的法令〕

法律および命令には、対象と期間を限定された実験的性格をもつ規定を設けることができる。

〔2003年3月28日の憲法的法律第2003-276号により新設〕

第38条〔立法の委任〕

①　政府は、その綱領を執行するため、通常は法律の領域に属する措置を、一定期間に限りオルドナンスで定めることの承認を国会に求めることができる。

②　オルドナンスは、コンセイユ・デタの意

見を徴した後に、閣議で定められる。オルドナンスは、公示後直ちに効力を発するが、追認の政府提出法律案が授権法律（loi d'habilitation）に定められる期日までに提出されない場合には、失効する。オルドナンスの追認は、明示的な方法でのみ行うことができる。

③ 本条第1項に定められる期間の満了後は、オルドナンスは、法律の領域に属する事項については、法律によらなければ変更されない。

〔2008年7月23日の憲法的法律第2008-724号により第2項修正〕

第39条〔法律の発議権〕

① 法律の発議権は、首相および国会議員に競合して属する。

② 政府提出法律案（projets de loi）は、コンセイユ・デタの意見を徴した後に、閣議で審議され、両議院のいずれかの理事部に提出される。予算法律案および社会保障財政法律案は、先に国民議会に付託される。第44条第1項の規定にかかわらず、地方公共団体の組織を主要な対象とする政府提出法律案は、元老院に先に提出される。

③ 国民議会もしくは元老院に対する政府提出法律案の提出については、組織法律の要件を満たすものとする。

④ 政府提出法律案は、先議の議院内の議長会議（la Conférence des présidents）が、組織法律の定める規律が遵守されてないと判断する場合には、議事日程に登載されない。議長会議と政府の意見が一致しない場合には、当該議院の議長または首相は憲法院に付託することができ、憲法院は8日以内に裁定する。

⑤ 法律の定める要件にしたがって、一方の議院の議長は、当該議院の議員1名によって提出された議員提出法律案（proposition de loi）が委員会審議に付される前に、当該議員が反対する場合を除き、それについてコンセイユ・デタの意見を徴することができる。

〔1996年2月22日憲法的法律第96-138号により第2項修正。2003年3月28日の憲法的法律第2003-276号により第2項に追加。2008年7月23日の憲法的法律2008-724号により第2項一部削除、第3項～第5項追加。2009年4月15日の組織法律により施行〕

第40条〔議員提出法律案〕

国会議員によって作成された議員提出法律案（propositions）および修正案は、その採択によって、歳入の減少もしくは歳出の創設または増加の結果を生じさせるときは、受理されない。

第41条〔議員提出法律案の不受理〕

① 議員提出法律案もしくは修正案が、法律の領域に属さず、または、第38条によって付与された委任に反することが立法手続の過程で明らかとなった場合には、政府または提出された議院の議長は、不受理をもって対抗することができる。

② 政府と当該議院の議長との間に意見の不一致がある場合は、憲法院は、いずれかの請求に基づいて8日の期間内に裁定を行う。

〔2008年7月23日の憲法的法律2008-724号により第1項追加修正〕

第42条〔法律案の審議〕

① 政府提出法律案および議員提出法律案の本会議における審議は、第43条が適用される場合は付託された委員会で採択された原文について、また、それ以外には最初に付託された議院に提出された原文について行われる。

② ただし、憲法改正法律案、予算法律案、社会保障財政法律案の本会議における審議は、先議の議院における第一読会においては政府提出の原文について、その他の読会では他の院から送付された法文について行われる。

③ 政府提出法律案または議員提出法律案の本会議第一読会における審議は、法案提出後6週間経過後でなければ先議の議院で行うことができない。これに関する本会議での審議は、後議の議院では、送付後4週間後でなければ行うことができない。

④ 前項の規定は、第45条の定める要件のもとで審議促進手続が採られた場合には適用されない。前項の規定はまた、政府提出の予算法律案、社会保障財政法律案、および非常事態に関連する政府提出法律案についても、適用されない。

〔2008年７月23日の憲法的法律第2008-724号により第１項・第２項修正、第３項・第４項新設〕

第43条〔委員会への付託〕

① 政府提出法律案および議員提出法律案は、審理のために常任委員会の１つに送付される。常任委員会の数は、各議院について８個を限度とする。

② 政府提出法律案および議員提出法律案は、政府もしくは付託された議院の請求に基づき、本件のために特別に指定された委員会に、審理のために送付される。

〔2008年７月23日の憲法的法律第2008-724号により第１項・第２項修正〕

第44条〔修正案〕

① 国会議員および政府は、〔法案〕修正権をもつ。この修正権は、組織法律が定める範囲内で、議院規則が定める要件に従って、本会議または委員会において行使される。

② 政府は、討議開始の後、事前に委員会に付託されなかったすべての修正案の審理に対して、反対することができる。

③ 政府が請求する場合、〔法案を〕付託された議院は、審議中の法文の全部もしくは一部につき、政府によって提案もしくは認容された修正案のみを留保して、単一の表決により議決する。

〔2008年７月23日の憲法的法律第2008-724号により第１項修正。2009年４月15日の組織法律により施行〕

第45条〔合同委員会〕

① すべての政府提出法律案または議員提出法律案は、同一の法文の採択をめざして国会の両議院で順次審理される。第40条および第41条の適用を妨げることなく、修正案は、提出または送付された原文に間接的にであれ関連するものはすべて、第一読会において受理することができる。

② 両議院の意見の不一致により、政府提出法律案または議員提出法律案が、各議院での２回の読会の後に採択されなかったとき、あるいは議長協議会が一致して反対することなく政府が審議促進手続の採用を決定した場合には両議院の各々の１回の読会の後に、首相、または議員提出法律案の場合には両院の議長が共同で、審議中の規定について１つの法文を提出する任務を負う、同数からなる合同委員会（commission mixte）の開催を求める権能をもつ。

③ 合同委員会によって起草された法文は、政府によって承認を得るため両議院に付託されることができる。いかなる修正案も、政府の同意がなければ受理されない。

④ 合同委員会が共通の法文の採択に至らない場合、あるいはその法文が前項の要件のもとで採択されない場合には、政府は、国民議会および元老院の新たな１回の読会の後、国民議会に対して、最終的な議決を要求することができる。この場合において、国民議会は、合同委員会で作成された法文、あるいは、国民議会で表決され、場合によっては、元老院で採択された１個または数個の修正案により変更された最終的な法文を、再びとり上げることができる。

〔2008年７月23日の憲法的法律2008-724号により第１項・第２項修正〕

第46条〔組織法律〕

① 憲法によって組織法律の性格を付与された法律は、次の要件に従って表決され、また、修正される。

② 政府提出法律案または議員提出法律案は、第42条第３項に定める期間経過後でなければ、第一読会における本会議の審議または表決の対象とすることができない。ただし、第45条に定める要件のもとで審議促進手続が適用された場合には、政府提出法律案または議員提出法律案は、提出から15日の期間の満了後でなければ、先議の議院の審議の対象とされることができない。

③ 第45条の手続は〔この場合にも〕適用される。ただし、両議院の一致を欠く場合には、成案は、国民議会の最終の読会において、その構成員の絶対多数によってしか採択されない。

④ 元老院に関する組織法律は、両議院によって、同一の文言で表決されなければならない。

⑤ 組織法律は、憲法院によって憲法適合性が宣言された後でなければ、審署されない。

〔2008年７月23日の憲法的法律2008-724号によ

り第２項修正〕

第47条〔予算法律〕

① 国会は、組織法律が定める要件にしたがって、予算法律案を表決する。

② 予算法律案の提出後40日以内に、国民議会が第一読会で議決しない場合には、政府は元老院に付託する。元老院は、15日以内に裁定しなければならない。続いて、第45条に定める要件に従って手続が行われる。

③ 国会が70日以内に議決しない場合には、予算法律案の諸規定は、オルドナンスによって施行されることができる。

④ 一会計年度の歳入および歳出を定める予算法律が、その会計年度の開始前に審署されるのに適した時期に提出されなかった場合、政府は、国会に対して、租税徴収の許可を緊急に請求し、かつ、デクレによって、表決された役務に関する予算額の支出を開始する。

⑤ 本条に定める期間は、国会開会中でないときは中断される。

〔2008年７月23日の憲法的法律2008-724号により、旧第６項を削除して新47条の２第１項に移動し文言修正〕

第47条の１〔社会保障財政法律〕

① 国会は、組織法律が定める要件に従って、社会保障財政法律案を表決する。

② 社会保障財政法律案の提出後20日以内に、国民議会が第一読会で議決しない場合には、政府は元老院に付託する。元老院は、15日以内に裁定しなければならない。続いて、第45条に定める要件に従って手続が行われる。

③ 国会が50日以内に議決しない場合には、社会保障財政法律案の諸規定は、オルドナンスによって施行されることができる。

④ 本条に定める期間は、国会開会中でない場合で、第28条第２項に従って各議院が開会しないことを定めた週にあたるときは中断される。

〔本条は、1996年２月22日の憲法的法律第96-138号により新設。2008年７月23日の憲法的法律第2008-724号により、旧第５項を削除して新47条の２第１項に移動し文言修正〕

第47条の２〔会計検査院〕

① 会計検査院は、政府の行為の監視について国会を補佐する。会計検査院は、予算法律の執行および社会保障財政法律の執行の監督、ならびに公共政策の評価について、国会および政府を補佐する。会計検査院は、公開報告によって市民の情報収集に寄与する。

② 公行政の会計は、定期的で厳正なものである。この会計は、公行政の管理、資産および財政状況に関する検査結果を正確に公表するものとする。

〔2008年７月23日の憲法的法律第2008-724号により新設〕

第48条〔議事日程〕

① 第28条末尾の３項目〔第２項から第４項〕が適用される場合を除き、議事日程は、各議院によって定められる。

② 本会議の４週間のうち２週間は、政府が定めた順序によって、優先的に、政府が議事日程への登載を要請した法文の審査と討論のために留保される。

③ さらに、政府提出の予算法律案、社会保障財政法律案、ならびに、次項の規定の留保のもとに６週間以上前に他の院から送付された法律案、非常事態に関連する政府提出法律案、および第35条に定める許諾要請に関するものは、政府の要請に従って優先的に議事日程に登載される。

④ 本会議の４週間のうち１週間は、優先的に、かつ各議院が定める順序に従って、政府の行為の監視、および公共政策の評価のために留保される。

⑤ 本会議のうち月に１回は、議院内の野党会派および少数会派の発議に基づき、当該各議院が定める議事日程に留保される。

⑥ 本会議のうち少なくとも週に１回は、第29条の定める臨時会期の期間を含め、国会議員の質問および政府の答弁のために、優先的に留保される。

〔1995年８月４日の憲法的法律第95-880号により、本条第１項前段および第２項に追加修正、第３項新設。2008年７月23日の憲法的法律第2008-724号により第１項一部修正、第２項〜第４項新設、第５項・第６項修正〕

第49条〔政府の責任、不信任決議〕

① 首相は、閣議の審議の後、国民議会に対して、政府の綱領または場合によっては一

般政策の表明について、政府の責任をかける。

② 国民議会は、不信任動議の表決により、政府の責任を追及する。この不信任動議は、国民議会議員の少なくとも10分の1によって署名されなければ、受理されない。表決は、動議提出の48時間後でなければ行うことはできない。不信任動議に対する賛成票のみが数えられ、国民議会議員の過半数の賛成によらなければ、この動議は、採択されない。次項に定める場合を除き、国民議会議員は、同一の通常会期中は3つ、さらに同一の臨時会期中は1つを超える不信任動議の署名者になることはできない。

③ 首相は、閣議の審議の後、政府提出の予算法律案または社会保障財政法律案の表決について、国民議会に対して政府の責任をかけることができる。この場合、続く24時間以内に提出された不信任動議が、前項に定める要件に従って可決された場合を除いて、その政府提出法律案は採択されたものとみなされる。さらに首相は、会期ごとに1つの別の政府提出法律案または議員提出法律案について、この手続を発動することができる。

④ 首相は、元老院に対して、一般政策の表明についての承認を求める権能をもつ。

〔1995年8月4日の憲法的法律第95-880号により、第2項最終段修正。2008年7月23日の憲法的法律第2008-724号により第3項修正〕

第50条〔不信任決議による政府の辞職〕

国民議会が不信任動議を採択し、または、政府の綱領もしくは一般政策の表明を否認したときは、首相は、共和国大統領に政府の辞表を提出しなければならない。

第50条の1〔政府の声明〕

一方もしくは他方の院において、政府は、政府の発議もしくは第51条の1に定める会派の要請に基づき、特定の事項について意思を声明することができ、討論に付される。さらに、政府が決定した場合には、政府の責任をかけることなく、その意思表明を表決の対象にさせることができる。

〔2008年7月23日の憲法的法律第2008-724号により新設〕

第51条〔不信任決議による会期の延長〕

通常会期もしくは臨時会期の閉会は、場合により、第49条の適用を可能とするために、当然に延期される。同じ目的のため、補充会議も当然に延期される。

〔1995年8月4日の憲法的法律第95-880号により修正〕

第51条の1（会派の権利）

各議院の規則は、議院内に形成される会派（des groupes parlementaires）の権能を定める。この議院規則は、当該議院内の野党会派および少数会派に対して特別の権能を承認する。

〔2008年7月23日の憲法的法律第2008-724号により新設〕

第51条の2（調査委員会）

① 第24条第1項に定める監視および評価の任務を遂行するため、各議院内に、法律の定める要件に従って、情報の基本データを収集する目的で、調査委員会を設置することができる。

② 調査委員会の組織と運営については法律が定める。調査委員会設置の要件は、各議院の規則によって定められる。

〔2008年7月23日の憲法的法律2008-724号により新設〕

第6章　条約および国際協定（Des traités et accords internationaux）

第52条〔条約の批准と外交〕

① 共和国大統領は、条約について交渉し、かつ、これを批准する。

② 共和国大統領は、批准に付されない国際協定の締結を目的とするすべての交渉について報告を受ける。

第53条〔条約の批准・承認手続、条約の効力の発生〕

① 平和条約、通商条約、国際組織に関する条約もしくは協定、国の財政を拘束する条約もしくは協定、法律の性格をもつ規定を変更する条約もしくは協定、人の身分に関する条約もしくは協定、領土の割譲、交換または併合を内容とする条約もしくは協定は、法律によらなければ、批准され、または承認されることはできない。

② 前項の条約もしくは協定は、批准され、または承認された後でなければ、効力を発

しない。

③　領土のいかなる割譲も、いかなる交換も、いかなる併合も、関係する住民の同意がなければ有効ではない。

第53条の1〔庇護申請に対する審査と共和国の権限〕

①　共和国は、庇護ならびに人権と基本的自由の保護に関して、共和国と同一の協約を定めている欧州諸国との間で、各国に対して表明される庇護申請の審査に関する相互の権限を定める協定を締結することができる。

②　前項にかかわらず、共和国の諸機関は、前記協定によればその申請が共和国の権限事項に入らない場合でも、自由のための行動を理由として迫害され、あるいは、その他の理由でフランスの保護を希求するすべての外国人に対して、庇護を与える権能をたえず有するものとする。

〔本条は、1993年11月25日の憲法的法律第93-1256号により新設〕

第53条の2〔国際刑事裁判所の裁判権〕

共和国は、1998年7月18日署名の条約が定める要件のもとで、国際刑事裁判所の裁判権を承認することができる。

〔本条は、1999年7月8日の憲法的法律第99-568号により新設〕

第54条〔憲法違反の条項を含む場合の批准・承認手続〕

共和国大統領、首相、いずれか一方の議院の議長、または60名の国民議会議員もしくは60名の元老院議員による付託を受けた憲法院が、国際協約に憲法に違反する条項が含まれることを宣言した場合には、憲法改正の後でなければ、当該国際協約の批准または承認をすることはできない。

〔1992年6月25日の憲法的法律第92-554号により修正〕

第55条〔条約・協定の法律に優越する効力〕

適法に批准されまたは承認された条約もしくは協定は、他方当事国による各条約もしくは各協定の適用を留保条件として、公示後直ちに、法律に優越する権威をもつ。

第7章　憲法院（Le Conseil constitutionnel）

第56条〔憲法院の構成〕

①　憲法院は、9名の構成員からなる。その任期は9年で、再任されない。憲法院は、3年ごとに3分の1ずつ改選される。構成員のうち3名は共和国大統領により、3名は国民議会議長により、3名は元老院議長により任命される。第13条最終項の手続はこれらの任命にも適用される。各議院の議長による任命には、当該議院の権限を有する常任委員会の意見のみが付される。

②　前項に定められる9名の構成員のほか、元共和国大統領は、当然に終身の憲法院構成員となる。

③　憲法院院長は、共和国大統領により任命される。院長は、可否同数の場合に裁決権をもつ。

〔2008年7月23日の憲法的法律第2008-724号により第1項追加修正。2010年7月23日の組織法律により本条の憲法13条適用について施行〕

第57条〔構成員の兼職禁止〕

憲法院の構成員の職務は、大臣または国会議員の職務と兼ねることはできない。その他の兼職禁止は、組織法律によって定められる。

第58条〔共和国大統領選挙に関する権限〕

①　憲法院は、共和国大統領選挙の適法性を監視する。

②　憲法院は、異議申立てについて審理し、投票結果を公表する。

第59条〔国民議会議員選挙および元老院議員選挙に関する権限〕

憲法院は、争訟がある場合に、国民議会議員選挙および元老院議員選挙の適法性について裁定する。

第60条〔人民投票に関する権限〕

憲法院は、第11条、第89条および第15章に定める人民投票の施行の適法性を監視し、その結果を公表する。

〔2005年3月1日の憲法的法律第2005-204号により修正〕

第61条〔法律の合憲性審査〕

①　組織法律はその審署前に、第11条に定め

る議員提出法律案は人民投票に付託する前に、両議院の議院規則はその施行前に、憲法院の審査に付託されなければならない。憲法院は、これらの憲法適合性について裁決する。

② 同じ目的で、法律は、その審署前に、共和国大統領、首相、国民議会議長、元老院議長、または、60名の国民議会議員もしくは60名の元老院議員によって、憲法院に付託されることができる。

③ 前2項に定める場合には、憲法院は、1か月以内に裁定しなければならない。ただし、緊急の場合には、政府の請求によって、この期間は8日に短縮される。

④ これらの場合、憲法院への付託は、審署の期限を停止する。

〔1974年10月29日の憲法的法律第74-904号により第2項修正。2008年7月23日の憲法的法律第2008-724号により第1項追加修正〕

第61条の1〔違憲の抗弁による合憲性審査〕

① 裁判所で係争中の事件の審理に際して、憲法で保障される権利と自由が法律の規定によって侵害されていることが主張された場合は、憲法院は、所定の期間内に見解を表明するコンセイユ・デタないし破毀院からの移送によって、この問題について付託を受けることができる。

② 本条の適用に関する要件は、組織法律が定める。

〔2008年7月23日の憲法的法律第2008-724号により新設。2009年12月10日の組織法律により、2010年3月1日に施行〕

第62条〔憲法院判決の効力〕

① 第61条に基づいて違憲と宣言された規定は、審署されることも施行されることもできない。

② 第61条の1に基づいて違憲と判断された規定は、憲法院判決（décisions）の公表以後、あるいは、この判決の定める期日以降、廃止される。憲法院は、当該規定により生じた効力を再検討するための要件と範囲を決定する。

③ 憲法院の判決はいかなる不服申立て（recours）にもなじまない。憲法院判決は、公権力およびすべての行政機関および司法機関を拘束する。

〔2008年7月23日の憲法的法律第2008-724号により第1項、第2項修正〕

第63条〔憲法院に関する組織法律〕

憲法院の組織および運営に関する規則、憲法院における手続、および、とくに争訟の付託のために認められる期間については、組織法律が定める。

第8章　司法権（De l'autorité judiciaire）

第64条〔司法権の独立、裁判官の身分保障〕

① 共和国大統領は、司法権の独立の保障者（garant）である。

② 共和国大統領は、司法官職高等評議会（Conseil Supérieur de la magisrature）によって補佐される。

③ 司法官の身分については、組織法律が定める。

④ 裁判官は、罷免されない。

第65条〔司法官職高等評議会〕

① 司法官職高等評議会は、裁判官（magistrats du siège）について権限を有する部会と、検察官（magistrats du parquet）について権限を有する部会から構成される。

② 裁判官について権限を有する部会は、破毀院院長により主宰される。この部会は、さらに、5名の裁判官と1名の検察官、コンセイユ・デタが指名する1名のコンセイユ・デタ評定官、1名の弁護士、ならびに、国会にも司法機構・行政機構も所属しない6名の有識者〔有資格者〕からなる。共和国大統領、国民議会議長、元老院議長はそれぞれ2名の有識者を指名する。第13条最終項に定める手続は、この有識者の任命にも適用される。各議院の議長による任命は、当該議院の権限を有する常任委員会の意見のみに従って行われる。

③ 検察官について権限を有する部会は、破毀院付検事長により主宰される。この部会は、さらに、5名の検察官と1名の裁判官、ならびに第2項に定めるコンセイユ・デタ評定官、弁護士、6名の有識者からなる。

④ 司法官職高等評議会の裁判官部会は、破毀院の裁判官の任命、および控訴院院長の任命ならびに大審裁判所所長の任命について、提案を行う。その他の裁判官は、当部

会の一致した意見に従って任命される。

⑤　司法官職高等評議会の検察官部会は、検察官の任命について意見を述べる。

⑥　司法官職高等評議会の裁判官部会は、裁判官の懲戒評議会として裁定を行う。この場合に、当部会は、第２項に定める構成員に加えて、検察官について権限を有する部会に属する裁判官も含むものとする。

⑦　司法官職高等評議会の検察官部会は、検察官に対する懲罰について意見を述べる。この場合に、当部会は、第３項に定める構成員に加えて、裁判官について権限を有する部会に属する検察官も含むものとする。

⑧　司法官職高等評議会は、第64条の規定に従って共和国大統領が行った諮問に応えるために、全体会を招集する。この全体会では、司法官の職業倫理に関する問題および司法大臣によって付託された司法に関するあらゆる問題について、裁定する。この全体会は、第２項で定める裁判官５名中の３名、第３項で定める検察官５名中の３名、ならびに第２項に定めるコンセイユ・デタ評定官、弁護士および６名の有識者からなる。この全体会は破毀院院長によって主宰され、破毀院付検事長がその代理を務めることができる。

⑨　懲戒事案を除き、司法大臣は、司法官職高等評議会の諸部会の会議に出席することができる。

⑩　司法官職高等評議会は、組織法律の定める要件のもとで、当事者から付託を受けることができる。

⑪　本条の施行要件については、組織法律が定める。

〔2008年７月23日の憲法的法律2008-724号により、全項修正、第８項～第10項新設。2010年７月22日の組織法律により施行〕

第66条〔恣意的拘禁の禁止、個人の自由の保障〕

①　何人も、恣意的に拘禁されてはならない。

②　司法機関は、個人的自由の守護者（gardienne）であり、法律が定める要件に従って、この原則の尊重を保障する。

第66条の１〔死刑の廃止〕

何人も、死刑に処せられてはならない。

〔2007年２月23日の憲法的法律第2007-239号により新設〕

第９章　高等法院（La Haute Cour）

第67条〔大統領の免責〕

①　共和国大統領は、第53条の２および第68条が定める場合を除いては、その職務の執行中に行った行為について責任を負わない。

②　共和国大統領は、任期中は、フランスのいかなる司法機関ないし行政機関において証言を求められることはなく、いかなる訴権、証人尋問、予審あるいは刑事訴追の対象にならない。時効又は失権の期間はすべて停止される。これにより共和国大統領に対する訴訟および刑事訴追手続が妨げられた場合には、任期終了後１か月が経過した後に、大統領に対してこれらの手続を再開あるいは開始することができる。

〔2007年２月23日の憲法的法律第2007-238号により修正〕

第68条〔高等法院における大統領罷免決議〕

①　共和国大統領は、明らかにその職務の執行と両立しない違反行為の場合以外には、罷免されない。罷免は、高等法院として構成される国会によって宣告される。

②　国会の両議院のうちの一院によって高等法院の開会申請が議決されたときは、直ちに他方の議院に送られ、15日以内に議決される。

③　高等法院は、国民議会議長によって主宰される。高等法院は、１か月以内に、罷免について秘密投票に付する。その結果は即時に有効となる。

④　本条を施行するための議決は、当該議院あるいは高等法院を構成する議員の３分の２の多数決によって行われる。投票の代理はいかなる場合にも禁止される。高等法院の集会の提案あるいは罷免に賛成する投票のみが集計される。

⑤　本条の施行要件については、組織法律が定める。

〔1993年７月27日の憲法的法律第93-952号により旧第２項が削除された後、2007年２月23日の憲法的法律第2007-238号により改正〕

第10章　政府構成員〔閣僚〕の刑事責　任（De la responsabilité pénale des membres du Gouvernement）

〔本章の第68条の１～２は1993年７月27日の憲法的法律第93-952号により新設。第68条の３は1995年８月４日の憲法的法律95-880号により追加〕

第68条の１〔政府構成員の刑事責任〕

① 政府の構成員〔閣僚〕は、その職務の執行中に行った行為で、かつ、その行為時に重罪もしくは軽罪に該当した行為について、刑事上の責任を負う。

② 政府の構成員は、共和国司法院（La Cour de Justice de la République）によって裁判される。

③ 共和国司法院は、法律が定める重罪および軽罪の定義、ならびに刑罰の決定によって拘束される。

第68条の２〔共和国司法院の構成〕

① 共和国司法院は、15名の判事（juges）によって構成される。それは、国民議会と元老院の改選または一部改選の後に、各議院内部から同数で選出される12名の国会議員、および、３名の破毀院裁判官からなる。そのうち破毀院裁判官の１名が共和国司法院を主宰する。

② 政府構成員がその職務執行中に犯した重罪または軽罪によって権利・利益を侵害されたことを主張する者は、誰でも、調査委員会に対して、告訴することができる。

③ 調査委員会は、手続の棄却、または、共和国司法院への提訴のための破毀院検事総長への移送を命じる。

④ 破毀院検事総長は、同様に、調査委員会の一致した意見に従って、職権により共和国司法院に提訴することができる。

⑤ 本条の施行要件については、組織法律が定める。

第68条の３〔経過規定〕

本章の諸規定は、施行開始以前の行為についても適用される。

〔本条は、1995年８月４日の憲法的法律第95-880号により追加〕

第11章　経済社会環境評議会（Le Conseil économique, social et environnemental）

〔本章は1993年７月27日の憲法的法律第93-952号により旧第10章から第11章に変更。2008年７月23日の憲法的法律第2008-724号により改正〕

第69条〔経済社会環境評議会の職務〕

① 経済社会環境評議会は、政府の諮問により、評議会に付託された政府提出法律案、オルドナンスもしくはデクレ案、ならびに議員提出法律案について、意見を答申する。

② 経済社会環境評議会は、付託された〔上記の〕政府提出法律案または議員提出法律案に関する評議会の意見を両議院に説明するために、その構成員の１名を指名することができる。

③ 経済社会環境評議会は、組織法律に定められた要件に従って、請願の方法で付託されることができる。経済社会環境評議会は、当該請願を審査した後に、それに関して提案すべき検討結果を政府および国会に通知する。

〔2008年７月23日の憲法的法律第2008-724号によりタイトル等修正、第３項新設。2010年６月28日の組織法律により施行〕

第70条〔政府による諮問〕

経済社会環境評議会は、同様に、すべての経済的・社会的または環境的性格の問題について、政府および国会の諮問を受けることができる。政府は、同様に、公財政の複数年の方針を定める計画策定法律案について、諮問することができる。経済的・社会的・環境的性格をもつすべての計画またはすべての計画策定法律案は、意見を徴するために経済社会環境評議会に付託される。

〔1995年８月４日の憲法的法律第95-880号により改正。2008年７月23日の憲法的法律第2008-724号により改正〕

第71条〔経済社会環境評議会の構成、運営規則〕

経済社会環境評議会の構成およびその運営の規則については、組織法律が定める。

ただし、その構成員数は233名を超えないものとする。

〔2008年7月23日の憲法的法律第2008-724号により改正〕

第11章の2　権利擁護官（Le Défenseur des droits）〔2008年7月23日の憲法的法律第2008-724号により新設〕

第71条の1〔権利擁護官の権限と任命〕

① 権利擁護官は、国の行政機関、地方公共団体、公共施設、および、公役務の任務を与えられたすべての機関、あるいは組織法律が権利擁護官に権限を付与したすべての機関によって、権利と自由が尊重されるように監視する。

② 権利擁護官は、組織法律の定める要件に従って、公役務または第1項で対象とされた機関の運営によって損害を受けたと考えるすべての人から申立てを受けることができる。権利擁護官は、職権により、自ら申立てることができる。

③ 権利擁護官の権限と関与の態様については、組織法律が定める。組織法律は、権利擁護官が、その諸権限の行使のために一定の集団によって補佐される条件も定める。

④ 権利擁護官は、第13条最終項所定の手続が適用された後、共和国大統領によって、再任のない6年の任期で任命される。その職は、政府構成員および国会議員の職務と兼職することはできない。その他の兼職禁止については、組織法律が定める。

⑤ 権利擁護官は、自己の活動について、共和国大統領と国会に報告する。

〔2008年7月23日の憲法的法律第2008-724号により新設後、憲法13条に関する2011年3月29日の組織法律により施行され、同日および同年7月29日の組織法律により権限・手続等の詳細を規定〕

第12章　地方公共団体（Des Collectivités Territoriales）〔本章は1993年7月27日の憲法的法律第93-952号により旧第11章から第12章に変更。2003年3月28日の憲法的法律第2003-276号により改正〕

第72条〔地方公共団体〕

① 共和国の地方公共団体は、市町村、県、州（régions）、特別の地位を有する公共団体および第74条の定める海外公共団体である。その他の地方公共団体はすべて、必要な場合に、本項所定の一ないし複数の公共団体の代わりに、法律によって創設される。

② 地方公共団体は、各段階で最良の権限行使ができる当該諸権限の全体について決定する資格をもつ。

③ 法律の定める要件に従って、これらの公共団体は、選出される議会により自由に自己の統治を行い、自らの権限行使のために命令〔条例〕を制定する権限をもつ。

④ 組織法律の定める要件に従って、かつ、公的自由または憲法上保障された権利の行使の本質的要件が問題になる場合を除き、地方公共団体もしくはその連合体は、法律または命令に定めがある場合に、実験的〔試行的〕かつ限定された対象と期間について、その権限行使を規律する法律または命令の適用を除外されることができる。

⑤ いかなる地方公共団体も、他の地方公共団体に対して後見監督を行うことができない。しかし、その権限を行使するために複数の地方公共団体の協力を必要とする場合には、法律は、当該地方公共団体ないし連合体のうちの一に対して、その共同行為の方式を編成する権限を与えることができる。

⑥ 共和国の地方公共団体において、政府の各構成員を代表する国家代表（le représentant de l'Etat）の地位にある者は、全国的な利益、行政の監督、および法律の尊重に関する任務を負う。

〔2003年3月28日の憲法的法律第2003-276号により大幅に追加修正〕

第72条の1〔住民発案・住民投票権〕

① 各地方公共団体の選挙人が請願権の行使により当該地方公共団体の権限に属する問題を議会の議事日程に登載することを要求できる要件は、法律で定める。

② 組織法律の定める要件に従って、地方公共団体の権限に属する議決もしくは行為の提案を、地方公共団体の発案に基づき、住民投票の方法で、当該地方公共団体の選挙人の決定に付すことができる。

③　特別の地位を付与された地方公共団体を創設し、あるいは、その地位を変更する場合は、法律により、関係する公共団体に登録された選挙人に諮問することを決定できる。地方公共団体の境界の変更についても同様に、法律の定める要件に従って、選挙人に諮問することができる。

〔本条は2003年３月28日の憲法的法律第2003-276号により新設〕

第72条の２〔財政自主権〕

①　地方公共団体は、法律の定める要件に従い、自由に利用できる財源を享受する。

②　地方公共団体は、あらゆる性質の税収の一部または全部を徴収できる。法律は、地方公共団体に対して、法律が定める限度内で租税の基礎および税率を決定することを許可できる。

③　地方公共団体の税収およびその他の財源は、公共団体の各類型において、その財源の主要部分を占める。本項の施行に関する要件は、組織法律が定める。

④　国と地方公共団体との間の権限の委譲は、その権限行使に割り当てられた財源にみあう財源の付与を伴う。地方公共団体の出費増大を帰結する権限の創設または拡大は、すべて法律の定める財源を伴うものとする。

⑤　法律は、地方公共団体間の平等を促進するための調整に関する規定を定める。

〔本条は2003年３月28日の憲法的法律第2003-276号により新設〕

第72条の３〔海外公共団体〕

①　共和国は、自由、平等、友愛という共通の理想のもとに、フランス人民のなかに海外住民（les populations d'outre-mer）が存在することを承認する。

②　グアドゥループ、ギアナ、マルティニック、レユニオン、マイヨット、サン・バルテエルミー、サン・マルタン、サンピエール・エ・ミクロン、ワリス＝フツナ諸島、仏領ポリネシアについては、海外県・海外州、第73条最終項により創設される地方公共団体に関する第73条の規定、さらに、他の地方公共団体に関する第74条の規定が適用される。

③　ニュー＝カレドニアの地位は、第13章が規律する。

④　フランス領である南極周辺諸島、南極大陸およびクリッペルトンの法制度と特別の組織については、法律が定める。

〔本条は2003年３月28日の憲法的法律第2003-276号により新設。2008年７月23日の憲法的法律第2008-724号により、第２項・第４項追加修正〕

第72条の４〔海外公共団体の制度変更〕

①　第72条の３第２項に掲げられた公共団体の一について、全面的もしくは部分的に、第73条・第74条所定の制度に変更するためには、次項に定める要件にしたがって事前に当該公共団体の選挙人、もしくは関係公共団体の選挙人の同意を得なければならない。この制度変更については、組織法律が決定する。

②　共和国大統領は、官報に掲載された議会会期中の政府提案もしくは両議院の合同提案に基づき、海外に位置する公共団体の選挙人に対して、その組織、権限あるいはその法制度に関する問題について諮問することを決定できる。このような住民投票が、前項の組織変更に関するもので、かつ政府提案に基づく場合には、政府は、各議院において、その審議に先立って声明を発するものとする。

〔本条は2003年３月28日の憲法的法律第2003-276号により新設〕

第73条〔海外県・海外州に対する適応措置〕

①　海外県・海外州においては、法律および命令は当然に適用を受ける。これらは当該公共団体の特別の性質と制約を根拠とする適応措置（adaptations）の対象とすることができる。

②　前項の適応措置は、当該公共団体の権限が行使される事項について、場合に応じて法律または命令がその措置権限を認めた場合に、決定される。

③　第１項の規定にかかわらず、本条で定める公共団体は、その特殊性を考慮して、法律または命令事項に属する一定数の問題に関して、当該領域に適用される規則〔自主規範〕を自ら定めることを、場合に応じて法律または命令によって授権されることができる。

④　前項の規則は、国籍、市民権、公的自由の保障、人の身分と能力、司法組織、刑法、刑事手続、外交政策、国防、公共の安全と秩序、通貨、貸付と為替、選挙権については対象とすることはできない。この列挙事項は、組織法律によって明確化し補完することができる。

⑤　前２項の規定は、レユニオンの県と州には適用されない。

⑥　第２項・第３項の定める授権は、組織法律の定める要件と留保に従って、当該公共団体の要請に基づいて行われる。授権は、公的自由や憲法上保障された権利の行使の本質的要件が問題になる場合には行うことができない。

⑦　海外県および海外州に替わる公共団体を法律によって創設する場合、あるいは、これら２つの公共団体のために１つの議会を創設する場合は、第72条の４第２項に定める形式にしたがって、当該公共団体の管轄地域で登録された選挙人の同意を得なければならない。

〔第１項は2003年３月28日の憲法的法律第2003-276号により改正。第２・３項は、2008年７月23日の憲法的法律による追加修正後、2011年７月27日の組織法律により施行〕

第74条〔海外公共団体の特別な地位〕

①　本条の定める海外公共団体は、共和国の内部における各公共団体の固有の利益を考慮した地位をもつ。

②　この地位は、議会への諮問の後に採択される組織法律によって決定される。組織法律は、以下の事項を定める。

――法律および命令が海外の公共団体に適用されるための要件。

――海外公共団体の権限。ただし、公共団体によりすでに行使されている権限を除いて、国の権限の委譲は、第73条第４項に列挙され、場合により、組織法律によって明確化され補完された事項については行うことができない。

――海外公共団体の諸機関の組織と運営に関する規則、および議会の選挙制度。

――海外公共団体に固有の規定を含む政府提出および議員提出の法律案、オルドナンス案およびデクレ案、さらに当該公共団体の権限に属する事項に関して締結された国際協約の批准または承認について、当該公共団体の諸機関が諮問されるための要件。

③　組織法律は、同様に、自治権を付与された海外公共団体の諸機関について、以下の要件を定めることができる。

――議決機関が法律事項に関する権限行使として実施する一定の類型の行為に対して、コンセイユ・デタが特別の裁判的統制を行う要件。

――海外公共団体の地位の発効後に審署された法律について、当該公共団体の諸機関により付託された憲法院が、当該法律が公共団体の権限領域に介入したことを確認した場合に、当該公共団体の議決機関が修正を行う要件。

――海外公共団体が、その住民のために、就職、職業活動のための営業権または不動産の保護に関して、地方の必要によって正当化される措置をとる場合の諸施策の要件。

――海外公共団体が、公的自由の行使のために国土全体で認められる保護を尊重して、国の監督のもとで、国の権限の行使に参加する要件。

④　本条に属する海外公共団体の特別組織に関するその他の形態は、議決機関の諮問を経た後に、法律によって定められ、改正される。

〔2003年３月28日の憲法的法律第2003-276号により大幅な加筆修正〕

第74条の１〔本土の法律の拡張適用〕

①　政府は、第74条に定める海外公共団体およびニュー＝カレドニアにおいて、国の権限に留まる事項に関し、必要な調整を行ったうえで、本土に適用される法律の性格を有する規定をオルドナンスにより拡張して適用することができ、または、当該地方公共団体の特別機関に適用される法律の性格を有する規定を適合させることができる。ただし、法律が、当該規定について、明示的に本手続の利用を排除した場合は除く。

②　前項のオルドナンスは、関係議決機関およびコンセイユ・デタの意見を徴した後

に、閣議で定められる。このオルドナンスは、公布後直ちに発効し、公布後18ヵ月以内に国会の承認がなければ失効する。

〔本条は2003年3月28日の憲法的法律第2003-276号により新設。2008年7月23日の憲法的法律第2008-724号により、第1項追加修正〕

第75条〔共和国市民の属人的地位〕

第34条で唯一定められる普通法上の民事的身分をもたない共和国の市民は、それを放棄しないかぎり、属人的な地位をもち続ける。

第75条の1〔地域言語〕

地域言語は、フランスの資産に属する。

〔本条は2008年7月23日の憲法的法律第2008-724号により新設〕

第13章　ニュー＝カレドニアに関する経過規定（Dispositions transitoires relatives à la Nouvelle-Calédonie）

〔本章は、1993年7月27日の憲法的法律第93-952号により旧第12章から第13章に変更され、1995年8月4日の憲法的法律第95-880号により削除された後、1998年7月20日の憲法的法律第98-610号により復活され、第76条・77条がおかれた。(第78〜86条は削除のまま)〕

第76条〔ヌメア協定に関する住民投票〕

① ニュー＝カレドニアの住民は、1998年5月5日にヌメアで締結され、同年5月27日にフランス共和国官報で公布された協定の諸規定に関して意見を表明するために、1998年12月31日以前に招集される。

② 1988年11月9日の法律（第88-1028号）第2条に定める要件を満たす者は、投票への参加が認められる。

③ 投票の組織化に必要な措置は、閣議の議決を経た後、コンセイユ・デタの決定によって実施される。

第77条〔組織法律の実施規定〕

① 第76条が定める投票による協定の承認後、ニュー＝カレドニア議会の意見を徴した後に施行される組織法律が、当該協定で定められた方針を尊重してニュー＝カレドニアの発展を保障するために、かつ、実施に必要な方式に従って、以下の点について規定する。

──ニュー＝カレドニアの諸機関に対して最終的に移譲される国家の権限、この移譲の期間と方式、さらにそこから帰結される諸費用の分配。

──ニュー＝カレドニアの諸機関の組織と作用に関する諸規則、とりわけ一定の種類のニュー＝カレドニアの議決機関の文書が公布前に憲法院の審査に供される要件。

──市民資格、選挙制度、雇用、および慣習上の身分に関する諸規則。

──ニュー＝カレドニアの当該住民が、完全な主権の取得について意見を表明するために招集される要件および期間。

② 第76条で言及された協定を実施するために必要なその他の措置については、法律がこれを定める。

③ ニュー＝カレドニアおよびその地方の議決機関の議員を選出するための選挙人団を定めるに際しては、第76条で言及される協定およびニュー＝カレドニアに関する1999年3月19日の組織法律（第99-209号）第188条、第189条が定める選挙人名簿が、第76条所定の投票の際に作成される選挙人名簿となり、参加が認められない者も含まれる。

〔本条1項および3項は、2007年2月23日の憲法的法律第2007-237により新設〕

第78条〜第86条　削除

〔1995年8月4日の憲法的法律第95-880号により削除〕

第14章　フランス語圏および提携協定（De la Francophonie et des accords d'ssociation）

〔本章は、1993年7月27日の憲法的法律第93-952号により旧第13章から第14章に変更後、1995年8月4日の憲法的法律第95-880号により88条一部修正、2008年7月23日の憲法的法律第2008-724号により87条新設〕

第87条〔フランス語圏〕

共和国は、フランス語を共有する諸国と人民との間の連帯および協力の発展に関与する。

〔2008年7月23日の憲法的法律第2008-724号に

より新設〕

第88条〔提携協定〕

共和国は、その文明を発展させるために共和国と提携することを望む諸国と協定を締結することができる。

〔本条は1995年8月4日の憲法的法律第95-880号により修正〕

第15章 欧州連合（De l'Union européenne）

〔本章は、1992年6月25日の憲法的法律第92-554号で新設後、1993年7月27日の憲法的法律第93-952号により第15章に変更。1999年1月25日の憲法的法律第99-49号により修正後、2005年3月1日の憲法的法律第2005-204号により第15章が全面改正されたが、欧州憲法制定条約批准否決に伴い凍結。その後2008年2月4日の憲法的法律第2008-103号による（第88条の3以外の）改正の後、2008年7月23日の憲法的法律第2008-724号により（第88条の4～6の）再改正。2009年12月1日のリスボン条約発効により、2008年の上記の憲法的法律にしたがって第15章改正を施行〕

第88条の1〔欧州連合への加盟〕

共和国は、2007年12月13日にリスボンで締結された条約に由来する欧州連合条約および欧州連合運営条約に従い、一定の権限を共同行使することを自由に選択した諸国によって構成される欧州連合に加盟する。

〔1992年新設後、2005年3月1日の憲法的法律第2005-204号および2008年2月4日の憲法的法律第2008-103号により修正〕

第88条の2〔欧州逮捕状〕

欧州逮捕状に関する規則は、欧州連合の諸機関の文書に従って、法律で定める。

〔1999年1月25日の憲法的法律第99-49号による改正、2003年3月25日の憲法的法律第2003-267号、2008年2月4日の憲法的法律第2008-103号により再修正〕

第88条の3〔欧州連合市民の地方選挙権・被選挙権〕

相互主義の留保のもとに、かつ、1992年2月7日に締結された欧州連合条約に定められた方式に従って、市町村会選挙の選挙権ならびに被選挙権は、フランスに居住する欧州連合市民に付与される。これらの市民は、市町村長もしくは助役の職務を行使することはできず、元老院議員選挙の選挙人の指名および元老院議員の選挙に参加することもできない。両議院により同一の文言で表決された組織法律が、本条の施行要件を定める。

〔1992年新設、1993年改正後、2005年3月1日の憲法的法律第2005-204号による修正が凍結され、2005年以前の規定が復活〕

第88条の4〔欧州の立法案の国会提出〕

① 政府は、欧州の諸立法行為に関する政府提出案（projets d'actes législatifs européens）および他の欧州連合行為案〔政府提出案もしくは議員提出案〕が欧州連合〔閣僚〕理事会に送付された後、直ちに、これを国民議会および元老院に提出する。

② 欧州に関する諸決議は、各議院で定められる方式に従い、前項に規定する立法案および欧州連合の機関から発せられるあらゆる文書について、場合によっては会期外に、採択することができる。

③ 国会の各議院に、欧州問題を担当する委員会が設置される。

〔1992年新設、1999年1月25日の憲法的法律第99-49号、2008年2月4日の憲法的法律第2008-103号による改正後、2008年7月23日の憲法的法律第2008-724号により再改正〕

第88条の5〔人民投票への付託等〕

① 欧州連合への国家の加盟に関する条約の批准を承認するすべての〔政府提出〕法律案は、共和国大統領によって人民投票に付される。

② ただし、各議院において5分の3の多数により同一の文言で採択された動議の表決により、国会（Parlement）は、憲法第89条第3項に定める手続に従い、法律案の採択を承認することができる。

〔2005年3月1日の憲法的法律第2005-204号により新設後、2008年7月23日の憲法的法律第2008-724号により修正〕

〔注記〕第88条の5は、欧州理事会が2004年7月1日以前に招集を決定した政府間会議の結果生じた加盟には適用されない。

第88条の6〔補完性の原則〕

① 国民議会または元老院は、欧州立法行為

案〔政府提出案〕の補完性原則適合性について、理由を付した意見を表明することができる。この意見は、当該議院の議長から、欧州議会、欧州〔閣僚〕理事会、および欧州委員会の長に宛てて送付される。政府はこれについて報告を受ける。

② 各議院は、補完性原則違反を理由に、欧州立法行為について欧州司法裁判所に提訴することができる。この提訴は、政府から欧州司法裁判所に送付される。

③ 前項の目的に資する決議は、各議院の規則で定める発議および審議の方式に従い、場合によっては会期外に、採択することができる。60名の国民議会議員および60名の元老院議員の請求がある場合には、当然に前項の提訴を行うことができる。

〔2003年3月1日の憲法的法律第2005-204号により第88条の5として新設後、2008年2月4日の憲法的法律第2008-103号、2008年7月23日の憲法的法律第2008-724号により修正〕

第88条の7〔条約改正手続による反対表明〕

2007年12月13日にリスボンで締結された条約に由来する欧州連合条約および欧州連合運営条約により、簡略化された条約改正あるいは民事司法協力の標題の下に定めがある場合においては、国会は、国民議会と元老院によって同一の文言で採択された動議の表決により、欧州連合の諸行為の採択規則の改正に反対することができる。

〔2003年3月1日の憲法的法律第2005-204号により第88条の5として新設後、2008年2月4日の憲法的法律第2008-103号により修正〕

第16章　改正（De la révision）

〔本章は、1992年6月25日の憲法的法律第92-554号により旧第14章から第15章に変更。さらに、1993年7月27日の憲法的法律第93-952号により旧第15章から第16章に変更。2008年7月23日の憲法的法律第2008-724号により第2項修正〕

第89条〔憲法改正〕

① 憲法改正の発議権は、首相の提案に基づいて共和国大統領に、および国会議員に、競合して属する。

② 政府提出改正案または議員提出改正案は、第42条第3項に定める期間に関する要件に従って審議され、両議院によって同一の文言で表決されなければならない。改正は、人民投票によって承認された後に確定的となる。

③ ただし、〔政府提出〕改正案は、共和国大統領が両院合同会議（Congrè）として招集される国会（Parlement）に付託することを決定したときは、人民投票にはかけられない。この場合、〔政府提出〕改正案は、有効投票の5分の3の多数を集めなければ、承認されない。両院合同会議の理事部は、国民議会の理事部とする。

④ 領土の一体性が侵害されているときは、いかなる改正手続も、着手され、あるいは継続されることはできない。

⑤ 共和政体は、これを改正の対象とすることができない。

〔2008年7月23日の憲法的法律2008-724号により、第2項修正〕

第17章　経過規定

第90条～第93条　削除

〔1995年8月4日の憲法的法律第95-880号により削除〕

（2020年1月31日現在）

〔出典〕

La Constitution de la République Française du 4 octobre 1958, Journal Officiel de la République Française（Lois et Décrets）du 5 octobre 1958, p.9151-9173.

〔改正〕

Journal Officiel de la République Française（Lois et Décrets）, du 8 juin 1960, p.5103; 7 novembre 1962, p.10762-10763; 31 décembre 1963, p.11892; 30 octobre 1974, p.11035; 19 juin 1976, p.3675; 26 juin 1992, p.8406; 28 juillet 1993, p.10600; 26 novembre 1993, p.16296; 5 août 1995, p.11744; 23

février 1996, p.2911 ; 21 juillet 1998, p.11143 ; 26 janvier 1999, p.1343 ; 9 juillet 1999, p.10175 ; 3 octobre 2000, p.12572 ; 26 mars 2003, p.5344 ; 29 mars 2003, p.5568 ; 2 mars 2005 p.3696, 3697 ；24 février 2007, p.3354, p.3354, p.3355 ；5 février 2008,p.2202 ；24 juillet 2008, p.11890（改正規定の施行状況を含めた現行版については、http://www.legifrance.gouv.fr,　http://www.conseil-constitutionnei.fr を参照）

環境憲章〔2004年〕（Charte de l'environnement de 2004）

フランス人民は、自然界の資源と均衡が人類の進化を条件づけたこと、人類の未来と存在そのものが人類を取り巻く自然環境と不可分であること、環境が人類の共有財産であること、人間が生命維持の条件と生命の発展について影響力を増大させていること、生物の多様性、個人の開花および人間社会の発展が、一定の消費または生産の様式および天然資源の過度の開発によって影響を受けていること、環境の保全が他の国家の基本的な利益と同様に追求されなければならないこと、持続可能な発展を確保するため、現在の欲求に応えるための選択が、将来の世代と他の民族の固有の欲求を充足する能力を侵してはならないことを考慮して、以下の宣言を発する。

第 1 条

各人は、均衡がとれ、かつ健康が尊重される環境のなかで生きる権利をもつ。

第 2 条

何人も、環境の保全と改善に関与する義務をもつ。

第 3 条

何人も、法律の定める要件に従って、環境に被害を与えることを防止し、少なくとも被害の影響を抑制しなければならない。

第 4 条

何人も、法律の定める要件に従って、環境に与えた損害の賠償に貢献しなければならない。

第 5 条

科学的知見の現状から損害の発生が不確実であっても、環境に重大かつ修復困難な影響を生じさせる可能性がある場合は、公的機関は、予防原則に基づき、かつその権限の範囲内において、危険評価手続を実施し、損害の発生を回避するために一時的かつ均衡のとれた措置を講じるように留意する。

第 6 条

公的政策は、持続可能な発展を促進しなければならない。このため公的政策は、環境保護と環境の開発、経済的発展と社会の進歩を調和させる。

第 7 条

何人も、法律の定める要件と制約に従って、公的機関が保有する環境に関する情報にアクセスする権利、および環境に影響を与える公的決定の策定に参加する権利をもつ。

第 8 条

環境に関する教育および人材育成は、本憲章の定める権利と義務の行使に貢献しなければならない。

第 9 条

研究および技術革新は、環境の保全と開発のために寄与しなければならない。

第10条

本憲章は、フランスが欧州および国際社会で行動する際の指針となる。

〔出典〕 Journal Officiel du 2 mars 2005, p.3697.

フランス第4共和国憲法前文〔1946年〕(Préambule de la Constitution du 27 octobre 1946)

〔**前文**〕

フランス人民は、人間を隷従させ堕落させることを企図した体制に対して自由な人民が獲得した勝利の直後に、あらためて、すべての人が、人種、宗教、信条による差別なく、譲りわたすことのできない神聖な権利をもつことを宣言する。フランス人民は、1789年の権利宣言によって確立された人および市民の権利と自由、ならびに、共和国の諸法律によって承認された基本的諸原理を、厳粛に再確認する。

フランス人民は、さらに、現代にとくに必要なものとして、以下の政治的、経済的、および社会的諸原理を宣言する。

法律は、女性に対して、すべての領域において、男性のそれと平等な諸権利を保障する。

自由のための活動を理由として迫害を受けた者はすべて、共和国の領土内で庇護をうける権利(droit d'asile)をもつ。

各人は、勤労の義務および雇傭される権利をもつ。何人も、その勤労あるいは雇傭において、その出生、意見もしくは信条によって不利益を被ってはならない。

何人も、組合活動によってその権利および利益を擁護し、かつ、自己の選択する組合に加入することができる。

罷業権はそれを規律する法律の範囲内で行使される。

すべての労働者は、その代表者を介して、労働要件の団体的決定ならびに企業の管理に参加する。

すべての財産、すべての企業で、その事業が、全国的な公役務または事実上の独占の性格を有し、あるいはその性格を取得したものは、公共の所有に属さなければならない。

国は、個人および家族に対して、それらの発展に必要な条件を確保する。

国は、すべての人に対して、とりわけ子ども、母親、および高齢の労働者に対して、健康の保護、物質的な安全、休息および余暇を保障する。その年齢、肉体的または精神的状態、経済的状態のために労働できない人はすべて、生存にふさわしい手段を公共体から受け取る権利をもつ。

国は、全国的な災禍から生じた負担について、すべてのフランス人の連帯と平等を宣言する。

国は、子どもおよび成人の、教育、職業養成および教養についての機会均等を保障する。すべての段階での無償かつ非宗教的な公教育の組織化は、国家の責務である。

フランス共和国は、自らの伝統に忠実に、国際公法の諸規則を遵守する。フランス共和国は、征服を目的とするいかなる戦争も企図せず、かつ、いかなる人民の自由に対しても、決して武力を行使しない。

相互主義の留保のもとに、フランスは、平和の組織化と擁護のために必要な主権の制限に同意する。

フランスは、海外領土の諸人民とともに、人種および宗教による差別なく、権利と義務における平等に基礎をおく連合を組織する。

フランス連合(Union française)は、その各々の文明を発展させ、福祉を増進し、その安全を確保するために、各自の資源および努力を共通のものとし、あるいはこれらを調整する、諸国および諸人民によって構成される。

フランスは、その伝統的な使命に忠実であるものとして、自らが責任を引き受けた諸人民を、自治を行う自由およびそれらの固有な事務を民主的に管理する自由に導くことを欲する。フランスは、恣意に基づくすべての植民体制を退け、すべての人に対して、公職への平等な就任、および、ここに宣言され確認された権利および自由の個人的もしくは集団的な行使を保障する。

〔出典〕

Préambule de la Constitution de la République Française du 27 octobre 1946, Journal Officiel de la

République Française（Lois et Décrets）du 28 octobre 1946, p.9166.

人および市民の権利宣言〔1789年〕（Déclaration des droits de l'homme et du citoyen du 26 août 1789）

〔前文〕

国民議会として構成されたフランス人民の代表者たちは、人の権利に対する無知、忘却または軽視が、公の不幸と政府の腐敗の唯一の原因であることを考慮し、人の譲りわたすことのできない神聖な自然的権利を、厳粛な宣言において提示することを決意した。この宣言が、社会のすべての構成員に絶えず示され、かれらの権利と義務を不断に想起させるように。立法権および執行権の行為が、すべての政治制度の目的とつねに比較されうることで一層尊重されるように。市民の要求が、以後、簡潔で争いの余地のない原理に基づくことによって、つねに憲法の維持と万人の幸福に向かうように。

こうして、国民議会は、最高存在の前に、かつ、その庇護のもとに、人および市民の以下の諸権利を承認し、宣言する。

第1条〔自由および権利の平等〕

人は、自由、かつ、権利において平等なものとして生まれ、生存する。社会的差別は、共同の利益に基づくのでなければ、設けられない。

第2条〔政治的結合の目的と権利の種類〕

あらゆる政治的結合の目的は、人の、時効によって消滅することのない自然的な諸権利の保全にある。これらの諸権利とは、自由、所有、安全および圧制への抵抗である。

第3条〔国民主権〕

あらゆる主権の淵源は、本来的に国民にある。いかなる団体も、いかなる個人も、国民から明示的に発しない権威を行使することはできない。

第4条〔自由の定義、権利行使の限界〕

自由とは、他人を害しないすべてのことをなしうることにある。したがって、各人の自然的諸権利の行使は、社会の他の構成員にこれらと同一の権利の享受を確保すること以外の限界をもたない。これらの限界は、法律によらなければ定められない。

第5条〔法律による禁止〕

法律は、社会に有害な行為しか禁止する権利をもたない。法律によって禁止されていないすべての行為は妨げられず、また、何人も、法律が命じてないことを行うように強制されない。

第6条〔一般意思の表明としての法律、市民の立法参加権〕

法律は、一般意思の表明である。すべての市民は、みずから、またはその代表者によって、その形成に参与する権利をもつ。法律は、保護を与える場合にも、処罰を加える場合にも、すべての者に対して同一でなければならない。すべての市民は、法律の前に平等であるから、その能力に従って、かつ、その徳行と才能以外の差別なしに、等しく、すべての位階、地位および公職に就くことができる。

第7条〔適法手続と身体の安全〕

何人も、法律が定めた場合で、かつ、法律が定めた形式によらなければ、訴追され、逮捕され、または拘禁されない。恣意的な命令を要請し、発令し、執行し、または執行させた者は、処罰されなければならない。ただし、法律によって召喚され、または逮捕されたすべての市民は、直ちに服従しなければならない。その者は、抵抗によって有罪となる。

第8条〔罪刑法定主義〕

法律は、厳格かつ明白に必要な刑罰でなければ定めてはならない。何人も、犯行に先立って制定され、公布され、かつ、適法に適用された法律によらなければ処罰されない。

第9条〔無罪の推定〕

何人も、有罪と宣告されるまでは無罪と推定される。ゆえに、逮捕が不可欠と判断された場合でも、その身柄の確保にとって不必要に厳しい強制は、すべて、法律によって厳重に抑止されなければならない。

第10条〔意見の自由〕

何人も、その意見の表明が法律の定める公の秩序を乱さない限り、たとえ宗教上のものであっても、その意見について不安を持たされることがあってはならない。

第11条〔表現の自由〕

思想および意見の自由な伝達は、人の最も貴重な権利の一である。したがって、すべての市民は、法律が定める場合にその自由の濫用について責任を負うほかは、自由に、話し、書き、印刷することができる。

第12条〔公的強制力〕

人および市民の権利の保障には、公的強制力（force publique）を必要とする。したがって、この強制力は、すべての者の利益のために設けられるのであり、それが委託される者の特定の利益のためではない。

第13条〔租税の分担〕

公的強制力の維持および行政の支出のために、共同の租税が不可欠である。共同の租税は、すべての市民の間で、その能力に応じて、平等に分担されなければならない。

第14条〔租税に関与する市民の権利〕

すべての市民は、みずから、またはその代表者によって、公の租税の必要性を確認し、それを自由に承認し、その使途を追跡し、かつその数額、基礎、取立て、および期間を決定する権利をもつ。

第15条〔行政の報告を求める権利〕

社会は、すべての官吏に対して、その行政について報告を求める権利をもつ。

第16条〔権利の保障と権力分立〕

権利の保障が確保されず、権力の分立が定められていないすべての社会は、憲法をもたない。

第17条〔所有の不可侵、正当かつ事前の補償〕

所有（la propriété）は、神聖かつ不可侵の権利であり、何人も、適法に確認された公の必要が明白にそれを要求する場合で、かつ、正当かつ事前の補償のもとでなければ、これを奪われない。

〔出典〕

Déclaration des droits de l'homme et du citoyen du 26 août 1789, in《Constitution française, donnée, à Paris, le 14 septembre 1791》.

Mavidal, Laurent et Clavel（diréction）, *Archives Parlementaires*, 1ère série, t. 32, p. 525-526.（1791年憲法の冒頭に掲載されている原文による。）

〔本書が対象としたフランス第５共和国憲法等の邦訳には、2008年改正後のものとして、畑博行・小森田秋夫編『世界の憲法集〔第５版〕』（有信堂高文社・2018年、光信一宏訳）、高橋和之編『新版　世界憲法集（第二版）』（岩波書店・2012年、高橋訳）、国会図書館編『外国の立法』240号（2009年６月号）（三輪和宏ほか、調査及び立法考査局政治議会課憲法室訳）、辻村みよ子・糠塚康江『フランス憲法入門』（三省堂・2012年）等があり、訳出にあたって参照した。〕

フランス憲法改正一覧表

回	改正法律の名称	改正年月日	公布官報頁
1	憲法第85・86条を改正する憲法的法律第60-525号	1960年６月４日	JO.1960.6.8 p.5103
2	（共和国大統領選挙に関して）第６・７条を改正する憲法的法律（第62-1292号）	1962年11月６日	JO.1962.11.7 p.10762-10763
3	憲法第28条等を改正する憲法的法律（第63-1327号）	1963年12月30日	JO.1963.12.31 p.11892.
4	（憲法院への付託権者拡大に関して）第61条を改正する憲法的法律（第74-904号）	1974年10月29日	JO.1974.10.30 p.11035

5	憲法第７条を改正する憲法的法律（第76-527号）	1976年６月18日	JO.1976.6.19 p.3675
6	欧州連合等の章を追加し第２・54・74条を改正する憲法的法律（第92-554号）	1992年６月25日	JO.1992.6.26 p.8406
7	憲法第８～第11章の改正に関する憲法的法律（第93-952号）	1993年７月27日	JO.1993.7.28 p.10600
8	（庇護権について）第53条の１を追加する憲法的法律（第93-1256号）	1993年11月25日	JO.1993.11.26 p.16296
9	人民投票の適用範囲拡大・共同体規定の削除等に関する憲法的法律（第95-880号）	1995年８月４日	JO.1995.8.5 p.11744
10	（社会保障財政法律を創設する）第47条の１を追加し、第34・39条を改正する憲法的法律（第96-138号）	1996年２月22日	JO.1996.2.23 p.2911
11	（ニュー＝カレドニアに関して）第76・77条、第13章を復活させる憲法的法律（第98-610号）	1998年７月20日	JO.1998.7.21 p.11143
12	憲法88条の２・88条の４条を改正する憲法的法律（第99-49号）	1999年１月25日	JO.1999.1.26 p.1343
13	（国際刑事裁判所等に関して）第58条の２を追加する憲法的法律（第99-568号）	1999年７月８日	JO.1999.7.9 p.10175
14	（男女平等参画に関して）第３・４条を改正する憲法的法律（第99-569号）	1999年７月８日	JO.1999.7.9 p.10175
15	（共和国大統領の任期に関して）第６条を改正する憲法的法律（第2000-964号）	2000年10月２日	JO.2000.10.3 p.12572
16	（欧州逮捕状に関して）第88条の２を追加する憲法的法律（第2003-267号）	2003年３月25日	JO.2003.3.26 p.5344
17	（共和国の地方分権化に関して）第72～第74条等を改正する憲法的法律（第2003-276号）	2003年３月28日	JO.2003.3.29 p.5568
18	憲法第60条・88条の１、第15章を改正する憲法的法律（第2005-204号）	2005年３月１日	JO.2005.3.1 p.3696
19	（環境憲章に関して）憲法前文・第34条を改正する憲法的法律（第2005-205号）	2005年３月１日	JO.2005.3.1 p.3697
20	憲法第77条を改正する憲法的法律（第2007-237号）	2007年２月23日	JO.2007.2.24 p.3354
21	憲法第９章を改正する憲法的法律（第2007-238号）	2007年２月23日	JO.2007.2.24 p.3354
22	死刑廃止に関する憲法的法律（第2007-239号）	2007年２月23日	JO.2007.2.24 p.3355
23	憲法第15章を改正する憲法的法律（第2008-103号）	2008年２月４日	JO.2008.2.5 p.2202
24	第５共和国の諸制度を現代的に改革するための憲法的法律（第2008-724号）	2008年７月23日	JO2008.7.24 p.11890

（2020年１月31日現在）

スイス連邦

解　説

1　憲法史

ヘルベティア共和国憲法以前のスイスの憲法　スイスの憲法は、原初三邦の間で結ばれた1291年の永久同盟（盟約団）協定が最初期のものである。その後、現行憲法である1999年憲法まで次のような憲法が制定施行されてきた。

ヘルベティア共和国憲法（1798年）　国家としてのスイスの、最初の近代的憲法典である。フランス革命の影響を強く受け、各地でフランス革命に呼応する運動が次々におこるようになった。スイスの旧体制が動揺する中で、ついに1798年にフランスの介入もあり、スイス誓約者同盟（盟約団）が崩壊し、ヘルベティア共和国憲法が起草され、アーラウで各カントン代表によってヘルベティア共和国憲法が承認され、スイスは国家連合から単一国家となった。国民主権、権力分立、法の下の平等を大原則にするヘルベティア共和国憲法は、フランスの1795年憲法をモデルにしたもので、身分制や特権が廃止され、各種の市民的自由や基本権が保障され、平等な参政権が保障された。また、地域間の支配従属関係も撤廃された。他方で、代議制と単一国家制、中央集権制が徹底され、各地域はその主権を否定され、地方自治体の自治も大幅に制限されることになった。しかし、ヘルベティア共和国憲法は、十分な実効性をもつものには、ついにならなかった。

第2ヘルベティア共和国（1802年）　1798年のヘルベティア共和国の成立以後も軍事的なものも含めた各地の抵抗は収まることはなく、共和国政府内でも集権主義者と連邦主義者の争いも続いていた。各地で革命もおこり、クーデターも繰り返される中で、ヘルベティア共和国憲法は制定直後から数度の改正を余儀なくされることになった。さらに、現在のカントン・ヴァレーやグラウビュンデンではヘルベティア共和国からの分離運動まで起こり、ヘルベティア共和国の建て直しが必要になった。その一環として、制定されたのが、第2ヘルベティア共和国憲法である。カントンの権限を一定程度拡張するなどの、共和国政府側からの妥協が見られた憲法であったが、かつてのスイス盟約団における各地域の主権性を認めるものではなく、各地の抵抗はなお収まらず、ヘルベティア共和国憲法と同様にほとんど実効性を持たなかった。最終的には1802年9月にシュヴィーツで開催されたタークザッツング（スイス盟約団会議）

でスイス盟約団（スイス連邦）の再設立と全権の掌握が宣言され、ヘルベティア共和国は事実上終焉を迎えた。

調停条約（1803年） ヘルベティア共和国の事実上の崩壊を受けて、フランスがヘルベティア共和国存続派（集権主義者）とスイス盟約団再設置派（連邦主義者）を仲裁するかたちでスイスの安定をもたらすために制定されたのがいわゆる調停憲法である。調停憲法は、20編で編成された憲法であるが、編成からもわかるように、第1編（カントン・アペンツェル憲法）から第19編（カントン・チューリヒ憲法）までのカントン憲法の規定で、カントンの権限や市民権について規定され、第20編では、連邦の権限や管轄、カントンの負担等が詳細に規定された。

同盟条約（1815年） ロシアとの戦争で大敗北を喫したナポレオンのフランス帝国がスイスに影響力を行使できなくなり、スイスの調停条約体制は終わりを迎えた。1813年末に、諸外国の介入を阻止し、内戦を防止する新たな体制を組み直す必要から定められたのが、同盟条約である。同盟条約は、スイスを再び国家連合に正式にもどすものであった。以後おおよそ1830年くらいまでの期間は、復古時代と呼ばれ、ヘルベティア共和国より前に各カントンを支配していた勢力であった保守派が権力を握ることになった。しかし、すでに従属邦ではなくなった地域が以前の支配を受入れることはなく、またヘルベティア共和国・調停条約時代に認められた市民的自由ももはや完全には取り上げることはできなくなっていた。また、1830年以降は、7月革命の影響もあり、各カントンで自由主義的運動が盛んになっていき、各カントンで議会制が整備され、市民的自由も拡大していった。1830年から内戦である分離同盟戦争がおこった1847年までのおよそ15～18年間は再生時代・刷新運動とよばれ、現代のスイスの自由主義、民主主義に直接連なる時代でもあった。同盟条約は、復古時代のブランクはあったが、そうしたスイスの自由主義、民主主義を涵養、発展させる1つのきっかけでもあった。

スイス連邦憲法（1848年） 再び国家連合にもどっていたスイスでは、次第に自由主義的なカントンと保守主義的なカントンとの間の対立が大きくなっていった。そしてついに1847年の11月に分離同盟戦争が起こった。分離同盟戦争が自由主義的なスイス盟約団側の勝利に終わった後に、スイスを国家連合から連邦国家に転換し、自由主義的なスイスの新体制を構築するために定められたのが1848年スイス連邦憲法である。1848年スイス連邦憲法は、条約としてではなく連邦国家の憲法として制定されたものである。その際にモデルとなった連邦国家はアメリカ合衆国である。1848年スイス連邦憲法は、連邦制の下で国内関税の撤廃等に重点が置かれていたとはいえ、市民の自由と平等を保障し、権力分立を明確に規定したものであった。国民代表の国民院と、カントン代表である全邦院からなる二院制の連邦議会、憲法改正についての義務的レファレンダム制度、憲法全面改正についての国民イニシアティヴ、「執政府」としての連邦参事会等現在のスイス連邦の政治制度の中心的なものも導入されている。連邦の裁判所として連邦裁判所も導入されたのも、1848年憲法からである。

1874年の全面改正 1860年代には、さらなる自由化、民主化の波がスイスにも訪れていた。その代表的なものが1869年に全面改正されたチューリヒ憲法であった。チューリヒ憲法は、1848年憲法に比べて、より広範な国民イニシアティヴ制度、レファレンダム制度を持つものであった。その他にも多くのカントン憲法が、この時期に全面改正を行い、連邦憲法に先行して直接民主主義的制度の拡充を行っている。より自由主義的で、より民主的なカントン憲法の登場は、連邦レベルにおいても同様の制度を導入させる大きな誘因になった。そういった情勢の中で行われたのが、1874年の連邦憲法の全面改正である。

1872年の国民投票での失敗の後、1874年の国民投票で採択され、全面改正された連邦憲法は、第１編・総則規定で連邦の目的・権限等を、第２編・政治制度・統治機構で連邦議会や連邦参事会、連邦裁判所などを、第３編・改正で連邦憲法の改正手続について定めるという基本構造は1848年と変わらなかった。しかし、連邦権限の拡大、半直接民主制の拡張、連邦裁判所の権限の拡大、基本権の保障の拡張があり、それらの点で1848年憲法に比べ大きな進展があった。軍に関する権限がほぼ連邦の権限となり、一定の法制度について連邦の立法管轄となり、カントンの主権性は後退し、連邦とカントンの協働関係が重視される現在のスイスの連邦制に転換された。すでに各カントンでは導入されていた任意的法律レファレンダム制度も連邦レベルで導入されることになった。1848年憲法では限定された管轄権しか有していなかった連邦裁判所も、権限が拡大され、常設の裁判所になった。すでに保障されていた基本権も、より明示的に保障されるようになり、その内容も拡大した。

1999年の全面改正　1874年憲法は120年以上にわたり、全面改正をされることはなかった。しかし、個別条文については、特に1891年の憲法部分改正についての国民イニシアティヴ制度の導入後、国民イニシアティヴ制度の利用が活発になったこともあり、1999年の二度目の連邦憲法の全面改正までの間、回数としては128回、改正された条項は150か条以上の部分改正が繰り返されてきている。もともと弱かった体系性は、極端に小さくなり、読みづらく使いづらい憲法典になっていた。これが、1874年憲法の全面改正が必要となった大きな理由の１つである。

いまひとつの連邦憲法全面改正の誘因は、現代社会、世界の変化に対応しきれていないという左右両派の不満である。革新側からは、人権保障や半直接民主主義のさらなる充実や環境やエネルギー問題への対応が、保守側からは国際的な経済競争に対応して迅速な政治決定が求められる状況があったということがもう一つの大きな理由である。

1874年連邦憲法の全面改正の試みは第２次世界大戦前にもあったが、本格的に全面改正作業が始められるようになったのは、体系性の欠如が誰の目にも明らかになり、社会各層の連邦憲法の全面改正の要望が顕在化した1960年代からである。1965年にゾロトゥルン選出のオプレヒト全邦院議員（自由民主党・FDP）とバーゼル・シュタット選出の国民院議員（自由民主党・LDP）は、バーゼル大学教授のM. インボーデンの議論をもとに、連邦憲法の全面改正作業の着手をもとめる議会動議を提出した。連邦議会は、この動議に賛成し、連邦参事会にその調査を委託した。

1967年に、9人の委員からなる作業部会（ヴァーレン作業部会）が設置され、1970年には報告書が提出された。その報告書の勧告にそって、1974年には、46人の委員からなる大専門家委員会が設置され詳細な検討が行われた。委員長は連邦参事会員のK. フルグラーであった。発表された大胆な改革内容の連邦憲法草案は、緻密な解説が付され、少数意見も別案として添付されていた。この専門家委員会草案は、非常に注目されたが、1978年3月から1979年6月まで実施された意見聴取手続きの結果、経済界と一部のカントンからの反発がつよく、連邦憲法の全面改正の実施にまでは至らなかった。

専門家委員会草案の頓挫から、連邦政府は、1999年連邦憲法への全面改正の際とおなじように、抜本的な改正は行わず連邦憲法を「改訂」するような全面改正を目指し、連邦・司法警察省にモデル草案を作成させ、1985年に連邦議会にそれを提出した。連邦参事会は、連邦議会に対して、正式に連邦憲法の全面改正決議を行い、実際に全面改正手続に入ることを勧告した。それをうけて連邦議会は1987年6月3日に、正式に「憲法全面改正に関する連邦決議」を行っている。「追認 / 改訂（Nachführung / mise à jour）」の考えにそって、連邦憲法の全面改正が、広義の形式的全面改正として行われることが正式に決まった。その後、欧州経済領域（EEA/EWR）への加盟が1992年12月6日の国民投票で否決された後、本格的に連邦憲法の全面改正手続きが実施されることになった。

1993年4月28日にカントン・ルツェルン選出の全邦院議員J. マイアー（CVP）が提出した動議によって連邦150周年の1998年までに全面改正手続きを実施することが確認され、A. コラーが担当大臣であった連邦司法・警察省に起草作業が委託された。「開かれたプロセス」という新しいコンセプトの下で、全面改正はあくまで「改訂Nachführung」として行われ、それと合わせて、一度に全面改正をするのではなく、必要な部分については全面改正の一環として全面改正後に継続して包括的な部分改正を行うという方針で全面改正が行われることになった。当面、必要な包括的な継続される改正は、半直接民主制についての「国民の権利」改革と、司法制度改革であった。1995年6月には「別案付き改訂憲法」、「国民の権利」、「司法」についての草案が完成し、大規模な意見聴取手続きに付された。意見聴取手続きで得られた意見も取り入れて、草案は部分的に変更され、1996年に政府の改正案が詳細な報告書とともに連邦議会に提出された。

連邦憲法の全面改正手続は、全面改正作業が本格化した1995年から国民投票があった1999年まで長期にわたってキャンペーンが行われ、多数の催しが行われ、希望者には無料で資料やパンフレット、ポスターなどが国内・国外を問わず郵送され、ネット上でも詳細な情報提供がなされた。

連邦議会の政府報告書（改訂憲法案）の委員会審議は、1997年1月末から、国民院・全邦院とも3つの委員会に分かれて、言語・地域・政党等におけるバランスや少数派の意見が十分くみ取られるように配慮され、慎重に行われた。1997年11月には2つの委員会案が作成され、1998年1月から本会議審議が開始された。議会審議の中で、現行憲法の第６条（個人の責任と社会の責任)、第８条（法の下の平等）における差別が禁止される具体的事項の例示の挿入、第11条（子どもと未成年者の保護）などの挿入が行われた。1998年12月18日、連邦議会は国民投票に付す「改訂憲法」についての連邦決議を行ったが、「国民の権利」については連邦議会で合意に達することはできず、「国民の権利」についての別案が付されないことになった。また、「司法」についても連邦議会は合意に達することはできず、「司法」についての別案も翌年の国民投票には付されないことになった。

1999年４月18日に改訂連邦憲法の是非を問う国民投票が実施された。結果は国民票では賛成59.2パーセント、反対40.8パーセント、カントン票では賛成12のカントンと２つの半カントン、反対が８つのカントンと４つの半カントンで改訂憲法は採択された。投票率は35パーセントであった。

1999年連邦憲法の全面改正は、「改訂憲法」であったが、連邦憲法が体系的で読みやすくなり、特に基本権についてはより明確に保障が規定され、豊富な社会目標と共にスイス市民の権利保障をより確かなものにする全面改正であった。また、連邦とカントンの権限配分についてもより明確になり、協働的な連邦制の運営を確かなものにするものであった。その後司法改革の部分改正は、発効後間もない2000年３月12日の国民投票で採択され、国民の権利改革についても2003年２月９日の国民投票で採択されることになった（ただし、目玉であった一般的国民イニシアティヴ制度は、発効することなく2009年９月27日の国民投票で削除された)。これらを含めて1999年連邦憲法では2019年２月現在ですでに30回の部分改正が行われている。

2　1999年連邦憲法の概要と特徴

1999年連邦憲法は、ひとりひとりの個人を尊厳ある存在として尊重し、自由主義、民主主義、社会国家原理、法治国家原理の諸原理を基本とする近代立憲主義的憲法である。さらに、ヨーロッパの中でももっとも現代的な内容を持つ憲法でもある。表現の自由や信仰の自由、人身の自由などの近代自由主義的な基本権保障を明示するだけでなく、豊富な社会目標規定から、年金や保険などの社会保障、水や農林水産業、交通、環境、エネルギー、コミュニケーション、さらに、遺伝子技術や移植医療、難民保護、犯罪被害者の支援までカバーしている。「持続可能な発展」原則を憲法原則とし、様々な分野で環境保護を重視している点も現代的である。それらは憲法前文と総則規定でとくに強調されるスイス連邦憲法の特徴といえる。1999年憲法は、前文で国内における自由と民主主義、国際協調主義に基づく対外的な独立と平和、多様性を相互に認め合いながら形成される統合された社会、将来世代や弱者への責任を明示し、総則規定で国民と26のカントンが（１条)、自由と民主主義、独立と安全を守り、公共の福祉と持続可能な発展、協同と文化的な多様性を促進するためにスイス連邦を形成し（２条)、カントンを主権的な存在として尊重し（３条)、ドイツ語・フランス語・イタリア語・ロマンシュ語を国語として言語的な多様性を維持し（４条)、法治国家原理（5条）、国の役割の補完性原理（5a条）、個人と社会の責任（6条）を確認することで、自立的・自律的市民の存在を保障しようとする憲法であるといえる。以下、連邦制・地方自治、半直接民主制、基本権・社会目標、連邦議会、連邦参事会、連邦裁判所、憲法改正についての1999年連邦の概要を説明する。

連邦制・地方自治体の自治　スイス連邦は26のカントンから構成される。全邦院議員の定数（第150条2項）と国民投票の際のカントン票の計算（第142条4項）を除くとカントンはすべて平等の地位を持っている。カントンは一定の管轄権のなかでの執行自治（第46条）やカントンの独自性の保障（第47条）、固有の憲法を持ち、司法を含めた独自の国家機構を組織し、自律的に人権保障をする憲法自治（第51条）、財政自治や立法自治を有している。スイスの連邦制は、互いに尊重し協力しあい、助け合う協力的連邦制（第44条）である。カントンの参加権の保障は第45条、第141条第1項、第142条第2項、第147条、第150条、第160条第1項で規定されている。外交関係への参加権（第55条）も保障されている。2004年の「連邦制改革」の憲法部分改正の結果、連邦とカントンの権限配分がより明確になり、スイスのカントンの財政自治を支える制度でもあるカントン間財政調整制度が一層強化されることになった。

地方自治は、カントンの管轄事項で、カントン憲法に基づいたカントンの地方自治法を根拠にするものになっている（第50条第1項）ため、カントンにより、地方自治のあり方は多様である。過疎化や行政需要への対応のための合併、高齢化や貧困などの都市問題、山間部や農村などのコミュニティーの維持、行政や議会・自治体運営のなり手不足などの問題にスイスの自治体も対峙している状況にある。

半直接民主制　協力的連邦制とともにスイス連邦憲法が保障している特有の制度が半直接民主制である。半直接民主制は、中立原則、連邦制とともにスイスのアイデンティティーになっている。

連邦レベルでは、国民イニシアティブ（＝国民発案）制度は、憲法イニシアティブとして存在しており、全面改正の場合は一般的な提案の形式によって（第138条）、部分改正の場合は一般的な提案の形式か、完成された草案の形式で（第139条）発案することができる。いずれも18か月以内に10万人の署名を集めて要求することができる。国民イニシアティブは、イニシアティブとして成立した場合には必ず投票に付される制度である。同様の制度として160条1項で規定される「カントン・イニシアティブ」は、国民投票に付されるためには議会の同意を必要とする。

国民の積極的な権利として国民イニシアティブは存在するが、政府や議会の暴走にブレーキをかける制度がレファレンダム制度である。連邦レベルでは、必ず国民投票が実施される義務的レファレンダムの事項には憲法改正、集団安全保障機構・超国家組織への加盟、などがあり、レファレンダムの要求があった場合に国民投票に付す任意的レファレンダム（第140条、第141条）の事項には連邦法律の改廃、重要な国家事業や計画についての連邦決議、国際条約がある。また、8つのカントンが共同でレファレンダムを要求することもできる（第141条第1項）。

選挙運動と同様に、投票運動についてもヘイトスピーチのような例外的な法律禁止事項をのぞけば、自由にすることができる。費用のうえでの制限や公開義務もない。ただし、放送における投票運動・宣伝は、投票期日が公にされた時点から禁止されている。官庁による情報提供活動は非常に活発であるが、官庁の情報提供活動は厳密に「客観性」、「透明性」、「比例性」に基づくものでなければならないことが法定化されており（連邦政治的権利法第10a 条第 2 項）、場合によっては国民投票の結果が取り消されうる。

スイスの半直接民主制は、大統領や政府の信任投票や、すでに決定した政策や立法に国民による信任を演出することによって民主的な政治過程を骨抜きにする、いわゆるプレビシットにならないように注意深く制度設計されている。あくまで有権者の発意に基づく投票を基本としたうえで、議会制、広範な意見聴取手続き、政党や各種の団体、投票運動グループによる活動、各種のメディアでの公論など民主制全体に組み込まれたものとして半直接民主制を設計することで、できるかぎり、さまざまな意見を考慮に入れ、慎重に、熟考したうえで判断ができるようにしているのである。

基本権・社会目標　1874年憲法の「改訂」憲法である1999年憲法では、それまでばらばらに規定され、判例によって不文憲法として認められてきた基本権を整理し、体系的に規定している（第 7 条〜第36条）。

国際人権規約（1992年にスイスで発効）、欧州人権条約（スイスは1974年に批准・発効）などの国際人権条約で規定されている人権カタログは、社会権を除いて1999年憲法でも保障されている。恣意からの保護（第 9 条）や、生命への権利（第10条）、困窮時に尊厳ある生活のために援助を求める権利（第12条）、表現の自由・情報の自由（第16条）・メディアの自由（第17条）・言語の自由（第18条）、学問の自由（第20条）、芸術の自由（第21条）、基本権制限についての法律の留保・高度な制限正当化事由・制限の比例性・基本権の核心的部分の不可侵性など、不文憲法として認められてきたものも明示的に条文化されることになった。また、人間の尊厳の保障（第 7 条）や基本権の核心的部分の不可侵性（第36条第 4 項）は、生存権（第12条）や生殖医療・遺伝子技術（第119条）などでより具体的に規定されている。

「自由な意見形成と歪められることのない意見表明」の保障（第34条第 2 項）から、判例は国民投票についての、「投票事項統一の原則」や「国民投票の設問は明確で正確でなければならない」、「政府の法案解説書は客観的（objektiv）でなければならない」等の要請を引き出しているし、政治的権利法などの規定にそれらの原則は組み込まれている。

第 1 編第 1 章の基本権規定には、さらに、「平等」条項（第 8 条）、「私的領域の保護」（第13条）、「結社の自由」（第23条）、「居住の自由」（第24条）、「経済的自由」（第27条）、労使関係に限定し、労使平和のうちにだけ認められるとされる「ストライキとロックアウト」（第28条第 3 項）、基本権の第三者効も規定する「基本権の実現規定」（第36条）等が含まれている。しかし人権保障については、公安警察による個人情報収集や、男女平等や外国人、難民等の分野については問題が多く生じていることが指摘されている。

1999年憲法は、社会国家としてもスイスを規定し、「国際人権規約（A規約）」や「欧州社会憲章」（スイスは2019年2月段階で未批准）等の規定も取り入れた「社会目標」（第41条）にそれがあらわれているが、社会権保障としては不十分なものといえる。生存権の具体的なあらわれとして社会権を保障するのではなく、まず個人の努力を前提にする「補完性原理」に「社会目標」が制限され、いかなる個別請求権も引き出せないとするプログラム性の明言（第41条4項）は、改訂憲法でも変更されなかった。

連邦議会　連邦議会は憲法上形式的には最高の地位にあり、政府である連邦参事会、最高裁判所である連邦裁判所に対して優越的地位にある（第148条第1項）。法律の制定、予算の承認、外交政策への参加、条約の承認、行政・司法への監督、連邦施策の実効性検査、連邦参事会への指示、連邦参事会・連邦官房長官・連邦裁判所裁判官・スイス軍最高司令官の選出、連邦官庁間の権限争いの裁定、国民イニシアティブの有効性判断等、諸外国であれば、行政や司法の権限に属するような事項（外交関係など）にもその権限が及んでいる（第164条以下）。しかし、連邦議会の最高性は、選挙によって国民とカントンの意思を直接反映している結果としてのものであり、他の権力を支配、従属させているわけではない。協働的な権力間の関係、穏やかな権力分立、各権力内部にも存在する協和民主主義は連邦議会の特徴でもある。

連邦議会は、カントン代表の「上院」（＝全邦院）、国民代表の「下院」（＝国民院）から構成され、両院の地位・権限は憲法上対等であり（第148条第2項）、国民イニシアティブの有効性判断や予算などについて両院の不一致がある場合に連邦決議を確保するために、別に法律で規定を設けている（第156条第3項）。上院議員46名は、比例代表選挙によるカントン・ジュラを除いてすべてのカントンで多数代表選挙により選ばれ、下院議員200名は比例代表選挙によって選出される（第149条）。現在でも連邦議会は自らを専業の政治家ではなく一般市民の代表からなる「アマチュア議会」と考えているが近年は専業化も進み、各種の利益団体や企業との関係からの影響への懸念が強まっている現実もある。

連邦議会の制定する法令の形式（第163条）は、任意的レファレンダムとの関係で区別される。①重要な法規範としての「連邦法律」や議会の議会の重要な個別的行為に係わる「連邦決議」は任意的レファレンダムの対象になるが、②憲法や法律の特別の委任に基づいて制定される法規範である連邦議会の「規則」、議会の通常の個別的行為に係わる「単純連邦決議」は、レファレンダムに付されない。重要な立法・重大な影響のある計画・重要な国際条約の準備の際に実施されなければならないことが憲法上規定され、立法過程に組み込まれている意見聴取手続き（第147条）は、立法における協和民主主義の表れの1つとして、重要な機能を果たしている。

連邦参事会　連邦参事会は、「連邦の最高の国家指揮官庁」であり「最高の執行官庁」である。連邦議会からの指示（第171条）により、また、連邦議会の制定する法律によって多くの業務を委任されている立場にあるが、それらに基づく具体的な政策の計画・決定・執行について、立法過程も含めて広範な権限（第180条以下）を有している。連邦参事会は、政策の目標と手段を決定し、国家活動を計画し調整し（第180条1項）、適時に詳細に国民に対して参事会の活動を報告する（第180条2項）。また、連邦参事会は、法案を作成し議会に提出し（第181条）、予算を作成し決算を整え（第183条）、議会の共同参加権を確保しつつ外交を処理し、条約を署名・批准し、議会の承認を得るために提出し（第184条）、議会と共同して、議会の指示を受けて国内外の安全の確保のための措置をとり（第185条）、連邦とカントンの協働のための措置をとる（第186条）。さらに連邦参事会は、連邦の最高の指揮官庁、執行官庁として、連邦の行政各部を監督し、参事会の業務運営、スイスの状況について連邦議会に報告し、他の官庁の権限に属さない選挙・選任を行い、法律が規定している場合には訴訟を処理するなどの権限を有している（第187条）。

連邦参事会は、7人の平等なメンバーによって構成され、政党・地域・言語・ジェンダーのバランスを配慮して、下院総選挙の際に、合同連邦議会による無記名投票によって、スイスの全有権者の中から、一人ずつ選出される（第157条、第168条、第175条）。参事会の構成のバランスは、「魔法の公式」ともよばれ、2019年5月現在では、連邦参事会員は、2（SVP）：2（SP）：2（FDP）：1（CVP）の割合で主要4政党に分配されている。「同輩中の主席」として対外的にスイスを代表する「連邦大統領」は、1年の任期で合同連邦議会により選任される（第176条）。

連邦参事会員は、厳密に他の公職との兼業が禁止され、営利的な経済活動も禁止されている（第144条）。任期中は解任されることはなく、本人が退任を申し出ない限り再任が慣行化しており、また、一旦選任されてからは合議体の構成員として出身政党から独立して職務を執り行う。単独の個人に権力を集中させず、合議を重視し、多様な利害の調整を必要とするスイス社会に適した、協和民主主義の現れの1つである。連邦参事会員は、「省庁制度」の下、それぞれの担当相として担当省庁を指揮する。

連邦裁判所　連邦裁判所は、「連邦の最高の司法官庁」（第188条第1項）であり、民事・刑事・行政事件の最終審である。限定された範囲ではあるが、憲法裁判権を行使する。長官は、（合同）連邦議会によって6年の任期で選任され、再任も可能である。実務上は、経験豊富な法曹の中から選任されているが、憲法上は18歳以上のすべてのスイス市民に被選任資格がある。連邦裁判所裁判官の構成は、各公用語が代表されるように配慮され、政党比にもおおまかな配慮がなされている。

連邦裁判所は、2つの公法部と2つの民事部、および刑事部と（2007年から連邦保険裁判所が統合されるかたちで）2つの社会保険部から構成され、社会保険部以外はフランス語圏のローザンヌを所在地としている（社会保険部はドイツ語圏のルツェルンが所在地）。2000年の司法改革の結果、新たに第1審連邦裁判所として、連邦刑事裁判所がイタリア語圏のベリンツォーナに、連邦行政裁判所がドイツ語圏のザンクト・ガレンに設置された。

連邦裁判所は、付随的違憲審査型の憲法裁判権を有するが、連邦法律に対する違憲審査権はないため、かりに連邦裁判所が、当該連邦法律が連邦憲法に反していると理論上判断できる場合であっても適用しなければならない（第190条）。具体的規範統制はカントン法と連邦規則に対して行われ、抽象的規範統制は（連邦議会により保障されるカントン憲法を除く）カントン法に対してのみ行われる。人権保障については、欧州人権裁判所が連邦法律の欧州人権条約適合性審査を通じて、スイスの人権分野における連邦法律の具体的規範統制を行う役割を、事実上果たしている。そのため、1990年代以降、連邦裁判所は、連邦法律が欧州人権条約に反する場合、裁判所が当該法律を適用する義務が負わない旨を繰り返し判示してきている。

憲法改正　連邦憲法は、何時でも全面改正、または部分改正されうる（第192条）。改正不能条項は存在しないが、「国際法の強行法規」に反する憲法改正をすることはできない（第193条第4項、第194条第2項）。また、部分改正の場合は、投票事項統一の原則を遵守しなければならず（第194条2項）、憲法部分改正を求める国民イニシアティブは形式の統一の原則を遵守しなければならない。改正発議権者は、全面改正については国民、国民院、全邦院、連邦議会であり（第193条第1項）、部分改正については国民と連邦議会である。

全面改正の手続き（第193条）は、部分改正の手続きとは、国民イニシアティブによる発議が「一般的提案」形式だけが許されている点、国民イニシアティブによる全面改正の発議であるか連邦議会の両院の意見が一致しない場合には全面改正手続を着手するかどうか「先決」投票がなされる点、先決投票で全面改正の着手が承認されると、連邦議会が解散され、新たな議会が選出される（第193条第3項）点で異なっている。

部分改正は、全面改正と同様に、原則として立法手続きによっておこなわれる（第192条第2項）。部分改正手続きでは、ほかの重要な立法と同様に広範な意見聴取手続きが実施される。部分改正の国民イニシアティブは「一般的提案」形式でも「完成された草案」形式でも可能であるが、実際には「完成された草案」形式で提出されている。国民イニシアティブは、署名収集前に連邦官房による形式審査を受け、署名収集後に連邦議会により内容審査を受ける。連邦議会は、連邦参事会の提出する報告に基づいて審議し、国民投票における「否決」または「可決」を勧告する。また、国際法の強行法規に反する国民イニシアティブに対しては、全部または一部を「無効宣言」する。この議会の判断は、裁判所に訴えることはできない最終的なものである。

近年、連邦憲法や国際条約で保障された原則や人権を意識的に侵害する、否定する国民イニシアティブが多く提出され、国民投票に付され、その中には可決されてしまうものも出てきて問題になっている。人権侵害が問題であるだけでなく、カントンの権限を侵害する、条約違反になる、実施・管理が極めて困難で事実上不可能であるといった問題もあり、国民イニシアティブの要求を尊重しつつ、条約違反を最小限する立法を行うなどの非常に難しい努力を連邦議会や連邦参事会は強いられている状況にある。

スイス連邦憲法〔抄〕（1999年４月18日国民投票）（2018年９月23日時点）

前文

全能の神の名において！

スイス国民とカントンは、

被創造物に対する責任を自覚し、

世界と連帯し、世界に開かれた中で自由と民主主義、独立と平和を強化するために、連邦を革新することに努力し、

共同の成果と将来世代に対する責任を自覚し、

自らの自由を用いる者のみが自由であることを、国民の強さは弱者の福祉によって測られることを確信して、

以下の憲法を制定する。

第１編　総則

第１条（スイス連邦）

スイス国民とカントン・チューリヒ、ベルン、ルツェルン、ウーリ、シュヴィーツ、オプヴァルデンならびにニートヴァルデン、グラールス、ツーク、フリブール、ゾロトゥルン、バーゼル・シュタットならびにバーゼル・ラントシャフト、シャフハウゼン、アペンツェル・アウサーローデンならびにアペンツェル・インナーローデン、ザンクト・ガレン、グラウビュンデン、アールガウ、トゥールガウ、ティチーノ、ヴォー、ヴァレー、ヌシャテル、ジュネーヴ、ジュラはスイス連邦を形成する。

第２条（目的）

① スイス連邦は、国民の自由と権利を保障し、国の独立と安全を確保する。

② スイス連邦は、共同の福祉、持続的な発展、国内における人々の団結、文化的多様性を促進する。

③ スイス連邦は、市民に可能な限り最大限の機会の平等を保障するように配慮する。

④ スイス連邦は、生活自然環境の永続的な保持と、平和で正義にかなった国際秩序のために尽力する。

第３条（カントン）

カントンは、連邦憲法によって制限されていない範囲で主権を有する。カントンは、連邦に移譲されていないすべての権利を行使する。

第４条（国語）

国語は、ドイツ語、フランス語、イタリア語および、ロマンシュ語である。

第５条（法治国家の活動原則）

① すべての国家の活動は、法に基づき、法によって制限される。

② 国家活動は公共の利益に合致し、比例原則に即したものでなければならない。

③ 国家機関と私人は信義誠実の原則に基づいて活動する。

④ 連邦とカントンは国際法を遵守する。

第５a条（補完性）

国の事務の配分と実行に際しては補完性の原則が尊重されなければならない。

〔本条は2004年11月28日の国民投票で採択、2008年１月１日発効〕

第６条（個人のおよび社会の責任）

すべての個人は、自分自身に責任を負い、能力に応じて国家と社会の任務の遂行に寄与する。

第２編　基本権、市民権および社会目標

第１章　基本権

第７条（人間の尊厳）

人間の尊厳は、尊重され、保護されなければならない。

第８条（法的平等）

① すべての人間は、法の前に平等である。

② 人は誰も、差別されてはならない。とりわけ、生まれ、人種、性、年齢、言語、社会的地位、生活様式、宗教的・世界観的・政治的信条、または、身体的・知的・精神的障害を理由として、差別されてはならない。

③ 男性と女性は、権利において平等である。法律は、男性と女性を法的におよび事実上平等に取り扱うことについて、とりわけ家庭・教育・労働の分野において配慮する。男性と女性は、同一の価値をもつ労働に対して同一の賃金を要求する権利を有

する。
④　法律は、障害者の不利益を除去するための措置をとる。

第９条（恣意からの保護と信義誠実の原則の保障）

すべての人は、恣意によることなく、信義誠実の原則にしたがって国家機関に処遇される権利を有する。

第10条（生命への権利、人身の自由）

①　すべての人間は、生命への権利を有する。死刑は禁止される。
②　すべての人間は、人身の自由、とりわけ、身体的・精神的に傷つけられない自由と、行動の自由に対する権利を有する。
③　拷問、その他あらゆる種類の残虐で非人道的な人間の品位を傷つける取扱い、および、刑罰は禁止される。

第11条（子どもと若年者の権利）

①　子どもと若年者は、傷つけられないために特別の保護を求める権利と、発育の保護を求める権利を有する
②　子どもと若年者は、その判断能力の範囲内で、権利を行使する。

第12条（困窮状態において支援を受ける権利）

困窮状態に陥り、生活を維持できない者は誰でも、支援され介助される権利を有し、人間の尊厳に値する生存を維持するために不可欠な手段を得る権利を有する。

第13条（私的領域の保護）

①　すべての人は、私生活および家族生活、住居、信書、郵便および通信におけるプライバシーの権利を有する。
②　すべての人は、個人情報があやまって利用されないよう保護される権利を有する。

第14条（婚姻および家族への権利）

婚姻および家族への権利は保障される。

第15条（信仰および良心の自由）

①　信仰および良心の自由は保障される。
②　すべての人は、自身の宗教および自身の世界観的信条を自由に選択し、単独で、および、他の人と共同して、それを表明する権利を有する。
③　すべての人は、宗教団体に加入あるいは所属し、宗教的教えを受ける権利を有する。
④　すべての人は、宗教団体に加入あるいは所属し、宗教活動を行い、宗教的教えに従うことを強制されてはならない。

第16条（表現の自由と情報の自由）

①　表現の自由と情報の自由は保障される。
②　すべての人は、意見を自由に形成し、妨げられることなくそれを表明し、流布する権利を有する。
③　すべての人は情報を自由に受け取り、一般にアクセス可能な情報源からそれを入手し、流布する権利を有する。

第17条（メディアの自由）

①　出版・ラジオ・テレビの自由と、その他の通信手段による情報製作物と情報の流布は保障される。
②　検閲は禁止される。
③　情報源の保護は保障される。

第18条（言語の自由）

言語の自由は、保障される。

第19条（基礎教育を受ける権利）

十分な無償の基礎教育を受ける権利は保障される。

第20条（学問の自由）

学問の教授および研究の自由は保障される。

第21条（芸術の自由）

芸術の自由は保障される。

第22条（集会の自由）

①　集会の自由は保障される。
②　すべての人は集会を組織し、集会に参加しあるいは参加しない権利を有する。

第23条（結社の自由）

①　結社の自由は保障される。
②　すべての人は、結社を設立し、結社に加入あるいは所属し、結社の活動に参加する権利を有する。
③　人は誰も、結社に加入しあるいは所属することを強制されてはならない。

第24条（居住の自由）

①　スイス人は、国のいかなるところにおいても居住する権利を有する。
②　スイス人は、スイスから出国する権利を有し、スイスへ入国する権利を有する。

第25条（追放・引き渡しおよび強制送還からの保護）

①　スイス人はスイスから追放されてはなら

ない。本人の同意がある場合に限り、スイス人は外国の官憲に引き渡されうる。
② 難民は、迫害される国へ強制送還され、あるいは引き渡されてはならない。
③ 人は誰も、拷問され、あるいはその他の方法による残虐なあるいは非人道的な取扱い、もしくは刑罰のおそれのある国へ強制送還されてはならない。

第26条（財産権の保障）

① 財産権は保障される。
② 公用収用と公用収用に等しい財産権の制限は、完全に補償される。

第27条（経済的自由）

① 経済的自由は保障される。
② 経済的自由はとりわけ、職業選択の自由、私的経済活動へのアクセスの自由、および、私的経済活動の自由を含む。

第28条（団結権）

① 労働者、雇用者およびそれらの組織は、それらの利益を守るために互いに協力し、団体を結成し、それに加入しあるいは加入しない権利を有する。
② 紛争は可能な限り、交渉あるいは調停によって解決されなければならない。
③ ストライキとロックアウトは、それらが労使関係にかかわり、労使平和を維持する義務あるいは和解の義務に反しない限り、許容される。
④ 法律は、特定の範疇に属する人々に対してストライキを禁止することができる。

第29条（一般的手続保障）

① すべての人は、司法手続きおよび行政手続において、自身の案件について平等に、公正に取り扱われ、合理的な期間内に決定を受ける権利を有する。
② 当事者は、法的に意見を聴取される権利を有する。
③ 必要な支払い手段をもたないすべての人は、その法的訴えが勝訴の見込みを失っていない限り、無償で法的手続をもとめる権利を有する。当事者は、さらに、権利の保護に必要な限度で、無償で弁護人を付される権利を有する。

第29a 条（裁判所による手続きの保障）

すべての人は、法律上の争訟に際して、司法官庁による判断をもとめる権利を有する。連邦とカントンは、例外的な場合に、法律により裁判官による判断を排除することができる。

〔本条は2000年3月12日の国民投票で採択、2007年1月1日発効〕

第30条（司法手続き）

① 司法手続きによって自身の事件が判断されなければならないすべての人は、法律によって設置され、権限を有し、独立した公平な裁判所による裁判を受ける権利を有する。特設裁判所は禁止される。
② 民事訴訟を提起された人は、住所地の裁判所による裁判を受ける権利を有する。法律は、別の裁判地を規定できる。
③ 裁判の審理と判決の言い渡しは、公開で行われる。法律は例外を規定することができる。

第31条（自由の剝奪）

① 人は誰も、法律自体によって規定された場合でない限り、そして法律による規定された方式によらない限り、自由を剝奪されてはならない。
② 自由を奪われたすべての人は、速やかに、その人の理解できる言語で、自由剝奪の理由とその人の権利について告知される権利を有する。自由を奪われたすべての人は、権利を行使する機会をもたなければならない。自由を奪われたすべての人は、とりわけ、その最近親者に告げてもらう権利を有する。
③ 未決勾留されているすべての人は、速やかに裁判官の前に連れて行かれる権利を有する。裁判官は未決勾留人を継続して勾留するか、釈放するかを決定する。未決勾留されているすべての人は、合理的期間内に裁判を受ける権利を有する。
④ 裁判所の命令によらずに自由を奪われた人は、何時でも裁判所の判断をもとめる権利を有する。裁判所は、できる限り速やかに自由剝奪が合法的であるか否かを判断する。

第32条（刑事手続き）

① すべての人は、有罪判決が確定するまでは無罪と推定される。
② 〔刑事上の〕罪に問われているすべての人は、出来る限り速やかに詳細に、その罪

について告知される権利を有する。〔刑事上の〕罪に問われているすべての人は、防御権を行使する機会を与えられなければならない。

③　有罪判決を受けたすべての人は、当該判決の上級裁判所による再審査をもとめる権利を有する。連邦裁判所が唯一の審級として判決する場合は、この限りではない。

第33条（請願権）

①　すべての人は、官庁に請願する権利を有する。請願することにより、不利益を受けることがあってはならない。

②　官庁は、請願を受理しなければならない。

第34条（政治的権利）

①　政治的権利は保障される。

②　政治的権利の保障は、自由な意見形成と歪められることのない意見表明を保護する。

第35条（基本権の実現）

①　基本権は、法秩序全体において実現されなければならない。

②　国家業務を担うすべての人と機関は、基本権に拘束され、基本権の実現に寄与しなければならない。

③　官庁は、それが適切な場合には、基本権が私人間においても効力をもつように配慮しなければならない。

第36条（基本権の制限）

①　基本権の制限は、法律の根拠を必要とする。重大な制限は、予め法律に規定されなければならない。ただし、重大で差し迫った、ほかに避けることのできない危険がある場合は除く。

②　基本権の制限は、公共の利益または第三者の基本権の保護という根拠によって、正当化されなければならない。

③　基本権の制限は、目指す目的と釣り合いのとれた比例的なものでなければならない。

④　基本権の核心的部分は不可侵である。

第２章　市民権および政治的権利

第37条（市民権）

①　自治体の市民権およびカントンの市民権を有する人が、スイス市民である。

②　〔省略〕

第38条（市民権の取得および喪失）

①　連邦は、血統、婚姻、養子縁組による市民権の取得および喪失について規律する。連邦は、さらに、その他の理由に基づく市民権の喪失と再取得について規律する。

②　連邦は、カントンによる外国人に対する市民権付与手続きについての最少限度の要求を立法化し、市民権付与に許可を与える。

③　連邦は、以下の者の市民権取得条件を緩和する。

a.　移民第３世代の外国人

b.　無国籍児

〔本条３項 a の規定は2017年２月12日の国民投票で採択、同日発効〕

第39条（政治的権利の行使）

①　連邦は、連邦事項に関する政治的権利の行使について規律し、カントンは、カントンと自治体事項に関する政治的権利の行使について規律する。

②　政治的権利は、住居地において行使される。連邦とカントンは、例外を定めることができる。

③　人は誰も、２以上のカントンで、政治的権利を行使することはできない。

④　カントンは、新たに転居してきた人が、転居後３か月を超えない経過期間を経た後にのみ、カントンおよび自治体事項に関する投票権を行使できる、と定めることができる。

第40条（在外スイス人）

①　〔省略〕

②　連邦は在外スイス人の権利と義務に関して、とりわけ連邦事項に関する政治的権利の行使、兵役および兵役代替役務の履行、困窮者への支援および社会保険について法令を定める。

第３章　社会目標

第41条

①　連邦とカントンは、個人の責任と私人の自発性を補完しつつ、以下のことに尽力する。

a.　すべての人が、社会保障の恩恵に浴するように。

b. すべての人が、健康に必要な介護を受けられるように。

c. 大人と子どもの共同体としての家族が、保護され支援されるように。

d. 働くことのできる人が、適正な条件で労働することにより、生活費を確保することができるように。

e. 自分と家族のために住宅をもとめる人が、許容しうる条件で適正な住宅を見つけることができるように。

f. 子どもと若年者ならびに就労年齢に達した人が、能力に応じて、教育を受け、職業の基礎訓練を受け、それを継続して受けることができるように。

g. 子どもと若年者が、自立した、社会に対して責任を果たす人となるように援助され、社会的・文化的・政治的に統合されるように支援されるように。

② 連邦およびカントンは、年齢・障害・疾病・事故・失業・母になること・孤児になること・配偶者を失うことによりもたらされる経済的帰結から、すべての人が守られるように尽力する。

③ 連邦およびカントンは、憲法上の管轄権と利用可能な手段の範囲内で、社会目標の実現に尽力する。

④ 社会目標からは、国家の給付を求めるいかなる直接的請求権も引き出すことはできない。

第3編　連邦、カントン、自治体

第1章　連邦とカントンの関係

第1節　連邦とカントンの任務

第42条（連邦の任務）

① 連邦は、連邦憲法が割り当てた任務を遂行する。

② …

〔本条第2項は、2004年11月28日の国民投票で削除、2008年1月1日発効〕

第43条（カントンの任務）

カントンは、遂行すべき任務を管轄権の範囲内で決定する。

第43a 条（国家任務の配分と実現のための原則）

① 連邦は、カントンの能力を超える、あるいは連邦による統一的規律を必要とする任務のみを引き受ける。

②～⑤〔省略〕

〔本条は、2004年11月28日の国民投票で採択、2008年1月1日発効〕

第2節　連邦とカントンの協力

第44条（原則）

① 連邦とカントンは、任務を遂行する際、相互に援助し協働する。

② 連邦とカントンは、相互に尊敬し、助け合わなければならない。連邦とカントンは、行政・司法の分野で相互援助を行う。

③ カントン間の係争や、カントンと連邦との係争は、可能な限り交渉と調停により解決される。

第45条（連邦の意見形成への参加）

① カントンは、連邦憲法の定めるところにより、連邦における意見形成手続き、とくに連邦の立法手続きに参加する。

② 連邦は、適時詳細に、連邦の企画についての情報をカントンに提供する。連邦は、それがカントンの利害に関わる場合、カントンの意見を求める。

第46条（連邦法の実施）

① カントンは、憲法と法律の定めるところにより、連邦法を履行する。

② 連邦とカントンは、連邦法の履行に際して、カントンが一定の目標を達成することや、その目的を達成するための計画を連邦の財政支援の下で実施することに同意することができる。

③ 連邦は可能な限り広い裁量の自由をカントンに与え、カントンの特質に配慮する。

〔本条第2項・第3項は2004年11月28日の国民投票で採択、2008年1月1日に発効〕

第47条（カントンの独自性）

① 連邦は、カントンの独自性を確保する。

② 連邦は、カントンに十分な固有の任務を与え、カントンの組織自治を尊重する。連邦は、カントンに十分な財源を与え、カントンがその任務を果たすために必要な財源を自由に用いることができるよう尽力する。

〔本条第2項は2004年11月28日の国民投票で採択、2008年1月1日に発効〕

第48条（カントン間協約）

① カントンは相互に協約を締結し、共通の組織と制度を創設することができる。カントンは、とりわけ、広域の利害に係わる任務を共同して実現することができる。

② 連邦は、管轄権の範囲内で、カントン間の協約とその組織・制度に参加することができる。

③ カントン間の協約は、連邦法ならびに連邦の利益に反することはできず、他のカントンの利益に反することはできない。カントン間の協約は、連邦に通告されなければならない。

④・⑤〔省略〕

第48a条（一般的義務付け宣言とカントンの参加義務）・第49条（連邦法の優越とカントンによる遵守）〔省略〕

第3節　自治体

第50条

① 自治体の自治は、カントン法に適合するかたちで保障される。

② 連邦は、活動する際、自治体に与える可能性がある影響を配慮する。

③ 連邦は、その際、都市・都市圏・山岳地域の特殊状況に配慮する。

第4節　連邦保障

第51条（カントン憲法）

① すべてのカントンは民主的な憲法を制定する。カントン憲法は国民によって承認されなければならず、有権者の過半数によって要求される場合には改正されうるものでなければならない。

② カントン憲法は連邦による保障を必要とする。連邦は、カントン憲法が連邦法に反していないことを保障する。

第52条（憲法適合的秩序）〔省略〕

第53条（カントンの存立と領域）

① 連邦は、カントンの存立と領域を保障する。

② カントンの数や地位に関する変更は、関係する有権者住民および関係するカントンの承認と、スイス連邦の国民とカントンの承認を必要とする。

③ カントン間の領域の変更は、関係する有権者住民および関係するカントンの承認と、連邦決議の形式による連邦議会の承認を必要とする。

④ カントン間の境界の調整は、関係するカントン間の協約を通じてなされる。

第2章　管轄権

第54条（対外関係）

① 外交は、連邦事項である。

② 連邦は、スイスの独立の確保と福祉のために尽力する。連邦は、とりわけ、援助を必要とし貧困状態にある世界の人々の苦痛を和らげ、人権を尊重し民主主義を促進し、諸国民が平和のうちに共存し、生活自然環境を保持することに寄与する。

③ 連邦は、カントンの管轄権に配慮し、カントンの利益を保護する。

第55条（外交政策の決定へのカントンの参加）

① カントンは、その管轄権およびその重要な利害に係わる、外交上の決定の準備に参加する。

② 連邦は、適時詳細に、カントンに情報を提供し、カントンから意見を求める。

③ カントンの意見は、カントンの管轄権に係わる場合、とくに重要である。このような場合、カントンは、適切な方法で国家間の交渉に参加する。

第56条（カントンと外国の関係）

① カントンは、管轄権の範囲内で、外国と条約を締結することができる。

②・③〔省略〕

第2節　安全保障、国防、民間防衛

第57条（安全保障）〔省略〕

第58条（軍隊）

① スイスは軍隊を有する。軍隊は、基本的に〔専門家である職業軍人ではなく一般の市民によって構成される〕民兵の原則に基づいて組織される。

②・③〔省略〕

第59条（兵役と兵役代替役務）

① すべてのスイス人男性は、兵役に就くことが義務づけられる。非軍事的兵役代替役務は、法律がこれを規定する。

②〜⑤〔省略〕

第60条（軍隊の組織、教育、装備・施設）
〔省略〕

第61条（民間防衛）

① 武力紛争の影響から人々と財産を守ることを目的とする民間防衛についての立法は、連邦事項である。

②～⑤ 〔省略〕

第3節 教育、研究および文化

第61a 条（教育・研究空間としてのスイス）
〔省略〕

第62条（公教育）

① 公教育は、カントンの管轄権に属する。

② カントンは、すべての子どもに対して開かれた、十分な基礎教育を施す。基礎教育は、義務的であり、国家の〔カントンの〕指揮あるいは監督の下に置かれる。公立学校での基礎教育は、無償である。

③～⑥ 〔省略〕

〔本条第2項は、2006年5月21日の国民投票で採択、2006年5月21日発効〕

第63条（職業教育）・第63a 条（大学教育）・第64条（研究）〔省略〕

第65条（統計）

① 連邦は、スイスにおける人口・経済・社会・教育・研究・土地利用状況・環境の状態と変動について必要な統計的データを収集する。

② 〔省略〕

第66条（教育予算連邦分担金）・第67条（子どもと若年者の支援）・第67a 条（音楽教育）・第68条（スポーツ）〔省略〕

第69条（文化）

① 文化の領域は、カントンの管轄権に属する。

②・③ 〔省略〕

第70条（言語）

① 連邦の公用語は、ドイツ語、フランス語、イタリア語である。ロマンシュ語を用いる人々と意思疎通する場合は、ロマンシュ語もまた連邦の公用語である。

②～⑤ 〔省略〕

第71条（映画）〔省略〕

第72条（教会と国家）

① 教会と国家の関係を規律することは、カントンの管轄権に属する。

② 連邦およびカントンは、その管轄権の範囲内で、異なる宗教共同体の成員間での公共の平和を維持する措置をとることができる。

③ ミナレットの建設は禁止される。

〔本条第3項は、2009年11月29日の国民投票で採択、2009年11月29日発効〕

第4節 環境および土地利用計画

第73条（持続可能な発展）

連邦およびカントンは、自然と、その再生能力および人間による利用との間に、永続的に釣り合いのとれた関係を構築するように努力する。

第74条（環境保護）

① 連邦は、有害または過大な負荷のかかる作用から人間と自然を保護するため、法令を定める。

② 連邦は、前項の作用が予防されるよう配慮する。予防と除去の費用は、原因者が負担する。

③ 法律が連邦法の執行を連邦に留保しない限り、連邦法の執行は、カントンの管轄権に属する。

第75条（土地利用計画）・第75a 条（国土地理測量）〔省略〕

第75b 条（別荘建設規制）

① 別荘の、住宅および居住用の延床面積の全体における割合は最高で20パーセントに制限される。

② 〔省略〕

〔本条は2011年5月11日の国民投票で採択、2011年5月11日発効〕

第76条（水）・第77条（森林）・第78条（自然およびふるさと保護）・第79条（漁業および狩猟）〔省略〕

第80条（動物の保護）

① 連邦は、動物の保護に関する法令を定める。

②・③ 〔省略〕

第5節 公共事業および交通

第81条（公共事業）・第81a 条（公共交通）・第82条（道路交通）・第83条（道路のインフラストラクチャー）・第84条（アルプス通過交通）・第85条（重量運輸通行料）・

第85a条（連邦国道通行料）・第86条（道路交通・運輸と関連した任務と支出のための公課の使用）・第87条（鉄道およびその他の交通事業）・第87a条（鉄道のインフラストラクチャー）・第87b条（航空運輸と関連した任務と支出のための公課の使用）・第88条（歩道・散策路・自転車道）〔省略〕

第6節 エネルギーおよびコミュニケーション

第89条（エネルギー政策）

① 連邦およびカントンは、その管轄権の範囲内で、多様な・安全な・経済的な・環境に配慮したエネルギーを十分に供給し、節約的・合理的にエネルギーを消費するために尽力する。

②〜⑤〔省略〕

第90条（核エネルギー）

核エネルギーの分野における立法は、連邦事項である。

第91条（エネルギーの移送・供給）・第92条（郵便・通信）〔省略〕

第93条（ラジオとテレビ）

① ラジオとテレビに関する立法と、通信手段により情報製作物や情報を流布するその他の形態に関する立法は、連邦事項である。

② ラジオとテレビは、教育・文化の発展、自由な意見形成、娯楽に寄与する。ラジオとテレビは、国の特性とカントンの需要に配慮する。ラジオとテレビは、出来事を忠実に描写し、多様な意見を公正に反映する。

③ ラジオとテレビの独立、および番組編成の自治は、保障される。

④ その他のメディアの地位と役割、とくに、新聞の地位と役割は配慮されなければならない。

⑤ 番組に関する苦情は、独立した苦情処理機関に申し立てることができる。

第7節 経済

第94条（経済的秩序の原則）

① 連邦とカントンは、経済の自由の原則を尊重する。

② 連邦とカントンは、スイス経済全体の利益を護り、私経済と共に、国民の福祉と経済の安定に寄与する。

③ 連邦とカントンは、管轄権の範囲内で、私経済にとって好都合な枠組み条件を整える。

④ 経済の自由の原則からの逸脱は、とくに、市場経済を制限するための措置は、それが連邦憲法に予め規定されている場合、あるいはカントンの独占権〔収益特権〕により根拠づけられる場合にのみ、許される。

第95条（私経済的営業活動）・第96条（競争〔公正取引〕政策）・第97条（消費者の保護）・第98条（銀行および保険）・第99条（金融・通貨政策）・第100条（景気政策）・第101条（貿易通商政策）・第102条（生活必需品・サービスの供給）・第103条（構造的経済政策）〔省略〕

第104条（農業）

① 連邦は、農業が、持続可能な発展と市場の要求を同時に満たしつつ生産を行うことにより、次のことに重要な貢献ができるよう配慮する。

a. 国民への食料供給の安全的確保

b. 生活自然環境の維持と農村風景の保全

c. 人口の分散した入植〔居住地化・市街化〕

②〜④〔省略〕

第104a条（食料安全保障）・第105条（アルコール）・第106条（公共の利益になる賭博の規制）・第107条（兵器および軍事物資）〔省略〕

第8節 住宅、労働、社会保障および公衆衛生

第108条（住宅建設および住宅不動産への助成）・第109条（借家）・第110条（労働）・第111条（老齢・遺族・障害年金保険）・第112条（老齢・遺族・障害保険）・第112a条（補完追加給付）・第112b条（障害者の社会統合への支援）・第112c条（老齢者・障害者への扶助）・第113条（企業年金）・第114条（失業保険）・第115条（要支援者への支援）・第116条（家族給付金・出産保険）・第117条（疾病・事故保険）・第

117a 条（医療ユニバーサルサービス）・第118条（健康の保護）・第118a 条（代替医療）・第118b 条（ヒトに対する研究、人間の尊厳、人格の保護）〔省略〕

第119条（ヒトの領域における生殖医療および遺伝子技術）

① 人間は、生殖医療と遺伝子技術の誤った利用から保護される。

② 連邦は、ヒトの生殖細胞と遺伝形質の取扱いに関する法令を定める。連邦はその際、人間の尊厳・人格・家族の保護に配慮し、とくに以下の原則を遵守する。

a. あらゆる種類のクローニング、ヒトの生殖細胞・胚に手を加えることは許されない。

b. ヒト以外の生殖細胞と遺伝形質をヒトの生殖細胞に組み込むこと、あるいはこれと融合することは許されない。

c. 医学的に支持された生殖医療の方法は、不妊や重症疾患が遺伝する危険性が別の方法では除去されえない場合に限り、用いることが許される。子どもに特定の遺伝資質を与えたり、研究目的でそれを用いることは許されない。ヒトの卵子を女性の体外で受精させることは、法律により規定された条件の下でのみ許される。ヒトの卵子は、医学的に支持された生殖医療の方法に必要な数に限り、女性の体外で胚にまで成長させることが許される。

d. 胚の提供およびあらゆる種類の代理出産は禁止される。

e. ヒトの生殖細胞および胚からつくりだされたもので、営業活動をすることは許されない。

f. ヒトの遺伝形質は、本人が同意する場合と法律が規定する場合を除き、分析し、記録し、開示することは許されない。

g. 人はすべて、自己の出自に関するデータにアクセスできる。

〔第119条第２項 c 号３文後段は、2015年６月14日の国民投票で採択、2015年６月14日発効〕

第119a 条（移植医療）

① 連邦は、器官・組織・細胞の移植領域に関して法令を定める。その際、連邦は、人間の尊厳・人格・健康の保護に配慮する。

② 連邦は、とくに、器官の公正な割り当てに関する基準を定める。

③ ヒトの器官・組織・細胞の提供は無償とする。ヒトの器官の売買は禁止する。

〔本条は1999年２月７日の国民投票で採択、2000年１月１日発効〕

第120条（ヒト以外の領域における遺伝子技術）

① 人間とそれを取り巻く環境は、遺伝子技術の誤った利用から保護される。

② 連邦は、動物・植物・その他の有機体の生殖細胞と遺伝形質の取り扱いに関する法令を定める。その際、連邦は、被造物の尊厳と、人間・動物・環境の安全に配慮し、動植物の遺伝上の多様性を保護する。

第９節　外国人の滞在と定住

第121条（外国人および難民分野における立法）

①・②〔省略〕

③ 外国人法の地位に係わりなく、以下の者は、スイスに滞在する権利、およびすべての滞在請求権を失う。

a. 故意の殺人、強姦もしくは他の重大な性犯罪、誘拐などの強制力を伴う犯罪、人身売買、麻薬売買、強盗行為により、法的拘束力をもつ有罪判決を受けた者、あるいは

b. 不正に、社会保険の給付、もしくは社会扶助を受けた者。

④ 法律は、第３項における犯罪の詳細を定め、その他の犯罪を追加することができる。

⑤ 第３項および第４項の規定に基づき、スイスに滞在する権利、およびすべての滞在請求権を失った外国人は、管轄官憲によりスイスから追放され、５年～15年の間、再入国を禁じられる。犯罪が繰り返される場合、再入国禁止期間は20年間となる。

⑥ 再入国の禁止に従わない者、および不法にスイスに入国する者は、罰則を科される。立法者は関連規定を制定する。

〔本条第３項～第６項は、国民発案として提出され、2010年11月28日の国民投票で採択さ

れ、2010年11月28日発効〕

第121a 条（移民の管理）

① スイスは外国人のスイスへの移民を管理する。

② 外国人のスイス滞在許可の人数は、滞在許可人数上限、および、職種別割り当て人数によって制限される。滞在許可人数上限は、難民制度も含めて外国人法上の滞在許可全体に適用される。定住、家族呼び寄せ、社会福祉に対する権利は、制限されうる。

③ 就労外国人の年ごとの上限数と職種別割り当て人数は、スイス人を優先することを尊重しながら、スイス経済全体の利益に基づいて調整されなければならない。滞在許可交付の決定基準は、とりわけ、雇用者の申請、スイス社会への統合の度合い、十分で自立した資力である。

④ 本条に抵触するいかなる国際条約も締結されてはならない。

⑤ 法律が詳細を定める。

〔本条は、国民発案として提出され、2014年2月9日の国民投票で採択、2014年2月9日発効〕

第10節　民事法、刑事法、度量衡

第122条（民事法）

① 民事法と民事訴訟法の分野における立法は、連邦事項である。

② 裁判所の組織と民事裁判は、〔連邦の〕法律が別のことを規定しない限り、カントンの管轄権に属する。

〔本条は、2000年3月12日の国民投票で採択、2007年1月1日発効〕

第123条（刑事法）

① 刑事法と刑事訴訟法の分野における立法は、連邦事項である。

② 裁判所の組織、刑事裁判、刑罰と措置の執行は、〔連邦の〕法律が別のことを規定しない限り、カントンの管轄権に属する。

③ 〔省略〕

〔本条は、2000年3月12日の国民投票で採択、2003年4月1日発効〕

123a 条

① 性犯罪者または暴力犯罪者が、裁判判決のために必要な鑑定の結果、極めて危険で治癒の見込みがないと判断された場合、当該犯罪者は、再犯の危険が高いため、死期に至るまで拘禁されなければならない。それ以前の時点での釈放および期限付き仮釈放は、認められない。

②・③ 〔省略〕

〔本条は、2004年2月8日の国民投票で採択、2004年2月8日発効〕

第123b 条（幼児・未成年者に対する性犯罪者・児童ポルノ犯への時効適用の廃止）・第123c 条（幼児・未成年者に対する性犯罪者・要支援者に対する犯罪者への関連業務禁止措置）〔省略〕

第124条（被害者支援）

連邦とカントンは、犯罪行為によって、身体的・精神的・性的に傷つけられた人が、支援を受けられるよう、またその人が犯罪行為によって経済的困難に陥った場合、適正な補償が受けられるよう配慮する。

第125条（度量衡）

度量衡についての立法は、連邦事項である。

第3章　財政秩序

第126条（財政運営）・第127条（課税の原則）・第128条（連邦直接税）・第129条（連邦・カントン・自治体税制調和制度）・第130条（付加価値税）・第131条（個別消費税〔物品税〕）・第132条（印紙税および収入印紙税）・第133条（関税）・第134条（カントンおよび自治体による課税の排除）・第135条（〔連邦カントン間・カントン間〕財政調整）〔省略〕

第4編　国民およびカントン

第1章　総則

第136条（政治的権利）

① 連邦事項に関する政治的権利は、18歳に達し、精神疾患または知的障害によって被後見人とされていない、すべてのスイス人に帰属する。すべてのスイス人は、平等な政治的権利と義務を有する。

② 政治的権利を有する者は、国民院〔連邦下院〕選挙および〔連邦の〕投票に参加し、連邦管轄事項に関して、国民イニシア

ティブおよびレファレンダムの要求を開始し、これに署名することができる。

第137条（政党）

政党は、国民の世論形成と意思形成に寄与する。

第２章　国民イニシアティブとレファレンダム

第138条（連邦憲法の全面改正のための国民イニシアティブ）

①　10万人の有権者は、その国民イニシアティブ〔発案〕が官報に公示されてから18か月以内に、連邦憲法の全面改正を提案することができる。

②　この要求は、国民の意思決定を示すための投票に付されなければならない。

〔本条第１項は、2003年２月９日の国民投票で採択、2003年８月１日発効〕

第139条（連邦憲法の部分改正のための国民イニシアティブ）

①　10万人の有権者は、その国民発案が官報に公示されてから18か月以内に、連邦憲法の部分改正を要求することができる。

②　連邦改正の部分改正のための国民発案は、一般的な提案形式、または完成された草案形式をとることができる。

③　国民イニシアティブが、形式の統一、事項の統一、あるいは国際法の強行規範を侵害する場合、連邦議会は、国民イニシアティブの全部あるいは一部を無効と宣言する。

④　一般的な提案形式による国民イニシアティブに同意する場合、連邦議会は、国民発案の趣旨にそって部分改正案を起草し、それを国民とカントンの意思決定を示すための投票に付する。国民イニシアティブを拒否する場合、国民の意思決定を示すために国民イニシアティブを投票に付する。国民は、国民イニシアティブ〔手続き〕を続行するかどうか決定する。国民が〔国民発案手続きの続行に〕同意した場合は、連邦議会は、国民イニシアティブの要求にそった法案を作成する。

⑤　完成された草案形式による国民発案は、国民とカントンの意思決定を示すための投票に付される。連邦議会は、国民イニシアティブの可決あるいは否決を勧告する。連邦議会は、国民イニシアティブに対案を付すことができる。

〔本条は2009年９月27日の国民投票で採択、2009年９月27日発効〕

第139a条（〔一般的国民イニシアティブ〕）

〔本条は、2003年２月９日の国民投票で採択されたが、未発効のまま2009年９月27日の国民投票で削除〕

第139b条（国民イニシアティブと対案の投票手続き）

①　有権者は、国民イニシアティブと対案について、同時に投票できる。

②　有権者は、２案〔国民イニシアティブと対案〕に対して共に賛成票を投じることができる。その場合、有権者は、第３の質問〔決選投票〕に対する答えとして、２案が共に可決された場合どちらの案を優先させるべきかについて意思を表明することができる。

③　２案が共に可決された場合で、第３の質問において一方の案が国民の多数票を獲得したが、他方の案がカントンの多数票を獲得した場合、国民票の百分率配分とカントン票の百分率配分の合計が勝る法案が発効する。

〔本条第２項・第３項は、2003年２月９日の国民投票で採択、2003年８月１日発効、第１項は2009年９月27日の国民投票で採択、2009年９月27日発効〕

第140条（義務的レファレンダム）

①　以下の事項は、国民とカントンの意思を表示するために投票に付される。

a.　連邦憲法の改正

b.　集団的安全保障のための組織、あるいは超国家的共同体への加盟

c.　憲法上の根拠なしに緊急と宣言された連邦法律で、効力が１年を超えるもの。この連邦法律は、連邦議会により採択されてから１年以内に、投票に付されなければならない。

②　以下の事項は、国民の意思を表示するために投票に付される。

a.　連邦憲法の全面改正のための国民イニシアティブ

a^{bis}.　…

b.　連邦議会によって拒否された、一般的な提案形式による連邦憲法の部分改正のための国民イニシアティブ

c.　両院の意見が一致しない場合の、連邦憲法の全面改正が実施されるべきか否かについての質問

〔本条第2項a^{bis}号2003年2月9日の国民投票で採択されたが、未発効のまま2009年9月27日の国民投票で削除。b号は2009年9月27日の国民投票で採択、2009年9月27日発効〕

第141条（任意的レファレンダム）

①　法案が官報に公示されてから100日以内に、5万人の有権者もしくは8カントンが要求する場合、以下の事項は国民の意思を表示するために投票に付される。

a.　連邦法律

b.　効力が1年を超える、緊急と宣言された連邦法律

c.　憲法あるいは法律が規定する連邦決議

d.　以下の国際条約

1.　期限が付されず、かつ破棄通告をなしえないもの

2.　国際組織への加盟を予定するもの

3.　重要な法規を含むもの、あるいは、それを履行するために連邦法律の制定を必要とするもの

②　…

〔本条第1項序文および第1項d号3は、2003年2月9日の国民投票で採択、2003年8月1日発効。第2項は、2003年2月9日の国民投票で採択、2003年8月1日発効〕

第141a条（国際条約の実施）

①　国際条約の承認決議が義務的レファレンダムに付される場合、連邦議会は、条約を履行するために必要な憲法の改正を、承認決議の中に取り入れることができる。

②　国際条約の承認決議が任意的レファレンダムに付される場合、連邦議会は、条約を履行するために必要な憲法の改正を、承認決議の中に取り入れることができる。

〔本条は2003年2月9日の国民投票で採択、2003年8月1日発効〕

第142条（必要過半数）

①　国民の意思を表示するために投票に付される法案は、投票者の過半数が賛成する場合、可決される。

②　国民とカントンの意思を表示するために投票に付される法案は、投票者の過半数とカントンの過半数が賛成する場合、可決される。

③　カントンにおける国民投票の結果は、当該カントンの意思となる。

④　オプヴァルデン、ニートヴァルデン、バーゼル・シュタット、バーゼル・ラントシャフト、アペンツェル・アウサーローデン、アペンツェル・インナーローデンの各カントンは、それぞれ2分の1のカントン票を有する。

第5編　連邦官庁

第1章　総則

第143条（選任資格）

すべての有権者は、国民院〔連邦下院〕、連邦参事会〔連邦内閣〕、および連邦裁判所〔連邦最高裁判所〕の構成員に選ばれる資格を有する。

第144条（兼職の禁止）

①　国民院議員、全邦院〔連邦上院〕議員、連邦参事会員〔閣僚〕、連邦裁判所裁判官は、同時にこれらの他の官庁に所属することはできない。

②　連邦参事会員と常勤の連邦裁判所裁判官は、連邦やカントンの他の公職に就くことや、営利的経済活動を行うことは許されない。

③　その他の兼職の禁止は、法律がこれを定める。

第145条（任期）

国民院議員、連邦参事会員、連邦官房長官は、4年の任期で選任される。連邦裁判所裁判官の任期は6年とする。

第146条（国家賠償）

連邦は、連邦の機関が公職の遂行に際して違法に引き起こした損害に対して賠償する。

第147条（意見聴取手続き〔諮問手続き〕）

カントン、政党、および利害関係者は、重要な立法の準備その他の重大な影響を及ぼす計画の準備に際して、および重要な国際条約について、意見を求められる。

第2章　連邦議会

第1節　組織

第148条（地位・連邦議会両院の地位と二院制）

① 連邦議会は、国民とカントンの権利を留保しつつ、連邦の最高権力を行使する。

② 連邦議会は、国民院と全邦院の2院から構成される。両院は互いに平等の権限を有する。

第149条（国民院の構成と選挙）

① 国民院は、200人の国民代表から構成される。

② 国民代表は、国民により、直接選挙で、比例代表選挙の原則にしたがって、決定される。総選挙は4年ごとに実施される。

③ 各カントンは1選挙区を構成する。

④ 議席は、カントンにおける人口数にしたがって配分される。各カントンは最低1議席を有する。

第150条（全邦院の構成と選挙）

① 全邦院は46人のカントン代表から構成される。

② オプヴァルデン、ニートヴァルデン、バーゼル・シュタット、バーゼル・ラントシャフト、アペンツェル・アウサーローデン、アペンツェル・インナーローデンの各カントンは、それぞれ1人の代表を選出する。

③ 全邦院の選挙は、カントンがこれを規律する。

第151条（会期）

① 両院は定期的に会議を開催する。招集は、法律がこれを規定する。

② 各院の議員の4分の1、または連邦参事会は、臨時会を開催するために両院の招集を要求することができる。

第152条（議長）

各院は、その院の議員の中から、1年の任期で、議長、第1副議長、第2副議長を選任する。翌年の再任は認められない。

第153条（議会委員会）

① 各院は、その議員からなる委員会を設置する。

② 両院合同委員会については、法律がこれを定めることができる。

③ 法律は、立法以外の個別的権限を委員会に委ねることができる。

④ 委員会は、その任務を遂行するため、情報請求権、資料閲覧権、および調査権を有する。その範囲は、法律がこれを規律する。

第154条（会派）

連邦議会の議員は、会派を形成することができる。

第155条（議会の補佐機構）

連邦議会は、議会の補佐機構を利用することができる。連邦議会は、連邦行政官庁にサービスの提供を求めることができる。細則は、法律がこれを規律する。

第2節　手続き

第156条（分離審議）

① 国民院と全邦院は別々に審議する。

② 連邦議会の決議は、両院の一致を必要とする。

③ 以下の事項に関して両院の意見が一致しない場合、決議の成立を確保するため、法律は規定を設ける。

a. 国民発案の有効性または部分的有効性

b. 国民により可決された、一般的提案形式による国民イニシアティブの履行

c. 国民により承認された、連邦憲法の全面改正を開始する連邦決議の履行

d. 予算または補正予算

〔本条第3項b号とc号は2009年9月27日の国民投票で採択、2009年9月27日発効。d号は2003年2月9日の国民投票で採択、2003年8月1日発効〕

第157条（合同審議）

① 国民院と全邦院は、合同連邦議会として、国民院議長の下に、以下の事項について合同で審議する。

a. 〔連邦憲法168条等における公務員を〕選任すること

b. 最高の連邦官庁間の管轄権争いを裁定すること

c. 恩赦の運用を決定すること

② 合同連邦議会は、さらに、特別の機会に際して、もしくは連邦参事会による宣言を聞くために開催される。

第158条（会議の公開）

両院の会議は公開とする。法律は、例外を定めることができる。

第159条（定足数と多数決）

① 両院は、総議員の過半数の出席がある場合、有効に審議することができる。

② 両院および合同連邦会議においては、決定は投票者の過半数で行われる。

③ ただし、以下の事項は、両院の各々の総議員の過半数の同意を必要とする。

a. 連邦法律の緊急宣言

b. 2000万フランを超える新たな1回限りの、あるいは200万フランを超える繰り返し行われる補助金の提供、債務の保証、あるいは支出

c. 第126条第3項に基づく、特別支出需要に際しての総支出の引き上げ

④ 連邦議会は、規則をもって第3項b号の額を物価高に合わせることができる。

〔本条第3項c号および第4項は2001年12月2日の国民投票で採択〕

第160条（イニシアティブの権利と提案権）

① すべての議員、すべての会派、すべての議会委員会、およびすべてのカントンは、イニシアティブの権利〔＝連邦議会に、自ら法案を提出する権利、法案の起草を要求する権利〕を有する。

② 議員と連邦参事会は、審議に付されている案件について、提案権を有する。

第161条（命令委任の禁止）

① 連邦議会議員は、訓令に縛られることなく投票する。

② 連邦議会議員は、利益団体との関係を公表しなければならない。

第162条（免責特権）

① 連邦議会議員、連邦参事会員、連邦官房長官は、議院ならびにその組織における発言について、法的に責任を問われることはない。

② 法律は、前項以外の免責特権を規定し、免責特権の適用範囲を前項以外の人々に拡大することができる。

第3節　管轄権

第163条（連邦議会による法令の形式）

① 連邦議会は、連邦法律あるいは規則の形式で、法規範を制定する。

② その他の法令は、連邦決議の形式で制定される。レファレンダムに付されない連邦決議は、単純連邦決議の形式でなされる。

第164条（立法）

① すべての重要な法規範は、連邦法律の形式で制定される。とくに、以下の事項に関する基本的な規定は、連邦法律で定められる。

a. 政治的権利の行使

b. 憲法上の権利の制限

c. 個人の権利・義務

d. 税金や料金等の納付者の範囲、および税金や料金等の対象とその査定方法

e. 連邦の任務と給付

f. 連邦の履行・執行に係わるカントンの義務

g. 連邦官庁の組織および手続き

② 立法権限は、連邦憲法がこれを禁止しない限り、連邦法律により委任することができる。

第165条（緊急立法）

① 発効の猶予が許されない連邦法律は、各院の総議員の過半数のより緊急と宣言され、直ちに発効しうる。効力には期限が付されなければならない。

② 緊急と宣言された連邦法律は、それに対して国民投票が要求され、連邦議会による採択から、1年以内に国民により承認されない場合、連邦議会による採択から1年後に失効する。

③ 憲法に根拠をもたない、緊急と宣言された連邦法律は、連邦議会による採択から1年以内に国民とカントンにより承認されない場合、連邦議会による採択から1年後に失効する。効力には期限が付されなければならない。

④ 緊急と宣言された連邦法律は、投票で可決されない限り、更新されない。

第166条（外交関係および国際条約）

① 連邦議会は、外交政策の形成に参加し、外交関係の維持を監督する。

② 連邦議会は、国際条約を承認する。ただし、法律または国際条約に基づき、その締結権が連邦参事会に属する条約は除く。

第167条（財政）

連邦議会は、連邦の支出を決定し、予算

を確定し、決算を承認する。

第168条（選任）

① 連邦議会は、連邦参事会、連邦官房長官、連邦裁判所裁判官、およびスイス軍最高司令官〔＝将軍〕を選任する。

② 法律は、前期以外の官職を選任し、または選任を承認する権限を、連邦議会に付与することができる。

第169条（最高監督権）

① 連邦議会は、連邦参事会、連邦行政部、連邦の各裁判所、その他の連邦官庁およびその職員に対し、最高監督権を行使する。

② 法律により規定される監督委員会の特別小委員会に対しては、守秘義務を理由とする、いかなる抗弁も行うことはできない。

第170条（実効性の検査）

連邦議会は、連邦による措置の実効性が検査されるよう配慮する。

第171条（連邦参事会への指示）

連邦議会は、連邦参事会に指示を与えることができる。詳細については、とくに、連邦議会が連邦参事会の管轄権の分野に影響を及ぼしうる方法については、法律がこれを規律する。

第172条（連邦とカントンの関係）

① 連邦議会は、連邦とカントンの関係維持に配慮する。

② 連邦議会は、カントン憲法を保障する。

③ 連邦議会は、連邦参事会またはカントンがそれに異議を申立てる場合、カントン間協約やカントンと外国との条約を承認すべきか否かについて決定する。

第173条（その他の任務と権限）

① 連邦議会は、さらに、以下の任務と権限を有する。

a. 連邦議会は、スイスの対外的な安全・独立・中立を確保するための措置をとる。

b. 連邦議会は、国内の安全を確保するための措置をとる。

c. 特別な状況が要求する場合、連邦議会は、a 号・b 号の任務を遂行するため、規則を定め、単純連邦決議を行うことができる。

d. 連邦議会は、防衛出動を命じ、そのために、軍あるいは軍の一部を招集する。

e. 連邦議会は、連邦法を実現させるための措置をとる。

f. 連邦議会は、〔形式的・手続き的に〕成立した国民発案の有効性について判断する。

g. 連邦議会は、国家活動の重要な計画策定に参加する。

h. 連邦議会は、連邦法律が明示的に規定している限り、個別的行為についての決定を行う。

i. 連邦議会は、最高の連邦官庁間の管轄権に関する争いを裁定する。

k〔ママ〕. 連邦議会は、特別恩赦を言い渡し、一般恩赦を決定する。

② 連邦議会は、さらに、連邦の管轄権に属し、他の連邦官庁の管轄権に属さない事務を処理する。

③ 法律は、連邦議会にその他の任務と権限を割り当てることができる。

第 3 章　連邦参事会および連邦行政部

第 1 節　組織および手続き

第174条（連邦参事会）

連邦参事会は、連邦の最高の国家指揮官庁であり、最高の執行官庁である。

第175条（構成と選任）

① 連邦参事会は 7 人の成員によって構成される

② 連邦参事会員は、国民院〔連邦下院〕の総選挙後、連邦議会により選任される。

③ 連邦参事会員は、国民院議員の被選挙権を有するすべてのスイス市民の中から、4 年の任期で選任される。

④ 選任に際しては、地域と言語圏が適正に代表されるよう、配慮されなければならない。

〔本条第 3 項・第 4 項は、1999年 2 月 7 日の国民投票で採択、2000年 1 月 1 日発効〕

第176条（議長）

① 連邦大統領は、連邦参事会において議長を務める。

② 連邦大統領、および連邦参事会副議長〔副大統領〕は、連邦議会により、連邦参事会員の中から 1 年の任期で選任される。

③ 翌年の再選は認められない。連邦大統領

は、翌年副議長に選任されることはない。

第177条（合議制・省庁制の原則）

① 連邦参事会は、合議体として決定を行う。

② 連邦参事会の事務の準備と執行は、省ごとに、各参事会員に配分される。

③ 一定の事項の決定は、省またはその配下の行政各部に委ねられる。その場合、法的救済が保障されなければならない。

第178条（連邦行政部）

① 連邦参事会は、連邦行政部を指揮する。連邦参事会は、合理的な組織を保障し、目標に向けられた任務の遂行に配慮する。

② 連邦行政部は、省に分割される。各省は、それぞれ1人の連邦参事会員により指揮される。

③ 行政業務は、法律により、連邦行政部の外部にある、公法上または私法上の組織や個人に委ねることができる。

第179条（連邦官房）

連邦官房は、連邦参事会の参謀部署である。連邦官房は、連邦官房長官により指揮される。

第2節　管轄権

第180条（政策）

① 連邦参事会は、政策の目標と手段を決定する。連邦参事会は、国家活動を計画し、調整する。

② 連邦参事会は、優越する公共の利益あるいは私的利益に反しない限り、適時詳細に、参事会の活動について情報を国民に提供する。

第181条（イニシアティブの権利）

連邦参事会は、法案を連邦議会に提出する。

第182条（立法および執行）

① 連邦参事会は、憲法または法律により権限を付与されている限り、規則の形式で法規範を制定する。

② 連邦参事会は、法律の執行、連邦議会の決議、および連邦司法官庁の判決の執行に配慮する。

第183条（財政）

① 連邦参事会は、財政計画を作成し、予算を作成し、決算を整える。

② 連邦参事会は、秩序ある国家財政に配慮する。

第184条（対外関係）

① 連邦参事会は、連邦議会の共同参加権を確保しつつ、外交事項を処理する。連邦参事会は、対外的にスイスを代表する。

② 連邦参事会は、条約に署名し、批准する。連邦参事会は、その承認を得るため、条約を連邦議会に提出する。

③ 国家の利益を確保するために必要な場合、連邦参事会は、規則を制定し、決定を行うことができる。規則には期限が付されなければならない。

第185条（対外的安全および国内の安全）

① 連邦参事会は、スイスの対外的安全・独立・中立を確保するための措置をとる。

② 連邦参事会は、国内の安全を確保するための措置をとる。

③ 連邦参事会は、公共の秩序や内外の安全を深刻に脅かす、すでに生じているあるいは差し迫った問題に対処するため、直接本条に基づいて規則を制定し、決定を行うことができる。そのような規則には期限が付されなければならない。

④ 緊急の場合、連邦参事会は、軍隊を招集することができる。連邦参事会が防衛出動のために4000人以上の軍役帰属者を招集する場合、あるいは出動が3週間以上継続することが予測される場合、ただちに連邦議会が招集されなければならない。

第186条（連邦とカントンの関係）

① 連邦参事会は、連邦とカントンの関係維持に配慮し、カントンと協働する。

② 連邦法の実施に必要な場合、連邦参事会は、カントンの立法行為を承認する。

③ 連邦参事会は、カントン間協約やカントンと外国との条約に異議を申立てることができる。

④ 連邦参事会は、連邦法、カントン憲法、およびカントン条約・協約が遵守されるよう配慮し、必要な措置をとる。

第187条（その他の任務と権限）

① 連邦参事会は、さらに、以下の任務と権限を有する。

a. 連邦参事会は、連邦行政部、その他の連邦官庁およびその職員を監督する。

b.　連邦参事会は、参事会の業務運営およびスイスの状況について、連邦議会に定期的に報告を行う。

c.　連邦参事会は、他の官庁の権限に属さない選挙・選任を行う。

d.　連邦参事会は、法律がそれを規定する場合に限り、訴訟を処理する。

②　法律は、連邦参事会にその他の任務と権限を割り当てることができる。

第４章　連邦裁判所その他の司法官庁

〔本章は、2000年３月12日の国民投票で採択、2007年１月１日発効〕

第188条（連邦裁判所の地位）

①　連邦裁判所は、連邦の最高の司法官庁である。

②　組織と手続きは、法律がこれを規定する。

③　連邦裁判所は、自身で司法行政を行う。

第189条（連邦裁判所の管轄権）

①　連邦裁判所は、以下のことがらの侵害を理由とする争いを裁判する。

a.　連邦法

b.　国際法

c.　カントン間の法

d.　カントン憲法が保障する権利

e.　自治体の自治および公法上の団体のためのカントンによるその他の保障

f.　政治的権利に関する連邦およびカントンの規定

①^{bis}　…

②　連邦裁判所は、連邦とカントン間の争い、あるいはカントン間の争いを裁判する。

③　連邦裁判所のその他の管轄権は、法律がこれを根拠づけることができる。

④　連邦議会と連邦参事会の行為は、連邦裁判所に提訴しえない。例外は、法律がこれを定める。

〔本条1^{bis}項は、2003年２月９日の国民投票で採択されたが、未発効のまま2009年９月27日の国民投票で削除〕

第190条（適用されるべき法）

連邦法律と国際法は、連邦裁判所と法を適用するその他の官庁を拘束する。

第191条（連邦裁判所へのアクセス〔提訴〕）

①　連邦裁判所へのアクセス〔提訴〕は、法律がこれを保障する。

②　基本的に重要な法的問題に係わりのない争いについては、法律が訴額の限度額を定めることができる。

③　法律は、一定の事項について、連邦裁判所へのアクセス〔提訴〕を排除することができる。

④　法律は、明らかに根拠のない訴えについては、簡略な手続きを定めることができる。

第191a条（連邦のその他の司法官庁）

①　連邦は、刑事裁判所を設置する。刑事裁判所は、第１審裁判所として、法律が連邦に付与した刑事事件を裁判する。連邦刑事裁判所のその他の管轄権は、法律がこれを根拠づけることができる。

②　連邦は、行政の管轄権の分野に属する公法上の争いを裁判するために、司法官庁を設置する。

③　連邦のその他の司法官庁は、法律がこれを規定することができる。

〔本条は2000年３月12日の国民投票で採択され、第１項は2003年４月１日、第２項・第３項は2005年９月１日に発効〕

第191b条（カントンの司法官庁）

①　カントンは、民事法上の争い、公法上の争い、および刑事事件を裁判する司法官庁を設置する。

②　カントンは、共同の司法官庁を設置することができる。

第191c条（司法権の独立）

司法官庁は、独立して司法権を行使し、法にのみ拘束される。

第６編　連邦憲法の改正および経過規定

第１章　改正

第192条（原則）

①　連邦憲法はいつでも、全体としてまたは部分的に改正されることができる。

②　連邦憲法および連邦憲法に基づく立法が、ほかになにも規定していない場合に

は、改正は立法手続によるものとする。

第193条（全面改正）

① 連邦憲法の全面改正は、国民によって、または両院のうち一院によって発議されることができ、または、連邦議会によって〔改正手続の発議〕決議されることができる。

② 国民によって国民発案がなされた場合、または両院が一致しない場合は、国民が全面改正〔手続の実施〕について決定する。

③ 国民が全面改正〔手続の実施〕を承認した場合には、両院は新たに選挙される。

④ 国際法の強行規定に違反することは許されない。

第194条（部分改正）

① 連邦憲法の部分改正は国民によって要求されることができ、または、連邦議会によって〔部分改正手続の〕決議がなされることができる。

② 部分改正は投票事項の統一を遵守しなければならず、国際法の強行規定に違反することは許されない。

③ 部分改正を求める国民発案は形式の統一を遵守しなければならない。

第195条（発効）

全体としてまたは部分的に改定された連邦憲法は、それが国民およびカントンによって承認された場合に発効する。

第２章　経過規定

第196条（1999年４月18日の新連邦憲法の連邦決議による経過規定）〔省略〕

第197条（1999年４月18日の連邦憲法採択後の経過規定）

1．スイスの国際連合への加盟

① スイスは国際連合へ加盟する。

② 連邦参事会は、国連事務総長に対して、スイスがこの組織に加盟することを申請し、国連憲章上の義務を遂行することを宣言する権限を与えられる。

〔本規定は、国民発案として提出され、2002年３月３日の国民投票で採択〕

2．第62条（学校・公教育）の経過規定〔省略〕

3．第83条（連邦国道）の経過規定〔省略〕

4．第112b条（障害で就労困難な人の社会への統合）〔省略〕

5．第112c条（老齢者・障害者への扶助）〔省略〕

7．〔ママ〕第120条（ヒト以外の領域における遺伝子技術）〔省略〕

8．第121条（外国人の滞在と定住）〔省略〕

9．75b条（別荘建設規制）〔省略〕

10．95条３項（不当に高額な役員報酬に対する規制）〔省略〕

11．121a条（移民の管理）〔省略〕

1998年12月18日の連邦決議の終末規定

〔省略〕

＊翻訳は、主に、ドイツ語のテキスト（2018年９月23日現在）に基づいて行い、フランス語テキスト、およびイタリア語テキストも参照した。翻訳に際しては、山岡規雄訳（国会図書館調査及び立法調査局『基本情報シリーズ⑫　各国憲法集（６）スイス憲法』（2013年）所収）、小林武訳（樋口陽一＝吉田善明『解説　世界憲法集〔第４版〕』（三省堂、2004年）所収）、関根照彦訳（初宿正典＝辻村みよ子『新解説世界憲法集　第３版』（三省堂、2014年）所収）を参考にした。

Bundesverfassung von der Schweizerischen Eidgenossenschaft von 18. April 1999（Stand am 23. September 2018）, SR 101.

スイス連邦憲法改正一覧

改正回数	改正連邦決議の名称（条項数）	改正採択国民投票年月日	年代順法令改正集頁数
0	1874年連邦憲法全面改正	1999.4.18.	AS 1999 2555
1	財政均衡条項（Art. 126, 159）	2001.12.2.	AS 2002 3148
2	司法改革（Art. 29a, 122, 123; Tit. vor Art. 188; Art. 188-191, 191a-191c）	2000.3.12.	AS 2002 3148
3	経過規定・アルプス通過交通・重量運輸車通行料（Art. 196）、経過規定・国連加盟（Art. 197）	2002.3.3.	AS 2002 885
4	直接民主制改革・一般的〔憲法・法律統一〕国民発案制度の導入（Art. 138, 139b, 140, 141, 141a,（156, 189））	2003.2.9.	AS 2003 1949
5	「性犯罪者・凶悪粗暴犯罪者に終身刑を」国民発案：性犯罪終身刑規定（Art. 123a）	2004.2.8.	AS 2004 2341
6	連邦直接税・付加価値税（Art. 128, 130,（196））	2004.11.28.	AS 2004 1057
7	学校教育制度（Art.（48a）, 61a, 62, 63, 63a, 64, 64a, 65-67）	2006.5.21.	AS 2006 3033
8	国民発案「遺伝子組替えでない生活用品」：ヒト以外の動植物への遺伝子技術についての経過規定（Art. 197）	2005.11.27.	AS 2006 89
9	補完性原則、連邦とカントンの財政調整と事務配分（Art. 5a, 42, 43a, 46-48, 48a, 58, 60, 62, 75a, 112, 112a-112c, 123, 128, 132, 135, 196, 197）	2004.11.28.	AS 2007 5765
10	国民発案「児童ポルノ犯罪への時効不適用」（Art. 123b）	2008.11.30.	AS 2009 471
11	代替医療（Art. 118a）	2009.5.17.	AS 2009 5325
12	統一国民発案制度の廃止（Art. 139, 139b, 140, 156, 189）	2009.9.27.	AS 2009 6409
13	研究における人間、人間の尊厳、人格の保護（Art. 118b）	2010.3.7.	AS 2010 1569
14	ミナレット建設禁止（Art. 72 Abs. 3）	2009.11.29	AS 2010 2161
15	付加価値税からの障害保険への追加支出（Art. 196Ziff. 14）	2009.9.26.	AS 2010 3821
16	「外国人重大犯罪者の国外追放」国民発案（Art. 121, 197 Ziff. 8）	2010.11.28.	AS 2011 1199
17	別荘建設制限国民発案（Art. 75b, 197 Ziff. 9）	2012.3.11.	AS 2012 3627
18	公共の利益になる賭博の規制（Art. 106）	2012.3.11.	AS 2012 3629
19	「不当で過剰な役員報酬に反対」国民発案（Art. 95Abs. 3, 197 Ziff. 10）	2012.11.15.	AS 2013 1303
20	音楽教育（Art. 67a）	2012.9.23.	AS 2013 435
21	移民の管理（Art. 121, 121a, 197 Ziff. 11）	2014.2.9.	AS 20141391
22	医療ユニバーサルサービス（Art. 117a）	2014.5.18.	AS 2014 2769
23	幼児・未成年者への性犯罪者への未成年関係活動禁止の措置（Art. 123c）	2014.5.18.	AS 2014 2771
24	生殖医療規制（Art. 119 Abs. 2 Bst. c）	2015.6.14.	AS 2015 2887
25	交通、鉄道政策、鉄道事業への財政支出（Art. 81a, 85, 87a, 130, 196）	2014.2.9.	AS 2015 645
26	移民第三世代・無国籍児への簡易市民権付与（Art. 38 Abs. 3）	2017.2.12.	AS 2017 2643
27	道路交通、連邦国道通行料（Art. 83, 85a, 86, 87b, 131, 196 Ziff, 3）	2017.2.12.	AS 2017 6731
28	食糧安全保障（Art. 104a）	2017.9.24.	AS 2017 6735
29	歩道・散策路・自転車道（Art. 88）	2018.9.23.	AS 2019 525
30	連邦直接税・付加価値税の税率の引き上げ期限、ビール税規定の廃止（Art. 196 Ziff. 13, 14 Abs. 1, Ziff. 15）	2018.3.4.	AS 2019 769

ロシア連邦

解　説

1　はじめに

2020年に、ロシア連邦憲法は、大きな転換点をむかえた。現行憲法は、1993年12月12日に実施された国民投票の結果制定されたものであるが、成立から30年近く経ち、この憲法はロシアで定着したと評価されるようになった。しかし、2020年１月に、プーチン大統領は、大規模な憲法改正（以下では「2020年憲法改正」と記す）を提案し、同年３月14日にこの法案は公布された。これまでもロシアでは、数度にわたり憲法改正が行われてきたが、これほど大規模な改正は初めてのことであり、その影響は大きなものになると予想される。

ただし、その影響がどのようなものになるかは明らかでない。後述するように、今回の憲法改正は、公布後に憲法裁判所による合憲性判断と国民投票が行われ、その結果を踏まえて施行されることになっている。しかし、この国民投票は、新型コロナウィルス感染拡大の影響で４月22日から７月１日に延期され、本解説執筆時点（2020年６月）でまだ2020年憲法改正は効力を発していない。加えて、改正内容も多岐にわたるので、その評価が定まっていないのである。

このような状況を踏まえ、本解説では、2020年憲法改正以前の状況についての解説（２節から５節）と2020年憲法改正の内容（６節）を分けて記述することにする。条文の翻訳も新旧双方が掲載されているので、解説でも同じ形式をとった方が良いと考えた次第である。したがって、本解説で言及している条文およびその内容は、５節までは2020年憲法改正前のものを、６節では改正された新しいものであることを了解されたい。

2　憲法制定の経緯

1993年憲法は、ソ連末期から進んだ脱社会主義化の下で、西欧型の市場経済、立憲主義などの価値観を取り入れたものであるが、同時に体制転換過程で生じた激しい権力闘争の結果として生まれたという経緯を反映してもいた。

世界初の社会主義国家であったソ連は、1922年に、ロシア、ウクライナ、白ロシア、ザカフカース連邦が連邦条約に調印する形で成立した。その後、1924年に最初のソ連憲法が制定され、36年、77年にも新たな憲法が制定された。ソ連を構成する共和国であったロシア（正式名称はロシア・ソヴィエト連邦社会主義共和国）でも、それぞれのソ連憲法の翌年に共和国憲法が制定された。

かつてのソヴィエト憲法は、私的所有を否定するとともに、労働者の代表機関であるソヴィエト（ロシア語で「会議」の意）による民主主義の実現という建前を掲げていた。そして、政治制度としては共産党一党独裁や権力分立原則の否定といった形式がとられ、西欧型の近代立憲主義とは異なる憲法体制が築かれた。

このソヴィエト憲法は、1980年代半ばに始まるペレストロイカの結果、大きな変貌を遂げた。1985年３月にソ連共産党書記長に就任したゴルバチョフは、当初経済改革に着手したが、その後大規模な政治改革を進めることになった。そして、ソヴィエト制度の再編と人民代議員大会の設置、一党独裁の放棄、大統領制導入などが行われ、ソヴィエト体制は大きく変化した。また、このような改革の進行に伴い、各共和国が従来の集権的な体制に異を唱えるようになり、中央政府と各共和国が争うようになった。

ロシア共和国では、このような中央政府との対抗が政治改革を促進し、78年ロシア共和国憲法は何度も改正が重ねられた。そして、私的所有の容認、大統領制の導入などにより、その様相は大きく変わることになった。また、それと同時に、新憲法草案の策定も進められたが、その作業は予定通りに進まず停滞した。さらに、91年８月に保守派がクーデターを企てると、ゴルバチョフの権威は失墜してソ連崩壊に向けた動きが加速したため、新憲法の制定は後回しにされた。

したがって、1991年12月のソ連崩壊後も約２年間は、1978年に制定されたロシア共和国憲法が有効な状態が続いた。一方、エリツィン政権が1992年初頭から実施した「ショック療法」と言われる急進的な市場経済化によって、ソ連崩壊後のロシア経済は混乱した。国民はハイパーインフレや物不足に苦しみ、エリツィン政権は議会で激しい批判にさらされた。そして、この対立は、次第に新憲法における大統領と議会の権限区分をめぐる争いへと発展した。現行憲法が度重なる改正によって「パッチワーク」のようになっていたため、憲法制定権力をどの機関が有するのかも不明確で、新憲法の内容だけでなく、新憲法の採択方法も政治争点化した。最終的に、1993年９月から10月にかけて、エリツィン大統領が議会機能を停止し、これに抵抗した勢力を武力で制圧するという形で対立は終局を迎えた。その後、エリツィンは新憲法の最終草案を発表し、冒頭に記した国民投票によって憲法を採択した。この一連の事件は、「エリツィン・クーデター」とも言われる。かくして、憲法は超法規的な状況で採択されたのである。さらに、国民投票では、かろうじて賛成が過半数を得たが、政権内部からも集計時の不正が指摘されるなど、かなり際どい形での憲法採択であった。このように、ロシアの1993年憲法は、脱社会主義化の過程で憲法に組み込まれた様々な要素を含みつつ、最終段階での権力闘争の激化によって、大統領への権限集中という特徴を併せ持つようになった。

2 1993年憲法の基本原則と人権

社会主義時代、法治国家、法の支配、権力分立、議会主義、人権、私的所有など西欧で培われてきた近代法の諸原理は否定されていた。しかし、前項で記したとおり、ソ連末期には憲法改正が進み、1990年には私的所有、権力分立、複数政党制などの原則が容認されるようになった。そして、1993年憲法の制定過程では、こうした基本的原則についてはもはや争点とならなかった。脱社会主義化の過程で、こうした諸原理を憲法に規定することにはコンセンサスがあったのである。

具体的には、憲法第1章「憲法体制の原則」では、法治国家、人権尊重、人民主権、国家主権、連邦制、社会国家、自由経済、権力分立、地方自治、イデオロギーの多様性などの原則が掲げられた。また第2章「人および市民の権利ならびに自由」では、個人的自由、精神的・政治的自由、経済的自由、社会権、権利の保護を受ける権利など、西欧型の基本的人権が列挙されている。また、国際法の一般原則やロシアが締結した国際条約は、国内法秩序の一部を構成するという規定も、社会主義時代の憲法とは大きく異なる。

もっとも、こうした多様な権利や自由が憲法に記されているということは、実際にロシアでそれらが十分に遵守されているということを意味するわけではない。特にプーチン体制になって以降は、メディアや非政府組織（NGO）に対する規制が強化され、国外から資金提供を受ける組織は「外国のエージェント」として特別な規制に服するようになった。また、憲法では集会の自由が保障されているが、反政府運動などの集会やデモは多くの場合その実施を許可されず、多くの逮捕者を出している。

1996年にロシアが欧州評議会に加盟し、1998年に欧州人権規約を批准して以来、ロシア国民も欧州人権裁判所に提訴する権利を有するようになった。実際、近年国内で表現の自由への抑圧や同性愛差別などが強まる中で、市民が状況の改善を求めて欧州人権裁判所に提訴するケースが増えている。2018年までに2501件の訴えに対して欧州人権裁判所は判決を下し、そのうち2365件で人権侵害を認定している。そのため、近年は欧州人権裁判所とロシアの対立が先鋭化している。実際、欧州人権裁判所の判決に対し、憲法裁判所は政権を擁護する立場をとることが多い。ロシアの憲法裁判所は、個人の人権を保障する上で大きな役割を果たしてきたと言われているが、国際的な批判に対してはロシアの「主権」を擁護する立場をとっている。

3 統治機構

(1) 大統領制

1993年憲法は、その制定過程を反映し、超大統領制と呼ばれる大統領に強い権限を付した大統領制を採用した。大統領と反対派との対立が二重権力状態をもたらした転換期の経験から、新自由主義的な市場経済化を推進するために大統領に強い権限を付与することが正当化されたのである。その権限は、第一に大統領は法案拒否権を有し、以前の憲法に比べ議会がそれを覆すためのハードルが上がった点、第二に大統領は広範な領域にわたってほぼ制限なく大統領令を発することができるという点に示されている。また、⑵で述べるように、首相任命や政府不信任といった点においても、大統領は議会に対して優位に立つ存在である。

ロシアの大統領制は、大統領と連邦政府が執行権力を分担するフランス型の半大統領制である。憲法でも外交、安全保障問題が大統領の管轄事項とされるのに対し、連邦政府の管轄事項は主に社会・経済問題とされている。ただし、フランスでは内閣は議会に責任を負う存在であるのに対し、ロシアの連邦政府は、大統領と議会の双方に責任を負い、後述するように大統領の権限が大きいため、実際には大統領に従属する傾向が強い。

また、三権分立における大統領の位置付けは明確でない。憲法第110条では、執行権力を行使するのは連邦政府であると明記され、大統領は執行権力を担う存在とは規定されていない。さらに、第80条の規定は、大統領は三権を超越し、その活動を調整する立場にあると解釈できる。つまり、大統領は事実上執行権力を政府と分担しているが、憲法上は三権を超越する立場にあるとも理解できる。このような規定は、大統領に強大な権限を確保することを意図したものである。

以上のようなロシアの超大統領制は、大統領と議会の関係の変化によって、その特徴も変化した。議会で野党が優勢であった1990年代は、拒否権行使や大統領令発令が頻繁であった。つまり、大統領はその強大な権限を積極的に利用することで、議会との対立を克服しようとした。それに対し、統一ロシアが過半数を保持し、大統領と議会の関係が協調的になったプーチン・メドヴェージェフ政権では、そうした権限の利用は抑制的になった。ただしそれは、2000年代以降、大統領が議会に対する統制を強化したことの現れでもある。

さらに、2008年以降は憲法改正によって、大統領の権限はさらに拡大する傾向にある。2008年の憲法改正では、大統領の任期は４年から６年に延長された（後述するように、同時に下院議員の任期も４年から５年に延長された）。大統領の任期は連続２期までとされているので、2000年から２期８年務めたプーチン大統領は、2008年に退任し、メドヴェージェフ大統領期に４年間首相を務めた。2012年にプーチンは再び大統領に就任し、新たに２期12年の任期を務めている。首相在任期間も含めると、プーチンは実質的に24年間実権を握り続けることになる。

2014年の憲法改正で、大統領は、上院議員の１割未満の議員を任命できる権限や検事の任免権なども獲得した。中央アジアなど周辺諸国の大統領と比べると、こうした大統領権限の拡大は抑制的ではあるが、それでもプーチンのもとで体制が権威主義化していることは、憲法上の権限の変化という点からも確認できる。

⑵　連邦議会

ロシアの立法機関である連邦議会は、国家会議（下院）と連邦会議（上院）の二院制である。下院は、首相の任命への同意、政府の信任・不信任、中央銀行総裁の任免などを行い、上院は、連邦構成主体間の境界変更、戒厳令や非常事態導入に関する大統領令の承認、憲法裁判所や最高裁判所の裁判官の任命、検事総長および副総長の任免などを行う権限を持つ。

権力分立という観点からは、大統領の議会に対する権限が大きいことをすでに指摘したが、議会の大統領や政府に対するチェック機能としては、首相任命、政府不信任、大統領の罷免などが用意されている。ただし、いずれの方法も、議会が大統領を抑制する可能性は限定されている。

首相の任命手続きは、以下のようになっている。まず、大統領が首相候補者を推薦し、その候補者に下院が同意する。下院がこの候補者を拒否した場合でも、大統領は3度まで候補者を推薦することができる。この場合、憲法には特に規定がないため、同じ候補者を再度推薦することも可能である。下院が3度首相候補を拒否した場合、大統領は首相を任命し、下院を解散することができる。したがって、下院が大統領の推薦する首相候補を拒否することは可能であるものの、実際に大統領の提案をくつがえすことは困難である。ただし、例外もある。エリツィン大統領の支持率が低く、議会に野党勢力が強かった1998年には、下院が大統領の推薦した首相候補を2回拒否した後に、エリツィンはそれまでの候補を撤回し、野党の支持するプリマコフを推薦した。

また、下院は議員総数の過半数によって政府不信任決議を採択することができるが、この場合も大統領はこれを拒否できる。下院が3ヶ月以内に再度不信任決議を採択した場合、大統領は政府の総辞職か下院の解散かを選択することができる（ただし、下院選挙後1年間は、この形式での解散はできない）。したがって、ここでも大統領の下院解散権が、大統領の下院に対する優位を特徴付けている。

大統領の罷免手続きは非常に複雑である。まず、下院議員の3分の1（150名）以上が、大統領による重大犯罪等に対して弾劾を発議し、下院に設置された特別委員会の決定を受けて、下院議員の3分の2以上の多数で大統領弾劾に関する決定を採択する。その後、最高裁判所が大統領の犯罪事実を認定し、憲法裁判所が弾劾手続きの遵守を確認したのち、上院議員の3分の2以上の多数での採択によって、大統領は罷免されることになる。実際に、エリツィン政権末期の1998年には、下院で大統領弾劾に関する審議が始まったが、1999年5月にこの動議は否決された。このように弾劾動議は結局否決されたが、この事件はエリツィン政権のレームダック化を印象付けるものであった。

大統領の憲法上の権限が強大であるとはいえ、エリツィン政権期、特に1990年代後半は、議会も一定の権力を行使した。それに対し、2000年代に入り統一ロシアが安定与党として過半数の勢力を維持すると、大統領と議会の「協調」関係は強まった。それにより立法作業はより効率的かつ迅速になる一方で、議会による大統領や政府の抑制は弱まっていると言える。

⑶　議会選挙制度

憲法では、上下両院の選挙制度に関する詳細な規定はなく、議員選出手続きは、連邦法律によって定められることになっている。

上院は地域代表機関としての性格を持ち、各連邦構成主体の執政府と立法府から1名ずつの代表が選出される。最初の会期（1993～95年）では上院議員は直接選挙によって選出されたが、1995年からは連邦構成主体の執政府と立法府の長が上院議員を兼任した。しかし、上院議員が他の役職を兼務することへの批判があり、2000年以降は、連邦構成主体の執政府と立法府が1名ずつの代表を選出することになった。

また、上院の定数は、連邦構成主体数の変動に応じて変化してきた。2000年代半ばの連邦構成主体の統合によって当初89であった連邦構成主体の数は83となり、その後2014年のクリミア併合によって85となった。そのため、上院議員の数も178名、166名、170名と変化してきた。さらに、2014年の憲法改正によって、各連邦構成主体から選出される上院議員のほかに、その1割までの人数を大統領が「連邦代表」の上院議員として直接任命できることになった。したがって、上院議員の上限は187名となった。

一方、下院の定数は450で、1993年以降定期的に選挙が実施されてきた。選挙のたびに新しい下院選挙法が定められ、選挙制度の改正も頻繁である。1993年から2003年までの選挙は、小選挙区と比例区の定数が225ずつの小選挙区比例代表並立制（比例区の阻止条項は5％）で行われた。その後、2007年と2011年の選挙は全国1区の完全比例代表制（阻止条項は7％）となったが、2016年選挙から小選挙区比例代表並立制（比例区の阻止条項は5％）が復活している。下院議員の任期は、1993年憲法では4年と定められたが、最初の会期（1993-1995）のみ、移行期であることを考慮して2年とされた。また、前述した2008年憲法改正により、下院議員の任期は5年に延長された。

⑷　司法制度

司法制度の体系は、2014年憲法改正により大きく変化した。ここでは、まず、この憲法改正以前の司法制度の概要を記し、その後に憲法改正の内容を説明することにする。

司法制度も、ペレストロイカによって改革が進められていたが、1993年憲法制定を受けて法改正が進み、裁判官の選挙制から任命制への変更、定年制の導入、「裁判官の独立」の原則が法的に確立した。

ロシアには、連邦レベルと各連邦構成主体レベルに憲法裁判所（「憲法」ではなく「憲章」を持つ連邦構成主体の場合は憲章裁判所）が設置されている。1993年憲法によれば、連邦の憲法裁判所は、連邦法律、大統領令、議会の規範的法令、連邦構成主体の法令（それぞれの憲法や憲章を含む）、未発効の国際条約が連邦憲法と適合しているかを判断する。また、連邦国家権力機関間や連邦と連邦構成主体の国家権力機関間の紛争や、人権や自由の侵害に対する個人の申立てについても扱う。大統領への権力集中傾向が強まる中で、憲法裁判所は政権に有利な判決を下し、欧州人権裁判所からロシアの「主権」を守る立場をとっているが、政権にとって重大でない分野においては、憲法裁判所は一定の自律性を発揮し、法令に対する違憲判決を下したり、個人の権利や自由を守ってもいる。

2014年の憲法改正までは、憲法裁判所のほかに、最高裁判所と最高仲裁裁判所を頂点とする2つの異なる体系があった。前者は普通裁判所で民事事件、刑事事件を扱い、後者は経済紛争を扱う裁判所である。経済紛争を扱う「経済裁判所」とも言うべきものが、「仲裁」裁判所という名称なのは、社会主義時代に国有企業など経済組織間の紛争を解決していた各種の仲裁委員会の後身組織であるためである。したがって、ここでは第三者による「仲裁」ではなく、経済紛争に対する裁判が行われている。

2014年の憲法改正では、最高仲裁裁判所が廃止され、その権限は最高裁判所に移された。これにより、経済紛争に関する最高審も最高裁判所となった。普通裁判所と仲裁裁判所の管轄をめぐる混乱は以前から指摘されていた問題であり、それを是正することがこの憲法改正の目的とされた。一方で、リベラルな裁判官の多かった最高仲裁裁判所を廃止することは、ロシアの権威主義化の現れだという声もある。

また、この憲法改正では、第7章の名称が「司法権」から「司法権および検察機関」に変更された。さらに、これまで検事の任免権は検事総長が有していたが、副検事総長は大統領の提案に基づき上院が任免することになり（この手続きは従来から検事総長に対して適用されていた）、市や地区の検事を除くその他の検事については、大統領が任免権を有することになった。これらも、司法や検察機関に対する大統領の権限拡大であると理解される。

4　連邦制と地方自治

(1)　連邦制度

ソ連は、形式的には各共和国が自主的に連邦条約に調印し、連邦国家を形成していた。ただし、この場合の連邦は「フェデレーション」ではなく、「ソユーズ（同盟）」であった。その一構成共和国であったロシアも、多民族国家であるがゆえに連邦制を採用していた。ソ連崩壊後のロシアも連邦国家であり、行政区画はソ連時代のものを引き継ぎつつ、1992年3月に締結された連邦条約と、1993年憲法により形成された。自主的な同盟であったソ連では、形式的には各共和国の離脱権が認められていたのに対し、1993年憲法では連邦構成主体の離脱に関する規定はない。

ロシアの連邦制は、民族名を冠する地域（共和国、自治州、自治管区）と領域的な地域（地方、州、連邦的意義を有する市）から構成される。このように、異なる原理に基づく連邦構成主体から構成されるため、ロシアの連邦制は「非対称」であると呼ばれる。実際、共和国は独自の憲法や国家語を定めることができる（共和国以外の連邦構成主体は憲章を定める）。ただし、憲法では同時に、連邦の国家権力機関との相互関係において、連邦構成主体は互いに同権であると規定されている。体制転換の過程において、連邦構成主体を同権とし、対称な連邦制とするのか、連邦構成主体ごとの違いを認め、非対称な連邦制とするのかは論争点であり、その妥協の結果としてこのような複雑な規定となった。

1990年代を通じて、ロシアの連邦制は非対称化や遠心化の傾向を強めた。それは、中央政府と連邦構成主体政府の間で権限区分条約が締結され、中央と地方の権限区分がバイラテラルに決定されたためである。これは、中央・地方関係は、憲法、連邦条約に加え、「その他の条約」によっても規定されるとした憲法規定（第11条3項）による。この規定は、憲法制定の最終段階で、自立化傾向の強かったタタルスタン共和国の要求に応じて組み込まれたものであった。この規定を援用して、1990年代には全体の半数以上の連邦構成主体が権限区分条約を連邦政府と締結した。

権限区分条約は、連邦構成主体の不満を低減し、国家の一体性を保つ効果があったと指摘される一方で、中央政府の政策が地方で実施されないという問題や、連邦構成主体の法律の多くが、連邦憲法や連邦法と矛盾するという問題を生じさせた。そのため、プーチンが大統領に就任すると、中央集権化を本格的に実施した。権限区分条約は廃止され、連邦構成主体の首長選挙も一時的に廃止し、その選出に対する中央政府の影響力を強めている。また、憲法や連邦法に違反していると判断された連邦構成主体の憲法、憲章、その他の法令を是正する措置も取られた。

連邦構成主体の数は、1993年のロシア連邦憲法制定時には89であったが、2000年代に連邦構成主体の合併によって83となった。さらに、2014年3月にはウクライナ領であったクリミア自治共和国とセヴァストーポリ市を編入する手続きがとられたため、2020年現在連邦構成主体の数は85である。もっとも、このクリミア「編入」は、国際的には大きな問題となった。ロシア政府の立場は、住民投票によってウクライナからの独立とロシアへの編入希望が採択され、法律にしたがってその編入が定められたというものであるが、国際社会からは一方的な現状変更として非難され、国際的な承認はほとんど得られていない。

(2) 地方自治

1993年憲法は、地方自治も憲法体制の原則の一つとし（第12条）、ソ連憲法では否定されていた地方自治という概念が受容された。1995年には「ロシア連邦における地方自治の組織の一般原則に関する連邦法律」が制定され、2003年の大幅な改正を経て、地方自治に関する法整備がなされた。

地方自治体とは、連邦構成主体の下にある地区、市、町、村、郷などを指し、我が国における市町村にあたる存在である。ロシアでは、連邦機関と連邦構成主体機関が「国家権力機関」とされるのに対し、地方自治体は国家権力の体系には含まれない。地方自治体の役割が重要なのは、社会主義時代に国有企業が担ってきた社会サービスを地方自治体が担うことになったからである。ただし、そのようなサービスを実施する上での財源確保は常に大きな問題となっている。

5　憲法改正

憲法改正については、(1)憲法の基本原則（第1章）、人権規定（第2章）、憲法改正規定（第9章）を対象とする「改正（пересмотр）」、(2)統治機構に関する規定（第3章～第8章）を対象とする「修正（поправка）」、(3)ロシア連邦への加入、連邦構成主体の統合や名称変更に関する「変更（изменение）」の3つに区別される。

これまでに行われた憲法改正の大半は、(3)の「変更」である。連邦構成主体の名称変更や統廃合が1990年代半ばから2000年代半ばまでにあり、2014年にはクリミア共和国とセヴァストーポリ市の編入があった。連邦構成主体の統廃合や編入は、連邦の憲法的法律を制定することによって行われる。名称変更の場合には、その変更手続きが憲法には記載されていないが、憲法裁判所は、この点に関する憲法の改正は、大統領令によってなされるという憲法解釈を示した。

2008年と2014年には(2)の「修正」も行われた。この場合は、連邦の憲法的法律と同じく、下院の3分の2以上、上院の4分の3以上の賛成が必要であり、さらに、全連邦構成主体の3分の2以上の立法機関での承認を得る必要がある。これらの憲法改正は、大統領および下院の任期延長、最高仲裁裁判所の廃止、大統領の上院議員や検察官に対する任命権の拡大といった点であり、いずれも政治体制の権威主義化に繋がるものだと指摘される。

一方、(1)の「改正」は憲法制定以来一度も行われていない。憲法を「改正」する場合には、その提案を連邦議会上下両院の議員総数の5分の3以上が支持した場合、憲法議会が設置され、そこで憲法を改正しないことが決定されるか、新しい憲法草案が起草される。つまり、ここでの「憲法改正」は実質的に新憲法の制定になる。そして、新憲法草案は、この会議の全構成員の3分の2以上で採択されるか、全人民投票に付される。憲法議会の招集は、連邦の憲法的法律にしたがって行われることになっているが、そのような法律はまだ制定されていない。「改正」手続きの煩雑さは、憲法に設けられた権利の多様なカタログを維持する機能を果たしている。

6　2020年憲法改正

冒頭で述べたように、2020年にロシアでは大規模な憲法改正が進んだ。1月の大統領教書演説におけるプーチン大統領の提案にはじまるこの憲法改正は、急ピッチで審議が進められ、3月14日には公布された。この憲法改正は、第3章から第8章までを対象とするものであり、前節に記した憲法の「修正」にあたる。そのため、本来であれば、連邦議会上下両院と連邦構成主体議会で採択されれば、施行されるはずである。しかし、今回の法案では、憲法裁判所による合憲性の判断を経て、国民投票で承認された後に施行されることになっている。このように通常とは異なる手続きがとられる理由について、大統領府は、この国民投票は「必須ではない」が「国民の考えを確かめることが必要」と説明した。憲法制定以来初めてとなる大規模な改正に対して、国民投票によってその正統性を確保したいという政権側の思惑がそこにはあるだろう。後述するように、この思惑は憲法改正の内容にも反映されている。

2020年憲法改正は、当初は2024年に任期満了となるプーチン大統領が、大統領退任後に「院政」を敷くためのものであり、大統領権限はそれに伴い弱まると予想されていた。しかし、審議過程で多くの修正が加えられ、プーチン大統領が2024年以降も留任する可能性が出てきた。現時点ではこの憲法改正によってロシアがどのような方向に向かうのか定かでないし、内容が多岐にわたるため、この憲法改正の評価も定まっていない。以下では、2020年憲法改正において特徴的な3つの観点から、新たに改正・追加された内容を見ていくことにする。

⑴ プーチン政権の継続か「院政」か

2020年憲法改正で最も注目された点は、2024年の任期満了後もプーチン政権が継続するのか、それとも大統領を辞任して「院政」を敷くのかという点であった。当初は後者の方向で準備が進められていると考えられていた。たとえば、大統領任期は「連続2期」までとする規定（第81条3項）から「連続」という言葉が削除された。この改正によって、大統領任期は「通算2期」に制限され、プーチンのように、2期大統領を務めた後に一定期間大統領でない時期を挟めば再び大統領になれるという可能性は排除されることになった。これは、プーチン退任後に、新たな大統領が長期政権を築くのを防ぐことを目的としたものと理解された。また、これまで法的地位が明らかでなかった国家評議会について、その目的などが憲法に明記された。以上から、プーチンが大統領退任後も実質的な権力を保持し、国家評議会議長として「院政」を行うのではないかという憶測が話題となった。

しかし、審議途中で追加された修正により、2024年以降もプーチンが大統領にとどまることが可能になった。すなわち、上記の任期制限は、現職大統領を含めた大統領経験者には適用されないことになったのである（第81条3^{1}項）。こうして、大統領経験者であるプーチンとメドヴェージェフは、2024年以降もさらに最大2期12年大統領職に就くことができるようになった。このように、この第81条の改正は、最終的にプーチン政権が継続する可能性を残すものとなった。

ただし、「院政」へ移行する可能性が失われたわけでもない。たとえば、大統領の不逮捕特権は、現職大統領だけでなく大統領経験者にも適用されることになり（第92^{1}条）、大統領経験者は終身上院議員になるという規定も新たに加えられた（第95条2項）。いずれも審議途中で法案に追加されたものであり、プーチンの大統領留任が可能になったのと並行して、プーチンの大統領退任のためと思われるような規定も追加されている。

⑵ 大統領、内閣、議会の関係

2020年憲法改正では、大統領、首相、連邦議会の権限に関して多くの改正がなされた。この点もポスト・プーチン時代の政治の方向性と大いに関係するが、現時点では大統領、内閣、連邦議会の権力関係がどのように変わるのかは未知数である。確かに閣僚任命における下院の権限は強まったが、大統領権限もいくつかの点で強化されているからだ。

首相や閣僚の任免については、以下のような手続きに変更になった。まず、首相の任命は、大統領が提案した候補者を下院が「承認し」、大統領が任命することになった。従来の「同意」から文言が変更となったが、手続きに実質的な変更はない。その一方で、大統領は首相の解任権を新たに手に入れた（第83条 1 項）。

副首相や連邦大臣（一部を除く）については、首相が提案した候補者を下院が承認した場合、その人物の任命を大統領は拒否できないことが憲法に明記されることになった。ただし、下院が候補者を拒否した場合の手続きは従来通りである。また、防衛、国家安全保障、内務、法務、外務、緊急事態、災害復興、社会安全保障担当大臣は、大統領が上院と協議ののちに任免することになり、首相や下院の関与がなくなった（同条 5 項および5^{1}項）。

上院は、まずその構成が変更されることになった。上院議員は、各連邦構成主体から 2 名ずつの代表に加え、7 名以下の終身議員を含む30名以下の連邦代表が大統領によって任命されることになった（従来は上院議員全体の10％未満を大統領が任命）。この終身上院議員は上述のとおり、大統領経験者が任命される。

上院の権限を拡大する改正としては、一定の条件で裁判官の権限を停止できるようになったこと、上記の一部大臣や連邦構成主体の検察官の任免について大統領と協議を行うこと、が挙げられる。その一方で、憲法裁判所や最高裁判所の裁判官の任命、会計検査院の検査官の任免という従来からの権限は、「大統領の提案に基づいて」行使されることになった（第102条）。

さらに、大統領は、連邦議会で可決された連邦法案および連邦の憲法的法律案について、自身が法案に署名するまでの間に、その合憲性について憲法裁判所に審査請求を行うことができるようになった。そして、憲法裁判所が違憲と判断したときは、当該の法案は下院に差し戻されることになった（第107、108条）。

このように、大統領・内閣・連邦議会の関係においては、様々な改正がなされており、その全体的な影響は不透明であるものの、総じて言えば大統領の権限が若干拡大しているように見受けられる。

⑶ ナショナリズム、保守主義

2020年憲法改正の特徴として、ナショナリスティックな方向への改正や保守的な改正が散見されることも重要である。それは以下のような改正に表れている。

第一に、公職者の資格要件が厳格化された。多くの公職者に、外国籍、外国の居住証明書、永住権を持たないこと、外国に銀行口座や資産を持たないことが要件とされた（第71、77、78、81、95、97、103、110、119、129条）。その中でも、大統領候補に対する要件は特に厳格である。大統領候補には、外国籍などを現在持たないだけでなく、「これまでも有したことがない」という条件が付されている。このことは、ロシア国外に居住経験のある者は、大統領への立候補資格を失うということを意味する。ただし、「全部または一部がロシア連邦に編入された国家」すなわちウクライナの国籍をかつて有していた人や、「全部または一部がロシア連邦に編入された国家の領域内」すなわちクリミアに定住していた人には、この要件は適用されないことになっており、ウクライナ出身者だけは特別扱いされている（第81条2項）。元々個別の法律にそのような規定はあったものの、グローバル化が進んだ現代にこのような規定を設けることは、かなり異例のものであると言えよう。

第二に、国際関係におけるロシアの「主権および領土的一体性の保護」が強調された。日本でも話題となったように、領土の一部の譲渡に向けられた活動、およびそのような活動を呼びかけることは禁じられることになった（第67条2^{1}項）。ただし、日本との交渉を意識してか、審議過程で「隣国との境界画定、再画定の場合」をのぞくという文言が追加された。また、在外同胞の利益保護、ロシア憲法と矛盾する国際機関の決定の不適用、内政干渉の禁止なども憲法に明記された（第69、79、79^{1}条）。

その他にも愛国主義的、保守的な改正がなされている。たとえば、ロシア国家の歴史的継続性、歴史的真実の保護、愛国教育といった点が明記され（第67^{1}条）、愛国主義的な価値観の重要性が強調されている。また、婚姻制度を「男性と女性の結びつき」と定義して、同性婚を否定する規定も設けられた（第72条1項7^{1}）。このように、国内においては外国からの干渉を防ごうとする一方で、対外的には「在外同胞の保護」という名目で自身の行動を正当化するというのは、近年のロシアによく見られる行動パターンである。

以上のような改正は、いずれも国際的な潮流からはかなり乖離したものと言わざるを得ない。しかし、これらは総じて、クリミア併合以降国際的に孤立し、欧州人権裁判所と対立する事例が増えているロシアの立場を守ろうとするものだと理解できる。また、そうした政策が国民に受けいれられている現状を反映したものでもある。ナショナリズムや保守的な価値観が国内で強まる中で、そのような価値観を含めた方が、憲法改正に対する賛同を得やすくなると考えられ、国民投票を前にそうした点ばかりが強調されている。このような「国民への受け入れられやすさ」への配慮は、最低保障賃金や社会保障制度に関する改正にも表れており、2020年憲法改正の大きな特徴となっている。

7　おわりに

ロシアでは、体制転換期の権力闘争の帰結として大統領に権限が集中した超大統領制が生まれたが、同時に、西欧で培われた近代法の諸原則を採用し、法による権力の統制という立憲主義の立場も憲法に組み込まれた。こうした原則を記した第1章、第2章は一度も改正されることなく、その原則はすでに一定程度ロシアに根付いたと言える。憲法全体としても、その制定過程には様々な問題点が指摘されたものの、制定から約30年が経過し、社会的には定着したものとなっている。

この憲法は、連邦構成主体の名称変更や統廃合をのぞけば、長らく改正がなされない状態が続いていた。それは一つには、憲法制定過程において一時的な二重権力状態が生じたことへの反動による。エリツィン政権および第一次プーチン政権は、憲法改正は体制の不安定化につながるとして、それに反対の姿勢を貫いた。いわば、憲法改正はタブー視され、改正困難な「硬性」憲法であることが望ましいと考えられていたのである。ただし、プーチン政権下では、「垂直的統合の強化」という名目で中央集権化が進み、連邦構成主体首長が大統領による事実上の任命制に変わるなど、実質的な意味での憲法体制は変化していた。

それに対し、2008年以降は抑制的ではあるものの明文改憲が行われるようになり、さらに2020年に大規模な改正が行われたことで、憲法をめぐる状況は新しい段階に入ったと言える。憲法改正はもはやロシアではタブーではなくなった。2008年以降の憲法改正は、体制の「安定化」のために必要であるという論理で正当化された。つまり、それまで憲法改正をすべきでない理由として挙げられていたことが、憲法改正を正当化する理由となったのである。さらに、2020年には「安定化」と同時に、憲法が時代状況に応じて「変化」していく必要性も唱えられるようになった。

また、2014年のクリミア「編入」以降、欧米諸国とロシアの価値観をめぐる争いがより深刻になっている中で、欧州人権裁判所とロシアの対立が一層先鋭化していることも、ロシアの憲法をめぐる状況に暗い影を落としている。ロシアにおける人権擁護に一定の役割を果たしてきた憲法裁判所が、近年は欧州人権裁判所からロシアの「主権」を擁護する役割を担っていることは、象徴的である。ロシア国内では、ロシアの「独自性」を主張する言説が強まっており、そのことが欧米諸国の「標準」を採用した憲法のあり方との間に緊張関係を生み出している。2020年の憲法改正は、権力継承問題ばかりに注目が集まっているが、こうした緊張関係においてロシアが「独自性」の方向に舵を切った点も決して見逃すことができない。

［参考文献］

小森田秋夫編『現代ロシア法』東京大学出版会、2002年。

渋谷謙次郎『法を通してみたロシア国家―ロシアは法治国家なのか』ウェッジ、2015年。

高橋和之編『［新版］世界憲法集［第２版］』岩波書店、2012年。

畑博行、小森田秋夫編『世界の憲法集［第５版］』有信堂、2018年。

溝口修平『ロシア連邦憲法体制の成立―重層的転換と制度選択の意図せざる帰結』北海道大学出版会、2016年。

溝口修平「ロシアにおける1993年憲法体制の成立と変容―憲法改正なき変容から憲法改正を伴う変容へ」『レヴァイアサン』第60号、79-99頁、2017年。

ロシア連邦憲法〔1993年〕〔2020年改正後の条文〕

〔前文〕

われわれ、多民族からなるロシア連邦の人民は、その大地において共通の運命によって結び付けられ、人の権利および自由、ならびに市民の平和および合意を確認し、歴史的に形成された国家的統一を保持し、民族の同権と自決という一般に承認された原則に立脚し、祖国に対する愛および尊敬、善および正義に対する信頼をわれわれに伝えた祖先を偲び、主権国家としてのロシアを復興し、そしてその民主的基礎を揺るぎないものにし、ロシアの安寧と繁栄の保障を目指し、現在および将来の世代に対する祖国への責任に立脚し、世界の共同体の一員であることを自覚して、ここにロシア連邦憲法を採択する。

第１編

第１章　憲法体制の原則

第１条〔統治形態〕

① ロシア連邦―ロシアは、共和制の統治形態をとる民主的な連邦制の法治国家である。

② ロシア連邦とロシアという名称は、同義である。

第２条〔人の権利および自由〕

人、その権利および自由は、最高の価値である。人および市民の権利ならびに自由を承認し、遵守し、ならびに擁護することは、国家の義務である。

第３条〔人民主権〕

① ロシア連邦における主権の担い手および権力の唯一の源泉は、その多民族からなる人民である。

② 人民は、直接に、ならびに国家権力機関および地方自治機関を通じてその権力を行使する。

③ レフェレンダムおよび自由選挙は、人民の権力の最高かつ直接的な表現である。

④ 何人も、ロシア連邦における権力を簒奪することはできない。権力の奪取または権力的権限の簒奪は、連邦法律にしたがい訴追される。

第４条〔国家主権〕

① ロシア連邦の主権は、その全領域におよぶ。

② ロシア連邦憲法および連邦法律は、ロシア連邦の全領域における最高法規である。

③ ロシア連邦は、その全領域の一体性および不可侵性を保障する。

第５条〔連邦制〕

① ロシア連邦は、同権のロシア連邦構成主体である共和国、地方〔クライ〕、州、連邦的意義を有する市、自治州、自治管区から構成される。

② 共和国（国家）は、独自の憲法および法令を有する。地方、州、連邦的意義を有する市、自治州、自治管区は、独自の憲章および法令を有する。

③ ロシア連邦の連邦制度は、その国家的一体性、国家権力体系の統一、ロシア連邦の国家権力機関とロシア連邦構成主体の国家権力機関の間の管轄事項および権限の区分、ロシア連邦における諸民族の同権および自決に基礎を置く。

④ 連邦国家権力機関との相互関係において、ロシア連邦のすべての構成主体は、互いに同権である。

第６条〔国籍〕

① ロシア連邦の国籍は、連邦法律にしたがって取得され、または抹消され、その取得の事由にかかわらず単一であり、平等である。

② ロシア連邦の各市民は、その領域内において、ロシア連邦憲法に定められるすべての権利および自由を有し、平等の義務を負う。

③ ロシア連邦の市民は、その国籍を奪われることはなく、またはそれを変更する権利を奪われない。

第７条〔社会国家〕

① ロシア連邦は社会国家であり、その政策は、人の相応な生活と自由な発展を保障する条件の創出をめざす。

② ロシア連邦において、人々の労働および

健康が保護され、労働賃金の最低保障額が定められ、家族、母性、父性、子ども、障がい者および老齢市民に対する国家的支援が保障され、社会的サービスの制度が展開され、国家年金、扶助金およびその他の社会的保護を保障する制度が設けられる。

第８条〔経済活動の自由〕

① ロシア連邦において、経済空間の統一、商品、サービスおよび資本の自由移動、競争の保護、経済活動の自由が保障される。

② ロシア連邦において、私的、国家的、自治体的およびその他の所有形態は、等しく承認され、保護される。

第９条〔土地および天然資源〕

① ロシア連邦において、土地およびその他の天然資源は、当該領域に居住する人民の生活および活動の基礎として、利用され、保護される。

② 土地およびその他の天然資源は、私的、国家的、自治体的およびその他の所有形態をとることができる。

第10条〔権力分立〕

ロシア連邦における国家権力は、立法権、執行権および司法権への分立に基いて行使される。立法、執行および司法権力機関はそれぞれ独立である。

第11条〔国家権力機関〕

① ロシア連邦における国家権力は、ロシア連邦大統領、連邦議会（連邦会議および国家会議）、ロシア連邦政府およびロシア連邦の裁判所がこれを行使する。

② ロシア連邦構成主体における国家権力は、ロシア連邦構成主体によって組織された国家権力機関がこれを行使する。

③ ロシア連邦の国家権力機関とロシア連邦構成主体の国家権力機関の間の管轄事項および権限の区分は、本憲法、連邦条約および管轄事項と権限の区分に関するその他の諸条約によって行われる。

第12条〔地方自治〕

ロシア連邦においては、地方自治が承認され、保障される。地方自治体は、自らの権限の枠内において独立である。地方自治機関は国家権力機関の体系に属さない。

第13条〔イデオロギーの多様性〕

① ロシア連邦においては、イデオロギーの多様性が承認される。

② いかなるイデオロギーも、国家的または義務的なものとすることはできない。

③ ロシア連邦においては、政治的多様性および複数政党制が承認される。

④ 社会団体は法律の前に平等である。

⑤ その目的や活動が、ロシア連邦の憲法体制の原則を暴力的に変更し、ロシア連邦の一体性を侵害し、国家の安全を破壊し、武装組織を設立し、社会的、人種的、民族的および宗教的憎悪を扇動することを志向する社会団体の設立や活動は禁止される。

第14条〔世俗国家〕

① ロシア連邦は、世俗国家である。いかなる宗教も国家的または義務的なものとすることはできない。

② 宗教団体は、国家から分離され、法律の前に平等である。

第15条〔法体系〕

① ロシア連邦憲法は、最高の法的効力および直接的効力を有し、ロシア連邦の全領域において適用される。ロシア連邦において採択される法律やその他の法令は、ロシア連邦憲法に反してはならない。

② 国家権力機関、地方自治機関、公務員、市民およびその団体は、ロシア連邦憲法および法律を遵守する義務を負う。

③ 法律は公布される。公布されない法律は適用されない。人および市民の権利、自由ならびに義務に関わるあらゆる法令は、一般に周知するために公布されない限り、これを適用することができない。

④ 国際法の一般原則および規範、ならびにロシア連邦の国際条約は、ロシア連邦の法体系を構成する一部となる。法律に定められた規則と異なることがロシア連邦の国際条約によって定められた場合には、国際条約の規則が適用される。

第16条〔憲法第１章の意義〕

① 憲法の本章の規定は、ロシア連邦憲法体制の原則をなし、本憲法に定められた手続きによらずにこれを改正することはできない。

② 本憲法の他のいかなる規定も、ロシア連邦憲法体制の原則に反することはできない。

第２章　人および市民の権利ならびに自由

第17条〔人権の不可侵性〕

①　ロシア連邦において、人および市民の権利ならびに自由は、国際法の一般原則および規範にしたがい、ならびに本憲法に基づいて、承認され、保障される。

②　人の基本的権利および自由は、譲渡不能であり、生まれながらに各人に属する。

③　人および市民の権利ならびに自由は、他人の権利および自由を侵害してはならない。

第18条〔人権の直接的効力〕

人および市民の権利ならびに自由は、直接的効力を有する。それは、法律の意味、内容および適用、ならびに立法権、執行権、地方自治体の活動を規定し、司法によって保障される。

第19条〔法の下の平等〕

①　すべての人は、法律および裁判所の前に平等である。

②　国家は、性別、人種、民族、言語、出自、財産上および職務上の地位、居住地、宗教に対する態度、信条、社会団体への所属、ならびにその他の事由にかかわらず、人および市民の権利ならびに自由の平等を保障する。社会的、人種的、民族的、言語的または宗教的帰属に基づく市民の権利のいかなる形態の制限も、禁止される。

③　男性および女性は、平等の権利および自由、ならびにその実現のための平等の機会を有する。

第20条〔生命権〕

①　各人は、生命に対する権利を有する。

②　死刑は、陪審員の参加する裁判で事件が審理される権利を被告人に付与する場合には、生命に対する特に重大な犯罪に科せられる刑罰の例外的措置として、それが廃止されるまでは連邦法律によってこれを定めることができる。

第21条〔個人の尊厳〕

①　個人の尊厳は国家によって保護される。いかなることも、個人の尊厳を軽視する根拠にはならない。

②　何人も、拷問、暴力、およびその他の残酷なもしくは人の尊厳を傷つける待遇または刑罰を受けることはない。何人も、その自発的同意なしに、医学的、科学的またはその他の実験の対象とされることはない。

第22条〔人身の自由〕

①　各人は、自由および人身の不可侵に対する権利を有する。

②　逮捕および拘留は、裁判所の決定による場合のみ認められる。裁判所の決定があるまでに、48時間を超えて拘留されない。

第23条〔私生活の保護〕

①　各人は、私生活の不可侵、個人および家族の秘密、ならびに自らの名誉および名声の保護に対する権利を有する。

②　各人は、信書、電話、郵便、電信およびその他の通信の秘密に対する権利を有する。この権利の制限は、裁判所の決定に基づく場合のみ認められる。

第24条〔プライバシーの保護〕

①　個人の私生活に関する情報の収集、保管、利用および頒布は、本人の同意がない限り認められない。

②　国家権力機関および地方自治機関、ならびにその役職者は、法律に別の定めがある場合を除き、各人に対して、その権利および自由に直接関係する文書ならびに資料を閲覧する機会を保障する義務を負う。

第25条〔住居の不可侵〕

住居は不可侵である。何人も、連邦法律に定められている場合または裁判所の決定に基づく場合を除き、居住者の意思に反して住居に侵入することはできない。

第26条〔民族的帰属と言語の使用に関する権利〕

①　各人は、自らの民族的帰属を決定し、表明することができる。何人も、自らの民族的帰属の決定および表明を強制されない。

②　各人は、母語を使用する権利、交際、養育、教育および創作のための言語を自由に選択する権利を有する。

第27条〔移動・居住の自由〕

①　ロシア連邦の領域内に合法的に滞在する者はすべて、自由に移動し、滞在および居住する場所を選択する権利を有する。

②　各人は、自由にロシア連邦から出国することができる。ロシア連邦市民は、支障な

くロシア連邦に帰国する権利を有する。

第28条〔信教の自由〕

　各人は、良心の自由および信教の自由が保障される。これらの自由には、個人でもしくは他人と共同で任意の宗教を信仰する、またはいかなる宗教も信仰しない権利、宗教的その他の信条を自由に選び、持ち、広め、それにしたがって行動する権利が含まれる。

第29条〔思想および言論の自由〕

① 各人は、思想および言論の自由が保障される。

② 社会的、人種的、民族的または宗教的憎悪および敵意を引き起こす宣伝または扇動は認められない。社会的、人種的、民族的、宗教的または言語的優越性の宣伝は、禁止される。

③ 何人も、自らの意見および信条を表明すること、またはそれを放棄することを強制されない。

④ 各人は、あらゆる合法的手段を用いて、自由に情報を探索し、取得し、伝達し、作成し、および頒布する権利を有する。国家機密である情報のリストは、連邦法律によって定められる。

⑤ マスメディアの自由は保障される。検閲は禁止される。

第30条〔結社の自由〕

① 各人は、結社に対する権利を有する。その権利には、自己の利益を保護するために労働組合を結成する権利が含まれる。社会団体の活動の自由は保障される。

② 何人も、いかなる団体であれ、それに加入し、または所属することを強制されない。

第31条〔集会の自由〕

　ロシア連邦の市民は、武器を携行しないで平和的に集合し、会合、集会、示威運動、行進およびピケッティングを行う権利を有する。

第32条〔参政権〕

① ロシア連邦の市民は、直接に、またはその代表を通じて、国務に参加する権利を有する。

② ロシア連邦の市民は、国家権力機関および地方自治機関における選挙権、被選挙権、ならびにレフェレンダムに参加する権利を有する。

③ 裁判所によって行為無能力と認定され、または裁判所の判決によって自由剥奪地に収容されている市民は、選挙権および被選挙権を有しない。

④ ロシア連邦の市民は、官職に就く平等の機会を有する。

⑤ ロシア連邦の市民は、裁判の遂行に参加する権利を有する。

第33条〔請願権〕

　ロシア連邦の市民は、国家機関および地方自治機関に対し、直接に請願し、または個人的および集団的に請願を行う権利を有する。

第34条〔企業活動の自由〕

① 各人は、企業活動および法律が禁じていないその他の経済活動のために、自らの能力および財産を自由に使用する権利を有する。

② 独占および不正競争を志向する経済活動は、認められない。

第35条〔私的所有権〕

① 私的所有権は、法律によって保護される。

② 各人は、個人でまたは他の人と共同で財産を所有し、それを占有し、使用し、処分することができる。

③ 何人も、裁判所の決定がある場合をのぞいて、自らの財産を奪われない。国家の必要のための財産の強制収用は、事前の等価での補償がある場合のみ、行うことができる。

④ 相続の権利は、保障される。

第36条〔土地所有権〕

① 市民およびその団体は、土地を私的に所有することができる。

② 土地およびその他の天然資源の占有、使用および処分は、環境に害を与えず、他人の権利および法的利益を侵害しない場合には、その所有者によって自由に行われる。

③ 土地の利用の条件および手続きは、連邦法律に基づいて定められる。

第37条〔労働基本権〕

① 労働は自由である。各人は、自由に、自己の労働能力を使用し、仕事および職業を

選択する権利を有する。

② 強制労働は、禁止される。

③ 各人は、安全および衛生の基準を満たす条件のもとで働く権利、いかなる差別もなく、連邦法律の定める最低賃金水準以上の給与を受け取る権利、および失業から保護される権利を有する。

④ 連邦法律によって定められる解決手段を使用した個別的および集団的な労働争議に対する権利は、ストライキの権利を含め、認められる。

⑤ 各人は、休息の権利を有する。労働者には、労働契約にしたがって、連邦法律によって定められる継続労働時間、休祝日、有給年次休暇が保障される。

第38条〔母性、子ども、家族の保護〕

① 母性、子どもおよび家族は、国家の保護のもとにおかれる。

② 子どもに対する配慮およびその養育は、親の平等な権利および義務である。

③ 18歳に達した労働能力を有する子どもは、労働能力を有さない親に配慮しなければならない。

第39条〔社会保障の権利〕

① 各人は、老齢、疾病、障がい、扶養者の喪失、子どもの養育および法律によって定められるその他の場合に、社会保障を受けることができる。

② 国家年金および社会的扶助は、法律によって定められる。

③ 任意の社会保険、追加的な社会保障形態の開設および慈善事業は、奨励される。

第40条〔住宅の権利〕

① 各人は、住宅に対する権利を有する。何人も、住居を恣意的に奪われない。

② 国家権力機関および地方自治機関は、住宅建設を奨励し、住宅に対する権利実現のための条件を整備する。

③ 貧困者、住宅を必要とするその他の市民には、法律によって定められる基準にしたがって、国家、地方自治体およびその他の住宅基金により無料または利用可能な賃料で住宅が提供される。

第41条〔健康保護の権利〕

① 各人は、健康保護および医療に対する権利を有する。国家および地方自治体の保健施設における医療は、関係する予算、保険料、その他の収入により、市民に対して無料で提供される。

② ロシア連邦において、住民の健康保護および増進に関する連邦プログラムへの予算が措置され、国家、地方自治体および民間の保険制度の発展に関する措置が講じられ、人の健康の増進、体育およびスポーツの発展、生態学上および衛生・疫学上の安全を促進する活動が奨励される。

③ 役職者が人々の生命および健康に脅威を与える事実ならびに事由を隠匿した場合は、連邦法律にしたがってその責任が問われる。

第42条〔環境権〕

各人は、良好な環境に対する権利、環境状況に関する確かな情報を得られる権利、および生態系にかかわる違法行為によって生じた健康上または財産上の損害を補償される権利を有する。

第43条〔教育権〕

① 各人は、教育に対する権利を有する。

② 国家または地方自治体の教育施設および企業における就学前教育、初等普通教育ならびに中等専門教育をすべての者が無償で受けられることが、保障される。

③ 各人は、選抜により、国家または地方自治体の教育施設および企業における高等教育を、無償で受けることができる。

④ 初等普通教育は、義務である。親またはこれに代わる者は、子どもが初等普通教育を受けることを保障する。

第44条〔文化に関する権利、知的財産権〕

① 各人は、文学、芸術、学術、技術およびその他の創作活動、ならびに教授の自由が保障される。知的財産は、法律によって保護される。

② 各人は、文化活動に参加し、文化施設を利用し、文化財にアクセスする権利を有する。

③ 各人は、歴史的および文化的遺産の保護に配慮し、歴史的および文化的記念物を大切にする義務を負う。

第45条〔国家による権利・自由の保護〕

① ロシア連邦において、人および市民の権利ならびに自由は、国家による保護が保障

される。

② 各人は、法律によって禁じられていないあらゆる手段によって、自らの権利および自由を擁護することができる。

第46条〔裁判による権利および自由の保護〕

① 各人には、自らの権利および自由を裁判によって保護することが、保障される。

② 国家権力機関、地方自治機関、社会団体および役職者の決定および行為（または不作為）は、裁判所に訴えることができる。

③ 各人は、国内の法的保護の手段がすべて尽きた場合には、ロシア連邦の国際条約にしたがって、人の権利および自由の保護について、国際機関に提訴することができる。

第47条〔裁判を受ける権利〕

① 何人も、法律にしたがって管轄する裁判所および裁判官によって、自らの事件の審理を受ける権利を奪われない。

② 犯罪を実行したとされる被告人は、連邦法律によって定められる場合に、陪審員の参加する裁判所において、事件を審理される権利を有する。

第48条〔弁護人依頼権〕

① 各人は、有資格者による法律扶助を受ける権利を保障される。法律によって定められる場合に、この扶助は無償で提供される。

② 逮捕された者、拘留された者、犯罪を実行したとされる被告人はすべて、逮捕、拘留または告訴の時から弁護士（弁護人）の援助を受ける権利を有する。

第49条〔無罪推定の原則〕

① 犯罪を実行したとされるすべての被告人は、連邦法律によって定められる手続きにしたがって有罪が立証され、法的効力を持つ裁判所の判決によって認定されるまでは、無罪とみなされる。

② 被告人は、自らその無罪を立証する義務を負わない。

③ 有罪であることへの疑いを取り除けない場合は、被告人に有利に解釈される。

第50条〔一事不再理〕

① 何人も、同一の犯罪について、重ねて有罪とされない。

② 裁判の実施に際し、連邦法律に反して得られた証拠の利用は、認められない。

③ 犯罪に対し有罪判決を受けたものはすべて、連邦法律によって定められた手続きにしたがって、上級裁判所により判決を見直される権利、また特赦もしくは減刑を求める権利を有する。

第51条〔不利益証言の義務の免除〕

① 何人も、本人、配偶者、および連邦法律の定める範囲の近親者に不利益な証言をする義務を負わない。

② 証言する義務が免除されるその他の場合については、連邦法律によって定めることができる。

第52条〔犯罪被害者の権利〕

犯罪および権力濫用の被害者の権利は、法律によって保護される。国家は、被害者に対し、裁判の機会および被害の賠償を受ける機会を保障する。

第53条〔国家補償〕

各人は、国家権力機関またはその役職者の違法な行為（または不作為）に起因する損害に対し国家による補償を受ける権利を有する。

第54条〔遡及効の禁止〕

① 責任を定め、またはそれを加重する法律は、遡及効を有さない。

② 何人も、その実行時において違法とされていなかった行為に対し責任を問われない。違法行為の実行後にその行為に対する責任が廃止され、または軽減された場合は新しい法律が適用される。

第55条〔権利および自由を制限する法律の禁止〕

① ロシア連邦憲法に列挙された基本的権利および自由は、その他の一般に承認された人および市民の権利ならびに自由を否定し、または軽視するものとして解釈してはならない。

② ロシア連邦においては、人および市民の権利ならびに自由を否定し、または軽視する法律は、これを公布してはならない。

③ 人および市民の権利ならびに自由は、憲法体制の原則、道徳、健康、他人の権利および法的利益の保護、国防および国家安全保障のために必要な程度においてのみ、連邦法律によってこれを制限することができ

る。

第56条〔非常事態における権利および自由の制限〕

① 非常事態において、市民の安全の保障と憲法体制の擁護のために、連邦の憲法的法律にしたがって、施行の範囲と期間を明示した上で、権利および自由に一定の制限を定めることができる。

② ロシア連邦の全領域およびその個別の地域における非常事態は、連邦の憲法的法律に定める事由がある場合にその定める手続きにしたがって、導入することができる。

③ ロシア連邦憲法の第20条、第21条、第23条（第1項)、第24条、第34条（第1項)、第40条（第1項)、第46条ないし第54条に定める権利および自由は、これを制限してはならない。

第57条〔納税の義務〕

各人は、法的に定められた租税および公課を納める義務を負う。新しい税を定め、または納税者の負担を重くする法律は、遡及効を有さない。

第58条〔環境保護の義務〕

各人は、自然および環境を保護し、天然資源を大切にする義務を負う。

第59条〔国防の義務〕

① 祖国防衛は、ロシア連邦市民の責任であり、義務である。

② ロシア連邦市民は、連邦法律にしたがって兵役に服する。

③ ロシア連邦市民は、その信条または信仰が兵役に服することと矛盾する場合、ならびに連邦法律によって定められるその他の場合に、別の市民的奉仕に変更する権利を有する。

第60条〔成人年齢〕

ロシア連邦市民は、18歳からその権利および義務を、自主的に完全な形で行使することができる。

第61条〔国外退去、引き渡しの禁止〕

① ロシア連邦の市民は、ロシア連邦の領域外に追放され、または他国に引き渡されることはない。

② ロシア連邦は、国外において自国民に対し保護および庇護を保障する。

第62条〔二重国籍〕

① ロシア連邦の市民は、連邦法律またはロシア連邦の国際条約にしたがって外国籍（二重国籍）を有することができる。

② ロシア連邦の市民は、連邦法律またはロシア連邦の国際条約が別の定めをしていない限り、外国籍の保有によりその権利および自由を軽視されず、ロシア国籍から生じる義務を免れない。

③ 外国の市民および無国籍者は、ロシア連邦において、連邦法律またはロシア連邦の国際条約によって定められている場合をのぞき、ロシア連邦の市民と同じ権利を享受し、義務を負う。

第63条〔政治的庇護〕

① ロシア連邦は、外国の市民および無国籍者に対し、一般に承認された国際法の規範にしたがい、政治的庇護を与える。

② ロシア連邦において、政治的信条およびロシア連邦において犯罪とされていない行為（または不作為）により訴追されたものを他国に引き渡すことは、認められない。犯罪を実行したとされる被告人の引き渡し、および有罪判決を受けたものの服役のための他国への移送は、連邦法律またはロシア連邦の国際条約に基づいて行われる。

第64条〔憲法第2章の意義〕

本章の規定は、ロシア連邦における個人の法的地位の原則をなし、本憲法に定められた手続きによらずにこれを改正することはできない。

第3章　連邦制度

第65条〔連邦構成主体〕

① ロシア連邦は、以下の連邦構成主体により構成される。

アディゲ共和国（アディゲア)、アルタイ共和国、バシコルトスタン共和国、ブリヤート共和国、ダゲスタン共和国、イングーシ共和国、カバルディノ・バルカル共和国、カルムィク共和国、カラチャイ・チェルケス共和国、カレリア共和国、コミ共和国、クリミア共和国、マリ・エル共和国、モルドヴィア共和国、サハ共和国（ヤクーチア)、北オセチア共和国ーアラニア、タタルスタン共和国（タタルスタン)、トゥヴァ共和国、ウドムルト共和国、ハカシア

共和国、チェチェン共和国、チュヴァシ共和国―チュヴァシア

アルタイ地方、ザバイカル地方、カムチャツカ地方、クラスノダル地方、クラスノヤルスク地方、ペルミ地方、沿海地方、スタヴロポリ地方、ハバロフスク地方

アムール州、アルハンゲリスク州、アストラハン州、ベルゴロド州、ブリャンスク州、ウラジーミル州、ヴォルゴグラード州、ヴォログダ州、ヴォロネジ州、イワノヴォ州、イルクーツク州、カリーニングラード州、カルーガ州、ケメロヴォ州、キーロフ州、コストロマ州、クルガン州、クルスク州、レニングラード州、リペツク州、マガダン州、モスクワ州、ムルマンスク州、ニジェゴロド州、ノヴゴロド州、ノヴォシビルスク州、オムスク州、オレンブルク州、オリョール州、ペンザ州、プスコフ州、ロストフ州、リャザン州、サマラ州、サラトフ州、サハリン州、スヴェルドロフスク州、スモレンスク州、タンボフ州、トヴェリ州、トムスク州、トゥーラ州、チュメニ州、ウリヤノフスク州、チェリャビンスク州、ヤロスラヴリ州

モスクワ、サンクト・ペテルブルク、セヴァストーポリ―連邦的意義を有する市

ユダヤ自治州

ネネツ自治管区、ハンティ・マンシ自治管区―ユグラ、チュコト自治管区、ヤマロ・ネネツ自治管区

② 新しい連邦構成主体のロシア連邦への加入および設置は、連邦の憲法的法律によって定められる手続きにしたがって行われる。

〔1996年1月9日、同年2月10日、2001年6月9日、2003年7月25日の大統領令、2004年3月25日、2005年10月14日、2006年7月12日、同年12月30日、2007年7月12日、2014年3月21日の連邦の憲法的法律により、1項を改正〕

第66条〔連邦構成主体の地位〕

① 共和国の地位は、ロシア連邦憲法および共和国憲法によって定められる。

② 地方、州、連邦的意義を有する市、自治州、自治管区の地位は、ロシア連邦憲法およびロシア連邦の当該の連邦構成主体の立法（代表）機関が定める地方、州、連邦的意義を有する市、自治州、自治管区の憲章によって定められる。

③ 自治州、自治管区の立法機関および執行機関の提案に基づき、自治州、自治管区に関する連邦法律を定めることができる。

④ 地方または州に属する自治管区の問題は、連邦法律および自治管区の国家権力機関と当該の地方または州の国家権力機関の間の条約によって規制することができる。

⑤ ロシア連邦の構成主体の地位は、連邦の憲法的法律にしたがって、ロシア連邦およびロシア連邦構成主体の相互の同意に基づいて変更することができる。

第67条〔領域〕

① ロシア連邦の領域は、その連邦構成主体の領土、内水、領海および領空を含む。ロシア連邦の領域には、連邦法律にしたがい、連邦領を設置することができる。連邦領における公権力組織は、上記の連邦法律によって定められる。

② ロシア連邦は、連邦法律および国際法規範によって定められる手続きにしたがって、ロシア連邦の大陸棚および排他的経済水域に対し主権的権利を有し、管轄権を行使する。

②^{1} ロシア連邦は、その主権及び領域的一体性の保護を保障する。ロシア連邦の領土の一部の譲渡に向けられた（ロシア連邦と隣国との範囲の画定、国境画定および再画定をのぞく）活動、およびそのような活動を呼びかけることは認められない。

③ ロシア連邦構成主体の間の境界は、その相互の同意に基づき変更することができる。

〔2020年3月14日の憲法改正法により、1項を改正、2^{1}項を追加〕

第67^{1}条〔国家の歴史〕

① ロシア連邦は、その領域におけるソ連の法的継承国であり、また、国際組織およびそれらの機関への加入、国際条約への参加に関して、ならびに国際条約により定められたロシア連邦領外のソ連の債務および資産に関して、ソ連の法的継承国（法的後継国）である。

② 千年の歴史によって団結し、我々に理想

および神への信仰、ならびにロシア国家発展の継続性を授けた祖先の記憶を保持するロシア連邦は、歴史的に形成された国家の統一を認める。

③　ロシア連邦は、祖国の防衛者を追悼し、歴史的真実の保護を保障する。祖国防衛に関する国民の功績の意義を貶めることは、認められない。

④　子どもは、ロシアの国家政策の重要な優先事項である。国家は、子どもの全面的な精神的、道徳的、知的、肉体的な成長、ならびに子どもの愛国心、公民意識および年長者への敬意の育成を促進する条件を創出する。国家は、家庭の養育の優先を保障し、監護されずにいる子どもに対する親の義務を引き受ける。

〔2020年3月14日の憲法改正法により、追加〕

第68条〔国家語〕

①　ロシア連邦の国家語は、その全領域において、ロシア連邦の同権の諸民族による多民族同盟である国家を構成する人民の言語としてのロシア語である。

②　共和国は、独自の国家語を定めることができる。この国家語は、共和国の国家権力機関、地方自治機関および国家施設において、ロシア連邦の国家語とともに用いられる。

③　ロシア連邦は、その全ての諸民族に対し、母語を保護し、その学習と発展のための条件を創出する権利を保障する。

④　ロシア連邦における文化は、その多民族の人民の唯一無二の遺産である。文化は国家によって支援され、保護される。

〔2020年3月14日の憲法改正法により、1項を改正、4項を追加〕

第69条〔先住少数民族の権利〕

①　ロシア連邦は、国際法の一般に承認された原則および規範ならびにロシア連邦の国際条約にしたがって、先住少数民族の権利を保障する。

②　国家は、ロシア連邦のすべての諸民族および民族共同体の文化的独自性を保護し、民族文化的および言語的多様性の維持を保障する。

③　ロシア連邦は、国外に居住する同胞に対し、その権利行使、利益保護の保障、および全ロシアの文化的アイデンティティの維持を支援する。

〔2020年3月14日の憲法改正法により、2項、3項を追加〕

第70条〔国家の象徴〕

①　ロシア連邦の国旗、国章および国歌、その記述ならびに公の利用手続きは、連邦の憲法的法律によって定められる。

②　ロシア連邦の首都は、モスクワ市である。首都の地位は、連邦法律によって定められる。各連邦国家権力機関の常設所在地は、連邦の憲法的法律によって定められるその他の都市になりうる。

〔2020年3月14日の憲法改正法により、2項を改正〕

第71条〔連邦管轄事項〕

ロシア連邦の管轄には、以下の事項が含まれる。

1．ロシア連邦憲法および連邦法律の制定ならびに改正、それらの遵守に対する監督

2．ロシア連邦の連邦構造および領域

3．人および市民の権利ならびに自由の規制および保護、ロシア連邦における国籍、民族的少数者の権利の規制および保護

4．公権力組織、連邦の立法、執行および司法権力機関の体系、その組織および活動手続きの制定、連邦国家権力機関の形成

5．連邦国有財産およびその管理

6．ロシア連邦における国家的、経済的、生態系的、科学技術的、社会的、文化的および民族的な発展の分野における連邦政策の原則の制定および連邦プログラム。保健制度ならびに継続的教育を含む養育および教育制度の単一の法的原則の制定

7．単一市場の法的原則の制定、金融、通貨、信用および関税の規制、通貨発行、価格政策の原則、連邦銀行を含む連邦の経済的業務

8．連邦予算、連邦税および公課、連邦地域発展基金

9．連邦エネルギー体系、核エネルギー、核分裂物質、連邦の運輸、交通、情報、

情報技術および通信、宇宙事業

10. ロシア連邦の対外政策および国際関係、ロシア連邦の国際条約、戦争および平和の問題

11. ロシア連邦の対外経済関係

12. 国防および安全保障、防衛産業、武器、弾薬、軍事技術およびその他の軍事資産の売買手続きの決定、毒物、麻薬の生産およびそれらの利用手続き、情報技術の利用およびデジタル・データの流通に際しての個人、社会および国家の安全保障

13. ロシア連邦の国境、領海、領空、排他的経済水域および大陸棚の地位の決定および保護

14. 裁判所制度、検察制度、刑事および行刑法、人赦および特赦、民事法、訴訟法、知的所有権の法的規制

15. 連邦抵触法

16. 度量衡業務、標準規格、度量衡、メートル法および時法、測地および地図作製、地理的対象物の名称、気象業務、公式統計および簿記

17. ロシア連邦の国家賞および名誉称号

18. 連邦の国家公務員制度、国家および地方自治体の職務、および国家および地方自治業務の職務に就くことへの制限の設定。この制限には、外国籍または外国の居住証明書もしくはロシア連邦市民の外国への永住権を定めるその他の文書を有することに関連した制限、ならびにロシア連邦の領外にある外国の銀行に口座（預金）を開設および保有し、現金および有価証券を保管することに関連した制限が含まれる

〔2014年２月５日の憲法改正法により、１項14を改正、2020年３月14日の憲法改正法により、１項４、６、９、12、16、18を改正〕

第72条〔共同管轄事項〕

① ロシア連邦とロシア連邦構成主体の共同管轄には、以下の事項が含まれる。

1．共和国の憲法および法律、地方、州、連邦的意義を有する市、自治州、自治管区の憲章、法律およびその他の法令の、ロシア連邦憲法および連邦法律との適合性の保障

2．人および市民の権利ならびに自由の保護、民族的少数者の権利の保護、適法性、法秩序、社会的安全の保証、国境区域の管理

3．土地、地下資源、水資源およびその他の天然資源の占有、使用および処分の問題

4．国有財産の区分

5．自然利用、農業、環境保護および生態系の安全の保障、特別自然保護区域、歴史的および文化的遺産の保護

6．養育、教育、学術、文化、体育およびスポーツ、青少年政策の一般的問題

7．利用しやすく良質な医療支援の保障を含む保健に関する諸問題の調整、社会的健康の維持および強化、健康な生活様式導入のための条件の創出、市民が自身の健康に対し責任を持つ文化の形成、社会保障を含む社会的保護

7^{1}．家族、母性、父性および児童の保護、男性と女性の結びつきとしての婚姻制度の保護、家族における子どもの適切な養育のための、および成人した子どもが両親の面倒を見る義務の遂行のための条件の創出

8．大事故、自然災害、伝染病の対策措置の実施、およびその復興

9．ロシア連邦における租税公課の一般原則の制定

10. 行政、行政訴訟、労働、家族、住宅、土地、水資源、森林に関する立法、地下資源、環境保護に関する立法

11. 裁判機関および法維持機関の人事、弁護士制度、公証人制度

12. 少数エスニック集団の古来の居住環境および伝統的生活様式の保護

13. 国家権力機関および地方自治体の体系の組織に関する一般原則の制定

14. ロシア連邦構成主体の国際関係および対外経済関係の調整、ロシア連邦の国際条約の履行

② 本条の規定は、共和国、地方、州、連邦的意義を有する市、自治州、自治管区に対して等しく適用される。

〔2020年３月14日の憲法改正法により、１項５－７を改正、7^{1}を追加〕

第73条〔連邦構成主体の管轄事項〕

ロシア連邦の管轄事項およびロシア連邦とロシア連邦構成主体との共同管轄事項に関するロシア連邦の権限のほかは、ロシア連邦構成主体がすべての国家権力を保持する。

第74条〔単一の経済空間〕

① ロシア連邦の領域において、関税境界、関税、公課、ならびに商品、サービスおよび資金の自由な流通の障害となるその他のいかなる制限も、これを設定することは認められない。

② 商品およびサービスの流通の制限は、安全保障、人々の生命および健康の保護、自然および文化財の保護のために必要な場合に、連邦法律にしたがって行うことができる。

第75条〔通貨〕

① ロシア連邦における通貨単位は、ルーブルである。通貨の発行は、もっぱらロシア連邦中央銀行によって行われる。ロシア連邦におけるその他の通貨の導入および発行は、認められない。

② ルーブルの安定の維持および保障は、ロシア連邦中央銀行の基本的機能であり、中央銀行は他の国家権力機関から独立してこれを行使する。

③ 連邦予算に納入される租税の体系、およびロシア連邦における租税公課の一般原則は、連邦法律によって定められる。

④ 国債は、連邦法律によって定められる手続きに基づいて発行され、自発性の原則により配布される。

⑤ ロシア連邦は、市民の労働を尊重し、その権利保護を保障する。最低賃金は、ロシア連邦全土の労働可能人口の最低生活費より少なくない金額が、国家によって保障される。

⑥ ロシア連邦では、普遍主義、公正、世代間の連帯の原則に基づいて市民の年金保障制度が形成され、その効率的運用が維持され、連邦法律によって定められる手続きにより、少なくとも1年に1回、年金の物価スライドが実施される。

⑦ ロシア連邦では、連邦法律にしたがい、義務的な社会保険、市民への特定社会支援、社会手当およびその他の社会的支払いの物価スライド制が保障される。

〔2020年3月14日の憲法改正法により、5－7項を追加〕

第75^{1}条

ロシア連邦では、国家経済の安定成長および市民の福祉の向上のため、ならびに国家と社会の相互信頼のための条件が創出され、市民の尊厳の保護および勤労者への敬意が保障され、市民の権利および義務の均衡、社会的パートナーシップ、経済的、政治的および社会的連帯が提供される。

〔2020年3月14日の憲法改正法により、追加〕

第76条〔管轄事項に関する立法〕

① ロシア連邦の管轄事項に関して、ロシア連邦の全領域において直接効力を有する連邦の憲法的法律と連邦法律が制定される。

② ロシア連邦とロシア連邦構成主体との共同管轄事項に関して、連邦法律、ならびにそれにしたがって制定されるロシア連邦構成主体の法律およびその他の法令が公布される。

③ 連邦法律は、連邦の憲法的法律に違反することはできない。

④ ロシア連邦の管轄事項、ロシア連邦とロシア連邦構成主体との共同管轄事項をのぞき、共和国、地方、州、連邦的意義を有する市、自治州および自治管区は、法律およびその他の法令の制定を含む独自の法的規制を行う。

⑤ ロシア連邦構成主体の法律およびその他の法令は、本条第1項および第2項にしたがって制定される連邦法律に違反することはできない。連邦法律とロシア連邦において公布されたその他の法令が抵触する場合は、連邦法律が効力を有する。

⑥ 連邦法律と本条第4項にしたがって公布されるロシア連邦構成主体の法令が抵触する場合は、ロシア連邦構成主体の法令が効力を有する。

第77条〔連邦構成主体の国家権力機関〕

① 共和国、地方、州、連邦的意義を有する市、自治州および自治管区の国家権力機関の体系は、ロシア連邦の憲法体制の原則ならびに連邦法律によって定められる国家権力の代表機関および執行機関の組織に関す

る一般原則にしたがって、ロシア連邦構成主体が自主的にこれを定める。

② ロシア連邦の管轄事項およびロシア連邦とロシア連邦構成主体との共同管轄事項に関するロシア連邦の権限の範囲内において、連邦の執行権力機関およびロシア連邦構成主体の執行権力機関は、ロシア連邦における執行権力の統一的体系を形成する。

③ ロシア連邦構成主体の最高公職者（ロシア連邦構成主体の最高執行国家権力機関の長）になることができるのは、30歳以上の、ロシア連邦に定住し、外国籍または外国の居住証明書もしくはロシア連邦市民の外国への永住権を定めるその他の文書を有していないロシア連邦市民である。ロシア連邦構成主体の最高公職者（ロシア連邦構成主体の最高執行国家権力機関の長）は、連邦法律によって定められる手続きにより、ロシア連邦の領外にある外国の銀行に口座（預金）を開設および保有し、現金および有価証券を保管することを禁止される。連邦法律により、ロシア連邦構成主体の最高公職者（ロシア連邦構成主体の最高執行国家権力機関の長）に対する追加的要件を定めることができる。

〔2020年3月14日の憲法改正法により、3項を追加〕

第78条〔権限の委任〕

① 連邦の執行権力機関は、その権限行使のために、地方機関を設置し、対応する役職者を任命することができる。

② 連邦の執行権力機関は、ロシア連邦構成主体の執行権力機関との合意に基づき、ロシア連邦憲法および連邦法律に違反しない限り、その権限の一部の行使を連邦構成主体の執行権力機関に委任することができる。

③ ロシア連邦構成主体の執行権力機関は、連邦の執行権力機関との合意に基づき、その権限の一部の行使を連邦の執行権力機関に委任することができる。

④ ロシア連邦大統領およびロシア連邦政府は、ロシア連邦憲法にしたがい、ロシア連邦の全領域における連邦国家権力の行使を保障する。

⑤ 連邦国家機関の長になることができるのは、30歳以上の、ロシア連邦に定住し、外国籍または外国の居住証明書もしくはロシア連邦市民の外国への永住権を定めるその他の文書を有していないロシア連邦市民である。連邦国家機関の長は、連邦法律によって定められる手続きにより、ロシア連邦の領外にある外国の銀行に口座（預金）を開設および保有し、現金および有価証券を保管することを禁止される。

〔2020年3月14日の憲法改正法により、5項を追加〕

第79条〔国際組織への参加〕

ロシア連邦は、人および市民の権利ならびに自由を制限し、またはロシア連邦の憲法体制の原則に違反しない限り、ロシア連邦の国際条約にしたがって国際組織に参加し、その権限の一部をその国際組織に委任することができる。ロシア連邦の国際条約の規定に基づいて採択された国際組織の決定は、ロシア連邦憲法と矛盾すると解釈された場合、ロシア連邦において執行されない。

〔2020年3月14日の憲法改正法により、改正〕

第79^{1}条［国際の平和と安全、内政不干渉］

ロシア連邦は、国際の平和および安全の維持および強化、諸国家および諸民族の平和共存の保障、国家の内政干渉の禁止に関する措置を講ずる。

〔2020年3月14日の憲法改正法により、追加〕

第4章　ロシア連邦大統領

第80条〔大統領の地位および職務〕

① ロシア連邦大統領は、国家元首である。

② ロシア連邦大統領は、ロシア連邦憲法、人および市民の権利ならびに自由の保証人である。大統領は、ロシア連邦憲法によって定められる手続きにしたがい、ロシア連邦の主権、その独立および国家的一体性の保全に関する措置を講じ、市民の平和および合意を支援し、単一の公権力制度に含まれる諸機関の調整された活動および相互作用を保障する。

③ ロシア連邦大統領は、ロシア連邦憲法および連邦法律にしたがって、国家の内外政策の基本方針を決定する。

④ ロシア連邦大統領は、国家元首として、

国内および国際関係においてロシア連邦を代表する。

〔2020年３月14日の憲法改正法により、２項を改正〕

第81条〔大統領の選挙〕

① ロシア連邦大統領は、秘密投票で、普通・平等・直接の選挙権に基づき、ロシア連邦市民によって、６年の任期で選出される。

② ロシア連邦大統領に選出されうるのは、35歳以上で、ロシア連邦に25年以上定住し、外国籍または外国の居住証明書もしくはロシア連邦市民の外国への永住権を定めるその他の文書を有しておらず、かつこれまでも有したことがないロシア連邦市民である。ロシア連邦大統領候補に対する外国籍を持たないことに関する要件は、連邦の憲法的法律にしたがって、全部または一部がロシア連邦に編入された国家の国籍をかつて有していた、および全部または一部がロシア連邦に編入された国家の領域内に定住していたロシア連邦市民には適用されない。ロシア連邦大統領は、連邦法律によって定められる手続きにより、ロシア連邦の領外にある外国の銀行に口座（預金）を開設および保有し、現金および有価証券を保管することを禁止される。

③ 同一人物が、２期をこえて、ロシア連邦大統領の職務に就くことはできない。

③[1] 同一人物がロシア連邦大統領になることができる任期の数を制限するロシア連邦憲法第81条第３項の規定は、ロシア連邦大統領であった、および（または）現にロシア連邦大統領である人物に対しては、当該制限を導入するロシア連邦憲法の改正発効時にその職を務めていた、および（または）現在務めている任期の数を除いて適用され、上記規定により認められる任期の範囲内で当該人物がロシア連邦大統領になる可能性を排除しない。

④ ロシア連邦大統領の選挙手続きは、連邦法律によって定められる。

〔2008年12月30日の憲法改正法により、１項を改正、2020年３月14日の憲法改正法により、２、３項を改正、3[1]項を追加〕

第82条〔宣誓〕

① ロシア連邦大統領は、その就任にあたり人民に対して次の宣誓を行う。

「ロシア連邦大統領の権限行使にあたり、人および市民の権利ならびに自由を尊重し、擁護し、ロシア連邦憲法を遵守し、擁護し、国家の主権および独立、安全および一体性を守り、忠実に人民に奉仕することを誓います」

② 宣誓は、ロシア連邦セナートル、国家会議議員およびロシア連邦憲法裁判所裁判官の出席する式典で行われる。

〔2020年３月14日の憲法改正法により、２項を改正〕

第83条〔人事権〕

ロシア連邦大統領は、

1．ロシア連邦大統領の提案に基づき国家会議によって承認された候補者をロシア連邦政府議長〔以下、首相とする〕に任命し、ロシア連邦首相を解任する

2．ロシア連邦政府に対する全般的指揮を行う。ロシア連邦政府の会議を主宰する権利を有する

2[1]．ロシア連邦首相の提案に基づき、連邦執行権力機関の機構を承認し、その変更を行う。連邦執行権力機関の機構において、ロシア連邦大統領がその活動の指揮を行う機関およびロシア連邦首相がその活動の指揮を行う機関を決定する。ロシア連邦首相がロシア連邦大統領によって解任された場合には、新たに任命されたロシア連邦首相は、連邦執行権力機関の機構に関する提案をロシア連邦大統領に対して提出しない

3．ロシア連邦政府の総辞職を決定する

3[1]．ロシア連邦首相、ロシア連邦副首相、連邦大臣およびロシア連邦大統領がその活動の指揮を行う連邦執行権力機関の長の辞職を受理する

4．国家会議が承認したロシア連邦副首相および（本条第4[1]項に記される連邦大臣を除く）連邦大臣を任免する

4[1]．国防、国家安全保障、内務、法務、外務、非常事態予防および自然災害復興、ならびに社会的安全の問題を管轄する連邦執行権力機関の長（連邦大臣を含む）を連邦会議との協議ののちに任命し、解

任する

5．ロシア連邦首相の提案にしたがい、ロシア連邦政府の副首相、連邦大臣を任免する

6．ロシア連邦憲法裁判所長官、ロシア連邦憲法裁判所副長官、ロシア連邦憲法裁判所裁判官、ロシア連邦最高裁判所長官、ロシア連邦最高裁判所副長官、ロシア連邦最高裁判所裁判官を任命するための候補者を連邦会議に提出する。その他の連邦裁判所の長官、副長官、裁判官を任命する

6^{1}．ロシア連邦検事総長、ロシア連邦検事副総長、ロシア連邦構成主体の検事、軍検事およびロシア連邦構成主体の検事と同格のその他の専門検事を、連邦会議との協議ののちに任命し、解任する。任免手続きが連邦法律によって定められるその他の検事を任免する

6^{2}．連邦会議におけるロシア連邦代表を任免する

6^{3}．裁判官の名誉および尊厳を損なう行為が行われた場合、ならびに裁判官の権限を行使することができないことが明らかな連邦の憲法的法律に定められているその他の場合には、連邦の憲法的法律にしたがい、ロシア連邦憲法裁判所長官、ロシア連邦憲法裁判所副長官、ロシア連邦憲法裁判所裁判官、ロシア連邦最高裁判所長官、ロシア連邦最高裁判所副長官、ロシア連邦最高裁判所裁判官、破棄裁判所および控訴裁判所の長官、副長官および裁判官の権限停止に関する提案を連邦会議に提出する

6^{4}．会計検査院長官および会計検査院の検査官の半数を任命するための候補者を、連邦会議に提出する。会計検査院副長官および会計検査院の検査官の半数を任命するための候補者を、国家会議に提出する

6^{5}．公権力機関の調整された活動および相互作用の保障、ロシア連邦の内外政策の基本方針および国家の社会経済的発展の優先的方針の決定のために、ロシア連邦国家評議会を組織する。ロシア連邦国家評議会の地位は、連邦法律によって定められる

7．国益ならびに個人、社会および国家の安全の保障、ならびに国家における市民の平和と合意の保持、ロシア連邦の主権、独立、国家的一体性の保護、内外の脅威の抑止の問題に関する国家元首の権限行使において、国家元首に協力するために、ロシア連邦安全保障会議を組織し、主宰する。ロシア連邦安全保障会議の地位は、連邦法律によって定められる

8．ロシア連邦軍事ドクトリンを承認する

9．ロシア連邦大統領の権限実現の保障のために、ロシア連邦大統領府を組織する

10．ロシア連邦大統領全権代表を任免する

11．ロシア連邦軍最高司令部を任免する

12．連邦議会両院の所管の常任委員会および特別委員会との協議ののち、外国および国際組織におけるロシア連邦の外交代表を任命し、召喚する。

〔2014年2月5日の憲法改正法により、1項6を改正、6^{1}を追加。2014年7月21日の憲法改正法により、1項6^{2}を追加。2020年3月14日の憲法改正法により、1項1、2、4、6、6^{1}、7、9を改正、2^{1}、3^{1}、4^{1}、6^{3}-6^{5}を追加〕

第84条〔議会に対する権限〕

ロシア連邦大統領は、

1．ロシア連邦憲法および連邦法律にしたがって、国家会議の選挙を公示する

2．ロシア連邦憲法によって定められる場合に、その手続きにより、国家会議を解散する

3．連邦の憲法的法律によって定められる手続きにより、レフェレンダムを公示する

4．国家会議に法案を提出する

5．連邦法律に署名し、これを公布する

6．連邦議会に対し、国内情勢、国家の内外政策の基本方針に関する年次教書演説を行う。

第85条〔国家権力機関間の紛争〕

① ロシア連邦大統領は、ロシア連邦の国家権力機関とロシア連邦構成主体の国家権力機関の間、およびロシア連邦構成主体の国家権力機関相互の間の対立の解決のために協議手続きを利用することができる。協議による解決が得られない場合、大統領は、

紛争解決を所管の裁判所の審理に委ねることができる。
② ロシア連邦大統領は、ロシア連邦構成主体の執行権力機関の法令が、ロシア連邦憲法および連邦法律、ロシア連邦の国際的義務に違反し、または人および市民の権利ならびに自由を侵害する場合、所管する裁判所がこの問題を解決するまでの間、この法令の効力を停止することができる。

第86条〔外交権〕

ロシア連邦大統領は、
1．ロシア連邦の対外政策を指揮する
2．ロシア連邦の国際条約の交渉を行い、これに署名する
3．批准書に署名する
4．外交代表の信任状および召喚状を受理する。

第87条〔軍の最高司令〕

① ロシア連邦大統領は、ロシア連邦軍の最高司令官である。
② ロシア連邦が侵略された場合、または侵略の直接的な脅威がある場合、ロシア連邦大統領は、ロシア連邦の領土またはその個別の地域に戒厳令を布告し、直ちにこれを連邦会議および国家会議に通知する。
③ 戒厳令の体制は、連邦の憲法的法律によって定められる。

第88条〔非常事態の導入〕

ロシア連邦大統領は、ロシア連邦憲法および連邦の憲法的法律によって定められる事由がある場合、その手続きにより、ロシア連邦の領土またはその個別の地域に非常事態を導入し、直ちにこれを連邦会議および国家会議に通知する。

第89条〔国籍の付与等〕

ロシア連邦大統領は、
1．ロシア連邦の国籍および政治的庇護の提供の問題を解決する
2．ロシア連邦国家賞を授与し、ロシア連邦名誉称号、軍の上級称号および上級特別称号を授与する
3．特赦を行う。

第90条〔大統領令〕

① ロシア連邦大統領は、大統領令および命令を公布する。
② ロシア連邦大統領の大統領令および命令は、ロシア連邦の全領域においその執行を義務づけられる。
③ ロシア連邦大統領の大統領令および命令は、ロシア連邦憲法および連邦法律に違反してはならない。

第91条〔大統領の不逮捕特権〕

ロシア連邦大統領は、不逮捕特権を有する。

第92条〔大統領の任期〕

① ロシア連邦大統領は、その就任の宣誓を行った時から権限行使を開始し、新たに選出されたロシア連邦大統領が就任の宣誓を行った時に、任期満了によりその権限行使を終了する。
② ロシア連邦大統領は、本人が辞任した場合、その健康状態により権限行使が長期的に不可能な場合、または罷免された場合に、任期満了以前にその権限行使を終了する。この場合、ロシア連邦大統領選挙は、任期満了以前に権限行使が終了した時から3ヶ月以内に行わなければならない。
③ ロシア連邦大統領がその職務を遂行する状態にないすべての場合、ロシア連邦首相が一時的にその職務を行う。ロシア連邦大統領代行は、国家会議の解散、レフェレンダムの公示、ならびにロシア連邦憲法規定の修正および改正の提案を行う権利を有しない。

第92^{1}条［元大統領の不逮捕特権］

① 任期満了、または任期満了前の辞任、もしくは健康状態により自らに属する権限の行使が長期的に不可能であることによって、権限行使を終了したロシア連邦大統領は、不逮捕特権を有する。
② 任期満了、または任期満了前の辞任、もしくは健康状態により自らに属する権限の行使が長期的に不可能であることによって、権限行使を終了したロシア連邦大統領へのその他の保障は、連邦法律によって定められる。
③ 権限行使を終了したロシア連邦大統領は、ロシア連邦憲法第93条に定められた手続きにより不逮捕特権を剥奪される。

〔2020年3月14日の憲法改正法により、追加〕

第93条〔大統領の弾劾〕

① 国家会議が国家反逆またはその他の重大

犯罪のかどで現職および権限行使を終了した大統領の弾劾を提起し、ロシア連邦大統領の行為にその犯罪の構成要件が存在することをロシア連邦最高裁判所の結論によって確認され、所定の弾劾手続きが遵守されていることがロシア連邦憲法裁判所の結論によって確認された場合にのみ、ロシア連邦大統領は連邦会議によって罷免され、権限行使を終了したロシア連邦大統領は不逮捕特権を剥奪される。

② 弾劾の提起に関する国家会議の決定、ならびにロシア連邦大統領の罷免および権限行使を終了したロシア連邦大統領の不逮捕特権剥奪に関する連邦会議の決定は、国家会議議員の3分の1以上の発議により、国家会議の設置する特別委員会の結論がある場合に、ロシア連邦セナートルおよび国家会議議員のそれぞれの総数の3分の2の多数により、採択されなければならない。

③ ロシア連邦大統領の罷免および権限行使を終了したロシア連邦大統領の不逮捕特権剥奪に関する連邦会議の決定は、国家会議による大統領弾劾の提起後3ヶ月以内に採択されなければならない。この期間に連邦会議の決定が採択されない場合には、大統領に対する弾劾は否決されたものとみなされる。

〔2020年3月14日の憲法改正法により、1－3項を改正〕

第5章　連邦議会

第94条〔連邦議会の地位〕

連邦議会―ロシア連邦のパーラメント―は、ロシア連邦の代表および立法機関である。

第95条〔二院制〕

① 連邦議会は、連邦会議および国家会議という2つの院から構成される。

② 連邦会議はロシア連邦セナートルによって構成される。連邦会議に含まれるのは、

1．ロシア連邦の各連邦構成主体から2名の代表、すなわち国家権力の立法（代表）機関および執行機関から各1名で、当該機関の任期を有する

2．任期満了、または任期満了前の辞任により権限行使を終了したロシア連邦大統領で、終身である。任期満了、または任期満了前の辞任により権限行使を終了したロシア連邦大統領は、ロシア連邦セナートルの権限を辞退することができる。

3．ロシア連邦大統領によって任命される30名以下のロシア連邦代表。そのうち、7名以下は終身で任命される。

③ ロシア連邦セナートルの総数は、ロシア連邦憲法第65条に列挙されるロシア連邦構成主体の代表の数、および本条第2項2，3に定められたロシア連邦セナートルの権限を行使する人物の数に基づいて決定される。

④ ロシア連邦セナートルになることができるのは、30歳以上の、ロシア連邦に定住し、外国籍または外国の居住証明書もしくはロシア連邦市民の外国への永住権を定めるその他の文書を有していないロシア連邦市民である。ロシア連邦セナートルは、連邦法律によって定められる手続きにより、ロシア連邦の領外にある外国の銀行に口座（預金）を開設および保有し、現金および有価証券を保管することを禁止される。

⑤ 連邦会議において、ロシア連邦セナートルの権限を終身で行使するロシア連邦代表に任命されうるのは、国家的および社会的な活動の分野で国家に対し傑出した功績を有する市民である。

⑥ 連邦会議におけるロシア連邦代表は、ロシア連邦セナートルの権限を終身で行使するロシア連邦代表を除き、6年の任期で任命される。

⑦ 国家会議は、450名の議員によって構成される。

〔2014年7月21日の憲法改正法により、2項を改正。2020年3月14日の憲法改正法により、2－6項を改正、従前の5項が7項に変更〕

第96条〔議員の選出〕

① 国家会議は、5年の任期で選出される。

② 連邦会議の形成手続きおよび国家会議議員の選挙手続きは、連邦法律によって定められる。

〔2008年12月30日の憲法改正法により、1項を改正〕

第97条〔議員資格〕

① 国家会議議員に選出されうるのは、21歳

ロシア

に達し、選挙に参加する権利を有し、ロシア連邦に定住し、外国籍または外国の居住証明書もしくはロシア連邦市民の外国への永住権を定めるその他の文書を有していないロシア連邦市民である。国家会議議員は、連邦法律によって定められる手続きにより、ロシア連邦の領外にある外国の銀行に口座（預金）を開設および保有し、現金および有価証券を保管することを禁止される。

② 同一人物が、同時に、ロシア連邦セナートルおよび国家会議議員になることはできない。国家会議議員は、その他の国家権力代表機関および地方自治機関の議員となることはできない。

③ 国家会議議員は、専門の常勤職として従事する。国家会議議員は、公職に就くことはできず、教育、学術およびその他の創作活動を除き、他の有償の活動に従事することはできない。

〔2020年3月14日の憲法改正法により、1および2項を改正〕

第98条〔不逮捕特権〕

① ロシア連邦セナートルおよび国家会議議員は、その任期の全期間にわたり、不逮捕特権を有する。議員は、現行犯逮捕の場合をのぞき、逮捕され、拘留され、捜索されることはなく、他人の安全を保障するために連邦法律によって定められる場合をのぞき、身体検査されない。

② 不逮捕特権の剥奪に関する問題は、ロシア連邦検事総長の提案に基づき、連邦議会の該当する院によって決定される。

〔2020年3月14日の憲法改正法により、1項を改正〕

第99条〔連邦議会の活動期間〕

① 連邦議会は常時活動する機関である。

② 国家会議は、選挙の30日後に最初の会議を招集する。ロシア連邦大統領は、これ以前に国家会議の会議を招集することができる。

③ 国家会議の最初の会議は、最年長の議員が開会する。

④ 従前の会期の国家会議の権限は、新しい会期の国家会議の活動開始時に終了する。

第100条〔会議の公開〕

① 連邦会議および国家会議は、個別に会議を行う。

② 連邦会議および国家会議の会議は、公開である。各院の議院規則によって定められる場合は、両院は秘密会を行うことができる。

③ 両院は、ロシア連邦大統領の教書を聴くために、合同会議を招集することができる。

〔2020年3月14日の憲法改正法により、3項を改正〕

第101条〔院内秩序〕

① 連邦会議は、その議員の中から連邦会議議長および副議長を選出する。国家会議は、その議員の中から国家会議議長および副議長を選出する。

② 連邦会議議長および副議長、国家会議議長および副議長は、会議の議長を務め、両院の院内秩序を統括する。

③ 連邦会議および国家会議は、常任委員会および特別委員会を組織し、その管轄する問題について公聴会を開く。

④ 各院は、議院規則を定め、その活動に関する院内秩序の問題を決定する。

⑤ 連邦予算の執行の監督のために、連邦会議および国家会議は、会計検査院を組織する。その構成および活動手続は、連邦法律によって定められる。

第102条〔連邦会議の管轄事項〕

① 連邦会議の管轄には、以下の事項が含まれる。

1．ロシア連邦構成主体の間の境界変更の承認

2．戒厳令布告に関するロシア連邦大統領令の承認

3．非常事態導入に関するロシア連邦大統領令の承認

4．ロシア連邦の国外でのロシア連邦軍の利用の可能性に関する問題の決定

5．ロシア連邦大統領選挙の公示

6．ロシア連邦大統領の罷免、権限行使を終了したロシア連邦大統領の不逮捕特権の剥奪

7．ロシア連邦大統領の提案に基づく、ロシア連邦憲法裁判所長官、ロシア連邦憲法裁判所副長官、ロシア連邦憲法裁判所

裁判官、ロシア連邦最高裁判所長官、ロシア連邦最高裁判所副長官、ロシア連邦最高裁判所裁判官の任命

8．ロシア連邦大統領の提案に基づく、ロシア連邦検事総長、ロシア連邦検事副総長、ロシア連邦構成主体の検事、軍検事およびロシア連邦構成主体の検事と同格のその他の専門検事の候補者に関する協議の実施

9．ロシア連邦大統領の提案に基づく、会計検査院の副長官および検査官の半数の任免

10．ロシア連邦大統領に提案された、国防、国家安全保障、内務、法務、外務、非常事態予防および自然災害復興、ならびに社会的安全の問題を管轄する連邦執行権力機関の長（連邦大臣を含む）の候補者に関する協議の実施

11．裁判官の名誉および尊厳を損なう行為が行われた場合、ならびに裁判官の権限を行使することができないことが明らかな連邦の憲法的法律に定められているその他の場合に、連邦の憲法的法律にしたがい、ロシア連邦大統領の提案に基づく、ロシア連邦憲法裁判所長官、ロシア連邦憲法裁判所副長官、ロシア連邦憲法裁判所裁判官、ロシア連邦最高裁判所長官、ロシア連邦最高裁判所副長官、ロシア連邦最高裁判所裁判官、破棄裁判所および控訴裁判所の長官、副長官ならびに裁判官の権限停止

12．ロシア連邦における適法性および法秩序の状況に関するロシア連邦検事総長の年次報告の聴取

② 連邦会議は、ロシア連邦憲法によりその管轄事項とされる問題について決定を採択する。

③ 連邦会議の決定は、ロシア連邦憲法がその他の決定採択の手続きを定めていない限りは、ロシア連邦セナートルの総数の過半数によって採択される。

〔2014年２月５日の憲法改正法により、１項７および８を改正、2020年３月14日の憲法改正法により、１項６－９および３項を改正、１項10-12を追加〕

第103条〔国家会議の管轄事項〕

① 国家会議の管轄には、以下の事項が含まれる。

1．ロシア連邦大統領の提案に基づくロシア連邦首相候補者の承認

1^{1}．ロシア連邦首相の提案に基づく、ロシア連邦副首相および、ロシア連邦憲法第83条第4^{1}項に記された連邦大臣を除く連邦大臣候補者の承認

2．ロシア連邦政府の信任に関する問題の決定

3．国家会議によって決定された諸問題を含む政府の活動に関するロシア連邦政府の年次報告の聴取

4．ロシア連邦中央銀行総裁の任免

4^{1}．ロシア連邦中央銀行の年次報告の聴取

5．ロシア連邦大統領の提案に基づく、会計検査院の副長官および検査官の半数の任免

6．連邦の憲法的法律に従って活動する人権全権〔人権オンブズマン〕の任免。人権全権になることができるのは、ロシア連邦に定住し、外国籍または外国の居住証明書もしくはロシア連邦市民の外国への永住権を定めるその他の文書を有していないロシア連邦市民である。人権全権は、連邦法律によって定められる手続きにより、ロシア連邦の領外にある外国の銀行に口座（預金）を開設および保有し、現金および有価証券を保管することを禁止される

7．大赦の布告

8．ロシア連邦大統領の解任のための、または権限行使を終了したロシア連邦大統領の不逮捕特権剥奪のための弾劾決議

② 国家会議は、ロシア連邦憲法によりその管轄事項とされる問題に関する決定を採択する。

③ 国家会議の決定は、ロシア連邦憲法がその他の決定採択の手続を定めていない限りは、国家会議の議員総数の過半数によって採択される。

〔2008年12月30日の憲法改正法により、１項３を追加。従前の３から７が４から８に変更。2020年３月14日の憲法改正法により、１項１、５、６、８を改正、１項1^{1}、4^{1}を追加〕

第103^{1}条

連邦会議および国家会議は、国家機関および地方自治機関の長に対し、当該機関および公職者の管轄に属する問題に関し、議会質問状を送付することを含む議会監督を行うことができる。議会監督の実施手続きは、連邦法律および連邦議会議院規則により定められる。

〔2020年3月14日の憲法改正法により、追加〕

第104条〔立法発議権〕

① 立法発議権は、ロシア連邦大統領、連邦会議、ロシア連邦セナートル、国家会議議員、ロシア連邦政府、ロシア連邦構成主体の立法（代表）機関に属する。ロシア連邦憲法裁判所およびロシア連邦最高裁判所も、その管轄事項について立法発議権を有する。

② 法案は、国家会議に提出される。

③ 税の導入または廃止、税支払いの免除、国債の発行、国家の財政的義務の変更に関する法案、および連邦予算からの歳出を定めるその他の法案は、ロシア連邦政府の決定がある場合にのみ、提出することができる。

〔2014年2月5日の憲法改正法および2020年3月14日の憲法改正法により、1項を改正〕

第105条〔連邦法律の採択手続〕

① 連邦法律は、国家会議によって採択される。

② 連邦法律は、ロシア連邦憲法に別段の定めがない限りは、国家会議の議員総数の過半数によって採択される。

③ 国家会議によって採択された連邦法律は、5日以内に連邦会議の審議に付される。

④ 連邦法律は、連邦会議の議員総数の過半数の賛成がある場合、または14日以内に連邦会議によって審議されない場合、連邦会議によって承認されたとみなされる。連邦会議が連邦法律を否決した場合には、両院は、生じた不一致を克服するために協議委員会を設置することができ、その後に連邦法律は国家会議の再審議に付される。

⑤ 連邦会議の決定に国家会議が同意しない場合、この法律に対する再投票において国家会議の議員総数の3分の2以上の多数が賛成した時、連邦法律は採択されたものとみなされる。

第106条〔連邦会議への義務的審議事項〕

以下の問題に関して、国家会議が採択した連邦法律は、連邦会議における審議が義務付けられる。

1．連邦予算
2．連邦の租税および公課
3．財政、通貨、信用、関税の規則、通貨発行
4．ロシア連邦の国際条約の批准および破棄
5．ロシア連邦の国境の地位および保護
6．戦争および平和

第107条〔大統領の拒否権〕

① 採択された連邦法律は、5日以内にロシア連邦大統領に署名および公布のために送付される。

② ロシア連邦大統領は、14日以内に連邦法律に署名し、これを公布する。

③ ロシア連邦大統領が、連邦法律を受け取ってから14日以内にこれを拒否した場合は、国家会議および連邦会議は、ロシア連邦憲法によって定められた手続きにより、この法律の再審議を行う。再審議において、連邦法律が以前に採択された文面で連邦会議および国家会議それぞれの議員総数の3分の2以上の多数によって承認された場合は、この連邦法律は7日以内にロシア連邦大統領により署名され、公布される。ロシア連邦大統領が上記の期間内にロシア連邦憲法裁判所に連邦法律の憲法適合性の審査要求を行った場合、当該法律の署名期間は、ロシア連邦憲法裁判所による要求審理の間は停止される。ロシア連邦憲法裁判所が連邦法律の憲法適合性を認めた場合、ロシア連邦大統領は、ロシア連邦憲法裁判所による当該決定の発出から3日以内にその法律に署名する。ロシア連邦憲法裁判所が連邦法律の憲法適合性を認めなかった場合、ロシア連邦大統領は、署名せずにその法律を国家会議に差し戻す。

〔2020年3月14日の憲法改正法により、3項を改正〕

第108条〔連邦の憲法的法律〕

① 連邦の憲法的法律は、ロシア連邦憲法によって定められる問題について制定され

る。

② 連邦の憲法的法律は、連邦会議の議員総数の4分の3以上の多数、および国家会議の議員総数の3分の2以上の多数によって承認された場合に、採択されたとみなされる。採択された連邦の憲法的法律は、14日以内にロシア連邦大統領により署名され、公布される。ロシア連邦大統領が上記の期間内にロシア連邦憲法裁判所に連邦の憲法的法律の憲法適合性の審査要求を行った場合、当該法律の署名期間は、ロシア連邦憲法裁判所による要求審理の間は停止される。ロシア連邦憲法裁判所が連邦の憲法的法律の憲法適合性を認めた場合、ロシア連邦大統領は、ロシア連邦憲法裁判所による当該決定の発出から3日以内にその法律に署名する。ロシア連邦憲法裁判所が連邦の憲法的法律の憲法適合性を認めなかった場合、ロシア連邦大統領は、署名せずにその法律を国家会議に差し戻す。

〔2020年3月14日の憲法改正法により、2項を改正〕

第109条〔国家会議の解散〕

① 国家会議は、ロシア連邦憲法第111条、第112条および第117条に定められる場合に、ロシア連邦大統領によってこれを解散することができる。

② 国家会議が解散された場合、ロシア連邦大統領は、解散から4ヶ月以内に新たに選挙された国家会議が招集されるよう、選挙日を公示する。

③ 国家会議は、その選挙から1年以内は、ロシア連邦憲法第117条に定める根拠により、これを解散することはできない。

④ 国家会議がロシア連邦大統領の弾劾を提起してから連邦会議が関係する決定を採択するまでは、国家会議を解散することはできない。

⑤ 国家会議は、ロシア連邦の全土に戒厳令または非常事態が導入されている間、およびロシア連邦大統領の任期満了前の6ヶ月間は、これを解散することはできない。

〔2020年3月14日の憲法改正法により、1項を改正〕

第6章 ロシア連邦政府

第110条〔政府の地位および構成〕

① ロシア連邦の執行権は、ロシア連邦大統領の全般的指揮のもとで、ロシア連邦政府が行使する。

② ロシア連邦政府は、ロシア連邦首相、ロシア連邦副首相および連邦大臣によって構成される。

③ ロシア連邦政府は、ロシア連邦大統領がその活動の指揮を行うものを除く連邦執行権力機関の活動を指揮する。

④ ロシア連邦首相、ロシア連邦副首相、連邦大臣、その他の連邦執行権力機関の長になることができるのは、30歳以上の、外国籍または外国の居住証明書もしくはロシア連邦市民の外国への永住権を定めるその他の文書を有していないロシア連邦市民である。ロシア連邦首相、ロシア連邦副首相、連邦大臣、その他の連邦執行権力機関の長は、連邦法律によって定められる手続きにより、ロシア連邦の領外にある外国の銀行に口座（預金）を開設および保有し、現金および有価証券を保管することを禁止される。

〔2020年3月14日の憲法改正法により、1項を改正、3および4項を追加〕

第111条〔首相の任命〕

① ロシア連邦首相は、その候補者の国家会議による承認ののちに、ロシア連邦大統領によって任命される。

② ロシア連邦首相の候補者に関する提案は、新たに選出されたロシア連邦大統領の就任後もしくはロシア連邦政府の総辞職から2週間以内に、または、国家会議によるロシア連邦首相の候補者拒否、ロシア連邦大統領による解任、もしくはロシア連邦首相の辞職の日から1週間以内に、ロシア連邦大統領によって国家会議に提出される。

③ 国家会議は、ロシア連邦大統領が提案したロシア連邦首相の候補者を、提案提出日から1週間以内に審議する。

④ 提案されたロシア連邦首相の候補者を国家会議が3度拒否した場合、ロシア連邦大統領は、ロシア連邦首相を任命する。この場合、ロシア連邦大統領は、国家会議を解

散し、新しい選挙を公示することができる。

〔2020年3月14日の憲法改正法により、1－4項を改正〕

第112条〔政府の組織手続〕

① ロシア連邦首相は、前任のロシア連邦首相がロシア連邦大統領によって解任された場合を除き、任命後1週間以内にロシア連邦大統領に対し、連邦執行権力機関の機構について提案を行う。

② ロシア連邦首相は、ロシア連邦副首相および連邦大臣（ロシア連邦憲法第83条第4^{1}項に記された連邦大臣を除く）の候補者の承認を国家会議に提案する。国家会議は、1週間以内に提案された候補者に関する決定を採択する。

③ 国家会議によって候補者を承認されたロシア連邦副首相および連邦大臣は、ロシア連邦大統領によって任命される。ロシア連邦大統領は、国家会議によって候補者を承認されたロシア連邦副首相および連邦大臣の任命を拒否することはできない。

④ 本条第2項にしたがって提案されたロシア連邦副首相および連邦大臣の候補者を国家会議が3度拒否した後に、ロシア連邦大統領は、ロシア連邦首相によって提案された候補者の中からロシア連邦副首相および連邦大臣を任命することができる。本条第2項にしたがって提案されたロシア連邦副首相および連邦大臣の候補者を国家会議が3度拒否した後に、ロシア連邦政府構成員（ロシア連邦憲法第83条第4^{1}項に記された連邦大臣を除く）の3分の1以上が欠員である場合、ロシア連邦大統領は国家会議を解散し、新たな選挙を公示することができる。

⑤ ロシア連邦憲法第111条第4項により定められた場合、およびロシア連邦憲法に従って国家会議が解散される場合、ロシア連邦大統領は、ロシア連邦首相の提案に基づき、ロシア連邦副首相および連邦大臣（ロシア連邦憲法第83条第4^{1}項に記された連邦大臣を除く）を任命する。

〔2020年3月14日の憲法改正法により、1および2項を改正、3－5項を追加〕

第113条〔政府の活動の基本方針〕

ロシア連邦首相は、ロシア連邦憲法、連邦法律、ロシア連邦大統領の大統領令、大統領命令、委任にしたがい、ロシア連邦政府の活動を組織する。ロシア連邦首相は、ロシア連邦政府に委任された権限の遂行について、ロシア連邦大統領に対し個人的責任を負う。

〔2020年3月14日の憲法改正法により、改正〕

第114条〔政府の権限〕

① ロシア連邦政府は、

1．連邦予算を作成し、これを国家会議に提出し、その執行を保障する；国家会議に連邦予算の決算報告を提出する；国家会議によって決定された諸問題を含む政府の活動結果に関する年次報告を提出する

2．ロシア連邦における統一的な財政、信用および通貨政策の遂行を保障する

3．ロシア連邦における文化、学術、教育、保健、社会保障、家族の支援、強化および保護、家族の伝統的価値観の保全の分野における、ならびに環境保護の分野における社会志向の統一的な国家政策の遂行を保障する

3^{1}．ロシア連邦の科学技術の発展に対する国家的支援、ならびにその科学力の維持および発展を保障する

3^{2}．人および市民の権利ならびに自由の完全かつ平等な遂行に基づく、障がい者の社会的保護制度の機能、障がい者の差別なき社会統合、障がい者のためのバリアフリー環境の創出を保障する

4．連邦財産の管理を行う

5．ロシア連邦の国防、国家安全保障、対外政策の実現を保障する措置を講ずる

6．適法性の保障、市民の権利および自由の保障、財産および社会秩序の保護、犯罪対策に関する措置を講ずる

6^{1}．非営利組織を含む市民社会制度の支援に関する措置を実施し、国家政策の策定および実施へのそれらの参加を保障する

6^{2}．自発的（ボランティア）活動の支援措置を実施する

6^{3}．企業活動および民間のイニシアチブの発展を奨励する

6^{4}．労働関係およびそれと直接関連するそ

の他の関係の規制分野における社会的パートナーシップの原則の実現を保障する

6^5. 住民生活の良好な条件創出、経済およびその他の活動の環境への否定的影響の削減、我が国独自の自然および生態系の多様性の保全、動物に対する責任ある関係の社会における形成に向けた措置を実施する

6^6. 市民の環境教育および環境文化育成の制度発展のための条件を創出する

7. ロシア連邦憲法、連邦法律、ロシア連邦大統領令によって政府に委ねられたその他の権限を行使する。

② ロシア連邦政府の活動の手続は、連邦の憲法的法律によって定められる。

〔2008年12月30日の憲法改正法により、1項1を改正、2020年3月14日の憲法改正法により、1項3を改正、1項3^1および3^2、6^1–6^6を追加〕

第115条〔政府の決定および命令〕

① ロシア連邦憲法、連邦法律、ロシア連邦大統領の大統領令、大統領命令、委任に基づき、およびそれらの執行に際して、ロシア連邦政府は、決定および命令を公布し、これらの執行を保障する。

② ロシア連邦政府の決定および命令は、ロシア連邦においてその執行を義務付けられる。

③ ロシア連邦政府の決定および命令は、それがロシア連邦憲法、連邦法律およびロシア連邦大統領令および大統領命令に違反する場合、ロシア連邦大統領によりこれを取り消すことができる。

〔2020年3月14日の憲法改正法により、1項および3項を改正〕

第116条〔権限の返上〕

新たに選挙されたロシア連邦大統領に対して、ロシア連邦政府はその権限を返上する。

第117条〔政府の総辞職〕

① ロシア連邦政府は、総辞職することができる。この総辞職は、ロシア連邦大統領によって承認、または却下される。

② ロシア連邦大統領は、ロシア連邦政府の総辞職に関する決定を採択することができる。

③ 国家会議は、ロシア連邦政府の不信任を表明することができる。ロシア連邦政府の不信任に関する決定は、国家会議の議員総数の過半数によって採択される。国家会議がロシア連邦政府の不信任を表明した後、ロシア連邦大統領は、ロシア連邦政府の総辞職を宣言するか、または国家会議の決定に同意しないことができる。国家会議が3ヶ月以内に再度ロシア連邦政府の不信任を表明した場合、ロシア連邦大統領はロシア連邦政府総辞職を宣言するか、または国家会議を解散して、新しい選挙を公示する。

④ ロシア連邦首相は、国家会議に対してロシア連邦政府の信任問題を提案することができ、それは7日以内に審議に付される。国家会議が信任を拒否した場合、大統領は7日以内に、ロシア連邦政府の総辞職に関する決定を行うか、または国家会議の解散および新しい選挙の公示に関する決定を行うことができる。ロシア連邦政府が3ヶ月以内に再度信任問題を提案し、国家会議がロシア連邦政府の信任を拒否した場合、ロシア連邦大統領はロシア連邦政府の総辞職に関する決定を行うか、または国家会議の解散および新しい選挙の公示に関する決定を行う。

$④^1$ ロシア連邦首相、ロシア連邦副首相、連邦大臣は、辞表を提出することができる。その辞表はロシア連邦大統領によって受理されるか、または拒否される。

⑤ 総辞職または権限の返上の場合、ロシア連邦政府は、ロシア連邦大統領の委任により、新しいロシア連邦政府が組織されるまでその活動を継続する。ロシア連邦首相、ロシア連邦副首相、連邦大臣のロシア連邦大統領による解任または辞職の場合、ロシア連邦大統領は、当該職の任命までの間、その人物に職務遂行の継続を委任するか、または他の人物にその遂行を担当させることができる。

⑥ ロシア連邦憲法第109条第3項から第5項に定められている場合、およびロシア連邦憲法第111条第4項にしたがったロシア連邦首相の任命から1年間は、国家会議は、ロシア連邦政府の不信任を表明することができないし、ロシア連邦首相は、国家

会議に対しロシア連邦政府の信任問題を提案することができない。

〔2020年３月14日の憲法改正法により、３－５項を改正、4^1項および６項を追加〕

第７章　司法権および検察機関

〔2014年２月５日の憲法改正法により名称変更〕

第118条〔裁判〕

①　ロシア連邦における裁判は、裁判所によってのみ行われる。

②　司法権は、憲法裁判、民事裁判、仲裁裁判、行政裁判、刑事裁判により行使される。

③　ロシア連邦の裁判制度は、ロシア連邦憲法および連邦の憲法的法律によって定められる。ロシア連邦の裁判制度は、ロシア連邦憲法裁判所、ロシア連邦最高裁判所、一般管轄連邦裁判所、仲裁裁判所、ロシア連邦構成主体の治安判事から構成される。特別裁判所の設置は認められない。

〔2020年３月14日の憲法改正法により、２項および３項を改正〕

第119条〔裁判官の資格〕

裁判官になることができるのは、満25歳に達し、高等法学教育を修め、５年以上の法律専門職の実務経験を有し、ロシア連邦に定住し、外国籍または外国の居住証明書もしくはロシア連邦市民の外国への永住権を定めるその他の文書を有していないロシア連邦市民である。ロシア連邦の裁判所の裁判官は、連邦法律によって定められる手続きにより、ロシア連邦の領外にある外国の銀行に口座（預金）を開設および保有し、現金および有価証券を保管することを禁止される。連邦法律により、ロシア連邦の裁判所の裁判官に対する追加的な資格要件を定めることができる。

〔2020年３月14日の憲法改正法により、改正〕

第120条〔裁判官の独立〕

①　裁判官は独立であり、ロシア連邦憲法および連邦法律にのみしたがう。

②　裁判所は、事件の審理にあたり国家機関またはその他の機関の法令が法律に適合しないことを確認した場合は、法律にしたがって判決を下す。

第121条〔裁判官の身分保障〕

①　裁判官は、罷免されない。

②　裁判官の権限は、連邦法律によって定められる手続きと根拠によってのみ、中止または停止することができる。

第122条〔裁判官の不可侵〕

①　裁判官は、不可侵である。

②　裁判官は、連邦法律によって定められる手続きによらずに、刑事責任を追及されない。

第123条〔裁判の公開〕

①　全ての裁判所における事件の審理は、公開である。秘密法廷における事件の審理は、連邦法律によって定められる場合に認められる。

②　当事者が裁判所に不在のまま刑事事件を審理することは、連邦法律によって定められる場合をのぞき、認められない。

③　裁判手続きは、当事者主義および当事者の同権に基づいて行われる。

④　連邦法律によって定められる場合、裁判手続きは、陪審員の参加のもとで行われる。

第124条〔裁判所の財政〕

裁判所の財政は、連邦予算のみによって支出され、連邦法律にしたがって、裁判の完全かつ独立した実施の可能性を保障しなければならない。

第125条〔憲法裁判所〕

①　ロシア連邦憲法裁判所は、ロシア連邦における憲法監督の最高司法機関であり、憲法体制の原則の保護、人および市民の基本的権利ならびに自由の保護、ならびにロシア連邦の全領域におけるロシア連邦憲法の最高性および直接的効力の保障のために、憲法裁判を通じて司法権を行使する。ロシア連邦憲法裁判所は、ロシア連邦憲法裁判所長官および副長官を含めて11名の裁判官によって構成される。

②　ロシア連邦憲法裁判所は、ロシア連邦大統領、連邦会議、国家会議、ロシア連邦セナートルまたは国家会議議員の５分の１、ロシア連邦政府、ロシア連邦最高裁判所、ロシア連邦構成主体の立法および執行権力機関の要求により、以下の事項のロシア連

邦憲法との適合性に関する事件を解決する。

1．連邦の憲法的法律、連邦法律、ならびにロシア連邦大統領、連邦会議、国家会議およびロシア連邦政府の規範的法令

2．共和国の憲法、ロシア連邦構成主体の憲章、ならびにロシア連邦の国家権力機関の管轄およびロシア連邦の国家権力機関とロシア連邦構成主体の国家権力機関との共同管轄に属する問題について公布されたロシア連邦構成主体の法律およびその他の法令

3．ロシア連邦の国家権力機関とロシア連邦構成主体の国家権力機関の条約、ロシア連邦構成主体の国家権力機関の間の条約

4．発効前のロシア連邦の国際条約

③　ロシア連邦憲法裁判所は、以下の権限に関する紛争を解決する。

1．連邦国家権力機関の間の紛争

2．ロシア連邦の国家権力機関とロシア連邦構成主体の国家権力機関の紛争

3．ロシア連邦構成主体の最高国家機関の間の紛争

④　ロシア連邦憲法裁判所は、連邦の憲法的法律によって定められる手続きにしたがって、以下の点を審査する。

1．市民の憲法上の権利および自由の侵害に対する訴えによる、本条第2項1および2に記された法律ならびにその他の規範的法令の憲法適合性

2．裁判所の要求による、具体的事件に適用されるべき本条第2項1および2に記された法律ならびにその他の規範的法令の憲法適合性

⑤　ロシア連邦憲法裁判所は、ロシア連邦大統領、連邦会議、国家会議、ロシア連邦政府、ロシア連邦構成主体の立法権力機関の要求により、ロシア連邦憲法の解釈を示す。

⑤[1]　ロシア連邦憲法裁判所は、

1．ロシア連邦大統領の要求により、ロシア連邦憲法改正に関するロシア連邦法案、連邦の憲法的法律および連邦法律の法案、ならびにロシア連邦憲法第107条第2項および第3項ならびに第108条第2項に定められた手続きにより採択された法律の憲法適合性を、ロシア連邦大統領によるそれらへの署名までに審査する。

2．連邦の憲法的法律によって定められる手続きにしたがって、ロシア連邦憲法と矛盾すると解釈される、ロシア連邦の国際条約の規定に基づいて採択された国際機関の決定の履行可能性についての問題、ならびに、ロシア連邦に義務を課す、外国または国際（国家間）裁判所および外国または国際調停裁判所（仲裁裁判所）の決定が、ロシア連邦の公的法秩序の原則に矛盾する場合に、その決定の履行可能性についての問題を解決する。

3．ロシア連邦大統領の要求により、連邦の憲法的法律によって定められる手続きにしたがって、ロシア連邦構成主体の法律の憲法適合性を、ロシア連邦構成主体の最高公職者（ロシア連邦構成主体の最高執行国家権力機関の長）による公布までに審査する。

⑥　違憲であると認められた法令またはその個々の規定は、効力を失う。ロシア連邦憲法に適合しないロシア連邦の国際条約は、発効せず、適用されない。ロシア連邦憲法裁判所によって与えられた解釈において憲法適合的であると認められた法令またはその個々の規定は、他の解釈で適用してはならない。

⑦　ロシア連邦憲法裁判所は、連邦会議の要求により、国家反逆またはその他の重大犯罪の実行に対するロシア連邦大統領または権限行使を終了したロシア連邦大統領の弾劾が、所定の手続きを遵守して行われたかどうかの結論を示す。

〔2014年2月5日の憲法改正法により、2項を改正。2020年3月14日の憲法改正法により、1、2、4、6、7項を改正、5[1]項を追加〕

第126条〔最高裁判所〕

ロシア連邦最高裁判所は、民事事件、経済紛争の解決、刑事事件、行政事件ならびに一般管轄裁判所および仲裁裁判所の管轄するその他の事件に関する最高の司法機関であり、連邦の憲法的法律にしたがって組織され、民事、仲裁、行政、刑事の裁判手

続きを通じて司法権を行使する。ロシア連邦最高裁判所は、連邦法律によって定められる訴訟形態により、一般管轄裁判所および仲裁裁判所の活動に対する裁判監督を行い、裁判実務の問題に関する説明を示す。
〔2014年２月５日の憲法改正法および2020年３月14日の憲法改正法により、改正〕

第127条　削除
〔2014年２月５日の憲法改正法により、削除〕

第128条〔裁判官の任命手続〕

① ロシア連邦憲法裁判所長官、ロシア連邦憲法裁判所副長官、ロシア連邦憲法裁判所裁判官、ロシア連邦最高裁判所長官、ロシア連邦最高裁判所副長官、ロシア連邦最高裁判所裁判官は、ロシア連邦大統領の提案に基づき、連邦会議によって任命される。

② その他の連邦裁判所の長官、副長官、裁判官は、連邦法律によって定められる手続にしたがって、ロシア連邦大統領によって任命される。

③ ロシア連邦憲法裁判所、ロシア連邦最高裁判所およびその他の連邦裁判所の権限、ならびに組織および活動の手続は、ロシア連邦憲法および連邦の憲法的法律によって定められる。民事、仲裁、行政および刑事の裁判手続きを実施する手続きは、適当な訴訟法によっても規制される。

〔2014年２月５日および2020年３月14日の憲法改正法の憲法改正法により、１－３項を改正〕

第129条〔検察機関〕

① ロシア連邦検察庁は、その権限にしたがって、ロシア連邦憲法の遵守および法律の執行に対する監督、人および市民の権利ならびに自由の遵守に対する監督、刑事訴追を行い、ならびにその他の職務を遂行する単一の集権的な連邦制度である。

② 検事になることができるのは、外国籍または外国の居住証明書もしくはロシア連邦市民の外国への永住権を定めるその他の文書を有していないロシア連邦市民である。検事は、連邦法律によって定められる手続きにより、ロシア連邦の領外にある外国の銀行に口座（預金）を開設および保有し、現金および有価証券を保管することを禁止される。

③ ロシア連邦検事総長およびロシア連邦検事副総長は、連邦会議との協議ののちにロシア連邦大統領によって任命され、ロシア連邦大統領によって解任される。

④ ロシア連邦構成主体の検事、軍検事およびロシア連邦構成主体の検事と同格のその他の専門検事は、連邦会議との協議ののちにロシア連邦大統領によって任命され、ロシア連邦大統領によって解任される。

⑤ その他の検事は、その任免手続きが連邦法律によって定められている場合、ロシア連邦大統領によって任免される。

⑥ 連邦法律によりその他の定めがない場合、市、地区の検事およびそれと同格の検事は、ロシア連邦検事総長によって任免される。

〔2014年２月５日の憲法改正法により、１－５項を改正、2020年３月14日の憲法改正法により、１－５項を改正、６項を追加〕

第８章　地方自治

第130条〔地方自治の基本原則〕

① ロシア連邦における地方自治は、地方的意義を有する問題の住民による自主的な決定、ならびに自治体財産の占有、使用および処分を保障する。

② 地方自治は、レフェレンダム、選挙、その他の直接的な意思表明の形態、ならびに選挙されたもしくはその他の地方自治機関を通じて、市民により実現される。

第131条〔地方自治の単位〕

① 地方自治は、その形態が連邦法律によって定められている地方自治体において実施される。地方自治体の領域は、歴史その他の地方的伝統を考慮して決定される。地方自治機関の機構は、連邦法律によって定められるロシア連邦における地方自治組織の一般原則にしたがって、住民によって自主的に定められる。

①[1] 国家権力機関は、連邦法律によって定められている場合、その手続きにより、地方自治機関の編成、地方自治機関の公職者の任免に参与することができる。

② 地方自治が行われる地域の境界変更は、連邦法律によって定められる手続きにより、当該地域の住民の意見を考慮した場合

に、認められる。

③　連邦的意義を有する市、ロシア連邦構成主体の行政中心都市（首都）およびその他の地域における公権力の遂行の特性は、これを連邦法律によって定めることができる。

〔2020年３月14日の憲法改正法により、１項および２項を改正、1^{1}項および３項を追加〕

第132条〔地方自治機関の職務〕

①　地方自治機関は、自主的に自治体財産を管理し、地方予算を編成し、承認し、執行し、地方の租税および公課を定め、地方的意義を有するその他の問題を解決し、ならびに連邦法律にしたがって、その権限の範囲内で医療へのアクセスを保障する。

②　地方自治機関には、連邦法律およびロシア連邦構成主体の法律によって、その権限行使に必要な物資および資金を交付するという条件で、一定の国家的権限を付与することができる。委譲された権限の実現は、国家の監督を受ける。

③　地方自治機関および国家権力機関は、ロシア連邦における単一の公権力制度に含まれ、当該地域に居住する住民の利益に関わる課題の最も効果的な解決のために、協力する。

〔2020年３月14日の憲法改正法により、１項および２項を改正、３校を追加〕

第133条〔地方自治権の保障〕

ロシア連邦における地方自治は、裁判による保護を受ける権利、地方自治機関が国家権力機関と協力して公的職務を遂行した結果生じた追加的支出の補償を受ける権利、ならびにロシア連邦憲法および連邦法律によって定められる地方自治体の権利の制限禁止によって、保障される。

〔2020年３月14日の憲法改正法により、改正〕

第９章　憲法の修正および改正

第134条〔憲法修正および改正の発議〕

ロシア連邦憲法の規定の修正および改正の提案は、ロシア連邦大統領、連邦会議、国家会議、ロシア連邦政府、ロシア連邦構成主体の立法（代表）機関、および連邦会議議員または国家会議議員の５分の１以上の集団が行うことができる。

第135条〔憲法第１、２、９章の改正〕

①　ロシア連邦憲法第１章、第２章および第９章の規定は、連邦議会によって改正することはできない。

②　ロシア連邦憲法第１章、第２章および第９章の規定の改正に関する提案が、連邦会議議員および国家会議議員の議員総数の５分の３によって支持された場合、連邦の憲法的法律にしたがって、憲法議会が招集される。

③　憲法議会は、ロシア連邦憲法を改正しないことを確認するか、または新しいロシア連邦憲法草案を作成する。この新しい憲法草案は、憲法議会によりその議員総数の３分の２の多数によって採択されるか、または国民投票に付される。国民投票が実施された場合、ロシア連邦憲法は、選挙人の過半数の参加を条件として、投票に参加した選挙人の過半数が賛成した場合に、採択されたものとみなされる。

第136条〔憲法第３－８章の修正〕

ロシア連邦憲法の第３章ないし第８章の規定の修正は、連邦の憲法的法律の採択のために定められた手続きで採択され、３分の２以上のロシア連邦構成主体の立法権力機関の承認を得た後に、施行される。

第137条〔憲法第65条の変更〕

①　ロシア連邦の構成を定めるロシア連邦憲法第65条の変更は、新しい連邦構成主体のロシア連邦への加入および設置、ロシア連邦構成主体の憲法的・法的地位の変更に関する連邦の憲法的法律に基づいて行われる。

②　共和国、地方、州、連邦的意義を有する市、自治州、自治管区の名称変更の場合、ロシア連邦構成主体の新しい名称が、ロシア連邦憲法第65条に挿入される。

第２編　最終規定および経過規定

①　ロシア連邦憲法は、全人民投票の結果に基づき、それが正式に公布された日に施行される。

同時に、1978年４月12日に制定され、その後改正および増補されたロシア連邦―ロシア憲法（基本法）は、失効する。

連邦条約－ロシア連邦の連邦国家権力機関とロシア連邦を構成する主権共和国の国家権力機関の間の管轄および権限の区分に関する条約、ロシア連邦の連邦国家権力機関とロシア連邦の地方、州、モスクワ市およびサンクト・ペテルブルク市の国家権力機関の間の管轄および権限の区分に関する条約、ロシア連邦の連邦国家権力機関とロシア連邦を構成する自治州および自治管区の国家権力機関の間の管轄および権限の区分に関する条約－、ロシア連邦の連邦国家権力機関とロシア連邦構成主体の国家権力機関の間のその他の条約、ならびにロシア連邦主体の国家権力機関相互の間の条約の規定が、ロシア連邦憲法の規定に適合しない場合は、ロシア連邦憲法の規定が効力を有する。

② 本憲法の施行前にロシア連邦領土において施行されていた法律およびその他の法令は、ロシア連邦憲法に抵触しない部分が適用される。

③ ロシア連邦－ロシア憲法（基本法）にしたがって選出されたロシア連邦大統領は、本憲法の施行日から、選挙されたその任期が満了するまで、本憲法によって定められる権限を行使する。

④ ロシア連邦閣僚会議－政府は、本憲法の施行日からロシア連邦憲法によって定められるロシア連邦政府の権利を有し、義務および責任を負い、以後はロシア連邦政府という名称になる。

⑤ ロシア連邦の裁判官は、本憲法によって定められるその権限にしたがって裁判を行う。

憲法施行後、ロシア連邦のすべての裁判所の裁判官は、選出されたその任期が満了するまで、その権限を保持する。欠員は、本憲法によって定められる手続により、補充される。

⑥ 陪審員の参加する裁判所の事件の審理手続きを定める連邦法律が施行されるまで、当該事件の従前の審理手続が維持される。

本憲法の規定にしたがってロシア連邦の刑事訴訟法が制定されるまで、犯罪遂行の被疑者の逮捕、拘留および拘禁に関する従前の手続が維持される。

⑦ 第1期の連邦会議および第1期の国家会議は、2年任期で選出される。

⑧ 連邦会議の第1回会議は、選挙後30日目に招集される。連邦会議の第1回会議は、ロシア連邦大統領が開会する。

⑨ 第1期の国家会議議員は、同時にロシア連邦政府の構成員となることができる。ロシア連邦政府の構成員である国家会議議員には、職務遂行に関連する行為（または不作為）に対する責任についての議員の不逮捕特権を定めた本憲法の規定は適用されない。

第1期の連邦会議議員は、非常勤の原則でその権限を行使する。

ロシア連邦憲法改正経過一覧

回	改正法律の名称	改正年月日
1	ロシア連邦大統領令 No. 20「ロシア連邦憲法第65条へのロシア連邦構成主体の新名称挿入について」	1996.1.9
2	ロシア連邦大統領令 No. 173「ロシア連邦憲法第65条へのロシア連邦構成主体の新名称挿入について」	1996.2.10
3	ロシア連邦大統領令 No. 679「ロシア連邦憲法第65条へのロシア連邦構成主体の新名称挿入について」	2001.6.9
4	ロシア連邦大統領令 No. 841「ロシア連邦憲法第65条へのロシア連邦構成主体の新名称挿入について」	2003.7.25
5	連邦の憲法的法律 No. 1－ΦＫ３「ペルミ州とコミ・ペルミャク自治管区の統合による新しいロシア連邦構成主体の形成について」	2004.3.25

6	連邦の憲法的法律 No. 6―ФКЗ「クラスノヤルスク地方、タイムィル自治管区、エヴェンキ自治管区の統合による新しいロシア連邦構成主体の形成について」	2005.10.14
7	連邦の憲法的法律 No. 2―ФКЗ「カムチャツカ州とコリャーク自治管区の統合による新しいロシア連邦構成主体の形成について」	2006.7.12
8	連邦の憲法的法律 No. 6―ФКЗ「イルクーツク州とウスチ・オルダ・ブリャート自治管区の統合による新しいロシア連邦構成主体の形成について」	2006.12.30
9	連邦の憲法的法律 No. 5―ФКЗ「チタ州とアガ・ブリャート自治管区の統合による新しいロシア連邦構成主体の形成について」	2007.7.21
10	ロシア連邦憲法改正に関するロシア連邦法 No. 6―ФКЗ「ロシア連邦大統領および国家会議の任期変更について」	2008.12.30
11	ロシア連邦憲法改正に関するロシア連邦法 No. 7―ФКЗ「ロシア連邦政府に対する国家会議の監督権限について」	2008.12.30
12	ロシア連邦憲法改正に関するロシア連邦法 No. 2―ФКЗ「ロシア連邦最高裁判所およびロシア連邦検察機関について」	2014.2.5
13	連邦の憲法的法律 No. 6―ФКЗ「クリミア共和国のロシア連邦への編入および新しいロシア連邦構成主体―クリミア共和国と連邦的意義を有する市セヴァストーポリの形成について」	2014.3.21
14	ロシア連邦憲法改正に関するロシア連邦法 No. 11―ФКЗ「ロシア連邦連邦議会連邦会議について」	2014.7.21
15	ロシア連邦憲法改正に関するロシア連邦法 No. 1―ФКЗ「公権力の組織および機能に関するいくつかの問題の調整改善について」	2020.3.14

ロシア連邦憲法〔1993年〕〔2020年改正前の条文〕

〔前文〕

　われわれ、多民族からなるロシア連邦の人民は、その大地において共通の運命によって結び付けられ、人の権利および自由、ならびに市民の平和および合意を確認し、歴史的に形成された国家的統一を保持し、民族の同権と自決という一般に承認された原則に立脚し、祖国に対する愛および尊敬、善および正義に対する信頼をわれわれに伝えた祖先を偲び、主権国家としてのロシアを復興し、そしてその民主的基礎を揺るぎないものにし、ロシアの安寧と繁栄の保障を目指し、現在および将来の世代に対する祖国への責任に立脚し、世界の共同体の一員であることを自覚して、ここにロシア連邦憲法を採択する。

第１編

第１章　憲法体制の原則

第１条〔統治形態〕

① ロシア連邦―ロシアは、共和制の統治形態をとる民主的な連邦制の法治国家である。

② ロシア連邦とロシアという名称は、同義である。

第２条〔人の権利および自由〕

　人、その権利および自由は、最高の価値である。人および市民の権利ならびに自由を承認し、遵守し、ならびに擁護することは、国家の義務である。

第３条〔人民主権〕

① ロシア連邦における主権の担い手および権力の唯一の源泉は、その多民族からなる人民である。

② 人民は、直接に、ならびに国家権力機関および地方自治機関を通じてその権力を行使する。

③ レフェレンダムおよび自由選挙は、人民の権力の最高かつ直接的な表現である。

④ 何人も、ロシア連邦における権力を簒奪することはできない。権力の奪取または権力的権限の簒奪は、連邦法律にしたがい訴追される。

第４条〔国家主権〕

① ロシア連邦の主権は、その全領域におよぶ。

② ロシア連邦憲法および連邦法律は、ロシア連邦の全領域における最高法規である。

③ ロシア連邦は、その全領域の一体性および不可侵性を保障する。

第５条〔連邦制〕

① ロシア連邦は、同権のロシア連邦構成主体である共和国、地方〔クライ〕、州、連邦的意義を有する市、自治州、自治管区から構成される。

② 共和国（国家）は、独自の憲法および法令を有する。地方、州、連邦的意義を有する市、自治州、自治管区は、独自の憲章および法令を有する。

③ ロシア連邦の連邦制度は、その国家的一体性、国家権力体系の統一、ロシア連邦の国家権力機関とロシア連邦構成主体の国家権力機関の間の管轄事項および権限の区分、ロシア連邦における諸民族の同権および自決に基礎を置く。

④ 連邦国家権力機関との相互関係において、ロシア連邦のすべての構成主体は、互いに同権である。

第６条〔国籍〕

① ロシア連邦の国籍は、連邦法律にしたがって取得され、または抹消され、その取得の事由にかかわらず単一であり、平等である。

② ロシア連邦の各市民は、その領域内において、ロシア連邦憲法に定められるすべての権利および自由を有し、平等の義務を負う。

③ ロシア連邦の市民は、その国籍を奪われることはなく、またはそれを変更する権利を奪われない。

第７条〔社会国家〕

① ロシア連邦は社会国家であり、その政策は、人の相応な生活と自由な発展を保障する条件の創出をめざす。

② ロシア連邦において、人々の労働および

健康が保護され、労働賃金の最低保障額が定められ、家族、母性、父性、子ども、障がい者および老齢市民に対する国家的支援が保障され、社会的サービスの制度が展開され、国家年金、扶助金およびその他の社会的保護を保障する制度が設けられる。

第８条〔経済活動の自由〕

① ロシア連邦において、経済空間の統一、商品、サービスおよび資本の自由移動、競争の保護、経済活動の自由が保障される。

② ロシア連邦において、私的、国家的、自治体的およびその他の所有形態は、等しく承認され、保護される。

第９条〔土地および天然資源〕

① ロシア連邦において、土地およびその他の天然資源は、当該領域に居住する人民の生活および活動の基礎として、利用され、保護される。

② 土地およびその他の天然資源は、私的、国家的、自治体的およびその他の所有形態をとることができる。

第10条〔権力分立〕

ロシア連邦における国家権力は、立法権、執行権および司法権への分立に基いて行使される。立法、執行および司法権力機関はそれぞれ独立である。

第11条〔国家権力機関〕

① ロシア連邦における国家権力は、ロシア連邦大統領、連邦議会（連邦会議および国家会議）、ロシア連邦政府およびロシア連邦の裁判所がこれを行使する。

② ロシア連邦構成主体における国家権力は、ロシア連邦構成主体によって組織された国家権力機関がこれを行使する。

③ ロシア連邦の国家権力機関とロシア連邦構成主体の国家権力機関の間の管轄事項および権限の区分は、本憲法、連邦条約および管轄事項と権限の区分に関するその他の諸条約によって行われる。

第12条〔地方自治〕

ロシア連邦においては、地方自治が承認され、保障される。地方自治体は、自らの権限の枠内において独立である。地方自治機関は国家権力機関の体系に属さない。

第13条〔イデオロギーの多様性〕

① ロシア連邦においては、イデオロギーの多様性が承認される。

② いかなるイデオロギーも、国家的または義務的なものとすることはできない。

③ ロシア連邦においては、政治的多様性および複数政党制が承認される。

④ 社会団体は法律の前に平等である。

⑤ その目的や活動が、ロシア連邦の憲法体制の原則を暴力的に変更し、ロシア連邦の一体性を侵害し、国家の安全を破壊し、武装組織を設立し、社会的、人種的、民族的および宗教的憎悪を扇動することを志向する社会団体の設立や活動は禁止される。

第14条〔世俗国家〕

① ロシア連邦は、世俗国家である。いかなる宗教も国家的または義務的なものとすることはできない。

② 宗教団体は、国家から分離され、法律の前に平等である。

第15条〔法体系〕

① ロシア連邦憲法は、最高の法的効力および直接的効力を有し、ロシア連邦の全領域において適用される。ロシア連邦において採択される法律やその他の法令は、ロシア連邦憲法に反してはならない。

② 国家権力機関、地方自治機関、公務員、市民およびその団体は、ロシア連邦憲法および法律を遵守する義務を負う。

③ 法律は公布される。公布されない法律は適用されない。人および市民の権利、自由ならびに義務に関わるあらゆる法令は、一般に周知するために公布されない限り、これを適用することができない。

④ 国際法の一般原則および規範、ならびにロシア連邦の国際条約は、ロシア連邦の法体系を構成する一部となる。法律に定められた規則と異なることがロシア連邦の国際条約によって定められた場合には、国際条約の規則が適用される。

第16条〔憲法第１章の意義〕

① 憲法の本章の規定は、ロシア連邦憲法体制の原則をなし、本憲法に定められた手続きによらずにこれを改正することはできない。

② 本憲法の他のいかなる規定も、ロシア連邦憲法体制の原則に反することはできない。

第２章　人および市民の権利ならびに自由

第17条〔人権の不可侵性〕

①　ロシア連邦において、人および市民の権利ならびに自由は、国際法の一般原則および規範にしたがい、ならびに本憲法に基づいて、承認され、保障される。

②　人の基本的権利および自由は、譲渡不能であり、生まれながらに各人に属する。

③　人および市民の権利ならびに自由は、他人の権利および自由を侵害してはならない。

第18条〔人権の直接的効力〕

人および市民の権利ならびに自由は、直接的効力を有する。それは、法律の意味、内容および適用、ならびに立法権、執行権、地方自治体の活動を規定し、司法によって保障される。

第19条〔法の下の平等〕

①　すべての人は、法律および裁判所の前に平等である。

②　国家は、性別、人種、民族、言語、出自、財産上および職務上の地位、居住地、宗教に対する態度、信条、社会団体への所属、ならびにその他の事由にかかわらず、人および市民の権利ならびに自由の平等を保障する。社会的、人種的、民族的、言語的または宗教的帰属に基づく市民の権利のいかなる形態の制限も、禁止される。

③　男性および女性は、平等の権利および自由、ならびにその実現のための平等の機会を有する。

第20条〔生命権〕

①　各人は、生命に対する権利を有する。

②　死刑は、陪審員の参加する裁判で事件が審理される権利を被告人に付与する場合には、生命に対する特に重大な犯罪に科せられる刑罰の例外的措置として、それが廃止されるまでは連邦法律によってこれを定めることができる。

第21条〔個人の尊厳〕

①　個人の尊厳は国家によって保護される。いかなることも、個人の尊厳を軽視する根拠にはならない。

②　何人も、拷問、暴力、およびその他の残酷なもしくは人の尊厳を傷つける待遇または刑罰を受けることはない。何人も、その自発的同意なしに、医学的、科学的またはその他の実験の対象とされることはない。

第22条〔人身の自由〕

①　各人は、自由および人身の不可侵に対する権利を有する。

②　逮捕および拘留は、裁判所の決定による場合のみ認められる。裁判所の決定があるまでに、48時間を超えて拘留されない。

第23条〔私生活の保護〕

①　各人は、私生活の不可侵、個人および家族の秘密、ならびに自らの名誉および名声の保護に対する権利を有する。

②　各人は、信書、電話、郵便、電信およびその他の通信の秘密に対する権利を有する。この権利の制限は、裁判所の決定に基づく場合のみ認められる。

第24条〔プライバシーの保護〕

①　個人の私生活に関する情報の収集、保管、利用および頒布は、本人の同意がない限り認められない。

②　国家権力機関および地方自治機関、ならびにその役職者は、法律に別の定めがある場合を除き、各人に対して、その権利および自由に直接関係する文書ならびに資料を閲覧する機会を保障する義務を負う。

第25条〔住居の不可侵〕

住居は不可侵である。何人も、連邦法律に定められている場合または裁判所の決定に基づく場合を除き、居住者の意思に反して住居に侵入することはできない。

第26条〔民族的帰属と言語の使用に関する権利〕

①　各人は、自らの民族的帰属を決定し、表明することができる。何人も、自らの民族的帰属の決定および表明を強制されない。

②　各人は、母語を使用する権利、交際、養育、教育および創作のための言語を自由に選択する権利を有する。

第27条〔移動・居住の自由〕

①　ロシア連邦の領域内に合法的に滞在する者はすべて、自由に移動し、滞在および居住する場所を選択する権利を有する。

②　各人は、自由にロシア連邦から出国することができる。ロシア連邦市民は、支障な

くロシア連邦に帰国する権利を有する。

第28条〔信教の自由〕

各人は、良心の自由および信教の自由が保障される。これらの自由には、個人でもしくは他人と共同で任意の宗教を信仰する、またはいかなる宗教も信仰しない権利、宗教的その他の信条を自由に選び、持ち、広め、それにしたがって行動する権利が含まれる。

第29条〔思想および言論の自由〕

① 各人は、思想および言論の自由が保障される。

② 社会的、人種的、民族的または宗教的憎悪および敵意を引き起こす宣伝または扇動は認められない。社会的、人種的、民族的、宗教的または言語的優越性の宣伝は、禁止される。

③ 何人も、自らの意見および信条を表明すること、またはそれを放棄することを強制されない。

④ 各人は、あらゆる合法的手段を用いて、自由に情報を探索し、取得し、伝達し、作成し、および頒布する権利を有する。国家機密である情報のリストは、連邦法律によって定められる。

⑤ マスメディアの自由は保障される。検閲は禁止される。

第30条〔結社の自由〕

① 各人は、結社に対する権利を有する。その権利には、自己の利益を保護するために労働組合を結成する権利が含まれる。社会団体の活動の自由は保障される。

② 何人も、いかなる団体であれ、それに加入し、または所属することを強制されない。

第31条〔集会の自由〕

ロシア連邦の市民は、武器を携行しないで平和的に集合し、会合、集会、示威運動、行進およびピケッティングを行う権利を有する。

第32条〔参政権〕

① ロシア連邦の市民は、直接に、またはその代表を通じて、国務に参加する権利を有する。

② ロシア連邦の市民は、国家権力機関および地方自治機関における選挙権、被選挙権、ならびにレフェレンダムに参加する権利を有する。

③ 裁判所によって行為無能力と認定され、または裁判所の判決によって自由剝奪地に収容されている市民は、選挙権および被選挙権を有しない。

④ ロシア連邦の市民は、官職に就く平等の機会を有する。

⑤ ロシア連邦の市民は、裁判の遂行に参加する権利を有する。

第33条〔請願権〕

ロシア連邦の市民は、国家機関および地方自治機関に対し、直接に請願し、または個人的および集団的に請願を行う権利を有する。

第34条〔企業活動の自由〕

① 各人は、企業活動および法律が禁じていないその他の経済活動のために、自らの能力および財産を自由に使用する権利を有する。

② 独占および不正競争を志向する経済活動は、認められない。

第35条〔私的所有権〕

① 私的所有権は、法律によって保護される。

② 各人は、個人でまたは他の人と共同で財産を所有し、それを占有し、使用し、処分することができる。

③ 何人も、裁判所の決定がある場合をのぞいて、自らの財産を奪われない。国家の必要のための財産の強制収用は、事前の等価での補償がある場合のみ、行うことができる。

④ 相続の権利は、保障される。

第36条〔土地所有権〕

① 市民およびその団体は、土地を私的に所有することができる。

② 土地およびその他の天然資源の占有、使用および処分は、環境に害を与えず、他人の権利および法的利益を侵害しない場合には、その所有者によって自由に行われる。

③ 土地の利用の条件および手続きは、連邦法律に基づいて定められる。

第37条〔労働基本権〕

① 労働は自由である。各人は、自由に、自己の労働能力を使用し、仕事および職業を

選択する権利を有する。
② 強制労働は、禁止される。
③ 各人は、安全および衛生の基準を満たす条件のもとで働く権利、いかなる差別もなく、連邦法律の定める最低賃金水準以上の給与を受け取る権利、および失業から保護される権利を有する。
④ 連邦法律によって定められる解決手段を使用した個別的および集団的な労働争議に対する権利は、ストライキの権利を含め、認められる。
⑤ 各人は、休息の権利を有する。労働者には、労働契約にしたがって、連邦法律によって定められる継続労働時間、休祝日、有給年次休暇が保障される。

第38条〔母性、子ども、家族の保護〕

① 母性、子どもおよび家族は、国家の保護のもとにおかれる。
② 子どもに対する配慮およびその養育は、親の平等な権利および義務である。
③ 18歳に達した労働能力を有する子どもは、労働能力を有さない親に配慮しなければならない。

第39条〔社会保障の権利〕

① 各人は、老齢、疾病、障がい、扶養者の喪失、子どもの養育および法律によって定められるその他の場合に、社会保障を受けることができる。
② 国家年金および社会的扶助は、法律によって定められる。
③ 任意の社会保険、追加的な社会保障形態の開設および慈善事業は、奨励される。

第40条〔住宅の権利〕

① 各人は、住宅に対する権利を有する。何人も、住居を恣意的に奪われない。
② 国家権力機関および地方自治機関は、住宅建設を奨励し、住宅に対する権利実現のための条件を整備する。
③ 貧困者、住宅を必要とするその他の市民には、法律によって定められる基準にしたがって、国家、地方自治体およびその他の住宅基金により無料または利用可能な賃料で住宅が提供される。

第41条〔健康保護の権利〕

① 各人は、健康保護および医療に対する権利を有する。国家および地方自治体の保健施設における医療は、関係する予算、保険料、その他の収入により、市民に対して無料で提供される。
② ロシア連邦において、住民の健康保護および増進に関する連邦プログラムへの予算が措置され、国家、地方自治体および民間の保険制度の発展に関する措置が講じられ、人の健康の増進、体育およびスポーツの発展、生態学上および衛生・疫学上の安全を促進する活動が奨励される。
③ 役職者が人々の生命および健康に脅威を与える事実ならびに事由を隠匿した場合は、連邦法律にしたがってその責任が問われる。

第42条〔環境権〕

各人は、良好な環境に対する権利、環境状況に関する確かな情報を得られる権利、および生態系にかかわる違法行為によって生じた健康上または財産上の損害を補償される権利を有する。

第43条〔教育権〕

① 各人は、教育に対する権利を有する。
② 国家または地方自治体の教育施設および企業における就学前教育、初等普通教育ならびに中等専門教育をすべての者が無償で受けられることが、保障される。
③ 各人は、選抜により、国家または地方自治体の教育施設および企業における高等教育を、無償で受けることができる。
④ 初等普通教育は、義務である。親またはこれに代わる者は、子どもが初等普通教育を受けることを保障する。

第44条〔文化に関する権利、知的財産権〕

① 各人は、文学、芸術、学術、技術およびその他の創作活動、ならびに教授の自由が保障される。知的財産は、法律によって保護される。
② 各人は、文化活動に参加し、文化施設を利用し、文化財にアクセスする権利を有する。
③ 各人は、歴史的および文化的遺産の保護に配慮し、歴史的および文化的記念物を大切にする義務を負う。

第45条〔国家による権利・自由の保護〕

① ロシア連邦において、人および市民の権利ならびに自由は、国家による保護が保障

される。

② 各人は、法律によって禁じられていないあらゆる手段によって、自らの権利および自由を擁護することができる。

第46条〔裁判による権利および自由の保護〕

① 各人には、自らの権利および自由を裁判によって保護することが、保障される。

② 国家権力機関、地方自治機関、社会団体および役職者の決定および行為（または不作為）は、裁判所に訴えることができる。

③ 各人は、国内の法的保護の手段がすべて尽きた場合には、ロシア連邦の国際条約にしたがって、人の権利および自由の保護について、国際機関に提訴することができる。

第47条〔裁判を受ける権利〕

① 何人も、法律にしたがって管轄する裁判所および裁判官によって、自らの事件の審理を受ける権利を奪われない。

② 犯罪を実行したとされる被告人は、連邦法律によって定められる場合に、陪審員の参加する裁判所において、事件を審理される権利を有する。

第48条〔弁護人依頼権〕

① 各人は、有資格者による法律扶助を受ける権利を保障される。法律によって定められる場合に、この扶助は無償で提供される。

② 逮捕された者、拘留された者、犯罪を実行したとされる被告人はすべて、逮捕、拘留または告訴の時から弁護士（弁護人）の援助を受ける権利を有する。

第49条〔無罪推定の原則〕

① 犯罪を実行したとされるすべての被告人は、連邦法律によって定められる手続きにしたがって有罪が立証され、法的効力を持つ裁判所の判決によって認定されるまでは、無罪とみなされる。

② 被告人は、自らその無罪を立証する義務を負わない。

③ 有罪であることへの疑いを取り除けない場合は、被告人に有利に解釈される。

第50条〔一事不再理〕

① 何人も、同一の犯罪について、重ねて有罪とされない。

② 裁判の実施に際し、連邦法律に反して得られた証拠の利用は、認められない。

③ 犯罪に対し有罪判決を受けたものはすべて、連邦法律によって定められた手続きにしたがって、上級裁判所により判決を見直される権利、また特赦もしくは減刑を求める権利を有する。

第51条〔不利益証言の義務の免除〕

① 何人も、本人、配偶者、および連邦法律の定める範囲の近親者に不利益な証言をする義務を負わない。

② 証言する義務が免除されるその他の場合については、連邦法律によって定めることができる。

第52条〔犯罪被害者の権利〕

犯罪および権力濫用の被害者の権利は、法律によって保護される。国家は、被害者に対し、裁判の機会および被害の賠償を受ける機会を保障する。

第53条〔国家補償〕

各人は、国家権力機関またはその役職者の違法な行為（または不作為）に起因する損害に対し国家による補償を受ける権利を有する。

第54条〔遡及効の禁止〕

① 責任を定め、またはそれを加重する法律は、遡及効を有さない。

② 何人も、その実行時において違法とされていなかった行為に対し責任を問われない。違法行為の実行後にその行為に対する責任が廃止され、または軽減された場合は新しい法律が適用される。

第55条〔権利および自由を制限する法律の禁止〕

① ロシア連邦憲法に列挙された基本的権利および自由は、その他の一般に承認された人および市民の権利ならびに自由を否定し、または軽視するものとして解釈してはならない。

② ロシア連邦においては、人および市民の権利ならびに自由を否定し、または軽視する法律は、これを公布してはならない。

③ 人および市民の権利ならびに自由は、憲法体制の原則、道徳、健康、他人の権利および法的利益の保護、国防および国家安全保障のために必要な程度においてのみ、連邦法律によってこれを制限することができ

る。

第56条〔非常事態における権利および自由の制限〕

① 非常事態において、市民の安全の保障と憲法体制の擁護のために、連邦の憲法的法律にしたがって、施行の範囲と期間を明示した上で、権利および自由に一定の制限を定めることができる。

② ロシア連邦の全領域およびその個別の地域における非常事態は、連邦の憲法的法律に定める事由がある場合にその定める手続きにしたがって、導入することができる。

③ ロシア連邦憲法の第20条、第21条、第23条（第１項）、第24条、第34条（第１項）、第40条（第１項）、第46条ないし第54条に定める権利および自由は、これを制限してはならない。

第57条〔納税の義務〕

各人は、法的に定められた租税および公課を納める義務を負う。新しい税を定め、または納税者の負担を重くする法律は、遡及効を有さない。

第58条〔環境保護の義務〕

各人は、自然および環境を保護し、天然資源を大切にする義務を負う。

第59条〔国防の義務〕

① 祖国防衛は、ロシア連邦市民の責任であり、義務である。

② ロシア連邦市民は、連邦法律にしたがって兵役に服する。

③ ロシア連邦市民は、その信条または信仰が兵役に服することと矛盾する場合、ならびに連邦法律によって定められるその他の場合に、別の市民的奉仕に変更する権利を有する。

第60条〔成人年齢〕

ロシア連邦市民は、18歳からその権利および義務を、自主的に完全な形で行使することができる。

第61条〔国外退去、引き渡しの禁止〕

① ロシア連邦の市民は、ロシア連邦の領域外に追放され、または他国に引き渡されることはない。

② ロシア連邦は、国外において自国民に対し保護および庇護を保障する。

第62条〔二重国籍〕

① ロシア連邦の市民は、連邦法律またはロシア連邦の国際条約にしたがって外国籍（二重国籍）を有することができる。

② ロシア連邦の市民は、連邦法律またはロシア連邦の国際条約が別の定めをしていない限り、外国籍の保有によりその権利および自由を軽視されず、ロシア国籍から生じる義務を免れない。

③ 外国の市民および無国籍者は、ロシア連邦において、連邦法律またはロシア連邦の国際条約によって定められている場合をのぞき、ロシア連邦の市民と同じ権利を享受し、義務を負う。

第63条〔政治的庇護〕

① ロシア連邦は、外国の市民および無国籍者に対し、一般に承認された国際法の規範にしたがい、政治的庇護を与える。

② ロシア連邦において、政治的信条およびロシア連邦において犯罪とされていない行為（または不作為）により訴追されたものを他国に引き渡すことは、認められない。犯罪を実行したとされる被告人の引き渡し、および有罪判決を受けたものの服役のための他国への移送は、連邦法律またはロシア連邦の国際条約に基づいて行われる。

第64条〔憲法第２章の意義〕

本章の規定は、ロシア連邦における個人の法的地位の原則をなし、本憲法に定められた手続きによらずにこれを改正することはできない。

第３章　連邦制度

第65条〔連邦構成主体〕

① ロシア連邦は、以下の連邦構成主体により構成される。

アディゲ共和国（アディゲア）、アルタイ共和国、バシコルトスタン共和国、ブリヤート共和国、ダゲスタン共和国、イングーシ共和国、カバルディノ・バルカル共和国、カルムィク共和国、カラチャイ・チェルケス共和国、カレリア共和国、コミ共和国、クリミア共和国、マリ・エル共和国、モルドヴィア共和国、サハ共和国（ヤクーチア）、北オセチア共和国－アラニア、タタルスタン共和国（タタルスタン）、トゥヴァ共和国、ウドムルト共和国、ハカシア

共和国、チェチェン共和国、チュヴァシ共和国－チュヴァシア

アルタイ地方、ザバイカル地方、カムチャツカ地方、クラスノダル地方、クラスノヤルスク地方、ペルミ地方、沿海地方、スタヴロポリ地方、ハバロフスク地方

アムール州、アルハンゲリスク州、アストラハン州、ベルゴロド州、ブリャンスク州、ウラジーミル州、ヴォルゴグラード州、ヴォログダ州、ヴォロネジ州、イワノヴォ州、イルクーツク州、カリーニングラード州、カルーガ州、ケメロヴォ州、キーロフ州、コストロマ州、クルガン州、クルスク州、レニングラード州、リペツク州、マガダン州、モスクワ州、ムルマンスク州、ニジェゴロド州、ノヴゴロド州、ノヴォシビルスク州、オムスク州、オレンブルク州、オリョール州、ペンザ州、プスコフ州、ロストフ州、リャザン州、サマラ州、サラトフ州、サハリン州、スヴェルドロフスク州、スモレンスク州、タンボフ州、トヴェリ州、トムスク州、トゥーラ州、チュメニ州、ウリヤノフスク州、チェリャビンスク州、ヤロスラヴリ州

モスクワ、サンクト・ペテルブルク、セヴァストーポリ－連邦的意義を有する市

ユダヤ自治州

ネネツ自治管区、ハンティ・マンシ自治管区－ユグラ、チュコト自治管区、ヤマロ・ネネツ自治管区

② 新しい連邦構成主体のロシア連邦への加入および設置は、連邦の憲法的法律によって定められる手続きにしたがって行われる。

第66条〔連邦構成主体の地位〕

① 共和国の地位は、ロシア連邦憲法および共和国憲法によって定められる。

② 地方、州、連邦的意義を有する市、自治州、自治管区の地位は、ロシア連邦憲法およびロシア連邦の当該の連邦構成主体の立法（代表）機関が定める地方、州、連邦的意義を有する市、自治州、自治管区の憲章によって定められる。

③ 自治州、自治管区の立法機関および執行機関の提案に基づき、自治州、自治管区に関する連邦法律を定めることができる。

④ 地方または州に属する自治管区の問題は、連邦法律および自治管区の国家権力機関と当該の地方または州の国家権力機関の間の条約によって規制することができる。

⑤ ロシア連邦の構成主体の地位は、連邦の憲法的法律にしたがって、ロシア連邦およびロシア連邦構成主体の相互の同意に基づいて変更することができる。

第67条〔領域〕

① ロシア連邦の領域は、その連邦構成主体の領土、内水、領海および領空を含む。

② ロシア連邦は、連邦法律および国際法規範によって定められる手続きにしたがって、ロシア連邦の大陸棚および排他的経済水域に対し主権的権利を有し、管轄権を行使する。

③ ロシア連邦構成主体の間の境界は、その相互の同意に基づき変更することができる。

第68条〔国家語〕

① ロシア連邦の国家語は、その全領域において、ロシア語である。

② 共和国は、独自の国家語を定めることができる。この国家語は、共和国の国家権力機関、地方自治機関および国家施設において、ロシア連邦の国家語とともに用いられる。

③ ロシア連邦は、その全ての諸民族に対し、母語を保護し、その学習と発展のための条件を創出する権利を保障する。

第69条〔先住少数民族の権利〕

ロシア連邦は、国際法の一般に承認された原則および規範ならびにロシア連邦の国際条約にしたがって、先住少数民族の権利を保障する。

第70条〔国家の象徴〕

① ロシア連邦の国旗、国章および国歌、その記述ならびに公の利用手続きは、連邦の憲法的法律によって定められる。

② ロシア連邦の首都は、モスクワ市である。首都の地位は、連邦法律によって定められる。

第71条〔連邦管轄事項〕

ロシア連邦の管轄には、以下の事項が含まれる。

1．ロシア連邦憲法および連邦法律の制定

ならびに改正、それらの遵守に対する監督
2．ロシア連邦の連邦構造および領域
3．人および市民の権利ならびに自由の規制および保護、ロシア連邦における国籍、民族的少数者の権利の規制および保護
4．連邦の立法、執行および司法権力機関の体系、その組織および活動手続きの制定、連邦国家権力機関の形成
5．連邦国有財産およびその管理
6．ロシア連邦における国家的、経済的、生態系的、社会的、文化的および民族的な発展の分野における連邦政策の原則の制定および連邦プログラム
7．単一市場の法的原則の制定、金融、通貨、信用および関税の規制、通貨発行、価格政策の原則、連邦銀行を含む連邦の経済的業務
8．連邦予算、連邦税および公課、連邦地域発展基金
9．連邦エネルギー体系、核エネルギー、核分裂物資、連邦の運輸、交通、情報および通信、宇宙事業
10．ロシア連邦の対外政策および国際関係、ロシア連邦の国際条約、戦争および平和の問題
11．ロシア連邦の対外経済関係
12．国防および安全保障、防衛産業、武器、弾薬、軍事技術およびその他の軍事資産の売買手続きの決定、毒物、麻薬の生産およびそれらの利用手続き
13．ロシア連邦の国境、領海、領空、排他的経済水域および大陸棚の地位の決定および保護
14．裁判所制度、検察制度、刑事および行刑法、大赦および特赦、民事法、訴訟法、知的所有権の法的規制
15．連邦抵触法
16．気象業務、標準規格、度量衡、メートル法および時法、測地および地図作製、公式統計および簿記
17．ロシア連邦の国家賞および名誉称号
18．連邦の国家公務員制度

第72条〔共同管轄事項〕

① ロシア連邦とロシア連邦構成主体の共同管轄には、以下の事項が含まれる。
1．共和国の憲法および法律、地方、州、連邦的意義を有する市、自治州、自治管区の憲章、法律およびその他の法令の、ロシア連邦憲法および連邦法律との適合性の保障
2．人および市民の権利ならびに自由の保護、民族的少数者の権利の保護、適法性、法秩序、社会的安全の保証、国境区域の管理
3．土地、地下資源、水資源およびその他の天然資源の占有、使用および処分の問題
4．国有財産の区分
5．自然利用、環境保護および生態系の安全の保障、特別自然保護区域、歴史的および文化的遺産の保護
6．養育、教育、学術、文化、体育およびスポーツの一般的問題
7．保健に関する諸問題の調整、家族、母性、父性および児童の保護、社会保障を含む社会的保護
8．大事故、自然災害、伝染病の対策措置の実施、およびその復興
9．ロシア連邦における租税公課の一般原則の制定
10．行政、行政訴訟、労働、家族、住宅、土地、水資源、森林に関する立法、地下資源、環境保護に関する立法
11．裁判機関および法維持機関の人事、弁護士制度、公証人制度
12．少数エスニック集団の古来の居住環境および伝統的生活様式の保護
13．国家権力機関および地方自治体の体系の組織に関する一般原則の制定
14．ロシア連邦構成主体の国際関係および対外経済関係の調整、ロシア連邦の国際条約の履行

② 本条の規定は、共和国、地方、州、連邦的意義を有する市、自治州、自治管区に対して等しく適用される。

第73条〔連邦構成主体の管轄事項〕

ロシア連邦の管轄事項およびロシア連邦とロシア連邦構成主体との共同管轄事項に関するロシア連邦の権限のほかは、ロシア連邦構成主体がすべての国家権力を保持す

る。

第74条〔単一の経済空間〕

① ロシア連邦の領域において、関税境界、関税、公課、ならびに商品、サービスおよび資金の自由な流通の障害となるその他のいかなる制限も、これを設定することは認められない。

② 商品およびサービスの流通の制限は、安全保障、人々の生命および健康の保護、自然および文化財の保護のために必要な場合に、連邦法律にしたがって行うことができる。

第75条〔通貨〕

① ロシア連邦における通貨単位は、ルーブルである。通貨の発行は、もっぱらロシア連邦中央銀行によって行われる。ロシア連邦におけるその他の通貨の導入および発行は、認められない。

② ルーブルの安定の維持および保障は、ロシア連邦中央銀行の基本的機能であり、中央銀行は他の国家権力機関から独立してこれを行使する。

③ 連邦予算に納入される租税の体系、およびロシア連邦における租税公課の一般原則は、連邦法律によって定められる。

④ 国債は、連邦法律によって定められる手続きに基づいて発行され、自発性の原則により配布される。

第76条〔管轄事項に関する立法〕

① ロシア連邦の管轄事項に関して、ロシア連邦の全領域において直接効力を有する連邦の憲法的法律と連邦法律が制定される。

② ロシア連邦とロシア連邦構成主体との共同管轄事項に関して、連邦法律、ならびにそれにしたがって制定されるロシア連邦構成主体の法律およびその他の法令が公布される。

③ 連邦法律は、連邦の憲法的法律に違反することはできない。

④ ロシア連邦の管轄事項、ロシア連邦とロシア連邦構成主体との共同管轄事項をのぞき、共和国、地方、州、連邦的意義を有する市、自治州および自治管区は、法律およびその他の法令の制定を含む独自の法的規制を行う。

⑤ ロシア連邦構成主体の法律およびその他の法令は、本条第1項および第2項にしたがって制定される連邦法律に違反することはできない。連邦法律とロシア連邦において公布されたその他の法令が抵触する場合は、連邦法律が効力を有する。

⑥ 連邦法律と本条第4項にしたがって公布されるロシア連邦構成主体の法令が抵触する場合は、ロシア連邦構成主体の法令が効力を有する。

第77条〔連邦構成主体の国家権力機関〕

① 共和国、地方、州、連邦的意義を有する市、自治州および自治管区の国家権力機関の体系は、ロシア連邦の憲法体制の原則ならびに連邦法律によって定められる国家権力の代表機関および執行機関の組織に関する一般原則にしたがって、ロシア連邦構成主体が自主的にこれを定める。

② ロシア連邦の管轄事項およびロシア連邦とロシア連邦構成主体との共同管轄事項に関するロシア連邦の権限の範囲内において、連邦の執行権力機関およびロシア連邦構成主体の執行権力機関は、ロシア連邦における執行権力の統一的体系を形成する。

第78条〔権限の委任〕

① 連邦の執行権力機関は、その権限行使のために、地方機関を設置し、対応する役職者を任命することができる。

② 連邦の執行権力機関は、ロシア連邦構成主体の執行権力機関との合意に基づき、ロシア連邦憲法および連邦法律に違反しない限り、その権限の一部の行使を連邦構成主体の執行権力機関に委任することができる。

③ ロシア連邦構成主体の執行権力機関は、連邦の執行権力機関との合意に基づき、その権限の一部の行使を連邦の執行権力機関に委任することができる。

④ ロシア連邦大統領およびロシア連邦政府は、ロシア連邦憲法にしたがい、ロシア連邦の全領域における連邦国家権力の行使を保障する。

第79条〔国際組織への参加〕

ロシア連邦は、人および市民の権利ならびに自由を制限し、またはロシア連邦の憲法体制の原則に違反しない限り、国際条約にしたがって国際組織に参加し、その権限の一部をその国際組織に委任することができる。

第４章　ロシア連邦大統領

第80条〔大統領の地位および職務〕

①　ロシア連邦大統領は、国家元首である。

②　ロシア連邦大統領は、ロシア連邦憲法、人および市民の権利ならびに自由の保証人である。大統領は、ロシア連邦憲法によって定められる手続きにしたがい、ロシア連邦の主権、その独立および国家的一体性の保全に関する措置を講じ、国家権力機関の調整された活動および相互作用を保障する。

③　ロシア連邦大統領は、ロシア連邦憲法および連邦法律にしたがって、国家の内外政策の基本方針を決定する。

④　ロシア連邦大統領は、国家元首として、国内および国際関係においてロシア連邦を代表する。

第81条〔大統領の選挙〕

①　ロシア連邦大統領は、秘密投票で、普通・平等・直接の選挙権に基づき、ロシア連邦市民によって、６年の任期で選出される。

②　ロシア連邦大統領に選出されうるのは、ロシア連邦に10年以上定住する35歳以上のロシア連邦市民である。

③　同一人物が、連続２期をこえて、ロシア連邦大統領の職務に就くことはできない。

④　ロシア連邦大統領の選挙手続きは、連邦法律によって定められる。

第82条〔宣誓〕

①　ロシア連邦大統領は、その就任にあたり人民に対して次の宣誓を行う。

「ロシア連邦大統領の権限行使にあたり、人および市民の権利ならびに自由を尊重し、擁護し、ロシア連邦憲法を遵守し、擁護し、国家の主権および独立、安全および一体性を守り、忠実に人民に奉仕することを誓います」

②　宣誓は、連邦会議議員、国家会議議員およびロシア連邦憲法裁判所裁判官の出席する式典で行われる。

第83条〔人事権〕

ロシア連邦大統領は、

1．国家会議の同意を得て、ロシア連邦政府議長〔以下首相とする〕を任命する

2．ロシア連邦政府の会議を主宰する権利を有する

3．ロシア連邦政府の総辞職を決定する

4．国家会議にロシア連邦中央銀行総裁の任命のための候補者を提案し、また国家会議にロシア連邦中央銀行総裁の解任問題を提起する

5．ロシア連邦首相の提案にしたがい、ロシア連邦政府の副首相、連邦大臣を任免する

6．連邦会議にロシア連邦憲法裁判所、ロシア連邦最高裁判所の裁判官の任命のための候補者を提案し、その他の連邦裁判所裁判官を任命する

6^1. 連邦会議にロシア連邦検事総長および検事副総長の任命のための候補者を提案し、連邦会議にロシア連邦検事総長および検事副総長の解任を提案し、ロシア連邦構成主体の検事、ならびに市、地区の検事およびそれと同格の検事をのぞくその他の検事を任免する

6^2. 連邦会議におけるロシア連邦代表を任免する

7．ロシア連邦安全保障会議を組織し、これを指揮する。安全保障会議の地位は、連邦法律によって定められる

8．ロシア連邦軍事ドクトリンを承認する

9．ロシア連邦大統領府を組織する

10. ロシア連邦大統領全権代表を任免する

11. ロシア連邦軍最高司令部を任免する

12. 連邦議会両院の所管の常任委員会および特別委員会との協議ののち、外国および国際組織におけるロシア連邦の外交代表を任命し、召喚する。

第84条〔議会に対する権限〕

ロシア連邦大統領は、

1．ロシア連邦憲法および連邦法律にしたがって、国家会議の選挙を公示する

2．ロシア連邦憲法によって定められる場合に、その手続きにより、国家会議を解散する

3．連邦の憲法的法律によって定められる手続きにより、レフェレンダムを公示する

4．国家会議に法案を提出する
5．連邦法律に署名し、これを公布する
6．連邦議会に対し、国内情勢、国家の内外政策の基本方針に関する年次教書演説を行う。

第85条〔国家権力機関間の紛争〕

① ロシア連邦大統領は、ロシア連邦の国家権力機関とロシア連邦構成主体の国家権力機関の間、およびロシア連邦構成主体の国家権力機関相互の間の対立の解決のために協議手続きを利用することができる。協議による解決が得られない場合、大統領は、紛争解決を所管の裁判所の審理に委ねることができる。

② ロシア連邦大統領は、ロシア連邦構成主体の執行権力機関の法令が、ロシア連邦憲法および連邦法律、ロシア連邦の国際的義務に違反し、または人および市民の権利ならびに自由を侵害する場合、所管する裁判所がこの問題を解決するまでの間、この法令の効力を停止することができる。

第86条〔外交権〕

ロシア連邦大統領は、
1．ロシア連邦の対外政策を指揮する
2．ロシア連邦の国際条約の交渉を行い、これに署名する
3．批准書に署名する
4．外交代表の信任状および召喚状を受理する。

第87条〔軍の最高司令〕

① ロシア連邦大統領は、ロシア連邦軍の最高司令官である。

② ロシア連邦が侵略された場合、または侵略の直接的な脅威がある場合、ロシア連邦大統領は、ロシア連邦の領土またはその個別の地域に戒厳令を布告し、直ちにこれを連邦会議および国家会議に通知する。

③ 戒厳令の体制は、連邦の憲法的法律によって定められる。

第88条〔非常事態の導入〕

ロシア連邦大統領は、ロシア連邦憲法および連邦の憲法的法律によって定められる事由がある場合、その手続きにより、ロシア連邦の領土またはその個別の地域に非常事態を導入し、直ちにこれを連邦会議および国家会議に通知する。

第89条〔国籍の付与等〕

ロシア連邦大統領は、
1．ロシア連邦の国籍および政治的庇護の提供の問題を解決する
2．ロシア連邦国家賞を授与し、ロシア連邦名誉称号、軍の上級称号および上級特別称号を授与する
3．特赦を行う。

第90条〔大統領令〕

① ロシア連邦大統領は、大統領令および命令を公布する。

② ロシア連邦大統領の大統領令および命令は、ロシア連邦の全領域においその執行を義務づけられる。

③ ロシア連邦大統領の大統領令および命令は、ロシア連邦憲法および連邦法律に違反してはならない。

第91条〔大統領の不逮捕特権〕

ロシア連邦大統領は、不逮捕特権を有する。

第92条〔大統領の任期〕

① ロシア連邦大統領は、その就任の宣誓を行った時から権限行使を開始し、新たに選出されたロシア連邦大統領が就任の宣誓を行った時に、任期満了によりその権限行使を終了する。

② ロシア連邦大統領は、本人が辞任した場合、その健康状態により権限行使が長期的に不可能な場合、または罷免された場合に、任期満了以前にその権限行使を終了する。この場合、ロシア連邦大統領選挙は、任期満了以前に権限行使が終了した時から3ヶ月以内に行わなければならない。

③ ロシア連邦大統領がその職務を遂行する状態にないすべての場合、ロシア連邦首相が一時的にその職務を行う。ロシア連邦大統領代行は、国家会議の解散、レフェレンダムの公示、ならびにロシア連邦憲法規定の修正および改正の提案を行う権利を有しない。

第93条〔大統領の弾劾〕

① ロシア連邦大統領は、国家会議が国家反逆またはその他の重大犯罪のかどで大統領の弾劾を提起し、ロシア連邦大統領の行為にその犯罪の構成要件が存在することをロシア連邦最高裁判所の結論によって確認さ

れ、所定の弾劾手続きが遵守されていることがロシア連邦憲法裁判所の結論によって確認された場合にのみ、連邦会議によって罷免される。

② 弾劾の提起に関する国家会議の決定および大統領の罷免に関する連邦会議の決定は、国家会議議員の3分の1以上の発議により、国家会議の設置する特別委員会の結論がある場合に、各議院の議員総数の3分の2の多数により、採択されなければならない。

③ ロシア連邦大統領の罷免に関する連邦会議の決定は、国家会議による大統領弾劾の提起後3ヶ月以内に採択されなければならない。この期間に連邦会議の決定が採択されない場合には、大統領に対する弾劾は否決されたものとみなされる。

第5章　連邦議会

第94条〔連邦議会の地位〕

連邦議会－ロシア連邦のパーラメント－は、ロシア連邦の代表および立法機関である。

第95条〔二院制〕

① 連邦議会は、連邦会議および国家会議という2つの院から構成される。

② 連邦会議は、以下の議員によって構成される。ロシア連邦の各連邦構成主体の代表は2名、すなわち、国家権力の立法（代表）機関および執行機関から各1名であり、ロシア連邦大統領が任命するロシア連邦代表は、ロシア連邦構成主体の国家権力の立法（代表）機関および執行機関の代表である連邦会議議員の10％以内とする。

③ ロシア連邦構成主体の国家権力の立法（代表）機関および執行機関の代表である連邦会議議員は、当該のロシア連邦構成主体の国家権力機関の任期の間、その権限を付与される。

④ ロシア連邦大統領は、連邦法律によって定められる例外的な場合を除き、自らの就任前に任命されたロシア連邦代表である連邦会議議員を、その最初の任期の間、解任することはできない。

⑤ 国家会議は、450名の議員によって構成される。

第96条〔議員の選出〕

① 国家会議は、5年の任期で選出される。

② 連邦会議の形成手続および国家会議議員の選挙手続きは、連邦法律によって定められる。

第97条〔議員資格〕

① 国家会議議員に選出されうるのは、21歳に達し、選挙に参加する権利を有するロシア連邦市民である。

② 同一人物が、同時に、連邦会議議員および国家会議議員になることはできない。国家会議議員は、その他の国家権力代表機関および地方自治機関の議員となることはできない。

③ 国家会議議員は、専門の常勤職として従事する。国家会議議員は、公職に就くことはできず、教育、学術およびその他の創作活動を除き、他の有償の活動に従事することはできない。

第98条〔不逮捕特権〕

① 連邦会議議員および国家会議議員は、その任期の全期間にわたり、不逮捕特権を有する。議員は、現行犯逮捕の場合をのぞき、逮捕され、拘留され、捜索されることはなく、他人の安全を保障するために連邦法律によって定められる場合をのぞき、身体検査されない。

② 不逮捕特権の剝奪に関する問題は、ロシア連邦検事総長の提案に基づき、連邦議会の該当する院によって決定される。

第99条〔連邦議会の活動期間〕

① 連邦議会は常時活動する機関である。

② 国家会議は、選挙の30日後に最初の会議を招集する。ロシア連邦大統領は、これ以前に国家会議の会議を招集することができる。

③ 国家会議の最初の会議は、最年長の議員が開会する。

④ 従前の会期の国家会議の権限は、新しい会期の国家会議の活動開始時に終了する。

第100条〔会議の公開〕

① 連邦会議および国家会議は、個別に会議を行う。

② 連邦会議および国家会議の会議は、公開である。各院の議院規則によって定められる場合は、両院は秘密会を行うことができ

る。

③　両院は、ロシア連邦大統領の教書、ロシア連邦憲法裁判所の教書、外国の指導者の演説を聴くために、合同会議を招集することができる。

第101条〔院内秩序〕

①　連邦会議は、その議員の中から連邦会議議長および副議長を選出する。国家会議は、その議員の中から国家会議議長および副議長を選出する。

②　連邦会議議長および副議長、国家会議議長および副議長は、会議の議長を務め、両院の院内秩序を統括する。

③　連邦会議および国家会議は、常任委員会および特別委員会を組織し、その管轄する問題について公聴会を開く。

④　各院は、議院規則を定め、その活動に関する院内秩序の問題を決定する。

⑤　連邦予算の執行の監督のために、連邦会議および国家会議は、会計検査院を組織する。その構成および活動手続は、連邦法律によって定められる。

第102条〔連邦会議の管轄事項〕

①　連邦会議の管轄には、以下の事項が含まれる。

1．ロシア連邦構成主体の間の境界変更の承認

2．戒厳令布告に関するロシア連邦大統領令の承認

3．非常事態導入に関するロシア連邦大統領令の承認

4．ロシア連邦の国外でのロシア連邦軍の利用の可能性に関する問題の決定

5．ロシア連邦大統領選挙の公示

6．ロシア連邦大統領の罷免

7．ロシア連邦憲法裁判所、ロシア連邦最高裁判所の裁判官の任命

8．ロシア連邦検事総長および検事副総長の任免

9．会計検査院の副長官および検査官の半数の任免

②　連邦会議は、ロシア連邦憲法によりその管轄事項とされる問題について決定を採択する。

③　連邦会議の決定は、ロシア連邦憲法がその他の決定採択の手続きを定めていない限りは、連邦会議の議員総数の過半数によって採択される。

第103条〔国家会議の管轄事項〕

①　国家会議の管轄には、以下の事項が含まれる。

1．ロシア連邦首相の任命に対するロシア連邦大統領への同意付与

2．ロシア連邦政府の信任に関する問題の決定

3．国家会議によって決定された諸問題を含む政府の活動に関するロシア連邦政府の年次報告の聴取

4．ロシア連邦中央銀行総裁の任免

5．会計検査院の長官および検査官の半数の任免

6．連邦の憲法的法律に従って活動する人権全権〔人権オンブズマン〕の任免

7．大赦の布告

8．ロシア連邦大統領の解任のための弾劾決議

②　国家会議は、ロシア連邦憲法によりその管轄事項とされる問題に関する決定を採択する。

③　国家会議の決定は、ロシア連邦憲法がその他の決定採択の手続を定めていない限りは、国家会議の議員総数の過半数によって採択される。

第104条〔立法発議権〕

①　立法発議権は、ロシア連邦大統領、連邦会議、連邦会議議員、国家会議議員、ロシア連邦政府、ロシア連邦構成主体の立法（代表）機関に属する。ロシア連邦憲法裁判所およびロシア連邦最高裁判所も、その管轄事項について立法発議権を有する。

②　法案は、国家会議に提出される。

③　税の導入または廃止、税支払いの免除、国債の発行、国家の財政的義務の変更に関する法案、および連邦予算からの歳出を定めるその他の法案は、ロシア連邦政府の決定がある場合にのみ、提出することができる。

第105条〔連邦法律の採択手続〕

①　連邦法律は、国家会議によって採択される。

②　連邦法律は、ロシア連邦憲法に別段の定めがない限りは、国家会議の議員総数の過

半数によって採択される。

③　国家会議によって採択された連邦法律は、５日以内に連邦会議の審議に付される。

④　連邦法律は、連邦会議の議員総数の過半数の賛成がある場合、または14日以内に連邦会議によって審議されない場合、連邦会議によって承認されたとみなされる。連邦会議が連邦法律を否決した場合には、両院は、生じた不一致を克服するために協議委員会を設置することができ、その後に連邦法律は国家会議の再審議に付される。

⑤　連邦会議の決定に国家会議が同意しない場合、この法律に対する再投票において国家会議の議員総数の３分の２以上の多数が賛成した時、連邦法律は採択されたものとみなされる。

第106条〔連邦会議への義務的審議事項〕

以下の問題に関して、国家会議が採択した連邦法律は、連邦会議における審議が義務付けられる。

1．連邦予算

2．連邦の租税および公課

3．財政、通貨、信用、関税の規則、通貨発行

4．ロシア連邦の国際条約の批准および破棄

5．ロシア連邦の国境の地位および保護

6．戦争および平和

第107条〔大統領の拒否権〕

①　採択された連邦法律は、５日以内にロシア連邦大統領に署名および公布のために送付される。

②　ロシア連邦大統領は、14日以内に連邦法律に署名し、これを公布する。

③　ロシア連邦大統領が、連邦法律を受け取ってから14日以内にこれを拒否した場合は、国家会議および連邦会議は、ロシア連邦憲法によって定められた手続きにより、この法律の再審議を行う。再審議において、連邦法律が以前に採択された文面で連邦会議および国家会議それぞれの議員総数の３分の２以上の多数によって承認された場合は、この連邦法律は７日以内にロシア連邦大統領により署名され、公布される。

第108条〔連邦の憲法的法律〕

①　連邦の憲法的法律は、ロシア連邦憲法によって定められる問題について制定される。

②　連邦の憲法的法律は、連邦会議の議員総数の４分の３以上の多数、および国家会議の議員総数の３分の２以上の多数によって承認された場合に、採択されたとみなされる。採択された連邦の憲法的法律は、14日以内にロシア連邦大統領により署名され、公布される。

第109条〔国家会議の解散〕

①　国家会議は、ロシア連邦憲法第111条および第117条に定められる場合に、ロシア連邦大統領によってこれを解散することができる。

②　国家会議が解散された場合、ロシア連邦大統領は、解散から４ヶ月以内に新たに選挙された国家会議が招集されるよう、選挙日を公示する。

③　国家会議は、その選挙から１年以内は、ロシア連邦憲法第117条に定める根拠により、これを解散することはできない。

④　国家会議がロシア連邦大統領の弾劾を提起してから連邦会議が関係する決定を採択するまでは、国家会議を解散することはできない。

⑤　国家会議は、ロシア連邦の全土に戒厳令または非常事態が導入されている間、およびロシア連邦大統領の任期満了前の６ヶ月間は、これを解散することはできない。

第６章　ロシア連邦政府

第110条〔政府の地位および構成〕

①　ロシア連邦の執行権は、ロシア連邦政府が行使する。

②　ロシア連邦政府は、ロシア連邦首相、ロシア連邦副首相および連邦大臣によって構成される。

第111条〔首相の任命〕

①　ロシア連邦首相は、国家会議の同意を得て、ロシア連邦大統領によって任命される。

②　ロシア連邦首相の候補者に関する提案は、新たに選出されたロシア連邦大統領の就任もしくはロシア連邦政府の総辞職から２週間以内、または国家会議が候補者を拒

否した日から1週間以内に行われる。
③ 国家会議は、ロシア連邦大統領が提案したロシア連邦首相の候補者を、候補者の提案された日から1週間以内に審議する。
④ 提案されたロシア連邦首相の候補者を国家会議が3度拒否した場合、ロシア連邦大統領は、ロシア連邦首相を任命し、国家会議を解散し、新しい選挙を公示する。

第112条〔政府の組織手続〕

① ロシア連邦首相は、任命後1週間以内にロシア連邦大統領に対し、連邦執行権力機関の機構について提案を行う。
② ロシア連邦首相は、ロシア連邦大統領に対し、ロシア連邦副首相および連邦大臣の候補者を提案する。

第113条〔政府の活動の基本方針〕

ロシア連邦首相は、ロシア連邦憲法、連邦法律およびロシア連邦大統領令にしたがい、ロシア連邦政府の活動の基本方針を定め、その活動を組織する。

第114条〔政府の権限〕

① ロシア連邦政府は、
1．連邦予算を作成し、これを国家会議に提出し、その執行を保障する；国家会議に連邦予算の決算報告を提出する；国家会議によって決定された諸問題を含む政府の活動結果に関する年次報告を提出する
2．ロシア連邦における統一的な財政、信用および通貨政策の遂行を保障する
3．ロシア連邦における文化、学術、教育、保健、社会保障、環境保護の分野での統一的な国家政策の遂行を保障する
4．連邦財産の管理を行う
5．ロシア連邦の国防、国家安全保障、対外政策の実現を保障する措置を講ずる
6．適法性の保障、市民の権利および自由の保障、財産および社会秩序の保護、犯罪対策に関する措置を講ずる
7．ロシア連邦憲法、連邦法律、ロシア連邦大統領令によって政府に委ねられたその他の権限を行使する。
② ロシア連邦政府の活動の手続は、連邦の憲法的法律によって定められる。

第115条〔政府の決定および命令〕

① ロシア連邦憲法、連邦法律、規範的なロシア連邦大統領令に基づき、およびそれらの執行に際して、ロシア連邦政府は、決定および命令を公布し、これらの執行を保障する。
② ロシア連邦政府の決定および命令は、ロシア連邦においてその執行を義務付けられる。
③ ロシア連邦政府の決定および命令は、それがロシア連邦憲法、連邦法律およびロシア連邦大統領令に違反する場合、ロシア連邦大統領によりこれを取り消すことができる。

第116条〔権限の返上〕

新たに選挙されたロシア連邦大統領に対して、ロシア連邦政府はその権限を返上する。

第117条〔政府の総辞職〕

① ロシア連邦政府は、総辞職することができる。この総辞職は、ロシア連邦大統領によって承認、または却下される。
② ロシア連邦大統領は、ロシア連邦政府の総辞職に関する決定を採択することができる。
③ 国家会議は、ロシア連邦政府の不信任を表明することができる。ロシア連邦政府の不信任に関する決定は、国家会議の議員総数の過半数によって採択される。国家会議がロシア連邦政府の不信任を表明した後、ロシア連邦大統領は、ロシア連邦政府の総辞職を宣言するか、または国家会議の決定に同意しないことができる。国家会議が3ケ月以内に再度ロシア連邦政府の不信任を表明した場合、ロシア連邦大統領は、政府総辞職を宣言するか、または国家会議を解散する。
④ ロシア連邦首相は、国家会議に対してロシア連邦政府の信任問題を提案することができる。国家会議が信任を拒否した場合、大統領は7日以内に、ロシア連邦政府の総辞職に関する決定を行うか、または国家会議の解散および新しい選挙の公示に関する決定を行う。
⑤ 総辞職または権限の返上の場合、ロシア連邦政府は、ロシア連邦大統領の委任により、新しいロシア連邦政府が組織されるまでその活動を継続する。

第７章　司法権および検察機関

第118条〔裁判〕

① ロシア連邦における裁判は、裁判所によってのみ行われる。

② 司法権は、憲法裁判、民事裁判、行政裁判、刑事裁判により行使される。

③ ロシア連邦の裁判制度は、ロシア連邦憲法および連邦の憲法的法律によって定められる。特別裁判所の設置は認められない。

第119条〔裁判官の資格〕

裁判官になることができるのは、満25歳に達し、高等法学教育を修め、５年以上の法律専門職の実務経験を有するロシア連邦市民である。連邦法律により、ロシア連邦の裁判所の裁判官に対する追加的な資格要件を定めることができる。

第120条〔裁判官の独立〕

① 裁判官は独立であり、ロシア連邦憲法および連邦法律にのみしたがう。

② 裁判所は、事件の審理にあたり国家機関またはその他の機関の法令が法律に適合しないことを確認した場合は、法律にしたがって判決を下す。

第121条〔裁判官の身分保障〕

① 裁判官は、罷免されない。

② 裁判官の権限は、連邦法律によって定められる手続きと根拠によってのみ、中止または停止することができる。

第122条〔裁判官の不可侵〕

① 裁判官は、不可侵である。

② 裁判官は、連邦法律によって定められる手続きによらずに、刑事責任を追及されない。

第123条〔裁判の公開〕

① 全ての裁判所における事件の審理は、公開である。秘密法廷における事件の審理は、連邦法律によって定められる場合に認められる。

② 当事者が裁判所に不在のまま刑事事件を審理することは、連邦法律によって定められる場合をのぞき、認められない。

③ 裁判手続きは、当事者主義および当事者の同権に基づいて行われる。

④ 連邦法律によって定められる場合、裁判手続きは、陪審員の参加のもとで行われる。

第124条〔裁判所の財政〕

裁判所の財政は、連邦予算のみによって支出され、連邦法律にしたがって、裁判の完全かつ独立した実施の可能性を保障しなければならない。

第125条〔憲法裁判所〕

① ロシア連邦憲法裁判所は、19名の裁判官によって構成される。

② ロシア連邦憲法裁判所は、ロシア連邦大統領、連邦会議、国家会議、連邦会議または国家会議の議員の５分の１、ロシア連邦政府、ロシア連邦最高裁判所、ロシア連邦構成主体の立法および執行権力機関の要求により、以下の事項のロシア連邦憲法との適合性に関する事件を解決する。

1. 連邦法律、ならびにロシア連邦大統領、連邦会議、国家会議およびロシア連邦政府の規範的法令
2. 共和国の憲法、ロシア連邦構成主体の憲章、ならびにロシア連邦の国家権力機関の管轄およびロシア連邦の国家権力機関とロシア連邦構成主体の国家権力機関との共同管轄に属する問題について公布されたロシア連邦構成主体の法律およびその他の法令
3. ロシア連邦の国家権力機関とロシア連邦構成主体の国家権力機関の条約、ロシア連邦構成主体の国家権力機関の間の条約
4. 発効前のロシア連邦の国際条約

③ ロシア連邦憲法裁判所は、以下の権限に関する紛争を解決する。

1. 連邦国家権力機関の間の紛争
2. ロシア連邦の国家権力機関とロシア連邦構成主体の国家権力機関の紛争
3. ロシア連邦構成主体の最高国家機関の間の紛争

④ ロシア連邦憲法裁判所は、市民の憲法上の権利および自由の侵害に対する訴えならびに裁判所の要求により、連邦法律によって定められる手続にしたがって、具体的事件に適用されるまたは適用されるべき法律の憲法適合性を審査する。

⑤ ロシア連邦憲法裁判所は、ロシア連邦大統領、連邦会議、国家会議、ロシア連邦政

府、ロシア連邦構成主体の立法権力機関の要求により、ロシア連邦憲法の解釈を示す。

⑥ 違憲であると認められた法令またはその個々の規定は、効力を失う。ロシア連邦憲法に適合しないロシア連邦の国際条約は、発効せず、適用されない。

⑦ ロシア連邦憲法裁判所は、連邦会議の要求により、国家反逆またはその他の重大犯罪の実行に対するロシア連邦大統領の弾劾が、所定の手続きを遵守して行われたかどうかの結論を示す。

第126条〔最高裁判所〕

ロシア連邦最高裁判所は、連邦の憲法的法律にしたがって組織され、民事事件、経済紛争の解決、刑事事件、行政事件および裁判所の管轄するその他の事件に関する最高の司法機関であり、連邦法律によって定められる訴訟状態により、裁判所の活動に対する裁判監督を行い、裁判実務の問題に関する説明を示す。

第127条 削除

第128条〔裁判官の任命手続〕

① ロシア連邦憲法裁判所およびロシア連邦最高裁判所の裁判官は、ロシア連邦大統領の提案に基づき、連邦会議によって任命される。

② その他の連邦裁判所の裁判官は、連邦法律によって定められる手続きにしたがって、ロシア連邦大統領によって任命される。

③ ロシア連邦憲法裁判所、ロシア連邦最高裁判所およびその他の連邦裁判所の権限、ならびに組織および活動の手続きは、連邦の憲法的法律によって定められる。

第129条〔検察機関〕

① ロシア連邦の検察機関の権限、組織および活動手続きは、連邦法律によって定められる。

② ロシア連邦検事総長およびロシア連邦検事副総長は、ロシア連邦大統領の提案に基づき、連邦会議によって任免される。

③ ロシア連邦構成主体の検事は、ロシア連邦構成主体の同意を得たロシア連邦検事総長の提案に基づき、ロシア連邦大統領によって任命される。ロシア連邦構成主体の検事は、ロシア連邦大統領によって解任される。

④ 市、地区の検事およびそれと同格の検事をのぞくその他の検事は、ロシア連邦大統領によって任免される。

⑤ 市、地区の検事およびそれと同格の検事は、ロシア連邦検事総長によって任免される。

第8章　地方自治

第130条〔地方自治の基本原則〕

① ロシア連邦における地方自治は、地方的意義を有する問題の住民による自主的な決定、ならびに自治体財産の占有、使用および処分を保障する。

② 地方自治は、レフェレンダム、選挙、その他の直接的な意思表明の形態、ならびに選挙されたもしくはその他の地方自治機関を通じて、市民により実現される。

第131条〔地方自治の単位〕

① 地方自治は、都市および農村の居住地ならびにその他の地域において、歴史その他の地方的伝統を考慮して実施される。地方自治機関の機構は、住民によって自主的に定められる。

② 地方自治が行われる地域の境界変更は、当該地域の住民の意見を考慮した場合に、認められる。

第132条〔地方自治機関の職務〕

① 地方自治機関は、自主的に自治体財産を管理し、地方予算を編成し、承認し、執行し、地方の租税および公課を定め、社会秩序を維持し、ならびに地方的意義を有するその他の問題を解決する。

② 地方自治機関には、法律によって、その行使に必要な物資および資金を交付して、一定の国家的権限を付与することができる。委譲された権限の実現は、国家の監督を受ける。

第133条〔地方自治権の保障〕

ロシア連邦における地方自治は、裁判による保護を受ける権利、国家権力機関の採択した決定の結果生じた追加的支出の補償を受ける権利、ならびにロシア連邦憲法および連邦法律によって定められる地方自治体の権利の制限禁止によって、保障される。

第９章　憲法の修正および改正

第134条〔憲法修正および改正の発議〕

ロシア連邦憲法の規定の修正および改正の提案は、ロシア連邦大統領、連邦会議、国家会議、ロシア連邦政府、ロシア連邦構成主体の立法（代表）機関、および連邦会議議員または国家会議議員の５分の１以上の集団が行うことができる。

第135条〔憲法第１、２、９章の改正〕

① ロシア連邦憲法第１章、第２章および第９章の規定は、連邦議会によって改正することはできない。

② ロシア連邦憲法第１章、第２章および第９章の規定の改正に関する提案が、連邦会議議員および国家会議議員の議員総数の５分の３によって支持された場合、連邦の憲法的法律にしたがって、憲法議会が招集される。

③ 憲法議会は、ロシア連邦憲法を改正しないことを確認するか、または新しいロシア連邦憲法草案を作成する。この新しい憲法草案は、憲法議会によりその議員総数の３分の２の多数によって採択されるか、または国民投票に付される。国民投票が実施された場合、ロシア連邦憲法は、選挙人の過半数の参加を条件として、投票に参加した選挙人の過半数が賛成した場合に、採択されたものとみなされる。

第136条〔憲法第３－８章の修正〕

ロシア連邦憲法の第３章ないし第８章の規定の修正は、連邦の憲法的法律の採択のために定められた手続きで採択され、３分の２以上のロシア連邦構成主体の立法権力機関の承認を得た後に、施行される。

第137条〔憲法第65条の変更〕

① ロシア連邦の構成を定めるロシア連邦憲法第65条の変更は、新しい連邦構成主体のロシア連邦への加入および設置、ロシア連邦構成主体の憲法的・法的地位の変更に関する連邦の憲法的法律に基づいて行われる。

② 共和国、地方、州、連邦的意義を有する市、自治州、自治管区の名称変更の場合、ロシア連邦構成主体の新しい名称が、ロシア連邦憲法第65条に挿入される。

第２編　最終規定および経過規定

① ロシア連邦憲法は、全人民投票の結果に基づき、それが正式に公布された日に施行される。

同時に、1978年４月12日に制定され、その後改正および増補されたロシア連邦―ロシア憲法（基本法）は、失効する。

連邦条約―ロシア連邦の連邦国家権力機関とロシア連邦を構成する主権共和国の国家権力機関の間の管轄および権限の区分に関する条約、ロシア連邦の連邦国家権力機関とロシア連邦の地方、州、モスクワ市およびサンクト・ペテルブルク市の国家権力機関の間の管轄および権限の区分に関する条約、ロシア連邦の連邦国家権力機関とロシア連邦を構成する自治州および自治管区の国家権力機関の間の管轄および権限の区分に関する条約―、ロシア連邦の連邦国家権力機関とロシア連邦構成主体の国家権力機関の間のその他の条約、ならびにロシア連邦主体の国家権力機関相互の間の条約の規定が、ロシア連邦憲法の規定に適合しない場合は、ロシア連邦憲法の規定が効力を有する。

② 本憲法の施行前にロシア連邦領土において施行されていた法律およびその他の法令は、ロシア連邦憲法に抵触しない部分が適用される。

③ ロシア連邦―ロシア憲法（基本法）にしたがって選出されたロシア連邦大統領は、本憲法の施行日から、選挙されたその任期が満了するまで、本憲法によって定められる権限を行使する。

④ ロシア連邦閣僚会議―政府は、本憲法の施行日からロシア連邦憲法によって定められるロシア連邦政府の権利を有し、義務および責任を負い、以後はロシア連邦政府という名称になる。

⑤ ロシア連邦の裁判官は、本憲法によって定められるその権限にしたがって裁判を行う。

憲法施行後、ロシア連邦のすべての裁判所の裁判官は、選出されたその任期が満了するまで、その権限を保持する。欠員は、本憲法によって定められる手続により、補充される。

⑥　陪審員の参加する裁判所の事件の審理手続きを定める連邦法律が施行されるまで、当該事件の従前の審理手続が維持される。

本憲法の規定にしたがってロシア連邦の刑事訴訟法が制定されるまで、犯罪遂行の被疑者の逮捕、拘留および拘禁に関する従前の手続が維持される。

⑦　第1期の連邦会議および第1期の国家会議は、2年任期で選出される。

⑧　連邦会議の第1回会議は、選挙後30日目に招集される。連邦会議の第1回会議は、ロシア連邦大統領が開会する。

⑨　第1期の国家会議議員は、同時にロシア連邦政府の構成員となることができる。ロシア連邦政府の構成員である国家会議議員には、職務遂行に関連する行為（または不作為）に対する責任についての議員の不逮捕特権を定めた本憲法の規定は適用されない。

第1期の連邦会議議員は、非常勤の原則でその権限を行使する。

中華人民共和国

解説

1　中国憲法とは

中国憲法と呼びうる現行の成文憲法典には、実はふたつのテキストがある。ひとつは1946年末に南京で制定、翌年から施行され、1949年に中華人民共和国が成立してからは、もっぱら台湾（彭湖、金門、馬祖地区を含む）においてのみ効力を保持している中華民国憲法であり、もうひとつが1982年に北京で制定され、その後、5度の部分改正を経ている中華人民共和国憲法である。

中華民国憲法は蔣介石率いる中国国民党軍が毛沢東・中国共産党軍との内戦に敗れたのにともない、中華民国という「国家」もろとも台湾海峡を渡った。しかし、それ以前にこの憲法は、内戦の激化を理由に「動員戡乱（かんらん）時期臨時条款」という臨時立法によって多くの条項が凍結され、実に1991年に至ってようやくそれは解除された。さらに、1990年代に急進展した台湾の民主化は、長い間、休眠状態にあったこの憲法に対する度重なる改正を余儀なくし、総統の民主的な直接選挙を経て、2000年には万年与党の座にあった国民党の候補を退けて、野党候補の陳水扁が当選した。こうして中国国民党から台湾土着の政党である民主進歩党への政権交代が民主的手続によって実現した。その後、2008年には国民党・馬英九が政権を奪還し、2016年には再度、民進党・蔡英文へと政権交代を繰り返した。この間、中国からの台湾独立に対する強い牽制を受けて、中華民国憲法体制には手が付けられないまま今日に至っている。こうして現在なお台湾では、中国で制定され国父・孫文の発案にかかる「五権憲法」（＝中華民国憲法）が効力を維持している。中国における憲政、立憲主義の展開を歴史的に捉えるには、この憲法（背景思想、規定内容、その後の変容、運用実態など）をも視野に入れる必要がある。しかし、以下では考察の対象、条文の翻訳を、もっぱら中華人民共和国憲法に限定せざるを得ない。以下、中国憲法とはこの憲法を指す。

中華人民共和国では、この国で繰り返された政治の激変ぶりを反映して、建国当初に臨時憲法の役割を果たした「中国人民政治協商会議共同綱領」を除いても、現在までに4つの憲法が制定されている。毛沢東が自ら起草に深く関与し、ソビエト・スターリン憲法から強い影響を受けた最初の社会主義型憲法である1954年憲法、文化大革命で権力者の座にのし上がったいわゆる「四人組」が主導した現在では否定的に評価されている1975年憲法、毛沢東の死後、跡を引き継ぎ文革路線から改革・開放への転換期にあった華国鋒路線を反映した1978年憲法、そして鄧小平よる四つの現代化、改革・開放路線を憲法に表現した現行憲法である。54年憲法は形式上、20年以上も効力を維持したことになるが、実はこの憲法が目指した生産手段の社会主義的改造＝社会主義社会への移行は、早くも1956年には当初の想定を超える速さで達成され、その後は現実社会と遊離したまま店晒しにされていた。現行憲法はこの54年憲法ともっとも濃厚な継承関係にある。1982年の制定からすでに38年以上を経過しており、この国の歴史のなかでは際だって長い生命力を保持していることになる。1989年天安門事件を挟んで胡錦濤時代までは鄧小平が敷いた政治路線が継続してきたために、経済システムの脱計画経済、市場化推進を追認する改正こそあったが、統治システムに原理的な改正はなかった。しかし、路線を異にする習近平が統治体制を盤石なものとした結果、2018年にはこれまでにない大規模な改正が行われ、統治機構にかかわる重要な変更がなされた。

2　現行憲法の特色

現行中国憲法は、本書に収録されている他の国々の憲法と比べて以下のような点で際だった特色をもつ。

(1)　社会主義憲法

この憲法のもとでは、社会体制として社会主義を採用することがあらかじめ措定され、選挙を通じた体制の変更可能性は最初から排除されている（第１条第１項、第２項）。それどころか、社会主義に異を唱えるものと判断される言動は禁止され、刑事処罰の対象とさえなる（刑法における「国家の安全に危害を加える罪」に該当）。体制選択問題が憲法制定以前の歴史のなかですでに解決済みであることは、1840年以来の屈辱の近代史に終止符を打つに至る歴史物語を書き連ねるこの憲法の前文に記されている。また、中国が社会主義の道を今後も歩み続けることは、前文のなかで共産党の指導、「マルクス・レーニン主義、毛沢東思想、鄧小平理論、“３つの代表”の重要思想、科学的発展観、習近平新時代中国的特色ある社会主義思想」、人民民主主義独裁とともにいわゆる「四つの基本原則」の堅持として定式化されている。この憲法は社会体制の選択をやり直すことをまったく想定していない。

体制選択をめぐるこうした既定方針は、この憲法が規定する以下のような具体的な制度にも体現されている。

(a)　共産党による一党独裁。憲法は当然に中国共産党を唯一不変の政権党と位置づけており、いわゆる多党協力制のもとで存続が許されている諸民主党派は共産党の指導を受け入れることを前提した「参政党」「友党」であり、いかなる意味でも共産党と政権を争うライバル（＝野党）などではない。共産党の指導は、先述の「四つの基本原則」のひとつとして前文に規定されるに過ぎなかったが、2018年の改正で第１条

2項に「中国共産党による指導は中国的特色ある社会主義の最も本質的な特徴である」との文言が加えられた。1978年、1975年憲法では党の指導は条文に規定されていたので、また条文へ復帰したことになる。改正前後から「党政軍民学、東西南北中、党は一切を指導する」「党の絶対的指導の堅持」とのフレーズが政権中枢で多用されるようになっている。また、憲法改正後、中共中央から「党と国家機構改革を深化させる方案」が出され、党と国家機関の融合が進められている。党と国家機関が一体化する文革以前の「以党代政」(党による代行主義)へと回帰しつつある。

「党の指導」は、この憲法が保障する市民の権利に対して体制的枠をはめる憲法上の根拠となっており、市民の権利は原理的に厳しい制約のもとに置かれる。しかも、ある行為が憲法による制約の対象となるかどうかには、司法審査が及ぶことはなく、権力の独占を認められた共産党が最終的には判断することになる。一元的政治権力は、必然的に政治イデオロギーの多様性を許容しない。インターネット空間を含めて、権力による言論統制は徹底されており、中国の人権問題がしばしば国際的に厳しい目に晒されるのは、こうした憲法構造に原因がある。党の指導は国家機構の枠を超えて、軍、企業や社会団体(労働組合、弁護士会、学会、業界団体、宗教団体、NGO、NPOなど)、学校、地域の自治組織など、この国のあらゆる活動に及んでおり、まさに「天下」を取り仕切っている。

現行憲法では共産党も最高法規としての憲法の範囲内で活動すべきことが規定されているものの(前文、第5条第4項、第5項)、一党独裁のもとで、憲法にその独裁政党を羈束させるというのは、根本的な背理である。共産党が露骨に憲法に優位するのが実態であり、俗に「憲法あれど、憲政なし」と言われる所以である。党機関を相手に裁判を起こすことは事実上、ほぼ不可能であることに加え(党には行政訴訟の被告適格がない)、近時の「党政融合」への逆流によって、司法的統制の及ばない国家機関が大幅に増加した(新設の監察委員会は典型的)。さらにこれまでの部分改正が、ことごとく共産党によって直接担われてきたことからも分かるとおり、最終的には改正権を使えば共産党にできないことはない。

(b) 統治システムとしての民主主義的集中制。この憲法では国の統治は権力分立制ではなく、民主主義的集中制と呼ばれる独特の原理にしたがうこととされる。主権者である人民は、具体的には人民代表大会(以下、人大と略)という国家権力機関を通じて主権を行使する建前がとられている。すべての国家権力は最高国家権力機関たる全国人民代表大会(以下、全国人大と略)が集中的に行使するものの、行政、監察、裁判、法律監督という4つの国家権能については、人大から選出され、それに対して責任を負う国務院(政府)、監察委員会、人民法院(裁判所)、人民検察院(検察機関)に分担させている。これは三権分立とは全く異質な原理にもとづいており、全国人大はあくまで全権的地位にあり、国家機関は相互に均衡・制約を及ぼしあう関係にはない。したがって、たとえば裁判所(=人民法院)に法令の憲法適合性判断を行う違憲審査権はない。司法権の独立は正面から否定され、それに代えて人民法院による裁判権の独立原則が規定されている(第126条)。

このように権力の人大への集中を正当化するのは、それが唯一、人民による「民主的」な選挙によって選出される（ことになっている）点にある。しかし、そもそも共産党以外の選択肢を用意せず、しかも三重の間接選挙によって選出される全国人大に民主的正統性があると主張するのは、危ういフィクションである。一人ひとりの人民が直接、投票して選挙ができるのは、現在、末端の郷鎮クラスとその上の県クラスの人民代表までであり、その上の地区クラスの市（ないし自治州）、省クラス、全国レベルはいずれも一級下の人大による間接選挙により選出される（第59条、第97条）。加えて各クラスの選挙では、候補者数に法定の限定が付されており（全国人民代表大会および地方各クラス人民代表大会選挙法）、誰もが自由に立候補できるわけでもない（そうした限定なき競争的な選挙を原語では「競選」とよび、「選挙」とは区別している）。つまり、中国憲法でいう「選挙」は実質的な選択の意味合いを欠いているのであり、これを選挙という日本語にそのまま転用することは誤訳の誹りを免れない。

(c) 生産手段の公有制を主体とする経済システム。この憲法が社会主義体制をとっていることは、経済システムに関して多くの規定を設けることにも反映されている。とくに多様な所有制を併存させることを認めつつも、公有制を主体とすることを明記している点が特徴的である（第6条第2項）。公有制とは全人民所有（国有）および集団所有を指し、私有制を中心とする資本主義とは異なるとされる。所有制の面については最近では国民経済全体における比重において、外資系企業や私営企業などのプライベートセクターが国有セクターを遙かにしのぐまでに成長しているとはいえ、国有セクターがもつ政治的優位性は揺らいでいない。また、土地に対する所有についてはなお法的に私有を認めていない（都市の土地は国有、農村では集団所有とされる。第10条）。エネルギー、電信・電話、交通、放送、金融などの重要基幹産業については、巨大な国有企業による市場独占を許している。なお、憲法制定当時は、公有制に加えて、国による計画経済の実施をセットにして社会主義経済システムのメルクマールとしていたが、この点は後述の1993年部分改正によってすべて削除されている。

(d) 基本権をめぐる観念。他国の憲法では人権保障に相当する部分が、中国憲法では「市民の基本的権利および義務」というタイトルで第2章に規定されている。中華人民共和国のこれまでの憲法では、いずれも国家機構のあとの第3章にこれを配置していたゆえ、この順序変更には市民の権利保護をより尊重する意図があるといわれる。この憲法が人一般の権利としての「人権」という概念を用いていないのは、ブルジョア的人権観の虚構性、形式性に対する根源的な批判、生産手段をもたないプロレタリアートとしての階級的視点をふまえているからである。この憲法のもとでの基本権は、社会主義国家たる中華人民共和国の構成員（原語で「公民」）となることではじめて享有資格を得るとされ、最初から外国人は想定されていない。その意味では、先述した市民の権利に対して体制的制約があることは論理的にむしろ当然のことであり、これを制約と呼ぶこと自体、的を射たものとはいえないのかも知れない。

このような憲法典の立場をふまえて、80年代後半までは人権について議論すること自体がブルジョア的であるとして「禁区」（タブー）とされた。天安門事件後の国際世論による人権批判への反撃を意図して、1991年に国務院新聞辦公室から「中国の人権状況」（いわゆる人権白書）が発表されたのを契機として、タブーは緩和に向かった。1997年、1998年には国連国際人権規約の社会権規約（2001年批准）、自由権規約（未批准）への署名・加入を経て、2004年の憲法改正で「国は人権を尊重し、保障する」（第33条第３項）という一文が加えられた。「市民の基本的権利」というタイトルのもとに「人権」を規定するという事態をいかに整合的に理解すべきか、人権というタームを憲法に書き入れたことの現実的意義がどこにあるかが問われることになる。これに関しては、基本的権利とは憲法によって実定化された人権、すなわち憲法によって保障された人権が基本的権利であるとか、「人権入憲」が権利に開放性、包容性を与えたとする説明がある。しかし、公式にはいわゆる「中国的特色ある社会主義的人権」の独自性が強調されており、人権の普遍性を無条件に肯定しているわけではない。

中国は「人権」を憲法に入れ、現在までに28件の人権に関連する国際条約に調印するなど、国連など国際的な場面での人権活動にはきわめて積極的にかかわっている。こうした人権の復権は国際社会に向けた対外広報戦略の一環としての意味合いが強い。2009年からは国務院新聞辦公室と外交部が先導して、国家人権行動計画（第１期2009-2010年、第２期2012-2015年、第３期2016-2020年）を策定し、終了後、自己評価を公表している。典型的な上からの人権保障の取り組みであり、具体的な人権侵害にかかわる裁判による実効的救済には充分な関心が払われていない。

権利の享有と同時に義務の履行について強調するのも（「権利・義務一致の原則」と称する。第33条第４項）、社会主義憲法としての中国憲法の特徴である。権利・義務一致の原則は、「義務なき権利はないし、権利なき義務はない」とのマルクスの言葉に由来するとされる。これを根拠に社会主義憲法のもとにある中国では、権利と義務の統一が憲法上の権利の原則と位置づけられている。そのためこの憲法では、権利を規定するだけではなく、多くの義務を規定しているのが特徴的である。第２章では以下、９つの義務を課す。①労働、②教育を受ける、③夫婦の計画出産実施、④家族間の相互扶養、⑤憲法、法律遵守、国家機密保持、公共財産の愛護、公共秩序・社会公徳の尊重、⑥国家の統一と諸民族の団結保持、⑦祖国防衛、侵略抵抗、⑧兵役、民兵への参加、⑨納税。一般国民も憲法遵守義務や国家機密保持義務を負う点はとくに留意すべきである。

さらに第１章総綱などにも「〜を禁止する」「〜してはならない」と記す条項がいくつかあり、これらも義務を課していると解される。たとえば、社会主義体制の破壊（１条２項）、民族団結の破壊、民族の分裂惹起（４条１項）、天然資源不法占拠、破壊（９条２項）、宗教信仰・不信仰の強制（36条２項）、通信の自由・秘密の侵害（40条）、婚姻自由への侵害、高齢者・女性・児童への虐待（49条４項）、自由権利行使にあたって国・社会・集団・個人の合法的権利自由の侵害（51条）などを禁止している。

このように中国憲法は単なる権利保障書ではなく、同時に、政治的、道徳的義務や価値観を国民に押しつける役割も担っている。

⑵ 前文に記された歴史物語、政治の基本方針

前文では、帝国主義、封建主義、官僚資本主義を打ち倒して、人民を主人公とする国を樹立したのは、共産党の指導の賜であることが強調されている。このように憲法秩序を形成した歴史的経緯を詳細に書き連ねる手法は、ソビエト憲法に由来する。これは憲法において複数の政治的選択肢を用意することを拒否することを正当化するためには必要な手続であり、そうした態度をとる憲法制定権力の正統性の根拠を示そうとするものである。もっとも、新たに王朝を開いた皇帝が前王朝の正史を編纂するのは、中国の長い歴史のなかで繰り返されてきたことであり、その意味で実は中国の政治文化とも軌を一にする。

ところで、前文には4人の中国人の名前が登場することに留意されたい。それは辛亥革命を主導し帝制を倒した孫文、中華人民共和国を成立に導いた毛沢東、改革・開放の総設計士と讃えられる鄧小平（思想）である。鄧小平思想は彼の死後、1999年の部分改正で追加された。そして2018年改正で習近平（新時代中国特色社会主義思想）が加わった。憲法にカリスマ的政治指導者個人の名前を規定してしまう感覚は、権力を制御することを旨とする近代立憲主義とは折り合わないであろう。

なお、中国憲法学界の通説は、具体的な条項と同様、前文にも憲法としての効力があると考えている。

⑶ 不十分な憲法保障制度

紙に書かれた憲法の各条項を社会のなかで実際に機能させ、定着させるためには、憲法の実効性を保障し、違憲現象を適時に是正する具体的な仕組みが不可欠である。比較憲法的には憲法訴訟や違憲審査制といわれる諸制度がそれである。中国憲法では、最高国家権力機関に位置づけられる全国人大およびその常設機関である常務委員会が、憲法監督を実施するとされている（第62条第2号、第67条第1号）。具体的には、法律、行政法規・命令、地方性法規、民族自治地方の自治条例・単行条例の憲法適合性を審査し、憲法に抵触していると判断すれば、それらの変更や取消を決定する。しかし、憲法改正権、立法権をもつ全国人大（およびその常務委員会）自身に憲法統制権を与えるこの制度は、現実にはまったく機能していない。現にこれまで違憲とされた法令は1件も現れていない。

このように憲法保障制度が機能しないのは、そもそも中国憲法が前提とする権力観に起因している。すなわち、中国では国家権力はア・プリオリに人民の権力であり、国家権力と人民の間に矛盾・対立はないはずだとされているため、権力による基本権侵害の潜在的危険性に対する警戒感が基本的に欠如している。ここではいわば権力性善説的な原理が妥当しているのであり、憲法によって恣意的な権力の発動を制御しようとする志向は弱い。

しかし、そうはいっても、違憲現象が放置され、それを適時に是正する制度が適切に作動しないことは、憲法の権威を大いに失墜させるものであり、法治国家を目指すことを唱う（第5条第1項、1999年改正）体制としては、これを看過できないとする認

識が広がりつつある。つとにこの憲法の起草段階から全国人大に憲法委員会を設けるとか、専門的な憲法法院を設置するなどの提案が現れていたが、一貫して憲法監督の制度的改変について学界の関心は高い。学界ではさまざまな提案が現れているし、全国人大常務委員会の事務機構である法制工作委員会でも制度改革が模索されていた。他方、通常の訴訟において憲法の条項が引かれるということはほとんどなかったし、この憲法の統治機構の編成原理からいって、法院には人大や政府の行為について憲法適合性を判断する権限はない。

そうしたなか裁判実務では、2001年から通常の民事訴訟において憲法の条項を引用して判決を下すという、これまで見られなかった現象が登場し、「憲法の司法化」「憲法訴訟の嚆矢」として、学界の関心を引きつけた。2001年６月29日、最高人民法院は、山東省高級人民法院からの照会に対して、「姓名権侵害という手段により憲法が保護する市民の教育を受ける基本的権利を侵害した場合に民事責任を負うべきか否かに関する批復」と題する司法解釈を下した。本件は、合格していない学校に他人の名前を語って身代わりで入学、就学、卒業し、銀行に就職までしていたことが発覚し、名前を使われていた者が相手方、教育委員会、学校などを被告として民事損害賠償を請求した事件である。最高法院はこれについて憲法第46条第１項が規定する市民の教育を受ける権利の侵害にあたるとして、損害賠償を命じる判決を下すよう、司法解釈によって高級法院に指示したのである。本件は基本的に私人間の民事訴訟であり、この損害賠償請求を基礎づけるために、憲法を持ち出す必要性があるのかどうかは疑問ではあるが、ともかく憲法が具体的訴訟において裁判規範性を獲得した注目すべきリーディングケースとして喧伝された。憲法の私人間効力といういわば周辺的応用問題が憲法訴訟のリーディングケースとなるという現象は、この国の憲法文化の特質を示唆している。

これ以降、通常の訴訟において憲法の条項が援用される例が散見されるようになったが、憲法に照らして公権力行使の妥当性を判断するという意味での憲法訴訟が制度として導入されたわけではない。それどころか、この2001年の司法解釈は2008年12月８日に最高法院によって廃止決定がなされ、すでに失効している。加えて、最高人民法院「裁判文書において法律、法規などの規範性法律文書を引用することに関する規定」(2009年10月26日）では、一般的に法院が判決書などにおいて引用できる法的根拠として憲法を挙げてはおらず、これにより具体的な訴訟において憲法を適用して事件を処理することはできないことが改めて決定的となった。「憲法の司法化」という一場の騒動に幕が下ろされたのである。

実効ある憲法保障制度をいかに作るかは、なお中国憲法が解決すべき最大の課題となっていたところ、2018年改正で注目すべき改変が行われた。それは全国人大の専門委員会のうちの法律委員会が、「憲法および法律委員会」に改称されたのである。これは2017年10月の第19回党大会で「合憲性審査業務を推進し、憲法の権威を維護する」ことが提起されたことを契機とする。その後、2018年２月の党の第19期３中全会で「党と国家機構改革を深化させる方案」が採択され、そこで専門委員会の改称が明記された。これを受けて、当初の草案にはなかった憲法70条1項への改正が追加されることとなった。改正作業全体に影響を与えないように、修正条項の法条を増やさず、修正条項44条に、人大の職権に監察委員会関連の規定を追加する改正に続けて、やや強引にこれを書き入れた。同年6月22日には全国人大常務委員会「全国人大憲法および法律委員会の職責問題に関する決定」が採択され、「憲法および法律委員会は引き続き法律草案などの統一的審議という職務を担い続けることを基礎としつつ、憲法の実施を推進し、憲法の解釈を展開し、合憲性審査を推進し、憲法監督を強化し、憲法宣伝に協力するなどの業務職責を追加する」とされた。こうして全国人大の専門委員会のひとつが、「合憲性審査」を担うことが新たに確定した。

合憲性審査に関する手続は法定されていないため、具体的にどのように、憲法および法律委員会が、合憲性審査を行使するのかは明らかではない。すべての法律は党中央の直接的干与のもとで制定されており、党の指導を絶対とするこの国で、果たしてその法律に対して実効ある合憲性審査が可能なのかが試されることになる。

3　5度の部分改正の概要

現行憲法は1982年に制定されてから、この間に生じた政治・社会・経済の変容を憲法に反映するために、5度にわたって部分改正が施されている。5年に1度開かれる共産党の大会で新たな方針が提起されると、それを憲法でも追認するのが通例となっている。具体的には、1987年の第13回党大会を承けて1988年（修正第1、第2条）、1992年の第14回党大会を承けて1993年（修正第3～第11条）、1997年の第15回党大会を承けて1999年（修正第12～第17条）、2002年の第16回党大会を承けて2004年（修正第18～第31条）、そして久しぶりに2017年の第19回党大会を承けて2018年の改正（修正第32～第52条）が、それぞれ行われた。党内で秘密裏に作成された改正草案が全国人大に提案され、それがほぼそのまま採択されるという慣行がこれまで定着している。改正はいずれも修正条項を憲法に付加するという手法をとり、これまでに計52か条の修正条項が追加されている。なお、本書で訳出する憲法条文は、この改正箇所を本文に組み込んでリライトした「修正文本」と呼ばれる公式テキストである。

これまでの改正では、経済システムが計画経済から市場経済へと転換されるにともない、実情に合わなくなった箇所を改正するというものが多数を占めている。他方、政治改革にかかわる改正はきわめて限定的である。経済だけを市場化し、政治システムには競争的機制を導入しない中国の現状が直截に反映されている。もっとも最近の2018年改正は、それ以前の改正とは異質な意味合いをもつ。おもな改正事項は以下の通りである。

(1)　経済の市場化にかかわる改正

大胆に市場経済へと改革の舵を切ることにお墨付きを与えるため、中国が目下、社会主義の初級段階に置かれていて、しかもそれが長期にわたることを確認している

（修正第３、第12条）。当分、遅れた初級段階なのだから、資本主義的手法を取り入れて経済発展を加速することが許されるのだという論理である。具体的には所有制にかかわる改正が相次いでいる。私営経済などの非公有制経済の地位を引き上げ（同第１、第14、第16、第21条）、私有財産保護を強調する改正（同第22条第１項）が行われた。また、土地収用にかかわって紛争が頻発していたのを承けて、「公共の利益」のための土地収用・徴用にあたっては補償することを規定した（同第22条第３項）。土地使用権に財産価値を付与し、土地を一定範囲で流通させるため、土地使用権の譲渡を認めた（同第２条）。国営経済、国営企業を国有経済、国有企業に改め、国は所有者であっても、直接経営には口を出さないことを表明した（同第５、第８条）。計画経済、経済計画というタームを憲法から一掃した（同第７条）。

こうして「公有制を主体とする」という曖昧なスローガンが残っているだけで、経済システム面での社会主義らしさは、少なくとも憲法規範のレベルではほぼ姿を消したといってよい。

⑵　政治イデオロギーに関連する改正

国の新たな公式イデオロギーとして、鄧小平理論（同第12条）、“３つの代表”の重要思想（同第18条）、科学的発展観、習近平新時代中国的特色ある社会主義思想（同第32条）が、マルクス・レーニン主義、毛沢東思想のあとに追加された（前文）。加えられたイデオロギーの定義について修正条項は何も語らない。“３つの代表”の重要思想とは、当時の党総書記・国家主席の江沢民が提起したとされ、中国では大々的に喧伝された有名な命題である。それは共産党が、①先進的な社会生産力の発展の要求、②先進文化の前進の方向、③幅広い人民の根本的利益を代表するという宣明である。経済の市場化によって利益状況が多元化しているが、なお引き続き共産党が多様な主体の要求、立場、利益を一手に代弁していくことを約束するものであり、多元的政治制度の導入を拒否する宣言に他ならない。科学的発展観は前総書記の胡錦濤の提唱にかかるスローガンで、いたずらにスピードだけを追求する従前の発展モデルを反省し、バランスのとれた持続可能な発展を目指す志向を指す。習近平新時代中国的特色ある社会主義思想は、中国社会主義が目指す方向性を概括したもので、「あらゆる活動に対する党の指導の堅持」を含む。

また、共産党と愛国統一戦線を形成しうる主体として、前文に社会主義勤労者に加えて、「社会主義事業の建設者」（同第19条）、「中華民族の偉大なる復興に尽力する愛国者」（同第33条）を追加した。前者は私営企業家（＝資本家）をも統一戦線に引き入れ、独自の利益を主張する政治的ルートを要求することを防ぐ意図がある。後者は共産党統治の正統性がナショナリズムへと傾斜していることを示している。これは同じ2018年改正で、憲法前文に「調和のとれた美しい社会主義現代化強国へと築き上げ、中華民族の偉大なる復興を実現する」（同第32条）との国家目標が書き込まれたことにも現れている。

また、24条１項には習近平が好んで使う「社会主義核心価値観」（富強、民主、文明、和諧、自由、平等、公正、法治、愛国、敬業、誠信、友善）の提唱なる道徳的文言が追加された（同第39条）。かくして中国憲法は、一党独裁を維持するうえで役に立ちそうな新たなお題目をどんどん増やしている。

⑶ その他の改正

他に注目すべき改正としては、「人権入憲」と呼ばれる「人権」というタームの加筆があるが（同第24条）、これについては先述したので繰り返さない。これとも関連して、社会保障制度の整備についてプログラム的な規定を置いたが（同第23条）、経済の市場化のなかで社会的なセーフティネットの整備が焦眉の課題として浮上していることを示している。ただし、憲法の条項に具体的な訴訟上の請求権としての性格はない。

この他、「社会主義的法治国家」建設を目指すことを明記（同第13条）、地方人大の任期を３年から５年に変更する改正（同第11、第31条）、「戒厳」「戒厳令」を「緊急事態」「緊急事態に入る宣言」に言い換える（同第26、第27条）、国家勤務要員就任時に憲法宣誓義務を課す（同第40条）、区を設けた市の人大（およびその常務委員会）に地方性法規制定権を付与（同第47条）などの改正がある。

⑷ 2018年改正の特殊性

2018年の改正により、この憲法は鄧小平憲法から習近平憲法へと大きく性格を変えることとなった。それはすでに紹介した点を含めて以下、３点に集約できる。

①「共産党の指導」の再条文化。この点で中国憲法は1978年憲法へと先祖返りしたことはすでに述べた通りである。党と国家機構の融合もこの文脈と軌を一にする。党の絶対的指導の強調は習近平思想の重要な内容となっており、中国は民主化とは正反対の方向へ舵を切っている。

②国家主席、副主席の任期制限撤廃。改正前は79条３項には、国家主席、副主席について「連続して２期を超えて就任することができない」と規定されていた。これは全国人大常務委員長、同副委員長、国務院総理、同副総理、国務委員、最高人民法院長、最高人民検察院検察長も同様である。2018年改正は79条３項のこの文言を削除し、連続就任制限を撤廃した。これにより現在、国家主席の地位にある習近平、副主席の王岐山は、２期10年を越えて、2023年以降もその地位に留まり続けることが可能となった。いわゆる国家（副）主席終身制の復活であり、この点は1954年憲法への回帰である（75年、78年憲法には国家主席制度がなかった）。現に国家主席の任にある習近平が自身で憲法を改正して、自分の任期を無制限にしたのであり、毛沢東型の個人独裁への道を歩もうとするものである。鄧小平憲法が国家機関のトップのポストを10年ごとに世代交代させることにしたのは、ゆっくりとした民主化を展望しうる制度的保障でもあった。習近平はこれをあっさりと撤回し、歴史の歯車を逆に回したのである。

③国家機構に監察委員会を増設。今次の修正条項21ヵ条のうち、９ヵ条が監察委員

会の設置にかかわり、第3章国家機構に第7節として監察委員会を挿入し、新たに5ヵ条を追加した。監察委員会は中央から地方までの各行政区画（国、省、市、県クラス）に設置されるワンセットの新たな国家機関である。これにより中国の国家機構図は、「一府両院」（政府、法院、検察院）から「一府一委両院」（政府、監察委員会、法院、検察院）へと大きく書き換えられた。具体的には党の規律検査委員会と国務院の監察部系統、検察院の汚職対策部門を統合した、党と国家機構の融合した組織である。憲法改正にともない監察法（69ヵ条）が制定され、詳細を規定している。あらゆる公職にある者に対する違法、職務犯罪事件の調査、反腐敗にかかわる活動（監督、調査、処置）を任務とする（監察法3条）。監察委員会は行政でも司法でもない「政治機関」と定位され、まったく新たな権力体系である。公職者に対する生殺与奪の大権を握りながら、法の目の粗い（刑訴法の適用はない）、性質曖昧な党国機構が誕生した。

4　日本における憲法改正論議と中国憲法

近時、日本でも政権与党が憲法改正に強い意欲を表すなか、憲法改正にかかわる議論が政界、論壇、学界を賑わせている。そこで以下では、日本で関心を集めているいくつかの論点について、中国憲法ではいかなる規定をしているかを簡単に整理して示したい。日本の政権与党が目指す改憲の方向は、図らずも中国憲法と一致している。

(1)　憲法改正手続

中国憲法では、改正案は全国人大常務委員会ないし全国人大代表の5分の1以上の者の発議により、全国人大の総代表（代表の現員であり、出席者ではない）の3分の2以上の多数により採択される（第64条第1項）。一般の法律案が過半数でよい（同条第2項）のと比べて、より高いハードルを設けているようにも見えるが、一党独裁をとっている中国で特別多数を得ることに現実的な困難はない。憲法改正ほどの重要案件が、共産党の意図に反して否決されるといった事態はありえないことである。その意味では、憲法改正の手続について中国憲法との比較は無意味である。

(2)　国民の憲法遵守などの義務

国家諸機関、公務員に憲法遵守義務を課すのは立憲主義的憲法として当然であるが、一般の国民にも憲法遵守を求めるかは一個の論点をなす。憲法の存在意義を主要には権力の恣意的な発動に対する制御（権力に対する命令）だと解するならば、国民の憲法遵守義務については規定しないという日本国憲法のような態度もありうる。他方、中国憲法は中華人民共和国市民にも憲法遵守、国家秘密保持などの義務（第53条）のほか、国家統一、民族団結保持義務（第52条）、国防義務、侵略抵抗義務（第55項第1項）など、多くの義務を課し、一般国民に対してもあれこれ命令するという性格が顕著である。

⑶　人権の理論的把握

中国憲法は天賦人権思想を否定した社会主義的権利観をそのベースとしており、この点は「人権入憲」後も変わっていないと考えられる。2004年改正では「国は人権を尊重し、保障する」(第33条第３項) という１文を加えたが、人権は国家があってこそ保障されると捉え、前国家性を承認していないかの書きぶりである。日本国憲法が「国民は、すべての基本的人権の享有を妨げられない」(第11条) として、国民を主語とし、言外に国家にそれを妨げることを禁じているのとは対照をなす。

⑷　一定の価値観を国の理想として規定

政治的イデオロギー、理念、道徳的価値観を、憲法に書き込み国民に強制するという性格がある。これは2018年改正でより顕著になっている。先述した「調和のとれた美しい社会主義強国」「中華民族の偉大なる復興」「社会主義核心価値観」などである。日本でも憲法には国の理想を書き込むのが当然であるとの主張が一部に見られるが、中国憲法はまさにその通りを実践している。

中国おける権威主義的政治レジームと競争的な市場経済というカップリングが、いつまで持続可能かに世界的な注目が集まっている。果たして政治システムの多元化、民主化を拒否したままで、いっそうの経済の自由化、グローバル化をはかり、経済成長を持続可能なものにできるのか。この国が辿った憲法史の歯車を逆回ししながら、大国化する中国。そのゆくえをいかに展望するかは困難な状況にある。

〔参考文献〕

高見澤磨・鈴木賢・宇田川幸則・坂口一成『現代中国法入門』第８版（有斐閣、2019年）
鈴木賢「中国」中村睦男ほか編『世界の人権保障』(三省堂、2017年)
鈴木賢「中国共産党と法」高見澤磨・鈴木賢編『要説　中国法』(東京大学出版会、2017年)
鈴木賢「鄧小平憲法から習近平憲法への転換」法律時報90巻５号（2018年）１頁以下。
許崇徳『中華人民共和国憲法史』上巻、下巻（福建人民出版社、2005年）
王培英編『中国憲法文献通編』(中国民主法制出版社、2007年)
李林・莫紀宏主編『中国憲法三十年』上巻、中巻、下巻（社会科学文献出版社、2012年）
韓大元主編『中国憲法学説史研究』上、下（中国人民大学出版社、2012年）
全国人民代表大会常務委員会広報版『中華人民共和国憲法』(中国民主法制出版社、2018年)

中華人民共和国憲法
〔1982年制定、1988、1993、1999、2004、2018年一部改正〕

前文

中国は、世界でももっとも古い歴史をもつ国のひとつである。中国の諸民族人民は、ともに輝かしい文化を築き上げ、栄光ある革命の伝統をもっている。

1840年以降、封建的な中国はしだいに半植民地、半封建的な国へと変わっていった。中国人民は、国の独立、民族の解放および民主主義と自由のために、先人の屍を乗り越えて突き進む勇敢なる闘いを続けてきた。

20世紀に入って、中国には天地を覆すような偉大なる歴史的変革が起こった。

1911年、孫文氏が指導する辛亥革命は、封建帝制を廃止し、中華民国を打ち立てた。しかし、帝国主義および封建主義に反対する中国人民の歴史的任務は、なお達成されたわけではなかった。

1949年、毛沢東主席を領袖とする中国共産党は、中国の諸民族人民を指導し、長期にわたる困難で曲がりくねった武装闘争およびその他の形態の闘争を経たのち、ついに帝国主義、封建主義および官僚資本主義の支配を覆して、新民主主義革命の偉大なる勝利をおさめ、中華人民共和国を樹立した。このときから中国人民は、国の権力を掌握し、国家の主人公となったのである。

中華人民共和国が成立したのち、わが国の社会は新民主主義から社会主義への移行をしだいに実現した。生産手段私有制の社会主義的改造が達成され、人が人を収奪する制度は廃絶され、社会主義体制が確立された。労働者階級が指導し、労働者・農民の同盟を基礎とする人民民主主義独裁、すなわち実質上のプロレタリアート独裁は、堅固になり、発展した。中国人民および中国人民解放軍は、帝国主義、覇権主義の侵略、破壊および武装挑発に打ち勝ち、国の独立と安全を確保して、国防を強化した。経済振興は大きな成果をおさめ、自立し、比較的整った社会主義的工業体系が基本的に形成され、農業生産も著しい成長をみた。教育、科学、文化などの事業は大きな発展を遂げ、社会主義の思想教育では顕著な成果をおさめた。幅広い人民の生活はかなり改善された。

中国における新民主主義革命の勝利および社会主義事業の成果は、中国共産党が中国の諸民族人民を指導し、マルクス・レーニン主義、毛沢東思想の導きのもと、真理を堅持し、誤りを修正して、幾多の困難と障害に打ち勝って獲得したものである。わが国は今後、長期にわたって社会主義の初級段階におかれるであろう。国の根本的な任務は、中国的特色ある社会主義の道に沿って、力を集中して社会主義的現代化建設を進めることである。中国の諸民族人民は、引き続き中国共産党の指導のもと、マルクス・レーニン主義、毛沢東思想、鄧小平理論および“3つの代表”の重要思想、科学的発展観、習近平新時代中国的特色ある社会主義思想に導かれ、人民民主主義独裁を堅持し、社会主義の道を堅持し、改革・開放を堅持し、社会主義の諸制度を絶えず改善しながら、社会主義的市場経済を発展させ、社会主義的民主主義を発展させて、社会主義的法治を健全にし、新しい発展理念を貫いて、自力更生、刻苦奮闘により、工業、農業、国防および科学技術の現代化をしだいになし遂げ、物質文明、政治文明、精神文明、社会文明、生態文明のバランスがとれた発展を促して、わが国を富強にして、民主的で文明的で調和のとれた美しい社会主義現代化強国へと築き上げ、中華民族の偉大なる復興を実現するであろう。

〔本段は1993年3月29日の修正条項第3条、1999年3月15日の修正条項第12条、2000年3月14日の修正条項第18条、2018年3月11日の修正条項第32条で改正〕

わが国では搾取階級は階級としてはすでに消滅したが、階級闘争はなお一定の範囲で長期にわたって存続するであろう。中国人民は、わが国の社会主義体制を敵視し、破壊しようとする国内外の敵対的勢力および敵対的階層と闘争しなければならない。

台湾は、中華人民共和国の神聖なる領土の一部である。祖国統一という大業を完遂することは、台湾同胞を含む中国人民すべての神聖なる責務である。

社会主義建設の事業は、必ず労働者、農民および知識人層に依拠し、結集させうるあらゆる力を結集させなければならない。長期にわたる革命、建設および改革のプロセスで、すでに中国共産党が指導し、民主諸党派および諸人民団体が参加する、すべての社会主義的勤労者、社会主義事業の建設者、社会主義を擁護する愛国者および祖国統一を擁護し、中華民族の偉大なる復興に尽力する愛国者を含む幅広い愛国的統一戦線が形成されているが、この統一戦線は引き続き堅固になり、発展するであろう。中国人民政治協商会議は、幅広い代表性を備えた統一戦線組織であり、かつて重要な歴史的役割を果たしたばかりか、今後も国の政治生活、社会生活および対外的友好活動において、社会主義的現代化建設を推進し、国の統一と団結を保持する闘争において、ますますその重要な役割を果たし続けるであろう。中国共産党が指導する多党協力および政治協商制度は長期にわたって存続し、発展するであろう。

〔本段は1993年3月29日の修正条項第4条、2004年3月14日の修正条項第19条、2018年3月11日の修正条項第33条で改正〕

中華人民共和国は、全国の諸民族人民がともに作り上げた統一された多民族国家である。平等、団結、助け合い、調和のとれた社会主義的民族関係がすでに確立され、しかも引き続き強化されるであろう。民族の団結を保持する闘争において、大民族主義、わけてもおもに大漢族主義に反対し、地方民族主義にも反対しなければならない。国はあらゆる努力を尽くして、全国の諸民族がともに繁栄するよう促す。

〔本段は2018年3月11日の修正条項第34条で改正〕

中国革命、建設および改革の成果は、世界の人民の支持と切り離すことができない。中国の前途は世界の前途と緊密に繋がっている。中国は、独立自主の対外政策を堅持し、主権と領土保全の相互尊重、相互不可侵、相互内政不干渉、平等互恵、平和共存の5原則を堅持し、平和的発展の道を堅持し、互いが利益を得、共に勝利する開放的な戦略を堅持して、諸国との外交関係および経済、文化面の交流を発展させ、人類運命共同体の構築を推し進める。また、帝国主義、覇権主義、植民地主義に反対することを堅持し、世界諸国人民との団結を強化し、被抑圧民族および発展途上国による民族独立獲得および保持、民族経済を発展させる正義の闘いを支持し、世界平和の確保および人類の進歩的事業の促進のために努力する。

〔本段は2018年3月11日の修正条項第35条で改正〕

この憲法は、中国の諸民族人民による奮闘の成果を法の形式で確認し、国の基本的体制および基本的任務を定めたものであり、国の根本法であり、最高の法的効力を有する。全国の諸民族人民、あらゆる国家機関、武装力、諸政党、社会団体および諸企業・非営利性組織は、いずれも必ず憲法を根本的な活動準則とし、かつ憲法の尊厳を保持し、憲法の実施を保証する責務を負わなければならない。

第1章　総綱

第1条〔社会主義国家、社会主義体制、共産党の指導〕

① 中華人民共和国は、労働者階級が指導し、労働者・農民の同盟を基礎とする人民民主主義独裁の社会主義国家である。

② 社会主義体制は、中華人民共和国の根本的システムである。中国共産党による指導は中国的特色ある社会主義の最も本質的な特徴である。いかなる組織ないし個人も社会主義体制を破壊することを禁止する。

〔2018年3月11日の修正条項第36条で改正〕

第2条〔人民主権〕

① 中華人民共和国のあらゆる権力は、人民に属する。

② 人民が国家権力を行使する機関は、全国人民代表大会および地方各クラス人民代表大会である。

③ 人民は、法律の規定にもとづき、各種のルートと形式を通じて、国の事務を管理し、経済および文化事業を管理し、社会的事務を管理する。

第3条〔民主集中制〕

① 中華人民共和国の国家機構は、民主主義

的集中制の原則を実行する。

② 全国人民代表大会および地方の各クラス人民代表大会は、いずれも民主的な選挙によって選出され、人民に責任を負い、人民から監督を受ける。

③ 国の行政機関、監察機関、裁判機関、検察機関は、いずれも人民代表大会によって選出され、これに対して責任を負い、その監督を受ける。

〔2018年3月11日の修正条項第37条で改正〕

④ 中央および地方の国家機構の職権配分は、中央の統一的指導のもとで、地方の自主性、インセンティブを存分に発揮させるという原則に従う。

第4条〔少数民族〕

① 中華人民共和国の諸民族は、一律に平等である。国は諸少数民族の合法的権利および利益を保障し、諸民族の平等、団結、助け合い、調和のとれた関係を保持、発展させる。いずれの民族に対する差別および圧迫を禁止し、民族の団結を破壊し、民族の分裂を引き起こす行為を禁止する。

〔2018年3月11日の修正条項第38条で改正〕

② 国は諸少数民族の特徴およびニーズにもとづいて、諸少数民族地区の経済、文化の発展が速まるよう援助する。

③ 諸少数民族が集居する地方では、区域自治を実行し、自治機関を設立し、自治権を行使する。諸民族自治地方は、いずれも中華人民共和国の切り離すことのできない一部である。

④ 諸民族は、いずれも自らの言語・文字を使用し、発展させる自由を有し、いずれも自らの風俗習慣を保持ないし改革する自由を有する。

第5条〔法治国家、憲法の最高法規性、憲法遵守義務〕

① 中華人民共和国は、法にもとづいて国を治め、社会主義的法治国家を建設する。

〔1999年3月15日の修正条項第13条で追加し、以下を繰り下げ〕

② 国は社会主義的法秩序の統一と尊厳を保持する。

③ あらゆる法律、行政法規および地方性法規は、いずれも憲法と抵触してはならない。

④ あらゆる国家機関、武装力、諸政党、社会団体、諸企業・非営利性組織は、いずれも必ず憲法と法律を遵守しなければならない。憲法および法律に違反するあらゆる行為は、必ずその責任を追及されなければならない。

⑤ いかなる組織ないし個人も、いずれも憲法および法律を超越する特権を有してはならない。

第6条〔社会主義経済〕

① 中華人民共和国の社会主義的経済システムの基礎は、生産手段の社会主義的公有制、すなわち全人民所有制および勤労大衆の集団所有制である。社会主義的公有制は人が人を収奪する制度を廃絶させ、それぞれが能力に応じて働き、労働に応じて分配を受ける原則を実行する。

② 国は社会主義の初級段階において、公有制を主体とし、多様な所有制経済をともに発展させる基本的経済制度を堅持し、労働に応じる分配を主体として、多様な分配方式を併存させた分配の仕組みを堅持する。

〔1999年3月15日の修正条項第14条で改正〕

第7条〔社会主義的全人民所有制経済〕

国有経済、すなわち社会主義的全人民所有制の経済は、国民経済における主導的な力である。国は国有経済が堅固となり、発展することを保障する。

〔1993年3月29日の修正条項第5条で改正〕

第8条〔集団所有制経済〕

① 農村集団経済組織は、戸別請負経営を基礎とし、統一と分散を結びつけた二層的経営システムを実行する。農村における生産、購買・販売、信用、消費などのさまざまな形態の協同組合経済は、社会主義的勤労大衆の集団所有制経済である。農村の集団経済組織に参加する勤労者は、法律が定める範囲内で自留地、自留山、家族副業を営み、自留家畜を飼育する権利を有する。

〔1993年3月29日の修正条項第6条、1999年3月15日の修正条項第15条で改正〕

② 都市部の手工業、工業、建築業、運輸業、商業、サービス業などの業種のさまざまな形態の協同組合経済は、いずれも社会主義勤労大衆の集団所有制経済である。

③ 国は都市・農村の集団経済組織の合法的

権利および利益を保護し、集団経済の発展を奨励、指導、援助する。

第9条〔天然資源の所有・利用〕

① 鉱物資源、水域、森林、山地、草原、未開墾地、砂州などの天然資源は、いずれも国家的所有、すなわち全人民所有に属する。法律が集団所有に属すると規定する森林、山地、草原、未開墾地、砂州を除く。

② 国は天然資源の合理的利用を保障し、貴重な動物および植物を保護する。いかなる組織ないし個人も、いかなる手段によっても天然資源を不法占拠ないし破壊することを禁止する。

第10条〔土地の所有・利用〕

① 都市の土地は国家所有に属する。

② 農村および都市郊外の土地は、法律が国家所有に属すると規定する場合を除き、集団所有に属する。宅地および自留地、自留山も集団所有に属する。

③ 国は公共的利益の必要性のために、法律の規定にもとづき、土地に対して収用ないし徴用をなし、併せて補償することができる。

〔2004年3月14日の修正条項第20条で改正〕

④ いかなる組織ないし個人も、不法占拠、売買ないしその他の形で、違法に土地を譲渡してはならない。土地の使用権は法律の規定にもとづいて譲渡することができる。

〔1988年4月12日の修正条項第2条で改正〕

⑤ 土地を使用するあらゆる組織および個人は、必ず合理的に土地を利用しなければならない。

第11条〔非公有制経済〕

① 法律が定める範囲内の個人経済、私営経済などの非公有制経済は、社会主義的市場経済の重要な構成部分である。

〔1988年4月12日の修正条項第1条、1999年3月15日の同第16条で改正〕

② 国は個人経済、私営経済などの非公有制経済の合法的権利および利益を保護する。国は非公有制経済の発展を奨励、支持およびリードし、非公有制経済に対して法にもとづいて監督と管理を実行する。

〔1999年3月29日の修正条項第16条で追加、2004年3月14日の修正条項第21条で改正〕

第12条〔社会主義的公共財産〕

① 社会主義の公共財産は神聖にして不可侵である。

② 国は社会主義の公共財産を保護する。いかなる組織ないし個人も、いかなる手段によっても、国や集団の財産を不法占拠ないし破壊することを禁止する。

第13条〔私有財産〕

① 市民の合法的私有財産は侵されない。

② 国は法律の規定にもとづき、市民の私有財産権および相続権を保護する。

③ 国は公共的利益の必要性のために、法律の規定にもとづき、市民の私有財産に対して収用ないし徴用をなし、併せて補償することができる。

〔2004年3月14日の修正条項第22条で改正〕

第14条〔社会主義的生産力、人民生活、社会保障制度〕

① 国は労働者のインセンティブおよび技術水準の向上、先進的科学技術の普及、経済管理制度および企業経営管理システムの完全化、さまざまな形態の社会主義的責任制の実行、労働組織の改善を通じて、絶え間なく労働生産性と経済効率を向上させ、社会の生産力を発展させる。

② 国は節約を励行し、無駄遣いに反対する。

③ 国は合理的に蓄積と消費のバランスを図り、国、集団および個人の利益に同時に配慮し、生産を発展させるという基礎のうえに、人民の物質的生活および文化的生活をしだいに改善する。

④ 国は経済発展水準に見合った社会保障制度を打ち立て、健全化する。

〔2004年3月14日の修正条項第23条で追加〕

第15条〔社会主義的市場経済〕

① 国は社会主義的市場経済を実行する。

② 国は経済立法に力を注ぎ、マクロ的市場制御を完全化する。

③ 国は法にもとづいて、いかなる組織ないし個人であれ、社会経済秩序を攪乱することを禁止する。

〔1993年3月29日の修正条項第7条で改正〕

第16条〔国有企業〕

① 国有企業は、法律が定める範囲内で自主的に経営する権限を有する。

② 国有企業は、法律の規定にもとづいて、

職員労働者代表大会およびその他の形態により、民主的管理を実行する。

〔1999年３月29日の修正条項第８条で改正〕

第17条〔集団的経済組織〕

① 集団経済組織は、関係法律を遵守するという前提のもとで、自律的に経済活動に従事する自主権を有する。

② 集団経済組織は、民主的管理を実行し、法律の規定にもとづき、管理者を選任および罷免し、経営管理の重大事項を決定する。

〔1999年３月29日の修正条項第９条で改正〕

第18条〔外資系企業〕

① 中華人民共和国は、外国の企業およびその他の経済組織ないし個人が、中華人民共和国法の規定にもとづき、中国で投資し、中国の企業ないしその他の経済組織とさまざまな形態の経済協力を行うことを許す。

② 中国国内の外国企業、その他の外国経済組織および中外合弁経営企業は、いずれも必ず中華人民共和国の法律を遵守しなければならない。それらの合法的権利および利益は、中華人民共和国の法律により保護される。

第19条〔教育事業〕

① 国は社会主義の教育事業を発展させ、全国人民の科学技術文化の水準を向上させる。

② 国は各種の学校を設営し、初等義務教育を普及させ、中等教育、職業教育および高等教育の発展を図り、併せて学齢前教育を発展させる。

③ 国は各種の教育施設を発展させ、非識字者をなくして、労働者、農民、国家勤務要員およびその他の勤労者に対して、政治、文化、科学、技術、業務の教育を施し、独学により有為な人材となることを奨励する。

④ 国は集団経済組織、国の企業・非営利性組織およびその他の社会的勢力が、法律の規定にもとづき各種の教育事業を設営することを奨励する。

⑤ 国は全国に通用する共通語の普及を図る。

第20条〔科学技術振興〕

国は自然科学および社会科学事業を発展させ、科学および技術知識の普及を図り、科学研究の成果および技術的発明創造に褒賞を与える。

第21条〔医療・衛生・体育事業〕

① 国は医療衛生事業を発展させ、現代医薬およびわが国伝統の医薬を発展させて、農村集団経済組織、国の企業・非営利性組織および街道組織が運営するさまざまな医療衛生施設を奨励・支持し、大衆的な衛生活動を展開し、人民の健康を保護する。

② 国は体育事業を発展させ、大衆的な体育活動を展開し、人民の体質を増強させる。

第22条〔文化振興〕

① 国は人民に奉仕し、社会主義に奉仕する文学芸術事業、報道・ラジオ・テレビ事業、出版・発行事業、図書館・博物館・文化センターおよびその他の文化事業を発展させ、大衆的文化活動を展開する。

② 国は名勝旧跡、貴重な文化財およびその他の重要な歴史文化遺産を保護する。

第23条〔知識人の位置づけ〕

国は社会主義に奉仕する各種の専門的人材を養成し、知識人層拡大を図り、条件を整えて、社会主義的現代化建設における彼らの役割を充分に発揮させる。

第24条〔社会主義精神文明、イデオロギー教育〕

① 国は理想教育、道徳教育、文化教育、規律および法制教育を普及させることを通じて、また都市と農村における種々の範囲の大衆の間で、さまざまな心得、規則を制定および執行することを通じて、社会主義的精神文明建設を強化する。

② 国は社会主義核心価値観を提唱し、祖国を愛し、人民を愛し、労働を愛し、科学を愛し、社会主義を愛する公徳を提唱して、人民のなかで愛国主義、集団主義および国際主義、共産主義の教育を行い、弁証法的唯物論および史的唯物論の教育を行って、資本主義、封建主義およびその他の腐朽した思想に反対する。

〔2018年３月11日の修正条項第39条で改正〕

第25条〔計画出産〕

国は計画出産を推進し、人口増加を経済および社会の発展計画に相応しいテンポに調整する。

第26条〔環境管理〕

① 国は生活環境および生態環境を保護および改善し、汚染およびその他の公害を防止する。

② 国は植樹造林を組織および奨励し、森林・樹木を保護する。

第27条〔国家機関、公務員〕

① すべての国家機関は、精鋭・簡素化原則を実行し、職務責任制を実行し、勤務要員の研修および考課制度を実行して、絶え間なく業務の質と業務効率の向上を図り、官僚主義に反対する。

② あらゆる国家機関および国家勤務要員は、必ず人民の支持に依拠し、常に人民と緊密な連係を保ち、人民の意見および提案に耳を傾け、人民からの監督を受け入れて、人民への奉仕に努めなければならない。

③ 国家勤務要員は、就任にあたり法律の規定に従って公開で憲法宣誓を行わなければならない。

〔2018年３月11日の修正条項第40条で追加〕

第28条〔社会秩序、国家安全の維持〕

国は社会秩序を維持し、国に対する反逆およびその他の国家の安全に危害を与える犯罪活動を鎮圧し、社会治安に危害を与え、社会主義経済を破壊する、その他の犯罪活動に制裁を加え、犯罪者を懲罰し、真人間にする。

〔1999年３月15日の修正条項第17条で改正〕

第29条〔武装力の帰属・任務・強化〕

① 中華人民共和国の武装力は人民に属する。その任務は国防を堅固にし、侵略に抵抗し、祖国を防衛し、人民の平和的な労働を防衛して、国の建設事業に参加し、人民への奉仕に努めることである。

② 国は武装力の革命化、現代化、正規化建設を強化し、国防力を増強する。

第30条〔行政計画〕

① 中華人民共和国の行政区画の区分は、以下の通りとする。

⑴ 全国を省、自治区、直轄市に分かつ。

⑵ 省、自治区を自治州、県、自治県、市に分かつ。

⑶ 県、自治県を郷、民族郷、鎮に分かつ。

② 直轄市および比較的大きな市を区、県に分かつ。自治州を県、自治県、市に分かつ。

③ 自治区、自治州、自治県はいずれも民族自治地方である。

第31条〔特別行政区〕

国は必要があれば特別行政区を設立することができる。特別行政区内で実行する体制は、具体的状況に応じて全国人民代表大会が法律によって定める。

第32条〔外国人の地位〕

① 中華人民共和国は、中国国内の外国人の合法的権利および利益を保護し、中国国内にいる外国人は必ず中華人民共和国の法律を遵守しなければならない。

② 中華人民共和国は、政治的理由により避難を求める外国人に対して、庇護を受ける権利を与えることができる。

第２章　市民の基本的権利および義務

第33条〔市民、法の下の平等、人権、権利と義務〕

① 中華人民共和国の国籍を有する者は、すべて中華人民共和国市民である。

② 中華人民共和国市民は、法律のもとで一律平等である。

③ 国は人権を尊重し、保障する。

〔2004年３月14日の修正条項第24条で追加し、以下を繰り下げ〕

④ いかなる市民も、憲法および法律が定める権利を享有し、同時に必ず憲法および法律が定める義務を履行しなければならない。

第34条〔選挙権・被選挙権〕

中華人民共和国の満18歳以上の市民は、民族、人種、性別、職業、出身家庭、信仰する宗教、教育の程度、財産状況、居住期間を問わず、いずれも選挙権および被選挙権を有する。ただし、法律にもとづき政治権利を剥奪された者を除く。

第35条〔言論・出版・集会・結社・デモ行進・示威の自由〕

中華人民共和国市民は、言論、出版、集会、結社、デモ行進、示威行為の自由を有する。

第36条〔信教の自由〕

① 中華人民共和国市民は、宗教を信仰する自由を有する。

② いかなる国家機関、社会団体および個人も、市民に宗教を信仰することないし宗教を信仰しないことを強制してはならないし、宗教を信仰する市民および宗教を信仰しない市民を差別してはならない。

③ 国は正常な宗教活動を保護する。いかなる者も宗教を利用して社会秩序を破壊し、市民の身体健康を損ない、国の教育制度を妨害する活動を行ってはならない。

④ 宗教団体および宗教事務は、外国勢力の支配を受けない。

第37条〔人身の自由〕

① 中華人民共和国市民の人身の自由は侵されない。

② いかなる市民も、人民検察院の承認ないし決定、または人民法院の決定のいずれかを経て、併せて公安機関が執行するのでなければ、逮捕されない。

③ 不法な拘禁およびその他の方法により、不法に市民の人身の自由を剥奪ないし制限することを禁止する。市民の身体を不法に捜索することを禁止する。

第38条〔人格の尊厳〕

中華人民共和国市民の人格の尊厳は侵されない。いかなる方法も、市民に対して侮辱、誹謗および誣告で陥れることを禁止する。

第39条〔住居の不可侵〕

中華人民共和国市民の住宅は侵されない。市民の住宅を違法に捜索したり、不法に侵入することを禁止する。

第40条〔通信の自由・秘密〕

中華人民共和国市民の通信の自由および通信の秘密は、法律上の保護を受ける。国家の安全ないし刑事犯罪の捜査の必要から、公安機関ないし検察機関が法律の規定する手続にしたがって通信に対して検査を行う場合を除き、いかなる組織ないし個人も、いかなる理由によっても、市民の通信の自由および通信の秘密を侵してはならない。

第41条〔批判・提案・申立て・告訴・告発の権利、国家賠償〕

① 中華人民共和国市民は、いかなる国家機関および国家勤務要員に対しても、批判および提案を行う権利を有する。いかなる国家機関および国家勤務要員の違法行為、職務上の懈怠行為についても、関係する国家機関に対して申し立て、告訴ないし告発する権利を有する。ただし、事実を捏造ないし歪曲して誣告し陥れてはならない。

② 市民の申し立て、告訴ないし告発について、関係する国家機関は必ず事実を調べ上げて、責任をもって処理しなければならない。いかなる者も抑圧したり、報復を加えてはならない。

③ 国家機関および国家勤務要員が市民の権利を侵害したために損失を被った者は、法律の規定にもとづき賠償を受ける権利を有する。

第42条〔労働の権利・義務〕

① 中華人民共和国市民は、労働の権利および義務を有する。

② 国はさまざまなルートを通じて、就労就業の条件を整備し、労働保護を強化、労働条件を改善し、併せて生産発展をふまえて、勤労報酬および福利面の待遇を向上させる。

③ 労働は労働能力を有するあらゆる市民の栄光ある責務である。国有企業および都市・農村の集団経済組織の勤労者は、いずれも国の主人公としての態度をもって自らの労働に臨まなければならない。国は社会主義的労働競争を提唱し、労働模範および先進的業務従事者には褒賞を与える。国は市民が奉仕作業に従事することを提唱する。

〔1999年３月29日の修正条項第10条で改正〕

④ 国は就業前の市民に対して必要な就労訓練を行う。

第43条〔休息の自由〕

① 中華人民共和国の勤労者は、休息の権利を有する。

② 国は勤労者の休息および休養のための施設を拡充し、職員・労働者の勤務時間および休暇制度を定める。

第44条〔定年制度〕

国は法律の規定にもとづき、企業、非営利性組織の職員・労働者および国家機関の

中国

勤務要員の定年退職制度を実行する。定年退職者の生活は、国および社会によって保障される。

第45条〔社会権的権利〕

① 中華人民共和国市民は老齢、疾病ないし労働能力を喪失した状況下において、国および社会から物質的な援助を受ける権利を有する。国は市民がこれらの権利を享受できるよう、必要な社会保険、社会救済および医療衛生事業を発展させる。

② 国および社会は、傷痍軍人の生活を保障し、殉難者の遺族に救済を与え、軍人家族を優待する。

③ 国および社会は、視覚・聴覚・言語の障がいおよびその他の障がいをもつ市民に、労働、生活および教育上のサポートを手配する。

第46条〔教育を受ける権利・義務〕

① 中華人民共和国市民は、教育を受ける権利および義務を有する。

② 国は品徳、知力、体質などの面で全面的に成長するよう青年、少年、児童を育成する。

第47条〔文化活動の自由〕

中華人民共和国市民は、科学研究、文学芸術創作およびその他の文化活動の自由を有する。国は教育、科学、技術、文学、芸術およびその他の文化的事業に従事する市民の、人民にプラスとなる創造的活動に対して、奨励とサポートを与える。

第48条〔男女平等〕

① 中華人民共和国の女性は、政治、経済、文化、社会および家族生活などの諸方面において、男性と平等な権利を享有する。

② 国は女性の権利および利益を保護し、男女の同一労働同一賃金を実行し、女性幹部を養成および選抜する。

第49条〔婚姻・家族・母親・児童・高齢者の保護〕

① 婚姻、家族、母親および児童は、国の保護を受ける。

② 夫婦はともに計画出産を実行する義務を負う。

③ 父母は未成年の子女を扶養・教育する義務を負い、成年した子女は父母を扶養・扶助する義務を負う。

④ 婚姻の自由に対する侵害を禁止し、高齢者、女性および児童の虐待を禁止する。

第50条〔華僑・帰国華僑・華僑家族の権利・利益〕

中華人民共和国は、華僑の正当な権利および利益を保護し、帰国華僑、在外華僑の家族の合法的権利および利益を保護する。

第51条〔自由・権利の濫用禁止〕

中華人民共和国市民は、自由および権利を行使する際、国・社会・集団の利益およびその他の市民の合法的自由および権利を害してはならない。

第52条〔国家統一・諸民族団結を保持する義務〕

中華人民共和国市民は、国家の統一および全国の諸民族人民の団結を保持する義務を負う。

第53条〔憲法・法律などの遵守義務〕

中華人民共和国市民は、必ず憲法および法律を遵守し、国家の機密を保守し、公共財産を愛護し、労働規律を遵守し、公共の秩序を守り、社会公徳を尊重しなければならない。

第54条〔祖国の安全・栄誉・利益を保持する義務〕

中華人民共和国市民は、祖国の安全、栄誉および利益を保持する義務を負い、祖国の安全、栄誉および利益に危害を加える行為にでてはならない。

第55条〔兵役に服する義務〕

① 祖国を防衛し、侵略に抵抗することは、中華人民共和国市民ひとりひとりの神聖なる責務である。

② 法律の規定にもとづき兵役に服し、民兵組織に参加することは、中華人民共和国市民の栄光ある義務である。

第56条〔納税の義務〕

中華人民共和国市民は、法律にもとづいて納税する義務を負う。

第３章　国家機構

第１節　全国人民代表大会

第57条〔全国人民代表大会の地位・常設機関〕

中華人民共和国全国人民代表大会は、最高国家権力機関である。その常設機関は、全国人民代表大会常務委員会である。

第58条〔立法権〕

全国人民代表大会および全国人民代表大会常務委員会は、国の立法権を行使する。

第59条〔全国人民代表大会の代表〕

① 全国人民代表大会は省、自治区、直轄市、特別行政区および軍隊から選出された代表によって構成される。諸少数民族はいずれも適切な定数の代表を持つべきである。

〔2004年3月14日の修正条項第25条で改正〕

② 全国人民代表大会代表の選挙は、全国人民代表大会常務委員会が主管する。

③ 全国人民代表大会代表の定員および代表選出の方法は、法律により定める。

第60条〔代表の任期・改選〕

① 全国人民代表大会の各期の任期は5年とする。

② 全国人民代表大会の任期満了2ヶ月前までに、全国人民代表大会常務委員会は、必ず次期全国人民代表大会代表の選挙を完了させなければならない。もし選挙を実施し得ない非常事態に遭遇した場合には、全国人民代表大会常務委員会が全構成員の3分の2以上の多数をもって、選挙を繰り延べし、当該期の全国人民代表大会の任期を延長することができる。非常事態が収束したのち1年以内に、必ず次期全国人民代表大会代表選挙を完了しなければならない。

第61条〔大会の主催・主管〕

① 全国人民代表大会の会議は毎年1回開催し、全国人民代表大会常務委員会が招集する。もし全国人民代表大会常務委員会が必要と認めた場合、もしくは5分の1以上の全国人民代表大会代表が発議した場合、全国人民代表大会の会議を臨時に招集することができる。

② 全国人民代表大会の会議を開催する際には、主席団を選出して会議を主管させる。

第62条〔全国人民代表大会の職権〕

全国人民代表大会は、以下の職権を行使する。

(1) 憲法を改正すること

(2) 憲法の実施を監督すること

(3) 刑事、民事、国家機構およびその他の基本的法律を制定および改正すること

(4) 中華人民共和国主席、副主席を選出すること

(5) 中華人民共和国主席の指名にもとづき、国務院総理の人選を決定すること。国務院総理の指名にもとづき、国務院副総理、国務委員、各部部長、各委員会主任、会計検査長、秘書長の人選を決定すること

(6) 中央軍事委員会主席を選出すること。中央軍事委員会主席の指名にもとづき、中央軍事委員会のその他の構成員の人選を決定すること

(7) 国家監察委員会主任を選出すること

〔2018年3月11日の修正条項第41条で追加し、以下を繰り下げ〕

(8) 最高人民法院長を選出すること

(9) 最高人民検察院検察長を選出すること

(10) 国民経済および社会発展計画、計画執行状況の報告を審査および承認すること

(11) 国家予算および予算執行状況の報告を審査および承認すること

(12) 全国人民代表大会常務委員会の不適切な決定を変更ないし取り消すこと

(13) 省、自治区および直轄市の設置を承認すること

(14) 特別行政区の設立およびその体制を決定すること

(15) 戦争と平和にかかわる問題を決定すること

(16) 最高国家権力機関が行使すべきその他の職権

第63条〔罷免権限〕

全国人民代表大会は、以下の人員を罷免する権限を有する。

(1) 中華人民共和国主席、副主席

(2) 国務院総理、副総理、国務委員、各部部長、各委員会主任、会計検査長、秘書長

(3) 中央軍事委員会主席および中央軍事委員会のその他の構成員

(4) 国家監察委員会主任

〔2018年3月11日の修正条項第42条で追加し、以下を繰り下げ〕

(5) 最高人民法院長

(6) 最高人民検察院検察長

第64条〔憲法改正手続〕

① 憲法の改正は、全国人民代表大会常務委員会ないし５分の１以上の全国人民代表大会代表の発議にもとづき、全国人民代表大会が総代表の３分の２以上の多数により採択する。

② 法律その他の議案は、全国人民代表大会が総代表の過半数により採択する。

第65条〔全国人民代表大会常務委員会の構成〕

① 全国人民代表大会常務委員会は、以下の人員から構成される。

委員長、
副委員長　若干名、
秘書長、
委員　若干名。

② 全国人民代表大会常務委員会の構成員には、適切な定数の少数民族の代表を含まなければならない。

③ 全国人民代表大会は、全国人民代表大会常務委員会の構成員を選出し、罷免する権限を有する。

④ 全国人民代表大会常務委員会の構成員は、国家行政機関、監察機関、裁判機関および検察機関の職位に就くことができない。

〔2018年３月11日の修正条項第43条で改正〕

第66条〔全国人民代表大会常務委員会の任期、委員長・副委員長の多選禁止〕

① 全国人民代表大会常務委員会の各期の任期は、全国人民代表大会の各期の任期と同様であり、それは次期全国人民代表大会が新しい常務委員会を選出するまで職権を行使する。

② 委員長、副委員長は連続して二期を超えて就任できない。

第67条〔全国人民代表大会常務委員会の職権〕

全国人民代表大会常務委員会は、以下の職権を行使する。

⑴ 憲法を解釈し、憲法監督を実施すること

⑵ 全国人民代表大会が制定すべき法律を除くその他の法律を制定および改正すること

⑶ 全国人民代表大会閉会中に、全国人民代表大会が制定した法律について部分的な補充や改正を行うこと。ただし、当該法律の基本原則と抵触してはならない。

⑷ 法律を解釈すること

⑸ 全国人民代表大会閉会中に、国民経済および社会発展計画、国家予算の執行過程において必要となった部分修正案を審査および承認すること

⑹ 国務院、中央軍事委員会、国家監察委員会、最高人民法院および最高人民検察院の業務を監督すること

〔2018年３月11日の修正条項第44条で改正〕

⑺ 国務院が制定した憲法、法律と抵触する行政法規、決定および命令を取り消すこと

⑻ 省、自治区、直轄市の国家権力機関が制定した憲法、法律および行政法規と抵触する地方性法規および決議を取り消すこと

⑼ 全国人民代表大会閉会中に、国務院総理の指名にもとづき、部長、委員会主任、会計検査長、秘書長の人選を決定すること

⑽ 全国人民代表大会閉会中に、中央軍事委員会主席の指名にもとづき、中央軍事委員会のその他の構成員の人選を決定すること

⑾ 国家監察委員会主任の提案にもとづき、国家監察委員会副主任、委員を任免すること

〔2018年３月11日の修正条項第44条で追加し、以下を繰り下げ〕

⑿ 最高人民法院長の提案にもとづき、最高人民法院副院長、裁判官、裁判委員会委員および軍事法院長を任免すること

⒀ 最高人民検察院検察長の提案にもとづき、最高人民検察院副検察長、検察官、検察委員会委員および軍事検察院検察長を任免し、省、自治区、直轄市の人民検察院検察長の任免を承認すること

⒁ 駐外国全権大使の任免を決定すること

⒂ 外国と締結した条約および重要な協定の批准および廃棄を決定すること

⒃ 軍人および外交官の職階制度およびその他の専門的職階制度を定めること

⒄ 国の勲章および栄誉称号の授与について規定し、決定すること

(18) 特赦を決定すること
(19) 全国人民代表大会閉会中に、もし国が武力侵攻を受けるか、ないしは国際間の共同侵略防止条約を必ず履行しなければならない事態に至った場合、戦争状態の宣布を決定すること
(20) 全国の総動員ないし局部的動員を決定すること
(21) 全国もしくは一部の省、自治区、直轄市が緊急事態に入ることを決定すること
〔2004年3月14日の修正条項第26条で改正〕
(22) 全国人民代表大会が授与したその他の職権

第68条〔全国人民代表大会常務委員会委員長などの職権〕
① 全国人民代表大会常務委員会委員長は、全国人民代表大会常務委員会の活動を主管し、全国人民代表大会常務委員会会議を招集する。副委員長、秘書長は、委員長の業務を補佐する。
② 委員長、副委員長、秘書長は委員長会議を構成し、全国人民代表大会常務委員会の重要な日常的業務を処理する。

第69条〔全国人民代表大会との関係〕
全国人民代表大会常務委員会は、全国人民代表大会に対して責任を負い、活動を報告する。

第70条〔各種専門委員会〕
① 全国人民代表大会は、民族委員会、憲法および法律委員会、財政経済委員会、教育科学文化衛生委員会、外事委員会、華僑委員会およびその他の設置することが必要な専門委員会を設置する。全国人民代表大会閉会中は、各専門委員会は全国人民代表大会常務委員会の指導を受ける。
〔2018年3月11日の修正条項第44条で改正〕
② 各専門委員会は、全国人民代表大会および全国人民代表大会常務委員会の指導のもと、関連する議案につき検討、審議および起草する。

第71条〔調査委員会〕
① 全国人民代表大会および全国人民代表大会常務委員会は、必要と認める場合、特定の問題に関する調査委員会を組織し、併せて調査委員会の報告にもとづいて、相応の決議を行うことができる。
② 調査委員会が調査を行う場合には、関係するあらゆる国家機関、社会団体および市民は、それに対して必要な資料を提供する義務を負う。

第72条〔議案提出権〕
全国人民代表大会代表および全国人民代表大会常務委員会の構成員は、法律が定める手続にしがたって、全国人民代表大会および全国人民代表大会常務委員会の職権の範囲に属する議案を提出する権限を有する。

第73条〔質問書提出権〕
全国人民代表大会代表は、全国人民代表大会開会期間中、全国人民代表大会常務委員会の構成員は、常務委員会開会期間中、法律が定める手続にしたがって、国務院ないし国務院各部、各委員会に対して質問書を提出する権限を有する。質問を受けた機関は、必ず責任をもって回答しなければならない。

第74条〔全国人民代表大会代表の不逮捕特権〕
全国人民代表大会代表は、全国人民代表大会会議主席団の許可を経ずして、全国人民代表大会閉会中は、全国人民代表大会常務委員会の許可を経ずして、逮捕されたり、刑事裁判に付されることはない。

第75条〔全国人民代表大会の代表の発言・表決についての責任〕
全国人民代表大会代表は、全国人民代表大会の各種会議における発言および表決について、法律上の責任を追及されることはない。

第76条〔全国人民代表大会代表の責務〕
① 全国人民代表大会代表は、必ず模範的に憲法や法律を遵守し、国家の秘密を保守し、併せて自ら参加する生産、業務および社会的活動において、憲法や法律の実施に協力しなければならない。
② 全国人民代表大会代表は、選挙母体および人民と密接な連係を保もち、人民の意見および要求を聴取および反映し、人民への奉仕に努めなければならない。

第77条〔全国人民代表大会代表に対する監督・罷免〕
全国人民代表大会代表は、選挙母体の監

中国

督を受ける。選挙母体は法律が定める手続にしたがって、その選出した代表を罷免する権限を有する。

第78条〔全国人民代表大会・同常務委員会の組織・手続〕

全国人民代表大会および全国人民代表大会常務委員会の組織および活動上の手続は、法律によって定める。

第２節　中華人民共和国主席

第79条〔中華人民共和国主席・副主席の選出・任期〕

① 中華人民共和国主席、副主席は、全国人民代表大会が選挙する。

② 選挙権、被選挙権をもつ満45歳以上の中華人民共和国市民は、中華人民共和国主席、副主席に選出されることができる。

③ 中華人民共和国主席、副主席の各期の任期は、全国人民代表大会の各期の任期と同様である。

〔2018年３月11日の修正条項第45条で改正〕

第80条〔中華人民共和国主席の職権〕

中華人民共和国主席は、全国人民代表大会の決定および全国人民代表大会常務委員会の決定にもとづき、法律を公布し、国務院総理、副総理、国務委員、各部部長、各委員会主任、会計検査長、秘書長を任免し、国家の勲章および栄誉称号を授与し、特赦令を発布し、緊急事態へ入ることを宣布し、戦争状態を宣布し、動員令を発布する。

〔2004年３月14日の修正条項第27条で改正〕

第81条〔中華人民共和国主席の国事行為〕

中華人民共和国主席は、中華人民共和国を代表して国事活動を行い、外国の使節を接受する。全国人民代表大会常務委員会の決定にもとづいて、駐外国全権代表を派遣および召還し、外国と締結した条約および重要な協定を批准および廃棄する。

〔2004年３月14日の修正条項第28条で改正〕

第82条〔中華人民共和国副主席の職権〕

① 中華人民共和国副主席は、主席の活動を補佐する。

② 中華人民共和国副主席は、主席の委託を受けて、主席の職権の一部を代行することができる。

第83条〔中華人民共和国主席・副主席の任期満了による交代〕

中華人民共和国主席、副主席は、次期全国人民代表大会が選出した主席、副主席が就任するまで職権を行使する。

第84条〔中華人民共和国主席・副主席の欠位〕

① 中華人民共和国主席が欠けたときには、副主席が主席の職位を引き継ぐ。

② 中華人民共和国副主席が欠けたときには、全国人民代表大会が補充選出する。

③ 中華人民共和国主席、副主席が欠けたときには、全国人民代表大会が補充選出する。補充選出されるまでは、全国人民代表大会常務委員会委員長が暫定的に主席の職位を代理する。

第３節　国務院

第85条〔国務院の地位〕

中華人民共和国国務院、すなわち中央人民政府は、最高国家権力機関の執行機関であり、最高国家行政機関である。

第86条〔国務院の構成・運営原理・組織〕

① 国務院は以下の人員から構成される。

総理、
副総理　若干名、
国務委員　若干名、
各部部長、
各委員会主任、
会計検査長、
秘書長。

② 国務院は、総理責任制を実行する。各部、各委員会は、部長、主任責任制を実行する。

③ 国務院の組織については、法律によって定める。

第87条〔国務院の任期、総理・副総理・国務委員の多選禁止〕

① 国務院の各期の任期は、全国人民代表大会の各期の任期と同様とする。

② 総理、副総理、国務委員は、連続して二期を超えて就任できない。

第88条〔国務院構成員の職権、国務院常務会議〕

① 総理は、国務院の活動を指導する。副総理、国務委員は、総理の活動を補佐する。

② 総理、副総理、国務委員、秘書長は、国務院常務会議を構成する。
③ 総理は、国務院常務会議および国務院全体会議を招集し、主宰する。

第89条〔国務院の職権〕

国務院は、以下の職権を行使する。

(1) 憲法および法律にもとづいて、行政上の措置を定め、行政法規を制定し、決定および命令を発布すること
(2) 全国人民代表大会ないし全国人民代表大会常務委員会に対して議案を提出すること
(3) 各部および各委員会の任務と職責を定め、各部および各委員会の活動を統一的に指導し、併せて各部および各委員会に属さない全国的な行政的業務を指導すること
(4) 全国の地方各クラス国家行政機関の活動を統一的に指導し、中央および省、自治区、直轄市の国家行政機関の職権につき具体的な区分を定めること
(5) 国民経済および社会発展計画と国家予算を編成し、執行すること
(6) 経済分野の業務および都市・農村振興、生態文明建設を指導し、管理すること。

〔2018年3月11日の修正条項第46条で改正〕

(7) 教育、科学、文化、衛生、体育および計画出産業務を指導し、管理すること
(8) 民政、公安および司法行政などの業務を指導し、管理すること

〔2018年3月11日の修正条項第46条で改正〕

(9) 対外的事務を管理し、外国と条約および協定を締結すること
(10) 国防建設事業を指導し、管理すること
(11) 民族事務を指導および管理し、少数民族の平等な権利および民族自治地方の自治権を保障すること
(12) 華僑の正当な権利および利益を保護し、帰国華僑および在外華僑の家族の合法的権利および利益を保護すること
(13) 各部、各委員会が発布した不適切な命令、指示および規則を変更ないし取り消すこと
(14) 地方各クラス国家行政機関の不適切な決定および命令を変更ないし取り消すこと
(15) 省、自治区、直轄市の区域割を承認し、自治州、県、自治県、市の設置および区域割を承認すること
(16) 法律の規定にしたがい、省、自治区、直轄市の一部地域が緊急事態に入ることを決定すること

〔2004年3月14日の修正条項第29条で改正〕

(17) 行政機関職員の定員を審査決定し、法律の規定にしたがって、行政職員の任免、研修、考課および賞罰を行うこと
(18) 全国人民代表大会および全国人民代表大会常務委員会が授与したその他の職権

第90条〔国務院各部長・委員会主任の職権、各部・委員会の規則制定権〕

① 国務院各部の部長、各委員会主任は、当該部門の業務に責任を負う。部務会議ないし委員会会議、委務会議を招集および主宰し、当該部門の業務にかかわる重大問題につき討議し決定する。
② 各部、各委員会は、法律と国務院の行政法規、決定、命令にもとづき、当該部門の権限の範囲内で、命令、指示および規則を発布する。

第91条〔会計検査機関〕

① 国務院は、会計検査機関を設置し、国務院各部門および地方各クラス政府の財政支出、国の財政金融機構および企業・非営利性組織の財務収支につき、会計検査監督を行う。
② 会計検査機関は、国務院総理の指導のもと、法律の規定にしたがい、独立して会計検査権を行使し、他の行政機関、社会団体および個人の干渉を受けない。

第92条〔全国人民代表大会・同常務委員会との関係〕

国務院は、全国人民代表大会に対して責任を負い、併せて活動を報告する。全国人民代表大会が閉会中は、全国人民代表大会常務委員会に対して責任を負い、活動を報告する。

第4節　中央軍事委員会

第93条〔中央軍事委員会の職権、構成、運営原理、任期〕

① 中華人民共和国中央軍事委員会は、全国

の武装力を指導する。

② 中央軍事委員会は、以下の人員から構成される。

主席、

副主席　若干名、

委員　若干名。

③ 中央軍事委員会は、主席責任制を実行する。

④ 中央軍事委員会の各期の任期は、全国人民代表大会の各期の任期と同様とする。

第94条〔全国人民代表大会・同常務委員会との関係〕

中央軍事委員会主席は、全国人民代表大会および全国人民代表大会常務委員会に対して責任を負う。

第５節　地方各クラス人民代表大会および地方各クラス人民政府

第95条〔地方各クラス人民代表大会・人民政府の設置、組織、自治区・自治州・自治県の自治機関〕

① 省、直轄市、県、市、市が管轄する区、郷、民族郷、鎮には、人民代表大会および人民政府を設置する。

② 地方各クラス人民代表大会および地方各クラス人民政府の組織は、法律により定める。

③ 自治区、自治州、自治県には、自治機関を設置する。自治機関の組織および活動は、憲法第３章第５節、第６節が規定する基本原則にもとづき法律で定める。

第96条〔地方各クラス人民代表大会の地位、常務委員会の設置〕

① 地方各クラス人民代表大会は、地方国家権力機関である。

② 県クラス以上の地方各クラス人民代表大会には、常務委員会を設置する。

第97条〔地方各クラス人民代表大会代表の選出〕

① 省、直轄市、区を設ける市の人民代表大会の代表は、一級下の人民代表大会により選挙される。県、区を設けない市、市が管轄する区、郷、民族郷、鎮の人民代表大会の代表は、選挙民により直接選挙される。

② 地方各クラス人民代表大会代表の定員および代表の選出方法は、法律により定める。

第98条〔地方各クラス人民代表大会の任期〕

地方各クラス人民代表大会の各期の任期は、５年とする。

〔1999年３月29日の修正条項第11条、2004年３月14日の修正条項第30条で改正〕

第99条〔地方各クラス人民代表大会の職権〕

① 地方各クラス人民代表大会は、当該行政区域内で、憲法、法律、行政法規の遵守および執行を保証する。法律が定める権限にもとづいて、決議を採択および発布し、地方の経済振興、文化振興および公共事業建設の計画を審査し、決定する。

② 県クラス以上の地方各クラス人民代表大会は、当該地域内の国民経済および社会発展計画、予算およびそれらの執行状況についての報告を審査し承認する。当該クラス人民代表大会常務委員会の不適切な決定を変更ないし取り消す権限を有する。

③ 民族郷の人民代表大会は、法律が定める権限にもとづき、民族の特色に適合的な具体的措置を採用することができる。

第100条〔地方性法規制定権〕

① 省、直轄市の人民代表大会およびその常務委員会は、憲法、法律、行政法規と抵触しないという前提のもとで、地方性法規を制定することができ、全国人民代表大会常務委員会に報告して記録に留める。

② 区を設けた市の人民代表大会およびその常務委員会は、憲法、法律、行政法規および所在省、自治区の地方性法規と抵触しないという前提のもとで、法律の規定にもとづいて地方性法規を制定することができ、所在省、自治区の人民代表大会常務委員会に報告し、許可を得たのち、施行する。

〔2018年３月11日の修正条項第47条で追加〕

第101条〔行政首長・法院長・検察院検察長の選出・罷免〕

① 地方各クラス人民代表大会は、それぞれ当該クラス人民政府の省長および副省長、市長および副市長、県長および副県長、区長および副区長、郷長および副郷長、鎮長および副鎮長を選挙し、かつ罷免する権限を有する。

② 県クラス以上の地方各クラス監察委員会主任、当該クラス人民法院長および当該ク

ラス人民検察院検察長を選挙し、かつ罷免する権限を有する。人民検察院検察長を選出ないし罷免するに際しては、必ず上級人民検察院検察長に報告し、当該クラス人民代表大会常務委員会に対して承認するよう具申しなければならない。

〔2018年3月11日の修正条項第48条で改正〕

第102条〔地方各クラス人民代表大会代表に対する監督・罷免〕

① 省、直轄市、区を設ける市の人民代表大会代表は、選挙母体の監督を受ける。県、区を設けない市、市が管轄する区、郷、民族郷、鎮の人民代表大会代表は、選挙民の監督を受ける。

② 地方各クラス人民代表大会代表の選挙母体および選挙民は、法律が定める手続にもとづき、それらが選出した代表を罷免する権限を有する。

第103条〔県クラス以上の人民代表大会常務委員会の構成〕

① 県クラス以上の地方各クラス人民代表大会常務委員会は、主任、副主任若干名および委員若干名から構成され、当該クラス人民代表大会に責任を負い、活動を報告する。

② 県クラス以上の地方各クラス人民代表大会は、当該クラス人民代表大会は、当該クラス人民代表大会常務委員会の構成員を選出し、かつ罷免する権限を有する。

③ 県クラス以上の地方各クラス人民代表大会常務委員会の構成員は、国家行政機関、監察機関、裁判機関および検察機関の職務を担当することができない。

〔2018年3月11日の修正条項第49条で改正〕

第104条〔県クラス以上の人民代表大会常務委員会の職権〕

県クラス以上の地方各クラス人民代表大会常務委員会は、当該行政区域内の諸方面の業務につき、重大事項を討議し、決定する。当該クラス人民政府、監察委員会、人民法院および人民検察院の活動を監督する。当該クラス人民政府の不適切な決定および命令を取り消す。一級下の人民代表大会の不適切な決議を取り消す。法律が定める権限にもとづき国家機関勤務要員の任免を決定する。当該クラス人民代表大会閉会中は、一級上の人民代表大会の一部の代表につき罷免および補充選出を行う

〔2018年3月11日の修正条項第50条で改正〕。

第105条〔地方各クラス人民政府の地位〕

① 地方各クラス人民政府は、地方各クラス国家権力機関の執行機関であり、地方各クラス国家行政機関である。

② 地方各クラス人民政府は、省長、市長、県長、区長、郷長、鎮長責任制を実行する。

第106条〔地方各クラス人民政府の任期〕

地方各クラス人民政府の各期の任期は、当該クラス人民代表大会の各期の任期と同様である。

第107条〔地方各クラス人民政府職権〕

① 県クラス以上の地方各クラス人民政府は、法律が定める権限にしたがい、当該行政区域内の経済、教育、科学、文化、衛生、体育事業、都市・農村振興事業および財政、民政、公安、民族事務、司法行政、計画出産などの行政的業務を管理し、決定および命令を発布し、行政勤務要員の任免、研修、考課および賞罰を行う。

〔2018年3月11日の修正条項第51条で改正〕

② 郷、民族郷、鎮の人民政府は、当該クラス人民代表大会の決議および上級国家行政機関の決定および命令を執行し、当該行政区域内の行政的業務を管理する。

③ 省、直轄市の人民政府は、郷、民族郷、鎮の設置および区域割を決定する。

第108条〔県クラス以上の人民政府の職権〕

県クラス以上の地方各クラス人民政府は、所属する各業務部門および下級人民政府の活動を指導し、所属する各業務部門および下級人民政府の不適切な決定を取り消す。

第109条〔地方各クラス会計検査機関〕

県クラス以上の地方各クラス人民政府は、会計検査機関を設置する。地方各クラス会計検査機関は、法律の定めにもとづき独立して会計検査監督権を行使し、当該クラス人民政府および上級会計検査機関に責任を負う。

第110条〔地方各クラス人民政府と同人民代表大会の関係〕

① 地方各クラス人民政府は、当該クラス人

民代表大会に責任を負い、活動を報告する。県クラス以上の地方各クラス人民政府は、当該クラス人民代表大会が閉会中は、当該クラス人民代表大会常務委員会に責任を負い、活動を報告する。

② 地方各クラス人民政府は、一級上の国家行政機関に責任を負い、活動を報告する。全国の地方各クラス人民政府は、いずれも国務院の統一的指導のもとにある国家行政機関であり、いずれも国務院に従属する。

第111条〔居民委員会・村民委員会の地位・構成・職権〕

① 都市および農村に住民の居住地域毎に設立された居民委員会ないし村民委員会は、末端の大衆的自治組織である。居民委員会、村民委員会の主任、副主任および委員は、住民が選挙する。居民委員会、村民委員会と末端政権との相互関係は、法律により定める。

② 居民委員会、村民委員会には、人民調停、治安保衛、公共衛生などの委員会を設け、当該居住地区の公共事務および公益事業を処理し、民間紛争を調停し、社会治安の保持に協力し、併せて人民政府に対して大衆の意見、要求を反映させ、提案を行う。

第6節　民族自治地方の自治機関

第112条〔民族自治機関〕

民族自治地方の自治機関は、自治区、自治州、自治県の人民代表大会および人民政府である。

第113条〔民族自治機関の構成〕

① 自治区、自治州、自治県の人民代表大会には、区域自治を実行する民族の代表のほか、当該行政区域内に居住するその他の民族にも、適切な定員の代表を割り当てるべきである。

② 自治区、自治州、自治県の人民代表大会常務委員会では、区域自治を実行する民族の市民が主任または副主任に就任する。

第114条〔区域自治民族出身による自治〕

自治区主席、自治州長、自治県長には、区域自治を実行する民族出身の市民が就任する。

第115条〔民族自治機関の職権〕

自治区、自治州、自治県の自治機関は、憲法第3章第5節が定める地方国家機関の職権を行使し、同時に憲法、民族区域自治法およびその他の法律が定める権限にもとづき、自治権を行使し、当該地方の現実の状況をふまえて国の法律、政策を貫徹・執行する。

第116条〔自治条例・単行条例制定権〕

民族自治地方の人民代表大会は、当地の民族の政治的、経済的および文化的特徴をふまえて、自治条例および単行条例を制定する権限を有する。自治区の自治条例および単行条例は、全国人民代表大会常務委員会に報告し承認を得た後、効力を生じる。自治州、自治県の自治条例および単行条例は、省ないし自治区の人民代表大会常務委員会に報告し承認を得た後、効力を生じ、併せて全国人民代表大会常務委員会に報告し、記録に留める。

第117条〔財政管理権〕

民族自治地方の自治機関は、地方財政を管理する自治権を有する。およそ国の財政制度にもとづき民族自治地方に帰属する財政収入は、すべて民族自治地方の自治機関が自主的に割り振って使用すべきである。

第118条〔経済振興自主権〕

① 民族自治地方の自治機関は、国家計画の指導のもと、地域的な経済振興事業を自主的に配置し管理する。

② 国は民族自治地方で資源を開発し、企業を起こす場合、民族自治地方の利益に配慮すべきである。

第119条〔文化振興権〕

民族自治地方の自治機関は、当該地方の教育、科学、文化、衛生、体育事業を自主的に管理し、民族の文化遺産を保護および整理して、民族文化を発展および繁栄させる。

第120条〔公安部隊組織権〕

民族自治地方の自治機関は、国の軍事制度および当地の現実的ニーズをふまえて、国務院の承認を経て、社会治安を維持する当該地方の公安部隊を組織することができる。

第121条〔民族語・文字の使用〕

民族自治地方の自治機関は、職務を執行

する際、当該民族自治地方自治条例の規定にもとづき、当地で通用している一種類ないし数種類の言語・文字を使用する。

第122条〔国からの支援措置〕

① 国は財政、物資、技術などの面から諸少数民族を支援し、経済振興および文化振興事業の発展を加速させる。

② 国は民族自治地方を支援して、当地の民族から各クラスの幹部、さまざまな専門的人材および技術をもった労働者を大量に養成する。

第７節　監察委員会

〔2018年３月11日の修正条項第52条により以下の章を追加し、第123条～127条を128条～143条に繰り下げた〕

第123条〔監察委員会の地位〕

中華人民共和国各クラス監察委員会は、国の監察機関である。

第124条〔監察委員会の組織〕

① 中華人民共和国は国家監察委員会および地方各クラス監察委員会を設置する。

② 監察委員会は、以下の人員から構成される。

主任、

副主任　若干名、

委員　若干名。

③ 監察委員会主任の各期の任期は、同クラス人民代表大会の各期の任期と同様である。

④ 監察委員会の組織と職権は、法律で規定する。

第125条〔国家監察委員会〕

① 中華人民共和国国家監察委員会は、最高監察機関である。

② 国家監察委員会は、地方各クラス監察委員会の業務を指導し、上級の監察委員会は下級の監察委員会の業務を指導する。

第126条〔監察委員会と人民代表大会、上級監察委員会との関係〕

国家監察委員会は、全国人民代表大会および全国人民代表大会常務委員会に対して責任を負う。地方各クラス監察委員会は、自らを選出した国家権力機関および一級上の監察委員会に対して責任を負う。

第127条〔監察権の独立、他機関との関係〕

① 監察委員会は、法律の規定にもとづき独立して監察権を行使し、行政機関、社会団体および個人の干渉を受けない。

② 監察機関は、職務上の違法および職務犯罪事件を取扱い、裁判機関、検察機関、法執行部門と相互に協力し、相互に制約し合う。

第８節　人民法院および人民検察院

第128条〔人民法院の地位〕

中華人民共和国人民法院は、国の裁判機関である。

第129条〔人民法院の体系・組織〕

① 中華人民共和国は、最高人民法院、地方各クラス人民法院および軍事法院などの専門人民法院を設置する。

② 最高人民法院長の各期の任期は、全国人民代表大会の各期の任期と同様とし、連続して二期を超えて就任することができない。

③ 人民法院の組織は、法律により定める。

第130条〔裁判公開原則、弁護を受ける権利〕

人民法院における事件の審理は、法律が定める特別な事情がある場合を除いて、一律に公開して行う。被告人は弁護を受ける権利を有する。

第131条〔裁判権の独立〕

人民法院は、法律の規定にもとづき独立して裁判権を行使し、行政機関、社会団体および個人の干渉を受けない。

第132条〔最高人民法院の地位・職権〕

① 最高人民法院は、最高裁判機関である。

② 最高人民法院は、地方各クラス人民法院および専門人民法院の裁判活動を監督し、上級人民法院は、下級人民法院の裁判活動を監督する。

第133条〔法院と人民代表大会の関係〕

最高人民法院は、全国人民代表大会および全国人民代表大会常務委員会に対して責任を負う。地方各クラス人民法院は、自らを選出した国家権力機関に対して責任を負う。

第134条〔人民検察院の地位〕

中華人民共和国人民検察院は、国の法律監督機関である。

第135条〔人民検察院の体系・組織〕

① 中華人民共和国は、最高人民検察院、地方各クラス人民検察院および軍事検察院などの専門人民検察院を設置する。

② 最高人民検察院検察長の各期の任期は、全国人民代表大会の各期の任期と同様とし、連続して二期を超えて就任することができない。

③ 人民検察院の組織は、法律により定める。

第136条〔検察権の独立〕

人民検察院は、法律の規定にもとづき独立して検察権を行使し、行政機関、社会団体および個人の干渉を受けない。

第137条〔最高人民検察院の地位・職権〕

① 最高人民検察院は、最高検察機関である。

② 最高人民検察院は、地方各クラス人民検察院および専門人民検察院の活動を指導し、上級人民検察院は下級人民検察院の活動を指導する。

第138条〔検察院と人民代表大会の関係〕

最高人民検察院は、全国人民代表大会および全国人民代表大会常務委員会に対して責任を負う。地方各クラス人民検察院は、自らを選出した国家権力機関および上級人民検察院に対して責任を負う。

第139条〔民族語による訴訟の権利〕

① 諸民族の市民は、いずれも当該民族の言語・文字を用いて訴訟を行う権利を有する。人民法院および人民検察院は、当地で通用している言語・文字に通暁していない訴訟関係者のために通訳・翻訳をすべきである。

② 少数民族が集居するか、ないしは多くの民族がともに居住している地域では、当地で通用している言語を用いて審理を行うべきである。起訴状、判決書、布告およびその他の文書は、現実のニーズに応じて当地で通用している一種類ないし数種類の文字を使用すべきである。

第140条〔人民法院・人民検察院・公安機関の相互関係〕

人民法院、人民検察院および公安機関が刑事事件を処理するにあたっては、分担して責任を負い、相互に協力、相互に制約しあうことによって、正確で効果的に法律を執行するよう担保する。

第４章 国旗、国家、国章、首都

第141条〔国旗・国歌〕

① 中華人民共和国の国旗は、五星紅旗である。

② 中華人民共和国の国歌は、「義勇軍行進曲」である。

〔2004年３月14日の修正条項第31条で追加〕

第142条〔国章〕

中華人民共和国の国章は、中央に五つの星に照らされた天安門、周囲に穀物と歯車を配す。

第143条〔首都〕

中華人民共和国の首都は、北京である。

〔出典〕

「中華人民共和国憲法（2018年３月11日修正本文）」『中華人民共和国憲法』（中国民主法制出版社、2018年）69頁以下。

中国憲法の部分改正（高見澤・鈴木・宇田川『現代中国法入門』第８版、有斐閣、2019年）

	修正条項	改正内容	該当条項
88年	第１条	私営経済の存在と発展を法の定める範囲内において認める旨を明記	11条
	第２条	土地の使用権は法の定めるところにより譲渡することができるものと修正	10条４項
93年	第３条	中国は社会主義初級段階にあることを明記	前文７段
	第４条	中国共産党指導下の多党合作と政治協商制度の長期にわたる存続と発展を追加	前文10段
	第５条	「国営経済」を「国有経済」に変更	７条

	第６条	「農村人民公社」の字句を削除	８条１項
	第７条	「計画経済」「経済計画」に言及した部分を削除して、社会主義市場経済を実施する旨を明記、経済立法の強化とマクロ・コントロールの完備を宣言	15条
	第８条	「国営企業」に対する国家の統一的指導と国家計画の全面的達成という課題を削除し、「国有企業」の法の定める範囲内での自主経営権と民主的管理を規定	16条
	第９条	集団経済組織に対する国家計画にもとづく指導を削除し、その経済活動における自主権と民主的管理を規定	17条
	第10条	労働に関する規定において「国営企業」を「国有企業」に変更	42条３項
	第11条	地方人大の任期について、県、市、市が管轄する区を３年から５年に変更	98条
99年	第12条	社会主義初級段階が長期にわたること、毛沢東思想に続けて鄧小平理論を明記、社会主義市場経済の発展を追加	前文７段
	第13条	「法にもとづいて国を治め、社会主義的法治国家を建設する」を新１項として追加し、以下を繰り下げ	５条１項
	第14条	１項と２項をまとめて新１項にし、新２項に「公有制を主体とし、多様な所有制経済をともに発展させる」「労働に応じる分配を主体とし、多様な分配方式を併存させ」ることを明記	６条
	第15条	「生産高リンク家族請負を主とする責任制」を「家族請負経営を基礎とし、統一と分散を結合した二重経営システム」に変更	８条１項
	第16条	個人経済、私営経済などの非公有制経済を社会主義市場経済の「補完物」から「重要な構成部分」に変更、個人経済、私営経済の合法的権利・利益保護をより強調	11条
	第17条	「反革命活動」を「国家の安全に危害を与える活動」に変更	28条
04年	第18条	①マルクス主義、毛沢東思想、鄧小平理論に続けて、「“三つの代表”の重要思想」を追加。 ②「中国的特色をもつ社会主義を建設する道に沿って」から、「建設する」を削除。 ③「四つの現代化の実現」に続けて、「物質文明、政治文明および精神文明のバランスのとれた発展を推進」を追加。	前文７段
	第19条	統一戦線の構成者として、社会主義労働者全体に続けて、「社会主義事業の建設者」を追加。	前文10段
	第20条	「法律の規定にもとづき土地に対する徴用を行う」を、「収用ないし徴用を行い、併せて補償する」に変更。	10条３項
	第21条	「国は個人経済、私営経済の合法的権利および利益を保護する。国は個人経済、私営経済に対して誘導、監督および管理を行う」を、「国は個人経済、私営経済などの非公有制経済の合法的権利および利益を保護する。国は非公有制経済の発展を奨励、支持およびリードし、非公有制経済に対して法にもとづいて監督および管理を行う」に変更。	11条２項
	第22条	「市民の合法的私有財産は侵されない」「国は法律の規定にもとづき市民の私有財産の所有権および相続権を保護する」「国は公共の利益の必要性のために、法律の規定にもとづき市民の私有財産に対して収用ないし徴用をなし、併せて補償することができる」と変更。	13条
	第23条	「国は経済発展水準にみあった社会保障制度を整備、健全化させる」を追加。	14条４項
	第24条	市民の基本的権利・義務の一般規定として、「国は人権を尊重し、保障する」を追加。	33条３項
	第25条	全国人民代表大会の代表選出単位として、省、自治区、直轄市、軍	59条１項

		隊に加えて、「特別行政区」を規定。	
	第26条	全国人大常務委員会の職権のうち、「戒厳の決定」を「緊急状態に入ることの決定」に変更。	67条21号
	第27条	国家主席の職権のうち、「戒厳令を発布すること」を「緊急状態に入ることを宣言すること」に変更。	80条
	第28条	国家主席の職権として、「国事活動を行うこと」を追加。	81条
	第29条	国務院の職権のうち、省、自治区、直轄市の一部地域について戒厳を決定することを、「緊急事態に組み入れること」に変更。	89条16号
	第30条	郷、民族郷、鎮の人民代表大会の任期を3年から5年に変更。これですべての全国・地方人大の任期が5年に統一された。	98条
	第31条	「義勇軍行進曲」を国歌とすることを定めた。	136条2項
	第32条	「科学的発展観、習近平新時代中国的特色ある社会主義思想」を指導思想に追加。「社会主義法制」を「社会主義法治」に変更。「新しい発展理念を貫いて」「社会文明、生態文明」「調和のとれた美しい社会主義現代化強国」「中華民族の偉大なる復興を実現」を追加。	前文7段
	第33条	「改革」「中華民族の偉大なる復興に尽力する愛国者」を追加。	前文10段
	第34条	社会主義的民族関係に「調和のとれた」を追加。	前文11段
	第35条	「改革」「平和的発展の道を堅持し、互いが利益を得、共に勝利する開放的な戦略を堅持」「人類運命共同体の構築を推し進める」を追加。	前文12段
	第36条	中国的特色ある社会主義のもっとも本質的な特徴として「共産党の指導」を追加。	1条2項
	第37条	監察機関を追加。	3条3項
	第38条	民族関係に「調和のとれた関係」を追加。	4条1項
	第39条	「社会主義核心価値観を提唱」を追加。	24条2項
	第40条	国家勤務要員就任時の憲法宣誓義務を追加。	27条3項
18年	第41条	全国人大の職権に国家監察委員会主任の選出を追加。	62条7号
	第42条	全国人大の罷免権限に国家監察委員会主任を追加。	63条4号
	第43条	全国人大常務委員の兼職禁止に監察機関の職位を追加。	65条4項
	第44条	全国人大常務委員会の職権に監察委員会関連の事項を追加。	67条6号・11号
		全国人大の専門委員会のうち、法律委員会を憲法および法律委員会に変更。	70条1項
	第45条	国家主席、副主席の連続2期以上の就任禁止規定を削除。	79条3項
	第46条	国務院の職権に「生態文明建設」を追加、監察を削除。	89条6号・8号
	第47条	区を設けた市の人民代表大会、その常務委員会に地方性法規制定権を新たに付与。	100条2項
	第48条	地方人大の任免権限に監察委員会主任を追加。	101条2項
	第49条	地方人大常務委員の兼職禁止に監察委員会の職務を追加。	103条3項
	第50条	地方人大常務委員会の職権に、監察委員会への監督を追加。	104条
	第51条	地方人民政府の職権から監察を削除。	107条1項
	第52条	第3章国家機構に「第7節　監察委員会」を挿入し、5ヵ条を新設(123条～127条)。旧第7章を第8章に繰り下げ、旧123条～138条までを128条～143条に繰り下げた。	123条～127条

大韓民国

解　説

1　韓国憲法の歴史（建国から民主化まで）

1945年８月15日に日本が第二次世界大戦において敗れたことで、朝鮮半島は日本による統治から解放された。解放後の朝鮮半島は北側をソ連に、南側をアメリカに占領されたが、やがて東西冷戦の動きが高まるなかで、分断の動きがみられるようになった。1947年には国連監視のもと、南北で総選挙を行うことが決定されたが、北側がこれを拒否したため、南側だけで選挙が行われた。こうして1948年７月に大韓民国憲法が制定され、同年８月に大韓民国が建国されたのであった。

⑴　第一共和国時代（建国憲法・第１次・第２次憲法改正）

李承晩政権時代の1948年憲法では、大統領が採用されていたが、国民が選出するのではなく国会で選出された（第53条第１項）。国会議長であった李承晩が初代大統領に選出された。大統領の任期は４年であり、１回のみ重任が可能であった（第55条）。国会は任期４年の一院制が採用された（第33条）。また1948年憲法では第23条において法の遡及効を禁止していたが、第101条では「この憲法を制定した国会は、檀紀4278年８月15日以前の悪質的な反民族行為を処罰する特別法を制定することができる」とするなど例外的な規定が設けられていた。基本権についてみると、自由権において法律の留保がつけられていたのが大きな特徴となっている。

韓国では民主化までに、実に９回にわたって憲法が改正されている。だがそれらの多くは、国民のためのものというよりは、むしろ時の権力者にとって都合よく変更するものであった。最初の憲法改正は1952年に行われている。主要な改正点としては、大統領をそれまでの国会での選出から、国民による直接選挙へと改正した点が挙げられる。これは李承晩に反対する議員の議席が増えたため、国民による選挙へと強引に変更したとされる。また、国会は一院制から二院制へと変更された（第31条）。

李承晩政権時代には1954年にも憲法改正が行われている。永久的な権力の座を求めた李承晩は、自らの任期の制限を撤廃しようとした。そこで新たな憲法では附則第２項において「この憲法公布当時の大統領に対しては第55条第１項但書の制限を適用しない」という規定を置こうとしたところ、当時の国会の在籍議員203人のうち３分の２以上の定足数136に１票足りなかったが、与党は、203の３分の２は135.33…なので四捨五入すれば135になるとして強引に可決させたのであった（国分編、66-67頁）。

⑵　第二共和国時代（第３次・第４次憲法改正）

永久的な権力への執着から不正選挙を行った李承晩に対して、ついに国民の怒りは爆発し、1960年４月19日のデモにより、李承晩は下野することになった。李承晩が下野したあとの韓国では、議院内閣制に統治形態が変更された。1960年６月憲法では、自由権に対する法律留保が削除されている（例えば第10条、第11条）。また、この時代で特徴的なのは、法律の違憲審査を行う機関として憲法裁判所が導入されたことであった（第８章）。

1960年11月には、李承晩政権時代に大統領と副統領（副大統領）選挙で不正を行った者を処罰できるよう特別法を制定できる旨、憲法に附則が新設された（附則第16項）。

この時代は長続きせず、朴正熙の軍事クーデターによって倒されてしまう。そのため、前述の憲法裁判所についても設立されることはなかった。

⑶　第三共和国時代（第５次・第６次憲法改正）

朴正熙による軍事クーデターによって第二共和国が崩壊すると、第三共和国までの過渡期を「国家再建最高会議」なる組織が暫定的に統治を行った。1962年の第三共和国時代の憲法では、大統領は国民の直接選挙で選出された（第64条第１項）。大統領の任期は４年で、当初は１回のみ重任できたが、1969年の第６次憲法改正では３期まで延長された（第69条第３項）。第三共和国時代には法律の違憲審査は大法院によって行われた（第102条）。

⑷　第四共和国時代（第７次憲法改正）

朴正熙は権力を強化すべく、1972年には「維新憲法」とよばれる権威主義的な憲法への改正を行った。前年の大統領選挙で、野党の金大中が高い得票率であったため、1972年憲法では、大統領は国民による選出ではなく、「統一主体国民会議」なる組織が選出するように変更された（第39条第１項）。大統領の任期は６年で重任について制限する規定はみられなかった（第47条）。また統一主体国民会議は、国会議員の３分の１についても選出する（第40条第１項）など、国家機関の政治部門における民主的な要素が後退した。法律の違憲審査については憲法委員会が行うよう規定されていた（第109条）が、実質的には機能していなかった。朴正熙は絶対的な権力を手にしたものの、1979年に側近によって射殺されたことで、第四共和国は突如終焉を迎えた。

⑸　第五共和国時代から民主化（第六共和国）へ（第８次・第９次憲法改正）

朴正熙が暗殺されると、崔圭夏政権となったが、またしても軍のクーデターにより短命政権となった。全斗煥ら「新軍部」とよばれる勢力による政権下でつくられた1980年憲法では、大統領については間接投票制が採用された（第40条第１項）。大統領の任期は７年とし、重任は認められなかった（第45条）。国会議員は国民によって選出され（第77条第１項）、任期は４年であった（第78条）。国家機関の政治部門については民主的な要素が多少は復活したものの、法律の違憲審査については第四共和国時代と同じく憲法委員会の管轄とされ（第112条）、やはり機能しなかった。

1980年代中盤になると、国民のあいだで民主化を求める動きが高まり、全斗煥にとっては民主化の受け入れは避けられない状態となった。こうしたなかで全斗煥と同じ新軍部出身で、与党の民正党の次期大統領候補者であった盧泰愚が1987年６月29日に、「国民大和合と偉大なる国家への前進のための特別宣言」（通称、6.29宣言）を発表して民主化と人権向上を建議し、全斗煥がそれを受け入れる形で民主化が行われた。

2　現行憲法の特色

(1)　総綱

現行憲法は、前文から始まり、第１章「総綱」（第１～９条）、第２章「国民の権利及び義務」（第10～39条）、第３章「国会」（第40～65条）、第４章「政府」（第66～100条）、第５章「法院」（第101～110条）、第６章「憲法裁判所」（第111～113条）、第７章「選挙管理」（第114～116条）、第８章「地方自治」（第117～118条）、第９章「経済」（第119～127条）、第10章「憲法改正」（第128～130条）、附則（第１～６条）で構成されている。財政に関する独立した章がなく、経済に関する章を置いている点において、日本と異なっている。

現行憲法第１条第１項では、「大韓民国は、民主共和国である」としている。北朝鮮憲法の第１条が「朝鮮民主主義人民共和国は、全朝鮮人民の利益を代表する自主的な社会主義国家である」としているのとは対照的な内容となっている。ちなみにこうした規定は民主化以前の韓国憲法においても存在していた。

第２条では国民の要件と在外国民の保護についてそれぞれ規定している。在外同胞を見渡すと2017年現在、全世界に743万688人おり、中国に約254万人、アメリカに約249万人、日本に約81万人、カナダに約24万人、ウズベキスタンに約18万人と続いている（外交部, 42-43頁）。これらの海外に居住する在外国民を保護するために、1999年に「在外同胞の出入国と法的地位に関する法律（通称、在外同胞法）」が制定された。だが当初は1948年の大韓民国建国以前に国外に移住した者に対しては、在外同胞から除外していたため、中国朝鮮族や旧ソ連の高麗人といった人々は含まれなかった。そこで中国朝鮮族の訴えにより、2001年に憲法裁判所で当該法律について憲法不合致決定（判決）が下されたため、現在では中国朝鮮族や旧ソ連の高麗人についても、在外同胞に含まれるようになっている。

第３条では、「大韓民国の領土は、韓半島及びその付属島嶼とする」としており、現在の北朝鮮の地域についても「韓国領」であるという立場をとっている。だがこれでは、北朝鮮の籍を有する者も「韓国人」になってしまうため、こうした人々が韓国の選挙に参加すると北朝鮮の政権寄りの投票が行われるとして、在外国民の選挙権そのものを2007年に憲法裁判所が憲法不合致決定を下すまで認めてこなかった。一方、第4条では平和的統一について規定している。前条で北朝鮮の地域も韓国領とする一方で、本条では統一について規定しているため第3条と第4条の整合性についての議論がみられる（崔，98-101頁）。

第5条では平和主義について規定している。第1項では「侵略的戦争を否認する」としており、自衛のための戦争については否認していない。また第2項では「国軍は、国家の安全保障及び国土防衛の神聖な義務を遂行することを使命」としており軍隊の存在を認めている点において、日本国憲法第9条とは大きく異なっている。そのため、韓国では18歳以上の男性には兵役の義務が課せられている。

第6条第1項では、国際法の効力について規定しており、国会で承認された条約については国内法と同等の効力を有するものと解されている。日本では憲法第98条第2項の規定により、条約と法律では条約が上位規範であると解釈されているのとは大きく異なっている。そのため、韓国ではもし条約と法律が衝突した場合、「特別法は一般法に優先する」若しくは「新法は旧法を破る」といった考えのもと優劣が決まるとされている（成，318頁）。つまり日本と韓国では、国際法と国内法の関係に対する考え方が根本的に異なっていることがうかがえる。第6条第2項では、外国人の法的地位については相互主義に基づくような規定となっている。ただし韓国の憲法裁判所は、前述の在外同胞法に対する訴訟のなかで、憲法裁判所は、外国人は公務就任権、居住・移転の自由、職業選択の自由、財産権、選挙権と被選挙権、国家賠償請求権、国民投票権、社会権を享受することはできないと言及したことから、前国家的な権利については外国人にも認めているようである。

第8条では政党制について規定している。日本国憲法では政党についての根拠規定が存在しておらず、結社の自由を根拠に認められているという点で異なっている。一方で、第4項では「民主的基本秩序に違背する」政党については政府が憲法裁判所に解散を提訴できるとしており、いわゆる「たたかう民主制」を採用している。2014年12月には、統合進歩党という政党が、北朝鮮に親和的であることを理由に、憲法裁判所によって解散を命じられている。

第9条では、「伝統文化の継承、発展及び民族文化の暢達」を掲げている。多文化社会の形成と特定の民族文化・伝統文化の保護を、今後どのように両立させるか興味深いところである。

(2) 基本権

包括的基本権・平等権　韓国憲法では第10条で幸福追求権、第11条で平等権について規定している。平等権についてみると、韓国の兵役法第3条では男性にのみ兵役の義務を課しているが、憲法裁判所は男性の方が戦闘に適合した身体的能力を有しているとしている。

なお憲法第37条第2項によれば、公共の福利（日本でいう公共の福祉）以外にも国家の安全保障や秩序維持のために国民の権利を制限できるとしている点が大きな特徴である。

精神的自由権　精神的自由権については、第18条では通信の秘密について保障しているが、韓国では「情報通信網利用促進及び情報保護等に関する法律（通称、情報通信網法）」第44条の7第1項の規定により、海外のアダルトサイトや北朝鮮のサイトについては「有害サイト」であるとしてインターネットの遮断が行われている。

第19条では良心の自由を保障している。謝罪広告の掲載が良心の自由に反するかどうかについて、日本の最高裁判決は良心の自由の侵害には当たらないとしているのに対して、韓国の憲法裁判所は限定違憲決定を下している点で大きく異なっている。

第20条では、信教の自由を保障している。韓国では長い間、宗教上の信仰を理由とした良心的兵役拒否について認めてこなかったが、2018年6月に憲法裁判所が、兵役法第5条第1項において軍事訓練を伴わない代替役務を設けていない点について憲法不合致決定を下している。またこれを受け大法院も、同年11月には良心的兵役拒否者に対して初めて破棄差戻しをしている。

第21条では、表現の自由について規定している。集会・結社の自由をみると、韓国ではかつて「集会及び示威に関する法律」において、外国の公館や国家機関から100 m以内でデモ活動を行うことを禁止していたが、2003年に憲法裁判所は外国の大使館から100 m以内で示威活動を禁じることについて、違憲決定を下している。2018年には、国会や法院、国務総理の公館から100 m以内の場所でデモ活動を禁じることについてそれぞれ憲法不合致決定を下している。

言論・出版の自由についてみると、第21条第4項において、「公衆道徳若しくは社会倫理を侵害してはならない」とする文言があるのが特徴的である。このため韓国ではかつては低俗または淫乱（日本でいうわいせつ）な表現物については、表現の自由の保護領域の外とされてきた。1998年に憲法裁判所は、低俗な表現物を刊行した場合に出版社の登録を取り消すとした「出版社及び印刷所の登録に関する法律」第5条の2第5号について違憲としたものの、淫乱物については合憲とした。なお憲法裁判所は2009年に、淫乱が問われる表現物についても、まずは表現の自由の保護領域に含まれるが、第37条第2項の公共の福利のもと制限を受ける旨、解釈を変更している。

憲法第22条第1項では学問と芸術の自由について保障している。だが、人文科学又は社会科学についてみると、さまざまな制約があるようにみえる。韓国では教授の自由について、自由民主的基本秩序の枠内においてのみ認められると考えられている（成，1127頁）。また、北朝鮮に対して親和的な内容の講演を市民向けに行った大学教員が国家保安法によって刑事責任を問われる事例がみられる。さらには、朴裕河の『帝国の慰安婦』についても、名誉毀損の訴訟が行われるなどといった事件もみられている。

経済的自由権　経済的自由権を保障するにあたり、まず韓国憲法第119条第2項では、「国家は、均衡ある国民経済の成長及び安定並びに適正な所得の分配を維持し、市場の支配及び経済力の濫用を防止するとともに、経済主体間の調和を通じた経済の民主化のため、経済に関する規制及び調整を行うことができる」として、国家による市場への介入を明文で規定している。

居住・移転の自由については憲法第14条で認められているが、日本のような国籍離脱については明文規定が存在しない（ただし、憲法裁判所では第14条に含まれるとする）。これはおそらく、韓国がこれまで「移民の送り出し国家」であったことと、兵役忌避を理由とした国籍離脱が行われることを想定しているからではないかと思われる。また、韓国では18歳以上の男性には兵役の義務があるため、入隊を延期する25歳以上の男性が海外渡航する際には、兵務庁の長から許可を得なければならないなど、制約がみられる。

職業の自由については憲法第15条で規定されている。だが大型マートの営業時間を制限したり、義務休業を命じる「流通産業発展法」について、2018年に憲法裁判所は、中小規模の商店を保護する必要から、合憲であると判断している。

また学習塾の時間を5時から22時まで（高校生は23時まで）と制限した「ソウル特別市の学院（日本でいう学習塾）の設立・運営及び課外教習に関する条例」第5条第1項について、2008年に憲法裁判所は職業の自由に違反しないとしている。

人身の自由　人身の自由については、多くの規定が憲法第12条に含まれている。韓国憲法では日本国憲法における拷問・残虐刑の禁止のような規定はみられないが、韓国では1998年以降死刑執行が行われておらず、「事実上死刑廃止国家」といわれている。但しその後も憲法裁判所では死刑制度そのものについては合憲としており、完全に撤廃されたわけではない。また韓国では憲法第12条第3項により、「長期3年以上の刑に該当する罪を犯し、逃避又は証拠隠滅のおそれがあるとき」には、いわゆる緊急逮捕を行えることが明文で規定されている点が日本とは異なっている。

人身の自由について日本と韓国で大きく異なる点として、法の遡及効の禁止に対する考え方が挙げられる。韓国憲法第13条では法の遡及効の禁止を定めているものの、とりわけ高位公職者や企業経営者、そして日本統治時代に日本に協力的であったいわゆる「親日派」に対しては、これまでに事後法を適用した事例がしばしばみられる。1980年の光州民主化運動を武力で鎮圧した全斗煥や盧泰愚らを処罰するために、金泳三政権時代の1995年に制定された「5.18光州民主化運動等に関する特別法」について、憲法裁判所は1996年に合憲決定を下している。また不正蓄財によって追徴金が科せられていたが未納であった全斗煥に対して、追徴の時効の延長や家族からも追徴を行えるよう「公務員犯罪に関する没収特例法（通称、全斗煥追徴法）」が改正された。

植民地時代に日本に対して協力的であった者の行為に対して「親日反民族行為」と定める「日帝強占下反民族行為真相糾明に関する特別法（通称、反民糾明法）」や、また親日派の子孫から土地などの財産没収を定めた「親日反民族行為者財産の国家帰属に関する特別法（通称、親日派財産還収法）」について、憲法裁判所はそれぞれ合憲決定を下している。

また企業経営者に対しては、2014年のセウォル号転覆事故を起こした清海鎮海運のオーナー、兪炳彦氏以外の第三者からも追徴して遺族に補償を行うため、「犯罪収益隠匿の規制及び処罰に関する法律」が改正されたりしている。

参政権　参政権については、憲法第24条において選挙権を、第25条において公務担任権をそれぞれ保障している。選挙権の行使に必要な年齢は、公職選挙法第15条第1項の規定により、満19歳以上となっていたが、2020年1月の公職選挙法改正案により、満18歳以上に引き下げられた。

選挙権の主体については、次の点で日本とは異なっている。第一に韓国では禁治産者（日本でいう成年被後見人）は選挙権が認められていないが日本では認められている点、第二に韓国では永住資格を取得して3年以上韓国に在留した外国人は地方選挙の選挙権が認められているが日本では認められていない点、第三に韓国では1年未満の懲役又は禁固刑の者に対しては選挙権が認められているが日本では認められていない点が挙げられる。

被選挙権についてみると、女性の政治参加が奨励されており、比例代表は候補者の半数を女性にし、名簿の奇数を女性にしなければならず（同法第47条第3項）、選挙区選挙でも30％以上を女性にするよう努力しなければならない（同条第4項）とされている。

社会権　社会権についてみると、まず憲法第34条において生存権について規定されている。だが日本と比べると社会保障や公的扶助の歴史はまだ浅い。1988年には国民年金制度が実現し、1999年には国民基礎生活保障法が制定され基礎生活受給（日本でいう生活保護）が実現している。医療保険については1963年に医療保険法が制定されていたが、2000年に国民健康保険公団が設立され一元化されている。

教育を受ける権利は憲法第31条で規定されている。韓国ではかつては中学受験や高校受験が過熱したため、そうした過度の競争を防ぐために居住地以外の学校への「越境入学」ができないよう、教育法施行令によって制限されている。そのため都市と地方では教育格差があるのではないかとして合憲性が争われたことがあるが、憲法裁判所はこうした訴えを棄却している。その一方で、高位公職者が子女を富裕層の地域の学校に行かせるために、居住の実態がない「偽装転入」を行うことが、しばしば問題視されている。近年では、文在寅政権発足後に長官を任命するにあたり国会で開かれた人事聴聞会において、康京和外務部長官候補（当時）に対して、娘を越境入学させるために偽装転入を行ったことが問題となった。

また、受験戦争が激化するあまり教育費が家計を圧迫する家庭が続出したため、韓国ではかつて「学院の設立・運営に関する法律」第3条により、私教育を制限していたが、憲法裁判所は2000年に父母の教育権の侵害であるとして違憲決定を下している。

労働者の権利は憲法第32条において規定されているが、第6項において「国家有功者・傷痍軍警及び戦没軍警の遺族」は労働の機会が優先的に与えられるとしている点が大きな特徴である。韓国ではかつて、「国家有功者等礼遇及び支援に関する法律」により、国家有功者とその家族に対して、国家機関の採用試験において10％の加算点を認めており、2001年の憲法裁判所の判例では当該規定が平等権の侵害ではないかとする訴えを棄却したが、その後2006年に判例が変更され、現在では戦没軍警の遺族を除き、家族については加算の対象外とされている。

(3) 統治機構

国会 韓国憲法第３章では国会について規定している。日本の国会が衆議院と参議院の二院制を採用しているのに対して、韓国の国会は一院制を採用している。憲法第41条第２項では、国会議員の数は「200人以上とする」とされているが、現在の国会は地域区（日本でいう選挙区）253、比例47の合計300の議席がある。25歳以上の国民が国会議員の被選挙権を有する。国会議員の任期は４年であり、日本の衆議院のような解散はない。

国会の会期については第47条第２項において、定期会（日本でいう常会）が最長100日、臨時会が最長30日となっている。日本の国会は常会が150日となっているが、日本の国会は「会期不継続の原則」を採っているのに対して、韓国の国会は「会期継続の原則」を採っているため、国会議員の任期中は継続して審議される。

韓国の国会には国政調査のみならず、国政監査なる権限が付与されている（憲法第61条）。そのため韓国では毎年秋頃に、国会が「国政監査」として、定期的に政府機関のチェックを行っている。

韓国の国会は、公務員の弾劾訴追の議決を下すことができる（憲法第65条）。アメリカでは大統領を弾劾するにあたっては、下院で訴追の議決を行い、上院で弾劾の審判を行うが、韓国の場合は国会が一院ということもあり、国会では弾劾訴追の議決のみ行い、審判は憲法裁判所が行っている。韓国の国会は2004年に盧武鉉大統領に対して、2016年には朴槿恵大統領に対してそれぞれ弾劾訴追の議決を下している。

大統領 韓国は日本とは異なり、大統領制を採用している。大統領制については、憲法第４章において規定されている。大統領の任期は５年で、重任は認められていない。40歳以上の国民が大統領の被選挙権を有する。大統領は対外的な国家元首として、国家の最高責任者として、そして行政府の首班としての地位を有する（鄭［2003］144-146頁）。

韓国の大統領制の特徴として、第一に得票率の低さが挙げられる。民主化以降の大統領選挙のほとんどのケースにおいて、当選者は過半数の得票を得ておらず、唯一過半数の得票を得たのは2012年の第18代大統領選挙で当選した朴槿恵のみとなっている。第二に権限の大きさが挙げられる。例えば、韓国では大統領が長官の任命を行う際に、国会の人事聴聞会が行われているものの法的拘束力がないため、任命を強行することが可能となっている。またアメリカとは異なり、政府にも法律案の提出権や予算案の提出権が認められている点も挙げられる。第三に韓国の大統領は権限が大きい反面、腐敗に巻き込まれやすく、退任後に平穏に余生を過ごせた者が少ないことが挙げられる。

大統領制といえばアメリカのそれがまず思い浮かぶことが考えられるため、その他の韓国とアメリカの大統領制の違いを挙げると、アメリカでは大統領が欠けたときは副大統領が代行するのに対して、韓国では副大統領がいないため国務総理が代行する。だが国務総理は国民によって選出されるわけではないため、民主的正当性に疑問が残る（鄭［2003］148頁)。またアメリカでは議員が長官を兼職できないのに対して、韓国では可能であるため、議員が大統領の「部下」となるのは、立法府が行政府よりも格下とみられかねないとする指摘もみられる（鄭［2004］197-198頁)。

法院・憲法裁判所　司法権は法院（日本でいう裁判所）に属する（憲法第101条）ため、民事裁判と刑事裁判については法院で裁判を行う。一方、法律の違憲審査など憲法と関連した事案については憲法裁判所の管轄となる。韓国憲法では第5章において司法権について規定し、第6章において憲法裁判権についてそれぞれ規定している。

憲法裁判所は5つの事項についての権限を有している。具体的にはまず法律の違憲審査（具体的規範統制)、公務員を罷免するかどうか決める弾劾審判、民主主義に違反する政党を解散させることができる政党解散審判、国家機関間や国と地方自治体あるいは地方自治体間などで権限争いが生じた場合に解決する権限争議審判、そして公権力によって憲法上の基本権を侵害された場合に救済を図るための憲法訴願（ドイツでいう憲法異議）審判が挙げられる。

憲法裁判所というとまずドイツの制度が思い浮かぶが、韓国とドイツの憲法裁判所は以下の点において異なっている。第一にドイツでは具体的な事件がなくても判断を行うことができる抽象的規範統制が認められているのに対して韓国では認められていない点である。第二にドイツでは通常の裁判所の判決に対して憲法訴願を行うことができるのに対して、韓国では法院の判決に対しては憲法訴願が行えないという点である。第三に韓国では法院が憲法裁判所に法律の違憲審査をするよう提請（ドイツでいう移送）が行われなかった場合、原告が自ら憲法訴願を直接請求できるという点である。

憲法裁判所の裁判官は9名で構成されており、違憲や弾劾罷免・政党解散の認容決定を下すときは6名以上の定足数を必要とする。そのため過半数である5名の裁判官が賛成したとしても違憲にはならない。決定の様式は合憲決定、違憲決定、限定合憲決定、限定違憲決定、憲法不合致決定の5種類がみられる。

日本の最高裁判所が2020年6月現在、9種10件の法令違憲判決しか下していないのに対して、韓国の憲法裁判所は違憲決定を非常に多く下しているのが特徴的である。憲法裁判所が積極的に判断を行うことで国民の基本権の向上に貢献してきたが、その一方で、民主化以前から存在していた大法院との管轄争いもみられている。

大法官と憲法裁判所裁判官の任期はともに6年となっており、諸外国と比べると極めて短い。

地方自治　地方自治については大韓民国憲法第8章において規定している。韓国では地方自治の歴史は浅く、民主化以前では第一共和国時代（李承晩政権時代）と第二共和国時代（議院内閣制時代）において地方自治がみられたものの、第三共和国時代（朴正煕政権時代）以降、民主化されるまでは地方自治が行われなかった。

現在の韓国の地方自治体は、「市・道」と呼ばれる広域自治体と、「區・市・郡」と呼ばれる基礎自治体の二層構造になっている。なお広域自治体の「市・道」の市は特別市や広域市、特別自治市を指す。民主化後の韓国では、1995年から広域自治体の長と議会議員、基礎自治体の長と議会議員をすべて同日に行うことで、有権者が関心をもって投票を行えるよう工夫している。

2006年には「済州特別自治道設置及び国際自由都市助成のための特別法」が制定され、済州道（済州島）を国際自由都市とするために「済州特別自治道」へと再編した。済州特別自治道の下には済州市と西帰浦市という「行政市」が置かれているが、基礎自治体とは異なり議会がないなど、本土とは異なる運営が行われている。

また2000年代にはソウルへの一極集中を改善すべく首都移転について議論されたが、2004年に憲法裁判所で違憲決定が下された。そこで当初の計画を修正し、2005年に「行政中心複合都市建設特別法」が制定され、さらに2010年の「世宗特別自治市特別法」を経て、世宗特別自治市が新設された。これにより、現在でも首都は引き続きソウルであるが、多くの行政機関が世宗特別自治市に移転している。世宗特別自治市も基礎自治体が存在しないなど、特殊な運営が行われている。

主要参考文献
国分良成編『現代東アジア』（慶應義塾大学出版会、2009年）
成樂寅『憲法學』（法文社、2015年）（韓国語）
外交部『在外同胞現況2017』（外交部、2017年）（韓国語）
鄭宗燮『憲法研究４』（博英社、2003年）（韓国語）
鄭宗燮『憲法研究３（第２版）』（博英社、2004年）（韓国語）
崔大權『憲法學講義』（博英社、1998年）（韓国語）

大韓民国憲法

〔施行：1988.2.25.〕〔憲法第10号（1987.10.29）全部改正〕

前　文

悠久の歴史と伝統に輝くわれら大韓国民は、3・1運動によって建立された大韓民国臨時政府の法統と、不義に立ち上がった4・19民主理念を継承し、祖国の民主改革と平和的統一の使命に立脚し、正義、人道及び同胞愛で民族の団結を強固にし、すべての社会的弊習と不義を打破し、自律と調和をもとに自由民主的基本秩序をより確固たるものとし、政治、経済、社会、文化のすべての領域において各人の機会を均等にし、能力を最高度に発揮させ、自由と権利に伴う責任と義務を完遂させ、内には国民生活の均等な向上を期し、外には恒久的な世界平和と人類共栄に貢献することによって、われらとわれらの子孫の安全と自由と幸福を永遠に確保することを誓い、1948年7月12日に制定され、8次にわたって改正された憲法を、ここに国会の議決を経て、国民投票により改正する。

〔1962年、1972年、1980年、1987年に改正〕

第1章　総綱

第1条〔国民主権〕

① 大韓民国は、民主共和国である。

② 大韓民国の主権は、国民にあり、すべての権力は、国民から発する。

〔1948年憲法第1条と第2条、1962年憲法第1条を経て、1980年憲法より現在の文言に〕

第2条〔国民の要件、在外国民の保護〕

① 大韓民国の国民たる要件は、法律でこれを定める。

② 国家は、法律の定めるところにより、在外国民を保護する義務を負う。

〔1948年憲法第3条、1962年憲法第2条を経て、現行憲法で現在の文言に〕

第3条〔領土〕

大韓民国の領土は、韓半島及びその附属島嶼とする。

〔1948年憲法第4条、1962年憲法第3条を経て、現行憲法で現在の文言に〕

第4条〔平和的統一〕

大韓民国は、統一を指向し、自由民主的基本秩序に立脚した平和的統一政策を樹立し、これを推進する。

〔本条は現行憲法より追加〕

第5条〔侵略戦争の放棄〕

① 大韓民国は、国際平和の維持に努め、侵略的戦争を否認する。

② 国軍は、国家の安全保障及び国土防衛の神聖な義務を遂行することを使命とし、その政治的中立性は遵守される。

〔1948年憲法第6条、1962年憲法第4条を経て、現行憲法で現在の文言に〕

第6条〔国際法の効力、外国人の法的地位〕

① 憲法に基づいて締結し、公布された条約及び一般的に承認された国際法規は、国内法と同等の効力を有する。

② 外国人は、国際法及び条約の定めるところにより、その地位が保障される。

〔1948年憲法第7条、1962年憲法第5条を経て、現行憲法第6条で現在の文言に〕

第7条〔公務員の地位〕

① 公務員は、国民全体に対する奉仕者であり、国民に対して責任を負う。

② 公務員の身分及び政治的中立性は、法律の定めるところにより、保障される。

〔1948年憲法第27条、1962年憲法第6条を経て、1962年憲法を経て現行憲法第7条へ。文言は1962年憲法から同じ〕

第8条〔政党〕

① 政党の設立は、自由であり、複数政党制は、保障される。

② 政党は、その目的、組織及び活動が民主的でなければならず、国民の政治的意思決定に参与するのに必要な組織を有しなければならない。

③ 政党は、法律の定めるところにより、国家の保護を受け、国家は、法律の定めるところにより、政党運営に必要な資金を補助することができる。

④ 政党の目的又は活動が、民主的基本秩序に違背するときは、政府は、憲法裁判所にその解散を提訴することができ、政党は、

憲法裁判所の審判により、解散される。

〔1960年６月憲法第13条として追加。1962年憲法第７条を経て、現行憲法第８条で現在の文言に〕

第９条〔伝統文化との継承〕

国家は、伝統文化の継承、発展及び民族文化の暢達に努めなければならない。

〔1980年憲法第８条として追加。文言はそのまま現行憲法第９条へ〕

第２章　国民の権利及び義務

第10条〔幸福追求権〕

すべて国民は、人間としての尊厳及び価値を有し、幸福を追求する権利を有する。国家は、個人が有する不可侵の基本的人権を確認し、これを保障する義務を負う。

〔1962年憲法第８条（人間の尊厳）として追加。1980年憲法第９条（幸福追求権）を経て、現行憲法第10条で現在の文言に〕

第11条〔法の下の平等〕

① すべて国民は、法の下に平等である。何人も性別、宗教又は社会的身分により政治的、経済的、社会的、文化的生活のすべての領域において差別されない。

② 社会的特殊階級の制度は、認められず、いかなる形態も、これを創設することはできない。

③ 勲章等の栄典は、これを受けた者に限りその効力を有し、いかなる特権もこれに伴わない。

〔1948年憲法第８条、1962年憲法第９条、1980年憲法第10条を経て、1980年憲法第10条の文言のまま、現行憲法第11条へ〕

第12条〔身体の自由〕

① すべて国民は、身体の自由を有する。何人も、法律によらなければ逮捕、拘束、押収、捜索又は尋問を受けず、法律及び適法な手続によらなければ処罰、保安処分又は強制労役を受けない。

② すべて国民は、拷問を受けず、刑事上、自己に不利な陳述を強要されない。

③ 逮捕、拘束、押収又は捜索をするときは、適法な手続に従い、検察官の申請により、裁判官が発布した令状を提示しなければならない。但し、現行犯である場合及び長期３年以上の刑に該当する罪を犯し、逃避又は証拠隠滅のおそれがあるときは、事後に令状を請求することができる。

④ 何人も、逮捕又は拘束をされたときは、ただちに弁護人の助力を受ける権利を有する。但し、刑事被告人が自ら弁護人を求めることができないときは、法律の定めるところにより、国家が弁護人をつける。

⑤ 何人も、逮捕又は拘束の理由及び弁護人の助力を受ける権利を有することを告知されない限り、逮捕又は拘束されない。逮捕又は拘束された者の家族等、法律の定める者には、その理由並びに日時及び場所が、遅滞なく通知されなければならない。

⑥ 何人も、逮捕又は拘束されたときは、適否の審査を法院に請求する権利を有する。

⑦ 被告人の自白が、拷問、暴行、脅迫、拘束の不当な長期化又は欺罔その他の方法により、自らの意思で陳述されたものではないと認められるとき、又は正式な裁判において、被告人の自白が、自己に不利な唯一の証拠であるときは、これを有罪の証拠とし、又はこれを理由に処罰することができない。

〔1948年憲法第９条、1962年憲法第10条、1980年憲法第11条を経て、現行憲法第12条で現在の文言に〕

第13条〔法の遡及効の禁止、一事不再理〕

① すべて国民は、行為時の法律により、犯罪を構成しない行為で訴追されず、同一の犯罪に対して重ねて処罰されない。

② すべて国民は、遡及立法により、参政権の制限を受け、又は財産権を剝奪されない。

③ すべて国民は、自己の行為ではない親族の行為により、不利益な処遇を受けない。

〔1948年憲法第23条、1962年憲法第11条、1980年憲法第12条を経て、現行憲法第13条で現在の文言に〕

第14条〔居住・移転の自由〕

すべて国民は、居住及び移転の自由を有する。

〔1948年憲法第10条、1962年憲法第12条、1980年憲法第13条を経て、現行憲法第14条へ。文言は1980年憲法から同じ〕

第15条〔職業選択の自由〕

すべて国民は、職業選択の自由を有す

る。

〔1962年憲法第13条として追加。1980年憲法第14条を経て、現行憲法第15条へ。文言は1980年憲法から同じ〕

第16条〔捜索令状主義〕

すべて国民は、住居の自由を侵されない。住居に対する押収又は捜索をするときは、検察官の申請により、裁判官が発布した令状を提示しなければならない。

〔1948年憲法第10条、1962年憲法第14条、1980年憲法第15条を経て、現行憲法第16条で現在の文言に〕

第17条〔私生活の秘密〕

すべて国民は、私生活の秘密及び自由を侵されない。

〔1980年憲法第16条として追加。文言はそのまま現行憲法第17条へ〕

第18条〔通信の秘密〕

すべて国民は、通信の秘密を侵されない。

〔1948年憲法第11条、1962年憲法第15条、1980年憲法第17条を経て、現行憲法第18条へ。文言は1980年憲法から同じ〕

第19条〔良心の自由〕

すべて国民は、良心の自由を有する。

〔1948年憲法第12条、1962年憲法第17条、1980年憲法第18条を経て、現行憲法第19条へ。文言は1962年憲法から同じ〕

第20条〔信教の自由、政教分離〕

① すべて国民は、宗教の自由を有する。

② 国教は、認められず、宗教と政治は分離される。

〔1948年憲法第12条、1962年憲法第16条、1980年憲法第19条を経て、現行憲法第20条へ。文言は1962年憲法から同じ〕

第21条〔表現の自由〕

① すべて国民は、言論及び出版の自由並びに集会及び結社の自由を有する。

② 言論及び出版に対する許可又は検閲並びに集会及び結社に対する許可は、認められない。

③ 通信及び放送の施設基準並びに新聞の機能を保障するために必要な事項は、法律でこれを定める。

④ 言論及び出版は、他人の名誉若しくは権利又は公衆道徳若しくは社会倫理を侵害してはならない。言論及び出版が、他人の名誉又は権利を侵害したときは、被害者は、これに対する被害の賠償を請求することができる。

〔1948年憲法第13条、1962年憲法第18条、1980年憲法第20条を経て、現行憲法第21条で現在の文言に〕

第22条〔学問・芸術の自由〕

① すべて国民は、学問及び芸術の自由を有する。

② 著作者、発明家、科学技術者及び芸術家の権利は、法律により保護を受ける。

〔1948年憲法第14条、1962年憲法第19条、1980年憲法第21条を経て、現行憲法第22条で現在の文言に〕

第23条〔財産権〕

① すべて国民の財産権は、保障される。その内容及び限界は、法律でこれを定める。

② 財産権の行使は、公共の福利に適合するようにしなければならない。

③ 公共の必要に基づく財産権の収用、使用又は制限及びそれに対する補償は、法律によりこれを行うが、正当な補償を支給しなければならない。

〔1948年憲法第15条、1962年憲法第20条、1980年憲法第22条を経て、現行憲法第23条で現在の文言に〕

第24条〔選挙権〕

すべて国民は、法律の定めるところにより、選挙権を有する。

〔1948年憲法第25条、1962年憲法第21条、1980年憲法第23条を経て、現行憲法第24条で現在の文言に〕

第25条〔公務担任権〕

すべて国民は、法律の定めるところにより、公務担任権を有する。

〔1948年憲法第26条、1962年憲法第22条、1980年憲法第24条を経て、現行憲法第25条へ。文言は1962年憲法から同じ〕

第26条〔請願権〕

① すべて国民は、法律の定めるところにより、国家機関に文書で請願する権利を有する。

② 国家は、請願に対して審査する義務を負う。

〔1948年憲法第21条、1962年憲法第23条、1980

年憲法第25条を経て、現行憲法第26条へ。文言は1962年憲法から同じ〕

第27条〔裁判を受ける権利〕

① すべて国民は、憲法及び法律が定める法官により、法律に基づく裁判を受ける権利を有する。

② 軍人又は軍務員以外の国民は、大韓民国の領域内においては、重大な軍事上の機密、哨兵、哨所、有毒飲食物供給、捕虜、軍用物に関する罪のうち、法律が定めた場合及び非常戒厳が宣布された場合を除いては、軍事法院の裁判を受けない。

③ すべて国民は、迅速な裁判を受ける権利を有する。刑事被告人は、相当な理由がない限り、遅滞なく公開裁判を受ける権利を有する。

④ 刑事被告人は、有罪の判決が確定されるときまでは、無罪と推定される。

⑤ 刑事被害者は、法律の定めるところにより、当該事件の裁判手続において陳述することができる。

〔1948年憲法第22条と第24条、1962年憲法第24条、1980年憲法第26条を経て、現行憲法第27条で現在の文言に〕

第28条〔刑事補償請求権〕

刑事被疑者又は刑事被告人として拘禁されていた者が、法律の定める不起訴処分又は無罪判決を受けたときは、法律の定めるところにより、国家に正当な補償を請求することができる。

〔1948年憲法第24条、1962年憲法第25条、1980年憲法第27条を経て、現行憲法第28条で現在の文言に〕

第29条〔国家賠償請求権〕

① 公務員の職務上の不法行為により損害を受けた国民は、法律の定めるところにより、国家又は公共団体に正当な賠償を請求することができる。この場合、公務員自身の責任は免除されない。

② 軍人、公務員、警察公務員その他法律の定める者が戦闘、訓練等職務遂行と関連して受けた損害に対しては、法律の定める報償のほかに、国家又は公共団体に対して、公務員の職務上不法行為による賠償は、請求することができない。

〔1948年憲法第27条、1962年憲法第26条、1980年憲法第28条を経て、現行憲法第29条で現在の文言に〕

第30条〔犯罪被害者への補償〕

他人の犯罪行為により、生命、身体に対する被害を受けた国民は、法律の定めるところにより、国家から救助を受けることができる。

〔本条は現行憲法で追加〕

第31条〔教育を受ける権利及び教育の義務〕

① すべて国民は、能力に応じて均等に教育を受ける権利を有する。

② すべて国民は、その保護する子女に、少なくとも初等教育及び法律の定める教育を受けさせる義務を負う。

③ 義務教育は、無償とする。

④ 教育の自主性、専門性、政治的中立性及び大学の自律性は、法律の定めるところにより、これを保障する。

⑤ 国家は、生涯教育を振興しなければならない。

⑥ 学校教育及び生涯教育を含めた教育制度並びにその運営、教育財政及び教員の地位に関する基本的な事項は、法律でこれを定める。

〔1948年憲法第16条、1962年憲法第27条、1980年憲法第29条を経て、現行憲法第31条で現在の文言に〕

第32条〔勤労の権利及び義務〕

① すべて国民は、勤労の権利を有する。国家は、社会的及び経済的方法で、勤労者の雇用の増進及び適正賃金の保障に努めなければならず、法律の定めるところにより、最低賃金制を施行しなければならない。

② すべて国民は、勤労の義務を負う。国家は、勤労の義務の内容及び条件を民主主義原則に従い、法律でこれを定める。

③ 勤労条件の基準は、人間の尊厳性を保障するように、法律でこれを定める。

④ 女子の勤労は、特別な保護を受け、雇用、賃金及び勤労条件において不当な差別を受けない。

⑤ 年少者の勤労は、特別な保護を受ける。

⑥ 国家有功者、傷痍軍警及び戦没軍警の遺族は、法律の定めるところにより、優先的に勤労の機会を与えられる。

〔1948年憲法第17条、1962年憲法第28条、1980

年憲法第30条を経て、現行憲法第32条で現在の文言に〕

第33条〔労働三権〕

① 勤労者は、勤労条件の向上のために、自主的な団結権、団体交渉権及び団体行動権を有する。

② 公務員である勤労者は、法律の定める者に限り、団結権、団体交渉権及び団体行動権を有する。

③ 法律の定める主要防衛産業体に従事する勤労者の団体行動権は、法律の定めるところにより、これを制限又は認めないことができる。

〔1948年憲法第18条、1962年憲法第29条、1980年憲法第31条を経て、現行憲法第33条で現在の文言に〕

第34条〔生存権、国家の責務〕

① すべて国民は、人間らしい生活をする権利を有する。

② 国家は、社会保障及び社会福祉の増進に努める義務を負う。

③ 国家は、女子の福祉及び権益の向上のために努めなければならない。

④ 国家は、老人及び青少年の福祉向上のための政策を実施する義務を負う。

⑤ 身体障害者及び疾病、老齢その他の事由により、生活能力がない国民は、法律の定めるところにより、国家の保護を受ける。

⑥ 国家は、災害を予防し、その危険から国民を保護するよう、努めなければならない。

〔1948年憲法第19条、1962年憲法第30条、1980年憲法第32条を経て、現行憲法第34条で現在の文言に〕

第35条〔環境権〕

① すべて国民は、健康で快適な環境において生活する権利を有し、国家及び国民は、環境保全に努めなければならない。

② 環境権の内容及び行使に関しては、法律でこれを定める。

③ 国家は、住宅開発政策等を通じて、すべての国民が快適な住居生活をすることができるよう、努めなければならない。

〔1980年憲法第33条として追加。現行憲法第35条で現在の文言に〕

第36条〔家族生活における個人の尊厳、両性の平等〕

① 婚姻及び家族生活は、個人の尊厳及び両性の平等に基づいて成立し、維持されなければならず、国家は、これを保障する。

② 国家は、母性の保護に努めなければならない。

③ すべて国民は、保健に関して、国家の保護を受ける。

〔1948年憲法第20条、1962年憲法第31条、1980年憲法第34条を経て、現行憲法第36条で現在の文言に〕

第37条〔国民の自由及び権利の尊重及びその制限〕

① 国民の自由及び権利は、憲法に列挙されていないという理由で、軽視されない。

② 国民のすべての自由及び権利は、国家の安全保障、秩序維持又は公共の福利のために必要な場合に限り、法律でこれを制限することができ、制限する場合にも、自由及び権利の本質的な内容を侵されない。

〔1948年憲法第28条、1962年憲法第32条、1980年憲法第35条を経て、現行憲法第37条で現在の文言に〕

第38条〔納税の義務〕

すべて国民は、法律の定めるところにより、納税の義務を負う。

〔1948年憲法第29条、1962年憲法第33条、1980年憲法第36条を経て現行憲法第38条へ。文言は1962年憲法から同じ〕

第39条〔国防の義務〕

① すべて国民は、法律の定めるところにより、国防の義務を負う。

② 何人も、兵役義務の履行により、不利益な処遇を受けない。

〔1948年憲法第30条、1962年憲法第34条、1980年憲法第37条を経て、現行憲法第39条で現在の文言に〕

第3章　国会

第40条〔立法権〕

立法権は、国会に属する。

〔1948年憲法第31条、1962年憲法第35条、1972年憲法第75条、1980年憲法第76条を経て現行憲法第40条へ。文言は1962年憲法から同じ〕

第41条〔国会の構成〕

① 国会は、国民の普通、平等、直接及び秘密選挙により選出された国会議員でこれを構成する。

② 国会議員の定数は、法律でこれを定め、200人以上とする。

③ 国会議員の選挙区及び比例代表制その他の選挙に関する事項は、法律でこれを定める。

〔1948年憲法第32条、1962年憲法第36条、1972年憲法第76条、1980年憲法第77条を経て、現行憲法第41条で現在の文言に〕

第42条〔議員の任期〕

国会議員の任期は、4年とする。

〔1948年憲法第33条、1962年憲法第37条、1972年憲法第77条、1980年憲法第78条を経て、現行憲法第42条へ。文言は1980年憲法から同じ〕

第43条〔議員の兼職禁止〕

国会議員は、法律の定める職を兼ねることはできない。

〔1948年憲法第48条、1962年憲法第39条、1972年憲法第78条、1980年憲法第79条を経て、現行憲法第43条で現在の文言に〕

第44条〔不逮捕特権〕

① 国会議員は、現行犯人である場合を除いては、会期中、国会の同意なく逮捕又は拘禁されない。

② 国会議員が会期前に逮捕又は拘禁されたときは、現行犯人でない限り、国会の要求があれば、会期中釈放される。

〔1948年憲法第49条、1962年憲法第41条、1972年憲法第79条、1980年憲法第80を経て、現行憲法第44条で現在の文言に〕

第45条〔免責特権〕

国会議員は、国会において職務上行った発言及び表決について、国会外で責任を問われない。

〔1948年憲法第50条、1962年憲法第42条、1972年憲法第80条、1980年憲法第81条を経て、現行憲法第45条で現在の文言に〕

第46条〔議員の義務〕

① 国会議員は、清廉の義務を有する。

② 国会議員は、国家利益を優先し、良心に従い職務を行う。

③ 国会議員は、その地位を濫用して国家、公共団体又は企業体との契約又はその処分により、財産上の権利、利益若しくは職位を取得し、又は他人のためにその取得を斡旋することはできない。

〔1962年憲法第40条として追加。1972年憲法第81条、1980年憲法第82条を経て、現行憲法第46条で現在の文言に〕

第47条〔定期会及び臨時会〕

① 国会の定期会は、法律の定めるところにより、毎年1回集会され、国会の臨時会は、大統領又は国会在籍議員の4分の1以上の要求により、集会される。

② 定期会の会期は100日を、臨時会の会期は30日を超過することはできない。

③ 大統領が臨時会の集会を要求するときは、期間及び集会要求の理由を明示しなければならない。

〔1948年憲法第34条と第35条、1962年憲法第43条、1972年憲法第82条、1980年憲法で第83条を経て、現行憲法第47条で現在の文言に〕

第48条〔議長及び副議長〕

国会は、議長1人及び副議長2人を選出する。

〔1948年憲法第36条、1962年憲法第44条、1972年憲法第83条、1980年憲法第84条を経て、現行憲法第48条で現在の文言に〕

第49条〔定足数、表決〕

国会は、憲法又は法律に特別な規定がない限り、在籍議員の過半数が出席し、出席議員の過半数の賛成で議決する。可否が同数であるときは、否決されたものとみなす。

〔1948年憲法第37条、1962年憲法第45条、1972年憲法第84条、1980年憲法第85条を経て、現行憲法第49条で現在の文言に〕

第50条〔会議の公開〕

① 国会の会議は、公開する。但し、出席議員の過半数の賛成があるとき、又は議長が国家の安全保障のために必要だと認めるときは、公開しないことができる。

② 公開しなかった会議内容の公表に関しては、法律の定めるところによる。

〔1948年憲法第38条、1962年憲法第46条、1972年憲法第85条、1980年憲法第86条を経て、現行憲法第50条で現在の文言に〕

第51条〔会期継続の原則〕

国会に提出された法律案その他の議案は、会期中に議決されなかったという理由で、廃棄されない。但し、国会議員の任期が満了したときは、この限りでない。

〔1962年憲法第47条として追加。1972年憲法第86条、1980年憲法第87条を経て、現行憲法第51条で現在の文言に〕

第52条〔法律案の提出権〕

国会議員及び政府は、法律案を提出することができる。

〔1948年憲法第39条、1962年憲法第48条、1972年憲法第87条、1980年憲法第88条を経て、現行憲法第52条へ。文言は1962年憲法から同じ〕

第53条〔法律の公布、大統領の拒否権〕

① 国会で議決された法律案は、政府に移送され、15日以内に大統領が公布する。

② 法律案に異議があるときは、大統領は、第1項の期間内に異議書を添えて国会に還付し、その再議を要求することができる。国会の閉会中もまた同様である。

③ 大統領は、法律案の一部に対して、又は法律案を修正して、再議を要求することはできない。

④ 再議の要求があるときは、国会は、再議に付し、在籍議員の過半数が出席し、出席議員の3分の2以上の賛成で前回と同様の議決を行えば、その法律案は、法律として確定される。

⑤ 大統領が、第1項の期間内に、公布又は再議の要求をしなかったときも、その法律案は、法律として確定される。

⑥ 大統領は、第4項及び第5項の規定により確定された法律を、遅滞なく公布しなければならない。第5項により法律が確定された後、又は第4項により確定した法律が政府に移送された後、5日以内に大統領が公布しないときは、国会議長が、これを公布する。

⑦ 法律は、特別な規定がない限り、公布した日から20日を経過することにより、効力を発生する。

〔1948年憲法第40条、1962年憲法第49条、1972年憲法第88条、1980年憲法第89条を経て、現行憲法第53条で現在の文言に〕

第54条〔予算の議決〕

① 国会は、国家の予算案を審議し、確定する。

② 政府は、会計年度ごとに予算案を編成して、会計年度開始90日前までに、国会に提出し、国会は、会計年度開始30日前までに、これを議決しなければならない。

③ 新しい会計年度が開始されるときまでに予算案が議決されなかったときは、政府は、国会で予算案が議決されるときまで、次の目的のための経費は、前年度予算に準じて執行することができる。

1 憲法又は法律により設置された機関又は施設の維持及び運営

2 法律上の支出義務の履行

3 既に予算として承認された事業の継続

〔1948年憲法第41条と第91条と第94条、1962年憲法第50条、1972年憲法第89条、1980年憲法第90条を経て、現行憲法第54条で現在の文言に〕

第55条〔継続費、予備費〕

① 一会計年度を超えて継続して支出する必要があるときは、政府は、年限を定めて、継続費として国会の議決を得なければならない。

② 予備費は、総額で国会の議決を得なければならない。予備費の支出は、次期国会の承認を得なければならない。

〔1948年憲法第91条と第93条、1962年憲法第51条、1972年憲法第90条、1980年憲法で第91条を経て、現行憲法第55条で現在の文言に〕

第56条〔追加補正予算〕

政府は、予算に変更を加える必要があるときは、追加補正予算案を編成し、国会に提出することができる。

〔1962年憲法第52条として追加。1972年憲法第91条、1980年憲法第92条を経て、現行憲法第56条で現在の文言に〕

第57条〔支出予算変更の禁止〕

国会は、政府の同意なしに、政府が提出した支出予算の各項の金額を増加し、又は新たに費目を設置することはできない。

〔1948年憲法第91条、1962年憲法第53条、1972年憲法第92条、1980年憲法第93条を経て、現行憲法第57条へ。文言は1962年憲法から同じ〕

第58条〔国債募集等の議決〕

国債を募集し、又は予算外に国家の負担となる契約を締結しようとするときは、政府は、あらかじめ国会の議決を得なければならない。

〔1948年憲法第92条、1962年憲法第54条、1972年憲法第93条、1980年憲法第94条を経て、現行憲法第58条で現在の文言に〕

第59条〔租税法律主義〕

租税の種目及び税率は、法律でこれを定める。

〔1948年憲法第90条、1962年憲法第55条、1972年憲法第94条、1980年憲法第95条を経て現行憲法第59条へ。文言は1962年憲法から同じ〕

第60条〔条約の同意〕

① 国会は、相互援助又は安全保障に関する条約、重要な国際組織に関する条約、友好通商航海条約、主権の制約に関する条約、講和条約、国家若しくは国民に重大な財政的負担を負わせる条約又は立法事項に関する条約の締結及び批准に対する同意権を有する。

② 国会は、宣戦布告、国軍の外国への派遣又は外国の軍隊の大韓民国領域内における駐留に対する同意権を有する。

〔1948年憲法第42条、1962年憲法第56条、1972年憲法第95条、1980年憲法第96条を経て、現行憲法第60条で現在の文言に〕

第61条〔国政調査権及び国政監査権〕

① 国会は、国政を監査し、又は特定の国政事案について調査することができ、これに必要な書類の提出又は証人の出席及び証言若しくは意見の陳述を要求することができる。

② 国政監査及び調査に関する手続その他の必要な事項は、法律でこれを定める。

〔1948年憲法第43条、1962年憲法第57条、1972年憲法では廃止、1980年憲法第97条を経て、現行憲法第61条で現在の文言に〕

第62条〔国務総理等の国会への出席〕

① 国務総理、国務委員又は政府委員は、国会又はその委員会に出席して、国政処理状況を報告し、意見を陳述し、又は質問に応答することができる。

② 国会又はその委員会の要求があるときは、国務総理、国務委員又は政府委員は、出席し、答弁しなければならず、国務総理又は国務委員が出席要求を受けたときは、国務委員又は政府委員に出席させ、答弁させることができる。

〔1948年憲法第44条、1962年憲法第58条、1972年憲法第96条、1980年憲法第98条を経て、現行憲法第62条で現在の文言に〕

第63条〔国務総理及び国務委員に対する解任建議権〕

① 国会は、国務総理又は国務委員の解任を大統領に建議することができる。

② 第1項の解任の建議は、国会在籍議員の3分の1以上の発議により、国会在籍議員の過半数の賛成がなければならない。

〔1952年憲法第70条の2として追加。1960年6月憲法第71条、1962年憲法第59条、1972年憲法第97条、1980年憲法第99条を経て、現行憲法第63条で現在の文言に〕

第64条〔国会の規則制定権〕

① 国会は、法律に抵触しない範囲内で、議事及び内部規律に関する規則を制定することができる。

② 国会は、議員の資格を審査し、議員を懲戒することができる。

③ 議員を除名するには、国会在籍議員の3分の2以上の賛成がなければならない。

④ 第2項及び第3項の処分に対しては、法院に提訴することはできない。

〔1948年憲法第45条、1962年憲法第60条、1972年憲法第98条、1980年憲法第100条を経て、現行憲法第64条で現在の文言に〕

第65条〔弾劾訴追〕

① 大統領、国務総理、国務委員、行政各部の長、憲法裁判所裁判官、法官、中央選挙管理委員会委員、監査院長、監査委員その他法律の定める公務員が、その職務執行において、憲法又は法律に違背したときは、国会は、弾劾の訴追を議決することができる。

② 第1項の弾劾訴追は、国会在籍議員の3分の1以上の発議がなければならず、その議決は、国会在籍議員の過半数の賛成がなければならない。但し、大統領に対する弾劾訴追は、国会在籍議員の過半数の発議に基づき、国会在籍議員の3分の2以上の賛成がなければならない。

③　弾劾訴追の議決を受けた者は、弾劾審判があるときまで、その権限の行使が停止される。

④　弾劾決定は、公職から罷免されるにとどまる。但し、これにより、民事又は刑事上の責任が免除されるものではない。

〔1948年憲法第46条と第47条、1962年憲法第61条と第62条、1972年憲法第99条、1980年憲法第101条を経て、現行憲法第65条で現在の文言に〕

第４章　政府

第１節　大統領

第66条〔大統領の地位、行政権〕

①　大統領は、国家の元首であり、外国に対して国家を代表する。

②　大統領は、国家の独立、領土の保全、国家の継続性及び憲法を守護する責務を負う。

③　大統領は、祖国の平和的統一のための誠実な義務を負う。

④　行政権は、大統領を首班とする政府に属する。

〔1948年憲法第51条、1960年６月憲法第51条と第68条、1962年憲法第63条、1972年憲法第43条、1980年憲法第38条を経て、現行憲法第66条へ。文言は1972年憲法から同じ〕

第67条〔大統領の選挙〕

①　大統領は、国民の普通、平等、直接及び秘密選挙により、選出する。

②　第１項の選挙において、最高得票者が２人以上のときは、国会の在籍議員の過半数が出席した公開会議において、多数票を得た者を当選者とする。

③　大統領候補者が１人のときは、その得票数が選挙権者総数の３分の１以上でなければ、大統領として当選することができない。

④　大統領として選挙される者は、国会議員の被選挙権を有し、選挙日現在40歳に達していなければならない。

⑤　大統領の選挙に関する事項は、法律でこれを定める。

〔1948年憲法第53条、1962年憲法第64条と第65条と第66条、1972年憲法第39条と第44条、1980年憲法第39条と第42条を経て、現行憲法第67条で現在の文言に〕

第68条〔大統領選挙の時期、補欠選挙〕

①　大統領の任期が満了するときは、任期満了70日ないし40日前に、後任者を選挙する。

②　大統領が欠けたとき、又は大統領当選者が死亡或いは判決その他の事由により、その資格を喪失したときは、60日以内に後任者を選挙する。

〔1948年憲法第56条、1954年憲法第55条と第56条、1960年６月憲法第56条、1962年憲法第67条と第69条、1972年憲法第45条、1980年憲法第43条を経て、現行憲法第68条で現在の文言に〕

第69条〔大統領の就任宣誓〕

大統領は、就任に際し、次の宣誓を行う。

「私は、憲法を順守し、国家を保衛し、祖国の平和的統一と国民の自由と福利の増進及び民族文化の暢達に努め、大統領としての職責を誠実に遂行することを、国民の前で厳粛に宣誓します。」

〔1948年憲法第54条、1962年憲法第68条、1972年憲法第46条、1980年憲法第44条を経て、現行憲法第69条で現在の文言に〕

第70条〔大統領の任期〕

大統領の任期は、５年とし、重任することはできない。

〔1948年憲法第55条、1962年憲法第69条、1972年憲法第47条、1980年憲法第45条を経て、現行憲法第70条で現在の文言に〕

第71条〔大統領の権限代行〕

大統領が欠けたとき、又は事故により職務を遂行することができないときは、国務総理、法律の定める国務委員の順序で、その権限を代行する。

〔1948年憲法第52条、1962年憲法第70条、1972年憲法第48条、1980年憲法第46条を経て、現行憲法第71条で現在の文言に〕

第72条〔国民投票〕

大統領は、必要があると認めるときは、外交、国防、統一その他国家の安危に関する重要政策を、国民投票に付することができる。

〔1972年憲法第49条として追加。1980年憲法第47条を経て、現行憲法第72条へ。文言は1980年憲法から同じ〕

第73条〔大統領の外交に関する権限〕

大統領は、条約を締結及び批准し、外交使節を信任、接受又は派遣し、宣戦布告及び講和を行う。

〔1948年憲法第59条、1962年憲法第71条、1972年憲法第50条、1980年憲法第48条を経て、現行憲法第73条で現在の文言に〕

第74条〔国軍の統帥権〕

① 大統領は、憲法及び法律の定めるところにより、国軍を統帥する。

② 国軍の組織及び編成は、法律でこれを定める。

〔1948年憲法第61条、1962年憲法第72条、1972年憲法第51条、1980年憲法第49条を経て、現行憲法第74条へ。文言は1962年憲法から同じ〕

第75条〔大統領令〕

大統領は、法律で具体的に範囲を定めて委任された事項及び法律を執行するために必要な事項に関して、大統領令を発することができる。

〔1948年憲法第58条、1960年6月憲法第70条、1962年憲法第74条、1972年憲法第52条、1980年憲法第50条を経て、現行憲法第75条で現在の文言に〕

第76条〔緊急処分・命令〕

① 大統領は、内憂、外患、天災、地変又は重大な財政及び経済上の危機に際し、国家の安全保障又は公共の安寧秩序を維持するために緊急の措置が必要となり、国会の集会を待つ余裕がないときに限り、最小限に必要な財政及び経済上の処分を行い、又はこれに関して法律の効力を有する命令を発することができる。

② 大統領は、国家の安危に関わる重大な交戦状態に際し、国家を保衛するために緊急な措置が必要となり、国会の集会が不可能なときに限り、法律の効力を有する命令を発することができる。

③ 大統領は、第1項及び第2項の処分又は命令をしたときは、遅滞なく国会に報告し、その承認を得なければならない。

④ 第3項の承認を得られなかったときは、その処分又は命令は、そのときから効力を喪失する。この場合、その命令により改正又は廃止された法律は、その命令が承認を得られなかったときから、当然に効力を回復する。

⑤ 大統領は、第3項及び第4項の事由を遅滞なく公布しなければならない。

〔1948年憲法第57条、1962年憲法第73条、1972年憲法第53条、1980年憲法第51条を経て、現行憲法第76条で現在の文言に〕

第77条〔戒厳の宣布〕

① 大統領は、戦時、事変又はこれに準ずる国家非常事態に際し、兵力をもって軍事上の必要に応じ、又は公共の安寧秩序を維持する必要があるときは、法律の定めるところにより、戒厳を宣布することができる。

② 戒厳は、非常戒厳及び警備戒厳とする。

③ 非常戒厳が宣布されたときは、法律の定めるところにより、令状制度並びに言論、出版、集会、結社の自由及び政府又は法院の権限に関して、特別の措置を講ずることができる。

④ 戒厳を宣布するときは、大統領は、遅滞なく国会に通告しなければならない。

⑤ 国会が、在籍議員の過半数の賛成により、戒厳の解除を要求したときは、大統領は、これを解除しなければならない。

〔1948年憲法第64条、1962年憲法第75条、1972年憲法第54条、1980年憲法第52条、現行憲法第77条で現在の文言に〕

第78条〔公務員の任免〕

大統領は、憲法及び法律の定めるところにより、公務員を任免する。

〔1948年憲法第62条、1962年憲法第76条、1972年憲法第55条、1980年憲法第53条を経て、現行憲法第78条で現在の文言に〕

第79条〔赦免・減刑・復権〕

① 大統領は、法律の定めるところにより、赦免、減刑又は復権を命ずることができる。

② 一般赦免を命ずる場合は、国会の同意を得なければならない。

③ 赦免、減刑及び復権に関する事項は、法律でこれを定める。

〔1948年憲法第63条、1962年憲法第77条、1972年憲法第56条、1980年憲法第54条を経て、

現行憲法第79条で現在の文言に〕

第80条〔栄典の授与〕

大統領は、法律の定めるところにより、勲章その他の栄典を授与する。

〔1948年憲法第65条、1962年憲法第78条、1972年憲法第57条、1980年憲法第55条を経て、現行憲法第80条へ。文言は1962年憲法から同じ〕

第81条〔大統領の国会での発言等〕

大統領は、国会に出席して発言し、又は書簡で意見を表示することができる。

〔1948年憲法第60条、1962年憲法第79条、1972年憲法第58条、1980年憲法第56条を経て、現行憲法第81条へ。文言は1962年憲法から同じ〕

第82条〔大統領の国法上の行為〕

大統領の国法上の行為は、文書によりこれを行い、この文書には、国務総理及び関係国務委員が副署する。軍事に関する行為も同様とする。

〔1948年憲法第66条、1962年憲法第80条、1972年憲法第60条、1980年憲法第58条を経て、現行憲法第82条で現在の文言に〕

第83条〔大統領の兼職禁止〕

大統領は、国務総理、国務委員、行政各部の長その他法律の定める公私の職を兼ねることはできない。

〔1962年憲法第81条として追加。1972年憲法第61条、1980年憲法第59条を経て、現行憲法第83条へ。文言は1972年憲法から同じ〕

第84条〔大統領の刑事上の特権〕

大統領は、内乱又は外患の罪を犯した場合を除いては、在職中、刑事上の訴追を受けない。

〔1948年憲法第67条、1962年憲法第82条、1972年憲法第62条、1980年憲法第60条を経て、現行憲法第84条へ。文言は1962年憲法から同じ〕

第85条〔前職大統領の身分及び礼遇〕

前職の大統領の身分及び礼遇に関しては、法律でこれを定める。

〔1980年憲法第61条として追加。文言はそのまま現行憲法第85条へ〕

第2節　行政府

第1款　国務総理及び国務委員

第86条〔国務総理〕

① 国務総理は、国会の同意を得て、大統領がこれを任命する。

② 国務総理は、大統領を補佐し、行政に関して大統領の命を受け、行政各部を統括する。

③ 軍人は、現役を免じた後でない限り、国務総理に任命されることはできない。

〔1948年憲法第69条と第70条と第73条、1954年憲法では廃止、1960年憲法第69条と第70条、1962年憲法第84条と第85条と第89条、1972年憲法第63条、1980年憲法第62条を経て、現行憲法第86条で現在の文言に〕

第87条〔国務委員〕

① 国務委員は、国務総理の提請により、大統領がこれを任命する。

② 国務委員は、国政に関して大統領を補佐し、国務会議の構成員として国政を審議する。

③ 国務総理は、国務委員の解任を大統領に建議することができる。

④ 軍人は、現役を免じた後でない限り、国務委員に任命されることはできない。

〔1948年憲法第69条、1962年憲法第84条、1972年憲法第64条、1980年憲法第63条を経て、現行憲法第87条で現在の文言に〕

第2款　国務会議

第88条〔国務会議の権限及び構成〕

① 国務会議は、政府の権限に属する重要な政策を審議する。

② 国務会議は、大統領、国務総理及び15人以上30人以下の国務委員でこれを構成する。

③ 大統領は、国務会議の議長となり、国務総理は、副議長となる。

〔1948年憲法第68条と第69条と第70条と第71条、1960年6月憲法第68条と第69条と第70条、1962年憲法第83条と第85条、1972年憲法第65条、1980年憲法第64条を経て、現行憲法第88へ。文言は1980年憲法から同じ〕

第89条〔国務会議の審議事項〕

次の事項は、国務会議の審議を経なければならない。

1　国政の基本計画及び政府の一般政策

2　宣戦、講和その他重要な対外政策

3　憲法改正案、国民投票案、条約案、法律案及び大統領令案
4　予算案、決算、国有財産処分の基本計画、国家の負担となる契約その他財政に関する重要事項
5　大統領の緊急命令、緊急財政経済処分及び命令又は戒厳及びその解除
6　軍事に関する重要事項
7　国会の臨時会集会の要求
8　栄典の授与
9　赦免、減刑及び復権
10　行政各部間の権限の画定
11　政府内の権限の委任又は配分に関する基本計画
12　国政処理状況の評価及び分析
13　行政各部の重要な政策の樹立及び調整
14　政党解散の提訴
15　政府に提出又は回付された政府の政策に関する請願の審査
16　検察総長、合同参謀議長、各軍参謀総長、国立大学総長、大使その他法律の定める公務員及び国営企業体管理者の任命
17　その他大統領、国務総理又は国務委員が提出した事項

〔1948年憲法第72条、1962年憲法第86条、1972年憲法第66条、1980年憲法第65条を経て、現行憲法第89条で現在の文言に〕

第90条〔国家元老諮問会議〕

①　国政の重要な事項に関する大統領の諮問に応じるため、国家元老で構成される国家元老諮問会議を置くことができる。

②　国家元老諮問会議の議長は、直前の大統領がこれを務める。但し、直前の大統領がいないときは、大統領が指名する。

③　国家元老諮問会議の組織、職務範囲その他の必要な事項は、法律でこれを定める。

〔1980年憲法第66条として追加。現行憲法第90条で現在の文言に〕

第91条〔国家安全保障会議〕

①　国家安全保障に関する対外政策、軍事政策及び国内政策の樹立に関し、国務会議の審議に先立って、大統領の諮問に応じるため、国家安全保障会議を置く。

②　国家安全保障会議は、大統領がこれを主宰する。

③　国家安全保障会議の組織、職務範囲その他の必要な事項は、法律でこれを定める。

〔1962年憲法第87条として追加。1972年憲法第67条を経て、現行憲法第91条で現在の文言に〕

第92条〔民主平和統一諮問会議〕

①　平和統一政策の樹立に関する大統領の諮問に応じるため、民主平和統一諮問会議を置くことができる。

②　民主平和統一諮問会議の組織、職務範囲その他の必要な事項は、法律でこれを定める。

〔1980年憲法第68条として追加。現行憲法第92条で現在の文言に〕

第93条〔国民経済諮問会議〕

①　国民経済の発展のための重要政策の樹立に関して、大統領の諮問に応じるため、国民経済諮問会議を置くことができる。

②　国民経済諮問会議の組織、職務範囲その他の必要な事項は、法律でこれを定める。

〔1962年憲法第118条として追加。1972年憲法第123条、1980年憲法第128条を経て、現行憲法第93条で現在の文言に〕

第3款　行政各部

第94条〔行政各部の長〕

行政各部の長は、国務委員の中から国務総理の提請により、大統領がこれを任命する。

〔1948年憲法第73条、1962年憲法第88条、1972年憲法第68条、1980年憲法第69条を経て、現行憲法第94条へ。文言は1980年憲法から同じ〕

第95条〔総理令・部令〕

国務総理又は行政各部の長は、所管事務に関して、法律若しくは大統領令の委任又は職権により、総理令又は部令を発することができる。

〔1948年憲法第74条、1962年憲法第90条、1972年憲法第69条、1980年憲法第70条を経て、現行憲法第95条で現在の文言に〕

第96条〔行政各部の設置〕

行政各部の設置及び組織並びに職務範囲は、法律でこれを定める。

〔1948年憲法第75条、1962年憲法第91条、1972年憲法第70条、1980年憲法第71条を経て、現行憲法第96条へ。文言は1962年憲法から

同じ〕

第４款　監査院

第97条〔監査院の職務〕

国家の歳入及び歳出の決算、国家及び法律の定める団体の会計監査並びに行政機関及び公務員の職務に関する監察を行うため、大統領所属下に監査院を置く。

〔1948年憲法第95条、1962年憲法第92条、1972年憲法第71条、1980年憲法第72条を経て、現行憲法第97条へ。文言は1962年憲法から同じ〕

第98条〔監査院の構成〕

① 監査院は、院長を含め５人以上11人以下の監査委員でこれを構成する。

② 院長は、国会の同意を得て大統領がこれを任命し、その任期は、４年とし、１回に限り重任することができる。

③ 監査委員は、院長の提請により大統領がこれを任命し、その任期は、４年とし、１回に限り重任することができる。

〔1962年憲法第93条で追加。1972年憲法第72条、1980年憲法第73条を経て、現行憲法第98条で現在の文言に〕

第99条〔会計監査〕

監査院は、歳入及び歳出の決算を毎年検査し、大統領及び次年度国会に、その結果を報告しなければならない。

〔1948年憲法第95条、1962年憲法第94条、1972年憲法第73条、1980年憲法で第74条を経て、現行憲法第99条で現在の文言に〕

第100条〔監査院の組織等〕

監査院の組織、職務範囲、監査委員の資格、監査対象公務員の範囲その他の必要な事項は、法律でこれを定める。

〔1948年憲法第95条、1972年憲法第74条、1980年憲法第75条を経て、現行憲法第100条で現在の文言に〕

第５章　法院

第101条〔司法権、法院の組織〕

① 司法権は、法官で構成された法院に属する。

② 法院は、最高法院である大法院及び各級法院で組織される。

③ 法官の資格は、法律でこれを定める。

〔1948年憲法第76条、1962年憲法第96条、1972年憲法第100条、1980年憲法第102条を経て、現行憲法第101条で現在の文言に〕

第102条〔大法院〕

① 大法院に、部を置くことができる。

② 大法院に、大法官を置く。但し、法律の定めるところにより、大法官以外の法官を置くことができる。

③ 大法院及び各級法院の組織は、法律でこれを定める。

〔1948年憲法第76条、1962年憲法第97条、1972年憲法第101条、1980年憲法第103条を経て、現行憲法第102条で現在の文言に〕

第103条〔司法の独立〕

法官は、憲法及び法律に基づき、その良心に従い、独立して審判する。

〔1948年憲法第77条、1962年憲法第98条、1972年憲法第102条、1980年憲法第104条を経て、現行憲法第103条へ。文言は1980年憲法から同じ〕

第104条〔法官の任命〕

① 大法院長は、国会の同意を得て、大統領がこれを任命する。

② 大法官は、大法院長の提請により、国会の同意を得て、大統領がこれを任命する。

③ 大法院長及び大法官以外の法官は、大法官会議の同意を得て、大法院長がこれを任命する。

〔1948年憲法第78条、1962年憲法第99条、1972年憲法第103条、1980年憲法第105条を経て、現行憲法第104条で現在の文言に〕

第105条〔法官の任期〕

① 大法院長の任期は、６年とし、再任することはできない。

② 大法官の任期は、６年とし、法律の定めるところにより、再任することができる。

③ 大法院長及び大法官以外の法官の任期は、10年とし、法律の定めるところにより、再任することができる。

④ 法官の定年は、法律でこれを定める。

〔1948年憲法第79条、1962年憲法第100条、1972年憲法第103条、1980年憲法第106条を経て、現行憲法第105条で現在の文言に〕

第106条〔法官の身分の保障〕

① 法官は、弾劾又は禁錮以上の刑の宣告に

よらない限り、罷免されず、懲戒処分によらなければ、停職、減俸その他の不利な処分を受けない。

② 法官が、重大な心身上の障害により、職務を遂行することができないときは、法律の定めるところにより、これを退職させることができる。

〔1948年憲法第80条、1962年憲法第101条、1972年憲法第104条、1980年憲法第107条を経て、現行憲法第106条で現在の文言に〕

第107条〔法律等の違憲審査、行政審判手続〕

① 法律が、憲法に違反するかどうかが裁判の前提となった場合には、法院は、憲法裁判所に提請し、その審判により裁判する。

② 命令、規則又は処分が、憲法又は法律に違反するかどうかが裁判の前提となった場合には、大法院は、これを最終的に審査する権限を有する。

③ 裁判の前審手続として、行政審判を行うことができる。行政審判の手続は、法律でこれを定め、司法手続が準用されなければならない。

〔1948年憲法第81条、1962年憲法第102条、1972年憲法第105条、1980年憲法第108条を経て、現行憲法第107条で現在の文言に〕

第108条〔大法院の規則制定権〕

大法院は、法律に抵触しない範囲内で、訴訟に関する手続、法院の内部規律及び事務処理に関する規則を制定することができる。

〔1948年憲法第82条、1962年憲法第104条、1972年憲法第106条、1980年憲法第109条を経て、現行憲法第108条で現在の文言に〕

第109条〔裁判公開の原則〕

裁判の審理及び判決は、公開する。但し、審理は、国家の安全保障若しくは安寧秩序を妨害、又は善良な風俗を害するおそれがあるときは、法院の決定により、公開しないことができる。

〔1948年憲法第83条、1962年憲法105条、1972年憲法第107条、1980年憲法第110条を経て、現行憲法第109条で現在の文言に〕

第110条〔軍事裁判〕

① 軍事裁判を管轄するため、特別法院として、軍事法院を置くことができる。

② 軍事法院の上告審は、大法院が管轄する。

③ 軍事法院の組織、権限及び裁判官の資格は、法律でこれを定める。

④ 非常戒厳下の軍事裁判は、軍人及び軍務員の犯罪又は軍事に関するスパイ罪の場合並びに哨兵、哨所、有毒飲食物供給及び捕虜に関する罪の中で法律の定める場合に限り、単審で行うことができる。但し、死刑を宣告する場合は、この限りでない。

〔1954年憲法第83条の２として追加。1962年憲法第106条、1972年憲法第108条、1980年憲法第111条を経て、現行憲法第110条で現在の文言に〕

第６章　憲法裁判所

第111条〔憲法裁判所の権限及び構成〕

① 憲法裁判所は、次の事項を管掌する。

1 法院の提請による法律の違憲かどうかの審判

2 弾劾の審判

3 政党解散の審判

4 国家機関相互間、国家機関と地方自治団体間及び地方自治団体相互間の権限争議に関する審判

5 法律の定める憲法訴願に関する審判

② 憲法裁判所は、法官の資格を有する９人の裁判官でこれを構成し、裁判官は、大統領がこれを任命する。

③ 第２項の裁判官のうち、３人は国会で選出する者を、３人は大法院長が指名する者を任命する。

④ 憲法裁判所の長は、国会の同意を得て、裁判官の中から大統領がこれを任命する。

〔1948年憲法第81条、1960年６月憲法第83条の３と同条の４、1962年憲法では廃止、1972年憲法第109条、1980年憲法第112条を経て、現行憲法第111条で現在の文言に〕

第112条〔違法裁判所裁判官の任期等〕

① 憲法裁判所裁判官の任期は、６年とし、法律の定めるところにより、再任することができる。

② 憲法裁判所裁判官は、政党に加入し、又は政治に関与することはできない。

③ 憲法裁判所裁判官は、弾劾又は禁錮以上

の刑の宣告によらない限り、罷免されない。

〔1960年6月憲法第83条の4として追加。1962年憲法では廃止、1972年憲法第110条、1980年憲法第113条を経て、現行憲法第112条で現在の文言へ〕

第113条〔違憲決定、憲法裁判所の規則制定権及び組織・運営〕

① 憲法裁判所において、法律の違憲決定、弾劾の決定、政党解散の決定又は憲法訴願に関する認容決定をするときは、裁判官6人以上の賛成がなければならない。

② 憲法裁判所は、法律に抵触しない範囲内で、審判に関する手続、内部規律及び事務処理に関する規則を制定することができる。

③ 憲法裁判所の組織及び運営その他の必要な事項は、法律でこれを定める。

〔1948年憲法第81条、1960年6月憲法第83条の4、1962年憲法第103条、1972年憲法第111条、1980年憲法第114条を経て、現行憲法第113条で現在の文言に〕

第7章　選挙管理

第114条〔選挙管理委員会の組織及び構成〕

① 選挙及び国民投票の公正な管理及び政党に関する事務を処理するため、選挙管理委員会を置く。

② 中央選挙管理委員会は、大統領が任命する3人、国会で選出する3人及び大法院長が指名する3人の委員により、これを構成する。委員長は、委員の中から互選する。

③ 委員の任期は、6年とする。

④ 委員は、政党に加入又は政治に関与することはできない。

⑤ 委員は、弾劾又は禁錮以上の刑の宣告によらない限り、罷免されない。

⑥ 中央選挙管理委員会は、法令の範囲内で、選挙管理、国民投票管理又は政党事務に関する規則を制定することができ、法律に抵触しない範囲内で、内部規律に関する規則を制定することができる。

⑦ 各級選挙管理委員会の組織、職務範囲その他の必要な事項は、法律でこれを定める。

〔1960年憲法第75条の2として追加。1962年憲法第107条、1972年憲法第112条、1980年憲法第115条を経て、現行憲法第114条で現在の文言に〕

第115条〔選挙管理委員会の行政機関への指示〕

① 各級選挙管理委員会は、選挙人名簿の作成等の選挙事務及び国民投票事務に関して、関係行政機関に必要な指示をすることができる。

② 第1項の指示を受けた当該行政機関は、これに応じなければならない。

〔1980年憲法第116条として追加。現行憲法第115条で現在の文言に〕

第116条〔選挙運動及び経費〕

① 選挙運動は、各級選挙管理委員会の管理の下に、法律の定める範囲内でこれを行い、均等な機会が保障されなければならない。

② 選挙に関する経費は、法律の定める場合を除いては、政党又は候補者に負担させることはできない。

〔1962年憲法第108条として追加。1972年憲法第113条、1980年憲法第117条を経て、現行憲法第116条で現在の文言に〕

第8章　地方自治

第117条〔地方自治権、条例制定権〕

① 地方自治団体は、住民の福利に関する事務を処理し、財産を管理し、法令の範囲内で自治に関する規定を制定することができる。

② 地方自治団体の種類は、法律でこれを定める。

〔1948年憲法第96条、1962年憲法109条、1972年憲法第114条、1980年憲法第118条を経て現行憲法117条で現在の文言に〕

第118条〔地方議会〕

① 地方自治団体に、議会を置く。

② 地方議会の組織、権限及び議員選挙並びに地方自治団体の長の選任方法、その他地方自治団体の組織及び運営に関する事項は、法律でこれを定める。

〔1948年憲法第97条、1962年憲法第110条、1972年憲法第115条、1980年憲法第119条を

経て、現行憲法第118条で現在の文言に〕

第9章　経済

第119条〔経済の基本秩序、経済の民主化〕

① 大韓民国の経済秩序は、個人及び企業の経済上の自由及び創意を尊重することを基本とする。

② 国家は、均衡ある国民経済の成長及び安定並びに適正な所得の分配を維持し、市場の支配及び経済力の濫用を防止するとともに、経済主体間の調和を通じた経済の民主化のため、経済に関する規制及び調整を行うことができる。

〔1948年憲法第84条、1962年憲法第111条、1972年憲法第116条、1980年憲法第120条を経て現行憲法第119条で現在の文言に〕

第120条〔天然資源の開発〕

① 鉱物その他の重要な地下資源、水産資源及び水力並びに経済上利用することができる自然力は、法律の定めるところにより、一定の期間、その採取、開発又は利用を特許することができる。

② 国土及び資源は、国家の保護を受け、国家は、その均衡ある開発及び利用のため、必要な計画を樹立する。

〔1948年憲法第85条、1962年憲法第112条、1972年憲法第117条、1980年憲法第121条を経て現行憲法第120条で現在の文言に〕

第121条〔小作制度の禁止〕

① 国家は、農地に関し、耕者有田の原則を達成することができるよう努めなければならず、農地の小作制度は、禁止される。

② 農業生産性の向上及び農地の合理的な利用のため、又は不可避の事情により発生する農地の賃貸借及び委託経営は、法律の定めるところにより、認められる。

〔1962年憲法第113条として追加。1972年憲法第118条、1980年憲法第122条を経て現行憲法第121条で現在の文言に〕

第122条〔国土の開発〕

国家は、国民すべての生産及び生活の基盤となる国土の効率的で均衡ある利用、開発及び保全のため、法律の定めるところにより、これに関する必要な制限及び義務を課することができる。

〔1962年憲法第114条として追加。1972年憲法第119条、1980年憲法第123条を経て現行憲法第122条で現在の文言に〕

第123条〔農漁村の総合開発、中小企業の保護及び育成〕

① 国家は、農業及び漁業を保護し、育成するため、農漁村総合開発及びその支援等必要な計画を樹立し、施行しなければならない。

② 国家は、地域間の均衡ある発展のため、地域経済を育成する義務を負う。

③ 国家は、中小企業を保護し、育成しなければならない。

④ 国家は、農水産物の需給均衡及び流通構造の改善に努め、価格安定を図ることにより、農漁民の利益を保護する。

⑤ 国家は、農漁民及び中小企業の自助組織を育成しなければならず、その自律的活動及び発展を保障する。

〔1962年憲法第115条として追加。1972憲法第120条、1980年憲法第124条を経て現行憲法第123条で現在の文言に〕

第124条〔消費者保護〕

国家は、健全な消費行為を啓導し、生産品の品質向上を促進するため、消費者保護運動を、法律の定めるところにより、保障する。

〔1980年憲法第125条として追加。文言はそのまま現行憲法第124条へ〕

第125条〔対外貿易〕

国家は、対外貿易を育成し、これを規制及び調整することができる。

〔1948年憲法第87条、1962年憲法第116条、1972年憲法第121条、1980年憲法第126条を経て、現行憲法第125条へ。文言は1980年憲法から同じ〕

第126条〔私企業の保護〕

国防上又は国民経済上の緊切な必要により、法律の定める場合を除いては、私営企業を国有又は公有に移転し、又はその経営を統制若しくは管理することはできない。

〔1948年憲法第88条、1962年憲法第117条、1972年憲法第122条、1980年憲法第127条を経て、現行憲法第126条で現在の文言に〕

第127条〔科学技術の振興〕

① 国家は、科学技術の革新並びに情報及び

人力の開発を通じて、国民経済の発展に努めなければならない。

② 国家は、国家標準制度を確立する。

③ 大統領は、第1項の目的を達するため、必要な諮問機構を置くことができる。

〔1962年憲法第118条として追加。1972年憲法第123条、1980年憲法第128条を経て、現行憲法第127条で現在の文言に〕

第10章 憲法改正

第128条〔憲法改正の発議〕

① 憲法改正は、国会在籍議員の過半数又は大統領の発議により、提案される。

② 大統領の任期延長又は重任変更のための憲法改正は、その憲法改正提案当時の大統領に対しては、効力を有しない。

〔1948年憲法第98条、1962年憲法第119条、1972年憲法第124条、1980年憲法第129条を経て、現行憲法第128条で現在の文言に〕

第129条〔憲法改正案の公告〕

提案された憲法改正案は、大統領が20日以上の期間、これを公告しなければならない。

〔1948年憲法第98条、1962年憲法第119条、1972年憲法第125条と第126条、1980年憲法第130条を経て、現行憲法第129条で現在の文言に〕

第130条〔憲法改正案の決議及び国民投票及び公布〕

① 国会は、憲法改正案が公告された日から60日以内に議決しなければならず、国会の議決は、在籍議員の3分の2以上の賛成がなければならない。

② 憲法改正案は、国会が議決した後、30日以内に国民投票に付し、国会議員選挙権者の過半数の投票及び投票者過半数の賛成がなければならない。

③ 憲法改正案が第2項の賛成を得たときは、憲法改正は、確定され、大統領は、直ちにこれを公布しなければならない。

〔1948年憲法第98条、1962年憲法第120条と121条、1972年憲法第124条と第125条と第126条、1980年憲法第131条を経て、現行憲法第130条で現在の文言に〕

附 則〔第10号（1987.10.29）〕

第1条〔憲法施行期日、準備手続〕

この憲法は、1988年2月25日から施行する。但し、この憲法を施行するために必要な法律の制定又は改正並びにこの憲法による大統領及び国会議員の選挙その他この憲法施行に関する準備は、この憲法施行前に行うことができる。

第2条〔経過規定―最初の大統領選挙日及び任期〕

① この憲法による最初の大統領選挙は、この憲法の施行日の40日前までに実施する。

② この憲法による最初の大統領の任期は、この憲法の施行日から開始する。

第3条〔経過規定―最初の国会議員選挙日及び任期〕

① この憲法による最初の国会議員選挙は、この憲法の公布日から6月以内に実施し、この憲法により選出された最初の国会議員の任期は、国会議員選挙後、この憲法による国会の最初の集会日から開始する。

② この憲法公布当時の国会議員の任期は、第1項による国会の最初の集会日前日までとする。

第4条〔経過規定―公務員の地位〕

① この憲法施行当時の公務員及び政府が任命した企業体の役員は、この憲法により、任命されたものとみなす。但し、この憲法により選任方法又は任命権者が変更された公務員及び大法院長並びに監査院長は、この憲法により後任者が選任されるときまでその職務を行い、この場合、前任者である公務員の任期は、後任者が選任される前日までとする。

② この憲法施行当時の大法院長及び大法院判事以外の法官は、第1項但書の規定にかかわらず、この憲法により、任命されたものとみなす。

③ この憲法のうち、公務員の任期又は重任制限に関する規定は、この憲法により、その公務員が最初に選出又は任命されたときから適用する。

第5条〔憲法施行当時の法令及び条約の効力〕

この憲法施行当時の法令及び条約は、こ

の憲法に違背しない限り、その効力を持続する。

第６条〔経過規定－特設機関の期限〕

この憲法施行当時に、この憲法により新たに設置される機関の権限に属する職務を行っている機関は、この憲法により新しい機関が設置されるときまで存続し、その職務を行う。

＊　このたび大韓民国憲法を和訳するにあり、韓国語の原文は大韓民国法制處国家法令情報センターウェブサイト http://www.law.go.kr を参照し、和訳された先行研究として金哲洙『韓国憲法の50年－分断の現実と統一への展望－』（敬文堂、1998年）285-304頁と、韓国憲法裁判所編〔徐元宇翻訳者代表〕『韓国憲法裁判所10年史』（信山社、2000年）415-433頁を併せて参照した。逐条改正の過程については、鄭宗燮校勘・編『韓國憲法史文類』（博英社、2002年）405-535頁を参照した。また各条文の見出しは、初宿正典・辻村みよ子編『新解説世界憲法集　第４版』（三省堂、2017年）、鎌田薫ほか編『デイリー六法 平成30年版』（三省堂、2018年）や山下友信・宇賀克也編『ポケット六法 平成30年版』（有斐閣、2018年）を参照した。

大韓民国憲法の改正一覧

時代区分	名称	公布日	部分／全面	主な内容
第一共和国（李承晩）	1948年憲法（建国憲法）	1948.7.17.		・大統領は国会で選出 ・大統領は任期４年で１回重任可能 ・一院制の国会 ・憲法委員会による法律の違憲審査
	1952年憲法（抜粋改憲）	195.7.7.	部分改正	・大統領直接選挙制 ・二院制の国会
	1954年憲法（四捨五入改憲）	1954.11.29.	部分改正	・制定当時の大統領の重任制限の撤廃
第二共和国（議院内閣制）	1960年６月憲法（議院内閣制改憲）	1960.6.15.	全面改正	・議院内閣制 ・二院制の国会 ・憲法裁判所による法律の違憲審査
	1960年11月憲法（不正選挙関連者処罰改憲）	1960.11.29.	部分改正	・不正選挙の関連者を遡及立法で処罰
第三共和国（朴正熙）	1962年憲法（軍政大統領制改憲）	1962.12.26.	全面改正	・大統領制の復活 ・大統領の任期は４年で１回重任可能 ・一院制の国会 ・大法院による法律の違憲審査
	1969年憲法（共和党三選改憲）	1969.10.21.	部分改正	・大統領は３期まで重任可能に
第四共和国（朴正熙）	1972年憲法（維新憲法）	1972.12.27.	全面改正	・統一主体国民会議が大統領選出 ・大統領の任期は６年で重任の制限規定なし ・統一主体国民会議が国会議員の一部を選出 ・憲法委員会による法律の違憲審査
第五共和国（全斗煥）	1980年憲法（国保衛改憲）	1980.10.27.	全面改正	・大統領間接選挙制 ・大統領の任期は７年１期のみ ・憲法委員会による法律の違憲審査
第六共和国（民主化後）	1987年憲法（大統領直選制改憲）	1987.10.29.	全面改正	・大統領直接選挙制 ・大統領の任期は５年１期のみ ・憲法裁判所による法律の違憲審査

本表を作成するにあたり權寧星『憲法學原論』（法文社、2010年）91-98頁；金哲洙『韓國憲法史』（大學出版社、1988年）546-586頁；鄭宗燮校勘・編『韓國憲法史文類』（博英社、2002年）228-403頁；森山茂徳『韓国現代政治』（東京大学出版会、1998年）142頁を参照した。

韓国

日本国憲法〔1946年〕

朕は、日本国民の総意に基いて、新日本建設の礎が、定まるに至つたことを、深くよろこび、枢密顧問の諮詢及び帝国憲法第73条による帝国議会の議決を経た帝国憲法の改正を裁可し、ここにこれを公布せしめる。

御　名　御　璽

昭和21年11月３日

内閣総理大臣兼

外務大臣		吉田　茂
国務大臣	男爵	幣原喜重郎
司法大臣		木村篤太郎
内務大臣		大村　清一
文部大臣		田中耕太郎
農林大臣		和田　博雄
国務大臣		斎藤　隆夫
逓信大臣		一松　定吉
商工大臣		星島　二郎
厚生大臣		河合　良成
国務大臣		植原悦二郎
運輸大臣		平塚常次郎
大蔵大臣		石橋　湛山
国務大臣		金森徳次郎
国務大臣		膳　桂之助

日本国憲法

① 日本国民は、正当に選挙された国会における代表者を通じて行動し、われらとわれらの子孫のために、諸国民との協和による成果と、わが国全土にわたつて自由のもたらす恵沢を確保し、政府の行為によつて再び戦争の惨禍が起ることのないやうにすることを決意し、ここに主権が国民に存することを宣言し、この憲法を確定する。そもそも国政は、国民の厳粛な信託によるものであつて、その権威は国民に由来し、その権力は国民の代表者がこれを行使し、その福利は国民がこれを享受する。これは人類普遍の原理であり、この憲法は、かかる原理に基くものである。われらは、これに反する一切の憲法、法令及び詔勅を排除する。

② 日本国民は、恒久の平和を念願し、人間相互の関係を支配する崇高な理想を深く自覚するのであつて、平和を愛する諸国民の公正と信義に信頼して、われらの安全と生存を保持しようと決意した。われらは、平和を維持し、専制と隷従、圧迫と偏狭を地上から永遠に除去しようと努めてゐる国際社会において、名誉ある地位を占めたいと思ふ。われらは、全世界の国民が、ひとしく恐怖と欠乏から免かれ、平和のうちに生存する権利を有することを確認する。

③ われらは、いづれの国家も、自国のことのみに専念して他国を無視してはならないのであつて、政治道徳の法則は、普遍的なものであり、この法則に従ふことは、自国の主権を維持し、他国と対等関係に立たうとする各国の責務であると信ずる。

④ 日本国民は、国家の名誉にかけ、全力をあげてこの崇高な理想と目的を達成することを誓ふ。

第１章　天皇

第１条〔天皇の地位、国民主権〕

天皇は、日本国の象徴であり日本国民統合の象徴であつて、この地位は、主権の存する日本国民の総意に基く。

第２条〔皇位の世襲と継承〕

皇位は、世襲のものであつて、国会の議決した皇室典範の定めるところにより、これを継承する。

第３条〔天皇の国事行為と内閣の責任〕

天皇の国事に関するすべての行為には、内閣の助言と承認を必要とし、内閣が、その責任を負ふ。

第４条〔天皇の権能の限界、天皇の国事行為の委任〕

① 天皇は、この憲法の定める国事に関する行為のみを行ひ、国政に関する権能を有しない。

② 天皇は、法律の定めるところにより、その国事に関する行為を委任することができる。

第５条〔摂政〕

皇室典範の定めるところにより摂政を置

くときは、摂政は、天皇の名でその国事に関する行為を行ふ。この場合には、前条第一項の規定を準用する。

第6条〔天皇の任命権〕

① 天皇は、国会の指名に基いて、内閣総理大臣を任命する。

② 天皇は、内閣の指名に基いて、最高裁判所の長たる裁判官を任命する。

第7条〔天皇の国事行為〕

天皇は、内閣の助言と承認により、国民のために、左の国事に関する行為を行ふ。

一 憲法改正、法律、政令及び条約を公布すること。

二 国会を召集すること。

三 衆議院を解散すること。

四 国会議員の総選挙の施行を公示すること。

五 国務大臣及び法律の定めるその他の官吏の任免並びに全権委任状及び大使及び公使の信任状を認証すること。

六 大赦、特赦、減刑、刑の執行の免除及び復権を認証すること。

七 栄典を授与すること。

八 批准書及び法律の定めるその他の外交文書を認証すること。

九 外国の大使及び公使を接受すること。

十 儀式を行ふこと。

第8条〔皇室の財産授受〕

皇室に財産を譲り渡し、又は皇室が、財産を譲り受け、若しくは賜与することは、国会の議決に基かなければならない。

第2章 戦争の放棄

第9条〔戦争の放棄、戦力および交戦権の否認〕

① 日本国民は、正義と秩序を基調とする国際平和を誠実に希求し、国権の発動たる戦争と、武力による威嚇又は武力の行使は、国際紛争を解決する手段としては、永久にこれを放棄する。

② 前項の目的を達するため、陸海空軍その他の戦力は、これを保持しない。国の交戦権は、これを認めない。

第3章 国民の権利及び義務

第10条〔日本国民の要件〕

日本国民たる要件は、法律でこれを定める。

第11条〔基本的人権の享有と本質〕

国民は、すべての基本的人権の享有を妨げられない。この憲法が国民に保障する基本的人権は、侵すことのできない永久の権利として、現在及び将来の国民に与へられる。

第12条〔自由・権利の保持責任と濫用禁止〕

この憲法が国民に保障する自由及び権利は、国民の不断の努力によつて、これを保持しなければならない。又、国民は、これを濫用してはならないのであつて、常に公共の福祉のためにこれを利用する責任を負ふ。

第13条〔個人の尊重、生命・自由・幸福追求の権利、公共の福祉〕

すべて国民は、個人として尊重される。生命、自由及び幸福追求に対する国民の権利については、公共の福祉に反しない限り、立法その他の国政の上で、最大の尊重を必要とする。

第14条〔法の下の平等、貴族制度の禁止、栄典の限界〕

① すべて国民は、法の下に平等であつて、人種、信条、性別、社会的身分又は門地により、政治的、経済的又は社会的関係において、差別されない。

② 華族その他の貴族の制度は、これを認めない。

③ 栄誉、勲章その他の栄典の授与は、いかなる特権も伴はない。栄典の授与は、現にこれを有し、又は将来これを受ける者の一代に限り、その効力を有する。

第15条〔公務員の選定罷免権、公務員の性質、普通選挙・秘密投票の保障〕

① 公務員を選定し、及びこれを罷免することは、国民固有の権利である。

② すべて公務員は、全体の奉仕者であつて、一部の奉仕者ではない。

③ 公務員の選挙については、成年者による普通選挙を保障する。

④ すべて選挙における投票の秘密は、これ

を侵してはならない。選挙人は、その選択に関し公的にも私的にも責任を問はれない。

第16条〔請願権〕

何人も、損害の救済、公務員の罷免、法律、命令又は規則の制定、廃止又は改正その他の事項に関し、平穏に請願する権利を有し、何人も、かかる請願をしたためにいかなる差別待遇も受けない。

第17条〔国および公共団体の賠償責任〕

何人も、公務員の不法行為により、損害を受けたときは、法律の定めるところにより、国又は公共団体に、その賠償を求めることができる。

第18条〔奴隷的拘束および苦役からの自由〕

何人も、いかなる奴隷的拘束も受けない。又、犯罪に因る処罰の場合を除いては、その意に反する苦役〈くえき〉に服させられない。

第19条〔思想および良心の自由〕

思想及び良心の自由は、これを侵してはならない。

第20条〔信教の自由、政教分離〕

① 信教の自由は、何人に対してもこれを保障する。いかなる宗教団体も、国から特権を受け、又は政治上の権力を行使してはならない。

② 何人も、宗教上の行為、祝典、儀式又は行事に参加することを強制されない。

③ 国及びその機関は、宗教教育その他いかなる宗教的活動もしてはならない。

第21条〔集会・結社・表現の自由、検閲の禁止、通信の秘密〕

① 集会、結社及び言論、出版その他一切の表現の自由は、これを保障する。

② 検閲は、これをしてはならない。通信の秘密は、これを侵してはならない。

第22条〔居住・移転・職業選択の自由、外国移住・国籍離脱の自由〕

① 何人も、公共の福祉に反しない限り、居住、移転及び職業選択の自由を有する。

② 何人も、外国に移住し、又は国籍を離脱する自由を侵されない。

第23条〔学問の自由〕

学問の自由は、これを保障する。

第24条〔家族生活における個人の尊厳と両性の平等〕

① 婚姻は、両性の合意のみに基いて成立し、夫婦が同等の権利を有することを基本として、相互の協力により、維持されなければならない。

② 配偶者の選択、財産権、相続、住居の選定、離婚並びに婚姻及び家族に関するその他の事項に関しては、法律は、個人の尊厳と両性の本質的平等に立脚して、制定されなければならない。

第25条〔生存権、国の国民生活環境保全向上義務〕

① すべて国民は、健康で文化的な最低限度の生活を営む権利を有する。

② 国は、すべての生活部面について、社会福祉、社会保障及び公衆衛生の向上及び増進に努めなければならない。

第26条〔教育を受ける権利、教育の義務〕

① すべて国民は、法律の定めるところにより、その能力に応じて、ひとしく教育を受ける権利を有する。

② すべて国民は、法律の定めるところにより、その保護する子女に普通教育を受けさせる義務を負ふ。義務教育は、これを無償とする。

第27条〔勤労の権利・義務、勤労条件の基準、児童酷使の禁止〕

① すべて国民は、勤労の権利を有し、義務を負ふ。

② 賃金、就業時間、休息その他の勤労条件に関する基準は、法律でこれを定める。

③ 児童は、これを酷使してはならない。

第28条〔労働基本権〕

勤労者の団結する権利及び団体交渉その他の団体行動をする権利は、これを保障する。

第29条〔財産権〕

① 財産権は、これを侵してはならない。

② 財産権の内容は、公共の福祉に適合するやうに、法律でこれを定める。

③ 私有財産は、正当な補償の下に、これを公共のために用ひることができる。

第30条〔納税の義務〕

国民は、法律の定めるところにより、納税の義務を負ふ。

第31条〔法定手続の保障〕

何人も、法律の定める手続によらなければ、その生命若しくは自由を奪はれ、又はその他の刑罰を科せられない。

第32条〔裁判を受ける権利〕

何人も、裁判所において裁判を受ける権利を奪はれない。

第33条〔逮捕に対する保障〕

何人も、現行犯として逮捕される場合を除いては、権限を有する司法官憲が発し、且つ理由となつてゐる犯罪を明示する令状によらなければ、逮捕されない。

第34条〔抑留・拘禁に対する保障〕

何人も、理由を直ちに告げられ、且つ、直ちに弁護人に依頼する権利を与へられなければ、抑留又は拘禁されない。又、何人も、正当な理由がなければ、拘禁されず、要求があれば、その理由は、直ちに本人及びその弁護人の出席する公開の法廷で示されなければならない。

第35条〔住居侵入・捜索・押収に対する保障〕

① 何人も、その住居、書類及び所持品について、侵入、捜索及び押収を受けることのない権利は、第三十三条の場合を除いては、正当な理由に基いて発せられ、且つ捜索する場所及び押収する物を明示する令状がなければ、侵されない。

② 捜索又は押収は、権限を有する司法官憲が発する各別の令状により、これを行ふ。

第36条〔拷問および残虐な刑罰の禁止〕

公務員による拷問及び残虐な刑罰は、絶対にこれを禁ずる。

第37条〔刑事被告人の諸権利〕

① すべて刑事事件においては、被告人は、公平な裁判所の迅速な公開裁判を受ける権利を有する。

② 刑事被告人は、すべての証人に対して審問する機会を充分に与へられ、又、公費で自己のために強制的手続により証人を求める権利を有する。

③ 刑事被告人は、いかなる場合にも、資格を有する弁護人を依頼することができる。被告人が自らこれを依頼することができないときは、国でこれを附する。

第38条〔不利益な供述強要の禁止、自白の証拠能力〕

① 何人も、自己に不利益な供述を強要されない。

② 強制、拷問若しくは脅迫による自白又は不当に長く抑留若しくは拘禁された後の自白は、これを証拠とすることができない。

③ 何人も、自己に不利益な唯一の証拠が本人の自白である場合には、有罪とされ、又は刑罰を科せられない。

第39条〔遡及処罰の禁止・一事不再理〕

何人も、実行の時に適法であつた行為又は既に無罪とされた行為については、刑事上の責任を問はれない。又、同一の犯罪について、重ねて刑事上の責任を問はれない。

第40条〔刑事補償〕

何人も、抑留又は拘禁された後、無罪の裁判を受けたときは、法律の定めるところにより、国にその補償を求めることができる。

第４章　国会

第41条〔国会の地位、立法権〕

国会は、国権の最高機関であつて、国の唯一の立法機関である。

第42条〔両院制〕

国会は、衆議院及び参議院の両議院でこれを構成する。

第43条〔両議院の組織〕

① 両議院は、全国民を代表する選挙された議員でこれを組織する。

② 両議院の議員の定数は、法律でこれを定める。

第44条〔議員および選挙人の資格〕

両議院の議員及びその選挙人の資格は、法律でこれを定める。但し、人種、信条、性別、社会的身分、門地、教育、財産又は収入によつて差別してはならない。

第45条〔衆議院議員の任期〕

衆議院議員の任期は、４年とする。但し、衆議院解散の場合には、その期間満了前に終了する。

第46条〔参議院議員の任期〕

参議院議員の任期は、６年とし、３年ごとに議員の半数を改選する。

第47条〔選挙に関する事項の法定〕

選挙区、投票の方法その他両議院の議員

の選挙に関する事項は、法律でこれを定める。

第48条〔両議院議員兼職禁止〕

何人も、同時に両議院の議員たることはできない。

第49条〔議員の歳費〕

両議院の議員は、法律の定めるところにより、国庫から相当額の歳費を受ける。

第50条〔議員の不逮捕特権〕

両議院の議員は、法律の定める場合を除いては、国会の会期中逮捕されず、会期前に逮捕された議員は、その議院の要求があれば、会期中これを釈放しなければならない。

第51条〔議員の発言表決の無責任〕

両議院の議員は、議院で行つた演説、討論又は表決について、院外で責任を問はれない。

第52条〔常会〕

国会の常会は、毎年1回これを召集する。

第53条〔臨時会〕

内閣は、国会の臨時会の召集を決定することができる。いづれかの議院の総議員の4分の1以上の要求があれば、内閣は、その召集を決定しなければならない。

第54条〔衆議院の解散、特別会、参議院の緊急集会〕

① 衆議院が解散されたときは、解散の日から40日以内に、衆議院議員の総選挙を行ひ、その選挙の日から30日以内に、国会を召集しなければならない。

② 衆議院が解散されたときは、参議院は、同時に閉会となる。但し、内閣は、国に緊急の必要があるときは、参議院の緊急集会を求めることができる。

③ 前項但書の緊急集会において採られた措置は、臨時のものであつて、次の国会開会の後10日以内に、衆議院の同意がない場合には、その効力を失ふ。

第55条〔議員の資格争訟〕

両議院は、各々その議員の資格に関する争訟を裁判する。但し、議員の議席を失はせるには、出席議員の3分の2以上の多数による議決を必要とする。

第56条〔定足数・表決〕

① 両議院は、各々その総議員の3分の1以上の出席がなければ、議事を開き議決することができない。

② 両議院の議事は、この憲法に特別の定のある場合を除いては、出席議員の過半数でこれを決し、可否同数のときは、議長の決するところによる。

第57条〔会議の公開、会議録の公開、秘密会〕

① 両議院の会議は、公開とする。但し、出席議員の3分の2以上の多数で議決したときは、秘密会を開くことができる。

② 両議院は、各々その会議の記録を保存し、秘密会の記録の中で特に秘密を要すると認められるもの以外は、これを公表し、且つ一般に頒布しなければならない。

③ 出席議員の5分の1以上の要求があれば、各議員の表決は、これを会議録に記載しなければならない。

第58条〔役員の選任、議院規則、懲罰〕

① 両議院は、各々その議長その他の役員を選任する。

② 両議院は、各々その会議その他の手続及び内部の規律に関する規則を定め、又、院内の秩序をみだした議員を懲罰することができる。但し、議員を除名するには、出席議員の3分の2以上の多数による議決を必要とする。

第59条〔法律案の議決、衆議院の優越〕

① 法律案は、この憲法に特別の定のある場合を除いては、両議院で可決したとき法律となる。

② 衆議院で可決し、参議院でこれと異なつた議決をした法律案は、衆議院で出席議員の3分の2以上の多数で再び可決したときは、法律となる。

③ 前項の規定は、法律の定めるところにより、衆議院が、両議院の協議会を開くことを求めることを妨げない。

④ 参議院が、衆議院の可決した法律案を受け取つた後、国会休会中の期間を除いて60日以内に、議決しないときは、衆議院は、参議院がその法律案を否決したものとみなすことができる。

第60条〔衆議院の予算先議と優越〕

① 予算は、さきに衆議院に提出しなければ

ならない。

② 予算について、参議院で衆議院と異なつた議決をした場合に、法律の定めるところにより、両議院の協議会を開いても意見が一致しないとき、又は参議院が、衆議院の可決した予算を受け取つた後、国会休会中の期間を除いて30日以内に、議決しないときは、衆議院の議決を国会の議決とする。

第61条〔条約の承認と衆議院の優越〕

条約の締結に必要な国会の承認については、前条第二項の規定を準用する。

第62条〔議院の国政調査権〕

両議院は、各々国政に関する調査を行ひ、これに関して、証人の出頭及び証言並びに記録の提出を要求することができる。

第63条〔国務大臣の議院出席の権利と義務〕

内閣総理大臣その他の国務大臣は、両議院の一に議席を有すると有しないとにかかはらず、何時でも議案について発言するため議院に出席することができる。又、答弁又は説明のため出席を求められたときは、出席しなければならない。

第64条〔弾劾裁判所〕

① 国会は、罷免の訴追を受けた裁判官を裁判するため、両議院の議員で組織する弾劾裁判所を設ける。

② 弾劾に関する事項は、法律でこれを定める。

第５章 内閣

第65条〔行政権と内閣〕

行政権は、内閣に属する。

第66条〔内閣の組織、文民資格、連帯責任〕

① 内閣は、法律の定めるところにより、その首長たる内閣総理大臣及びその他の国務大臣でこれを組織する。

② 内閣総理大臣その他の国務大臣は、文民でなければならない。

③ 内閣は、行政権の行使について、国会に対し連帯して責任を負ふ。

第67条〔内閣総理大臣の指名、衆議院の優越〕

① 内閣総理大臣は、国会議員の中から国会の議決で、これを指名する。この指名は、他のすべての案件に先だつて、これを行ふ。

② 衆議院と参議院とが異なつた指名の議決をした場合に、法律の定めるところにより、両議院の協議会を開いても意見が一致しないとき、又は衆議院が指名の議決をした後、国会休会中の期間を除いて10日以内に、参議院が、指名の議決をしないときは、衆議院の議決を国会の議決とする。

第68条〔国務大臣の任免〕

① 内閣総理大臣は、国務大臣を任命する。但し、その過半数は、国会議員の中から選ばれなければならない。

② 内閣総理大臣は、任意に国務大臣を罷免することができる。

第69条〔衆議院の内閣不信任と解散または総辞職〕

内閣は、衆議院で不信任の決議案を可決し、又は信任の決議案を否決したときは、10日以内に衆議院が解散されない限り、総辞職をしなければならない。

第70条〔内閣総理大臣の欠缺または総選挙と内閣総辞職〕

内閣総理大臣が欠けたとき、又は衆議院議員総選挙の後に初めて国会の召集があつたときは、内閣は、総辞職をしなければならない。

第71条〔総辞職後の内閣の職務執行〕

前２条の場合には、内閣は、あらたに内閣総理大臣が任命されるまで引き続きその職務を行ふ。

第72条〔内閣総理大臣の職務〕

内閣総理大臣は、内閣を代表して議案を国会に提出し、一般国務及び外交関係について国会に報告し、並びに行政各部を指揮監督する。

第73条〔内閣の職権〕

内閣は、他の一般行政事務の外、左の事務を行ふ。

一 法律を誠実に執行し、国務を総理すること。

二 外交関係を処理すること。

三 条約を締結すること。但し、事前に、時宜によつては事後に、国会の承認を経ることを必要とする。

四 法律の定める基準に従ひ、官吏に関する事務を掌理すること。

五 予算を作成して国会に提出するこ

と。

六　この憲法及び法律の規定を実施するために、政令を制定すること。但し、政令には、特にその法律の委任がある場合を除いては、罰則を設けることができない。

七　大赦、特赦、減刑、刑の執行の免除及び復権を決定すること。

第74条〔法律・政令の署名・連署〕

法律及び政令には、すべて主任の国務大臣が署名し、内閣総理大臣が連署することを必要とする。

第75条〔国務大臣の訴追〕

国務大臣は、その在任中、内閣総理大臣の同意がなければ、訴追されない。但し、これがため、訴追の権利は、害されない。

第6章　司法

第76条〔司法権、裁判所、特別裁判所の禁止、裁判官の独立〕

① すべて司法権は、最高裁判所及び法律の定めるところにより設置する下級裁判所に属する。

② 特別裁判所は、これを設置することができない。行政機関は、終審として裁判を行ふことができない。

③ すべて裁判官は、その良心に従ひ独立してその職権を行ひ、この憲法及び法律にのみ拘束される。

第77条〔最高裁判所の規則制定権〕

① 最高裁判所は、訴訟に関する手続、弁護士、裁判所の内部規律及び司法事務処理に関する事項について、規則を定める権限を有する。

② 検察官は、最高裁判所の定める規則に従はなければならない。

③ 最高裁判所は、下級裁判所に関する規則を定める権限を、下級裁判所に委任することができる。

第78条〔裁判官の身分保障〕

裁判官は、裁判により、心身の故障のために職務を執ることができないと決定された場合を除いては、公の弾劾によらなければ罷免されない。裁判官の懲戒処分は、行政機関がこれを行ふことはできない。

第79条〔最高裁判所の構成、国民審査、定年、報酬〕

① 最高裁判所は、その長たる裁判官及び法律の定める員数のその他の裁判官でこれを構成し、その長たる裁判官以外の裁判官は、内閣でこれを任命する。

② 最高裁判所の裁判官の任命は、その任命後初めて行はれる衆議院議員総選挙の際国民の審査に付し、その後10年を経過した後初めて行はれる衆議院議員総選挙の際更に審査に付し、その後も同様とする。

③ 前項の場合において、投票者の多数が裁判官の罷免を可とするときは、その裁判官は、罷免される。

④ 審査に関する事項は、法律でこれを定める。

⑤ 最高裁判所の裁判官は、法律の定める年齢に達した時に退官する。

⑥ 最高裁判所の裁判官は、すべて定期に相当額の報酬を受ける。この報酬は、在任中、これを減額することができない。

第80条〔下級裁判所の裁判官、任期、定年、報酬〕

① 下級裁判所の裁判官は、最高裁判所の指名した者の名簿によつて、内閣でこれを任命する。その裁判官は、任期を10年とし、再任されることができる。但し、法律の定める年齢に達した時には退官する。

② 下級裁判所の裁判官は、すべて定期に相当額の報酬を受ける。この報酬は、在任中、これを減額することができない。

第81条〔違憲審査制〕

最高裁判所は、一切の法律、命令、規則又は処分が憲法に適合するかしないかを決定する権限を有する終審裁判所である。

第82条〔裁判の公開〕

① 裁判の対審及び判決は、公開法廷でこれを行ふ。

② 裁判所が、裁判官の全員一致で、公の秩序又は善良の風俗を害する虞があると決した場合には、対審は、公開しないでこれを行ふことができる。但し、政治犯罪、出版に関する犯罪又はこの憲法第3章で保障する国民の権利が問題となつてゐる事件の対審は、常にこれを公開しなければならない。

第７章　財政

第83条〔財政処理の基本原則〕

国の財政を処理する権限は、国会の議決に基いて、これを行使しなければならない。

第84条〔租税法律主義〕

あらたに租税を課し、又は現行の租税を変更するには、法律又は法律の定める条件によることを必要とする。

第85条〔国費支出および国の債務負担〕

国費を支出し、又は国が債務を負担するには、国会の議決に基くことを必要とする。

第86条〔予算の作成と国会の議決〕

内閣は、毎会計年度の予算を作成し、国会に提出して、その審議を受け議決を経なければならない。

第87条〔予備費〕

① 予見し難い予算の不足に充てるため、国会の議決に基いて予備費を設け、内閣の責任でこれを支出することができる。

② すべて予備費の支出については、内閣は、事後に国会の承諾を得なければならない。

第88条〔皇室財産・皇室費用〕

すべて皇室財産は、国に属する。すべて皇室の費用は、予算に計上して国会の議決を経なければならない。

第89条〔公の財産の支出・利用提供の制限〕

公金その他の公の財産は、宗教上の組織若しくは団体の使用、便益若しくは維持のため、又は公の支配に属しない慈善、教育若しくは博愛の事業に対し、これを支出し、又はその利用に供してはならない。

第90条〔決算、会計検査院〕

① 国の収入支出の決算は、すべて毎年会計検査院がこれを検査し、内閣は、次の年度に、その検査報告とともに、これを国会に提出しなければならない。

② 会計検査院の組織及び権限は、法律でこれを定める。

第91条〔財政状況の報告〕

内閣は、国会及び国民に対し、定期に、少くとも毎年１回、国の財政状況について報告しなければならない。

第８章　地方自治

第92条〔地方自治の基本原則〕

地方公共団体の組織及び運営に関する事項は、地方自治の本旨に基いて、法律でこれを定める。

第93条〔地方公共団体の議会、長・議員等の直接選挙〕

① 地方公共団体には、法律の定めるところにより、その議事機関として議会を設置する。

② 地方公共団体の長、その議会の議員及び法律の定めるその他の吏員は、その地方公共団体の住民が、直接これを選挙する。

第94条〔地方公共団体の権能・条例制定権〕

地方公共団体は、その財産を管理し、事務を処理し、及び行政を執行する権能を有し、法律の範囲内で条例を制定することができる。

第95条〔特別法の住民投票〕

一の地方公共団体のみに適用される特別法は、法律の定めるところにより、その地方公共団体の住民の投票においてその過半数の同意を得なければ、国会は、これを制定することができない。

第９章　改正

第96条〔憲法改正の手続、その公布〕

① この憲法の改正は、各議院の総議員の３分の２以上の賛成で、国会が、これを発議し、国民に提案してその承認を経なければならない。この承認には、特別の国民投票又は国会の定める選挙の際行はれる投票において、その過半数の賛成を必要とする。

② 憲法改正について前項の承認を経たときは、天皇は、国民の名で、この憲法と一体を成すものとして、直ちにこれを公布する。

第10章　最高法規

第97条〔基本的人権の本質〕

この憲法が日本国民に保障する基本的人権は、人類の多年にわたる自由獲得の努力の成果であつて、これらの権利は、過去幾多の試錬に堪へ、現在及び将来の国民に対し、侵すことのできない永久の権利として信託されたものである。

第98条〔憲法の最高法規性、条約・国際法規の遵守〕

① この憲法は、国の最高法規であつて、その条規に反する法律、命令、詔勅及び国務に関するその他の行為の全部又は一部は、その効力を有しない。

② 日本国が締結した条約及び確立された国際法規は、これを誠実に遵守することを必要とする。

第99条〔憲法尊重擁護義務〕

天皇又は摂政及び国務大臣、国会議員、裁判官その他の公務員は、この憲法を尊重し擁護する義務を負ふ。

第11章　補則

第100条〔施行期日、施行の準備〕

① この憲法は、公布の日から起算して六箇月を経過した日〔昭22・5・3〕から、これを施行する。

② この憲法を施行するために必要な法律の制定、参議院議員の選挙及び国会召集の手続並びにこの憲法を施行するために必要な準備手続は、前項の期日よりも前に、これを行ふことができる。

第101条〔経過規定―参議院未成立の間の国会〕

この憲法施行の際、参議院がまだ成立してゐないときは、その成立するまでの間、衆議院は、国会としての権限を行ふ。

第102条〔経過規定―第一期の参議院議員の任期〕

この憲法による第一期の参議院議員のうち、その半数の者の任期は、これを3年とする。その議員は、法律の定めるところにより、これを定める。

第103条〔経過規定―憲法施行の際の公務員〕

この憲法施行の際現に在職する国務大臣、衆議院議員及び裁判官並びにその他の公務員で、その地位に相応する地位がこの憲法で認められてゐる者は、法律で特別の定をした場合を除いては、この憲法施行のため、当然にはその地位を失ふことはない。但し、この憲法によつて、後任者が選挙又は任命されたときは、当然その地位を失ふ。

2006年11月25日　初版発行
2010年４月20日　第２版発行
2014年７月15日　第３版発行
2017年６月10日　第４版発行

新解説世界憲法集　第５版

2020年９月15日　第５版第１刷発行
2022年６月15日　第５版第２刷発行

編　者　初 宿 正 典
　　　　辻 村 みよ子
発行者　株式会社 三 省 堂
　　　　代表者 瀧本多加志
印刷者　三省堂印刷株式会社
発行所　株式会社 三 省 堂
〒101-8371　東京都千代田区神田三崎町二丁目22番14号
電話　編集（03）3230-9411
　　　営業（03）3230-9412
https://www.sanseido.co.jp/

落丁本・乱丁本はお取り替えいたします。
〈５版新解説世界憲法集・432pp.〉
ISBN978-4-385-31311-5